KB127698

대한민국 철학사

대한민국철학사

철학은 슬픔 속에서 생명을 가진다

초판 1쇄 발행	2020년 1월 31일
초판 3쇄 발행	2023년 11월 16일

지은이	유대칠

펴낸곳	이상북스
펴낸이	김영미
출판등록	제313-2009-7호(2009년 1월 13일)
주소	경기도 고양시 덕양구 향기로 30, 106-1004
전화번호	02-6082-2562
팩스	02-3144-2562
이메일	klaff@hanmail.net

ISBN 978-89-93690-70-5 (03150)

* 책값은 뒤표지에 표기되어 있습니다.
* 파본은 구입하신 서점에서 교환해 드립니다.
* 이 책의 전부 또는 일부 내용을 재사용하려면 반드시 저작권자의 사전 동의를 받아야 합니다.

이 도서는 한국출판문화산업진흥원의 '2019년 출판콘텐츠창작지원사업'의 일환으로 국민체육진흥기금을 지원받아 제작되었습니다.

대한민국 철학사

철학은 ── 슬픔 속에서 ── 생명을 가진다

유대칠 지음

이상북스

나는 과연 쓸모 있는 사람인가? 나는 너에게 무엇인가? 나는 너에게 꼭 무엇이어야 하는가? 너 없이도 살아갈 수 있다. 철저히 홀로 있을 수 있다. 너에게 나란 존재가 무슨 쓸모인가 따위는 생각할 것도 없이 홀로 있을 수 있다. '쓸모'는 '쓸 만한 가치'다. 너에게 쓰일 가치다. 너 없이도 나는 있을 수 있듯이, 너에게 어떤 쓸모없이도 나는 있을 수 있다. 그러나 나는 쓸데없는 물음을 나에게 한다. 나는 과연 쓸모 있는가? 이 물음이 이 책이 있게 된 이유다.

나는 철학이란 노동을 하는 노동자다. 나는 철학노동자이지만, 문 닫은 철학과 출신이다. 쓸모없다며 버려졌다. 대학 밖으로 버려졌다. 어느 지방대의 사라진 철학과 출신 박사수료생은 자본주의 사회의 잔혹한 논리 속에서 정말 쓸모없는 존재였다. 나름 열심히 라틴어, 독일어, 영어로 된 문헌들을 오가며 지중해 연안 중세철학을 연구했다. 필요하면 유라시아 대륙의 사상을 따라 산스크리트어와 팔리어를 공부하기도 했다. 그러나 필요 없단다. '나'는 대학의 '남'이 되어버린 존재, 쓸모없다 버려진 '열심'이었다.

맞다. 헛짓하고 살았다. 그냥 혼자만의 지적 욕심과 기호에 따라 홀로 좋다며 살아온 시간이었다. 철학노동자로서의 나의 삶을 돌아보았다. 나를 돌아본다. 지방 사립대 출신의 버려진 박사수료생이 '나'다. 그 버려진 자리가 나의 자리다. 나의 터다. 그 터에서 나는 새롭게 철학을 시작했다. 가진 자들의 '홀로 있음'에 분노하며 민중과 '더불어 있음'의 철학을 시작했다. 그 '더불어 있음'의 철학은 이 땅 고난의 주체가 철학의 주체가 된 철학이다. 이 땅 역사의 주체가 철학의 주체가 되는 철학이다. 가진 자의 홀로 있음이 아니라, 더불어 아파한 이 땅 민중이 주체가 되는 철학이다. 그 철학의 삶을 돌아봄으로 새로운 길을 준비하려는 것이 이 책의 이유다.

대단하지 않은 사람이지만 응원해준 이무영 선생님, 힘든 시간 힘이 되어주신 우리 신부님 성용규 신부님, 모범을 보여주시는 김화영 수녀님, 언제나 고마운 현우석 신부님, 부족한 사람이지만 믿어주신 이한길 선생님, 함석헌 연구가 가능하도록 도와주신 표정훈 선생님, 글이 되어가는 과정에서 응원해준 김세인 작가님, 여전히 응원해주시는 정민철 목사님과 위드교회 교우님들, 날 믿고 기다려주시는 이승우 선생님과 정성원 선생님, 다시 시작할 수 있는 기회를 주신 김상봉 선생님, 너무나 고맙고 고마운 전방욱 선생님, 날 잊지 않고 기억해준 김경수 선생님, 항상 응원해주시는 아버지 유만근 님과 어머니 이상분 님, 장모 채말남 님, 쉽지 않은 시간 더불어 잘 이겨내준 아내 안현주 님, 소중한 아들 유한결과 딸 유은결, 이상북스 송성호 선생님, 2012년부터 2018년까지 시간강사 유대칠의 강의를 들어준 대구가톨릭대학교 학생들께 고마운 마음을 전한다.

유대칠

일러두기

- 함석헌의 전집은 두 가지를 사용했다. 20권으로 된 함석헌, 《함석헌전집》(서울: 한길사, 1983)과 30권으로 된 함석헌, 《함석헌저작집》(파주: 한길사, 2009)이다. 이 가운데 1983년판은 《전집》으로, 2009년판은 《저작집》으로 표기했다.
- 인용할 《성서》의 구약은 문익환 등이 번역에 참여한 대한성서공회의 '공동번역'를 따르고 신약은 베네딕토수도회 분도출판사의 '200주년 신약성서'를 따랐다.
- 소크라테스 이전 철학자들의 단편은 Hermann Diels, *Die Fragmente der Vorsokratiker*, Kranz Walther (ed.)(Berlin, 1951)을 필자가 번역하여 인용했고, DK라고 표기했다.
- 데카르트의 문헌은 Descartes, *Oeuvres De Descartes*, 13 vols., Ch. Adam and P. Tannery (ed.)(Paris: Librairie Philosophique J. Vrin, 1974–1986)을 사용하며, AT라고 표기했다.

지금, 무엇을 하려는가

1 "너 자신을 알라"

고대 그리스 철학은 "너 자신을 알라"(γνῶθι σεαυτόν)는 철학의 명령을 남겼다. 수많은 철학자들이 저마다의 방식으로 그 명령에 답했다. 이 땅의 철학자도 마찬가지다. 우선 '나'를 알아야 했다. 저마다의 이성으로 치열하게 '나' 자신을 고민했다. '나'에게 깊어져야 했다.

이 땅 조선을 지배한 성리학(性理學)은 우주의 '이치'(理)를 만물의 객관적 본성(性)이라 했다(性卽理). 성리학의 조선에서 이단 취급을 받던 양명학(陽明學)은 '이치'를 '내 마음'(心)이라 했다(心卽理). 성리학의 '이치'는 인간 주체로부터 분리되어 존재하는 '하나의 초월적 이치'다. 성리학자에게 철학이란 하나뿐인 근원적 이치에 집중하는 것이다.[1] 그리고 철학자는 바로 그 하나뿐인 근원적 이치를 더 많이 아는 사람이다. 더 많이 알기에 민중을 교화해야 한다. 그럴 의무가 있다. 그런 의미에서 성리학은 '통치자의 철학'이다. 통치자의 철학이 지배하는 사회는 위계의 공간이다. 윗사람이 있고 아랫사람이 있다. 그런 의미에서 성리학의 존재론은 결국 '위계의 존재론'이다. 위계의 공간에서 '있다'는 말은 일의적(一義的)이지 않다. "양반이 있다"와 "백정이 있다"는 다르다. 사전적 의미는 같지만 정치존재론의 의미는 서로 다르다.

---

1 마이클 C. 칼튼, "퇴계의 '성학십도': 주자 이론의 핵심에 관한 한국적 관점", 〈퇴계학연구논총〉 9 (1997), 2쪽. "'聖學'이라는 구절은 신유학자들의 저작 속에 종종 나타나는데 '통치자의 교육'을 의미한다. 이것은 곧 통치자의 주요 임무가 고대의 이상적인 聖王들로부터 배우고 본받는 것이라는 관점을 반영한다."

위계의 공간을 유지하고 강화하기 위해 '예의법도'와 '충효'가 중시된다. 예의법도는 하나뿐인 초월적 이치인 '하늘의 이치'가 이 땅에 구현되는 방식이다. 객관적인 위계의 질서 속에서 가장 나다운 것은 나의 분수를 알고 유지하는 것이다. "나는 노비다" "나는 광대다" "나는 백정이다" "나는 뱃사공이다" "나는 기생이다" "나는 갖바치다"에서 나는 노비, 광대, 백정, 뱃사공, 기생으로 자신의 분수를 지켜야 한다. 이것이 객관적 사실이다. 잔인하게 이것이 현실 공간 조선에서의 성리학이다.

양명학은 다르다. '하늘의 이치'는 '나의 밖'이 아니라 '나의 안'에 있다. 바로 '나의 마음'이다. 나의 마음은 하늘의 이치인 양지(良知)를 선천적으로 품고 있다. 즉 '나'는 이미 타고난 도덕적 자각을 가지고 있다. 양명학은 '나'를 신뢰한다. '사람'을 신뢰한다. '나'의 '안'에 이미 타고난 것이라면, '남'에게 의존할 필요가 없다. 당연히 사회의 위계는 필요 없다. 양명학은 성리학과 달리 위계의 사회를 강조하지 않는다. 그래서 양명학은 조선 양반들을 불편하게 한 이단의 철학이었다. 18세기 정제두(1649-1736) 등을 중심으로 몇몇 소론 학자들에 의해 연구되었지만, 이런 작은 울림으로 오랜 시간 경직된 조선을 바꿀 순 없었다. 오히려 다수 성리학자들에게 '이단'으로 배척당할 수밖에 없었다. 조선의 성리학은 그렇게 위계 속 양반의 아집 찬 논리가 되어갔다. 화려하고 고상한 수식어에도 불구하고 말이다.

고려를 지배한 불교를 보자. 불교의 고향은 고타마 싯다르타(Gautama Siddhārtha, 기원전 563-기원전 480)다. 지금 우리에게 여전히 가치 있는 지혜가 그에게 있지만, 산속 나무 아래에서 그저 홀로 수행에만 집중한다면 불교라는 수단으로 부조리한 사회를 바꿀 순 없다. 수행자가 된다는 것이 부조리한 현실을 떠난다는 의미를 가진다면 더욱 그렇다. 그러나 우리 역사 속 불교는 그렇게 무책임하지만은 않았다. 나름 뜻으로 다가온 시기가 있었다.

원효(元曉, 617-686)의 불교철학은 민중의 번뇌로부터 고개 돌리지 않았다. 그의 '원융회통'(圓融會通)과 '화쟁'(和諍) 사상을 보자. 서로 다른 생각을 소통시킴에 '뜻'이 있다 한다. 서로 같은 생각을 해야만 '나'와 '너'가 만나는 것이 아니다. 서로 다른 생각을 해도 만날 수 있다. 뜻을 이룰 수 있다. 즉 동일성이 아닌 차이성이 희망의 근거가 될 수 있다는 말이다.

농부와 요리사를 보자. 이 둘은 완전히 서로 다른 사람이다. 서로 있는 이유가 다르다. 하나는 농사를 일구는 사람이다. 다른 하나는 요리를 하는 사람이다. 그러나 이 둘의 이 다름이 음식을 먹는 사람으로 구현될 때, 하나의 기쁨이 된다. 먹는 이가 맛나게 먹는 모습을 상상해보자. 우선 먹는 이는 맛나서 좋다. 이를 두고 있는 농부와 요리사 역시 자신의 노력이 행복으로 마무리되는 모습에 더불어 행복하다. 즉 분명 서로 다른 셋이지만, 이 셋은 셋으로 행복한 것이 아니라, 서로 충실하게 셋으로 있음으로 더불어 하나로 행복하게 된다.

백제와 고구려의 유민을 수용한 신라를 상상해보자. 서로 다름이 일상인 공간은 자칫 분열의 일상이 될 수 있다. 서로 다름이 모이면 다툼은 어쩔 수 없다. 그러나 원효는 다름이 더불어 하나로 행복할 수 있다며 철학으로 위로한다. 분명 원효의 철학은 그 시기 민중에게 뜻으로 다가갔을 것이다. 그러나 그런 불교도 권력이 되어갔다. 결국 아집 가득한 산송장이 되어 민중을 힘들게 했다.

고려 말 원나라와의 전쟁으로 고난이 일상이 된 민중에게 산송장이 된 불교는 뜻으로 다가서지 못했다. 산송장이 아닌 새로운 생명을 찾아야 했다. 고려 말 정도전(1342-1398)에게 성리학은 바로 그런 것이었다. 생명을 가진 산 지혜였다. 그리고 이에 따라 새로운 국가를 건설했다. 바로 조선이다.

조선의 이론적 고향은 어쩌면 정도전의 《조선경국전》(朝鮮經國典)이다. 그곳에서 조선의 시작을 보자.

해동의 나라들은 국호가 일정하지 않아서 조선이라고 부른 것이 셋이었다.
단군, 기자, 위만이 그것이다. 박씨, 석씨, 김씨가 서로 계승하여 신라로 불렀고, 온조는 백제로 불렀고 견훤은 후백제로 불렀다. 또한 고주몽은 고구려로 불렀으며 궁예는 후고구려로 불렀다. 왕씨는 궁예를 대신한 뒤에 여전히 고려의 국호를 답습하였다. **이들은 모두 한 지역을 몰래 차지하여 중국의 칙명을 받지 않고 스스로 국호를 세우고 서로 침략하고 빼앗았으니 비록 국호를 칭한 것이 있다 하더라도 이를 어찌 받아들일 수 있겠는가?** 다만 기자만이 주나라 무왕의 명령을 받아 '조선후'가 되었다. 지금 중국의 천자는 고명에서 이렇게 말하였다. "오직 조선이라는 칭호가 아름다울 뿐 아니라, 그 유래가 매우 오래다. 이 이름을 근본으로 하여 받들고 하늘을 좇아서 백성들을 기르면 길이 후손들이 번창할 것이다." **주 무왕이 기자에게 명한 것처럼, 명(明) 천자가 전하에게 명하였으니 이 이름이 바로잡히고 말도 적당해진 것이다.** 기자는 무왕에게 '홍범'(洪範)을 가르쳤고, 홍범의 뜻을 부연하여 '팔조(八條)의 교(教)'를 지어서 우리나라에서 실시하니 정치의 교화가 크게 이루어지고 풍속이 지극히 아름다워졌다. 조선이라는 이름이 천하 후세에 알려진 이유가 여기에 있다. 이제 '조선'이라는 아름다운 국호를 답습하였으니 기자의 선정도 마땅히 강구해야 할 것이다. 명나라 천자의 덕도 주 무왕에 비교하여 부끄럽지 않거니와 전하의 덕, 또한 어찌 기자에 비하여 부끄러움이 있겠는가![2] [강조는 인용자의 것. 이후 동일]

중국의 허락도 없이 신라, 백제, 고구려 등은 몰래 땅을 차지하고 국가를 세웠다. 허락받지 않은 정당성 없는 국가라는 말이다. 여기에서 정당성의 기준은 중국이다. 그러니 중국의 허락을 받은 중국사람 기자(箕子)의 '조선'만이 정당성을 가진다. 이성계와 정도전의 조선은 바로 그 기자의 '조선'에서 나왔다. 단군의 '조선'이 아니다. 우리가 아는 조선의 고향은 기자의 조선이다. 이렇게 조선은 중국의 변두리로 시작되었다.

'남'의 변두리에서 '남'의 고향을 그리워하며 '남'의 허락을 구하는 이에게

---

2   정도전, 《조선경국전》, 한영우 역(서울: 올재, 2012), 38-39쪽.

철학은 없다. 1894년 동학농민혁명은 더 이상 그렇게 있지 않겠다는 민중의 분노다! 더는 변두리에서 허락을 구하며 살아가는 이가 아니라, 스스로 자기 있음을 긍정한 분노 가득한 철학의 외침이다. 1919년 3·1혁명도, 대한민국 임시정부도 마찬가지다. '대한민국'은 그렇게 시작되었다. 스스로 있겠다는 자기 긍정의 분노 가득한 철학적 외침 말이다.

조선은 한국이 아니다. 우리가 살고 있는 대한민국이 아니다. 철학적으로 너무나 다른 나라다. 조선 민중은 주권이 없었다. 주권은 양반의 몫이었다. '조선철학'에게 "너 자신을 알라" 말을 걸면, 그 답은 민중이 아닌 양반이 해야 했다. 그들이 주체이고 중심이었다. 그런 조선이 어찌 한국과 같겠는가! 조선의 철학과 한국의 철학은 다를 수밖에 없다. 조선의 철학은 양반의 철학이지만, 한국의 철학은 이 땅 민중의 철학이다. 이 땅 역사를 가득 채우는 눈물의 주체가 철학의 주체가 되는 그런 철학이다. 고난의 주체가 철학의 주체가 되는 그런 철학이다. 지금 이 책이 다루는 '한국철학' 역시 '조선철학'을 다루지 않는다. 한국이 동학농민혁명과 3·1혁명으로 시작되었다면, 한국의 철학 역시 그로 인해 시작되어야 한다. 그렇다면 우선 한국이 어떤 나라인지 대한민국 임시정부의 건국강령을 보자.

1) **우리나라는 우리 민족이 반만년 내로 공통한 말과 글과 국토와 주권과 경제와 문화를 가지고 공통한 민족정의를 길러온 우리끼리로서 형성하고 단결한 고정적 집단**의 최고 조직임.

5)···우리 민족의 3·1혈전을 발동한 원기(元氣)이며 동년 4월 11일에 13도 대표로 조직된 임시의정원은 대한민국을 세우고 임시정부와 임시헌장 10조를 창조 발표하였으니 이는 **우리민족의 자력으로써 이족전제(異族專制)를 전복하고 5천 년 군주정치의 구각(舊殼)을 파괴하고 새로운 민주제도를 건립하여 사회의 계급을 소멸하는 제일보의 착수**이었다. 우리는 대중의 혈육으로 창조한 신국가 형성의 초석인 대한민국을 절대로 옹호하며 확립하며

공동혈전할 것임.[3]

한국은 '우리말'과 '우리글'로 '우리 문화'를 가진 '우리나라'다. 왕의 명령에 움직이는 수동적 민중의 나라가 아니다. 민중 스스로 중심이 되고 주체가 되는 그런 나라다. 한국철학은 바로 그런 나라의 철학이다.

고려의 철학은 '승려'의 철학이고, 조선의 철학은 '양반'의 철학이다. 그러나 한국의 철학은 '민중'의 철학이다. "너 자신을 알라"는 철학의 명령에 고려는 '승려철학자'들이, 조선은 '양반철학자'들이, 한국은 '민중철학자'들이 답한다.

조선의 철학은 백정과 기생 그리고 노비의 고난을 몰랐다. 그들의 눈물 앞에서 아무 감정 없는 차가운 논리였다. 고난의 주체인 민중이 철학의 주체가 되지 못했으니 당연하다. 슬픔을 모르는 철학은 철학다워지기 힘들다. "사람이 철학적이 되는 것은 그가 슬픔 속에 있을 때이다."[4] 고난과 슬픔 속에서 '나'는 참된 '나'를 돌아본다. '남'의 시선이 아닌 '나'의 시선으로 나를 돌아본다. 나의 말과 글로 아파하는 나를 돌아본다. 이렇게 고난과 슬픔은 '나'를 중심에 두고 철학하게 한다. 철학의 고향은 고난과 슬픔이다. 한국철학은 민중의 고난과 슬픔에서 시작한다.

울고 있는 민중은 라틴어, 한문, 독일어, 프랑스어, 영어 등 외국어로 울지 않는다. '나'의 언어로 운다. 그러니 내 참된 철학의 언어는 '나'의 언어다. 고난의 울음소리가 '나'의 언어이기 때문이다. 그리고 그 울음소리가 외침의 언어, 철학의 언어가 된다. 더욱더 철학적인 언어가 되게 한다.[5]

주체 없는 분노는 없다. 분노는 주체의 자기 있음이 드러나는 순간이다. 자기를 돌아보는 순간이다. 즉 반성(反省, *reflectio*)하게 되는 순간이다. 주체

3 "대한민국건국강령"으로 전문을 http://db.hitory.go.kr/에서 확인할 수 있다.
4 김상봉, 《나르시스의 꿈》(서울: 한길사, 2002), 332쪽.
5 《전집 1》, 21쪽.

만이 오롯이 반성하기에 반성의 순간은 그 자체로 철학의 순간이다. 반성 없이는 진짜 '나'도 진짜 '우리'도 없다.[6] 반성은 나와 더불어 있어야 할 '너'를 지우지 않는다. 반성으로 돌아본 나의 모든 순간에 너는 항상 나와 더불어 있었기에 말이다. '반성'해 보자. 항상 나의 '참있음'은 '홀로 있음'인가, '더불어 있음'인가?

"너 자신을 알라"는 철학의 명령은 '나'를 반성하게 한다. 돌아보게 만든다. 돌아본 '나'는 '나'로만 있지 않다. '우리'라는 전체 가운데 나다. 너와 더불어 있는 나다. 반성을 통해 마주하는 나의 주체성은 '홀로 있음'의 주체성이 아니다. '더불어 있음'의 주체성이다. 조선의 주체성은 양반의 홀로 있음이었다. "너 자신을 알라"는 철학의 명령에 나는 '우리 가운데 너와 더불어 있는 나'라고 답할 수 있는 것이 바로 '더불어 있음의 철학'으로 대한민국철학이다.

1) 주체가 된다는 것의 철학적 의미

한국철학의 주체는 민중이다. 홀로 있는 흩어진 '낱 사람'[7]의 덩어리로서의 민중이 아니다. 더불어 있는 '우리'로서의 민중이다. 바로 그런 민중이 한국철학의 주체다.

아리스토텔레스(Ἀριστοτέλης, Aristoteles, 기원전 384-기원전 322)의 《범주론》(Categoriae)에 나오는 고대 그리스어 '히포케이메논'(ὑποκείμενον)은 그 의미 그대로 현대어로 번역하기 어렵다.[8] 라틴어로 '숩스트라툼'(substratum), 한

---

6   김상봉, 《나르시스의 꿈》, 317쪽.
7   '낱 사람'은 함석헌이 사용하는 용어로 '개인'에 대한 표현이다. 이 표현은 《저작집 30》 471쪽에서 확인할 수 있다.
8   Aristoteles, Categoriae c.2, 1a 20. 이후 아리스토텔레스의 저작은 Aristoteles, *Aristotelis Opera edidit Academia Regia Borussica, ex recognitione Immanuelis Bekkeri*, 5 vols. (Berlin, Georgium Reimerum, 1831-1870)를 기본으로 따르며, 현대어 번역어로는 Aristotle, *The Complete Works of Aristotle*, The revised Oxford translation, 2 Vols. (Princeton, 1995)를 참조할 것이다.

자어로 '기체'(基體)로 번역되지만, 이러한 번역어가 고대 그리스어 '히포케이메논'이 의미하는 모든 것을 고스란히 담아내지는 못한다. '히포케이메논'은 의미적으로는 '아래'(ὑπο)와 '놓이다'(κείμενον)라는 말로 이루어진 '바탕이 되는 것'이란 말이다. 문법적으로는 '주어'를 의미한다. 술어의 바탕이 되는 것이 주어이기 때문이다. 그러나 주어로만 사용되지 않고 '주체'라는 의미로 사용되기도 한다. 아리스토텔레스의 철학에 따르면 "바탕이 되는 것 가운데 있는 것"이 있고, "바탕이 되는 것에 대하여 서술되는 것"이 있다. "바탕이 되는 것 가운데 있는 것"은 아리스토텔레스의 철학에서 '실체'(substantia)와 '실체 이외 다른 범주들'을 구분되게 한다. 또 "바탕이 되는 것에 대하여 서술되는 것"은 '개체'(individuum)와 '보편'(universale)으로 구분되게 한다.[9] '하양'은 '바탕이 되는 것 가운데 있을 때' '하얀 것'이 된다. 하양은 '바탕이 되는 것'으로부터 분리되어 있을 수 없다. 그 있음의 여부가 '바탕이 되는 것'에 의존한다. 그러나 하양은 '바탕이 되는 것'의 본질 혹은 그 자체에 대하여 말하지 않는다.[10] '바탕 그 자체'는 실체로 서술된다. 이미 말했지만, '히포케이메논'은 문법적으로 주어의 의미를 가진다. "유대칠은 사람이다"라는 명제에서 '유대칠'은 술어의 바탕이 되는 것, 즉 주어다. 아리스토텔레스의 저작을 라틴어로 번역한 보에티우스(Boethius, 475/7?-526?)는 그의 라틴어 번역《범주론》에서 '히포케이메논'을 '수비엑툼'(subiectum)으로 옮긴다. 그리고 13세기 많은 중세철학자들에게 활용된 모에르베카의 구일레르모(Guillelmo de Moerbeka, 1215-1286)의 번역도 '수비엑툼'으로 옮긴다.

보에티우스의 라틴어 역: *eorum quae sunt alia **de subiecto** quodam dicuntur, **in subiecto** vero nullo sunt, ut homo **de subiecto** quidem*

9   J. L. Ackrill, "Notes' in Aristotle Categories and De Interpretatione" ("Notes" in Aristotle Categories and De Interpretatione), J. L. Ackrill (Trans. with notes) (Oxford: Oxford University Press, 2002), p. 74.

10   Aristoteles, *Categoriae* c.2, 1a 25 이하.

dicitur aliquo homine, **in subiecto** *vero nullo est.*[11]

모에르베케의 라틴어 역: *Entium hec quidem* **de subiecto** *aliquo dicuntur,* **in subiecto** *autem nullo sunt, puta homo* **de subiecto** *quidem dicitur aliquo homine,* **in subiecto** *qutem nullo est.*[12]

필자의 한글 역: 있는 것(~인 것) 가운데 어떤 것은 주어에 대해(*de subiecto*) 서술되는 것이며, 또 어떤 것은 주체 가운데(*in subiecto*) 있지 않은 것이다. 예를 들어, '사람'은 주어에 대해(*de subiecto*) 서술되는 것이지만 주체 가운데 (*in subiecto*) 있지 않다.

중세의 많은 철학자들에게 '수비엑툼'은 술어에 의해 서술되는 '주어'이면서 아홉 가지 존재 방식의 토대인 '주체'였다. 아리스토텔레스는 양(*quantitas*, 얼마만큼), 질(*qualitas*, 어떠함), 관계(*relatio*), 장소(*ubi*, 어디), 시간(*quando*, 언제), 자세(*situs*, 어떻게), 소유(*habitus*, 가짐), 능동(*actio*, 행함), 수동(*passio*, 당함) 등 아홉 가지 범주는 독립적으로 존재할 수 없으며 실체에 의존한다고 보았다. "유대칠은 생각한다"라고 할 때, '생각한다'라는 행함은 독립적으로 존재하지 못하고 '바탕이 되는 것'이며 실체인 '유대칠'이란 주체에 의존해 있다. 구체적인 주체인 '유대칠'은 개체다. 개체는 또 보편으로 서술된다. "유대칠은 사람이다"라고 할 때, '유대칠'이란 개체는 '사람'이란 보편으로 서술된다. 오랜 시간 유럽 사람들은 '나'를 고민하기보다는 보편인 '사람'을 고민했다. 보편

---

11 Aristoteles, *Liber Aristotelis De Decem Praedicamentis*, Boethius (trans.) c.2, 1a20. 이곳에 인용한 것은 *Aristoteles Latinus. 1.1-5*, Categoriae vel praedicamenta: translatio Boethii, editio composita, translatio Guillelmi de Moerbeka, lemmata e Simplicii commentario decerpta, Pseudo-Augustini Paraphrasis themistiana, Laurentius Minio-Paluello (ed.), (Bruges: Desclée de Brouwer, 1961)을 따랐다.

12 Aristoteles, *Praedicamenta*, Guillelmo de Moerbeka(trans.) c.2, 1a20. 이 인용 역시 앞 각주의 *Aristoteles Latinus. 1.1-5*을 따랐다.

으로 '사람'은 무엇인가? 그것은 단지 사유의 편리를 위해 만들어진 개념인가, 그렇지 않으면 나의 영혼 외부에 독립적으로 존재하는 어떤 것인가? 만일 독립적으로 존재한다면, 바로 그것에 의해 사람들은 모든 구체적인 개인으로 사람이 되는 것일까? 이것이 오랜 시간 유럽 사람들의 고민이었다. '나'의 존재는 의심의 대상도 고민의 대상도 아니었다. 그들에게 문제는 보편이고 술어였다.

이런 중 중세 이슬람 철학자 이븐 시나(Ibn Sina, 980?-1037)[13]는 사고 실험을 한다. 모든 감각적 인지가 사라진다면, 결국 남는 것은 무엇일까? 바로 '생각의 주체'로서 '나'다. 서유럽 후기 중세철학자 윌리엄 크래토른(William Crathorn, fl.1330s)은 모든 것을 의심하는 가운데 의심할 수 없는 것으로 사고 주체인 '나'를 긍정했다. 이는 데카르트(René Descartes, 1596-1650)에 이르러 "나는 생각한다. 그러므로 나는 존재한다"(cogito, ergo sum)란 명제에서 분명해진다. 이 명제에서 '나'는 다른 그 무엇도 필요하지 않다. 그냥 생각함으로 충분히 존재하게 된다. '너'가 없어도 그만이고 '더불어 있음'이 아니라도 그만이다. 이 명제에서 나'는' 철저히 '홀로 있음'이다. 그러나 이것이 한국철학의 주체성은 아니다. 한국철학의 주체성은 '서로주체성'이며 '더불어 있음'의 주체성이다. 동학에서의 주체성도 그러했고, 3·1혁명의 주체성도 그러했으며, 이후 광주민주화운동의 주체성과 세월호의 비극 앞에 선 우리의 주체성도 그러했다. 즉 우리의 주체성은 앞선 유럽의 주체성과는 다르다. 함석헌(1901-1989)의 철학적 고민을 통해 이를 확인해 보자. 함석헌 역시 반성, 즉 돌아봄을 강조한다.

사람에게 가장 중요한 것은 자기를 돌아볼 줄 아는 일이다. 사람이 사람 된 까닭이 바로 여기에 있다. 진화가 된 끝을 의식이라 할 것인데 의식은 생명이 스스로를 돌아볼 곧 자기반성이라 할 수 있다. 그리고 그 행동하는 스스

---

13   유대칠, 《신성한 모독자》(서울: 추수밭, 2018), 45-72쪽.

로를 돌아보는 생각의 초점 혹은 중심이 자아다. 낱 사람이 그런 것 같이 국민도 스스로 반성할 줄 알아야 국민이라고 할 수 있다.[14]

스스로 돌아봄, 즉 자기반성은 사람에게 가장 중요한 것이다. 그것을 통해 사람은 사람이 된다. 또 그 돌아봄의 중심, 즉 '주체'가 바로 자아, '나'이다. '나'는 반성으로 마주하게 된다.

반성은 자아의 중심에서 멀수록 하기가 쉽고 가까울수록 어렵다. 먼 산의 윤곽은 칼로 깎은 듯이 분명하지만, 그 자신에 가까이 가면 갈수록 굴곡이 복잡하여 알 수가 없어진다. 그와 마찬가지로 사람의 일에서도 몇천 년 전 조상의 일일수록 제 나라의 일이 아니고 남의 나라 일일수록 그 잘잘못을 판단하기 쉽고, 제 나라에 가까워질수록 알기가 어렵다. 정말 자아에 이르면 그 자아를 알기 어렵다. 이른바 등잔 밑이 어둡다는 것이다. 그러나 일은 어디에서 잘못되느냐 하면 자아에서다. 행동하는 주체는 제가 되기 때문이다. **모순인 것 같으나 자아는 알 수 없는 것인데 그 자아야말로 꼭 알아야 한다.**[15]

'나'는 '나'로 살아간다. '나'로부터 멀수록 대강의 내용을 쉽게 말할 수 있다. 그러나 다가가면 갈수록 복잡하다. 알기 힘들다. '나'는 나에게서 멀리 있지 않다. '나'는 나로 살아가고 있다. 그렇기에 '나'는 나를 알기 어렵다. 등잔 밑의 어둠과 같이 '나'는 나를 알기 어렵다. '나'는 나에게 어둠이다. 행동하는 주체, 살아가는 주체, 그 주체로 살아가면서 '나'는 나를 모른다. 그러나 알아야 하고, '나'는 나에게로 다가가야 한다. '나'는 나에게 타향이며 고향이다. 남의 고향을 향해 '나'를 벗어날 것이 아니라, '나'는 나에게 더 다가가야 한다.

---

14 《저작집 30》, 471쪽; 《전집 1》, 333-334쪽.
15 같은 곳.

'나'를 중심에 두고 '나'라는 지금의 타향에서 '나'라는 본연의 고향으로 다가가
야 한다.

> 반성은 모든 지식 행동의 총결산인 동시에 또 시작이다. **하느님을 아는 것이
> 지식의 근본이란 말이 있지만, 그 말은 뒤집어놓으면 자기를 아는 것이 지
> 식, 지혜의 근본이라고 할 수 있다. 하느님은 자아의 속의 속에 계시기 때문
> 이다.** 그것을 능히 하는 사람은 혜(慧), 예(睿), 성(聖)이 모두 그 지경을 가리
> 키는 말이다. 또 혹은 그것을 도통(道通)이라 대오철저(大悟徹底)라고 하기
> 도 한다.[16]

　　하느님, 즉 신은 '나'의 밖에 존재하는 '남'이 아니다. 신은 '나'의 속의 속
에 있다. 초자연적 기적을 일으키는 존재가 아닌 자연 그대로의 '나'의 속의 속
에 있다. 나도 모르는 나의 심연, 나보다 더 가까이 나와 더불어 있다. 이것을
깨우쳐야 한다. 있는 그대로의 자신을 본다면, 신을 만날 수 있다. 희망을 만
날 수 있다. 나란 존재의 희망은 나의 밖이 아닌 나의 안에 있다. 동학은 '나'와
'너' 속에서 하늘같은 신성을 보았다. 그러니 하늘같은 민중을 역사의 변두리
에 둘 수 없어 동학농민혁명으로 분노했다. '나'답게 산다는 것은 나의 밖 누군
가의 명령을 기다리고 있는 것이 아니다. 함석헌 역시 '남'이 아닌 '나'에게 이
미 희망이 있다고 한다. 하느님이란 희망 혹은 진리는 '남'이 아니다. 바로 '나'
다. 그리고 '우리'다.
　　우리, 그 우리 속에서 나는 온전히 '나'가 된다. '주체'가 된다.

> 개인은 저만이 홀로 되는 것이 아니다. 생각하고 판단하고 행동하는 주체
> 가 개인인 것은 물론이지만, 그 개인의 뒤에는 언제나 전체가 서 있다. 양심
> 은 제가 만든 것이 아니요, 나기 전에 벌써 그 테두리가 결정되어 있다. 사

16　같은 곳.

람은 생리적으로만 아니라 정신적으로도 **족적(族的)인 사회적 존재다.** 개인은 전체의 대표다. 전체에 떨어진 나는 참나일 수 없고, 스스로의 안에 명령하는 전체를 발견한 나야말로 참나다. 그것이 참자기발견이다.[17]

나다운 '나'로 있을 수 있는 터가 '우리'라는 전체 안이다. 양심도 홀로 있는 나에게 생긴 것이 아니다. '우리'라는 전체 가운데 '너'와 더불어 있는 '나'에게 주어진 것이다. 이런저런 생각과 판단의 주체는 홀로 있는 '나'지만, 근본적으로는 '우리'라는 전체 가운데 주어진 것이다.

"나는 생각한다, 그러므로 나는 존재한다"라는 명제 속 '나'는 철저하게 홀로 있다. 너도 없이 홀로 생각하며 홀로 있다. 이런 나에게 '더불어 있음'은 소음이다. 철저하게 '홀로 있음'인 '나'에게 "지옥, 그것은 타인이다"(L'enfer, c'est les autres). 지옥은 홀로 있음을 어렵게 하는 바로 '너'다. 홀로 있어야 하지만 어쩔 수 없이 더불어 살아야 하는 나의 '더불어 있음'이란 처지가 지옥이다. 사르트르(Jean-Paul Sartre, 1905-1980)의 이 말은 참으로 현실적이다.

권정생의 '강아지똥'을 생각해 보자. '똥'은 '너'에게 냄새나고 더러운 것이다. 만지고 싶지도 않고 안고 싶지도 않으며 가까이 가고 싶지도 않다. 그 '강아지똥'은 자신의 그런 부정적인 모습으로 인해 슬픈 것이 아니라 '너'에게 '뜻' 있는 것이 되지 못하는 '나'의 모습으로 인해 슬프다. '자기 내어줌'으로 한 송이 꽃의 거름이 될 때, 강아지똥은 행복하다. '너'에게 '뜻' 있는 '나'가 되는 순간 '강아지똥'은 행복을 느낀다. '너'는 강아지똥에게 지옥이 아니라 행복의 조건이다. 참다운 자신을 마주하게 하는 조건이다. 문익환에게 여럿이 '우리'로 모일 때, '우리'는 하나로 작아지는 것이 아니다. 여럿이 모여 더 커지는 것이 '우리 됨'이다. 그 '우리 됨'이 '더불어 있음'이다. '참다운 나'는 서로 모이고 모일 때 역사의 주체가 된다.

함석헌에게 반성은 주체성의 자각이다. 그러나 그 주체성은 '너'를 지우지

17   같은 책, 89쪽.

않는다. '너'와 더불어 '나'의 앎이 자라고 '나'의 있음도 자란다. 문익환도 이를 긍정한다. 더불어 있어야 한다. 문익환이 공감한 김수영(1921–1968)의 시를 읽어보자.

절망[18]

풍경이 풍경을 반성하지 않는 것처럼
곰팡이 곰팡을 반성하지 않는 것처럼
여름이 여름을 반성하지 않는 것처럼
속도(速度)가 속도를 반성하지 않는 것처럼
졸렬(拙劣)과 수치가 그들 자신을 반성하지 않는 것처럼
바람은 딴 데에서도 오고 구원(救援)은 예기치 않은 순간에 오고
절망(絶望)은 끝까지 그 자신을 반성하지 않는다

'절망'이란 반성하지 않는 것이다. '나'를 빼앗김이다. 이것이 바로 절망이다. 반성은 스스로 자기 존재를 부여잡게 한다.[19] 수동적으로 누군가에게 의존할 것 없이 쉼 없이 돌아보는 반성의 삶을 살아야 한다. 반성의 순간, 철학은 드디어 가능해진다. 주체가 등장하기 때문이다.

권정생은 누구도 그 시대와 역사를 비켜서 살아갈 수는 없다고 한다. 역사가 고난 속에 있을 때, 개인은 비켜 살 수 없다.[20] 그리고 그 고난으로부터의 구원은 하늘로부터 그저 받는 것이 아니다. 스스로의 힘으로 얻어내야 하는 것이다.

18 김수영, "절망", 《김수영 전집1: 시》(서울: 민음사, 2015), 311쪽.
19 김상봉, 《나르시스의 꿈》, 313쪽.
20 권정생, 《우리들의 하느님》(대구: 녹색평론사, 2008[개정증보판]), 151쪽.

인간 구원은 하늘의 신이 하는 것이 아니며, 인간 구원은 어디까지나 인간 **스스로의 힘으로 할 수밖에 없다.**[21]

그렇다고 '나' 하나의 이익을 위해 남을 아프게 해서는 안 된다. "커다란 코끼리도 조그마한 개미까지도 서로 조금씩 희생하면서 함께 살고 있다."[22] 강아지똥도 그저 홀로 있을 때는 똥이지만, 더불어 있을 때, 꽃이 된다.

한국철학의 주체는 고난의 주체인 민중이다. 한국의 민중이란 이름의 '우리'다. 반성 속 나와 더불어 있던 수많은 '너'들과 우리를 이룬 가운데 있는 나, 그런 '나'들의 '우리'가 한국철학의 주체다. 명제 속 주어로의 민중도 우리가 아니고, 그 주어에 대한 술어로의 민중도 우리가 아니며, 바로 이 현실 속에 더불어 있는 주체가 우리다. 그 '우리'가 한국철학의 진정한 주체다.

21 같은 책, 157쪽.
22 같은 책, 226쪽.

2 '뜻'으로 본 '한국철학사'란 무엇인가

'뜻'이란 무엇인가? 아무리 대단해 보이는 것도 지금 나에겐 '뜻' 없는 것일지 모른다. 엄청난 철학적 구조물도 내 삶에 어떤 영향도 주지 못한다면 적어도 나에겐 '뜻' 없는 그 무엇일 뿐이다. 역사를 아는 것은 단순히 과거 있었던 일을 아는 것이 아니다. 역사를 공부한다는 것은 과거의 일기장을 다시 읽으며 기억해내는 것이 아니다.[23] 역사를 기록하는 것은 단순하게 과거 사실을 있는 그대로 기록함을 의미하지 않는다. 골라낸 사실의 기록이다. 그리고 그 선택 기준이 되는 것은 지금과 생명력 있는 관련이다. 지금 나와 우리에게 뜻 있는 사실을 선택한다. 그 기준은 '뜻'이다.[24] "역사는 하나다. 하나밖에 없는 것이 역사다."[25] 선택된 사실들을 그저 여럿으로 있지 않고 통일된 하나로 만드는 것이 '뜻'의 힘이다. 지금 나에게 살아 있는 '뜻'으로 다가오지 않는 것은 어느 위대한 과거 철학자의 철학이라도 나에게 무용하다. 필요 없다. 무용한 철학에 대한 지식은 그저 유식함을 자랑하는 수단일 뿐이다. 지식일 뿐 지혜가 되지 못한다. 그러한 과거의 철학을 시기별로 나열하는 것에서 무슨 지혜를 얻겠는가! 지금 우리가 자라기 위해, 우리의 지혜가 자라기 위해, 그리고 우리의 영혼이 자라기 위해 필요한 것은 생명을 가진 지혜, '뜻'을 가진 지혜로의 철학

---

23 《전집 1》, 33쪽.
24 같은 책, 35쪽.
25 같은 곳.

이다. 민중이 원하는 철학사는 '뜻'을 가진 철학의 역사다.[26]

'뜻'을 가진 철학의 역사를 위해 무엇을 해야 할까? 함석헌의 이야기를 읽어보자.

> **우리가 아는 사실에는 주관의 렌즈를 통하지 않은, 있는 그대로의 객관적 사실이란 없다.** 어려운 철학이나 심리학의 설명은 그만두고라도 상식으로라도 그런 것이 있을 수 없는 것은 쉽게 알 수 있는 일이다. **주관을 막아내는 사실이란 있을 수 없고, 또 있다 가정하더라도 그것은 우리 살림과는 아무 관련을 가지지 않는 것이요, 따라서 역사의 대상이 되지도 않는다.**[27]

나의 밖에서 일어나는 일들이 모두 나에게 '뜻' 있는 일은 아니다. '나'라는 주관의 렌즈를 통해 '나'와 관련되어야 한다. 그때 '뜻'을 가지게 된다. 철학도 마찬가지다. 나의 삶, 나의 주관을 통하지 않는다면, 나의 삶으로 돌아오지 않는다.

나의 삶, 나의 주관 속으로 녹아들기 위해 나의 밖, 그것은 '눈물'이란 렌즈를 통해야 한다. 분명 철학은 이성의 활동이지만, 고난 속에서 더 깊어진다. 철학다운 철학이 된다. 한용운의 시를 보자.

당신을 보았습니다[28]

당신이 가신 뒤로 나는 당신을 잊을 수가 없습니다.
까닭은 당신을 위로하느니보다 나를 위함이 많습니다.

---

26 참조. 같은 책, 37쪽.
27 같은 책, 36쪽.
28 한용운, "당신을 보았습니다", 《님의 침묵》(서울: 한성도서, 1954[6판]), 64-65쪽.

나는 갈고 심을 땅이 없음으로 추수(秋收)가 없습니다.

저녁거리가 없어서 조나 감자를 꾸러 이웃집에 갔더니, 주인(主人)은 "거지는 인격(人格)이 없다. 인격이 없는 사람은 생명(生命)이 없다. 너를 도와주는 것은 죄악(罪惡)이다"고 말하였습니다.

그 말을 듣고 돌아 나올 때에, 쏟아지는 눈물 속에서 당신을 보았습니다.

나는 집도 없고 다른 까닭을 겸하야 민적(民籍)이 없습니다.

"민적 없는 자(者)는 인권(人權)이 없다. 인권이 없는 너에게 무슨 정조(貞操)냐" 하고 능욕(凌辱)하려는 장군(將軍)이 있었습니다.

그를 항거한 뒤에, 남에게 대한 격분이 스스로의 슬픔으로 화(化)하는 찰나에 당신을 보았습니다.

아아 왼갖 윤리(倫理), 도덕(道德), 법률(法律)은 칼과 황금을 제사 지내는 연기(烟氣)인 줄을 알았습니다.

영원(永遠)의 사랑을 받을까, 인간역사(人間歷史)의 첫 페이지에 잉크칠을 할까, 술을 마실까 망서릴 때에 당신을 보았습니다.

스스로 주인이란 자는 힘없는 이에게 말한다. "거지는 인격이 없다. 인격이 없는 사람은 생명이 없다. 너를 도와주는 것은 죄악이다." 그 말에 힘없는 이는 '눈물' 속에서 본다. 또 "민적 없는 자는 인권이 없다. 인권이 없는 너에게 무슨 정조냐" 하는 힘 있는 자의 모욕 앞에서 '슬픔으로 분노'하는 찰나에 본다. 그 '눈물'과 '슬픔의 분노'는 "너 자신을 알라"는 철학의 명령으로 다가왔을지 모른다. 그 명령 속에서 과연 무엇을 보았을까? '부재'(不在), 즉 '없음'을 보았다. 당신의 부재, 마땅히 있어야 할 것의 부재, 진리와 자유와 인권과 인격의 부재, 바로 그런 없음을 보는 찰나에 '나'의 부재도 보게 된다. 식민지 조선이란 공간, 수많은 민중이 마주한 객관적 상황, 주권 없는 국가의 국민, 영혼

없는 육체의 비워짐, 그 부재의 자각에서 '나'는 '나'의 없음을 마주하며, 그 마주한 나를 통해 나를 마주한다. 있는 듯 보이지만 없는 나, 채워진 듯 보이지만 비워진 나를.

'뜻'을 가진 "고난은 인생을 위대하게 만든다."[29] 고난의 잔을 피하지 말아야 한다. 그것은 내 존재의 무게감이다. 그 무게감을 온전히 감당할 때, 뜻을 가진 희망이 시작된다.[30] 그런 '뜻' 속에서 철학은 생명을 얻는다. 뜻으로 살아 있는 철학이 된다. 유럽의 형이상학, 고대철학자들에서 현대에 이르는 '존재'(存在, esse)와 '본질'(本質, essentia)에 대한 오랜 고민이 아무리 치열한 궁리로 이어지고 있다 해도, 지금 여기 '나'라는 씨올의 '눈물'과 '슬픔'의 렌즈를 통한 것이 없다면, 그저 '남'의 이야기다.

고대 그리스 헤라클레이토스(Ἡράκλειτος Herakleitos, 기원전 540?-기원전 480?)는 "나는 나 자신을 의문했다"(ἐδιζησάμην ἐμεωυτόν)[31]고 한다. 나를 의문하면서 철학은 시작한다. 그 답은 남의 것으로 채워지는 것이 아니라 자기에게 찾아온 고난 속 자신의 치열한 궁리함으로 채워져야 한다. 그때 고난은 '뜻'으로 다가온다.

종종 이 땅 민중의 고난을 '한'(恨)의 정서로 이해하려 한다.[32] 묵묵히 참아내는 한의 정서를 이 땅 민중의 고유한 본질이라도 되는 듯이 말한다. 과연 그럴까?[33] 한으로 울던 이들은 힘없는 이들이다. 바꿀 수 없는 현실이라 겨우 하는 것이 눈물 흘리는 일이다. 이것이 본질이라면 우리의 본질은 눈물이다. 말도 되지 않는다. "원래 이 세상은 그런 것이라는 말에 분노할 수 있어야 한다."[34] 그게 주체이고 그게 참사람이다. 그런데 이렇게 하지 못하고, 폭력 속에

29   《전집 1》, 316쪽.
30   같은 책, 316-317쪽.
31   DK22B101.
32   김진, "한(恨)의 희망철학적 해석", 〈철학〉 78 (2004), 319-345쪽.
33   정대현, 《한국어와 철학적 분석》(서울: 이화여자대학교출판부, 1985), 83쪽.
34   유대칠, 《신성한 모독자》, 37쪽.

참고 아파한다. "원래 그렇다는 말은 없다. 이성으로 따져봐야 한다."[35] "가시리"[36]를 보자.

가시리 가시리잇고 나는
버리고 가시리잇고 나는
위 증즐가 대평성대(大平成代)

날러는 어찌 살라 하고
버리고 가시리잇고 나는
위 증즐가 대평성대(大平成代)

잡사와 두어리마는
선하면 아니 올세라
위 증즐가 대평성대(大平成代)

설온 님 보내옵나니 나는
가시는 듯 돌아오소서 나는
위 증즐가 대평성대(大平成代)

'나'는 그냥 기다린다. 그 자리를 떠나지 못한다. 찾아가지도 못한다. 가시는 듯 돌아오시길 바랄 뿐이다. "공무도하가"(公無渡河歌)를 보자.

임이여, 물을 건너지 마오.
임은 그예 물을 건너시네.

35 같은 곳.
36 계몽사 편,《우리 시대의 한국문학 1 고전시가》(서울: 계몽사, 1995), 64쪽.

물에 휩쓸려 돌아가시니

가신 임을 어찌할꼬.

(公無渡河 公竟渡河 墮河而死 當柰公何)[37]

이 작품의 '나' 역시 "가시리"의 '나'와 다르지 않다. 그저 아파하고 있다. 그
렇게 아파하다 죽는다. 조선 시대 임제(1549-1587)의 시조 "무어별"(無語別)
속 '나' 역시 다르지 않다.

열다섯 아름다운 월계녀(越溪女)[38] 같은 소녀가

사람들이 볼까 부끄러워 말없이 이별하고

돌아와 집안 겹문 걸어 잠그고 배꽃 사이 달을 향해 눈물 흘리네.

(十五越溪女 羞人無語別 歸來掩重門 泣向梨花月)

작가는 남성이지만 시 속 '나'는 여성이다. 남성에게 보인 여성, 어쩌면 그
것이 이 작품의 '나'다. 어찌 할 수 없어 아무도 없는 곳에서 홀로 아파하는 것
이 여성이다. "가시리" "공무도하가" "무어별"의 '나'는 모두 그냥 아파하고만
있다. '본질'이 '눈물'이다. 더불어 있지 못하고 항상 홀로 울고 있다. 왜 그들
은 자신의 운명을 돌아보며, 왜 그런 처지인지 묻지 않았을까?[39] 어쩌면 그 답
을 궁리했다고 해도 그들의 현실은 맹혹했을지 모른다. 다르게 될 가능성이라
고는 조금도 보이지 않았을지 모른다. 본질이 눈물인 이에게 삶은 포기다. 결
국 종살이의 삶이다. 스스로는 기다리며 남에게 자기 존재의 기쁨을 의존하는
삶, 바로 종살이의 삶이다.

---

37 같은 책, 7쪽.
38 중국 고대 미인 서시(西施)를 가리킨다.
39 참조. 정대현,《한국어와 철학적 분석》, 73쪽.

종살이 버릇을 없애기 위하여, 굳센 의지가 자아가 되고 고결한 혼을 다듬어내기 위하여 불같은 고난이 필요하다. 우리의 생명을 마비시키는 **숙명철학을 몰아내기 위하여 최후의 반발을 찔러 일으키는 지독한 고통이 필요하다.**[40]

고난 속에서 그냥 당하고 있는 한의 정서는 절대 민중의 본질이 아니다. 그런 숙명철학을 몰아내기 위해서라면 지독한 고통이라도 필요하다. 일종의 독립운동이다. 그 고통을 참아내고 다투어야 한다. 3·1혁명과 동학농민혁명을 기억하자. 함석헌은 이렇게 말한다.

> **민중을 주인으로 모셔야 한다.** 3·1운동엔 구한국 시대의 벼슬아치가 주인도 아니요, 지식층의 학생이 주인도 아니요, 자본가가 주인도 아니요, 순전히 전체 민중이 주인이었다.[41]

3·1혁명과 동학농민혁명의 주체는 민중이다. 포기를 강요하는 세상을 향한 민중의 몸부림이다. 그 몸부림으로 3·1혁명과 동학농민혁명은 죽은 역사가 아니라 살아 있는 역사, '뜻'을 가진 역사가 되었다. 그 힘으로 임시정부가 가능했고, 지금 우리의 대한민국이 가능했다. 그냥 아파하지 않은 민중의 분노 가득한 외침과 몸부림이 뜻의 역사를 일구었다.

> 전체같이 무서운 것은 없다. 만세를 한 번 부르고 나자 민중은 딴사람이 됐다.[42]

---

40 《전집 1》, 317쪽.
41 《저작집 5》, 23쪽.
42 같은 책, 31쪽.

딴사람이 되어야 한다. 자기 삶을 남의 집 불구경하듯 있지 말아야 한다. 스스로 자기 존재의 무게를 피하지 말아야 한다.

민중이 스스로 역사를 메는 자가 되지 않고 구경하는 자가 되어서 어떻게 할까? 인생에는 구경꾼이 없고 역사에게 제삼자가 없다.[43]

'나의 삶'과 '우리의 역사'에 제삼자가 되어서는 안 된다! 문익환은 이렇게 말한다.

분노는 바로 억눌리고 짓밟힌 민중에게서 터져 나오는 불길이었던 거죠.[44]

분노해야 한다. 포기하라는 숙명철학에 분노하며 다투어야 한다. 그 분노의 몸부림이 '뜻'의 자기 긍정이다. "이건 내 삶이다!"라고 외치는 자기 긍정의 외침이다.

삼일절은 순교했다.[45]

3·1혁명은 독립을 이루지 못했다. 그러나 실패의 역사가 아니다. 민중의 외침이었다. 기꺼이 강요된 숙명과 다투겠다는 외침이었으며, 스스로 있겠다는 존재론적 외침이었다. 순교란 부활의 조건이다. 그 순교의 피로 대한민국이 가능했고, 그 순교의 뜻이 피어나는 과정이 뜻의 철학이 피어나는 과정이었다.

---

43 《저작집 2》, 26쪽.
44 문익환, 《히브리 민중사》(서울: 정한책방, 2018), 228쪽.
45 《저작집 5》, 41쪽.

삼일절이 죽은 것은 사실이지만 그것은 조그만 사실이다. 그보다 더 큰 사실, 곧 진실은 죽으면서도 죽지 않는 삼일정신이다.[46]

"3·1운동의 주인은 민중"[47]이다. 그 민중의 3·1운동은 죽지 않고 역사 속 고난 가운데 쉼 없이 부활했다. 일제강점기엔 독립운동의 정신으로 부활했고, 1960년 이승만 자유당 정권을 물러나게 한 4·19혁명의 정신으로 부활했다. 부조리 한 사회에 분노한 전태일(1948-1970) 순교로 부활했고, 1980년대 5·18 광주민주화운동과 1987년 6월 민주항쟁으로 부활했다. 세월호의 비극과 박근혜 국정농단 앞에 일어난 촛불혁명으로 부활했다. 죽지 않고 쉼 없이 새로운 모습으로, 그러나 변하지 않은 모습으로 부활했다.

전문가의 사명은 마지막에 한 권의 씨앗 역사를 쓰는 데 있다.…전문 역사가를 둔 것은 씨올의 먹을 역사를 마련하여 주기 위하여서다. 한 권의 씨올의 역사를 써낸 후에야 그의 책임을 다해지는 것이다. 역사가의 자격은 그 기억에 있지 않고 판단에 있다.[48]

함석헌의 말처럼 이 땅 참된 역사가는 뜻 있는 역사를 마련하는 사람이다. 철학사가도 다르지 않다. 이 땅 민중에게 먹일 '뜻' 있는 철학을 만들어내는 노동자다. 지금 이 책을 적어가는 이 노동의 까닭도 바로 그것이다. 동학농민혁명과 3·1혁명 이후 한국철학사를 '뜻'으로 만들어보겠다는 것이다. 민중에게 먹일 뜻 있는 철학과 철학사를 한번 만들어보겠다는 것, 몇 년에 무슨 일이 일어났는지 '사실'의 순간을 나열하는 것이 아니라 '뜻' 있는 순간을 돌아보겠다는 것이다.

---

46 같은 책, 43쪽.
47 같은 책, 17쪽.
48 《전집 1》, 37쪽.

현대 프랑스의 유명한 철학자 알랭 바디우(Alain Badiou, 1937-)의 글을 읽어보자.

> **오늘날 프랑스에는 살아 있는 철학자가 그리 많지 않다.** 아마도 다른 곳보다는 많겠지만 말이다. 별 무리 없이 열 손가락 안에 꼽을 수 있는 정도일 것이다. 그렇다. 만약 우리가 철학자들을 우리 시대를 위한 독창적이고 확인 가능한 언표를 제시하는 사람들로 이해한다면, 또한 주석가들과 필수 불가결한 원로들, 공허한 에세이스트들을 무시한다면, 철학자는 열 명 정도밖에 남지 않는다.[49]

바디우는 오늘날 프랑스에 참된 철학자들이 겨우 10여 명 정도라고 한다. 지금 한국은 어떠한가? 이 땅의 민중에게 뜻 있는 철학을 이야기하는 철학자는 몇이나 될까? 많은 대학에 철학과가 있지만 민중은 한국철학이 없다고 한다. 남의 답을 잘 소개하는 것이 철학은 아니다. 자기 답을 만드는 것이 철학이다. 이 땅의 고난 속에서 피는 것이 철학이다. 남의 고난에서 핀 것을 멀리서 바라보는 것도, 그 사진을 감상하는 것도 철학이 아니다.

'뜻'으로 본 한국철학사는 고난 가운데 치열하게 자라는 이 땅 민중에게 뜻으로 다가간 한국철학의 자기 돌아봄이다.

---

49 알랭 바디우, 《철학을 위한 선언》, 서용순 역(서울: 도서출판 길, 2014), 41쪽.

3 한국철학이 되기 위한 시작으로의 '돌아봄'

철학사를 적는다는 것은 단순한 과거 사실의 기록이 아니다. 그 자체가 이미 '철학'이다. 어쩌면 헤겔(Georg Wilhelm Friedrich Hegel, 1770-1831)의 《철학사》(Geschichte der Philosophie)도 그와 같다.

조선의 선비들은 중국의 변두리에서 중국을 향한 그리움으로 자신을 돌아보았다. 퇴계 이황(1502/1501-1571)은 성리학의 역사적 계통을 쉽게 정리한 《송계원명리학통록》(宋季元明理學通錄)을 남겼다. 흔히 《이학통록》이라 부르는 작품이다. 이후 이익(1681-1764)은 이황의 《이학통록》을 안정복(1712-1791)과 윤동규(1695-1773) 등과 상의하여 《이자수어》(李子粹語)를 남긴다. 이 책은 이익이 직접 퇴계학의 핵심을 모은 작품이다. 제목인 《이자수어》에서 '이자'(李子)는 이황이다. 주희가 '주자'가 되었듯이 이황 역시 '이자'의 반열에 올라 있음을 확인할 수 있다. 이제 조선에도 진리, 즉 '도'(道)가 있다는 말도 된다. 그런 의미에서 이 작품은 처음에 《도동록》(道東錄)이라 불렸다. 그러나 1753년 작품이 완성되고 나서는 《이자수어》라 불리게 되었다. 이 책은 양명학과 불교 그리고 도교 사상을 배척하며 유학의 종결 지점이 당시 이황이라고 주장한다. 한족의 국가인 명나라가 사라진 이후 조선의 선비들은 자신들이 가장 온전하게 유학의 '도'를 유지하고 있다고 생각했다. 이제 조선이 가장 중국답다는 자부심이다.

병자호란과 같은 사회적 혼란기 이후 조선의 선비 중 일부는 더욱 간절하게 명나라 이후 자신들이 중국이길 바랐다. 최종화(1859-1918)는 《도통록》(道統錄)에서 중국의 삼황오제(三皇五帝)[50]와 유학의 성현인 주공(周公), 공자(孔子), 안자(顏子), 증자(曾子), 자사(子思), 맹자(孟子) 그리고 정호(程顥), 정이(程頤), 주희 등을 소개하고, 이어서 이 땅의 도통을 이어가는 기자, 안유, 정몽주, 조광조, 이황, 이이, 김장생, 송시열 등을 소개한다. 중국의 도통이 조선으로 이어졌다는 생각이다.

식민지 조선에서도 홍종각은 《초학필지》(初學必知)에서 역시나 중국의 도통이 이 땅으로 이어짐을 자랑스러워한다. 그러면서 근대 유학의 4현(四賢) 이항로, 김평묵, 유중교, 유인석 등의 대표적인 척사위정론의 유학을 소개한다.

한족이 아닌 만주족의 청나라가 중국에 등장한 이후 이제 조선이 작은 중국이라며 '소중화'(小中華)에 빠져든다. 이러한 소중화 사상을 주체성이라 할 수 있을까? 이제 자신이 한족의 중국에 가장 가깝다고 좋아하는 것이 정말 주체성이라고 할 수 있을까? 나를 나로 보지 못하고 누군가와 가장 비슷하다며 좋아하는 기쁨이 제대로 된 기쁨일까?

함석헌은 '나'를 강조한다. '나'란 존재가 희망의 시작이다.

> 내가 하는 것이다. 죄악적인 제도는 누가 깨치느냐, 내가 해야 한다. 혁명은 누가 하느냐, 내가 해야 한다. 사회에 새 바람은 누가 불어넣느냐? 내가 해야 한다. 나 아니고는 절대 될 수 없다.[51]

민중을 위한 철학은 '나'로부터 시작해 스스로 '나'로 돌아와야 한다. 나 스스로의 눈으로 나를 반성적으로 보지 못하고 남을 기준으로 나를 평가하는 것이 무슨 주체성인가?

나로부터 시작해 나로 돌아와야 하지만, 너를 지워서는 안 된다. '나'란 존

---

50 복희, 신농, 황제, 요왕, 순왕, 우왕, 탕왕, 문왕을 의미한다.
51 《전집 2》, 159쪽.

재가 궁리하고 고민하는 '나'는 그저 홀로 있는 개인이 아니다. '전체와 더불어 있는 나'다. '홀로 있음'으로 '나'가 아니라 '더불어 있음'으로 '나'다.

> 이렇게 말하면, 너는 개인으로는 아니 된다더니 다시 개인에 돌아왔구나, 순환론이로구나 할지 모른다. 모르는 말이다. 나는 개인이 아니다. 나는 아버지 전체와 같이 있는 나지, 개인이 아니다.[52]

'나'는 우리 속에 더불어 사는 사회적 존재다. '우리'는 '흩어진 더미'를 말하지 않는다. 같은 공간에 어쩔 수 없이 '같이 있다'고 해도 '하나'가 되었다고 할 순 없다. 즉 '우리'로 있지 않다. '우리'는 '하나 되어 있음'이다. 가정이란 이름으로 나는 우리 속에 있고, 나라라는 이름으로 나는 우리 속에 있다. 우리 속에서 나는 너를 제대로 만난다. 그리고 너에게서 나를 만난다. 그저 있는 나가 아닌 진정한 의미의 나를 만난다. 나는 너 없이 제대로 나로 있지 않다. 너와 더불어 있는 우리 가운데 나는 제대로 나가 된다. 아래 김상봉(1960-)의 글을 읽어보자.

> '나'는 오직 너를 통해 그리고 너와 함께 우리가 됨으로써 진정한 의미의 나, 곧 주체인 내가 될 수 있다. 이런 의미에서 고립된 자기반성, 즉 고립된 자기관계가 아니라, 타자와의 만남이야말로 주체성의 가장 근원적인 본질인 것이다.[53]

'나'는 '너'를 통해 우리가 됨으로 '진정한 나'가 된다. 너는 나에게 철학적 구원의 길이며, 철학의 신이 내민 손이다. 나 역시 너에게 그러한 존재다. 그렇기에 너를 비우는 홀로 있는 나의 자기반성이 참된 나를 이루지 못한다. 참

52 　같은 곳.
53 　김상봉, 《학벌사회》(파주: 한길사, 2004), 164쪽.

된 철학적 구원으로 이끌지 못한다. 우리 가운데 너를 만나야만 한다. 꼭!

우리 가운데 참된 자기반성은 '철저한 자기혁신'[54]을 낳는다. 그리고 그 혁신은 우리를 떠나 너를 버린 곳에서 이루어지지 않는다. 철학의 고전을 잡고 연구한다 해도, 그 고전 연구가 너를 버리고 우리를 떠나 있어서는 참된 생명을 가진 그 무엇이 될 수 없다. 그저 죽은 고분을 캐는 일일 뿐이다.[55]

> 고전 연구는 생명의식을 일으키는 한에 있어서만 의미를 가지는 것이요, **고전 그 자체가 곧 생명이 될 수는 없다.**[56]

백정과 노비 그리고 기생에게 '너'라며 다가가 만나지 않은 철학, 우리를 이루지 못한 철학, 더불어 사는 이를 무시하고 중국을 그리워한 철학은 절대 '뜻'있는 철학이 될 수 없다. 살아 있는 철학이 될 수 없다. 지금 우리가 다지려는 한국철학은 민중과 더불어 우리 가운데 아프고 힘든 이 시대의 고난에 '너'라며 다가가 만나려는 철학이다. 그 철학의 역사를 다루고자 한다. 더불어 있음의 철학으로 대한민국의 철학, 그 철학의 삶을 돌아보려 한다.

정대현은 《한국 현대 철학, 그 주제적 지형도》에서 한국철학은 지금의 한국인들이 한국어로 제기하는 철학적 주제들에 대한 성찰이라 정의했다.[57] 그런 맥락에서 다수의 철학과 교수들의 연구를 소개한다. 물론 함석헌과 같은 이들이 포함되어 있지만 대다수 인물은 한국이란 조건 속에서 특히나 대학이란 조건 속에서 철학 작업을 하고 있는 철학 교수들이다. 어찌 보면 대학 철학과의 교수는 매우 객관적으로 공인된 철학자다. 그러나 그 철학이 민중에게 '너'라며 다가가 우리가 된 더불어 있음의 철학인지, 그것이 아니면 또 다른

---

54 《전집 1》, 242쪽.
55 같은 책, 242-243쪽.
56 같은 책, 242쪽.
57 정대현, 《한국 현대 철학, 그 주제적 지형도》(서울: 이화여자대학교출판문화원, 2016), 13쪽.

방식의 어떤 뜻을 민중에게 전했는지 의문이다. 철학은 분명 보편성을 가진 학문이지만, 지금 여기 구체적 현실의 개체성을 무시한다면, 보편의 눈물을 다룬다면서 개체의 고난과 아픔 그리고 눈물에 고개 돌린다면, 민중에겐 탁상 공론으로 다가올 뿐이다. 그냥 남의 철학이다. 과연 철학 교수들 중 몇이나 민중에게 뜻으로 다가가는 철학을 일구었는지 여전히 의문이다.

전호근의 《한국철학사》는 1부에서 '삼국 시대 철학', 2부에서 '고려 시대 철학', 그리고 3부와 4부는 '조선 시대 철학', 마지막으로 1919년에 건국된 한국에서의 철학을 '현대 철학'이라 부르며 정리하고 있다.[58] 흔히 그렇듯이 책 제목은 '한국'철학사다. 그런데 그 한국 가운데 조선이 있고, 고려가 있고, 삼국 시대가 있다. 막상 지금 우리가 살고 있는 '한국'의 철학은 '현대 철학'이라 불린다. 나는 '한국철학사'를 그렇게 이해하지 않는다.

한국철학은 말 그대로 한국, 즉 대한민국의 철학이다. 조선의 철학도 고려의 철학도 아니다. 흔히 우리는 '대한민국'을 '한국'이라 한다, 대한제국도 아니고 조선도 고려도 신라도 백제도 고구려도 아니다. 이들 국가에서 민중은 역사의 주체도 철학의 주체도 아니었다. 그런 나라의 철학은 절대 한국의 철학과 같을 수 없다. 생각해보자. 조선의 '주체'는 민중이 아니다. 조선 양반의 철학에서 민중의 고난과 아픔에 대한 고민을 기대할 수 없다. 그들과 더불어 있지 않다. 그러나 한국철학에게 민중의 고난과 아픔은 피할 수 없는 철학의 과제다. 한국철학 가운데 삼국시대철학, 고려시대철학, 조선시대철학 등이 있는 것이 아니다. 지금은 생명력 없는 이들 과거의 철학은 모두 이 땅에 있었던 철학일 뿐이다. 삼국시대철학은 삼국시대철학이고, 고려시대철학은 고려시대철학이며, 조선시대철학은 조선시대철학이다. 그리고 그 모든 과거 이 땅의 철학은 이 땅 권력자의 철학이지 민중의 철학이 아니다. 윗사람과 아랫사람이 있던 시대, 윗사람의 철학일 뿐이다. 이들 모두 말은 거창했지만 결국 현실에

---

58 전호근, 《한국철학사: 원효부터 장일순까지 한국 지성사의 거장들을 만나다》(서울: 메멘토, 2018).

서 사람의 철학이 되진 못했다. 그러나 대한민국의 철학은 그렇지 않다. 더불어 있음의 철학이다.

이을호(1910-1998)의 《한국철학사 총설》[59] 역시 과거를 묶어 한국철학사라 한다. 이종우의 《한국철학사: 외래사상 대 토착사상의 갈등과 융합》[60] 역시마찬가지다. 이종우는 고조선에서 현대 유교철학까지 '외래사상과 토착사상의 갈등과 융합'이라는 관점에서 흥미롭게 정리하고 있다. 하지만 이 역시 '한국철학'이란 이름으로 너무나 많은 것을 다루고 있다. 엄밀한 의미에서 한국철학사는 민중이 중심이 된 '대한민국철학'의 돌아봄이어야 한다.

최민홍의 《한국철학사》[61]는 유럽 철학사의 흔한 형태인 고대와 중세 그리고 근대(근세)로 나누어 내용을 전개하지만, 이 역시 한국철학이라는 이름 아래 너무 많은 것을 다루고 있다

박종홍(1903-1976) 역시 《한국사상사》[62]에서 '한국사상'이란 이름 아래 고구려의 승랑(僧朗)과 원측(圓測), 그리고 원효와 의천(義天), 지눌(知訥)을 소개한다. 또 《한국사상사논고: 유학편》에서도 '한국사상'이란 이름 아래 과거이 땅의 사상을 정리한다.[63]

《한국실학사상사》라는 책이 있다.[64] 나는 '실학'(實學)이란 말 자체에 조금다른 생각을 가지고 있지만,[65] 적어도 '한국실학'이란 말은 나의 한국철학의 시야에선 맞지 않은 말이다. 굳이 그 의도를 인정하고 들어간다고 해도 '조선실학'이라 해야 한다. 3·1혁명 이후 건국된 대한민국에서 실학은 무엇인가? 실학자 정약용과 같은 이가 과연 한국인인가? 그는 조선인이다.

59 이을호, 《한국철학사 총설》(파주: 한국학술정보, 2015).
60 이종우, 《한국철학사: 외래사상 대 토착사상의 갈등과 융합한국철학사: 외래사상 대 토착사상의 갈등과 융합》(파주: 이담북스, 2011).
61 최민홍, 《한국철학사》(서울: 성문사, 1968).
62 박종홍, 《한국사상사》(서울: 서문당, 1972).
63 박종홍, 《한국사상사논고: 유학편》(서울: 서문당, 1977).
64 한국철학사연구회, 《한국실학사상사》(서울: 심산, 2008)
65 이와 관련해 다음의 책을 추천한다. 김용옥, 《혜강 최한기와 유교》(서울: 통나무, 2004).

'돌아본다'는 것은 무엇인가? '나'를 돌아보면 '나'만 홀로 떠오르지는 않는다. '나'와 더불어 있는 가족과 벗들이 떠오른다. 더불어 식사하고 여행하고 놀던 이들이 떠오른다. 심지어 더불어 싸운 이들도 떠오른다. 결국 이 모든 더불어 있음의 시간과 존재들이 지금의 '나'를 이루었다. 플라톤(Πλάτων, Platon, 기원전 429?-기원전 348)의 철학은 순수하게 플라톤만으로 이루어진 것이 아니다. 그의 스승 소크라테스(Σωκράτης, Socrates, 기원전 470-기원전 399)가 녹아들어 있고, 그의 스승을 죽음에 이르게 한 부조리한 현실이 녹아 있다. 한국철학 역시 마찬가지다.

중국 명나라와 청나라 없이 그리고 일본 없이 조선의 마지막, 곧 한국의 시작을 이해할 수 있을까? 미국, 일본, 중국, 러시아(소련) 없이 이해할 수 있을까? 불가능하다.

> 홀로 존재하겠다고 해도, 생각하고 판단하고 행동하는 주체가 개개인인 것은 물론이지만, 그 개인의 뒤에는 언제나 전체가 서 있다.[66]

모두 다 "나는 나다!"라고 외친다. 그러나 모든 '나'들은 전체 속에 있다.

> 사람의 살림이 본래 개개인으로만 되는 게 아니야. **전체적으로 되는 거예요.**[67]

'산다는 것'은 홀로 되지 않는다. 더불어 있다. 웃든 울든 더불어 있다. 철학도 마찬가지다. 한국철학사의 제대로 된 시작을 이해하기 위해서는 일본과 중국도 함께 살펴야 한다. 그들 없이 민중이 주체가 된 온전한 한국철학사의 돌아봄은 불가능하다.

---

66 《전집 1》 67쪽; 《저작집 30》, 89쪽.
67 《저작집 21》, 96쪽.

4 한국철학사는 무엇을 담을 것인가

한국철학이 존재하는가? 공격적인 의심이다. 한국철학이 없다면, 한국철학사도 없다. 한국철학이 주체적인 철학이 아니라면, 당연히 반성할 것이 없다. 주체 없는 돌아봄이나 반성은 있을 수가 없다. 한국철학사가 존재하기 위해 우선 한국철학이 주체적 철학으로 있어야 한다.

오랜 시간 우린 스스로 우리를 돌아보지 못했다. 남의 시선, 특히 일본의 시선 속에서 우리를 돌아보았다.[68] 스스로 자기 자신을 반성할 수 없을 정도로 무력한 존재이면, 스스로 개조할 힘도 없다. 그러니 남의 손에 개조되자고 한다. 그런 곳에 철학은 당연히 없다.

'대학'(大學, universitas)이란 공간은 유럽과 같아지기 위한 공간이다. 처음부터 학문의 자유를 위한 공간이라기보다는 '유럽화' 혹은 '일본적 유럽화'의 공간이었다. 자기를 지우고 남의 색으로 자신을 칠하는 공간이었다. 자기부정을 통해 남이 되고 남의 시선 속에서 자학하는 우울한 공간이 바로 대학이었다. 대학이 그러한 공간이기에 처음부터 철학을 기대하기 어려웠다.

조소앙(1887-1958)은 1917년 7월 "대동단결선언"(大同團結宣言)에서 한국의 주권은 한국인의 것이며, 한국인이 아닌 이가 한국의 주권을 받는 것은 말이 되지 않는다고 했다. 즉 주권양여(主權讓與)는 불가능하다고 외쳤다. 조선은 왕에게 주권이 있었다. 그것을 순종(純宗, 재위 1907-1910)이 포기했다

---

68   김용옥, 《사랑하지 말자》(서울: 통나무, 2012), 87쪽.

면, 한국의 민중에게 주권이 넘어와야 한다. 그런데 일부 세력에 의해 일본에게 주권이 넘겨졌다는 것은 말도 되지 않는다. 조소앙은 1919년 2월 1일 "무오독립선언서"(戊午獨立宣言書) 혹은 "대한독립선언서"(大韓獨立宣言書)에서 이러한 비판 정신을 이어간다. 이 선언은 최초의 독립선언이다. 이 선언에 따르면, 한국은 남의 나라 변두리에 선 나라가 아니라, 민중이 주권을 가진 자주 독립국이다.[69] 이 선언은 이후 2·8독립선언과 3·1혁명의 기폭제가 되었고 3·1혁명은 이후 등장한 한성임시정부, 노령임시정부, 대한민국임시정부, 조선민국임시정부, 고려공화국, 간도임시정부, 신한민국정부 등 여러 임시정부의 정신적 토대가 되었다. 1919년 4월 23일 서울에 설립된 한성임시정부는 국민주권, 즉 국가의 주권이 국민에게 있다고 다시 외쳤다. 상하이의 대한민국임시정부는 같은 해 4월 9일 정부 수립을 위한 회의를 시작하고, 4월 11일에는 각 지방 대표들로 의회를 구성했다.[70] 그리고 당일 회의에서 '대한민국'이란 국호를 선택했다. '대한민국'에서 '민국'은 이 나라가 공화제 국가임을 의미한다. 이후 노령임시정부와 한성임시정부 그리고 대한민국임시정부는 하나로 통합된다.

'대한민국'은 임시정부로 시작했다. 임시정부는 아직 있지 않은 나라의 정부다. 그들이 생각한 철학이 반영된, 아직 오지 않은 미래 국가를 위한 정부다.[71] 아직 온전히 현실화되지 않은 가능성 속 국가에 대한 정부다. 그러나 그저 가능성으로만 있던 것은 아니다. 3·1혁명을 통해 표출된 독립에 대한 민중의 요구로 일어난 정부다. 민중이 불러 세운 정부다. 지금 현실에 안주하지

---

69 이 선언문을 지지하며 서명한 이들은 다음과 같다. 김교헌, 김규식, 김동삼, 김약연, 김좌진, 김학만, 여준, 유동열, 이광, 이대위, 이동녕, 이동휘, 이범윤, 이봉우, 이상룡, 이세영, 이승만, 이시영, 이종탁, 이탁, 문창범, 박성태, 박용만, 박은식, 박찬익, 손일민, 신규식(신정), 신채호, 안정근, 안창호, 임방, 윤세복, 조용은, 조 욱, 정재관, 최병학, 한흥, 허혁, 황상규.

70 4월 11일 제1차 임시의정원 회의에 출석한 이들은 현순, 손정도, 신익희, 조성환, 이광, 이광수, 최근우, 백남칠, 조소앙, 김대지, 남형우, 이회영, 이시영, 이동녕, 조완구, 신채호, 김철, 선우혁, 한진교, 진희창, 신철, 이영근, 신석우, 조동진, 조동호, 여운형, 여운홍, 현창운, 김동삼 등이었다.

71 김상봉, "국가 속의 국가", 〈철학연구〉 88 (2010), 30-31쪽.

않는 미래에 대한 정부다. 이렇게 생각하면 한국이란 국가가 임시정부에서 시작했다는 것만으로도 철학적이다.

민중이 조소앙의 사상에 압도되어 끌려간 것이 아니다. 민중이 조소앙의 사상을 사용하여, 스스로 조선이 아닌 대한민국을 향하고 있었다. 민중의 오랜 고난이 새로운 시대를 부르고 있었다. 누군가를 주인 삼아 다시 종노릇을 시작한 것이 아니다. 이를 위해 임시정부를 현실로 불렀다. 고난이 새 시대의 희망을 품도록 살아온 이들이 이 땅 민중이다. 돌아보지 않아서 그렇지 우리는 이미 충분히 철학적 삶을 살아왔다.

임시정부는 마땅히 있어야 하는 것의 부재 속에서 세워졌다. 부재의 부당함을 따지며 세워졌다. 어찌 보면, 부재를 자각한 민중의 합리적 애씀이다. 그 애씀은 쉽지 않다. 그러나 피해서는 안 된다.

> 제가 스스로 제 운명을 개척하고 사람 노릇을 하자는 생각이 없고 오늘 이놈에게 내일은 저놈에게 붙어 그때그때 구차한 안락을 탐하는 것이었다.[72]

'의존'이 노예의 '본질'이다. 스스로 포기하고 의존하면 잠시 편할 수 있다. 하지만 '고난의 주체'만이 '철학의 주체'가 될 수 있다. 그리고 그만이 '당당한 행복의 주체'가 될 수 있다. 오랜 시간 이 땅의 민중은 고난의 주체였지만 철학의 주체가 되지는 못했다. 한마디로 민중에게 철학은 없었다. 이 책이 대한민국철학사라는 이름으로 담고자 하는 것은 바로 민중과 더불어 자란 한국철학의 순간이다.

오랜 시간 민중의 언어는 철학의 언어가 아니었다. 보라. 조선 성리학의 언어는 중국의 한문이었다. 그러니 민중의 고난이 민중의 언어로 철학에 이르지 못했다. 한글이 창제되었다지만 철학의 언어로 쓰이지 못했다. 서학(西學, 천주교)이 들어오면서 정약종(1760-1801)은 《주교요지》(主教要旨)를 썼다. 그

---

72 《저작집 30》, 377쪽 ; 《전집 1》, 265쪽.

리스도교 신학을 민중의 언어인 한글로 적은 것이다. 정약종에 의해 한글은 드디어 사상의 언어가 된다. 이는 뜻 깊은 철학의 순간이다. 이제 민중의 언어가 사상의 언어가 된 것이다. 이 순간은 진정 '한국철학의 회임'이라 하겠다. 나의 언어가 사상의 언어가 될 때, 나의 철학이 가능하기 때문이다.

최제우(1824-1864)는 동학의 사상을 《용담유사》(龍潭遺詞)에 한글로 적었다. 이제 민중의 언어로 이 땅 고유의 사상이 기록되고 읽히기 시작했다. 이것을 '한국철학의 출산'이라 하겠다. 그리고 출산 이후 성장의 과정이 류영모(1890-1981), 윤동주(1917-1945), 문익환(1918-1994), 장일순(1928-1994), 권정생(1937-2007), 함석헌의 철학이다.

이들 대부분은 대학교수가 아니다. 유일하게 '문익환'만이 성서학을 가르치는 신학 교수였지만, '철학자 문익환'은 대학 연구실이 아닌 민중과 더불어 치열하게 궁리하는 '발바닥 철학자 문익환'이다. 이들은 민중과 더불어 진지하게 철학한 철학자들이다.

서울대에서 철학을 가르친 박종홍의 철학이 박정희의 옆에서 "국민교육헌장"을 가르칠 때, 초대 문교부 장관이며 서울대 철학 교수 출신 안호상(1902-1999)의 철학이 이승만의 옆에서 일민주의(一民主義)를 가르칠 때, 철학 교수 출신 이규호(1926-2002)의 철학이 전두환의 옆에서 "국민윤리"로 안보 이데올로기를 가르칠 때, 또 김형효(1940-2018)의 철학이 박종홍의 제자로 박정희의 새마을운동의 가치를 드높이며 동서철학을 오가는 동안, 이들 철학은 과연 민중과 더불어 무엇을 하였는가?

한국 개신교의 민중신학자 안병무(1922-1996)는 목사 안수를 받지 않고 평생 평신도 신학자의 삶을 유지했다. 함석헌의 영향이었다. 한국사 연구에 있어 역시나 주요한 위치를 가진 이기백(1924-2004) 역시 그의 아버지이며 무교회주의 농민운동가 이찬갑(1904-1974)과 더불어 함석헌의 영향을 받았다. 이찬갑의 '풀무공동체'와 '풀무학교'는 함석헌의 영향 속에서 가능했다. 장기려(1911-1995)도 풀무학교를 지지하고 후원했으며, 함석헌의 사상을 매우 높게 평가했다. 장기려가 1968년 국내에서 처음 실시한 의료보험인 '청십자의료협동조합'은 함석헌과 이찬갑 등이 주도한 무교회주의자들의 공동체주의와 무관하지 않다. 청십자의료협동조합의 첫 조합원이 바로 함석헌인 것만 봐도 이들의 관계를 알 수 있다.

장일순은 도산 안창호의 뜻을 계승하고자 대성학원을 설립했고, 4·19혁명엔 중립화 통일론을 주장했다. 그로 인해 5·16 군사 쿠데타 이후 감옥살이를 해야 했다. 이후 가톨릭교회의 지학순 주교와 함께 사회운동을 이어갔다. 예를 들어, 농민과 노동자를 위한 교육과 신용협동조합, 그리고 소비자협동조합 운동을 이어갔다. 1980년대 이후엔 농부와 도시 소비자 사이를 연결하는 '한살림' 운동을 시작했다. 한살림 운동은 장일순이 1966년 11월 13일 원주 지역의 가톨릭 신자 35명과 함께 결성한 신용협동조합에서 그 기원을 찾을 수 있다.

함석헌과 장일순은 모두 민중의 고난과 슬픔을 벗어나지 않았다. 민중의 고난과 더불어 함석헌과 장일순의 철학은 더욱 철학다워졌다.

민중이 듣고 싶은 이야기는 지금 여기 존재하는 바로 '나'에 대한 이야기다. 바로 그 '나'에 대한 철학을 원한다. 학벌사회의 고통으로 아파하는 '나'에 대한 철학을 원한다.[73]

문익환은 우선은 구약학자다. 그는 민중이 조금 더 편한 우리말로 성경을 읽을 수 있도록 가톨릭교회와 개신교회가 손을 잡고 번역한 "공동번역" 작업에 참여했다. 우리 구어(口語)로 이 땅 지식인의 부끄러움을 그린 윤동주의 벗 문익환은 초기에는 구약학자로서의 성실한 삶을 살았다. 이후 1960년대 중반을 넘어서면서 그리스도교의 토착화에 집중했다. 토착화란 무엇인가? 이 땅 민중의 그리스도교가 되어야 한다는 말이다. 그러기 위해서는 우선 민중의 소리를 알아들어야 한다. 1976년에 있었던 "3·1 민주구국선언"은 문익환이 민

---

73 이와 관련된 한국철학은 다음의 결실이 있다. 김상봉,《학벌사회》; 김용옥,《독기학설》(서울: 통나무, 2004).

주화운동에 뛰어든 첫 순간이다. 이 일에 관련된 문정현 신부, 문동환 목사, 서남동 목사, 이문영 교수는 모두 구속되었다. 이후 문익환은 전두환 독재정권과도 쉼 없이 다투었다. 그가 쓴 《히브리 민중사》[74]는 감옥 안에서 나온 그의 대표적 사상서다. 감옥, 정의로운 일을 했지만 부조리한 사회에선 피할 수 없는 바로 그곳, 그곳이 그의 연구실이었다. 바로 그 감옥에서 그는 구약 히브리 민중의 해방 역사를 따라가며 '남'이 아닌 '우리'를 이야기한다. 그러면서 그는 민중을 중시하는 철학, 민중이 주체가 되는 철학인 '발바닥 철학'을 제안한다. '발바닥'이란 비유를 통해 낮은 곳에 있지만 낮은 존재론적 가치를 가지지 않은, 이 세상의 토대이면서 세상 존재의 무게감을 홀로 감당하는 민중을 그려낸다. 문익환은 "너 자신을 알라"는 철학의 명령에 이 같은 '발바닥 철학'으로 답한다.

권정생의 철학이라고 하면 왠지 어색할지 모르겠다. 하지만 그의 동화와 산문은 많은 이들에게 자기 존재를 돌아보게 하고 반성하게 했다. 《강아지똥》에서 강아지똥은 민들레에게 자기 존재를 내어준다. 그 '자기 내어줌'으로 '존재의 아름다움'을 드러낸다. 희생이 아픔으로 끝나는 것이 아니라 희망이 되고 존재의 아름다움이 된다. 또 《하느님의 눈물》에서 토끼는 자신의 생존을 위해 죽어야 하는 풀의 죽음 앞에서 아파한다. 풀의 '자기 내어줌'으로 존재하는 토끼는 누군가의 아픔을 거름으로 해서 존재하는 슬픈 존재다. 권정생은 이렇게 현대인에게 '나'의 존재론적 원죄에 대해 묻는다. 자기 존재의 슬픔, 그 의도하지 않은 슬픔 앞에서 우리는 자본주의 사회의 고난, 이기는 기쁨에만 빠진 우리를 돌아본다. 과연 누군가의 자기 내어줌 없이 존재할 수 있을까? 나의 존재는 온전히 나의 것일까? 결국 "너 자신을 알라"는 철학의 명령에 권정생은 답했다.

문익환과 권정생은 철학적인가? "너 자신을 알라"는 말에 이 둘은 자신의

---

74 이 책은 처음에 옥중에서 《생활성서》에 연재한 글이다. 이후 문익환, 《히브리 민중사》(서울: 삼민사, 1990)로 나왔고, 최근 문익환, 《히브리 민중사》(서울: 정한책방, 2018)로 복간되었다.

방식으로 답했다. 고대 그리스 철학자 헤라클레이토스가 말한 "나는 나 자신을 의문했다"(ἐδιζησάμην ἐμεωυτόν)[75]는 말에도 이 둘은 부끄럽지 않을 수 있다.

함석헌, 장일순, 문익환, 권정생의 철학은 지금까지 대학의 철학과에서는 제대로 다루어지지 않았다. 이 시대의 아픔을 '남'의 철학이 아닌 '나'의 삶에서 나온 '나'의 철학으로 채운 이들이지만 철학과에서는 이들을 다루지 않았다. 이들을 돌아보지 않고 한국철학을 이야기했다.

이 책은 민중 스스로 '나'의 철학이라고 당당하게 부를 수 있는 이들의 철학을 돌아보려 한다.

앞서 이야기한 이 모든 것이 바로 이 책이 존재하는 이유다. 성공의 가능성은 모르겠다. 한국이라는 조건 속에서 철학이란 보편적 지혜의 가능성, 앞으로 한국철학에 대해 이 책에서 치열하게 고민해보겠다. 서설이 길었다. 그것은 단순한 서론이 아닌 앞으로 한국철학, 곧 대한민국철학으로 나란 사람이 만들어갈 작업의 긴 계획서이기도 하기 때문이다.

75   DK22B101.

한국철학의 기초 다지기

: 한국철학의 기본 요소

1 '한국'이라는 조건

1) 기생 출신 철학자 '정칠성'과 사랑의 자유인 '강향란'

조선에서 기생은 철학의 주체가 될 수 없었다. 사회운동과 거리가 먼 존재, 비천한 신분으로 조선 권력자인 양반 남성의 변두리에나 머물던 존재였다. 그러나 3·1혁명은 그들의 손에 태극기를 들려주었다. 지금으로 말하면 여성이며 유흥업소 종사자인 기생에게 태극기를 들려준 것이다. 그 가운데 우리가 기억해야 할 이들이 있다. 그 시대 사람들은 그들을 '사상기생'이라 불렀다. 철학을 가진 기생이라는 말이다.[1] 그중 한 명이 '금죽'(錦竹)이란 기명의 사회주의 철학자 정칠성(1897-1958)이다. 그녀는 지금은 매우 보수적인 지역으로 알려진 대구 출신이다. 그는 여성 운동가이며 사회주의 사상가인 허정숙(1902-1991)과 중국과 소련에서 활동한 공산주의자 주세죽(1901-1953) 등과 1924년 사회주의와 공산주의 그리고 무정부주의 철학을 가진 여성 단체 '조선여성동우회'를 결성했다.

정칠성은 가난한 집안의 딸로 기생이 되었지만 3·1혁명에 참여했다. 3·1혁명의 경험은 정칠성을 또 다른 삶으로 이끌기 시작했다. 조선 시대 많은 여인들이, 특히 기생들은 남성의 변두리에 있어야 했다. 그런 삶이 강요되었다. 그러나 정칠성은 그런 삶을 거부했다. 그는 남편의 변두리에서 자신의 삶을

---

1   김중순, "근대화의 담지자 기생", 〈한국학논집〉 43 (2011), 161-194쪽.

만들어간 나약한 여인이 아니었다. 그는 글을 적어 여성 교육을 강조하고 사회 부조리를 비판했으며, 1920년 잡지 〈신여자〉의 필진으로 참여하기도 했다. 또 미국으로 유학을 가기 위해 1922년 일본으로 건너가 영어 강습소에 다녔지만 경제적인 이유로 미국 유학을 떠나진 못했다. 이렇게 그는 치열하게 나름의 삶을 스스로 개척하며 살았다. 1923년 대구에서 대구여자청년회 창립에 참여했으며, 1923년 말부터 남성 중심 사회에 대한 부조리와 제국주의적 폭력에 분노해 여성들과 힘을 모으기 시작했다. 그 가운데 그는 여성 노동자를 향한 사회적 폭력을 보며 여성해방운동을 전개한 당시 러시아 사상가 알렉산드라 콜론타이(Aleksandra Kollontai, 1872–1952)의 사상을 조선에 소개하기도 했다. 콜론타이는 여성의 인권과 자유연애를 주장하고, 여성의 문제를 위해 국가가 더욱 적극적인 활동을 해야 한다는 입장을 가진 인물로, 식민지 조선의 여성들에게 많은 영향을 주었다. 정칠성도 그중 한 명이었다.

정칠성은 자신의 남편 '신철'이 자신의 벗 '정종명'과 동거하였지만, 이러한 것에 흔들리지 않고 이혼 후 신철은 물론 정동명과도 동지 관계를 유지했다. 그는 스스로를 남편의 변두리 정도로 인식하지 않았고, 가장 중요한 것은 바로 자신이라 생각하며 여성운동을 이어갔다. 그는 여성의 성적 자기결단성에 대해서도 깊이 고민한 인물로서, 여성이 남자의 변두리에서 사랑을 기다리는 수동적 존재로 머무는 것에 비판적이었다. 남녀의 성관계 역시 그는 굳이 사랑을 전제로 이루어져야 한다는 고전적인 입장을 인정하지 않았다. 사랑 없는 섹스도 가능하단 생각이었다. 단순히 성욕을 위한 섹스의 가능성을 이야기한다는 것 자체가 엄청난 도발인 시대였다. 그러나 그는 멈추지 않았다. 그는 기존 가부장 사회의 남성 중심적 세계관에 비판적이었고, 그런 자신의 생각에 부합하게 살았다.[2] 조선이란 억압의 공간, 여성에게 성적 자유를 인정하지 않는 공간에서 여성의 성욕은 금기시되었고, 여성은 오직 남성을 기다리는 존재로 있을 뿐이었다. 여성이 사회의 개혁을 소리 높이는 것 역시 금기였다. 정칠

2 서지영,《역사에 사랑을 묻다》(서울: 도서출판 이숲, 2011), 119쪽.

성은 이런 현실에 정면으로 도전했다. 성의 문제를 공격한 것이다. 그에게 그의 시대가 원하는 자신의 사명은 다음과 같은 것이었다.

> 진정한 신여성은 모두 불합리한 환경을 부인하고 강렬한 계급의식을 가진 무산여성으로 새로운 환경을 창조코자 하는 열정 있는 새 여성이다.[3]

과거 조선의 여성은 조선이란 사회의 주권자가 아니었다. 게다가 기생은 어쩌면 온전한 인간도 아니었다. 그런 존재가 사회의 개혁을 이야기하고 스스로 자기 운명을 개척하는 것은 허락되지 않았다. 온전한 인간이 아니기에 자신의 운명을 개혁하는 것은 자신의 결단이 아니라 타자의 허락에 의존해야 하는 그런 존재였다. 그러나 3·1혁명을 경험한 기생 정칠성은 달라졌다. 스스로의 주권을 소리 높이기 시작했다. 조선이라는 사회의 폭력 앞에서 그는 인간으로서 여성이 가져야 하는 인권을 소리치기 시작한 것이다.

조선 여인들의 하나같이 똑같은 머리 모양을 깨고 단발의 시대를 연 인물은 기생 강향란(1900-?)으로, 그 역시 대구 출신이다. 머리 모양을 스스로 선택한다는 것 자체가 전통에 대한 도발이었다. 게다가 그는 기생이었다. 그는 단발을 하고 여성운동에 뛰어들어 당시 조선의 여인들과 달리 자신의 이성과 욕구를 소리내기 시작했다. 1922년 '단발'한 기생 강향란이 사회를 흔든 이후 1924년 〈신여성〉 10월호에는 단발을 경험한 여성들의 글이 실렸고, 1925년 8월호에는 이화전문학교 조정환 교수의 "단발하는 것이 좋습니다"라는 글이 실리기도 했다. 물론 여전히 조선이란 사회적 틀에서 자유롭지 않은 많은 이들의 공격이 거셌다.

여성이 자신의 머리 모양을 스스로 결정하고, 자신의 성적 권리를 결단하며, 여성 독립운동과 한국의 독립운동에 참가하는 주체가 되었다는 점만으로 이미 조선과 다른 한국의 모습이었다. 아직도 여성들이 온전한 권리와 자유를

3   정칠성, "신여성이란 무엇", 〈조선일보〉 1926. 1. 4.

누리는 데에 미흡한 부분이 많은 세상이다. 그러나 3·1혁명 이후 조선이 아닌 한국이 철학적으로 시작되며 세상은 과거와 달라졌다.

1895년 12월 30일 공포된 단발령을 보자. 상투를 자르고 유럽식 머리를 하라고 국가권력이 민중에게 명령했다. 이렇게 국가가 민중을 통치의 대상으로만 생각한 공간이 바로 조선이다. 민중은 통치의 대상일 뿐 주체가 될 수 없었다. 1920년 독립운동가이며 사회주의자이고 여성운동가인 허정숙이 단발을 강행했다. 이어서 1922년 기생이던 강향란이 단발을 해 사회적 이슈가 되었다. 이런 사회에서 여성들이 자유를 이야기하며 스스로 자신의 머리 모양을 결단하겠다고 한 것이다. 스스로 통치의 대상이 아닌 자기 삶의 주체가 되어 보인 것이다. 정칠성은 성적 자유 역시 마땅한 것이라고, 섹스에 있어서도 여성은 주체가 되어야 한다고 주장했다. 이것이 바로 한국이다. 지금도 여전히 미완으로 존재하는 그런 한국.

2) 민중이란 무엇인가

한국이란 나라의 주권은 국민에게 있다. 이 점에서 이미 한국은 조선과 다르다. 조선에서 민중은 통치의 대상일 뿐이었다.

조선만 그런 것이 아니다. 인류 역사 속 많은 지배계층이 민중을 낮게 보며 무시했다. '군중'이란 말의 라틴어 'turbo'는 '재촉하다'라는 의미의 말이며, 혼돈과 소동의 의미를 가진 말에서 나왔다. 부정적이다. 한마디로 무질서한 무리라는 의미가 강하다. '다수'라는 의미의 'multitudo' 역시 수적으로 많은 것을 의미할 뿐이며, 계급을 토대로 사용된 '평민' 혹은 '대중'이란 의미의 'vulgus' 역시 관련된 표현들이 긍정적이지 않은 경우가 많다. 예를 들어, 부사 'vulgo'는 '분별없이'라는 말로 사용되기도 한다. 라틴어 'turbo', 즉 군중은 격론과 말다툼 가득한 사람들에 대한 표현이다. 이러한 것이 긍정적으로 사용

될 수도 있지만 세네카(Seneca, 기원전 4-65)의 표현을 보면 알 수 있듯이 군중
이란 표현은 그리 긍정적이지 않았다.

> 당신은 특히 피해야 하는 것이 무엇인지 묻는가? 바로 '군중'이네. 당신 자신
> 을 안전하게 맡길 수 없기 때문이지. (*Quid tibi vitandum praecipue existimes*
> *quaeris? turbam. Nondum illi tuto committeris.*)[4]

세네카에게 군중은 피해야 할 그 무엇이다. 어지럽게 하는 그 무엇이다.
무질서하게 떠들어대는 무리다. 영어 'people'은 라틴어 '*populus*'에서 나온
말이다.[5] '*populus*', 즉 민중은 신의 보편적인 목소리로서 고유한 도덕적 정
당성을 가진다는 의미에서 "민중의 소리는 신의 소리와 일치된다"(*vox populi*
cum voce dei concordat)라고도 한다. 그러나 이것이 '*populus*'의 전부는 아니
다. 불협화음과 부조화 그리고 무질서의 폭력으로 무너질 위험성이 수반되기
도 한다. 하지만 '*populus*', 즉 민중은 다수와 달리 참정권을 가진 존재로 드
러난다. 그러나 오랜 시간 동안 유럽에서도 대중, 다수, 민중은 항상 위험한
존재, 때론 무질서의 존재로 지식을 가진 이들의 질서 부여를 기다리는 이들
로 이해되기도 했다.

3) 민중이 주권을 가지기 시작한 1919년 '한국'

대한민국은 대한민국임시정부의 법통을 따른다. 그렇다면 '한국'이란 국

---

4   Seneca, *Epistula ad Lucilium* VII, 1.
5   Marisa Galvrez, "People" in Crowds edited by J. T. Schnapp, M. Tiews (Stanford
    University Press. 2007), pp. 104-106. 이 부분에 대한 한국어 번역이 있다. 마리사
    갈베즈, "People: 영어", 《대중들》, 제프리 T. 슈나프·매슈 튜스 편, 양진비 역(서울:
    그린비, 2015), 232-235쪽.

가의 본질을 이해함에 있어 대한민국임시정부는 매우 주요하다. 임시정부의 첫 헌법은 1919년 4월 11일에 공포되었다. 이 최초의 헌법은 조소앙이 초안을 작성했다. 조소앙은 이미 1919년 2월 1일 "대한독립선언서"를 작성했고, 1917년 7월 중국 상하이에서 신규식 등 14명이 함께한 "대동단결선언" 역시 작성자는 조소앙이었다. 드디어 국민주권, 즉 민중주권이 주장되었다. 이제 대한민국은 민중이 국가의 주체로 선포되었다. 이러한 "대동단결선언"의 내용은 이후 "대한독립선언서"에도 이어진다. 그 내용을 읽어보자.

우리 대한의 동족 남매와 세계의 우방 동포들이여. 우리 대한은 완전한 자주 독립과 신성한 평등 복리로 우리 자손들에게 세대를 거듭하여 전하기 위하여 이에 이민족 전제의 학대와 억압을 벗고 대한 민주의 자립을 선포하노라. 우리 대한은 예부터 우리 대한의 한(韓)이며 이민족의 한(韓)이 아니다. 반 만년 역사의 내치와 외교는 한왕한제(韓王韓帝)의 고유한 권한이요 백만방리(百萬方里)의 높은 산과 아름다운 물은 한남한녀(韓男韓女)의 공유 재산이다. 기골과 문언이 아시아와 유럽에서 빼어나고 순수한 우리 민족은 능히 자신의 나라를 옹호하며 만방과 화협하여 세계와 함께 나아갈 민족이다. 한(韓) 일부의 권리라도 이민족에게 양보할 뜻이 없으며 한(韓) 일척의 땅이라도 이민족이 점할 권한이 없으며 한(韓) 한 사람의 백성이라도 이민족이 간섭할 조건이 없으니 우리 한(韓)은 완전한 한인의 한(韓)이다.
…
하늘이 그들의 추악한 행실을 싫어하시어 우리에게 좋은 기회를 주시니 하늘을 따르며 사람에 응하여 대한 독립을 선포하는 동시에 그의 합방하던 죄악을 널리 알려 징벌하니 첫째, 일본의 합방 동기는 그들의 소위 범일본주의(汎日本主義)를 아시아에 제멋대로 행한 것이니 이는 동양의 적이다. 둘째, 일본의 합방 수단은 사기 강박과 불법 무도와 무력 폭행을 두루 갖춘 것이니 이는 국제 법규의 악마이며 셋째, 일본의 합방 결과 군경의 야만적 권력과 경제의 압박으로 종족을 마멸하고 종교를 강박하고 교육을 제한하여 세계 문화를 저해하였으니 이는 인류의 적이다. 이런 까닭으로 천의인도(天意人道)와 정의법리(正義法理)에 비추어 만국의 입증하에 합방 무효를 널리 선언하여 그의 죄악을 응징하며 우리의 권리를 회복하노라.[6]

한국은 한국인의 한국이니, 이민족의 한국이 아니다. 그러니 다른 나라의 간섭 없이 있는 한국이 온전한 한국이다. 그 한국의 주권이 한국 민중의 몫인 것도 너무나 당연하다. 조소앙은 이 선언문에서 일본이 한국의 주권을 앗아간 것은 폭력이라며 분노한다. 그러며 독립의 정당성을 적고 있다. 이것은 단순히 조소앙 한 사람의 생각이 아니다. 당시 많은 조선 민중의 생각이었다. 이를 확인할 수 있는 것이 3·1혁명이다. 1919년 2월 1일 "대한독립선언서"(무오독립선언서)에 민중은 3·1혁명으로 답했다.

"대한독립선언서"(무오독립선언서)에 뜻을 함께한 이들 가운데 김약연(1868-1942)이 있다. 김약연은 시인 윤동주의 외숙부로, 문익환과 윤동주가 다닌 명동학교를 설립한 사람이다. 김약연을 통해 3·1혁명의 정신이 문익환과 윤동주의 삶에 녹아들어가 있을 것을 추측할 수 있다. 또한 앞서 살핀 정칠성 같은 이도 3·1혁명으로 삶이 달라진 인물이다. 민중 주권은 지금의 한국

6 원문은 다음과 같다. "我大韓同族男妹와 曁我遍球友邦同胞아. 我大韓은 完全한 自主獨立과 神聖한 平等福利로 我子孫黎民에 世世相傳키 爲하야 玆에 異族專制의 虐壓을 解脫하고 大韓民主의 自立을 宣布하노라. 我大韓은 無始以來로 我大韓의 韓이오 異族의 韓이 안이라. 半萬年史의 內治外交는 韓王韓帝의 固有權이오 百萬方里의 高山麗水는 韓男韓女의 共有産이오 氣骨文言이 歐亞에 拔粹한 我民族은 能히 自國을 擁護하며 萬邦을 和協하야 世界에 共進할 天民이라. 韓一部의 權이라도 異族에 讓할 義가 無하고 韓一尺의 土라도 異族이 占할 權이 無하며 韓一個의 民이라도 異族이 干涉할 條件이 無하며 我韓은 完全한 韓人의 韓이라. (中略)天이 彼의 穢德을 厭하사 我에 好機를 賜하실새 天을 順하며 人을 應하야 大韓獨立을 宣布하는 同時에 彼의 合邦하든 罪惡을 宣布懲辦하노니 一. 日本의 合邦動機는 彼所謂 汎日本의 主義를 亞洲에 肆行함이니 此는 東洋의 敵이오 二. 日本의 合邦手段은 詐欺强迫과 不法無道와 武力暴行이 極備하얏스니 此는 國際法規의 惡魔이며 三. 日本의 合邦結果는 軍警의 蠻權과 經濟의 壓迫으로 種族을 磨滅하며 宗敎를 强迫하며 敎育을 制限하야 世界文化를 沮障하얏스니 此는 人類의 賊이라. 所以로 天意人道와 正義法理에 照하야 萬國立證으로 合邦無效를 宣播하며 彼의 罪惡을 懲膺하며 我의 權利를 囘復하노라."(http://history.go.kr)

사람들에겐 너무도 당연한 것이지만, 이 땅을 수천 년 지배한 지배계층 중심의 생각이 민중 중심, '나' 중심으로 옮겨오는 데에는 엄청난 노력이 필요했다. "대동단결선언"에서 이야기했듯이, 민중은 스스로 역사의 주체가 되어 나아가겠다고 외치기 시작했다. 이것이 한국의 시작이고 본질이다. 한국은 민중이 중심에 서야 하는 국가다. 그렇게 1919년에 시작한 국가다.

3·1혁명 이후 민중의 부조리에 대한 분노와 주권에 대한 열망은 임시정부로 이어졌다. 1919년 4월 11일에 공포된 한국의 첫 헌법은 바로 대한민국임시정부의 "임시헌장"이다. 이 역시 조소앙이 초안을 작성했다. 그리고 이것은 1919년 9월 11일에 공포된 "대한민국 임시헌법"의 바탕이 되었다. "임시 헌장"의 제1조는 길지 않지만 힘이 있다. 우리에게도 친숙하다.

　　제1조 대한민국은 민주공화제로 한다.

이것이 한국이란 국가의 기본이다. 이는 "대한민국 임시헌법"으로 이어졌다.

　　제1장 총령
　　제1조 대한민국은 대한인민으로 조직한다.
　　제2조 대한민국의 주권은 대한인민 전체에 있다.
　　제4조 대한민국의 인민은 일체 평등하다.

바로 이러한 정의가 구현된 국가가 대한민국이다. 대한민국철학은 바로 민중이 주권을 가진 국가의 철학이어야 한다. 헤라클레이토스는 "누구도 잠든 이와 같이 행동하지 말고 그와 같이 말해서도 안 된다"(οὐ δεῖ ὥσπερ καθεύδοντας ποιεῖν καὶ λέγειν· καὶ γὰρ καὶ τότε δοκοῦμεν ποιεῖν καὶ λέγειν)고 했다.[7] 그러나 깨어 있기는 힘들다. 조선 시대 민중은 철학적으로 잠든 상태였

7　DK22B73.

다. 그러나 모두가 하느님 아래 한 형제자매라는 서학의 가르침과 모든 인간은 서로 남이 아니며 한울님을 품고 있다는 동학의 가르침은 민중들에게 자신의 존재가 얼마나 성스럽고 고귀한지 일깨워주었다. 서학에 의해 '한국철학의 회임'이 가능했고, 동학에 의해 '한국철학의 출산'이 가능했으며, 그 이후 한국이란 조건 속에서 온전히 '한국철학의 성장'이 가능할 수 있었다.

1919년은 온전한 의미에서 대한민국철학이 시작된 날이다.

2 이 땅 민중의 언어

한국 소설은 한국어로 쓰인 소설이다. 한국 소설이 영어로 번역될 수는 있지만, 그 원본은 한국어로 이루어져야 한다. 칸트(Immanuel Kant, 1724-1804)의 작품은 한국어나 중국어, 일본어로 번역될 수 있지만, 그 번역된 칸트의 작품은 독일어로 이루어져야 한다. 그러므로 당연히 한국철학은 한국어로 쓰인 철학이다. 그런데 이 땅의 역사를 돌아보면 이것이 그리 쉬운 문제가 아니다. 조선 시대 이루어진 철학적 작업, 예를 들어 성리학과 양명학은 한글로 이루어지지 않았다. 중국의 문자인 한자를 토대로 이루어졌다. 민중은 자신의 언어로 철학할 수 없었다. 그들은 철학의 밖에 있었다.

'자유'란 근본적으로 자기 정립과 관련된다.[8] 누군가의 통치 대상으로 존재한다면 그는 적어도 정치적으로 자유롭다고 할 수 없다. 조선이란 공간에서는 왕과 양반만이 어느 정도의 자유를 누렸다. 여기에서 더 비극적인 철학의 장면을 확인할 수 있다. 그 자유란 것도 온전하지 않았다는 사실이다. 한문을 사용하며 중국철학의 사고 틀 속에서 고민한 조선의 왕과 양반은 결국 중국철학을 동경하며 중국의 변두리에서 철학하는 이들에 머물 뿐이었다. 스스로 자기 철학을 자기 언어로 구성하지 못하고 남의 변두리에서 남의 철학적 사유의 경계 속에서 오직 그들의 언어로 철학하는 이에게 온전한 자유는 존재하지 않는다. 실로 중국의 황제만이 가장 자유로울 뿐이다. 그러나 그 역시 홀로주체성

---

8   김상봉, 《서로주체성의 이념》(서울: 도서출판 길, 2014), 165-166쪽.

의 한계 속에 있다. 그는 홀로 가장 온전하고 가장 높은 자리에 있는 이였다. 자기 밖의 모든 것을 지배할 수 있으며, 자기를 중심으로 정치적 위계질서를 만들 수 있는 이였다. 김상봉이 이야기한 홀로주체성, 즉 "세계에 홀로 군림하는 주체의 존재"[9]의 아시아적 형태를 여기에서도 확인할 수 있다. 중국 황제에게 타자적 주체가 존재하지 않는다는 말은 그에게 조선과 일본은 온전한 주체가 아니라는 말이다. 역사의 주체는 오직 '자신'뿐이었다. 조선과 일본 등은 중국의 변두리에 있을 뿐이었다.

세종이 한글을 창제했지만 한글은 민중들에게서 사상을 이끌어내지 못했다. 불경이 한글로 소개되었다지만, 이미 불교는 중심 사상도 아니고 더 이상 과거와 같은 힘을 가지지 못한 사상, 즉 힘을 잃은 사상이었다. 한글로 번역된 불경이 민중의 주체성을 자각하게 하여 불교 중심의 민중운동이 일어난 것은 아니니 말이다.

세종 시기의 조선에서 성리학은 아직 익숙하지 않은 사상이었다. 이런 상황에서 세종은 보다 편한 통치 수단으로서 한글을 사용했다. 상명하복의 위계 속에서 한자를 사용하던 남성 중심의 지배층이 내린 명령을 조선 민중과 여성 등이 보다 용이하게 수용하고 따르게 하기 위한 수단이 한글이었다. 한글은 일종의 통치 수단이었다. 한자를 대체할 목적을 가진 문자가 아니었다. 조선의 왕과 양반에게 문자언어는 여전히 한문이었다. 한글이 조선 역사의 중심 문자언어였는지 반성적으로 돌아보면 결코 그렇지 않다. 한글이 창제되었어도 조선철학의 유일한 문자언어는 한문이었다는 것이다. 누구도 한글로 철학하지 않았다.

한글 창제를 통해 세종의 '애민사상'(愛民思想)을 민중 중심의 사상으로 이해하는 것도 무리한 해석이다. 세종은 1420년 "부민고소금지법"(部民告訴禁止法)을 제정했다. 이 법의 내용은 매우 서글프다. 간단히 말해, 지방 수령의 악행을 민중이 고소할 수 없다는 법이다. 어쩌면 이것만으로도 조선의 주권이

9 같은 책, 166쪽.

민중에게 없음을 알 수 있다. 민중이 고소할 수 있는 것은 왕권에 도전하는 모반대역죄와 관련된 지방 수령이나 인간의 가장 기본 권리인 생명권을 무시한 살인 정도였다. 이를 무시하고 지방 수령을 고소하면 곤장 100대, 노역 3년에 처해졌다. 세종은 어쩔 수 없이 상하존비(上下尊卑)의 조선 사람이었다. 조선에서 민중은 능동적이지 않다. 착한 통치자의 착한 통치를 기다리는 수동적 존재일 뿐이다. 잘못을 따질 수도 고소할 수도 없다. 그냥 착한 지배자를 기다리는 것이 유일한 일이다. 역사의 주체는 항상 능동적 주체성을 가진다. 조선의 민중은 그런 능동성을 가지지 못했다.

> 타인을 노예로 삼을 권리는 노예로 소유될 수 있는 자를 법의 외부에 두지 않고서는 확립될 수 없다.[10]

동등한 법의 지위 속에 있다는 말은 같은 주체성의 권리를 가진다는 말이다. 그러나 조선이란 사회의 양반과 민중은 동등한 법의 지위 속에 있지 못했다. 노비와 백정은 온전한 인간으로 존재할 수도 없었다. 오직 복종의 대상일 뿐이었다. 법은 그것을 정당화하는 수단이었다.

결국 세종에게 민중은 '역사의 주체'가 아닌 '복종과 계몽의 대상'이다. 민중은 계몽되어야 할 대상이었다. 이런 맥락에서 《삼강행실도》(三綱行實圖)가 보급되었고, 이것을 민중에게 소개하는 데 한글은 큰 도움이 되었다. 한글을 통해 위계의 조선, 남존여비의 강력한 가부장 사회가 상식이 되어갔다.

다시 묻자! 세종이 과연 민중을 위해 한글을 만들었을까? 적어도 철학사적으로 이는 환상이다. 조선에서 한글과 한국어는 철학의 언어가 아니었다. 누군가는 한글을 국가가 제정한 다중 공용문자 가운데 하나라고 평가하기도 하지만,[11] 그러나 공용문자 가운데 하나로서 한글이 무슨 일을 했는지 보아야

10 김상봉, 《기업은 누구의 것인가》(서울: 꾸리에북스, 2012), 111쪽.
11 김슬옹, 《조선시대 언문의 제도적 사용연구》(서울:한국문화사, 2005).

한다. 한글은 위계의 조선을 다지는 수단으로 사용되었고, 상명하복 위계의 조선에서 한자를 도와 상부의 명령을 하부에 전달하는 보조적 성격으로 사용되었다.

좀 더 철학사적으로 살펴보자. 1448년 세종은 사서(四書)인 《논어》(論語), 《맹자》(孟子), 《대학》(大學), 《중용》(中庸)뿐 아니라 《소학》(小學)을 한글로 번역하도록 했다. 그러나 이것이 유교철학의 언어가 한글과 한국어라는 의미는 아니다. 한글로 번역된 《논어언해》(論語諺解), 《맹자언해》(孟子諺解), 《대학언해》(大學諺解), 《중용언해》(中庸諺解), 《소학언해》(小學諺解)의 존재 이유는 철학함이 아니라 교화와 통치였다.

조선의 왕과 양반들은 위계의 조선, 신분제 사회의 조선을 지키기 위해 성리학 중심의 유교가 민중에게 상식이 되기를 원했다. 이를 위해 성리학의 가치를 교육할 한글로 된 문헌이 필요했다. 《이륜행실도》(二倫行實圖), 《여씨향약언해》(呂氏鄕約諺解), 《정속언해》(正俗諺解) 등이 지방 관아와 향교에 보급된 것도 이러한 필요에 의해서다. 그런 가운데 조선 사회의 천민과 노비를 제외한 모든 계층의 교육 공간인 서당(書堂)에서 한글을 사용하기 시작했다. 서당은 서원(書院)과 같은 사설 교육시설이지만 서원과 달랐다. 서원은 지방의 양반 세력이 지배력을 강화하고 문중 혹은 학맥의 세력을 나타내고 유지하는 수단의 공간으로 기능하는 면이 있었다. 즉 서원은 조선 민중을 위한 공간이 아니었다. 매우 배타적인 학문 공간이었다. 하지만 서당은 이러한 서원과 많이 달랐다. 서당 역시 처음에는 몇몇 가문에서 시작했지만 서원과 비교해 서서히 보다 개방적인 모습을 갖게 되었다.

최초의 서당은 이황의 제자 김성일(1538-1593)의 부친 김진(1500-1581)이 세운 전암서당(傳巖書堂)으로 영남지방에서 시작되었다. 서당은 배타적 공간이 아니었다. 처음엔 의지할 곳 없는 양반 가문의 아동들을 교육할 목적으로 세워졌다. 그리고 오래지 않아 평민에게도 개방되었을 가능성을 완전히 배제할 수 없다.[12] 서당은 17세기에 이미 전국으로 확대되어 《소학》을 중심으로 초등교육을 담당했다. 최세진(1448-1542)이 1527년에 쓴 아동교육용 《훈몽자회》(訓蒙字會)가 널리 교재로 사용되었고, 이와 함께 《소학언해》도 널리 사용되었다. 비록 《훈몽자회》가 한자 교육용이라지만 한글 사용의 확대에도 도움이 되었다. 3360개 한자에 하나하나 한글로 음과 뜻을 적었으며, 한글을 모르는 이들을 위해 한글 자모의 발음과 용법을 간략하게 적어두었기 때문이다. 그 《훈몽자회》가 서당에서 사용됨으로 인해 의도치 않게 한글 교육 및 전파에 일조하게 되었다.

한글은 소리 문자이기에 한글이 철학의 언어로 사용된다는 말은 민중의 언어 자체가 철학의 언어로 기능하게 되었다는 말이 된다. 서서히 한글 사용이 확대되면서 '나'의 생각을 담은 '나'의 말을 '나'의 글로 적을 수 있게 되었다. '나'의 글로 송사(訟事)를 하게 되고, 문학 활동도 이루어졌다. 당연히 편지를 주고받게 되었고, 글이 민중 사이에 녹아들어가면서 서서히 민중의 생각이 민중의 글로 표현되기 시작했다.

'글'이 없는 민중은 '말'이 없는 민중과 같다. 아무리 큰 소리로 '말'해도 조선 전체를 울리지 못한다. 그러나 '글'은 달랐다. '생각'을 담은 '말'을 기록한 '글'은 조선 전체에 펴져갔다. 이런 가운데 민중은 일종의 언어 공동체로서 자신들의 '하나 됨'과 그 '하나 됨'의 주체성을 자각하게 된다. 이런 자각은 스스로에 대한 존재 긍정으로 이어졌고, 존재를 긍정하게 된 민중은 부당함에 대해 자신의 방식으로 표현하게 되었다. 조선 후기 한글 소설들은 하나 같이 조선 사회에서의 '자기 존재'에 대해 민중에게 묻고 있다. '나'는 어떤 존재이며, '나'를 향한 이런저런 사회의 강제는 정당한가?

과연 《춘향전》은 애정소설이기만 한 것일까? 조선 후기 민중들은 춘향이라는 인물을 통해 자기 자신을 보고 자기 자신에 대해 말한 것 아니었을까?

판소리 《변강쇠타령》을 보자. 판소리의 성립 시기는 정확하게 말하기는

12   정순우, "18세기 서당연구", 한국정신문화연구원 박사학위 논문(1985), 10-13쪽.

어려우나 일반적으로 17세기 중반 혹은 후반으로 보는 것이 통설이다. 《변강쇠타령》은 남도에 사는 음란한 '변강쇠'와 황해도의 음녀(淫女) '옹녀'에 대한 이야기다. 이 작품에 등장하는 인물들은 처음부터 떠돌아다니며 산 이들이 아니다. 삶의 터전을 잃고 살아가기 위해 온갖 짓을 해야 하는 절망의 상황에 놓인 이들이다. 이들은 작품의 진행 과정에서 하나씩 죽어간다. 그런데 그 비극적 결말과 전개를 희극적으로 풀어낸다. 등장인물들의 이야기를 듣고 읽으며 당시 민중들은 자신의 존재를 마주했을지 모른다. 절망의 상황에서 어쩔 수 없이 인생을 즐기며 살아야 하는 자신의 삶을 마주했을지 모른다. 매우 음란하지만 가식 없이 있는 그대로의 현실을 풀어가는 당시 민중의 자기표현 방식이었을지 모른다. 이와 같이 자기 방식으로 자기 자신에 대해 자신의 말과 글로 풀어내며 돌아보게 되었다는 것은 철학의 '회임'(懷妊, conceptio)이 멀지 않았음을 의미한다.

조선 후기 민중은 서서히 자신을 돌아보기 시작했다. 그 가운데 고난 속 '자신'을 보게 된다. 고난 중에 '나'를 마주함은 나의 철학이 시작되는 순간이기도 하다. 《춘향전》에서 민중은 조선이란 사회에서 자신이 어떤 존재인지를 마주 보게 된다. '나'의 이야기를 '나'의 언어로 듣게 된다. 신분제 사회에서 느끼는 첫 아픔은 바로 신분제 사회 그 자체다. 그때 민중은 '서학'을 만났다. 서학은 평등을 이야기했다. 신분제로 아파하는 민중에게 평등을 이야기한다는 것은 죽어 사는 민중에게 부활의 소식을 전하는 것과 같았다. 민중이 서학을 만난 순간은 한국철학사에서도 잊을 수 없는 순간이다.

'나'의 고민이 '나'의 고난을 품을 때 '나'는 '나'의 철학을 품게 된다. 바로 '철학의 회임'이다. 플라톤이 소크라테스의 부당한 죽음이란 아픔을 품었을 때, 플라톤 철학은 플라톤 철학답게 만들어지기 시작했다. 철학은 그 자체로 고난이고 아픔이고 슬픔이 아니지만, 이것들이 철학을 철학답게 한다. 철학을 그냥 지식이 아닌 철학 구실을 하는 철학이 되게 한다. 이승훈(1756-1801)의 매제이자 1801년 신유박해(辛酉迫害) 때 순교한 정약종(1760-1801)이 저술한 최초의 한글 교리서 《주교요지》는 한국철학사에서 '철학의 회임' 바로 그 순간이다.

《주교요지》는 단순히 중국에 온 유럽 선교사의 책을 요약한 책이 아니다. 조선 민중의 처지에 맞게 정리한 능동적인 작업의 결실이다. 무엇보다 그 결실이 민중의 언어로 쓰였다. 이제 민중은 한글로 그리스도교 하느님의 초월성과 삼위일체와 인간이 처한 여러 신학적 입장을 이해하게 되었다. 그리고 평등의 신학적 이유와 근거를 이해하게 되었다. 불평등을 일상이라 여기며 살아온 이들에게 충격이었다.

> 천주께서 황토(黃土)로 한 육신을 만드시고, 신령(神靈)한 혼을 결합하여 한 사람을 내시니, 그 이름은 아담이라, 천주께서 아담으로 하여금 잠을 깊이 들게 하시고, 그 갈빗대 하나를 빼내시어, 한 계집사람을 만드시고 한 영혼을 결합하시니, 그 이름은 에와라, 두 사람이 다 장성한 몸으로 나서 짝지어 부부가 되니, 부부의 몸이 본디 한 몸으로 생겼으니, 마땅히 서로 사랑하게 하심이요, 또 여자가 사내에게서 난 것이니, 아내는 마땅히 남편에게 공손케 함이라. 천주께서 두 사람에게 자식 낳을 능을 주시어 자식을 낳으니, **하늘 아래의 억만 사람이 다 그의 자손이 되므로, 우리 사람이 서로 사랑하기를 한 부모에게서 난 동기같이 하게 하심이니라.**[13]

《주교요지》는 모든 인간이 한 형제자매, 가족이라고 말했다. 그뿐인가! 하느님이 인간을 너무나 사랑하신다고 이야기한다. 천한 취급을 받으며 고난의 시간을 살아가던 조선 민중에게 하느님의 사랑을 받고 있으며 받아야 하는 존재라고 이야기한다. 아래 글을 보자.

---

13 정약종, 《주교요지》 하편 34항. 이 책에서 인용하는 《주교요지》는 정약종, 《주교요지: 한국천주교회 고전총서 I》(서울: 성 황석두루가서원, 1986)을 따른다. 허호익 교수의 한국신학마당 사이트(Theologia.kr)에서도 확인할 수 있다.

대개 천주께서 사람을 사랑하시는 마음이 무궁무진해서, 다시 더할 것이 없
게 하려 하심이요.[14]

  서학을 수용한 양반 역시 더불어 있음의 평등을 추구했다. 하느님 안에서
양반과 민중은 처음으로 하나가 되었다. 양반끼리 '우리'이고 민중끼리 '우리'
인 것이 아니라 양반과 민중 모두가 '우리'로 하나가 된다. 그리고 그 '우리의
언어'는 한글이었다. 한글은 하느님과 인간의 존재론적이고 신학적인 논의를
담을 수 있는 언어가 되었다. 이제 비로소 한글이 철학의 언어가 되었다.
  《주교요지》 이후 1881년 수운 최제우(1824-1864)의 《용담유사》가 이어졌
다. 서학으로 높아진 민중의 주체성은 이제 '이 땅'의 논리 속에서 '이 땅'의 사
상을 '이 땅'의 언어로 구성하기 시작했다. 《용담유사》는 한국철학사에 있어
'철학의 출산'(partus)이다. 《용담유사》는 "교훈가"(教訓歌), "안심가"(安心歌),
"용담가"(龍潭歌), "몽중노소문답가"(夢中老少問答歌), "도수사"(道修詞), "권
학가"(勸學歌), "도덕가"(道德歌), "흥비가"(興比歌), "검결"(劍訣)로 구성된다.
그 가운데 "흥비가"는 도를 닦는 것은 결코 일상으로부터 먼 곳에 있는 것이
아니며, 가까운 일상에서 시작되는 것이라 적고 있다. 이어서 "안심가"는 당시
사회정치적으로 불안해하던 부녀자들을 안심시키고자 한다. 조선의 천대받던
부녀자들에게 현숙하고 거룩하다며 그들의 존재 자체를 긍정하게 한다. "권학
가"에선 모두가 더불어 한울님의 참뜻으로 돌아가 한 몸 같이 될 것을 권유한
다. 또 "검결"에선 수도생활에 그치는 것이 아니라 더 나은 세상을 위한 변혁
을 위해 노력해야 한다고 한다. 결국 "검결"에서의 이러한 주장들은 최제우를
죽게 만들었다. 이 모든 사상이 민중의 언어인 한국말로 이루어지고 한글로
기록되었다.
  정리해 보자. 한국철학은 한국어로 되어야 한다. 뱅상 데꽁브(Vincint
Descombe, 1933-1978)는 "무엇이 프랑스철학인가"라는 물음에 다음과 같이

14 같은 책, 40항.

답했다.

> 프랑스철학은 비록 그것이 그리스, 라틴어, 영국 혹은 독일의 사상을 언급할 때일지라도 **불어로 표현된 철학**을 의미한다. 프랑스철학은 데카르트가 그의 《방법서설》과 세 개의 《방법론》에서 몽테뉴의 《수상록》에 대해 불어로 대답하려고 시도했을 때 태어났다.[15]

프랑스철학은 프랑스어로 되어야 한다. 독일철학은 독일어로 되어야 한다. 그래야 프랑스어로, 독일어로 사유하며 고난당하는 이에게 철학이 반응할 수 있다. 그들의 아픔을 안을 수 있다. 나의 말이 나의 철학을 이루는 수단이 되어야 한다. 나는 한국어로 생각하고 한국어로 절망하고 한국어로 희망한다. 나를 중심에 두고 나의 고난에 대해 가장 탁월한 언어적 수단은 바로 나의 말과 글인 한국어와 한글이다. 그러나 오랜 시간 우리는 한국어로 된 한국철학, 한글로 쓰인 이 땅 민중의 고난을 안아주는 우리의 철학을 만들어내지 못했다.

아무리 유교의 경전이 오직 백성만이 나라의 근본이라며 '민유방본'(民惟邦本)이라 하여도, 결국 듣기 좋은 이야기일 뿐이다. 조선이란 현실 공간에서 '민중'은 변방이었다. 단 한 번도 역사의 중심에서 주체가 되지 못했다.[16]

조선의 근간을 기획한 정도전 역시 민중은 터가 되고, 그 터 위에 왕과 양반이 든든한 집을 지을 수 있다고 생각했다.[17] 민중은 기초가 되는 존재이지 주체가 되는 존재가 아니었다. 아무 생각 없이 그냥 잘 따르면 된다. 한글은 잘 따르기 위한 수단이면 그만이다. 철학의 언어가 될 필요는 없다.

그러나 반전이 일어났다. 더 탄탄한 위계의 조선이 되기 위해 민중에게 어

15   벵상 데꽁브, 《동일자와 타자》, 박성찬 역(서울: 인간사랑, 1996 [4쇄]), 7쪽.
16   송호근, 《인민의 탄생》(서울: 민음사, 2011), 30-31쪽.
17   이석규, "려말선초 신흥유신의 민(民)에 대한 인식", 〈역사학보〉 151 (1996).

느 정도의 교육이 필요했고, 그때 한글이 사용되었다. 그 과정에서 한글 사용과 이해가 확대되었다. 한글이 제법 많이 알려지자 민중은 한글문학으로 자신을 돌아보기 시작했고, 서학의 이론을 한글로 접하며 평등을 알게 되었고, 동학의 이론을 한글로 접하며 이 땅의 방식으로 우리 자신의 존재를 마주하게 되었다. 세종이 한글을 창제한 이후 동학에 이르러 드디어 한글은 제대로 철학의 언어가 되었다.

3 대학은 철학의 공간인가

한국철학의 공간은 어디인가? 가장 먼저 떠오르는 곳은 대학이다. 과연 지금 이 땅의 대학은 온전한 의미에서 한국철학의 공간인가?

1) 소크라테스와 서당

아주 당연하게 철학의 공간을 대학이라고 이야기한다. 그렇다면 철학의 본질에 대학이 있는가? 무슨 연관이 있는가? 소크라테스의 철학은 대학을 공간으로 두지 않았다. 그는 일정한 건축 구조물 없는 공개된 공간에서 삶의 문제를 두고 대화했다. 하지만 플라톤은 공개적인 공간에서 철학한다는 것이 얼마나 위험한 일인지 소크라테스의 죽음을 통해 알게 되었다. 철학은 보호공간이 필요했다. 사람들이 많지 않은 공간에서 남의 시선을 의식하지 않고 자유롭게 자신의 생각을 전개할 공간이 필요했다. 이런 한정된 공간으로 숨어버린 철학에 디오게네스(Διογένης ὁ Σινωπεύς, Diogenes, 기원전 412-기원전 323)는 심한 실망감을 토로했다.

(디오게네스는) 에우클레이데스의 학원은 쓸개즙이고 플라톤의 수업은 심심

풀이라고 말하였다.[18]

그러나 아리스토텔레스 역시 '학교'를 세운다. 이렇게 학교는 철학의 장소가 되어갔다. 철학자가 정치의 주체인 민중들에게 집적 다가가야 한다는 소크라테스의 꿈은 이루어지지 않았다. 그 이후 오랜 시간 동안 철학은 민중에게 직접 다가가지 못했다. 학교는 어떤 면에서 학교 외부에서 요구하는 인재를 양성하는 공간이 되었다. 중세 유럽의 '대학'도 다르지 않다. 학자들은 자신의 학문과 생존의 문제를 해결하며 그 시간 그 공간이 요구한 인재들을 양성했다. 그 시대의 '인재'를 양성한다는 것은 그 시대 그 공간의 '권력자'를 양성한다는 말이다. 언어적으로도 민중과 다른 언어를 사용하게 되었다. 민중의 옆이 아니라 권력자의 옆에 서는 공간이 되어갔다. 유럽에선 라틴어, 조선에선 한문이 그 역할을 했다.

조선의 학교는 민중을 위한 공간이 아니라 과거시험을 위한 공간이었다. 즉 민중을 다스리는 이들을 위한 공간이었다. 그곳에 조선 민중의 철학이 설 자리는 없었다. 그러나 서당은 달랐다.[19] 서당에서는 다양한 신분의 사람들이 공부할 수 있었다. 김홍도(1745-1806)의 "서당도" 그림을 보면 알 수 있다. 그림 속 훈장 아래 아홉 명의 제자가 있다. 연령도 신분도 다양하다. 양반으로 보이는 이도 있고, 갓을 쓴 나이든 이도 있다. 물론 평민도 보인다. 양반과 평민 그리고 나이 많은 이와 적은 이가 같이 한 공간에서 공부하는 모습은 철저한 신분제 사회인 조선에서는 대단한 장면이다. 그것이 김홍도에 의해 그려졌다는 것은 당시 서당의 보편적인 모습이었음을 의미한다.

실제로 서당은 신분 제한이 없어 사(士), 농(農), 공(工), 상(商)은 물론 천인의 자제들도 입학할 수 있었다. 조선 시대 최하층민인 노비 출신으로 제자

---

18 디오게네스 라에르티오스, 《그리스철학자열전》, 전양범 역(서울: 동서문화사, 2008), 353-354쪽.
19 송찬섭, 《서당, 전통과 근대의 갈림길에서》(서울: 서해문집, 2018) ; 정순우, 《서당의 사회사》(서울: 태학사, 2013).

백가의 학문에 통달해 사후 공주의 충현서원에 배향된 서기(1523-1592)와, 아버지는 서얼이며 진외증조모는 노비였던 학자이자 정치인 송익필(1534-1599), 그리고 중인 신분의 조선 시대 시인 홍세태(1653-1725)는 모두 서당 출신이다. 서당의 선생인 훈장은 기존 조선 사회의 지식인과 달랐다. 이들은 당시 글을 모르고 학문을 익히지 못해 송사가 힘든 이들을 위해 문서 등을 대신 처리하는 법률대서(法律代序)를 하기도 했으며, 사주점술과 지관(地官) 또는 의술에 종사하기도 했다. 대부분 당시 조선 민중에게 매우 유익한 일들이었다.

글을 가르치는 훈장이 글을 모르는 이들을 위해 법적 청원을 대신해주며 훈장은 서서히 민중의 아픔을 가장 가까이에서 마주하는 지식인이 되었다. 이 말은 민중의 억울함을 가장 잘 아는 지식인이 훈장이란 말이기도 하다.[20] 타자의 아픔 앞에서 그 아픔이 나의 아픔으로 다가오는 순간, 더 이상 타자의 아픔은 '남'의 아픔이 아닌 '우리' 가운데 '너'의 아픔이다. 그냥 있을 수 없다. 그래서 훈장은 종종 '민란의 중심'에 서곤 했다.

동학의 문을 열고 한국철학의 출산을 이끈 최제우(1824-1864)와 동학농민혁명군의 지도자 전봉준(1854-1895)이 서당 훈장 출신이라는 사실은 그저 우연이 아니다. 서당과 훈장은 당시 민중에게 더불어 있는 뜻의 존재들이었다.

2) 대학과 철학

고난을 피해 조용히 있던 교수들은 1960년대 중반 문교부의 '연구하는 교수'라는 모토 속에서 연구비에 집중하게 되었다. 문교부의 대학교수 연구비 지급 통계를 보면, 1963년에 본격 시작된 교수 연구비 지급이 1966년을 지나며

20　고동환, "조선 후기 도시경제의 성장과 지식세계의 확대", 《한림대학교 한국학연구소 3회 학술심포지움》(2006), 118-141쪽.

급격히 상승하는 것을 확인할 수 있다.[21] "이 무렵 이후로, 훌륭한 연구자가 된다는 것은 교수들 본인의 의도를 떠나 '체제 내'화하는 것을 의미하게 됐다."[22] '체제 내' 안주하는 존재, 민중과는 담을 쌓고 그저 대학이란 체제 안에 안주하는 지식인으로 교수가 되었고, 그런 교수들의 대학이 되었다. 이미 이전에도 제대로 소리 내지 못하던 대학은 더욱 깊은 침묵의 공간이 되었다. 1965년 한양대학교에서 연세대학교로 옮긴 박영준은 〈사상계〉에 발표한 소설을 통해 이런 대학 지식인으로서의 교수의 모습을 그렸다.[23] 1961년 5·16 군사정부의 집권 이후, 국립대학뿐 아니라 사립대학까지 국가 기관의 감독과 통제가 강화되었다.[24] 그리고 연구비가 대학을 지배하는 가장 효과적인 수단임을 국가 기관은 알게 된다. 이제 대학교수는 연구비로 자신의 학자적 능력을 평가받게 된다. 자본, 즉 돈은 대학이 학문을 연구하는 목적이 되었다.

철학은 이런 상황에서 무엇을 할 수 있을까? 자본 중심의 대학에서 철학은 쓸데없는 존재다. 1997년 금융위기 이후 한국 사회의 자본 중심 사고는 더욱더 당연한 일상이 되었다. 이런 분위기에서 대학의 철학과는 죽음을 맞이한다. 호서대학교 철학과, 경산대학교 동양철학과, 대구가톨릭대학교 철학과, 신라대학교 철학과, 한남대학교 철학과 등이 사라져갔고, 지금도 사라짐을 준비하는 철학과들이 있다. 연구비를 더 받기 위한 노력이 철학과의 존재 이유, 철학의 존재 이유가 되어버린 시대다. 본질 왜곡의 시대다.[25] 진짜 철학은 돈이 되는 제품이 아니다.

21 중앙대 한국교육문제연구소, 《문교사 1945-1973》(서울: 중앙대출판부, 1974), 420-421쪽,
22 김건우, 《대한민국의 설계자들》(서울: 느티나무책방, 2017), 93쪽.
23 같은 책, 92쪽; 김건우, "1960년대 담론 환경의 변화와 지식인 통제의 조건에 대하여", 〈大東文化硏究〉 74 (2011), 147쪽.
24 중앙대 한국교육문제연구소, 《문교사 1945-1973》, 381-383쪽.
25 어쩌면 강조의 차이일 뿐 전 지구적인 현상이다. 미들섹스대학교의 철학과가 문을 닫았다. 철학과는 아니지만 철학과의 벗인 고전학과도 고전(苦戰) 중이다. 맨체스터대학교의 고전학과가 문을 닫았다. 버밍엄대학교의 문화연구학과가 문을 닫았다. 단지 한국은 매우 빠르다. 무비판적으로 빠르다.

비록 많은 철학과가 사라졌지만 여전히 대학엔 철학과가 있다. 그러나 많은 민중들이 '한국철학의 부재'를 이야기한다. 대학의 이런저런 사정을 알면 당연한 이야기다. 민중의 고난 앞에 침묵하고 돈을 목적으로 연구하는 대학에서 철학을 기대하긴 힘들다.

김상봉은 "우리에게 철학이 있는가?"를 묻는다.[26] 그 물음이 나에게 향한다면, 나는 '없다'고 대답할 것이다. 김상봉의 답 역시 슬프기는 마찬가지다.

> 우리에겐 남의 철학이 우리의 철학이었던 것이다. 그리하여 우리는 지금까지 한 번도 참된 의미에서 나의 철학, 우리의 철학을 가질 수 없었다. 우리에겐 떠나야 할 자기가 없었으므로 찾아야 할 자기도 없었다.[27]

슬픈 현실이다. 공자와 맹자의 언어로 혹은 칸트와 헤겔의 언어로 혹은 들뢰즈(Gilles Deleuze, 1925-1995)와 지젝(Slavoj zizek, 1949-)의 언어로 '나' 혹은 '우리'를 사유했다. 자화상을 그리는 것은 '나'인데, 그려진 '나'는 '나'가 아닌 경우가 많았다. 생각해 보면, '나'는 아직도 온전히 '나'를 마주하지 못했다. 여전히 남의 변두리에 있을 뿐이다. '우리' 혹은 '나'란 존재가 없는 곳에서 우리와 나의 철학은 무엇이었을까? 그리고 그렇게 '우리'도 '나'도 없는 대표적인 공간이 바로 대학이다.

단 한 번의 수능성적으로 한 생명의 위대한 미래를 모욕하는 것이 일상이 된 공간이다. 그리고 그 잔인한 구조 속에 기생해 살아가는 것이 이 시대의 대학이다. 한국의 대학은 학자와 학생의 자발적 요구에 의해 만들어진 것도 아니고, 일본의 대학처럼 유럽의 학문을 최대한 빨리 수용하기 위해 국가가 주도해 만든 것도 아니다. 솔직히 존재의 이유, 있게 된 이유가 우리 자신에게 있지 않은 것이 한국의 대학이다. 일본식 혹은 미국식 교육이 강요되며 시작

---

26 김상봉, 《나르시스의 꿈》(서울: 한길사, 2002), 344쪽.
27 같은 곳.

된 곳이 한국의 대학이다. 남을 동경하고 남에 의존하며 남에 의해 강요된 곳에서 철학을 기대할 수 없다.

근본적으로 한국철학의 공간은 '민중'이다. '민중의 고난'은 한국철학을 가장 철학다워지게 만든다. 민중의 아픔이 있는 곳에서 철학은 '뜻' 있는 철학이 된다. 대학이 아니라, 바로 민중이다.

데카르트는《방법서설》(Discours de la Méthode)에서 다음과 같이 말했다.

> **양식(bon sens)은 이 세상에서 가장 공평하게 분배되어 있는 것이다.**…나 자신에 대하여 이야기해보자. 나는 지금껏 나의 정신이 다른 보편 사람의 정신보다 여러 면에서 더 완전하다고 생각했던 적이 없다.…나는 이러한 것 이외 정신을 완전하게 해주는 어떤 성질의 것도 없다고 본다. 왜냐하면 이성 혹은 양식이 우리를 인간으로 만들고 다른 짐승과 우리를 구별하는 유일한 것이기에 모든 인간에게 온전하게 갖추어져 있다고 생각한다.[28]

모든 인간이 동일한 정신 능력을 가지고 있다. 그 능력으로 모든 인간은 철학을 할 수 있다. 굳이 대학이라는 공간이 아니라도 말이다. 데카르트도 대학에서 공부했지만 대학에서 철학을 완성한 인물은 아니다. 오히려 그는 대학의 밖에서 철학을 일구었다. 데카르트는 철학에 있어 대학이 본질적 요소가 아님을 보여준다. 어쩌면 철학의 자리는 작게는 '나의 이성'이고 크게는 '민중의 이성'이다. 대학이 아니다.

데카르트에 앞서 페트뤼 라무스(Petrus Ramus, 1515-1572)는 라틴어가 아닌 자신의 언어, 즉 민중의 언어인 프랑스어로 철학할 수 있음을 보였다. 가난한 노동자의 아들로 태어난 라무스는 라틴어와 높은 등록금으로 담을 쌓은 대학의 모습에 실망했고, 민중의 언어로 철학이 가능함을 보였다. 대학은 민중을 향해 쌓은 담으로 스스로를 가두고 철학의 자유가 아닌 고정된 답을 다양

28　*AT VI*, pp. 1-2.

하게 정당화하는 방법을 궁리할 뿐이었다. 라무스는 그런 담 속 답답한 공간이 철학의 공간이 될 수 없다고 확신했다.

아리스토텔레스는 최고의 진리를 향하여 매우 높은 수준의 자유 속에서 철학을 했어요. 그 자유 가운데 그의 스승인 플라톤을 비롯해 과거 모든 전통에 맞서면서 말입니다. 그리고 그는 간단할 뿐 아니라 끝없는 논쟁 속에서 논리학의 기술을 실행합니다. 그 논리학의 기술 가운데 양편은 논쟁 속에 빠집니다. 사실 **아리스토텔레스의 해석가들은 진리를 옹호하고 지키려는 자유를 우리에게서 빼앗아가버렸어요.**[29]

담 속 대학은 민중의 고난으로부터도 자신을 배제했지만 스스로에게도 하나의 길을 강요했다. 라무스는 이것이 싫었다. 철학의 자유를 위해, 대학은 더이상 담으로 자신을 구속하지 않아야 했다.

지금의 한국은 여전히 라무스가 실망하고 분노한 대학과 크게 다르지 않아 보인다. 또 다른 면에선 더욱 깊은 모순의 세계로 들어가는 것 같다. '나'에 대한 반성적 돌아봄이 존재하지 않는 곳에 철학은 없다. 과연 한국 대학에 그러한 것이 있는가? 학벌세계라는 사회적 비극을 만들어내는 곳이 대학이다. 높은 등록금 역시 한국 사회의 문제 중 하나다. 결국 라무스가 분노한 근대 초기의 상황이 지금 한국에서는 여전히 문제인 것이다.

대학은 '학벌 사회'의 중심이고, '위계의 한국'을 만드는 공간이다. 미래를 살아가야 할 청년에게 과거를 살게 하는 곳이 대학이다.

---

29 Petrus Ramus, *Scholae in liberales artes*, co.29.

제2장

한국철학의 회임과 출산

: 한국철학의 등장

1 조선으로부터 한국으로
: 양명학의 전개와 성리학의 자기 개혁

조선의 대다수 민중에게 "너 자신을 알라"는 철학적 명령이 주어졌을 때, 그들은 인간이란 답보다는 '노비'이고 '백정'이란 답을 강요당했다. 그들을 계몽한다는 빌미로 양반들은 그들 위에 올라섰다. 그러나 조선 말기에 이르러서는 양반들도 시대의 변화 속에서 누군가는 양명학이란 틀에서 새로운 미래로 향했고, 또 다른 누군가는 성리학의 기본 틀을 유지하며 새로운 시대의 가능성을 위해 노력했다. 지금 여기에서 살피려는 것은 바로 그 과정이다.

임진왜란 이후 조선의 땅은 황폐해졌다. 오랜 전쟁으로 인해 정부의 조세 소득도 안정적이지 못했다. 이런 불안한 국고 문제를 해결하기 위해 전국을 돌아다니며 돈이나 곡식을 내놓는 이에게 관직을 주는 '공명첩'(空名帖)이 실행되었다. 한마디로 '관직'을 판 것이다. 당연히 국가의 기강이 흔들렸다. 또 천한 신분의 사람도 돈만 내놓으면 양인으로 만들어주는 '면천첩'(免賤帖)을 발급했는데, 천민을 위해서가 아니었다. 양반들 자신의 조선이 힘들어졌기 때문이었다.

돈을 내면 양인이 되고, 또 돈을 내면 관직을 가지게 되자 양반의 수가 늘었다. 조선 초기에는 양반도 군역의 의무를 졌지만 후대엔 군역 대신 내는 군포마저 내지 않았다. 군역 또는 군포 모두 양인의 몫이 되었다. 양반은 의무 없이 누리기만 했고, 양인은 의무는 있지만 누릴 것은 많지 않았다. 그러니 조선 민중의 불만이 커져간 것은 당연한 일이었다. 이에 많은 양인들이 아예 양반 자리를 돈으로 사버렸다. 그러면 더 이상 군역의 의무를 질 필요가 없었기 때문이다. 이렇게 되자 양인이 줄어 당장 정부의 군포 수입이 줄어들었다. 국가의 소득도 국방도 무너지기 시작했다. 어쩔 수 없는 귀결이다. 양반의 국가라는 위계의 조선은 이렇게 이기심 가득한 사회가 되어갔다. 돈으로 모든 것을 해결하는 사회가 되었다. 그것을 성리학의 언어로 적당히 포장하면 그만이었다. 그러다가 결국 조선은 무너진다.

물론 대안을 모색해야 한다는 생각이 조선 양반들 사이에도 확대되었고, 이때 양명학이 일어났다. 양명학은 조선 대부분의 선비들에게 이단이었다. 양명학과 서학 그리고 동학이 이단인 이유는 간단하다. 바로 평등주의라는 양반의 기득권에 대한 도전 때문이다. 양명학은 '사민평등'(四民平等) 사상을 가지고 있었다. 양명학의 시조 왕양명(王陽明, 1472-1528)은 사민(四民), 즉 '사농공상'(士農工商)의 우열을 인정하지 않았다. 다음 글을 보자.

옛날에는 사민[사농공상]이 직업을 달리했으나 도를 같이하였다. 그들이 마음을 극진히 한 것은 한 가지이고 같았다. 선비는 이 마음[道]을 가지고 수양하고 통치하였다[修治]. 농부는 이 마음을 가지고 곡물을 생산하여 백성들을 길렀으며[具養] 공인(工人)은 이 마음을 가지고 기물(器物)을 발전시켰으며[利器] 상인은 이 마음을 가지고 재화를 유통시켰다[通貨]. 각기 그 자질이 가까운 곳, 힘이 미치는 곳에서 생업을 삼고 그 마음을 극진히 발휘할 것을 추구하였다. 그것은 요컨대 사람을 살리는 길[道]에 유익함이 같았다는 것이다.[1]

왕양명은 중국의 명나라와 청나라 시대 상인들에게 큰 힘이 되었다. 그들

---

1 여영시,《중국근세 종교윤리와 상인정신》, 정인재 역(서울: 대한교과서주식회사, 1993), 176쪽.

을 더 이상 천한 존재 혹은 소인으로 보지 않았기 때문이다.[2] 선비가 배고픔 때문에 장사를 하는 것을 죽음보다 더한 수치로 생각하던 조선 시대다.[3] 선비에게 상인과 농부 그리고 장인의 일은 죽음보다 더 굴욕적인 일이었다. 그런 그들에게 농공상과의 평등이 가능했을까? 양명학은 '이업동도'(異業同道), 즉 서로 다른 일이지만 그 서로 다름에도 불구하고 행복을 향한 길(道)이란 점에서 모두 같다고 했다. 이런 양명학의 생각은 조선 사회와 어울리지 않았다.

성리학자들은 우주의 이치를 잘 아는 선비, 인간의 영혼 밖에 존재하는 그 객관적 이치를 가장 잘 아는 선비가 그것을 잘 모르는 민중을 교화하며 국가를 운영한다고 믿었다. 결국 성리학이란 철학은 민중을 교화하기 위한 철학이다. 그러나 양명학은 달랐다. 결국 이 차이가 양명학을 성리학이 이단으로 볼 수밖에 없는 결정적인 이유가 되었다. 유교의 주요 경전 가운데 하나인 《대학》은 성리학과 양명학이 나뉘는 지점이기도 하다. 이를 살펴보자.

> 신민(新民) "대학의 도는 밝은 덕을 밝히는 것이고, **민중을 새롭게 하는 데 있으며,** 지극한 선에 머물게 하는 데 있다(大學之道在明明德在新民在止於至善)."
>
> 친민(親民) "대학의 도는 밝은 덕을 밝히는 것이고, **민중과 친함에 있으며,** 지극한 선에 머물게 하는 데 있다(大學之道在明明德在親民在止於至善)."

우리가 흔히 알고 있는 《대학》의 문장은 신민(新民), 즉 '민중을 새롭게 함'이라 적혀 있다. 그러나 《대학》의 문장은 원래 그렇게 되어 있지 않았다. 《대학》은 《예기》(禮記) 제42편이었는데, 그 《예기》 속의 《대학》에는 "백성과 친함에 있으며"(在親民)라고 되어 있다. 그런데 성리학의 문을 연 주희가 《대학》의 문장을 바꾸었다. "민중과 친함"(親民)을 "민중을 새롭게 함"(新民)으로 바

---

2 정인재. "지금 우리에게 양명학은 왜 필요한가?", 〈지식의 지형〉 15 (2013), 259-260쪽.
3 같은 책, 259쪽.

꾼 것이다. 여기에서 성리학과 양명학은 서로 다른 길로 간다. 민중을 보는 시
각이 달라진 것이다. 성리학이 민중을 새롭게 해야 하는 대상, 즉 교화의 대상
으로 보았다면, 양명학은 민중을 다가가야 하는 친함의 대상, 만남의 또 다른
주체로 보았다. 성리학의 주희는 《대학장구》(大學章句)에서 참 무서운 이야기
를 한다.

> '새로움'[新]이란 '오래됨'[舊]을 고치는 것을 말한다. 그러자면 스스로 먼저
> 밝은 덕을 밝히고, 그 덕을 남에게 영향을 줌으로 오래전부터 배어 있던 그
> 더러움을 씻어 없애는 것이다(新者革其舊之謂也言旣自明其明德又當推以及
> 人使之亦有以去其舊染之汚也).[4]

주희는 '민중과 친함'을 '민중을 새롭게 함'으로 바꾸고, 그 '새롭게 함'이란
민중이 가진 오랜 더러움을 씻어 없애는 것이라고 한다. 여기에서 주희가 생
각한 민중, 성리학이 생각한 민중이 어떤 존재인지 알 수 있다.
　그러나 양명학의 왕양명은 주희의 생각에 매우 비판적이다. 그의 비판적
사유는 함석헌에게도 영향을 주었다.[5] 함석헌은 1971년 《씨올의 소리》에서
왕양명의 '대인'을 우리말로 '한 사람'이라 번역하며 왕양명의 《대학문》(大學
問)을 소개함과 동시에 풀이하였다. 함석헌의 번역으로 왕양명의 《대학문》을
읽어보자.

> 한 사람[大人]이란 천지만물을 한 몸으로 여기는 이다. 그는 천하를 알기를
> 한 집 같이, 나라를 알기를 한 사람 같이 한다. 만일에 몸뚱이에 걸려 너 나를
> 나눈다면, 그것은 작은 사람이다.
> 한 사람이 능히 천지만물을 한 몸으로 여기는 것은 생각해서 하는 것이 아니

4　《大學章句》, "集註", "新者革其舊之謂也言旣自明其明德又當推以及人使之亦有以
　　去其舊染之汚也."
5　《저작집 24》, 455-464쪽.

다. 그 마음의 속 씨가 처음부터 그러하여 천지만물로 더불어 하나이기 때문이다. 어찌 한 사람뿐일까 비록 작은 사람의 마음이라도 또한 그렇지 않을 수 없을 것이나, 저가 스스로 돌이켜 작게 만들 따름이다. 그러기 때문에 어린이가 우물에 들어가는 것을 보면 반드시 끔찍히 여기고 불쌍히 여기는 마음이 있다. 이것은 그 마음의 속 씨가 어린이로 더불어 하나이기 때문이다. 어린이는 오히려 같은 사람이라 할 것이다. 새 짐승이 슬피 울고 떠는 것을 보아도 반드시 차마 못하는 마음이 있다. 이것은 그 마음의 속 씨가 새 짐승으로 더불어 하나이기 때문이다. 새 짐승은 오히려 무엇을 아는 힘이 있는 물건이다. 풀 나무가 부서지고 꺾어지는 것을 보고도 반드시 차마 못하는 마음이 있다. 이것은 그 마음의 속 씨가 풀 나무로 더불어도 하나이기 때문이다. 풀 나무란 오히려 살잔 뜻이 있는 물건이다. 기왓장 돌멩이가 깨지는 것을 보고도 아쉬워하는 마음이 있다. 이것은 그 마음의 속 씨가 기왓장 돌멩이로 더불어도 하나이기 때문이다. 이것이 그 한 몸인 마음의 속 씨다. 비록 작은 사람의 마음이라도 이것은 다 있다. 그리고 보면 이것은 하늘이 말씀해 주신 바탕에 뿌리하여 스스로 얼시고 환하여 어두움이 없는 그것이다. 그러므로 이것을 밝은 속 알이라고 한다.[6]

왕양명은 주회와 달리 위계의 세상을 이야기하지 않는다. 오히려 "사랑이란 곧 이 천지만물의 마음이라 해서 그 마음을 도덕적으로 강조할 때는 그 마음을 인(仁)이라 하고, 그 인한 마음으로 천지만물을 하나로 여겨야 한다"[7]고

---

6 같은 책, 455-456쪽.《傳習錄》, "大學問", "大人者, 以天地萬物爲一體者也. 其視天下猶一家 中國猶一人焉. 若夫間於 形骸, 而分爾我者, 小人矣. 大人之能 以天地萬物爲一體也, 非意之也, 其心之仁本若是 , 其與天地萬物而爲一也. 豈惟大人, 雖小人之心, 亦莫不然, 彼顧自小之耳. 是故見孺子之入井, 而必有怵惕 惻隱之心焉, 是其仁之與孺子而爲一體也 孺子 猶同類者也, 見鳥獸之哀鳴觳觫, 而必有不忍之心焉, 是其仁之與鳥獸而爲一體也. 鳥獸猶有知覺者也, 見草木之摧折, 而必有不忍之心焉, 是其仁之 與草木而爲一體也. 草木猶有生意者也, 見瓦石之毁壞, 而必有顧惜之心焉, 是其仁之與瓦石而爲一體也. 是其一體之仁也, 雖小人之心, 亦必有之, 是乃 根於天命之性, 而自然靈昭不昧者也, 是故謂之明德."

7 같은 책, 458쪽.

주장한다. 왕양명에게 '밝은 덕'[明德]을 밝힌다는 것도 무지한 민중을 교화한다는 말이 아니다. 오히려 민중과 하나가 된다는 것이다.

> '밝은 덕'[明德]을 밝힌다는 것은 천지만물과 일체가 되는 근본을 세우는 것이며, 민중과 친해짐[親民]이란 천지만물과 일체가 되는 효용을 달성하는 것이다.[8]

김용옥은 왕양명이 이야기하는 '명덕'은 존재하는 모든 것, 즉 천지만물과 하나 됨이며, 이것은 그 하나 됨 가운데 나의 부모와 형제 등을 포함해 산천귀신 조수초목과 소통한다는 의미에서 '친민'을 드러내는 것이라고 한다.[9] 결국 이러한 설명에 의하면 조선의 선비들이 생각하는 '대인'과 달리 양명학의 대인, 즉 '한 사람'은 민중과 하나가 되어야 하는 사람이다.

왕양명의 양명학은 조선으로 유입되어 정제두에 이른다.[10] 그러니 자연스럽게 '민중과 친함'과 '민중을 새롭게 함'을 구분한다.

> 《대학》에서 말하는 '민중과 친해짐'[親民]의 길[道]은…'새롭게 하는'[新之] 일과 두 가지 뜻이 있는 것이 아니다. 다만 그 공부에는 차이가 있으니, '친함'[親]은 자기를 위주로 하고 '새롭게 함'[新]은 백성을 위주로 한다. **가까이 한다는 것은 나로부터 하는 것이니 그 공부가 자신에게 있는 것이요,** 새롭게 한다는 것은 백성을 위주로 하니 그 일삼는 바가 백성에게 있다.[11]

정제두는 '나'를 중심으로 나 자신을 먼저 궁리한다. 그런 후 민중에게 다

---

8 《傳習錄》, "大學問", "明明德者, 立其天地萬物一體之體也, 親民者, 達其天地萬物一體之用也."

9 김용옥, 《대학·학기 한글역주》(서울: 통나무, 2011), 147쪽.

10 금장태, "17세기 말 朴世采와 鄭齊斗의 양명학 논변", 〈한국문화〉 43 (2008).

11 《霞谷集》, 권13, '大學說·大學說', "大學所謂親民之道…與新之之事, 非有二義, 但其功則有別, 蓋親主己新主民, 親之自我, 其用功在己, 新之主民, 其所事在民."

가가지만 민중을 교화하기 위함은 아니다. 어리석은 민중을 새롭게 하기 위함이 아니다. 양명학이 그러하듯이 정제두 역시 도덕적 판단 기준은 각자 안에 선천적으로 주어진 순수한 '양지'(良知)라고 한다. 민중은 이미 선천적으로 양지를 가지고 있다. 성리학과 같이 민중을 교화되어야 할 대상으로 보지 않는다.

조선의 양명학은 강화학파로 모였고, 이 강화학파는 만주 횡도촌(橫道村)으로 집단 이주해 독립운동의 한 뿌리가 된다. 그 여정을 간단히 살펴보자.

강화학파의 이건승(1858-1924), 홍승헌(1854-1914), 정원하(1855-1925)는 만주와 연해주로 이주한다. 이들은 당시 이회영(1867-1932)과 가까웠다. 이회영이라면 한국 독립운동사에서 지울 수 없는 위치를 가진 인물이다. 그와 함께 독립운동의 틀을 다져간 이들이 바로 강화학파의 세례를 받은 이들이다.

정원하는 강화학파의 문을 연 정제두(1649-1736년)의 6대손으로, 가학(家學)으로 양명학을 받아들인 인물이다. 이건승과 그의 6촌 동생인 이건방은 한국 근·현대사의 주요 인물 가운데 한 명인 정인보(1893-1950)의 스승이다. 정인보가 1933년에 발표한 《양명학연론》(陽明學演論)은 그냥 나온 책이 아니다.[12] 양명학자 이건승은 1906년 강화도에 계명의숙(啓明義塾)을 세워 교육운동으로 민중에게 다가가고 있었으며, 사회운동 단체인 대한자강회를 도왔다. 하지만 1910년 8월 29일 국권을 빼앗기자 만주 회인현(懷仁縣)으로 망명했다.

양명학자 홍승헌은 연해주로 망명해 신한촌(新韓村)을 세웠다. 이 공간에서 홍승헌은 독립군 기지를 건설하기 위한 운동을 펼쳤다. 이후 신한촌에서 대한민국의 항일 독립운동 단체인 권업회(勸業會)가 결성된다. 권업회의 회장은 최재형(1860-1920)이며, 부회장은 그 유명한 홍범도(1868-1943)다. 최재형은 안중근의 의거를 지원한 인물이며, 안중근 의거에 사용된 총은 최재형이

---

12 정인보, 《양명학연론》, 홍원식 역 (서울: 한국국학진흥원, 2005) ; 정인보, 《양명학연론》, 정원식 해설 (대구: 계명대학교출판부, 2004).

건넨 8연발 브라우닝식 권총이었다. 홍범도는 대한독립군의 총사령관이다. 최재형은 노비의 아들이었다. 과거 조선이란 신분제 사회에서 사회적 약자일 뿐이었던 그가 권업회를 이끌었다. 홍범도 역시 조선 사회의 하층민인 백정 부류의 산척(山尺) 출신이다.

'백성과 친함'을 강조하는 양명학자들이 이동한 곳에서 천민 출신의 최재형과 홍범도 등이 과거와 다르게 활동할 수 있었던 것은 양명학이 이들의 활동에 어떤 배경이 되었는지 알게 해준다. 이회영과 이상설 그리고 이시영 모두 양명학을 공부했다. 양명학에 깊은 지식을 갖고 실천한 이도 있고 공개적으로 양명학자라 드러나지 않은 이도 있었지만, 양명학은 조선 후기 사회의 하나의 대안이었다. 조선의 성리학자들에 의해 이단이라 무시당하던 양명학과 그 양명학을 익힌 이들은 조선을 떠나 만주로 갔다. 그리고 그곳에서 다양한 독립운동을 전개했다. 이들 양명학의 정신에 직·간접적으로 영향을 받은 이들에 의해 신흥무관학교가 세워진다.

사실 동학이 민중의 자각운동이었다면 양명학은 양반의 자각운동이었고, 이 자각이 종교적인 옷을 입었을 때 많은 이들이 대종교(大倧敎)를 선택했다. 대종교는 독립운동에 매우 적극적이었다. 1919년 2월 1일 '무오독립선언'에서 대종교의 역할은 무시할 수 없었으며, "무오독립선언서"를 쓴 조소앙 역시 대종교와 밀접했다. 이어 1919년 3·1혁명으로 틀을 잡은 대한민국임시정부의 임시의정원 의원 35명 가운데 28명이 대종교도였다. 앞서 말한 정인보와 홍범도도 대종교도다. 홍범도뿐 아니라 청산리대첩의 주력 상당수가 대종교도다. 또한 양명학을 공부한 박은식과 이상설도 대종교도이며, 김좌진·김규식·신채호·이상용·김동삼·이범석·김두봉 등이 대종교도다.

이 가운데 박은식이 누구인가? 1925년 대한민국임시정부의 대통령을 지낸 사람이다. 그는 윤세복(1881-1960)의 영향으로 대종교에 입교한다. 대구 협성중학교에서 교편을 잡았던 윤세복은 1910년 서울로 올라와 대종교에 입교한다. 그리고 자신의 재산을 정리해 만주로 옮긴 뒤 환인현(桓仁縣)에 교당을 설립하는 한편 동창학교(東昌學校)를 설립했고, 무송현(撫松縣)에 백산학교(白山學校), 밀산당벽진(密山當壁鎭)에 대흥학교(大興學校), 영안현(寧安縣)에 대종학원(大倧學園)을 설립 또는 경영하며 5년 동안 교육에 진력했다. 이런 가운데 박은식은 1911년 4월 만주 환인현에 있는 동창학교에서 1년간 머문다. 박은식은 1910년 유교의 개혁을 위해 양명학의 문을 연 왕양명을 소개하는 《왕양명실기》(王陽明實記)를 남기기도 했다. 그러나 유교의 자체 개혁, 즉 유교의 일파인 양명학으로 당시 주류인 유교의 다른 유파인 성리학이 만들어낸 이 땅의 여러 문제를 해결하기는 어려웠다. 그래서 그는 1911년 만주 망명과 함께 대종교에 입교하고 환인현에서 자신의 대표 저술인 《대동고대사론》(大東古代史論)과 《몽배금태조》(夢拜金太祖)을 남긴다. 박은식은 이를 통해 민족의 주체성을 분명히하고자 했다. 또한 1913년에 박은식·신채호·신규식 등은 대종교 종립학교인 박달학원(博達學院)을 설립했다. 박달학원은 홍명희·문일평·조소앙 등이 강의한 탁월한 학교였다. 이와 같이 민족 교육과 역사의식에서 대종교의 역할은 대단했다. 박은식은 이러한 대종교라는 배경 속에서 독립운동을 이어갔고, 대한민국임시정부 대통령에 올랐다.

1911년 서간도의 신흥무관학교 역시 대종교가 주도해 설립했다. 양명학자들이 집단 이주하고, 양명학에 익숙한 이들이 대종교로 개종한 곳, 그리고 대종교의 지도자들이 모여든 곳에 신흥무관학교라는 주체적 공간이 생긴 것은 특별해 보이지 않는다. 조선의 양명학과 대종교는 평등사상 및 민족과 개인의 주체성을 강조한다. 거기에 양명학의 지행합일(知行合一) 사상은 독립운동에 적극 뛰어든 대종교의 이행에서도 다르지 않았을 것이다. 민족과 나의 주체성을 강조하고, 나의 결단을 강조하며, 행위라는 실천적 요소마저 강조했으니 말이다. 그렇게 보면 비록 조선의 주류 철학인 성리학으로부터 이단 취급을 받았지만, 조선에서부터 한국으로의 격동기를 거치며 민중에 의한 민중의 철학인 '한국철학'으로의 이행을 준비한 철학이 바로 양명학이라 할 수 있다. 성리학이 아닌 양명학이 진정 한국철학과 연결될 조선의 철학이라

하겠다.

> 우리나라의 옛날의 선비, 온달, 처용, 검도령, 원효, 모든 화랑하는 사람들이
> 우주는 하나로 살았다는 것을 믿었다. 그런데 그후 유교, 유교에서도 가장
> 교(敎)와 제도를 존중하는 주자학파(=성리학)가 성함을 따라, 갈라지고 작아
> 지는 병이 생기게 됐다.[13]

성리학은 위계의 사회를 지탱하는 제도와 가르침에 집중하며 하나로 뭉치
기보다는 나뉘고 갈라졌다. 그러나 모든 성리학이 그저 무력하게 권력과 기득
권만을 유지하기 위해 싸웠던 것은 아니다. 성리학 역시 한국철학이 되기 위
해 노력했다. 갈라짐을 붙이기 위해 노력했다. 그 과정도 살펴보자.

이 땅 민중에게 만주는 양명학과 대종교만의 공간은 아니었다. 경상북도
성주 출신 이승희(1847-1916)는 이상설과 '한민족이 부흥하는 마을'이란 뜻을
가진 한흥동(韓興洞)을 간도에 건설한다. 그런데 여기에서 주목할 것이 있다.
이승희의 부친은 조선 후기 영남 유림의 대표적 인물인 한주 이진상(1818-
1886)이다.[14] 그는 조선 후기 대표적인 성리학의 흐름인 한주학파(寒洲學派)를
이끌었다. 성리학에 기반을 둔 이진상의 이론은 세밀히 보면 양명학과 다르지
만 큰 틀에서 보면 다른 성리학자들에 비해 제법 양명학에 가깝다. 성리학자
들이 심(心)과 이(理)를 별개로 보는 것과 달리 이진상은 심(心)이 곧 이(理)라
는 심즉리설(心卽理說)을 주장했다. 심즉리설은 성리학자들이 양명학을 이단
으로 몬 근거 가운데 하나였다. 성리학자들은 인간 본성을 중시하며 우주의
이치(理)에 대한 지식은 후천적으로 얻어진다고 보았다. 따라서 교육을 강조
했다. 이런 성리학은 '성즉리'(性卽理)라는 표현으로 집약된다. '우주의 본성은
바로 객관적 이치'라는 것이다. 그러나 양명학은 '심즉리', 즉 '우리의 마음이

---

13   《저작집 24》, 463쪽.
14   이상하, 《주리철학의 절정 한주 이진상》(서울: 한국국학진흥원, 2008).

곧 우주의 이치'라고 한다. 주관적인 것이다. 후천적 학습으로 얻어지는 것이 아니라 우리 가운데 이미 있다.

성리학에선 선비들이 객관적 이치를 더 많이 알기에 이를 토대로 민중을 교화하는 주체가 된다. 민중은 대상에 머문다. 그러나 양명학에선 우주의 이치가 주관적이다. 모두에게 이미 내재해 있다. 이제 그 주워져 있는 것을 실천하는 것이 중요하다. 그래서 지행합리설을 강조한다. 이진상의 주장은 다른 성리학자들의 주장에 비해 양명학의 특징들과 가깝다.[15] 이런 이진상의 한주학파에서 면우 곽종석(1846-1919)과 회당 장석영(1894-?) 그리고 심산 김창숙(1879-1962) 등 많은 독립운동가가 나왔다. 한주학파의 이런 모습만 보아도 성리학이 조선 후기에 이르러 변화를 모색했다는 것을 알 수 있다. 물론 500년 기득권을 유지하던 철학의 변화는 매우 느렸다.

조선 후기 호남의 대표 사상가인 노사 기정진(1798-1879)은 화서 이항로(1792-1868), 한주 이진상과 더불어 당대 유학을 대표하는 3대 유학자로 평가받는다. 기정진은 현실의 여러 어려움을 해결하기 위해 '절대선'의 회복을 주장했다. 그리고 그 회복을 위한 가장 좋은 수단으로 성리학을 들었다. 성리학은 가변적인 '기'(氣)보다 불변의 '리'에 절대적 가치와 권위를 부여하는 철학이기 때문이다. 이러한 그의 철학적 입장은 조선의 질서와 체계의 옹호와 관련된다. 그는 새로움과 변화를 경계했다. 기정진은 그 누구보다 강력한 '위정척사론자'(衛正斥邪論者)가 된다. 그의 손자 송사 기우만(1846-1916) 역시 할아버지 기정진의 뒤를 이어 위정척사론자가 되었다.

그들의 눈에 당시 민중들 사이 퍼진 동학은 어떤 것이었을까? 동학은 그들에게 조선 사회의 독약이었다. 오랜 시간 성리학이 만든 위계의 조선에 대한 도전이었다. 그렇기에 동학을 당시 조선의 가장 위험한 적이라고 생각했다. 그렇다고 기우만이 외세를 좋아한 것도 아니다. 그 역시 조선이 일본에 종속되어서는 안 된다고 생각했기에 을사오적을 처단해야 한다는 상소를 올리기

---

15   이형성, "한주학파 성리학의 지역적 전개양상과 사상적 특성", 〈국학연구〉 15 (2009).

도 했다. 또 을사오적을 암살하려 했다는 의심을 받아 일본 경찰에게 잡혀 광주, 영광, 서울 등에서 옥살이를 하며 심문을 받았다. 그런 기우만은 1910년 국권을 빼앗기자 망한 나라의 신하는 편안한 삶을 살 수 없다며 식음을 전폐하고 해진 옷을 입고 죽림 속에 칩거했다. 어찌 보면 성리학이란 배경 가운데 낭만적인 저항으로 보이지만, 당시 성리학의 저항이 가진 한계를 보여주는 것이기도 하다. 이진상은 영남에서 위정척사론을 실천했다. 그는 천주교 전파와 서양과의 통상이 조선을 망하게 할 것이라고 생각했다. 즉 서학을 조선의 적이라고 생각했다. 그는 이런 자신의 걱정을 담아 《대학》과 《심경》(心經)을 강론했다.

위정척사론을 주장한 이들을 그저 답답한 과거 지향적 인물로만 폄하할 수는 없다. 예를 들어, 동학농민혁명이 경상도 일대를 지날 때, 그들이 이진상에게 보인 태도에서 확인할 수 있다. 당시 전국적으로 일어난 동학 농민의 움직임은 경상도를 피해가지 않았다. 당시 지방의 양반들은 신분제의 오랜 틀이 일시적으로 흔들리는 것으로 보고, 그것을 도덕과 윤리의 붕괴로 인식했다. 그들에겐 신분제 자체가 바로 도덕이고 윤리였기 때문이다. 이에 성주의 신임 목사 이주하는 이 문제를 해결하기 위해 이진상을 찾는다. 이진상은 당시 경상도의 대표 성리학자이며 농민으로부터도 어느 정도 인정을 받는 인물이었기 때문이다. 이진상은 기존의 성리학 질서 속에서 억울한 민중도 없어야 하고 부당하게 세도를 부리는 양반도 없어야 한다고 생각했다. 이런 틀 속에서 마련된 이진상의 제안은 여러 측면에서 당시 조선 사회의 일반적인 기준에서 보았을 때 진일보해 있었다. 당시 신임 목사 이주하가 이진상을 먼저 찾은 것도 기존의 폭력적 방식으론 당시의 상황을 통제할 수 없다는 생각에서였다. 그리고 당시 이진상이 다른 양반들과 달리 주변 농민(민중)들에게 호감을 가진 선비였기 때문이다. 물론 현실 공간에서 이진상의 제안이 민중들에게 얼마나 지지를 얻었는지는 알 수 없고, 그것이 큰 사회의 변화를 만들어내지도 못했다. 그러나 1883년 경상도 일대 동학 농민군이 이진상을 다른 양반이나 선비와는 다르게 생각했다는 사실은 알 수 있다. 동학 농민군이 다른 토호의 집에 불을 지르고 보복을 하는 동안에도 이진상의 집은 피해를 입지 않았다.[16] 이런 이진상의 문하에서 면우 곽종석과 같은 이가 등장한다.

곽종석은 이진상의 문하에서 공부한 성리학계의 대표 학자이자 당시 성리학이 가진 여러 한계에 무척 비판적인 태도를 가진 사상가였다. 그는 1895년 안동 지역 권세연(1835-1899), 1896년 김도화(1825-1912), 그리고 1906년 호남 지역 최익현(1833-1907) 등으로부터 다섯 번의 의병 참여 요청을 받았지만 모두 거절했다. 두려운 마음 때문이거나 현실에 등 돌린 채 글공부만 했기 때문이 아니었다. 곽종석은 의병 참여 요청을 거부하며 최익현에게 보내는 편지에 그 이유를 소상히 적었다.[17] 우선 제대로 준비되지 않은 의병이 일본의 개입을 야기할 수 있다고 했다. 즉 조선의 내란을 해결하기 위해 개입한다는 빌미를 일본에게 제공할 수 있기 때문이었다. 곽종석은 제대로 준비되지 않은 의병에 참여하지 않았다.[18] 둘째로 조선이란 성리학 사회에서는 위계가 무엇보다 중요한데, 신하들이 의병을 일으켜 질서를 잡겠다는 것은 '역신(逆臣)의 길', 즉 왕에 대한 배신이 될 수 있다는 점이다. 사실 왕의 군대를 상대로 무기를 들고 개혁하겠다는 것은 위계의 조선과 그 조선의 성리학에선 있어서는 안될 일이다. 현실적으로 곽종석과 같은 이유로 의병에 비판적인 선비들이 많았다. 예를 들어, 앞서 소개한 기우만은 신기선(1851-1909)이 의병을 역신의 길이라고 지적하자 1896년 자신 해산했다. 1906년 최익현은 일본군과의 전투 중 조선군이 일본군과 함께 자신들과 싸우고 있다는 얘기를 듣고 큰 충격에 빠지기도 했다.[19]

이와 같이 당시 의병은 위계의 조선, 충과 효를 도덕의 근본으로 주장하

16 이윤갑, "19세기 말 경상도 성주의 사회변동과 동학농민전쟁", 〈대구사학〉 119 (2015), 19쪽.
17 면우 곽종석, "答崔贊政-益鉉-", 〈면우집 1〉 권43 (丙午: 1906), 360쪽.
18 같은 곳.
19 《한국사 43》(서울: 국사편찬위원회, 1999), 377, 401-402쪽.

는 성리학의 조선, 그 조선의 선비들에겐 쉽지 않은 선택이었다. 신분제를 거부하며 자신들에게 도전하는 동학 농민군을 비판하면서 자신들이 사회 정의를 위해 왕과 대립한다는 것은 성리학이란 틀 속에서 모순으로 보였다. 세 번째로 곽종석은 군사 훈련을 제대로 받지 않은 농민으로 어설픈 군대를 만들어 개혁을 한다는 것은 불가능하다고 생각했다. 1895년 유인석의 의병 부대를 직접 방문한 후 곽종석의 이런 생각은 더욱 확고해졌다.[20] 곽종석만이 아니라 여러 단체들이 과연 의병이 현실에 어떤 도움을 줄 수 있을지 회의적인 시선을 가지고 있었다.[21] 심지어 임병찬(1851-1916) 같은 의병장도 자신들의 의병 운동에 대해 여러 가지 걱정을 했다.[22] 게다가 국가가 공식으로 운영하는 군대가 아니었기에 의병을 유지하기 위해서는 민중으로부터 인력과 식량을 징발해야 했기 때문에 의병 자체가 민중의 삶에 짐이 되는 면이 있었다. 이런 이유들 때문에 곽종석은 당시 선비들이 주도한 의병에 참여하지 않았다. 곽종석이 생각한 개혁의 시작은 오히려 양반 혹은 선비 자체에 있었다. 성리학에 한정된 선비들이 현실의 문제는 뒤로 하고 오직 글에서 시작해 글로 끝나는 철학을 하고 있었기 때문이다. 또한 선비들은 강대국들의 침략에 대응해 자체적인 능력을 높일 생각을 하지 않았다. 당시 국제 정세의 흐름을 제대로 이해하지 못했고, 온전한 이해가 없으니 당연히 제대로 된 해결책도 나오지 않았다.[23] 이런 점들은 민중의 탓이 아니라 바로 양반 자신들의 탓이었고, 성리학에 싸여 다른 세상을 모른 성리학자들의 탓이었다. 이러한 기존 성리학자들에 대한 곽종석의 비판은 박은식 등의 생각과 비슷하다.

곽종석은 성리학자이지만 양명학자들과 소통했다. 그는 박은식과 같이 양명학의 길로 나아가 대종교로 간 것이 아니라 성리학이란 틀 속에서 새로운

---

20 면우 곽종석, "연보", 〈면우집 4〉 속집 권13 (乙未 : 1895), 626쪽.
21 박찬승, 《한국근대정치사상사연구: 민족주의 우파의 실력양성론》(서울: 역사비평사, 1995), 75쪽.
22 신규수, "日帝下 獨立運動의 一事例 硏究: 獨立義軍府 '管見' 내용 분석을 중심으 로", 〈史學硏究〉 58/59 (1992), 1075-1076쪽.
23 면우 곽종석, "答李子明-炳憲", 〈면우집 2〉 권77 (乙巳 : 1905), 520쪽.

시대적 과제를 해결하려 노력했다. 이를 위해 서양의 사상을 궁리하며 연구했다. 서학을 조선을 망하게 할 악으로 본 이진상과는 달랐던 것이다. 곽종석은 서양의 법과 철학을 고민하며 우선 유럽을 알아야 한다고 생각했다. 당시의 시대 상황에서 유럽을 알지 못하면서 유럽과 대적하기란 불가능하다고 생각했다. 이러한 생각에서 나온 연구의 결실이 1899년 《서공법회통후》(書公法會通後)와 1912년 《서철학고변후》(書哲學攷辨後)다. 《서공법회통후》는 독일 학자가 쓴 국제법에 대한 그의 발문(跋文)이며, 《서철학고변후》는 그의 제자 성와 이인재(1870-1929)가 쓴 이 땅의 첫 고대 서양철학 서적인 《고대희랍철학고변》의 발문이다. 이처럼 당시 조선 후기 영남 성리학자들의 철학은 좁은 곳에 한정되어 있지 않았다. 직접 유럽의 언어로 그들의 철학을 연구한 것은 아니지만, 중국과 일본을 통해 전해 듣고 있었다. 예를 들어, 일본인 이노우에(井上圓了, 1858-1919)가 쓰고 이를 뤄바이야(羅伯雅)가 한문으로 번역한 《철학요령》(哲學要領)과 프랑스 사람 리치뤄(李奇若)가 쓰고 천펑(陳鵬)이 한문으로 번역한 《철학논강》(哲學論綱), 그리고 량치차오(梁啓超, 1873-1929)의 《음빙실문집》(飮氷室文集) 등을 통해 유럽의 철학이 어떤 것인지 대략 알고 있었다. 영남뿐 아니라 호남에서도 석적 이정직(1841-1910)이 1868년 1년 동안 북경에서 서양의 학문을 경험하고 돌아와 《강씨(칸트)철학설대략》(康氏哲學說大略)을 1905년에 썼다. 이 책은 강씨, 즉 강덕이라 불린 칸트의 철학을 128면에 걸쳐 소개한다. 아마도 이 책은 《음빙실문집》의 영향 속에서 이루어진 것이라고 할 수 있다. 이미 조선의 선비들은 중국과 일본을 통해 유럽의 철학자들을 알고 있었다. 그들의 세상은 그리 좁지 않았다.

그러나 그것은 양반이 유럽철학을 알게 되었다는 것, 딱 그 정도의 의미를 가진다. 그들은 자신이 알게 된 것을 한글로 번역하거나 소개하지 않았다. 한글로 서양의 종교철학적 담론을 다룬 것은 정약종의 《주교요지》가 있을 뿐이다. 양반들은 여전히 한문으로 이 모든 사상의 활동을 이어갔다. 일본이 자신들의 민중 언어로 번역하며 자기 결실을 만들어간 것에 비해 조선은 그저 일본과 중국에서 이미 한문으로 완성된 것을 가져온 정도라고 할 수 있다.

여기에서 중요한 것은 성리학을 통한 양반의 '자기인식'이다. 성리학자들은 중국에 유입된 유럽철학 혹은 일본을 거쳐 중국에 유입된 유럽철학을 중역(重譯)으로 접함으로써 사실 그 이해의 깊이가 대단하지 않았다. 여기에서 중요한 것은 유럽의 철학을 이해함으로써 이들이 가지게 된 자신의 주체성이다. 즉 양반의 주체성이다. 양명학 역시 그 학문의 주체는 양반이었다. 그러나 양명학자에게 "너 자신을 알라"는 철학의 명령을 내렸을 경우, 그 답은 '나'와 '너'의 '하나 됨'이며, 결국은 평등한 '나'이다. 위계 속에 있는 '나'가 아니다. 우주의 진리는 객관적으로 '나'의 밖에 있는 것이 아니라 이미 '나'란 존재에 내재해 있기에 내재한 양심에 따라 실천하는 것이 중요하다. 타자의 명령을 수행하는 수동적 '나'가 아닌 능동적으로 실천하는 '나'가 중요하다. 따라서 양명학의 주체는 양반이지만, 이들 중 일부는 중국의 변두리가 아닌 이 땅 민족을 중심에 둔 대종교의 길로 가게 된다. 중국의 명령을 듣는 수동적 존재도 아니고 다른 국가와 민족에게 흔들리는 수동적 존재도 아닌, 스스로 주체적인 존재가 되어야 한다는 대종교의 종교적 결단이 이들에겐 이질적이지 않았다.

그러나 성리학은 다르다. 성리학자들에게 "너 자신을 알라"라는 철학의 명령을 내렸을 경우, 그 답은 객관적인 우주의 이치를 더 많이 아는 '양반'과 그렇지 않은 '민중'으로 나뉜다. 민중은 객관적 우주의 이치가 구현된 사회를 위해 양반의 명령에 수동적이어야 한다. 그렇다고 양반이 능동적인 것도 아니다. 중국철학의 고향을 그리워하는 조선 양반이라는 이상한 존재가 된다. 남의 고향에 대한 향수병으로 살아가는 존재 말이다.

대구엔 대명동(大明洞)이 있다. 사라진 명나라에 대한 그리움은 이와 같이 지역의 명칭이 되었다. 조선은 1637년 인조(仁祖, 재위 1623-1649)의 삼전도의 굴욕 이후에도 명나라의 마지막 황제 숭정황제(崇禎皇帝, 1611-1644)의 연대(年代)인 '숭정'을 사용하다가 명나라가 공식적으로 멸망한 1644년 이후에야 청나라의 연호인 '순치'(順治)를 사용한다. 그러나 드러나지 않는 《조선왕

조실록》(朝鮮王朝實錄)에서는 여전히 청나라의 연호가 아닌 명나라 마지막 황제 숭정황제의 연호인 '숭정 몇 년'이란 식으로 자신들의 역사를 기록했다. 조선 후기 양반들에게는 청나라가 아닌 명나라의 변두리에서 사라진 명나라를 향한 그리움이 있었다. 조선의 왕도 양반도 청나라를 그리워하지 않았고, 청나라의 변두리에 있고 싶어하지 않았다.

16대 인조 장목왕(莊穆王), 17대 효종(孝宗, 재위 1649-1659) 충선왕(忠宣王), 18대 현종(顯宗, 재위 1659-1674) 장각왕(莊恪王) 등 조선 후기의 왕들은 모두 청나라로부터 시호를 받았다.[24] 조선의 주체적 문화를 꽃피웠다는 소중화(小中華)의 시대 혹은 진경시대(眞景時代)[25]의 왕인 정조(正祖, 재위 1776-1800)마저 청나라로부터 공선왕(恭宣王)이라는 시호를 받았다. 정조 대왕 시장(諡狀)[26]에는 "국왕의 성은 이씨요 휘는 산(祘)이며 자는 형운(亨運)인데 장순왕(莊順王) 손자로 임신년 9월 22일에 태어났다"고 한다. 장순왕, 즉 영조의 손자라는 말이다. 철종의 시장에서도 "국왕의 성은 이씨이고, 휘는 변(昪)이고, 자는 도승(道升)인데, 선각왕(宣恪王)의 아드님이요 공선왕(恭宣王)의 손자입니다"라고 한다.[27] 여기에서 철종은 선각왕 순조의 아들이고, 공선왕 정조의 손자라고 기록되어 있다. 청나라로부터 받은 시호는 이와 같이 문서에 사

---

24 고종과 순종이 대한제국의 황제라며 스스로의 연호를 사용하기 전까지 조선 후기 왕들은 청나라의 영향력 아래 있었다. 다음은 조선 후기 왕들이 청나라 황제로부터 받은 시호다. 19대 숙종(肅宗, 재위 1674-1720)은 희순왕(僖順王), 20대 경종(景宗, 재위 1720-1724)은 각공왕(恪恭王), 21대 영조(英祖, 재위 1724-1776)는 장순왕(莊順王), 22대 정조(正祖, 재위 1776-1800)는 공선왕(恭宣王), 23대 순조(純祖, 재위 1800-1834)는 선각왕(宣恪王), 24대 헌종(憲宗, 재위 1834-1849)은 장숙왕(莊肅王), 25대 철종(哲宗, 재위 1849-1863)은 충경왕(忠敬王)이었다. 심지어 순조의 세자로 사후에 왕으로 추존된 익종(翼宗)은 강목왕(康穆王)이었다.

25 진경시대란 몇몇 역사학자와 예술사학자 들이 조선이 자신만의 고유색을 찾은 조선 후기 문화 절정기를 가리키는 시대적 구분이다. 진경시대를 조선 문화의 절정이라 주장하는 이들은 대체로 숙종, 경종, 영조, 정조 시기라고 한다. 최완수, 《진경시대 1 사상과 문화》(서울: 돌베개, 1998).

26 시장(諡狀)은 벼슬한 사람이나 관직에 있던 선비가 죽은 이후 그의 행적에 따라 임금이 내리는 이름인 시호(諡號)를 위한 글이다. 이 글엔 시호를 받는 대상의 행적과 공적이 담겨 있다. 즉 시장은 시호를 받기 위해 그의 행적과 공적을 정리한 글이다.

27 《조선왕조실록》에 대한 인용은 http://sillok.history.go.kr/ 을 따랐다.

용되었지만, 받은 시호가 무슨 의미인지 자세한 설명은 없다. 충성을 의미하는 '충'(忠), 순종을 의미하는 '순'(順), 그리고 '삼가함'을 의미하는 '각'(慤), 공손을 의미하는 '공'(恭)이란 글자를 사용한 것만 보아도 조선의 왕에게 시호는 그리 반가운 것이 아니었다.

'큰 중화'인 명나라의 멸망 이후 '작은 중화'인 '소중화'로 존재한다며 자신의 주체성을 높인 것이 조선 후기의 양반들이다. 비록 보이는 곳에선 청나라의 변두리이지만, 보이지 않는 마음으로는 명나라의 변두리에 있었다. 조선의 지도층은 1704년 숙종 때부터 조선의 마지막까지 거의 200년 동안 왕과 문무백관(文武百官)이 사라진 제국 명나라를 향해 제사를 지냈다.

조선의 양반은 과거로 돌아가 어떤 변화도 허락하지 않는 공간에서 기득권을 누리며 살고 싶었다. 이런 양반은 대체로 성리학을 따랐다. 사라진 명나라를 향한 '충'이 우주의 이치를 따르는 것이라 확신했다. 그런데 이런 조선의 선비들에게 새로운 지적 도전이 있었으니, 바로 유럽이다. 조선 후기 많은 성리학자들은 그냥 유럽의 성리학을 연구한 것이 아니다. 유럽철학이 가진 여러 문제점을 지적하며 성리학의 우수성을 고수하려 했다. 곽종석과 이인재에게서도 이러한 노력이 엿보인다. 그들은 성리학의 노선 가운데 유독 주리론을 강조하며 도덕적 실천과 성리학의 보편적 가치를 추구했다. 성리학이 가진 질서 유지의 여러 장치들이 유럽철학이 가진 장점에도 불구하고 여전히 조선 사회의 가장 확실한 대안이란 것을 보여줌으로써 조선 사회에서 양반의 가치, 양반의 자기인식을 이루었다고 볼 수 있다.

여전히 성리학자들은 우주의 이치를 가장 잘 알고 있는 자신들이 민중을 이끌어야 한다고 생각했다. 조선 후기의 의병운동도 바로 이런 맥락에서 이해할 수 있다. 그 의병운동을 지탱하기 위한 민중의 고통은 보지 않았다. 그들이 의병운동으로 이루려 한 것은 양반의 조선이지 민중 주권의 평등 국가 한국은 아니었다. 결국 이러한 조선 후기 선비들의 마지막 자존심도 결국은 누군가에겐 친일로 마무리되고, 누군가에겐 새로운 대안을 위한 탈성리학으로 이어지고, 누군가에겐 세상과 등지고 산중으로 들어가며 마무리된다.

　곽종석은 조선 성리학의 마지막 무력한 몸짓들 가운데 매우 의미가 깊다. 파리강화회담과 관련된 곽종석의 행보가 이를 잘 보여준다. 성리학자들은 동학(천도교)과 개신교에 의해 주최된 1919년 3·1혁명에 자신들이 빠졌다는 사실을 수치로 여겼다. 그래서 곽종석을 파리강화회담에 대표로 보내 조선의 독립을 청원하고자 했다. 영남의 많은 성리학자들이 계획에 참여했다. 그러나 결국 일본이 알게 되어 뜻을 이루지 못했고, 곽종석은 1919년 3월 20일 대구 복심법원에서 보안법 위반 혐의로 2년형을 받았다. 옥고를 치르던 중 7월 19일 병보석으로 출감했으나 일흔네 살의 노령에 힘겨운 옥살이의 여독 때문이었는지 곧 병사했다. 곽종석은 새로운 시대에 귀를 닫고 있던 선비가 아니다. 그는 유럽철학과 유럽인의 국제법을 연구하며, 그 결실로 조선의 독립을 이루고자 노력한 인물이다. 이러한 곽종석에게서 고대 유럽철학을 처음 조선에 소개한 이인재와 같은 인물이 배출된 것은 당연해 보인다. 유럽철학을 살핀 이인재는 하늘이 인재를 둠에 있어 중국과 조선뿐 아니라 유럽에도 인재를 두었을 것이기에 그 유럽의 철학을 탐구한다고 했다.

　곽종석의 벗이며 곽종석의 스승 이진상의 아들인 이승희(1847-1916)도 있다. 이승희는 위정척사파의 한 갈래였던 이진상의 아들로, 곽종석과 새로운 대안을 궁리한 벗이었다. 그의 삶을 통해 조선의 성리학이 어떻게 진화해갔는지 살펴볼 수 있다. 이승희는 조선의 독립을 위해 일평생 헌신한 인물이다. 국내에서 뜻이 이루어지지 않자 1908년 62세의 고령에도 불구하고 러시아의 블라디보스토크로 갔다. 그곳에서 이상설과 안중근 등을 만나 독립운동을 전개했다. 이승희는 1909년 조선인의 집단 거주지 및 항일 독립운동 기지로 중국 길림성 밀산부 봉밀산 일대 45만 평을 사들여 '한흥동'을 세우고, 그곳에 한민학교(韓民學校)를 세웠다. 또 《동국사략》(東國史略) 등을 교재로 교육을 실시함으로써 독립군 양성의 기반을 닦았다. 1913년 이승희와 이상설의 후원으로 밀산무관학교(密山武官學校)가 설립되었고, 1914년 홍범도가 이곳에서 교관으로 활동했다. 양반 출신 의병에게 무시당하던 산척 출신, 홍범도는 조선의 양반 출신인 이승희와 이상설이 기초를 만든 한흥동의 밀산무관학교에서 활동했다. 한흥동은 천민 출신 홍범도도 자신의 몫을 다할 수 있는 공간이었다.

성리학자와 위정척사파의 영향 속에서 자란 이승희와 양명학을 익힌 이상설은 각각 조선의 주류와 이단의 입장에 있었지만 조선의 국경을 넘어 한흥동에서 한국철학의 또 다른 가능성을 키워갔다. 또한 천민도 한 사람의 당당한 민중 주체로 자신의 주권을 위해 싸울 수 있는 공간이 가능해졌다. 이승희는 유교 이념을 버리지 않고 성리학자로 살아가며 독립투쟁을 이어갔지만 과거와는 다른 모습을 보여주었다. 1916년 2월 중국 봉천에서 그는 자신의 고향으로 돌아가지 못하고 생의 마지막을 맞이했다. 그는 주류 성리학에서 이단으로 여긴 양명학자들과 천민이라 무시하던 백정도 주권을 위해 더불어 싸워야 하는 동지가 될 수 있음을 보여주었다.

곽종석과 이승희의 제자 가운데 심산 김창숙(1879-1962)이 있다. 김창숙은 생의 마지막까지 자신의 길을 간 인물로, 부당함에 대항해 끝없이 싸웠다. 예를 들어, 그는 병문안 온 박정희 앞에서도 등을 돌리고 누웠다. 이런 그의 실천적 삶은 을사늑약 당시 을사오적의 처형을 청원하는 상소인 청참오적소(請斬五賊疏)에서도 확인할 수 있다. 또 그는 1921년 대한민국임시정부 대통령 이승만이 유엔에 조선의 독립이 아닌 위임통치를 청원하는 성명서를 제출하자 신채호와 함께 이승만을 비판했다. 이어서 1925년과 1926년 두 차례 '유림단 사건'과 '나석주 폭탄 투척 사건' 등을 주도한 인물이기도 하다. 해방 이후 대한민국의 진정한 법통은 바로 대한민국임시정부임을 주장한 김창숙은 이승만 정권 때에는 그들의 독재와 부패에 대한 반대 투쟁을 전개했고, 한국전쟁 당시 이승만 하야 경고문 사건으로 부산형무소에 수감되기도 했다. 이후 "반독재호헌구국선언문" 발표에 참여하는 등의 활동으로 정치깡패들에게 폭행을 당하고 수감되어서도 마지막까지 이승만과 다툰 조선의 선비였다.

조선 후기라는 시간 속에서 성리학은 조금씩 달려져야 했고, 양명학은 또 다른 역할을 요청받았다. 이들은 조선이란 물리적 공간을 벗어나 만주와 블라디보스토크에서 조선 땅과 다른 조건 속에서 새로운 가능성을 만들어갔다. 성리학은 민중을 가르쳐야 하는 대상, 즉 새롭게 해야 할 존재로만 바라볼 수 없게 되었다. 양명학은 민중에게 더욱 친근하게 다가가야 했다. 그러나 여전히 민중 스스로 주체가 되어 민중의 고난을 위한 민중의 언어로 된 민중의 철학으로의 한국철학은 제대로 이루어지지 않았다. 그러나 한국철학을 위한 조건들을 제시했다. 성리학의 조선은 위계의 조선이었고, 그 위계의 아래 부분에서 살아간 민중들은 고난의 시간을 살아야 했다. 그 고난이 한국철학의 조건이 되었다. 또 양명학은 사민평등을 통해 명령을 따라야 하는 '나'가 아닌 모두가 평등한 '나'의 가능성을 제시했다. 그것 역시 동학과 함께 조선 후기 새로운 시대로의 이행에 있어 좋은 조건이 되었다.

동학은 수운 최제우(1824-1864)에서 시작된다. 천주교는 양반 사대부가 중국으로부터 수용한 서학 연구에서 시작된다. 이것이 민중 속에 녹아들어 감으로써 천주교는 확대되었다. 그런 이유에서 천주교는 대체로 중국 서적을 쉽게 접하고 연구할 수 있었던 도시 중심으로 확대되었다. 그러나 동학은 농촌의 사회적 약자들 사이에서 퍼져갔다. 동학이 기존 조선 사회와 충돌하게 되는 일들도 농촌이란 배경에서 이루어졌다. 예를 들어, 동학'농민'혁명을 보자. 1892년 고부 군부 조병갑(1844-1911)은 농민들을 강제로 동원해 보(洑)를 쌓았다. 노동에 대한 정당한 임금도 주지 않았다. 그렇게 보를 만들어 물을 받는 논엔 첫해에 수세(水稅)를 받지 않겠다고 약속했지만 어겼다. 거짓도 일삼은 것이다. 그뿐 아니라 무고한 이에게 죄를 씌워 재산을 착취하기도 했다. 또 자신의 부친 비각을 세우기 위해 금품을 강제로 거두기도 했다. 이에 농민들은 더는 참을 수 없어 1894년 1월 관아를 기습했다. 전봉준(1855-1895)의 아버지 전창혁(1827-1893)은 곤장을 맞아 죽었는데, 당시 농촌 사회는 위계만 존재할 뿐, 많은 경우 그 위계를 근거로 사악한 부조리가 일상으로 일어났다. 이로 인해 전봉준 등의 동학 농민들이 반발하게 된 것이다.

주체성을 자각함으로 평등의식이 성립된 농민들에게 사회적 약자를 괴롭히는 잘못은 싸워야 하는 대상이었다. 서학, 즉 천주교는 무장운동으로 이어지지 않았지만 동학은 그렇지 않았다. 동학의 주체인 사회적 약자들은 조선이란 사회의 부조리를 온몸으로 살아가는 이들이었다. 당시 양반들은 평등이나 주체성을 이야기하는 동학을 그냥 둘 수 없었다. 그러나 이미 약해진 조선 정부는 동학에 스스로 맞설 힘도 없었다. 양반들은 청나라 군대에 도움을 청했고, 이에 일본 군부 역시 청나라 군대의 개입을 구실로 출병했다. 결국 조선군과 외국군에 의해 이 땅의 민중인 동학 농민군은 잔혹하게 몰살된다. 일본으로 건너간 동학 농민군의 유골은 이때의 흔적이다.

비록 조선군과 일본군에 의해 잔인하게 몰살되었지만, 동학농민혁명은 대단한 역사적 성과이고 철학사적 사건이다. 일본은 일본을 대표하는 자신들만의 토착 민중운동이 없었다. 민중의 자각운동이 없었다. 그러나 이 땅에선 내재적 민중 자각운동인 동학농민운동이 있었다.[28]

---

28 이노우에 가쓰오, 《메이지 일본의 식민지 지배: 홋카이도에서 조선까지》, 동선희 역 (서울: 어문학사, 2014), 99쪽.

2 한국철학의 회임
: 서학이 남긴 선물

조선철학의 죽음에서 한국철학의 탄생을 본다. 새로운 철학의 '회임'(懷妊, *conceptio*)은 고난의 시간을 더 이상 남에게 미루지 않고 스스로의 존재를 돌아보며 시작되었다. 남의 손에 나의 존재를 의존해 살아간다면, 그렇게 의존적으로 존재할 것이라면, 스스로 돌아볼 필요가 없다. 어떻게 이 지경이 되었는지 고민할 필요가 없다. 그냥 남의 손에 이끌려 살면 된다. 주체성은 그들에게 짐이 될 뿐이다. 그러나 삶의 주체로 등장하려는 순간, 남의 손에 이끌리는 삶이 아닌 자신의 발로 서는 삶을 선택하고 결단한다. 비로소 자기 존재의 짐이 자신의 몫이 된다. 자기 존재에 책임을 지는 존재가 된다. 이때 인간은 반성을 하게 된다. 왜 나는 나의 짐을 나 스스로 해결하지 않았을까? 자신의 모습을 돌아보게 된다. 스스로 자기 존재를 돌아본다는 것은 이제 제대로 주체성을 가지기 시작했다는 말이다. 그런 의미에서 '철학의 회임'은 자기 돌아봄의 시간과 때를 같이 한다.

> 의식은 생명의 스스로를 돌아봄, 곧 자기반성이라 할 수 있다.[29]

조선 시대 민중은 '의식'이 없었다. 그들에게 의식을 허락하지 않았다. 그

---

29 《전집 1》, 335쪽.

들에게는 자기반성, 자기 돌아봄을 위한 시간도 허락되지 않았고, 과거와 현재를 이어줄 문자도 허락되지 않았다. 겨우 양반들의 명령을 알아듣기 위한 용도로 한글 정도가 허락되었을 뿐이다. 스스로 돌아봄, 스스로 자신을 질문하는 시간을 주지 않았다. "너 자신을 알라"는 철학의 말을 그들에게 던져 고민하게 하지 않았고, 조선의 신분제 사회에서 고민 없이 정해진 답 속에서 존재하게 만들어버렸다.

결국 한국철학은 조선철학의 실패에서 시작된다. 한 인간 존재의 무한한 가능성을 신분제의 틀 속에 구속하는 순간, 한 존재는 그저 나약한 동물에 지나지 않게 된다. 우리에게 홍범도(1868-1943)는 역사 속 위대한 의병장이며 독립운동가이고 군인이다. 그러나 그가 살던 시대, 아직도 조선의 신분제 속에서 살던 양반들에게 홍범도는 백정의 한 부류인 산척일 뿐이었다. 산척은 조선의 최하층민이다. 사냥을 업으로 삼았기에 맹수로부터 사람들을 구하고, 전쟁이 일어나면 군인이 되어 싸웠지만, 조선의 성리학자들은 용맹한 산척을 기록하고 기억하려 하지 않았다. 조선 사회의 가장 낮은 신분의 사람들이라 여겼기 때문이다. 그러나 그들은 임진왜란이 일어나자 의병으로 나가 일본군과 싸웠다. 병자호란이 일어나자 왕실 호위무사가 되었다. 조선 말기엔 병인양요와 신미양요에 직접 참여했다.[30] 그러나 그들은 제대로 기억되지 못했다. 조선은 왕족과 양반의 나라였고, 양반들은 자신들의 존재만을 기억하고 돌아보았다. 백정이나 산척은 자신들을 위한 도구와 같은 존재일 뿐, 그들이 기억하고 돌아보아야 할 대상으로 생각하지 않았다. 이것이 조선이다. 홍범도의 부대는 바로 산척으로 이루어진 부대였다. 또 유인석(1842-1915)의 부대도 산척으로 이루어진 부대였다.

일본과 싸우는 홍범도를 힘들게 한 것은 일본군만이 아니었다. 홍범도는 대한제국 관료 출신 의병 이범윤(1863-1940)에게 일본군에게 빼앗은 일본 돈 2만 원을 보내며 탄약 지원을 부탁했다. 그러나 이범윤은 군자금 2만 원을 빼

---

30   이희근,《산척, 조선의 사냥꾼》(서울: 도서출판 따비, 2016).

앗고 두 명의 밀사를 감옥에 가둬버렸다. 이후 이범윤에게 이유를 물었지만 명확한 답은 없었다.[31] 사실 당시 낮은 신분의 의병장과 의병은 일본군이 아닌 또 다른 적, 신분제 사회의 악습과도 싸워야 했다. 양반 출신 의병장 유인석은 '위정척사'(衛正斥邪)와 '존화양이'(尊華攘夷) 정신으로 무장한 조선의 선비이고 양반이다. 그에게 '조선의 독립'은 곧 '조선 양반의 독립'이다. '조선 민중 전체의 독립'이 아니다. 그런 그에게 조선은 위계의 사회여야 했다. 그는 지원군을 보내지 않은 양반 의병장에게 무례하게 행동했다는 이유로 중인 출신 조총병 지휘관 김백선(?-1896)을 죽였다. 1991년 건국훈장애국장을 받은 독립운동가 김백선은 유인석의 손에 죽었다. "분수를 모른다"는 잔혹한 말과 함께 말이다. 이러한 김백선의 죽음 이후 제천 의병은 힘을 상실해갔다. 이 땅 최초의 서양 병원 의사가 된 박서양(1885-1940)은 백정의 자식이다. 그는 제중원의학교에서 서양의학을 익히고, 세브란스 의학전문학교와 세브란스 간호원양성소의 교수가 되었다. 그러나 그는 1917년 만주의 용정으로 망명한다. 그곳에서 구세의원을 운영하며 숭신소학교를 세워 학생을 가르쳤다. 또 1920년 5월 홍범도의 대한독립군, 최진동의 북로독군부 등과 연합해 진행된 전투에도 종군했다. 하지만 박서양도 백정 출신이란 이유로 무시를 당하곤 했다.

　　조선은 위계의 국가였고, 그곳에서 여전히 살아간 이들이 있고, 그 위계의 국가를 벗어나 새로운 세상을 향한 이들이 있었다. 어쩌면 양반은 위계의 조선을 살고, 많은 민중들은 민주공화국 한국을 향하고 있었는지 모르겠다.

　　조선의 위계란 무엇인가? 당시 양반의 눈에 백정은 자신의 변두리에도 있을 수 없는 천한 존재였다. 조선은 중국의 변두리이고, 그 변두리 가운데 양반은 중국에 조금 더 가까운 변두리였으며, 평민은 그 양반의 변두리고, 백정과 노비는 그 평민의 변두리였다. 이런 위계에서 백정은 말 그대로 슬픈 존재였다. 임진왜란으로 왕족과 양반들이 민중을 버리고 도망갈 때, 이들은 일본군과 싸웠다. 병자호란과 구한말 혼란기에 일본군과 싸운 이들도 이들이었다.

31　임경석, "적보다 치명적인 동지", 〈한겨레 21〉 1234 (2018).

그러나 이들이 얼마나 치열하게 자신을 무시한 조선을 위해 싸웠는지 아무도 기억하지 않는다. 조선 성리학자들의 철학엔 백정도 산척도 노비도 없었다. 그들의 희생에 대한 미안함도 없었다. 임진왜란 당시 류성룡(1542-1607)은 면천법(免賤法)을 제정해 천민도 전공을 세우면 양인이 될 수 있다고 했다. 그러나 임진왜란 이후 권력을 잡은 이들은 신분제 유지를 위해 류성룡이 민중과 한 약속을 저버렸다.

이익(1681-1764)은 한번 노비가 되면 거기에서 벗어나지 못하고 너무 과한 고통을 받게 된다며 노비제 폐지를 주장했다. 류형원(1622-1673) 역시 죄도 없는 자를 노비로 삼는 법은 잘못이며, 설령 죄를 지어 노비가 된 자라도 자손까지 노비로 삼아 형벌을 주는 것은 부당하다고 주장했다. 그러나 몇몇 지식인들의 이런 노력에도 불구하고 조선은 끝까지 달라지지 않았다.

그러나 서학과 동학을 받아들인 이들은 백정을 자신과 다르게 보지 않았다. 같은 하느님의 자녀이며, 모두가 한울님을 품고 있다고 생각했다. 한마디로 신학적으로도 존재론적으로도 평등하다고 주장하며 그렇게 실천했다. 조선의 성리학자들은 이런 서학과 동학을 그냥 두고 볼 수 없었다. 조선의 권력자들은 동학혁명군을 모두 죽이기 위해 청나라에 파병을 요청한다. 남의 나라 군대를 조선 땅에 들어오게 한 셈이다. 이렇게 청나라와 일본의 군대가 조선에 들어와 조선 땅에서 청나라와 일본의 전쟁이 시작되었고, 동학혁명군에 대한 잔혹한 학살도 시작되었다. 위계의 조선에 위험이 되는 양명학도 그들은 이단으로 보았다. 서학과 동학은 도저히 수용할 수 없는 이단이며, 그 자체로 양반을 중심으로 한 위계의 조선에 대한 강력한 도전이었다. 조선은 이런 국가였다. 이런 나라였기에 조선은 망했다.

아우구스티누스(Aurelius Augustinus, 354-430)는 사용(uti)과 향유(frui)를 구분했다.

'사용'은 의지의 능력 가운데 일어난 어떤 것이다. '향유'는 기쁨의 사용이며,

희망이 아닌 실재에 대한 것이다(*Uti enim est assumere aliquid in facultatem voluntatis; frui est autem uti cum gaudio, non adhuc spei, sed iam rei*). 따라서 '향유'하는 모든 이들은 '사용'한다. 왜냐하면 의지의 능력 가운데 어떤 것이 일어났기 때문이다. 그 가운데 그는 또한 목적으로 만족하게 된다. 그러나 사용하는 모든 이들이 향유하는 것은 아니다.[32]

대상 그 자체를 목적으로서 사랑하는 '향유'와 대상을 어떤 다른 목적을 위한 수단으로 이용하는 '사용'을 구분했다. 참된 사랑은 향유다. '너'가 '너'이기에 사랑하는 마음이다. 다른 목적이 없다. 너 자체가 목적이다. 그런데 향유하는 이들은 그 향유를 위해 수단을 고민하고 궁리하게 된다. 순수한 사랑, 향유의 사랑도 그 사랑의 수단으로 무엇을 '사용'할지 고민한다. 그런 의미에서 향유하는 모든 이들은 사용한다. 그러나 사용하는 모든 이들이 향유하는 것은 아니다. '사용'하는 이들은 근본적으로는 다른 어떤 목적을 위해 자신에게 주어진 대상을 이용하고 있기 때문이다. '너'가 '너'이기에 사랑하는 마음이 순수한 사랑이다. '너'를 다른 목적을 위해 사용한다면, 그것은 순수한 사랑이 아니다.

조선 시대 양반은 민중을 사용했는가, 향유했는가? 정말 향유의 의미에서 민중을 위해 한글을 만들었다면, 그 행위의 이유는 민중 그 자체가 되어야 한다. 그런데 과연 그럴까? 민중을 교화하기 위한 수단으로 한글이 사용되었다. 이것이 민중에 대한 사랑일까? 향유일까?

많이 배우지 못한 이들에게 성리학의 지식을 전달하기 위해 '우리말'을 표현한 '우리글'로 쓰인 문헌이 필요했다. 이에 따라 한글로 된《이륜행실도》《여씨향약언해》《정속언해》 등이 지방 관아와 향교에 보급되었다.[33] 한글이 확대되기 시작한 것이다. 또한 가난한 양반과 중인 및 일반 백성인 상민(常民)

32 Augustinus, *De trinitate X*, c.11 (Patrologia Latina 42, 982).
33 《이륜행실도》는 당초 중종 때의 학자 김안국(1478-1543)이 중종에게 제안하여 편찬한 것이다. 《여씨향약언해》와 《정속언해》는 모두 1518년 김안국이 직접 작업했다.

들이 서당에서 한글을 익히기 시작했다. 함석헌의 글을 읽어보자.

> 말은 우리를 하나로 만듭니다. **말은 본래 우리 따로따로의 것이 아니요 전**
> **체의 것이기 때문입니다.** 말씀은 곧 전체입니다. 우리가 말을 만들어서 하는
> 것이 아니라, **말씀이, 한국말이 우리를 지은 것입니다.**[34]

말은 따로따로 있던 이들을 하나로 만들고 글은 말에 발을 달아 더 멀리 떨
어진 이들도 다 같이 하나가 되게 한다. 결국 한국말과 한글이 한국인을 한국
인으로 만들었다는 말이 된다.

이렇게 민중은 '나'의 삶 속 '나'의 고난 앞에서 '나'의 생각을 '나'의 말과 글
로 담아내면서 드디어 '나'의 철학을 준비하게 되었다. 서서히 민중은 자기 자
신의 철학적 고향쪽을 그리워하기 시작했다. 바로 '철학의 회임'을 이야기할 수
있게 되었다.

'철학의 회임'은 서학에서 본격적으로 시작했다. 1801년 신유박해 때 참수
당한 정약종(1760-1801)이 저술한 최초의 한글 교리서 《주교요지》와 역관(譯
官) 최창현(1759-1801)이 번역한 《성경직해광익》, 줄여서 《성경직해》는 '한국
철학의 회임'을 이야기할 수 있는 순간이다.

서학은 도시 민중들 사이로 퍼져갔다. 하느님 앞에 모든 이들이 형제자매
라는 그리스도교 사상은 민중에게 평등이라는 희망을 말했다.

> 하늘 아래의 억만 사람이 다 그의 자손이 되므로, 우리 사람이 서로 사랑하
> 기를 한 부모에게서 난 동기같이 하게 하심이니라.[35]

아담은 만백성의 조상이 되므로 그 죄의 해는 만대의 자손이 다 받고, 예수

34　《저작집 4》, 36쪽.
35　《주교요지》, 하편 34항.

는 만백성의 구세주가 되시기 때문에 그 공의 은택(恩澤)을 만세 사람이 다 입는 것이니 비유컨대, 사람의 오장육부와 사지백체가 한 몸에 붙었으므로, 오장에 병이 들면 온몸이 그 해를 입어 머리도 아프고 입맛도 변하고 얼굴빛도 나빠지는 것이라. 만일 신통한 약을 먹어 오장의 병을 고치면, 머리도 시원하고 팔다리도 가볍고 입맛도 돌아오고 얼굴빛도 좋아진다. 천하 고금 사람이 모두 아담 한 몸에서 생겨나 한 혈맥이 되니, 아담의 죄는 오장의 병 같아서 뭇사람이 다 그 해를 입고, 예수의 구속하신 공은 신통한 약 같아서 뭇사람이 다 그 효험을 입느니라.[36]

모든 인간은 아담의 후손이다. 한 형제자매다. 모두가 하나의 혈맥이다. 그 하나의 혈맥을 가진 인간들의 죄로 인한 아픔을 예수(Jesus Christ, 4?–30)로 인해 치유받았다. 예수 안에서 모두 하나다. 이런《주교요지》의 내용은《성경》의 한 구절을 떠오르게 한다.

몸 안에 분열이 없게 하고 오히려 지체들이 서로를 위하여 같이 걱정하도록 하셨습니다. 한 지체가 고통을 당하면 모든 지체가 함께 고통을 당합니다. 한 지체가 영광을 받으면 모든 지체가 함께 기뻐합니다. 여러분은 그리스도의 몸이고 여러분 하나하나는 그 지체들입니다.[37]

예수는 특정 계층이 아닌 '우리 모두'를 위한 희망이다. 우리 모두의 아픔을 위해 자신을 내준 존재다. 예수 혹은 하느님 품에서 모든 인간은 동일하게 사랑받는 존재이며 형제자매다. 그 가운데 한 명이 아프면 다 같이 아픈 형제자매다. 《주교요지》에 따르면 하느님이 아담과 이브라는 한 부부에게서 모든 인간을 나게 한 것은 한 혈맥 속에서 서로 사랑하게 하려는 뜻이다. 그러니 하

---

36 같은 책, 41항.
37 "코린토 신자들에게 보낸 첫째 서간" 12장 25–27절.

느님의 뜻을 잘 이어받기 위해 한 형제자매로 서로 사랑하고 아껴주어야 한다.

차별이 당연한 조선 사회에서 이런 논리는 수많은 민중에게 말 그대로 복음(福音)이었다. 실제로 정약종과 최창현은 한문을 모르는 민중을 위해 한글로 적고 번역했다. 1795년 조선 땅에 들어온 청나라 출신 사제 주문모(周文謨, 1752-1801)는 이미 한글로 된《사순절과 부활 시기를 위한 안내서》를 적었고, 지금은 전해지지 않아 그 내용을 온전히 알 수 없지만 신유박해의 기록인 《사학징의》(邪學懲義)에서 확인할 수 있듯《성체문답》(聖體問答)과 같은 한글로 된 교리서도 남겼다. 당시 서학을 수용한 양반들은 이러한 움직임에 동참했다. 한문에 익숙한 그들은 한문 서적을 한글로 번역하기도 하고, 이를 풀이해 민중들에게 전하기도 했다. 그 가운데《사학징의》에서 확인할 수 있는 인물 가운데 한 명이 양반 출신의 정광수(?-1801)다. 그의 집에서《첨례단》《성경광익》《성경직해》《성경일과》《요리문답》《고해요리》《묵상지장》《성세추요》《주교요지》 등의 다양한 천주교 관련 서적이 발견되었다. 이와 같이 서학이 들어오면서 다수의 한글 이론서가 만들어지고 유포되었다. 이는 무엇을 의미하는가?

정약종이 한글로 쓴《주교요지》와 같은 글이 많은 이들에게 읽혔다는 말은 많은 민중이 그런 논리를 기다려왔다는 말로 이해할 수도 있다. 차별의 폭력을 일상으로 당하던 이들에게 수평적 평등의 복음은 기다리고 기다리던 복음이었다. 하지만 민중들에겐 자신을 반성적으로 드러낼 언어가 없었다. 철학의 언어가 없었다. 그때 정약종과 최창현, 주문모와 같은 이들이 한국어와 한글이 사상의 언어가 될 수 있음을 보였다. 그리고 정약종과 정광수 같은 양반들은 민중의 아픔을 남의 아픔으로 두지 않고 그 아픔 앞에서 평등을 이야기하고 적고 실천했다.

진리는 타자에게서 찾아진다.[38]

그렇다. 정약종은 백정과 노비의 아픔, 사회적 부조리 속에서 그들이 당하는 그 아픔에서 고개를 돌릴 수 없었다. 진리는 바로 고난 속 타자의 고난에서 찾아왔다. 노비 황일광을 보자. 그는 백정 출신이다. 그는 백정을 무시하는 시선을 피해 경상도 교우촌에 들어갔다. 황일광은 위계의 조선을 피해 수평적 평등의 공간인 그리스도교 사회를 찾아 들어간 것이다. 당시 백정들에게 그리스도교의 공간은 그런 공간이었다.

나는 나다 하는, 다시 말해서 자아를 가지는 것이 인간이다.[39]

"나는 나다"라고 말할 수 없는 곳, '나'란 존재가 '나'의 뜻으로 '나'를 만들어갈 수 없는 곳이 위계의 조선이었다. 황일광에게 조선은 인간으로 살 수 없는 곳이었다.

(백정이라는 이유) 그것 때문에 그를 나무라기는 고사하고 애덕으로 형제 대우를 하기를 게을리하지 않았다. 어디를 가나 양반집에서까지도 그는 다른 교우들과 똑같은 집안에 받아들여졌는데, 그로 말미암아 그는 농담조로 자기에게는 자기 신분으로 보아, 사람들이 그를 너무나 점잖게 대해주기 때문에, 이 세상에 하나 또 후세에 하나, 이렇게 천당이 두 개가 있다고 말하였다.[40]

황일광에게 서학, 즉 그리스도교는 백정인 자신을 사람으로 대하는 이들의 공간이었다. 그 이유만으로 그 공간은 이미 천당이었다. 양반인 '나'만이 사

38   Emmanuel Levinas, *L'Intrigue de l'infini* (Martinus nijhoff, 1961), p. 33.
39   《저작집 2》, 111쪽.
40   샤를 달레, 《한국천주교회사 상권》, 안응렬·최석우 역주(서울: 한국교회사연구소, 1979), 473-474쪽.

람이고, 백정인 '너'는 사람이 아니라는 조선과 완전히 다른 공간이었다. 그 공간에서 황일광은 무엇을 느꼈을까? 김상봉의 '서로주체성'이 떠오른다.

> 서로주체성은 주체가 오직 타자를 통해서만 그리고 타자와 더불어서만 주체가 될 수 있다는 사태를 표시하는 개념이다. 나는 오직 너를 통해 그리고 너와 함께 우리가 됨으로써만 진정한 의미의 나, 곧 주체인 내가 될 수 있다. 이런 의미에서 고립된 자기반성, 즉 고립된 자기관계가 아니라, 타자와의 만남이야말로 주체성의 가장 근원적인 본질인 것이다.[41]

나도 세계도 온전히 존재하기 위해 나와 너의 만남이 중요하다. "만남은 존재의 아르케, 곧 존재의 시원이며, 원리이다."[42] 진정한 주체는 '나'와 '너'가 만난 '우리'에서 가능하다. 양반은 백정에게서 자신의 높은 지위를 확인하려 했고, 백정은 양반에게서 자신의 낮은 모습을 강요당했다. 이 둘은 만났지만 '우리'가 될 수 없었다. 그런 황일광이 정약종과 함께 만난 이들에게서 드디어 사람으로 황일광을 마주하는 만남을 하게 되었다. 자신을 사람으로 보아주는 사람을 만남으로 그는 사람이 되었다. 새롭게 태어난 셈이다. 그는 '우리' 가운데 '나'로 존재하게 된 자신을 마주하게 되었다.

서학은 사상적으로 모든 인간 존재가 형제자매이며 하느님의 사랑 안에서 하나라는 생각이 가능함을 조선 민중에게 보였다. 이런 내용이 담긴 한글 서학서들은 민중들에게 자신의 언어로 자신의 존재를 돌아보게 했다. 정약종은 동생 정약용에 비해 많은 철학서를 쓰진 않았지만, 정약종이 쓴 한글 서학서가 민중에 준 희망은 어쩌면 정약용의 책들보다 더 크다고 할 수 있다. 물론 《주교요지》에 담긴 철학은 이 땅 민중의 고민에서 시작되고 전개되었다는 의미의 우리 철학은 아니다. 유럽의 신학이고 종교철학이다. 정약종은 명나라

---

41 김상봉, 《학벌사회》(파주: 한길사, 2004), 164쪽.
42 김상봉, 《서로주체성의 이념》(서울: 도서출판 길, 2014), 169쪽.

말기에 중국에 온 마테오 리치(Matteo Ricci, 利瑪竇, 1552-1610)의 《천주실의》(天主實義)를 비롯해 중국에서 유입된 여러 서학 책을 읽고 인용하며 이 땅의 민중들이 이해할 수 있는 언어로 적어갔다. 정약종의 《주교요지》를 통해 조선 민중의 아픔은 복음을 만났다. 기다리던 복음, 자신을 사람으로 보아주는 사상을 만났다. 백정과 노비도 더불어 '우리'로 존재하는 것이 당연하다는 사상을 만났다.

'한국철학의 회임'은 바로 여기에 있다. 《주교요지》와 같은 서학서로 본격적으로 달라지기 시작했다. '회임'은 '평등의 희망을 품었다'는 말이다. 그렇게 '한국철학의 회임'은 '한국철학의 출산'으로 이어졌다. '품은 희망'이 현실의 절망 가운데 현실의 희망으로 드러난 것이다.

3 한국철학의 출산

: 동학이 남긴 선물

한국철학의 회임은 한국철학의 출산(出産, *puerperium*)으로 이어졌다. 회임으로 품은 희망은 한국 민중의 현실과 그 현실 속 민중의 더 치열한 주체적 고민 속에서 수운 최제우(1824-1864)의 한글 사상서 《용담유사》[43]로 태어났다. 《용담유사》는 '한국철학의 출산' 바로 그 순간이다. 출산은 엄청난 고통을 통해 새로운 희망이 세상 밖으로 현실적으로 나옴을 의미한다.

최제우는 조선의 마지막을 살았지만, 그의 철학은 더 이상 '조선철학'이 아니다. 그의 철학은 더불어 있음의 긍정으로 우리 가운데 하나 되는 철학이었다. 그러한 철학의 출산은 3·1혁명의 정신이 되고 임시정부의 뿌리가 되었다. 그런 의미에서 《용담유사》는 한국철학의 제대로 된 첫 시작이며, 출산이다.

최제우 이후 그의 뜻을 이어간 해월 최시영(1827-1898)은 머슴살이를 하던 사람이다. 조선 사회의 발바닥과 같은 존재였다. 이것만으로도 동학은 조

---

43 《용담유사》에 대한 연구물은 다음과 같다. 정재호 "동학가사에 관한 소고", 〈아세아연구〉 38 (1970); 조동일, "개화기 가사에 나타난 개화구국사상", 〈동서문화〉 4 (1970); 정재호, "용담유사의 국문학적 고찰", 〈한국사상〉 12 (1974); 김인환, "용담유사의 내용분석", 〈한국사상〉 15 (1977); 윤석산, "용담유사연구", 〈인문논총〉 5 (1981); 오출세, "용담유사에 나타난 사상적 배경고", 〈동악어문집〉 15 (1981); 정재호, "동학가사의 형식과 내용", 〈한국사상〉 19 (1982); 정재호, "용담유사의 근대적 성격", 《근대문학의 형성과정》(서울: 문학과 지성사, 1984); 이강옥 "용담유사에 대한 일 고찰: 작가의 독자의식과 독자의 작품수용 양상을 중심으로", 〈진단학보〉(1985); 이형근, "용담유사의 이본고", 〈어문교육논집〉 9 (1986); 김용옥, 《동학대전 1》(서울: 통나무, 2004).

선 성리학과 달리 양반만의 철학이 아니었다. 조선 민중의 철학이었다.

서학이 백정에게 천국을 경험하게 해주었다면, 동학 역시 백정에게 새로운 천국이 이 땅에 가능하다는 희망을 보여주었다. 1882년 네 칸의 초가 원평 집강소를 동학의 원평대접주 김덕용에게 새로운 세상을 위해 기증한 이는 백정 출신의 '동록개'였다. 민중은 이제 이 땅의 논리인 '동학'으로 평등을 소리치게 되었다. 그 소리의 주체는 백정, 기생, 노비 등을 모두 안고 있는 거대한 '우리'였다. 서학의 《주교요지》가 한국철학의 회임을 만들었다면, 동학의 《용담유사》는 《주교요지》와 같이 이 땅 민중의 언어로 쓰였으며 그 논리의 시작도 이 땅 민중의 아픔이었다. '이 땅의 고난'을 '이 땅의 언어'로 '이 땅의 이성'이 '이 땅의 철학'으로 만들어냈다는 말이다. 이제 나의 언어가 철학의 언어가 되고, 나의 고난이 나의 철학을 더욱 철학답게 하는 그런 시대가 시작되었다.

동학의 등장은 '남'을 그리며 '남'의 눈이 되어 '나'를 보던 시대가 끝났음을 의미한다. 이제 스스로 '나'의 이성으로 '나'의 말과 글로 '나'의 고난 속 '나'를 반성적으로 돌아보며 정말 제대로 '나'의 주체성을 만들어갈 수 있게 되었음을 의미한다. 이런 이유에서 한국철학의 시작, '한국철학의 출산'은 바로 이때라 하겠다.

당시 최제우가 본 서학은 '나'의 '밖' 천주 하느님에게 희망을 걸었다. '나'의 밖에 존재하는 절대적 존재에게 희망을 걸었다. 희망이 나의 밖에 있다는 말이다. 최제우는 이 역시 결국은 사람 밖 사람 위에 신을 올려놓았다는 점에서 조선의 왕과 양반을 민중 위에 올려놓고 그들을 위해 민중이 희생하며 고난 속에서 존재해야 했던 부조리의 조선과 결과적으로 비슷해질 위험을 지적했다. 희망은 '나'의 밖 '남'에게 있는 것이 아니라 '나'에게 있어야 했다. 나의 철학이 말하는 희망을 어찌 남에게 의존해야 하는가! 남을 향한 그리움이 어찌 나의 철학이 될 수 있는가! 내가 곧 희망, 내가 곧 한울님이라는 동학이야말로 부조리한 위계의 조선 사회에서 참된 희망이고 혁명이라고 최제우는 확신했다. 이런 가운데 동학은 더 이상 남을 그리워하거나 남의 변두리에서 남의 고향을 그리워할 필요가 없는 철학을 민중에게 선물했다.

유럽의 신은 무시간적 존재다. 신은 시간의 밖에 있다. '나'란 존재는 시간 안에 존재한다. 늙어간다. 그리고 죽는다. 그러나 신은 이 모든 변화로부터 벗어나 있다. 그것이 과거 유럽의 신이었다. 신의 가장 대표적 본질은 바로 변화 없이 무시간적으로 존재한다는 사실이었다. 그러니 신은 '나'의 밖에 있어야 한다. 온전히 신을 만나기 위해 '나'는 죽어야 한다. 변화 속에 늙어가고 죽어가는 몸을 떠나 오직 영혼으로 있는 죽음 이후에야 '나'는 신을 만날 수 있다. 온전한 천국은 그렇게 죽어서 이루어질 뿐이다. 그러나 동학의 신, 최제우가 민중에게 이야기하는 신은 그런 신이 아니다. '나'의 밖에 나와 완전히 남으로 존재하는 신이 아니다. 신은 완전자이고 나는 불완전한 자이며 나의 밖에 신이 있다면, 나는 신을 그리워하며 신의 밖 어딘가에 존재하는 무력한 존재가 되어버릴 가능성이 크다. 그러나 동학은 그런 신을 이야기하지 않는다. 신과 나는 변화한다. 신은 완전하고 나는 불완전한 것이 아니다. 신도 나도 아직 완전하지 않은 상태다. 신과 나는 이루어져가고 있다, 되어가고 있다.[44] 생성하고 변화하는 가운데 있다. 영원한 과정 중에 있다. 신에 대한 존재론적 입장에서도 최제우는 신을 '나'의 밖으로 보내지 않고 '나'도 신의 밖으로 보내지 않는다. 신, 즉 한울님은 나의 몸이란 장소에 좌정하여 있다. 나의 밖이 아니다.[45]

백세명(1898-1960)은 1963년 《동학경전해의》(東學經典解義)에서 다음과 같이 적고 있다.

> 나는 개체생명이요, 한울님은 본체생명이니만큼 본체와 개체의 관계는 마치 **물과 고기의 관계와 같아서 털끝만한 간격도 있을 수 없는 동시에 일초 동안도 서로 분리될 수가 없는 것이다.**[46]

44 표영삼, 《동학 1: 수운의 삶과 생각》(서울: 통나무, 2004), 114쪽.
45 같은 책, 115쪽.
46 백세명, 《동학경전해의》(서울: 日新社, 1963), 81쪽.

한울님이란 보편의 존재 가운데 개체로 개인이 존재한다. 물을 떠난 물고기가 없듯이 보편을 떠난 개체가 없다. 이 둘은 어떤 거리감도 없는 존재다. 《인내천요의》(人乃天要義), 《수운심법강의》(水雲心法講義), 《동학지인생관》(東學之人生觀) 등의 단행본을 낸 이돈화(1884-1950?)는 '한울'이란 명칭을 분석하며 한울님과 개인의 관계를 설명한다. 그 설명은 그의 대표작인 《신인철학》(新人哲學)[47]에서 읽을 수 있다.

'무궁한 그 이치를 무궁히 살펴내면 무궁한 이 울 속에 무궁한 내 아닌가.'
이것은 수운(水雲 崔濟愚, 1824-1864)의 노래이다. 수운은 무궁의 의의를 자아 속에서 발견하고 그를 음미하여 스스로 무궁을 찬미한 것이다. '무궁한 이 울'이라 함은 곧 '한울'을 가리키는 말이니, 무궁은 '한'을 의미하는 말이며 '한'은 '크'다는 뜻이다. 우리말에 큰 길[大路]을 '한길'이라 하며 큰아버지를 '한아버지'라 하는 데서 '한'과 '큰'이 같은 의미임을 알 수 있다.
또 '울'이라는 말은 양적 의미에서 범위를 표상하는 것으로 해석할 수 있다. 즉 공간상으로 본 무궁의 범위와 시간상으로 본 통삼계(通三界; 過去-現在-未來)의 범위를 통합한 우주 전체를 가리켜 '울'이라 말한 것이다. 이런 의미에서 '울'이라 함은 '우리'라는 뜻으로, 우리 집, 우리 민족, 우리 인류라고 하는 것과 같은 '우리'이니, 우리는 곧 나와 같은 종류(同類)를 포함하여 말하는 것이므로 **'한울'은 곧 '큰 나'라는 뜻**으로 해석할 수 있다. 이를 한자로 말하면 **'한울'은 '대아'(大我)라는 뜻으로 개체인 소아(小我)에 대하여 소아와 관계되는 '우리'를 대아라 이름 지은 것이다.**
우리나라에서 신적(神的) 대상을 보통 '하느님'이라 부르지만 이것은 우리말의 어원에 어그러진 것이며, 설령 그러한 말이 우리 고유어라 할지라도 이것은 우리가 말하는 '한울'과는 개념이 매우 다르다. '하나님'이라는 명사는 기독교 신자들이 부르는 이름으로 이것은 순전히 일신교적 인격적 신을 가리

---

47 이돈화, 《신인철학》(鮮光印刷株式會社, 1931).

키는 이름이다. **'한울'이라 함은 인격적 신을 가리키는 말이 아니라 부분에 대한 전체라는 의미이며, 소아에 대한 대아라는 뜻이다.**

좀 더 나아가 종교적 명칭으로 보면, '한울'은 범신관적(汎神觀的)이며 만유 신관(萬有神觀; =汎神觀)으로 해석할 수 있다.[48]

한울은 대아(大我), '큰 나'이다. 개인은 소아(小我), '작은 나'다. 어디에나 있으며 일체 모든 자연인 대아를 벗어나 소아가 존재할 수 없다. 소아는 대아 라는 거대한 이치 가운데 더불어 과정 중에 있는 존재일 뿐이다. 한울은 한정 한 구체적인 어떤 것이 아니라 보편적인 우주 전체이며, 개인은 그 우주를 벗 어나 존재할 수 없다. 우주를 남으로 등지고 살 수 없다. 모든 개인이 그 우주 가운데 존재한다는 점에서 모든 개인은 평등하다. 세포가 하나의 생명체를 벗 어나 홀로 존재할 수 없다. 지구상 하나의 생명체가 지구라는 유기적 전체를 벗어나 존재할 수 없다. 지구는 태양계를 벗어나 존재할 수 없다. 결국 모든 소아들은 대아에 의존해 있으며, 대아에 의존한다는 점에서 누군가 더 의존하 고 더 가까이 있고 누군가 덜 의존적이고 덜 가까이 있는 것은 아니다.

물론 유럽에도 마이스터 에크하르트(Meister Eckehart, 1260-1327)와 당시 여성 철학자들의 깊은 존재론적 사유에서 수운과 비슷한 무엇이 있는 듯하다. 그러나 이들 사상도 결국은 이단으로 몰려 고난의 시간을 보냈다.[49]

천주교회는 상명하복의 명령 구조 속에서 3·1혁명에 적극적이지 못했다. 경성교구장이었던 뮈텔 주교(G. C. M. Mutel, 1854-1933)는 독립운동가 안중 근(1879-1910)이 가톨릭 신자라는 것 자체를 부인했으며, 그를 살인자라 부르 기도 했다. 이어서 1909년 11월 4일 서울의 일본군 헌병본부에서 있었던 이 토 히로부미(伊藤博文, 1841-1909)의 장례식에 선교사 세 명과 함께 참여했

---

48 '신인철학'에 대한 다음 인용은 도서출판 모시는사람들 대표, 개벽신문 주간, 천도교중앙도서관 관장의 블로그(https://brunch.co.kr/@sichunju/)에서 얻은 것을 현대어로 정리한 것이다.

49 유대칠,《신성한 모독자》(서울: 추수밭, 2018), 141-158쪽.

다. 천주교회가 아닌 일본 종교 신도의 예식이란 이유로 직접 참석하지는 않았지만, 조선천주교회라는 이름의 화환을 그곳에 두었다. 이에 대해 가톨릭교회 내부에서는 교회를 위한 어쩔 수 없는 행동이었다는 해석도 있지만, 어려움과 고난 속에서도 거짓에 대해 거짓이라 말하며 낮은 아픔을 안아주던 박해기의 교회와 달라진 것만은 분명한 사실이다. 동학과 개신교회의 대표들은 3·1혁명에 참가했고, 같은 해 유학의 대표들은 파리장서 독립운동에 참여했다. 그러나 천주교회는 달랐다.

안중근을 인정하지 않은 경성교구장 뮈텔은 조선의 독립이 불가능함에도 이를 모르고 독립을 바라고 있다고 말했다. 또 대구교구장 플로리앙 드망즈(Florian Dimange, 1875-1938)는 3·1혁명에 참여하지 않음으로써 천주교회가 일본의 신뢰를 얻게 되었으며, 조선 땅의 합법적 정부는 일본 정부뿐이며 "카이사르의 것은 카이사르에게"라는 《성경》의 내용을 지켰다고 했다. 의주 본당의 서병익 신부 역시 3·1혁명에 참여하지 못하도록 신자들을 말렸다고 했고, 비룡 본당의 이종순 신부 역시 3·1혁명에 많은 수의 신자가 참여하지 않은 것을 하느님께 감사한다고 했다. 대구 성 유스티노 신학생들이 민족의 고난을 남의 일이라 외면할 수 없기에 '대한독립만세'를 외치자 드망즈 주교는 조기방학을 단행했다. 또 서울 예수성심신학교에서는 3·1혁명에 합류한 학생들을 뮈텔 주교가 퇴학시켰다.

천주교회는 '한국철학의 회임'을 만들어냈지만 '한국철학의 출산'에 이르지는 못했다. 3·1혁명으로 동학과 개신교에서 3천 명 이상 구속되었고, 불교에서 100여 명이 구속되는 동안 천주교회의 신도는 53명에 그쳤다. 민중의 고난에 고개 돌린 천주교회의 현실이었다.

동학이란 철학의 힘은 민중을 살아 있는 존재로 움직이게 만들었다. 함석헌은 "생명은 곧 자기주장"[50]이라고 했다. 동학으로 자기주장이 현실 공간에 올리기 시작했다는 말이다. 또 그 자기주장은 홀로 있지 않았다. 더불어 있었

50 《저작집 2》110쪽.

다. 즉 사회 부조리를 그냥 남의 일이라고 두지 않게 된다.

동학혁명군은 "탐관오리는 그 죄목을 조사하여 일일이 엄중하게 징계할 것" "횡포한 부호들을 엄징할 것" "노비문서는 불태워버릴 것" "7종의 천인차별을 개선하고 백정 머리에 쓰는 평량갓은 벗겨버릴 것" "청춘과부의 재가를 허용할 것" 등의 개혁적인 폐정개혁안 12개 항목을 제시했다.[51] 남의 나라 시선으로 단발령을 내려 민중의 머리 모양을 통제하려 한 것과 이와 같은 동학혁명군의 요구는 다르다. 단발령은 결국 민중에게 강제였지만 동학혁명군의 요구는 고난의 주체로 스스로의 고난에 대해 스스로 궁리한 답이었다. 일본과 유럽의 시선이 아닌 민중의 고난이란 시선에서 동학혁명군은 스스로 백정과 노비 그리고 여러 사회적 약자에 대한 차별을 제거하라고 요구한 것이고, 가해자인 부정한 권력자를 처벌해 달라는 것이었다. 7종의 천인은 누구인가? 백정, 기생, 노비, 승려, 무당, 시각장애를 가진 점쟁이, 광대, 기술자로, 장애로 인해 차별받고, 종교로 차별받고, 직업으로 차별받는 이들이었다. 조선 땅에서 차별이 일상인 모든 이들을 위해 동학혁명군은 이들의 아픔을 이제는 끝내야 한다고 외쳤다. 양반의 각성을 기다린 것이 아니라, 고난의 주체로 스스로 자신의 아픔에 대해 외치기 시작한 것이다.

고난의 주체가 스스로 고난의 짐을 피하지 않겠다고 생각하는 순간, 스스로의 철학으로 스스로의 존재를 결정하겠다고 하는 순간, 부조리한 권력자의 지배는 더 이상 당연한 것이 아니다. 1894년 동학혁명군이 전라도 각 고을의 관아에 설치한 민정기관인 집강소(執綱所)[52]를 통해 민정(民政)을 실시한 것은 바로 이런 맥락에서 이해할 수 있다. 유교적 질서 체계로는 이루어질 수 없으니,[53] 온전한 정부는 아니지만 '임시정부'를 꾸려 스스로의 철학으로 스스로 운명을 일구고 싶었을 것이다. 민중에 의한 자치가 있었던 것이고, 적어도

---

51 천도교중앙총부,《천도교》(서울: 천도교중앙총부출판부, 2015[17판]), 71쪽.
52 같은 책, 72쪽.
53 표영삼,《동학 1: 수운의 삶과 생각》, 195쪽.

철학적으로 유의미한 민중에 의한 작은 임시정부의 싹이 있었던 것이다. 민중 자신의 철학 속 '나라'를 현실 공간 속의 '국가'로 삼고 싶었던 것이다.

　비록 동학혁명군의 눈에 보이는 혁명은 실패했지만, 동학은 실패하지 않았다. 죽은 듯 죽지 않은 것, 죽어 보이지만 죽지 않은 것, 아니 있음으로 보이지만 있음으로 있는 것이 부활이다. 동학의 철학은 부활의 힘이었다. 동학의 철학은 자기 내어줌을 통해 3·1혁명의 이념이 되고, 대한민국임시정부의 태동이 되고, 이후 한국 현대사 민중의 주체적 자각으로 일어난 수많은 순간의 기본 혈맥의 시작이 되었다. 희망을 '나'의 밖이 아닌 '나'의 안에서 구한 동학의 철학은 이와 같이 제대로 한국철학의 출발점이며, '한국철학의 출산'이라 할 수 있다.

4 한국철학은 무엇인가

결국 '한국철학'은 무엇인가? 우선 철학에 대해 고민해 보자. 결과적으로 철학이란 존재 전체를 생각하는 학문이다. 형이상학적 노동이 가능한 유일한 터가 철학이다.[54] 그러나 존재하는 모든 사물에 대한 지식의 총합이 철학은 아니다. 한마디 말을 철학이 어떻게 풀이하는가에 따라 철학은 삶을 다르게 만드는 힘을 가졌다. '우리'라는 말이 우리에게 '뜻'으로 다가오기 위해 누군가는 '생각 속 있는 것'(*ens rationis*)으로 족하다 하고, 누군가는 '실제로 있는 것'(*ens reale*)이어야 한다고 생각한다. '우리'에 대한 서로 다른 입장은 서로 다른 삶의 차이로 이어질 것이 분명하다. 이것이 철학의 힘이다. 생각이 삶을 다르게 한다.

또한 철학을 두고 이렇게 말하기도 한다.

철학은 진리와의 작별에서부터, 정신과 진리 사이의 거리에서부터 시작한다. 또 철학은 그 거리에 유지되는 한에서, 그래서 그 거리를 좁히는 노력이 요구되는 한에서 성립한다. 그 거리가 완전히 좁혀졌을 때, 그때 철학은 완성된다. 진리와의 직접적 대면은 철학이 완성되는 목적지이며, 이 목적의 실현과 더불어 철학은 종말에 이른다. 진리와의 직접적 대면은 목적으로서의

---

54 김상봉, 《서로주체성의 이념》, 17쪽.

끝이며, 처음을 조장하던 모든 것과 결별한다는 의미에서 정점이다.[55]

여기에서 진리는 정신의 밖이다. 그 사이 주어진 존재의 거리감에서 철학은 시작했다. 그 거리감이 완전히 사라지는 어느 순간 철학은 존재의 이유를 상실한다. 죽게 된다.

그런데 왜 진리와 정신, 즉 진리와 나는 거리감을 갖고 존재하는가? 이에 대한 복잡하고 긴 설명이 있을 것이고, 그 설명도 다양할 것이 분명하다. 하지만 분명한 것은 누군가에게 진리는 '나의 밖'이란 사실이다. 또 누군가에게 진리는 '나의 안'에만 있으며, 남은 그 진리에 머물지 않는다. 전자의 철학을 믿는 사람이라면, 나의 밖 진리를 향해 나를 부정하며 나아가야 한다. 후자의 철학을 믿는 사람이라면, 나의 안 진리로 남을 강제해야 한다. 전자와 후자가 만난다면, '나'의 밖 진리를 계시받은 '나'만이 가장 진리이고 '남'은 나의 진리에 강제되어야 한다는 식으로 발전할 것이다. 어떤 식이든 거리감을 줄이기 위해 나 혹은 남은 강제하고 강제당해야 한다. 진리 앞에 서로 화해 없이 누군가의 존재를 존재론적으로 살해하거나 살해당해야 하는 싸움터가 되어버린다.

고대 그리스 철학자 엠페도클레스(Ἐμπεδοκλῆς, Empedokles, 기원전 495-기원전 444)의 말이다.

그대가 무서운 악으로 인하여 얼이 빠져 있다면, 그대는 비참한 슬픔으로부터 마음을 구해낼 수 없습니다.[56]

슬픔 속에서 고통스러워하는 누군가는 진리를 찾아 자기 자신을 부정해야 한다. 아직 불안의 상태에 놓여 있다는 것은 무엇인가? 아직 진리가 아니란 말이다. 그 자신은 아직 진리를 알지 못하는 부정적인 존재일 뿐이다. 그러니

55 김상환, "해체론 시대의 인문주의", 《오늘의 한국 지성, 그 흐름을 읽는다. 1975-
    1995》, 김병익·정문길·정과리 편(서울: 문학과 지성사, 1995), 384-385쪽.
56 DK31B145.

불안이 없는 누군가에게 찾아가 그에게 존재론적 살해를 당해야 한다. 자기를 부정하고 자기의 행복을 이루어야 한다. 참으로 이상한 부조리다. 살해당한 곳에서 행복을 누려야 한다.

왜 '나'를 버리고 진리로 달려가야 할까? 동서양을 막론하고 민중이 살아간 현실의 공간은 항상 고난의 공간이었다. 한국의 역사를 보자. 해방이 오면 모든 것이 해결될 것 같았지만, 한국전쟁이 있었고, 독재자가 등장했다. 수많은 이들이 죽어갔다. 1987년 6월 이후 더 나은 세상이 온 것 같았지만, 여전히 상황은 좋아 보이지 않는다. 그 이후에도 촛불을 들고 거리에 나서야 했다. 세월호의 비극적 고난 가운데 누군가는 그 슬픔을 조롱하고 또 누군가는 자신의 책임을 회피했다. 그리고 많은 민중은 고난의 아픔 속에서 울어야 했다. 또한 비정규직 노동자의 죽음이 쉼 없이 이어졌다. 이 고난 가운데 철학은 무엇을 해야 할까? 결국 이 모든 고난은 부족한 나로 인해 일어나기에 그 부족한 나를 버리고 나의 밖으로 도주함으로써 진리에게로 달아나 거리감을 줄이는 것이 철학이라면, 철학은 현실로부터의 도망이다. 철학의 뜻이 '지혜의 사랑'이라는데, 사실 '현실로부터의 도주' 정도가 될 것이다.

오랜 시간 한국에서 철학은 '번역'이었다. '남'의 고민을 번역하고 읽고 또 읽다가 어느 순간 자신도 '남'이 되어 그 '남'의 답이 '나'의 답이라 믿으며 살아가는 것이 철학이었다. 누군가는 우리에게 프랑스의 5월혁명 또는 68운동이 없어서 우리 철학이 힘이 없다고 한다. 이런 식민지적 발상이 여전히 힘을 가진 한국이라 한국철학은 힘이 들기만 하다.

조선의 철학자들에게 이 진리는 중국의 철학이 말하는 진리였다. 중국 철학자가 말하는 그 진리를 향해 자신을 부정하다가 조선은 무력하게 무너졌다. 많은 자칭 한국철학자들에게 이 진리는 유럽의 철학이 말하는 진리다. 그들은 이곳이 유럽이 아님이 슬프다.

한국철학은 '한국'이란 이름으로 서술되는 모든 민중의 아픔, 그 보편적 아픔을 위해 치열하게 고민하는 몸부림이어야 한다. 동학과 같이 말이다. 동학과 같이 고난 속 아픔에 대한 '눈물'이어야 하고 '분노'여야 한다. 감성적인 말이 아니다. 슬픔만으로 철학이 될 순 없다. 그러나 "철학은 슬픔 속에서만 살아 움직일 수 있다."[57] 사실 "슬픔에 대해 말한다는 것, 정말 그것은 얼마나 위험한 일인가."[58] 하지만 슬픔을 피하지 말아야 한다. 한국철학은 한국의 슬픔을 피하지 말아야 한다. 그 철학의 자리가 한국임을 잊지 말아야 한다. 문익환은 "이 모든 사회적 부조리, 사회적인 불의, 사회적인 이 죄악은 죽음에 이르는 것이죠, 그 죽음의 근원은 탐욕이라는 겁니다"라고 말한다.[59] 이런 문익환의 분노엔 지금 여기에 대한 슬픔이 있다. 지금 여기에 대한 슬픔에 의한 분노다. 나의 것을 더 달라는 이기심의 분노가 아니다. 한국의 제5공화국과 6공화국의 슬픔에 고개 돌리지 않았기에 문익환의 철학이 가능했다. 그 슬픔에 대해 말하는 것이 어디 자유로운 일이었겠는가?[60] 그러나 해야 한다. 고개 돌리지 않고 지금 여기 슬픔에 대해 분노하며 이성은 더 깊게 그 분노로 다가가야 한다. 그 고난의 공간에 다가가는 슬픔에 의한 분노에서 민중에게 '뜻' 있는 철학이 출산된다.

조용하게 수줍은 권정생의 슬픔에 대한 분노도 날카롭다. 읽는 순간 눈물이 된다. 그의 글은 어떻게 그런 힘을 갖고 살아 있는가? 화려한 언변으로 치장하지 않은 그의 글은 있는 그대로 민중의 슬픔을 담고 있기 때문이다. 그는 이렇게 말한다.

> 풍요로운 삶이란 이런 새 한 마리까지 함께 이웃하며 살아가는 것이지 인간들끼리 먹고 마시고 즐기는 건 더럽고 부끄러운 삶이다.[61]

---

57 김상봉, 《나르시스의 꿈》, 342쪽.
58 김상봉, 《그리스비극에 대한 편지》(파주: 한길사, 2003), 40쪽.
59 문익환, 《히브리 민중사》(서울: 정한책방, 2018), 119쪽.
60 같은 책, 110쪽.
61 권정생, 《우리들의 하느님》(대구: 녹색평론사, 2008[개정증보판]), 35쪽.

자본주의 사회에서 고난의 시간을 살아가는 민중의 아픔에 대한 그의 분노와 슬픔이 고스란히 녹아 있다. 타자의 고통 속에서도 자신의 웃음만 생각하는 현실에 대한 부끄러움을 피하지 않았다. 치욕이 부끄러움으로 드러나고 그 부끄러움이 슬픔이 될 때 철학은 생명을 얻는다.[62] 철학에 생명을 주는 '신의 입김'은 슬픔이다. 그리고 그 슬픔이 고난 속에 등장한다는 점에서 민중의 고난은 또 철학의 공간이기도 하다.

고난이 인간을 철학적이게 만드는데, 슬픔이 철학에 생명을 주는데, 그 고난과 슬픔의 주체인 민중이 철학의 주체가 아니었다. 조선철학이 그러했고, 지금의 대학철학이 그러하다. 철학이 민중에게 '뜻' 있는 어떤 것이라면, 철학은 고난의 주체인 민중의 편에 있어야 한다. 그뿐 아니라 고난과 슬픔의 언어로 함께해야 한다.

한국철학이 참다운 우리 삶의 철학이 되기 위해서는 우리를 바꾸는 혁명의 근거로 살아 있어야 한다. 그 혁명은 '나'와 '우리'의 밖에서 찾아온 외국의 영웅에 의해 이루어지는 것이 아니다. 우리 스스로 해야 한다.

> 혁명이 성공되려면 반드시 대중운동이 아니면 안 된다. 근대의 혁명은 옛날의 영웅들이 기도하던 혁명과 다르다. 이것은 민중의 가지해방 운동 곧 자유운동임을 잊어서는 아니 된다.[63]

> 혁명은 민중의 것이다. 민중만이 혁명을 할 수 있다.[64]

이 사실을 기억해야 한다. 혁명은 민중만이 할 수 있다. 이 말은 민중의 철학이 혁명을 위한 참철학이고, 그 참철학만이 참다운 의미의 혁명을 가능하게

---

62 김상봉, 《서로주체성의 이념》, 196쪽.
63 《저작집 2》, 40-41쪽; 《전집 2》, 72쪽.
64 《저작집 5》, 206쪽.

한다는 말이다. 그리고 그 철학은 우리 스스로 이루어야 한다. 남의 답으로 하는 거짓 혁명은 남의 철학으로 이루어진 것이다. 그런 혁명은 우리 역사 속에서 큰 울림을 내지 못하고 금세 사라졌다. 기억해야 한다. 한국철학은 민중의 편에서 민중의 언어로 민중의 고난과 함께해야 한다. 그러한 한국철학으로 이루어진 혁명만이 참다운 우리 삶과 역사의 혁명이 될 수 있다.

고난의 주체가 철학의 주체가 되어야 하며, 그런 의미에서 철학은 민중의 것이다. 함석헌의 말을 들어보자.

> 어디 정말 철학이 있느냐, 어떤 것이 '참말 지혜냐'만이 문제다. 철학이라면 보통 머리가 허연 늙은 학자를 연상하고, 지혜라면 곧 곳간에 둘러싸인 책을 생각하지만 말이다. **철학은 구더기 같다는 민중 속에 있고, 지혜는 누구나 다 하면서도 신통히 알지도 않는 삶 곧 그것 속에 있다.**[65]

철학자는 '지혜의 사람'이다. 취업 공부가 철학이 아니다. 지식 자랑이 철학이 아니다. 많은 책을 읽고 풍부한 지식으로 남을 조롱하는 거만함이 철학이 아니다. 라틴어, 그리스어, 한문을 많이 안다고 철학을 할 수 있는 것도 아니다. 철학은 역사의 고난을 온몸으로 살아가는 지금 여기의 민중에게 있다. '진짜 철학'은 민중 사이 그들의 고난과 함께 있다. '진짜 한국철학'은 한국 민중 사이에 그들의 고난과 함께 있어야 한다. 과거 동학이 그랬듯이, 그리고 함석헌 등이 그랬듯이 말이다. 가진 자의 눈에 구더기와 같이 보이는 그 힘 없고 아파하는 민중 속에 있어야 하고, 누구나 다 아는 듯이 이야기하지만 신통히 알지 못하는 삶, 그 민중의 삶 속에 있어야 한다.

서학으로 회임한 주체성과 동학으로 출산한 주체성, 그리고 함석헌 등의 철학자가 성장시킨 그 한국철학, 진짜 한국철학은 민중의 삶 속에서 항상 생명을 갖고 뜻을 품고 있어왔다. 절대 없지 않았다. 한국철학의 회임과 출산으

---

65 《저작집 3》, 63쪽.

로 동학농민혁명과 3·1혁명 그리고 대한민국임시정부가 가능했다. 그리고 함석헌과 문익환 같은 이들에 의해 이후 독재와의 치열한 다툼 속에서 민중의 뜻은 죽지 않고 이어졌다. 민중을 남으로 두고서 한국철학은 회임하지도 출산하지도 성장하지도 못했을 것이다.

한국철학은 민중이 주체가 되어 민중의 고난 가운데 민중의 언어로 민중의 궁리로 이루어져가는 지혜의 사랑이다. 이것이 앞선 논의의 결론이다. 물론 다양한 한국철학에 대한 이야기들이 있었다. 이명현은 "한국철학이란 한국 사람이 '발견'하거나 '창출'해낸 것은 물론이려니와 한국인의 '비판적 사유'에 여과되어 한국인의 의식세계를 지배한 철학 이론을 말한다"고 했다.[66] 이규호는 한국철학의 조건을 이야기하며, "첫째로 한국철학은 역시 우리의 생활세계에서 출발할 수밖에 없다는 것과, 둘째로 우리의 철학은 그 문제제시를 위해서 철학의 역사에 의존해야 된다는 것과, 셋째로 우리의 철학은 그 개념의 표현을 위해서 우리의 일상언어에서 철학의 언어를 개발해야 되겠다는 것과, 넷째로 우리의 철학은 보편적인 진리를 추구하기 위해서 늘 대화의 통로를 거쳐야 된다는 것과 다섯째로 오늘날의 복잡한 상황 아래서 우리 철학의 길잡이가 되기 위한 철학의 본체성을 살펴보았다"고 했다.[67]

이런저런 정의와 제안이 있어도 가장 중요한 것은 민중을 남으로 둔 철학은 절대 한국철학이 될 수 없다는 것이다. 한국이란 공간에서 일어난 고난에 등 돌린 철학은 한국철학이 될 수 없다. 제주 4·3의 비극과 여수·순천 10·19 비극에 등 돌린 철학이 한국철학이 될 수 있을까? 한국전쟁에서 있었던 그 많은 국가권력에 의한 살인에 등 돌린 철학이 한국철학이 될 수 있을까? 전태일의 절규의 불꽃과 박종철·이한열의 아픔에 등 돌린 철학이 한국철학이 될 수 있을까? 자본주의의 잔혹함 가운데 거리로 몰린 노숙자들의 슬픈 풍경에 등 돌린 철학이 한국철학이 될 수 있을까? 2014년 세월호의 비극에 등 돌

66 이명현, "한국철학의 전통과 과제", 《한국에서 철학하는 자세들》(서울: 집문당, 1986), 21쪽.
67 이규호, "한국철학의 정립을 위한 모색", 《한국에서 철학하는 자세들》, 57쪽.

린 철학이 한국철학이 될 수 있을까? 2018년과 2019년 비정규직 노동자의 연이은 죽음에 등 돌린 철학이 한국철학이 될 수 있을까? 부당함에 맞서 싸운 KTX 승무원 노동자의 고난과 죽음에 등 돌린 철학이 한국철학이 될 수 있을까? 2009년 쌍용자동차사태와 이후 해고 노동자의 고난과 죽음에 등 돌린 철학이 한국철학이 될 수 있을까? 콜트콜텍 해고 노동자의 고난에 등 돌린 철학이 한국철학이 될 수 있을까? 이 땅 대학의 무서운 '탈'학문화와 '비'학문화 앞에서 등 돌린 철학이 한국철학이 될 수 있을까? 인간을 인간으로 보지 않는 이 잔인한 학벌사회에 등 돌린 철학이 한국철학이 될 수 있을까? 자살로 목숨을 포기하는 이 땅의 민중들, 그 외로운 죽음에 등 돌린 철학이 한국철학이 될 수 있을까? 지금 이 땅에 가득한 그 많은 고난의 순간에 등 돌린 철학이 한국철학이 될 수 있을까?

진짜 한국철학은 그 고난의 옆이다. 민중과 더불어 있다. 한국이란 조건 속에서 일어나 고난의 역사에 고개 돌리지 않았다. 그것이 한국철학, 대한민국철학이다.

제3장

한국철학의 주변

: 일본과 중국의 사정

한국이란 역사 가운데 한국철학이 있다. 그런데 한국은 홀로 있지 않다. 중국과 일본이란 이웃국가와 오랜 시간 다양한 관계 속에 있어왔다. 그들과의 관계를 떠나 신라, 백제, 고구려, 발해, 고려, 조선의 역사를 생각할 수 없다. 한국 역시 마찬가지다. 한국철학의 등장과 과정도 이들을 떠나 생각할 수 없다. 명나라와 청나라 등이 조선의 철학사에 어떤 식으로든 영향을 주었듯이 한국의 철학사에 있어서도 일본은 어떤 식으로든 무시할 수 없는 영향을 주었다. 앞으로 살펴보겠지만, 제국주의 일본의 국체(國體)이론은 한국의 자칭 지식인들에게 많은 영향을 주었다. 일본의 변두리에서 일본이란 중심을 그리워하는 이들에게 한국의 여러 문제는 바로 이 국체이론이 없기 때문이라고 생각했을 수 있다. 그렇다면 일본은 부정적인 영향만 주었을까? 그렇다고 볼 수만은 없다. 김교신과 함석헌 등 한국사상사의 거목들에게 큰 영향을 준 일본의 현대 사상가 우치무라 간조(內村鑑三, 1861-1930)가 있기 때문이다. 물론 우치무라 간조의 사상은 당시 일본의 다른 많은 철학자들과는 분명하게 구분된다. 그는 제국주의자도 아니고 국가우월주의자도 아니다. 오히려 이와 반대의 길에 선 무교회주의자다. 제도와 체계에 구속되는 개인의 신성을 옹호하며 폭력적 제도와 체계를 거부했다. 그는 함석헌과 김교신을 거쳐 한국철학에 무시할 수 없는 영향을 끼쳤다.

조선의 마지막 선비들은 중국 청나라의 문헌을 통해 유럽의 철학을 익혔다. 예를 들어, 량치차오와 그의 《음빙실문집》은 조선의 마지막 지식인들에게 유럽이 어떤 공간인지 이해할 수 있는 교량 역할을 했다. 서학은 중국 청나라를 통해 유입되었는데, 청나라를 통해 들어온 한자화(漢化)된 유럽 문명이란 의미에서 청구(淸毆) 문명이라고도 한다. 청나라를 거쳐 유럽을 자발적으로 수용한 조선은 한자로 된 유럽의 사상을 다시 한글로 적어가며 조선 민중의 사상으로 활용했다. 이 모든 것이 중국 청나라와 무관하게 일어나지 않았다.

이제 한국철학을 제대로 알기 위해 그 조건으로 있었던 일본의 난학(蘭學)과 양학(洋學), 그리고 중국에 유입된 유럽 사상에 대해 알아보려 한다. 이것은 이것 자체를 위한 것이 아니라, 한국철학의 조건으로 있었기에 살피려는 것이다.

1 일본의 유럽화와 일본철학의 등장

일본은 유럽의 장점을 빨리 알았다. 중국과 조선의 지식인에게 유럽에서 온 시계는 일종의 장난감 혹은 장신구였다. 그러나 일본은 달랐다. 그들은 그것을 연구해 자신들에게 맞는 시계를 만들어냈다. 서양의 것을 일본식으로 재해석해 '돈가스'라는 새로운 일본 음식으로 만들었듯이 말이다. 일본은 수용만 하지 않고 그것을 자신의 것으로 만들었다. 임진왜란 당시 조선을 힘들게 한 조총(鳥銃)도 그렇게 만들어졌다.

일본은 임진왜란이 일어나기 전 1582년에 이미 교황의 초청을 받아 이토 만쇼(伊東滿所, 1569-1612), 지지와 미겔(千々石ミゲル, 1569-1633), 하라 마르티노(原マルチノ, 1569-1629), 나카우라 줄리안(中浦ジュリアン, 1568-1633) 등 네 명의 소년들로 덴쇼소년사절단(天正遣欧少年使節團)을 꾸려 세계여행을 했다.[1] 덴쇼소년사절단은 그냥 구경만 하고 온 것이 아니다.

이가와 겐지(伊川健二)는 최근 연구서인 《세계사 속에서 덴쇼소년사절단》(世界史のなかの天正遣欧使節)에서 매우 흥미로운 연구 결실을 보여준다. 1582년 나가사키를 떠나 유럽에 도달한 네 명의 소년은 교황을 만나고 다양한 유럽 국가의 지도층을 만났다. 그들은 세계가 얼마나 큰지 직접 경험했다. 나가사키를 떠나 마카오, 말레이시아의 말라카, 인도의 코치, 그리고 희망봉을 돌아 대서양의 세인트헬레나를 거쳐 포르투갈의 리스본에 이르렀다. 그리

1 松田毅一, 《天正遣欧使節》(朝文社, 2001).

고 다시 로마를 비롯한 유럽의 여러 나라를 다녔다.[2] 유럽에 대한 일본의 경험은 이것이 마지막이 아니다. 1613년의 게이초사절단(慶長遣欧使節團)도 있다. 게이초사절단은 센다이 번(仙台藩)의 번주(藩主)가 스페인으로 보낸 사절단으로 아카폴코, 멕시코시티, 아바나를 거쳐 스페인 남부에 도착한 후 마드리드로 향했다. 그것도 유럽의 범선을 타고 말이다. 이들을 마지막으로 250년간 일본의 쇄국정책이 이어졌지만, 이 사절단의 하세쿠라 스네나가(支倉常長, 1571-1622)는 당시 교황 바오로 5세(Pope Paul V)를 만나 로마 시민권과 작위를 얻기도 했다. 그 후 쇄국의 250년이라지만, 정말 무지의 상태에서 이루어진 250년이 아니었다.

덴쇼소년사절단은 돌아오는 길에 소중한 것을 가져왔다. 그들은 당시 유럽에서조차 새로운 상품이었던 오르텔리우스(Ortelius, 1527-1598)의 1595년산 '세계지도'를 선물로 받아 일본으로 가져왔다. 교황을 만난 기쁨보다 일본 역사에 더 강한 흔적을 남긴 것은 바로 그들이 가져온 세계지도다. 유럽을 직접 다녀오지 않은 이들도 지도를 통해 세계가 생각보다 거대하다는 것을 알게 되었다.

무사(武士)에게 이러한 사실은 무엇을 의미했을까? 무사는 헤이안 시대(平安時代, 794-1185/1192)에 등장해 당시 귀족세력을 군사적으로 전복함으로써 고대 일본을 마무리하고 이후 에도막부 말기까지 일본을 주도한 세력이다. 그들은 지도를 본 이후 중국의 명나라와 조선을 동경하며 그들의 변두리에 있던 자신들이 어리석고 초라하게 느껴지기 시작했다. 유럽식 총포로 무장한 일본은 더 이상 명나라와 조선의 변두리에 있을 수 없었다. 지도에 그려진 더 큰 세상으로 나가고 싶었다.

때마침 일본은 이와미은광(石見銀山)에서 엄청난 양의 은을 얻게 된다. 당시 세계 은 생산량의 15분의 1이 이와미은광에서 나왔다. 엄청난 양의 은을 가지게 되었다는 것은 유럽과 대화할 수 있는 수단을 가지게 되었다는 말이

2　伊川健二,《世界史のなかの天正遣欧使節》(吉川弘文館, 2017).

된다. 당시 세계적으로 가장 매력적인 소비시장인 명나라는 많은 은이 필요했고, 유럽은 남아메리카의 식민지에서 얻은 은으로 명나라와 무역을 했다. 일본 역시 자신들의 은으로 명나라와 무역을 할 수 있게 되었다. 그러나 명나라는 무역에 많은 제한을 두었다. 이런 제한을 피해 명나라와 무역하기 위해 일본은 밀무역(密貿易)을 시도했지만 쉽지 않았다. 결국 일본은 스페인과 포르투갈 그리고 조선을 매개로 명나라와 무역을 해야 했다. 유럽은 일본과 명나라 사이 중개무역으로 많은 이득을 챙겼다. 직접 명나라와 무역하면 엄청난 부를 얻을 수 있었기에 일본은 당시 명나라와의 관계가 만족스럽지 않았다. 하지만 힘으로 명나라를 상대하긴 쉽지 않았다. 그런 가운데 몇몇 일본인들이 네덜란드의 용병이 되어 네덜란드와 영국의 전쟁에 참여했다. 용병이 되어 경험한 유럽의 무기는 대단했고, 그들이 얻으려 한 동남아시아는 기회의 땅이었다. 결국 일본은 네덜란드와 교류하게 되고, 무역을 통해 동남아시아까지 진출한다. 네덜란드 상인들의 상관(商館)이 나가사키에 설치되고 일본의 쇼군(將軍)으로부터 교역권을 얻어 일본과 네덜란드 사이의 무역을 이끌었다. 이제 나가사키는 그냥 하나의 작은 도시가 아니었다. 나가사키는 네덜란드를 통해 유럽을 배우는 난학의 공간이 되었다. 당장 일본이 유럽에서 배운 것은 총포와 같은 무기와 같이 실용적인 것이다. 그 배움은 서서히 깊어졌다.

세계지도를 보며 그들은 그들이 정복할 수 있는 거대한 세상이 있다는 것을 알았고, 은 무역 등을 통해 유럽을 만나며 유럽이 얼마나 강한지도 직접 경험하고 배우게 되었다. 일본은 전 세계는 아니지만 적어도 동아시아의 최고 강대국이 되고자 했다. 당시 일본의 꿈은 인도차이나반도의 천축(天竺)과 중국과 조선을 포함한 진단(震旦), 그리고 일본 본토인 본조(本朝)를 모두 자신의 하나 된 힘으로 지배하는 것이었다. 이것이 훗날 일본의 대동아공영권(大東亞共榮圈)의 시작이다.

흔히 1868년 메이지유신을 통해 일본이 서구적 근대 국가가 되었다고 생각하지만 일본은 이미 메이지유신 이전에 유럽을 알았다. 그리고 서서히 준비했다. 그들의 이러한 느리지만 오랜 내재적 수용은 유럽에 의해 강요된 유럽식 정부의 국가가 아닌 그들 자신의 고유한 성질을 가진 일본만의 정부를 가진 국가로 진화하게 했다. 그 본격적인 시작은 난학이다. 일본은 난학으로 천천히 유럽을 알아갔다. 난학으로 어느 정도 유럽을 알게 된 이후, 직접 유럽에 가서 그들의 것을 배우고 돌아와 외국인 교수와 유학생 출신의 교수가 함께 있는 근대 교육기관인 대학을 세운다. 그리고 그 대학에서 유럽과 다르면서 유럽의 것을 힘써 배우는 학습과 연구를 이어간다. 난학으로 시작된 학문은 유럽만을 그리워하고 있을 수는 없었다. 그것은 일본이란 주체성과 어울리지 않았다. 주체성은 스스로 중심이 되어야 한다. 하지만 이때 일본 주체성의 중심에는 일본 민중이 아닌 그 시기 일본의 권력층이 있었다. 그들은 강력한 일본이 되어 당시 유럽과 같은 국가를 만들고 싶었다. 강력한 힘으로 일본이란 하나의 가치 속에 여럿을 하나로 통일하고 싶었다. 이를 위해 일본의 민중은 침묵하고 권력의 말을 잘 따라야 했다. 이것이 바로 국체이론이다. 난학으로 시작된 일본철학의 움직임은 국체이론으로 마무리된다.

> 우리 신민은 서양 각국에서 말하는 인민과 그 본성을 완전히 달리한다. 군민의 관계는 군주와 대립하는 인민이나 인민이 먼저이고 그 인민의 발전과 행복을 위해 군자를 정하는 그러한 관계가 아니다.[3]

일본은 유럽과 다르다. 일본의 왕은 민중을 앞선다. 왕과 국민의 관계는 일방적이다. 민중이 왕을 선택하는 것도 아니다. 왕은 항상 앞이고 민중은 왕의 뒤에 있다. 사실 일본은 아시아를 떠나 자신을 유럽의 한 국가 정도로 만들려는 것이 아니었다. 그들은 아시아의 지배자가 되고 싶었고, 유럽과 다른 일본다움을 유지하려 했다. 유럽식의 민중은 일본에서 허락될 수 없었다. 일본의 주체는 왕이지 민중이 되어서는 안 된다고 생각했다. 프랑스혁명과 같은

3 형진의·임경화 편역, 《'국체의 본의'를 읽다》(서울: 어문학사, 2017), 54쪽.

것이 일본에선 있을 수 없다. 미국과 같은 선거를 통한 지도자의 선출도 있을 수 없다. 일본 자체가 왕의 것이며 왕이기 때문이다. 이런 일본의 국체이론은 한국에도 영향을 준다. 국가와 권력자에 대한 어리석은 맹목적 추종이 그것이다.

> 충은 우리 신민의 근본이고 우리 **국민도덕의 기본**이다.[4]
> 진정으로 **충효일체**는 우리 국체의 정수이고 **국민도덕의 요체**이다.[5]

어디에서 많이 본 표현이다. 한국인은 '국민도덕'이란 명칭보다는 '국민윤리'라는 명칭에 더 익숙하지만, 그 기본이 되는 사회적 기능은 유사해 보인다. 국가와 권력에 대한 '무조건적 충성'이 '국민윤리'라는 이름으로 교육되던 한국의 현실은 일본의 과거와 유사하다.

일본의 지배자에게 일본의 피지배자는 조용히 말을 잘 들으면 된다. 그때 일본은 일본의 실체적 본질 속에 존재하게 된다. 그런 본질의 구현 가운데 일본은 일본 이외의 다른 것을 일본적인 것으로 만들 수 있는 조용하지만 빠른 힘을 얻게 되었다. 그 힘은 그 자체로 폭력적이었다. 그 부도덕한 힘의 정당화가 이루어지는 가운데 제2차 세계대전으로 이어지고, 나가사키는 새로운 일본을 위한 난학의 공간에서 핵폭탄으로 파괴된 공간이 되었다.

---

4   같은 책, 57쪽.
5   같은 책, 68쪽.

2 난학, 양학, 무사도, 그리고 조선

나가사키는 일본이 네덜란드를 만나는 공간이었다. 당시 고품질의 도자기는 중국과 조선 그리고 베트남만이 만들 수 있었다. 임진왜란 이후에는 조선으로부터 이삼평(?-1655)과 같은 도공을 납치해 일본도 고품질의 도자기를 만들어 나가사키를 통해 유럽으로 수출했다. 곧 일본은 중국과 경쟁하는 도자기 생산국이 되었다. 이런 조건은 나가사키를 더욱 활발한 난학의 공간으로 만들어갔다. 유럽과 일본이 서로 교류하기 너무나 좋은 것이었기 때문이다.

17세기 말, 니시카와 조켄(西川如見, 1648-1724)이 《화이통상고》(華夷通商考)를 적어 세계의 지리와 풍속을 일본에 소개하며 난학은 일본 사회에서 하나의 학문으로 자리 잡기 시작한다. 이러한 난학은 네덜란드에 대한 학문이 아니다. 네덜란드를 통해 유럽의 학문을 수용하는 모든 학문적 노력을 가리킨 명칭이다.

아라이 하쿠세키(新井白石, 1657-1725)는 1708년 선교를 위해 일본에 왔다 체포된 이탈리아 선교사 조반니 바티스타 시도티(Giovanni Battista Sidotti, 1668-1714)를 심문한 내용을 토대로 《서양기문》(西洋紀聞)을 적었다. 이 책엔 심문을 통해 알게 된 세계 지리와 그리스도교에 대한 내용이 담겨 있다. 여기에서 멈추지 않고 중국 지리서의 내용을 추가해 일본 최초의 세계 지리서인 《채람이언》(采覽異言)을 만들었다. 《채람이언》은 마테오 리치의 《곤여만국전도》(坤輿萬國全圖)와 네덜란드에서 유입된 세계지도 등 많은 자료를 활용해 만들어졌다. 이런 작업을 한 아라이 하쿠세키는 상당한 지적 배경을 가진 무사였다. 그는 에도 중기의 무사로서 유학자이며 조선통신사의 기록에도 등장하는 인물이다. 그가 정리한 유럽과 세계에 대한 기록은 일본인들에게 영향을 주었다. 지리학에 대한 관심은 이후로도 이어진다. 구쓰키 마사쓰나(朽木元綱, 1750-1802)는 1789년 세계지도인 "태서여지도설"(泰西輿地圖說)을 발행했다.

일본인은 유럽에 대해 그리고 자신들의 공간을 넘어서는 다른 곳에 대해 상당한 지적 호기심을 가지고 있었다. 이러한 호기심은 지리학으로 등장했다. 하지만 지리학이나 지도를 넘어서는 영역으로 확대되며 가장 많은 학문적 성과를 일본에 전한 유럽 국가는 네덜란드였다. 처음엔 의학을 중심으로 난학이 전개되더니 곧 더 광범위한 영역으로 확대되었다. 이제 조선이나 중국 명나라의 변두리에 있던 일본이 아니었다. 어쩌면 그들보다 더 강하고 큰 세상을 난학을 통해 알게 되었고, 바로 그 난학의 공간이 나가사키였다.

나가사키의 네덜란드어 통역관이며 난학자인 모토키 요시나가(本木良永, 1735-1795)는 《신제천지이구용법》(新制天地二球用法)을 통해 코페르니쿠스(Nicolaus Copernicus, 1473-1543)의 지동설을 일본에 소개했다. 그뿐 아니라 유럽의 지리학 및 항해학과 관련된 학문적 성과를 발췌 번역해 《화란지도략설》(和蘭地図略説, 1771)과 《아난타지구설역》(阿蘭陀地球説訳, 1772)》을 일본에 소개했다. 이 이외에도 1774년엔 《평천의용법》(平天儀用法), 《천지이구용법》(天地二球用法)》, 1790년엔 《아난타전세계지도서역》(阿蘭陀全世界地図書訳)》, 1791년엔 《혼천지구총설》(渾天地球総説), 1792년엔 《태양궁뢰료해설》(太陽窮理了解説)》 등이 차례로 등장했다. 이 같은 노력은 모토키 요시나가 한 사람의 일회적 성과로 끝나지 않았다. 그의 제자 시즈키 다다오(志筑忠雄, 1760-1806) 역시 나가사키의 네덜란드어 통역사이자 난학자였는데, 그는 케일(John Keill, 1671-1721)의 《참된 자연학과 참된 천문학에 대한 입문서》(*Introductiones ad Veram Physicam et veram Astronomiam*)에 대한 1741년

판 네덜란드어 번역본에 근거한 《역상신서》(曆象新書)를 통해 일본에 뉴턴(Sir Isaac Newton, 1642-1727)의 만유인력설과 태양의 운동법칙 등을 처음 소개했다. 이 책에 등장하는 많은 번역어들은 지금도 동아시아에서 사용하고 있다. 유럽 천문학의 유입은 곧 유럽 태양력 유입으로 이어졌다. 오쓰기 겐타쿠(大槻玄沢, 1757-1827)는 자신이 세운 난학 학원인 지란당(芝蘭堂)에서 1795년 '유럽 역법'에 의한 '네덜란드 정월'을 오란다쇼오가츠(オランダしょうがつ), 즉 화란정월(和蘭正月)이라며 축하 잔치를 벌였다.

난학자들이 번역한 용어들은 일본을 넘어 한국과 중국에 남아 일상의 말이 되었다. 인력(引力), 중력(重力), 부력(浮力), 구심력(求心力), 원심력(遠心力), 속력(速力), 동력(動力), 가속(加速) 등의 물리학 용어뿐 아니라 천동설(天動說), 지동설(地動說), 진공(眞空), 타원(橢圓), 위성(衛星) 등의 천문학 용어, 그리고 형용사(形容詞), 부사(副詞), 직접법(直接法), 부정법(不定法) 등의 문법 용어 모두 시즈키 다다오의 번역에서 나온 말이다. 즉 난학의 성과물이다.

아오키 곤요(靑木昆陽, 1698-1769)는 네덜란드어 학습서인 《화란문자략고》(和蘭文字略考)와 《화란문역》(和蘭文訳), 《화란화역》(和蘭話譯) 그리고 구황작물인 감자에 대한 《번서고》(蕃薯考)를 내기도 했다. 이나무라 삼파쿠(稲村三伯, 1758-1811)는 1796년 최초의 네덜란드-일본어 사전인 《파유마화해》(波留麻和解)를 펴냈다.

의학은 가장 직접적으로 유럽 학문의 우수성을 경험할 수 있는 수단이었다. 1771년 난학자이자 의사인 스기다 겐파쿠(杉田玄白, 1733-1817)와 마에노 료타쿠(前野良澤, 1723-1803)는 독일 의사 쿨무스(Johann Adam Kulmus, 1689-1745)의 《해부도보》(Anatomische Tabellen)에 대한 네덜란드어 번역인 《네덜란드어 해부도보》(Ontleedkundige Tafelen)를 참고해 인체를 해부했고, 이러한 실증을 통해 책의 정확성이 증명되었다. 이 책은 1774년에 《해체신서》(解體新書)라는 제목으로 번역·출간되었으며, 1826년 《중정해체신서》(重訂解體新書)로 개정·출간되었다. 1792년 우다가와 겐즈이(宇田川玄随, 1756-

1798)는 네덜란드어로 된 내과 서적을 번역해 《서역내과찬요》(西訳內科撰要)를 펴냈다. 의학의 성과는 일본인들에게 현실적으로 난학이 얼마나 유용한 것인지 알려주는 가장 직접적인 결과물이었다.

이렇게 일본은 네덜란드어를 스스로 번역해 직접 난학의 주체가 되었지만, 중국은 그렇지 않았다. 대부분 외국 선교사들이 직접 라틴어로 된 유럽의 학문적 성과를 한문으로 번역하거나 안내서를 써서 활용했다.

네덜란드에 한정된 난학은 막부 말기에 이르러 영국, 프랑스, 독일의 학문을 받아들이는 서양학, 즉 양학으로 확대된다. 곧 일본인들은 직접 유럽으로 유학을 가기 시작했다. 네덜란드와 독일로 유학을 떠나고, 직접 유럽의 학문을 익힌 이들이 다시 일본으로 돌아와 자신이 배운 것을 일본에 전했다. 철학(哲學)이란 말도 이 시대의 작품이다. '철학'은 니시 아마네(西周, 1829-1897)가 'philosophia'를 번역해 만든 말이다. 그는 에도 시대 쇼군 도쿠가와 요시노부(1837-1913)의 정치고문이었으며, 메이지 시대엔 귀족원[6]의 일원이었다. 그는 먼저 일본에서 난학을 익히고 이후 네덜란드로 유학을 간 인물이다. 그가 어떤 철학적 주장을 했는지보다 현재 한국과 일본 그리고 중국이 모두 그가 번역해 만든 말인 '철학'이란 단어를 사용한다는 사실이 중요하다. 이것만으로도 그는 주요한 역사적 과업을 수행했다고 할 수 있다.

1) 일본의 무사도와 조선의 선비정신이라는 허구

일본의 무사가 유럽을 알았다. 조선은 정말 아무도 몰랐을까? 아니다. 조선 역시 많은 것을 알고 있었다. 1402년 조선의 좌정승 김사형, 우정승 이무와 이회가 만든 세계지도인 "혼일강리역대국도지도"(混壹疆理歷代國都之圖)를 보면 아시아, 아프리카, 유럽이 나타나 있다. 아라비아반도와 아프리

---

6   일본제국 헌법에 따라 설치되어 중의원과 함께 입법부(제국의회)를 구성한 기관.

카 그리고 나일강과 사하라사막 등에 대한 자세한 표현은 이 지도가 중국 등에 유입된 유럽 지리학의 영향도 받은 것임을 확인할 수 있다. 예를 들어, 프톨레마이오스(Claudius Ptolemaeos, 85?-165?)의 《지리학 안내》(Γεωγραφικὴ Ὑφήγησις, *Geographia*)에 등장하는 나일강의 발원지 '달의 산'(*Montes Lunae*)이라는 표현이 "혼일강리역대국도지도"에서도 발견된다.[7] 권근(1352-1409)이 쓴 발문을 보아도 당시 "혼일강리역대국도지도"는 상당한 정성의 산물이었다.

조선 후기 지리학자 김정호(?-1864)와 철학자 최한기(1803-1879)가 1834년에 만든 "지구전후도"(地球前後圖)가 있다. 아시아, 아프리카, 유럽과 아메리카까지 모두 그려진 세계지도에서 중국은 더 이상 세계의 중심이 아니었다.

조선 역사의 주체인 양반은 이미 유럽에 대해 생각보다 많이 알고 있었다. 성호 이익(1681-1763)은 아버지 이하진(1628-1682)을 통해 상당수의 서학서를 가지고 있었다. 그 가운데 예수회 선교사들이 직접 한문으로 적은 《직방외기》(職方外記), 《천주실의》, 《천문략(天問略)》 등이 있었다. 이익뿐 아니라 당시 많은 선비들이 서학에 대한 지식을 가지고 있었다. 그러나 그것으로 끝이었다. 유럽의 기술에 관심이 많았지만 조선의 위계 사회를 부정하진 않았다. 이익이 노비제에 비판적이었고 반계 류형원(1622-1673)이 노비제를 폐지하고 노동자에게 임금을 주는 고용임금제를 주장했다지만 많은 선비들이 여전히 위계의 조선을 유일한 조선의 올바른 모습이라 믿었다. 류형원과 같은 이의 제안은 백정과 노비를 인간으로 보지 않은 당시 조선 사회에선 생각할 수도 없는 것이었다. 생각할 수도 없는 제안이 수용될 순 없었다. 그것은 자신들의 기득권 붕괴의 시작이 될 수도 있기 때문이다. 게다가 조선 후기로 갈수록 더욱 위계를 강조한다.

정약종 같은 이는 서학을 수용하고 그것을 단순한 지식을 넘어 더불어 삶의 지혜로 여겼다. 정약종은 서학을 한글로 소개해 민중 스스로 그 사상을 수용하고 고민하게 했다. 그러나 이러한 정약종의 사례는 흔한 일이 아니다. 기

---

7   KBS 〈문명의 기억 지도〉 제작팀, 《문명의 기억, 지도》(서울: 중앙북스, 2012), 52쪽.

존 양반 세력은 평등을 이야기하는 서학과 동학을 용납할 수 없었다.

조선의 철학자들을 조금 더 잔인하게 돌아볼 필요가 있다. 조선의 양반 대부분은 권력자가 되기 위해 학업을 연구한 이들이다. 처음부터 대부분의 청년들은 과거시험을 위해 학업을 시작했고, 그 과거시험은 가문과 개인의 성공으로 연결되었다. 어떤 도덕적 명분 때문이 아니었다. 지금 이 땅의 대학 철학과 교수들과 크게 다르지 않다. 민중의 고난에 대해 의무감을 가지고 다가갈 필요가 없었다. 당연히 그들 대부분은 자신의 기득권을 포기하지 않았다. 대부분의 선비들이 고매한 사상 속에서 철학적 결단으로 살아가는 이들이 아니었다. 더 많이 소유하고 더 많이 이기고 더 높이 출세하려는 야욕으로 살아가는 이들이었다. 때문에 조선이 망했을 때 그들은 친일파가 되었다. 그들은 민중에게 일어난 비극, 일본 제국주의의 강제징용과 일본군 '위안부'[8] 만행에 맞서 싸우지 않았다. 3·1혁명도 대한민국임시정부도 민중이 주도했다. 양반 출신이 참가해도 더 이상 역사의 주체가 될 수 없었다.

조선의 양반을 민중을 이용하고 괴롭히는 흡혈귀 같은 존재로 묘사한 비숍(Isabella Bird Bishop, 1831-1904)의 표현이 과장되었다고 해도 그저 무시할 순 없을 듯하다.

고매한 선비정신을 통해 조선을 이해하려는 이들이 있다. 그러나 나는 그 선비정신이 조선이란 사회 속에서 기득권을 유지하며 민중을 탄압한 이들의 아집 정도로 읽힌다. 적당히 듣기 좋은 언어로 자신을 숨기면서 말이다.

그렇다면 일본의 무사도(武士道)는 고매한 정신이었을까? 이 역시 그렇지 않다. 선비정신의 원형이 바로 무사도라 할 수 있다. 무사도 역시 허구의 창작물이다. 흔히 무사도라고 하면 일본 봉건사회의 무사계급이 가진 윤리와 가치관의 근본이라고 생각한다. '충'이 강조된 고매한 군인정신 정도로 이해하는 이들도 많다. 주군과 국가를 위해 자신의 목숨을 기꺼이 포기하는 정신, 개인

---

8 범죄의 주체가 일본군이라는 사실을 보여줌과 동시에 일본군 '위안부'라는 용어가 역사적 용어임을 강조해 '위안부'에 작은따옴표를 사용한다.

보다는 집단과 국가를 우선하는 정신이 무사도라며 드높이는 이들도 많다. 그러나 무사도도 결과적으로 선비정신과 마찬가지다. 민중에겐 폭력적인 자기 아집의 결정체일 뿐이다.

무사도를 처음 외부에 소개한 인물은 니토베 이나조(新渡戸稲造, 1862-1933)다. 그가 1899년 영어로 쓴 책이 《무사도: 일본의 정신》(*BUSHIDO: The Soul of Japan*)이다. 이 책은 한국어로도 다양하게 번역되었다.[9] 이 책을 보면 벨기에의 한 학자가 그리스도교와 같은 종교 교육이 없는 일본에서 어떻게 도덕이 가능한가라는 물음에 니토베 이나조가 답으로 만든 관념이 무사도란 것을 알 수 있다. 하지만 누군가 이렇게 만들었다고 무사도라는 말이 갑자기 힘을 갖게 된 것은 아닐 것이다. 그 말에 힘을 준 이들은 일본의 권력자들이고, 그 권력자들에게 논리의 힘을 준 일본의 철학자들이다.

1881년 《철학자휘》(哲學字彙)에서 유럽의 'religion'을 '종교'(宗教)라는 한자어로 처음 번역한 이노우에 데쓰지로(井上哲次郎, 1855-1944)가 이 일에 한몫했다. 그는 천황제 국가의 이념적 틀을 만드는 일에 힘을 쓴 동경제국대학교 철학과 교수다. 그가 어떤 사람인지 안다면, 그가 어떤 의도에서 무사도에 대한 책을 쓰고 또 전파하려 했는지 안다면, 허구의 산물 무사도가 아닌 현실의 무사도를 이해할 수 있다. 왜 있지도 않은 관념을 실재인 듯 만들어냈고 활용했는지 이해할 수 있다.

이노우에 데쓰지로는 '적자생존'(適者生存)이란 번역어도 만든 인물이다. 동아시아에서 일본만이 유일한 강자이며, 조선이나 만주는 약자일 뿐이다. 약자의 희망이라면 일본의 변두리에서 일본의 지배를 받아야 하는 것뿐이다. 일본엔 정말 이와 같은 적자생존의 세계를 믿는 이들이 많았다. 이노우에 데쓰지로 역시 다르지 않다. 그의 생각은 《무사도》, 《무사도의 본질》(武士道の本

---

9 《무사도》에 대한 한국어 번역은 다양하다. 그 정도로 한국 독자도 많이 확보하고 있는 모양이다. 그 가운데 두 권을 적으면 다음과 같다. 니토베 이나조, 《무사도》, 일본고전연구회 역(서울: 도서출판 문, 2010); 니토베 이나조, 《무사도》, 추영현 역(서울: 동서문화사, 2007).

質), 《국민도덕》(国民道徳), 《국민도덕개론》(国民道徳概論), 《칙어연의》(勅語衍義), 《일본의 황도와 만주의 왕도》(日本の皇道と満洲の王道) 등과 같은 책에서 확인할 수 있다. 특히 《칙어연의》는 1890년 메이지 일왕이 국민 혹은 신민에게 명한 열두 가지 규범인 "교육칙어"의 공인된 안내서다. "교육칙어" 이전에 만들어진 제국헌법이 일본의 실체가 일본의 왕, 즉 천황이라는 것을 확고히 해주는 것이었다면, "교육칙어"는 이를 일본의 국민에게 교육하는 수단이었다. 이와 비슷한 것이 바로 박정희 정권 아래 박종홍과 안호상 등이 참여한 "국민교육헌장"이다. 이노우에 데쓰지로는 철학자로서 군국주의 일본의 이상인 국체이론 등을 철학적으로 그럴듯한 이야기로 만들어내는 작업을 했다. 그리고 이러한 국체이론의 틀에서 무사도와 국민도덕에 대한 책을 쓴 것이다. 권력의 요구에 의해 만들어진 역사적 허구물이라 할 수 있다. 원래 있는 실재의 어떤 것이 아니라 훗날 권력의 필요에 의해 철학자가 만든 것이다.

17-18세기 야마모토 쓰네토모(山本常朝 1659-1719)가 남긴 《하가쿠레》(葉隱)에 '무사도'라는 말이 나온다고 하지만, 경직된 세상에서 침묵하고 말 잘 듣는 민중으로 세뇌하기 위한 수단으로 사용된 것에 지나지 않는다.

헤이안(平安) 시대 이후 귀족 문화가 무너지고 혼란의 시대를 지배한 것은 힘을 가진 지주 계급인 무사였다. 16세기 도요토미 히데요시(豊臣秀吉, 1537-1598)가 일본을 통일한 이후에는 마땅히 큰 싸움을 할 일이 없었다. 도쿠가와 막부에선 오히려 사업가의 면모를 가졌다. 붓을 들고 학문하는 무사들과 돈 계산하는 무사들의 시대가 열린 셈이다. 이 과정에서 과거 전쟁의 잔혹한 기억은 비현실적 상상의 산물이 된다. 현실 공간에서 쓸모없는 걸음걸이와 칼을 빼는 방법까지 모든 것이 의식화되었다. 그 극단에서 할복의 미학이 더해졌다. 그것이 바로 무사도다.[10] 혼란을 통일한 이후 힘을 가진 무사들을 통제할 철학이 요구되었고, 임진왜란 당시 조선에서 유입된 성리학, 그 가운데 이황

10 이케가미 에이코, 《사무라이의 나라》, 남명수 역(서울: 지식노마드, 2008); 패트릭 스미스, 《일본의 재구성》, 노시내 역(서울: 마티, 2008).

(1501-1570)의 철학은 매우 유용했다.

이렇게 임진왜란 이후 일본에서는 성리학이 확대된다. 이황의 철학은 메이지유신의 철학적 토대 형성에 직접적인 영향을 주었고, 일본 교육의 잔혹한 뼈대인 "교육칙어"에도 영향을 끼쳤다.

일본사상사의 주유한 흐름인 기몬학파(崎門學派) 및 구마모토학파(熊本學派)는 모두 이황의 영향 아래 있다. 기몬학파의 창시자 야마자키 안사이(山崎暗齋, 1619-1682)는 이황을 주희의 뒤를 이어가는 정통 제자[直弟子]로 인정했고, 퇴계의 학문을 자신의 학문 출발점으로 삼았다. 사토 나오카타(佐藤直方, 1650-1719)는 이황을 두고 원나라나 명나라의 이런저런 유학자와 같은 부류가 아니며 그 모두를 넘어서는 존재라고 높이 평가했다. 이나바 모쿠사이(稻葉默齋, 1732-1799)는 주자의 도통(道統)은 이황에 이르렀다고 생각했다. 그런 의미에서 이황을 주자 이후 바로 단 한 명이라 부르기도 했다. 때문에 주자성리학 최고의 자리를 이황에게 돌리는 것이 너무도 당연한 것이라고 보았다. 구마모토학파의 창시자 오츠카 다이야(大塚退野, 1678-1750)는 이황이 없었다면 주자의 사상은 온전하게 전해지지 못하고 "속되고 낮은 학문"[俗學]이 되어버렸을 것이라고 했다. 그는 이황의 《자성록》(自省錄)을 읽고 이어서 《주자서절요》(朱子書節要)를 40여 년 동안 연구했다. 이 연구의 결실이 구마모토학파를 시작하게 하였다.

도쿠가와 말기인 19세기 인물인 요코이 쇼난(橫井小楠, 1809-1869) 역시 원나라와 명나라를 통해 이황만이 진짜 '참된 유학자'[眞儒]라고 했다. 또한 메이지시대의 구스모토 세키스이(楠本端山, 1828-1883) 역시 원나라와 명나라의 이러저런 유학자보다 더 높은 자리에 이황을 두는 것을 망설이지 않았다. 마츠다 코우(松田甲, 1868-1945)는 《일선사화》(日鮮史話)에서, 요코이 쇼난의 친구이며 제자로 "교육칙어"의 기초를 다진 모토다 도야(元田東野, 1818-1872)는 주자의 철학은 조선의 이황에 이르게 되었고 이황의 철학은 다시 《대학체험설》(大学体験説)을 쓴 오츠카 타이야(大冢退野, 1678-1750)로 이어졌다고 했다. 이와 같이 일본의 사상사에서 이황의 영향력은 대단했다.[11] 특히 "교육칙어"에도 이황의 철학이 영향을 주었다는 점에 주목해야 한다.[12]

물론 일본 유학이 이황의 틀에서만 작동했던 것은 아니다. 주자성리학을 비판한 오규 소라이(荻生徠, 1666-1728)[13]와 이토 진사이(伊藤仁斎, 1627-1705)도 있다. 그러나 이황의 철학은 근대 일본의 역사에서 주요한 역사적 소임을 수행한 철학의 요소임이 분명해 보인다. 이황의 철학은 서서히 많은 부분 경직되어가며 무사들을 통제하는 수단이 되었다. 과도한 충(忠)을 중시하면서 더욱 경직되었다. 그리고 어느 순간 이황의 이름이 아닌 또 다른 이름 속에서 일본의 철학은 충을 강조하며 딱딱해져간다. 이노우에 데쓰지로의 국민도덕이나 무사도에 대한 논의도 이러한 흐름의 연장선에서 이해할 수 있다.

박정희와 박종홍이 강조한 유교의 충과, 같은 맥락에서 선비정신도 사실 무사도의 유사품이다. 안호상과 김범부의 화랑정신 역시 무사도의 유사품에 지나지 않는다. 누군가는 이 땅의 화랑도와 선비정신의 유사품이 무사도라고 하지만 그렇지 않다. 모두 다 결국은 권력자들이 자신의 권력을 강조하고 민중의 생각을 경직되게 할 욕심으로 만들어낸 허구의 관념일 뿐이다.

무사도를 통해 일본이 강해지는 것을 보며 옆에서 나쁜 것만 배운 것일까? 그들과 싸운 이들도, 그들 옆에서 그들의 편에 있던 이들도 하나 같이 이 땅의 무사도를 찾으려 한다. 그러나 결국 모든 것은 허구다. 일본은 무사도를 통해 경직된 일본을 만들었다. 이것이 좋은 성공인가? 생각 없는 배부름이고 민중에게 뜻 없는 역사인데 말이다.

나는 죽어도 사상의 강제를 당하고 싶지 않다. 타협도 아니요 내 한 몸의 편

---

11 강해수, "근대 일본의 이퇴계 연구", 〈퇴계학논집〉 2 (2008); 이노우에 아쓰시, "일본의 이퇴계 연구의 동향", 〈퇴계학논집〉 6 (2010); 이노우에 아쓰시, "근대 일본의 이퇴계 연구의 계보학", 〈한국동양정치사상사연구〉 13 (2014); 井上厚史, "近代日本における李退溪研究の系譜学", 〈総合政策論叢〉 18 (2010).

12 松田甲, "教育に関する勅語と李退溪", 〈文教の朝鮮〉 62 (1930), 97-106쪽.

13 김용옥, 《도올 논어 2》(서울: 통나무, 2001), 290쪽.

리를 위해 하는 것도 아니다. 될수록 참을 하기 위해 하는 일이다. 참은 스스로 하는 것이요 참 그것을 위해 하는 것이다. 참은 완전한 마음의 자유에서만 될 수 있다.[14]

일본 민중은 일본 민중이 주체가 되는 철학을 이루지 못했다. 무사도 정신 속에서, 국민도덕의 틀 속에서, 일본왕이란 하나의 강요된 조건 속에서 철학한다는 것이 가능한가? 사상의 강제가 이루어진 곳에서 철학이 가능한가? 진리, 참됨이 민중 스스로의 힘으로 자라지 않는 곳에서 철학이 가능한가?

난학의 성공은 일본 민중의 성공적인 철학의 시작을 의미하지 않는다. 권력자의 필요에 의해 움직이는 무사들, 충성을 다하는 무사들의 또 다른 전쟁이 있었을 뿐이다. 어떤 무사에겐 번역이 과업이었다. 그들에게 '충'의 실천은 번역이었다. 많은 무사가 칼이나 총이 아닌 붓을 들고 난학이란 공간에서 국가 혹은 주군을 위해 충의 삶을 살았다. 조선의 선비들이 유럽을 알고 지적 만족을 누렸다면, 일본의 무사들은 그 자체로 충이었다. 국가를 위해 난학이 존재했다. 개인의 호기심 문제가 아니었다. 국가를 위한 충의 실천을 위해 네덜란드어와 독일어, 영어와 러시아어를 익혔다. 그리고 익힌 언어의 문헌을 일본어로 전투적으로 번역했다. 부러울 일이 아니다. 뜻 없는 철학 비슷한 어떤 것이 있었을 뿐이다. 전투적으로 번역하며 능력이 부족하면 직접 유럽으로 유학을 갔다. 그리고 돌아와 유럽의 교육 기관인 대학(大學)을 세웠다.

안중근의 총에 죽은 이토 히로부미(伊藤博文, 1841-1909)는 무사 출신이다. 그는 영국에서 공부했지만, 학문 탐구가 유학의 주된 목적은 아니었다. '충'이 중요했다. 그는 독일의 대학들이 국가 중심의 대학이란 것을 배워 귀국했고, 1885년 초대 내각 총리대신이 되어서는 무사 출신 문무대신 모리 아리노리(森有礼, 1847-1889)에게 제국대학 창설을 맡긴다. 이렇게 국가가 주도한 '충'의 공간으로 대학이 세워진다. 일본 대학은 유럽 대학과 다르다. 중세 유럽

14 《저작집 5》, 118쪽.

대학은 학문의 공간으로서 종교와 국가의 간섭으로부터 자유로운 공간이 되기 위해 싸웠다. 굳이 13세기 파리대학과 옥스퍼드대학 그리고 이탈리아 지역 대학들의 구체적인 사례를 들지 않아도, 우린 흔히 대학이라고 하면 학문의 자유를 떠올린다. 바로 이들의 덕이다.

그러나 일본의 대학은 순수한 학문의 열정을 위한 공간이 될 수 없었다. 처음부터 국가를 위한 '충'의 공간이었다. 무사는 칼이 아닌 붓으로 충의 인간이 되었다. 문헌적으로 확인해보자. 1886년 공포된 "제국대학령"을 보면 제국대학은 "국가의 수요에 부응한 학술기계를 교수 및 그 온오(蘊奧, 이치가 깊고 오묘함)를 공구하는 곳"이다.[15] 예상대로 문헌적으로도 대학은 충의 공간이다. 국가가 원하는 것을 이루는 공간이다. 이러한 국가 주도의 대학이라는 기본 틀은 유럽의 후진국이었던 독일과 비슷하다. 그러나 엄밀하게는 독일과도 다르다. 독일 대학엔 공대(工大)가 없었다. 그러나 제국대학에서는 공대가 매우 중요했다. 일본이란 국가가 공대를 필요로 했기 때문이다. 그리고 농대(農大)가 추가된다. 국가가 요구하기 때문이다. 유럽에선 대학에 있지 않은 기술 관련 학과들이 일본 대학엔 있다. 유럽의 변두리에서 유럽을 동경하는 일본으로서는 기술도 빨리 따라가야 했다. 유럽의 학문도 유럽의 기술도 모두 필요했다. 그것을 전문적으로 수용하는 공간이 필요했다. 이와 같이 일본의 대학은 국가의 비호 아래 있는 국가를 위한 공간이다.[16] 무사도가 구현된 공간이다.

한국의 대학은 유럽 대학보다 일본의 대학에 그 뿌리를 두고 있다. 처음엔 미국과 유럽인들이 직접 세운 대학이 많았다. 예를 들어, 1895년 배재학당이 대학부를 설치하고 교육을 실시했다. 이곳은 대학(college)으로 불리기도 했지만, 한국 최초의 현대식 대학은 1904년 대학부가 신설되고 1908년 정부로부터 정식 인가를 받은 연합숭실대학(Union Christian College)이다. 1909년 의학 대학으로 세브란스의학교(Severance Medical College)와 1910년 이화학당

15 　아마노 이쿠오, 《제국대학》, 박광현 역 (서울: 산처럼, 2017), 30쪽.
16 　같은 책, 31쪽.

이 대학부를 설치하며 뒤를 따랐다.[17] 이처럼 대한제국의 대학은 개신교 선교사에 의해 주도되었다. 그뿐 아니라 가톨릭교회에 의해서도 1885년 서울 용산 성심신학교가 세워졌고, 이후 1914년 대구 유스티노신학교가 세워졌다. 하지만 이들 가톨릭교회의 학교는 성직자를 양성하는 곳으로 민중 교육과 학문을 담당하는 대학이라 볼 순 없었다.

이 땅 민중의 대학은 대한제국 정부의 손이 아닌 외부에서 온 이들의 손에 의해 만들어졌다. 굳이 이야기하면 정부가 세운 대학도 있었다. 지금은 사립대학인 성균관이 1398년에 세워졌다. 그러나 막상 유럽과 일본으로부터 많은 새로운 학문이 들어온 19세기에 성균관은 더 이상 인재를 양성하는 공간으로서 그 기능을 수행하지 못했다. 1895년 "성균관 관제"가 반포되어 성균관을 "학부대신의 관리에 속하며, 문묘를 경건히 모시고 경학과를 학습하는 곳으로 한다"고 정의했지만, 여전히 새로운 시대에 맞지 않는 교육내용으로 새 시대를 준비할 공간이 되긴 힘들었다. 1910년 "고등정도제학교일람"을 보면 당시 성균관의 학생 수는 겨우 30명에 불과했다.[18] 배제학당에서 영어와 수학 그리고 화학과 물리학을 가르치던 시기에 성균관은 여전히 과거형 공간이었다. 1905년 〈황성신문〉과 〈대학매일신보〉에 망해가는 조선에 대한 울분을 적어간 신채호는 당시 성균관 박사였다. 그리고 박은식은 성균관의 강사였다. 여기에서 박사란 지금 대학원에서 학위를 마친 박사와 같은 것이 아니다. 실무직이 아닌 후보직 혹은 대우직 정도의 호칭이었다. 하지만 성균관의 변화는 더 이상 힘을 가지기 어려웠다. 정부 주도의 교육과 학문의 공간은 이렇게 힘이 없었다. 어쩔 수 없이 외국에서 유입된 선교사들이 중심이 되어 대학이 세워졌다.

조선과 달리 일본의 대학은 무사 출신 이토 히로부미와 모리 아리노리 등이 주도해 제국대학을 기획했다. 스스로 유학을 다녀오기도 하고 외국어를 익

17　마월철,《한국 근대대학의 성립과 전개》, 한용진 역(서울: 교육과학사, 2000), 72-79쪽.
18　같은 책, 44-45쪽.

혀 스스로 주도하는 공간으로 대학을 만들어갔다. 이 점에서 당시 청나라와 조선 그리고 일본은 달랐다. 중국의 명나라와 청나라는 유럽의 선교사들이 찾아와 그들이 한문으로 번역하여 전했다. 중국 지식인들이 스스로 번역하며 치열한 고민을 할 필요가 없었다. 선교사들이 다 해주었다. 그러나 일본은 달랐다. 그들은 스스로 번역했다. 그것도 충의 실천이었다.

일본 현대 군대의 아버지 오무라 마스지로(大村益次郎, 1824년-1869)도 무사였다. 처음부터 무사는 아니었지만 무사가 되어 그는 오사카에서 난학을 익히기 시작했으며, 이어서 나가사키에서 난학을 공부했다. 그는 나가사키에 거주한 독일인 의사 필립 프란츠 폰 지볼트(Philipp Franz von Siebold, 1796-1866)에게 직접 서양 의학을 배웠다. 또 서양의 군사학에도 관심을 가졌다. 1856년 그는 우와지마 번의 8대 번주이며 메이지 시대 정치인인 다테 무네나리(伊達宗城, 1818-1892)를 따라 에도로 간다. 그곳에서 서양 학문 교육 기관인 강무소(講武所)의 교수가 되어 미국 선교사에게 영어를 배웠다. 바로 그가 일본 근대 군대의 아버지다. 일본왕 중심의 중앙집권 체제를 공고히 하기 위해 근대 제국주의 육군을 만든 인물이다. 육군에 오무라 마스지로가 있다면, 해군엔 가쓰 가이슈(勝海舟, 1823-1899)가 있었다. 그 역시 난학을 공부한 사람으로, 주자학과 서양 학문 모두를 익힌 사쿠마 쇼잔(佐久間象山, 1811-1864)에게 찾아가 학문을 익혔다. 사쿠마 쇼잔은 사회진화설을 믿으며 아편전쟁에서 패배한 청나라를 비웃던 사람이다. 그의 사회 이론에 따르면 영국은 강자이고 청나라는 약자이기에 청나라의 패배는 당연하다. 약육강식의 이러한 논리는 일본 지식인들에게 강자가 되어야 한다는 마음으로 이어졌다. 바로 그에게서 배운 가쓰 가이슈는 1868년 무력충돌 없이 일본왕이 에도에 입성하는 데 큰 공을 세웠다. 그 역시 난학을 공부한 무사다. 난학을 익힌 무사는 당시 이런 인물이었다. 그가 익힌 난학도 충을 위한 것이었고, 결국 충을 위해 활용하였다.

무쓰히토(睦仁, 1852-1912) 일왕은 최고통치권자로서 천황친정(天皇親政)

이란 명분 아래 왕정복고를 이루고 그 유명한 메이지유신을 성공시켰다. 그의 시대에 이루어진 "군인칙유"(軍人勅諭), "일본제국헌법", "황실전범"(皇室典範), "교육칙어"(敎育勅語)는 이후 일본의 운명에 큰 영향을 준다. 유교의 '충' 개념을 경직된 방식으로 활용하며 유럽과 다른 일본식의 제국주의의 길을 연 첫걸음이었다.

1868년 이후 새로운 토대 위에 새로운 일본이 세워지고, 이제 이 하나의 제국을 위한 기술과 이론을 만들 '충'의 공간으로 대학이 시작된다. 1877년 도쿄대학(東京大学)에서는 외국인 교수와 유학생 출신 일본인 교수가 함께 자체적으로 교육을 시작했다. 또 1873년 법학과 의학 등 유럽과 미국의 학문 성과를 그곳의 외국인 교수를 초빙해 강의하는 '고상한 학교'라는 의미에서 '전문학교'가 세워진다. 이어서 유럽의 학문 성과를 습득해 장차 일본어로 일본 사람들에게 강의하는 목적을 가진 교육기관으로 '사범학교'가 세워진다.[19] 이런 과정이 진행되는 가운데 1885년 3월 16일 일본사상사의 주요한 순간인 "탈아론"(脱亜論)이란 글이 나온다. 이 글에서 후쿠자와 유키치(福澤諭吉, 1835-1901)는 '토인'(土人)이라 낮게 부르며 청나라와 조선으로부터 완전히 벗어나 서양과 함께해야 한다고 주장했다. 이제 모든 면에서 청나라와 조선의 변두리가 아닌 일본 자신이 동아시아의 중심이 되어야 한다는 선언으로 들을 수도 있다. 그리고 청나라와 조선을 자신의 변두리에 두겠다는 식의 암시도 한다. 이웃 국가이지만 사정을 봐줄 필요가 없다면서 말이다. "탈아론"은 당시 일본인들에게 큰 관심을 불러일으켰다.

이제 조선통신사는 필요 없으며, 중화체제는 쓸모없는 것이었다. '아시아를 벗어나 유럽을 향하는 일본'에게 이들 두 국가는 그저 후진국에 지나지 않았다. 그리고 곧 일본 중심의 대동아공영권이란 새로운 미래를 꿈꾸게 된다.

일본은 난학과 양학으로 유럽의 학문 성과를 자신들의 욕심에 따라 수용했다. 이후 난학자들은 직접 유럽으로 유학을 떠나 배워 돌아오기도 했다. 그

---

19   아마노 이쿠오, 《제국대학》, 26쪽.

리고 돌아온 이들은 자신이 배운 것을 교육하고 또 번역했다. 스스로 대학을 세우고, 청나라와 싸워 이기고, 러시아도 싸워 이겼다. 무사들의 충은 강했다. 이런저런 다른 생각 없이 일본왕을 위한 '충'만이 강요되었다. 번역도 무서운 속도였고, 유학도 열심히 다녀왔다. 대학의 성립과 성장도 매우 빨랐다. 곧 세계 전쟁을 치를 수준으로 발전했다. '충'의 힘이다. 무사도는 고매한 정신이 아니라 일본 국민에게 충을 강요하는 수단으로 활용되었다. 그런 의미에서 무사도는 성공했다. 그리고 멋진 가해자가 되었다.

유럽에서 들어온 세계지도에서 일본의 무사들은 무엇을 보았을까? 자신들에게 전부 같았던 공간이 아주 작은 공간임을 보았다. 죽을 힘으로 통일한 일본은 작았다. 그들의 시선은 이제 일본의 밖을 향했다. 하지만 임진왜란 등으로 실패를 경험한 그들은 조선에서 가져간 성리학과 도자기 기술로 쇄국이란 이름 아래 미래를 준비한다. 그 준비 과정이 무사들의 난학이고 양학이다. 아직 정복하지 못한 더 큰 공간을 위한 준비다. 도자기 기술과 은 생산은 일본에게 엄청난 돈을 가져다주었다. 또 이황의 성리학은 일본을 하나의 힘으로 통치할 수단을 제공했다. 그렇게 '충'의 국가, 다른 소리 없이 국체라는 이름 앞에서 모두 침묵하고 달려가는 무서운 가해자 일본이 탄생한다. 이것이 일본 철학의 시작이라 할 수 있을까? 아니다. 일본은 아직도 권력자의 권력자를 위한 철학만 있을 뿐, 민중은 여전히 철학의 대상으로 있었다.

한국은 이런 일본에게 식민통치를 당한다. 자국민에게 침묵을 강요하는 일본에게 식민통치를 당한다. 그리고 교육당한다. 조선 시대엔 양반으로부터 무시받던 민중이 이젠 일본인과 친일파로부터 무시를 받는다. 이제 동학으로 '나'라는 존재의 소중함을 알게 되었는데 말이다.

지친 민족이라는 건 뭐고 하니 사람이 자기 자존심을 잃어버린 민족이야.[20]

---

20   《저작집 21》, 69쪽.

함석헌의 말처럼 우린 지친 민중이 되어서는 안 된다. 3·1혁명으로 분노했고, 대한민국임시정부로 실천했으며, 오랜 독립운동으로 그렇게 살았다. 일본이란 조건 속에서도 말이다. 고난의 시간 속에서도 말이다. 참 철학적이다.

3 일본철학과 한국

1) 니시 아마네의 '철학'이라는 말

일본의 철학자 가운데 일본뿐 아니라 한국과 중국에서도 한 번은 마주해야 할 인물이 니시 아마네다.[21] 그는 주자학에 실망하고 양학으로 일본을 발전시켜야 한다고 생각하고 이런 각오에 따라 1854년 양학숙(洋學塾)에 들어간다. 그리고 1862년 일본은 군함 구매와 관련해 조선술과 군함 조정술을 익히기 위해 네덜란드에 유학생을 보냈다. 이때 니시 아마네도 유학을 떠났다가 1865년에 귀국했다. 그리고 곧 자신이 익힌 유럽의 학문을 일본인들에게 가르쳤다. 그러면서 쓴 그의 대표작이 바로《백일신론》(百一新論)이다. 백 가지 가르침을 통일하는 학문에 대해 논의하는 책으로, 일본인에게 유럽의 철학을 소개하는 개론서다. 이 책에서 처음으로 '철학'(哲學)이란 말이 'philosophy'의 번역어로 등장했다. 그는 단순하게 발음을 따라 적은 중국의 '斐祿所費亞'(Fěi lù suǒ fèi yà, 페이/루/수오/페이/아)라는 번역이 마음에 들지 않았다. 니시 아마네는 주돈이(周敦頤, 1017-1073)의《태극도설》(太極圖說)에 나온 '희구현학'(希

---

21 相楽勉, "初期日本哲学における '自然'の問題", 〈東洋大学 'エコ・フィロソフィ'研究〉9 (2015). 이 가운데 니시 아마네와 관련된 부분은 다음이다. 38-43쪽. 또 그의 사상에 대해 다음의 논문들도 참고할 수 있다. 小泉仰, "西周の現代的意義", 〈アジア文化研究〉38 (2012); 狭間直樹, "西周のオランダ留學と西洋近代學術の移植: 近代東アジア文明圈形成史: 學術篇", 〈東方學報〉86 (2011); 井上厚史, "西周と儒教思想: '理'の解釋をめぐって",《西周と日本の近代》(ぺりかん社, 2005).

求賢學)에서 '희현학'을 가져왔다. 그런데 '희현학'의 '현학'이 다분히 유교적으로 읽힐 수 있다고 생각해 '현'(賢)을 버리고 '희'(希)만 취했다. 이어서 《시경》(詩經)에 나온 "현명하고 밝음으로 그 몸을 붙들어, 온종일 쉬지 않고 한 임금만 섬기는구나"(旣明且哲, 以保其身. 夙夜匪解, 以事一人)에서 '哲'(철) 자를 가져온다. 이렇게 희철학이 되고, 다시 '희'가 빠져 '철학'이 된다. "니시 아마네는 우선 마츠오카 린(松岡鏻, 1820－1898)에게 보내는 편지에서 'ヒロソヒ'(히로소히)를 '서양의 성리에 대한 학문'(西洋之性理之学)이라 소개하고, 그의 벗 츠다 마미치(津田真道, 1829-1903)의 《성리론》(性理學, 1861)에서는 '희철학'이라 번역하여 적었다. 이는 현철(賢哲)을 희구한다는 말은 'philosophy'의 번역어이며, 그리스어 *philosphia*'(지혜를 사랑함)에 따른 것이다."[22]

그러면 오랜 시간 여러 곳에서 이야기된 바로 그 니시 아마네가 1874년 《백일신서》에서 어떻게 '철학'이란 말을 처음 등장시켰는지 직접 읽어보자.

하늘의 길과 사람의 길[天道人道]을 분명히하고, 가르침[敎, oshie]을 위한 방법을 세우는 것이 바로 '히로소히'(ヒロソヒ, philosophy)이며, 이를 나는 '철학'(哲學)이라 옮기며, 그 학문은 서양에선 고대로부터 내려온 것이다. 나는 백 가지 가르침을 하나로 만들겠다는 제목 아래, 가르침에 대해 논하는 것도 종류를 논한다면, 철학의 일종이라 할 수 있다. 자세히 말해 하나의 가르침을 수용하는 것은 다른 것의 거부를 뜻하는 것이 보통인데, 백 가지 가르침을 검토하고 그것들이 결국 같은 취지[趣意]를 가짐을 분명히한다면, 상당히 객관적으로 백 가지 가르침을 내려다보지 않으면 안 된다. 이러한 철학적 논고에서 당신은 실재에 대한 본성[物理]과 마음의 본성[心理]에 대해 논

22 相楽勉, "初期日本哲学における'自然'の問題", 38쪽. 西か "philosophy に関心を持ったのは' 彼が江戸幕府の蕃書調所に勤務していた頃に遡る。その当時松岡鏻次郎宛書簡て, 'ヒロソヒ'(philosophy), を'西洋之性理之学'と紹介し' また同像であった津田真道の著'性理論'の跋文(文久元年' 1861)においては'希哲学'と訳した。この賢哲たることを希うという意味の訳語は' philosophy の語源であるギリシア語 philosophia(知の愛好)を踏まえたものであろう。

의할 필요가 있으며, 그러한 것을 더불어 논의하는 동안 당신은 필시 그것들로 혼돈하지 않게 될 것이다.[23]

그에게 철학은 혼란스럽게 흩어진 여럿으로부터 벗어나 근본으로 돌아가 생각하게 하는 학문이다. 이러한 생각은 그의 다른 저작인 《백학연환》(百学連環)에서도 확인할 수 있다.

철학(ヒロソヒ)은 **여러 학문들을 통괄하며 국민에게 국왕과 같다.** 그렇게 모든 학문은 모두 철학에 이르러 일교의 통괄로 귀착되지 않을 수 없다.[24]

결국 그에게 철학은 "모든 학문 위의 학문"(諸学の上たる学)이다. 모든 학문은 그 상위의 철학에 이르러 하나가 된다. 철학은 경험 분과 학문들을 방법적으로 종합하고 통일하는 실증철학이다. 니시 아마네는 이를 '실리상철학'(實理上哲學)이라 한다. 이 실리상철학은 존 스튜어트 밀(J. S. Mill, 1806-1873)과 오귀스트 콩트(Auguste Comte, 1798-1857)의 실증철학(positive philosophy)에 대한 번역어이기도 하다. 즉 그는 밀과 콩트의 실증주의에 영향을 받은 인물이다. 니시 아마네는 밀과 콩트 이전의 철학은 공허한 이론에 그치며, 이들에 의해 실리적인 학문이 이루어졌다고 보았다.

니시 아마네의 철학은 경험 사실을 토대로 여러 학문을 통일한다는 의미에서 매우 혁신적인 방법론을 일본에 제시했다. 과거 성리학이나 기존 일본의 사상들은 매우 허망한 것에 지나지 않았을 것이다. 그에게 철학은 '실학'이기 때문이다. 마츠오카 린에게 보낸 편지에서 그는 유럽의 철학이 이제까지 중국에서 시작해 조선을 거쳐 일본에 온 성리학보다 더 탁월하며, 실로 놀랄 만큼

---

23 西周, 《西周全集 第一巻》(宗高書房, 1960), 289쪽.
24 西周, 《西周全集 第四巻》(宗高書房, 1981), 146쪽. "ヒロソヒーは諸学の統轄にして、国民の国王に於けるかの如く゛諸学皆ヒロソヒーに至りて一致の統轄にせさるへからす."

공평 정대한 논리 속에서 진행된다고 했다. 이제 니시 아마네는 주자성리학뿐 아니라 오랜 시간 중국과 조선 그리고 일본의 철학적 노력을 모두 헛수고일 뿐이라고 한 것이다.

　니시 아마네 역시 난학과 양학을 익힌 사람이다. 1841년 츠와노의 번주 가문에 봉사하는 의사 가문에서 태어난 니시 아마네는 번주의 명령에 따라 의학을 접고 주자성리학을 공부했지만 오히려 실망했다. 그후 1854년 번을 탈출해 양학을 공부하고 유학을 다녀와 일본왕을 위해 봉사한 그는 무사 학자였다. 도쿄대학교의 전신인 가이세이쇼(開成所)에서 일본인에게 과거의 어리석음과 가짜 철학에서 벗어나 새로운 시대, 진짜 철학으로 나아가야 한다고 외친 인물이다. 그의 그런 외침은 국가에 대한 충성으로 이어졌다. 실리적으로 도움을 받아야 하는 주체는 개인이 아니었다. 처음엔 막부였고, 이후엔 일본왕이었다. 그는 유학에서 돌아와 1868년 막부의 초진병학교(沼津兵学校) 교장을 지냈고, 1870년 이후에는 정부의 다양한 곳에서 활동하며 군인과 관련된《군인칙유》(軍人勅諭)와《군인훈계》(軍人訓戒)를 작성했다. 이를 통해 메이지 시대 군대를 정비하고 군인의 정신교육에 참여했다. 결국 니시 아마네도 국가의 발전을 위해 번역하고, 책을 쓰고, 강의했고, '철학'이란 번역어도 그 과정에서 나온 것일 뿐이다.

2) 니시다 기타로와 일본철학

　언제까지 번역만 하고 있을 수는 없었다. 자기 철학이 필요했다. 일본철학은 번역을 넘어 또 다른 요구의 산물이라고 할 수 있다.[25] 니시다 기타로(西

25　미야카와 토루·아라카와 이쿠오 엮음,《일본근대철학사》, 이수정 역(서울: 생각의 나무, 2001); 이마이 준·오자와 도미오 편저,《논쟁을 통해 본 일본 사상》, 한국일본사상사학회 역(서울: 성균관대학교출판부, 2003); 허우성,《근대 일본의 두 얼굴: 니시다 철학》(서울: 문학과 지성사, 2000).

田幾多郎, 1870-1945)는 바로 이런 시대적 요구 속에서 등장한 인물이다. 그의 철학은 일본어로 된 철학으로, 오랜 시간 일본의 일상이던 불교와 등을 돌리지 않으면서 유럽을 배제하지 않았다. 그 가운데 자신의 고유한 자리를 잡으며 철학을 구성해갔다. 이런 그의 철학은 그의 대표작 《선의 연구》(善の研究)[26]에서 확인할 수 있다. 이와 유사한 요구 속에서 다나베 하지메(田邊元, 1885-1962)를 만날 수 있으며, 그의 철학은 그의 저서 《참회도의 철학》(懺悔道としての哲學)[27]에서 만날 수 있다. 이들은 더 이상 번역에 집중하지 않았다. 번역가나 유럽철학의 전도사가 아니라 철학자가 되어야 했기 때문이다. 번역을 넘어 자신의 철학을 만들어내 유럽을 극복함으로써 유럽이 아닌 그러나 유럽과 같은 그 무엇이 되어야 했다.

니시다 기타로는 일본의 대표 철학자다. 그의 철학은 바라보는 입장에 따라 매우 다양한 해석이 가능한데, 그 가운데 한 시선은 한국이나 중국의 편에선 매우 불편한 내용을 담고 있다. 그의 철학이 바로 무자비한 가해자인 일본, 그 일본의 제국주의적 발상과 무관하지 않은 시선이기 때문이다. 니시다 기타로의 철학은 더 이상 유럽의 변두리에서 유럽을 동경할 필요 없이 스스로 자기 철학의 중심이 되고 스스로 철학적 고향이 되자는 일본철학의 첫걸음이다. 그런데 중심이 된 일본은 타자와의 공존도 인정도 모르는 폭력으로 타자를 자신의 것으로 만들어버리는 잔혹한 폭군에 지나지 않았다.

니시다 기타로의 철학은 어떤 의미에서 일본의 간판 철학이다. 한국어로 쓰인 현대 일본철학자에 대한 연구서와 입문서가 단행본으로 나온 것은 니시다 기타로가 유일하다. 그 책에서 허우성은 "과연 누가 그에게 돌을 던질 수 있는가"라는 물음을 우리에게 던진다.[28] 하지만 절대 부정할 수 없는 사실이 있다. 철학은 힘을 가지기 위해 현실에 뿌리를 내려야 한다. 그런데 니시다 기

---

26 니시다 기타로, 《선의 연구》, 서석연 역(서울: 범우사, 2001); 니시다 기타로· 다카하시 스스무, 《선의 연구/퇴계 경 철학》, 최박광 역(서울: 동서문화사, 2009).

27 다나베 하지메, 《참회도의 철학》, 김승철 역(서울: 동연, 2016).

28 허우성, 《근대 일본의 두 얼굴: 니시다 철학》, 525-542쪽.

타로의 철학이 뿌리내린 토양은 잔혹한 대동아공영권과 무관할 수 없는 공간이다.

우선 니시다 기타로의 철학을 순수하게 그 철학으로만 보자는 이들의 입장에 따라 그의 그 순수한 철학의 입장에서 그의 철학을 살펴보자. 과연 현실적 토양 없는 순수한 철학이 있는지 그 자체가 의문이지만 말이다.

그의 철학이 가지는 고유성, 즉 더 이상 번역이 아닌 일본만의 철학이란 것도 일정 부분 인정하지만 일정 부분 일정할 수 없다. 니시다 기타로의 철학은 일본이란 토양에서 오랜 시간 유지된 불교와 어떤 관계에 있을까? 적어도 그는 타나베 하지베와 같이 직접적으로 일본의 불교 전통을 있는 그대로 자기 철학에 표현해낸 것으로는 보이지 않는다. 그러나 분명 그의 철학은 많은 부분에서 동아시아의 대승불교라는 오랜 철학적 질서를 크게 벗어나지 않았다. 매우 유럽적인 표지와 언어로 만들어진 동아시아의 불교 서적이라는 생각마저 든다.

허우성의 니시다 기타로의 진실성을 그대로 인정한다고 하면, "한순간의 생명 사건을 지극히 사랑했고 그의 철학은 내내 한순간의 생명 사건의 추구에서 벗어나지 않았다. 화가의 붓질 한 번, 조각가의 손놀림 하나하나에, 그리고 보통 사람의 몰입과 열중에서 오는 손놀림과 발걸음 하나하나에 주목했다. 그 하나 속에 참된 자기를, 즉 자기 정체성을 확인할 수 있다고 했다"라고 한다. 그러면서 그는 "니시다의 철학을 간단하게 요약하면 당함은 싫다. 능동의 함으로 가자. 거기에 참된 의미의 창조, 자유, 독립이 있다라는 구호가 될 것이다. 저 한순간의 생명 사건에 이데아를 부여하는 것, 그것이 니시다 철학의 핵심 내용이다"라고 한다.[29] 그러면서 "생명의 직접성과 구체성을 기술하기 위하여 개발해낸 '일즉다'(一即多), '개물즉일반'(個物即一般), '일반즉개물'(一般即個物) 등의 논리적 독창성은 높이 평가할 만하다. 특히 하나의 생명 사건의 논리적 표현에 해당하는 자각의 형식은 일본을 넘어가서 상당한 보편성을 획득

29 같은 책, 526-527쪽.

164

할 것으로 보인다"[30]라며 니시다의 철학이 가지는 철학으로의 보편성, 즉 일본이란 구체적 조건을 넘어서는 보편성을 강조하기에 이른다. 과연 이런 논리가 니시다 기타로 고유의 신제품인가?

화엄불교는 우주의 모든 존재자는 서로 인과관계를 가진 것으로, 이 인과관계를 벗어나 스스로 홀로 존재하는 것은 하나도 없다고 한다. 그렇기에 중생과 불(佛), 번뇌와 보리[菩提],[31] 생사와 열반은 그저 대립적인 것으로 서로 남으로 보이지만 사실은 모두 동등한 것이다. '번뇌'가 바로 '보리'이고 '생사'가 바로 '열반'이며 존재하는 모든 것은 '방해됨이 없이 융합'[圓融無碍]되어 있다. 그렇기에 화엄불교에서는 '일즉일체'(一卽一切)를 '일체즉일'(一切卽一)이라 주장하고, 하나의 사물은 일상 속에서 마주하는 흔하디흔한 하나의 어떤 것이 아니라 그대로가 곧 전 우주다. 그것이 우주 성립의 실체[體]요, 또 그것은 전 우주로 말미암아 존재하고 있다. 화엄불교는 이사무애법계(理事無碍法界), 즉 '본체'와 '현상', 본질적인 실체와 우리의 감각에 보이는 현상은 사실 서로 다른 둘이 아니라 하나이며, 서로 걸림 없는 관계 속에서 의존하고 있기에 모든 존재는 평등 속에서 차별을 보이고 차별 속에서 평등하다고 한다. 그런데 이러한 화엄불교의 논리들이 니시다 기타로의 논리에서 보인다. 적어도 이 점에서 니시다 기타로는 전에 없던 것을 새롭게 만든 인물로 보이지 않는다. 한국인 연구가 "동양인을 세계 철학사 안에 자리매김하는 것은 실로 가치 있는 일로 보인다"라고 평가하며 고유하고 독창적인 모습을 강조한 것에 비해, 일본인 연구가 사토오 아츠시(佐藤學)는 좀 더 냉정한 평가를 한다.

니시다의 만년의 사상은 '절대모순적자기동일'(絕對矛盾的自己同一)이라는 개념을 써서 역사적 현실적 세계를 '절대무'의 현현(顯現)으로 생각하는 것

---

30 같은 책, 532쪽.
31 보리는 완전한 깨달음이다. 즉 번뇌와 대립되는 것으로 보인다. 그러나 중생과 불, 번뇌와 보리는 대립으로 보이지만 실상 하나다. 이는 '一卽一切多卽一' 즉, 하나가 곧 일체요 일체가 곧 하나라는 《화엄경》에 근거한 것이다.

이었다. 이 말의 의미는 모순은 모순 그대로 대립은 대립 그대로가 전체로서 자기동일을 유지하면서 끊임없이 자기형성(自己形成)을 한다는 것이었다. 이 무렵 니시다가 자기의 철학의 특징을 화엄학적으로 '일즉다'(一多) '다즉 일'(多一)이라는 말로 설명했다.[32]

니시다 기타로 철학은 화엄불교적이다. 니시다 기타로 철학의 내적 구조는 일본을 포함한 동아시아의 사상을 토대로 삼고 있다. 어쩌면 그의 고유성은 전혀 없던 것을 개발한 것에 있는 것이 아니라, 일본에 이미 녹아든 전통적 사유와 유럽의 사유를 조화하는 가운데 여전히 그 중심에 불교와 같은 전통적 사유를 부여하는 점이라고 할 수 있다. 거기에 사토오 아츠시는 왜 니시다 기타로의 철학이 세계대전 이후 큰 힘을 쓰지 못하고 사라져갔는지 아래와 같이 적고 있다.

> 이러한 니시다부터 시작하는 사색은 1930년대부터 1940년대에 걸쳐 다나베 하지메, 고야마 이와오(高山岩男), 다게우치 요시노리(武內義範), 니시타니 게이지(西谷啓治), 하사마쯔 신이치(久松眞一) 등을 배출해서 '교토학파'(京都學派)로 불리는 집단을 형성했다. 이 교토학파는 **제2차 세계대전 중에 대동아전쟁(大東亞戰爭)을 이론적으로 후원했다고 해서 전후에는 비판 대상이 되었다.** 그런데 80년대 무렵부터 정치적인 측면도 아울러 그 사상의 재검토가 시작하고 니시다의 사상에 대해서도 현대철학의 측면 등 여러 시각에서 연구가 진행되고 있다. 그리고 교토학파 중에 니시타니 게이지, 하사마쯔 신이치 등은 주로 종교학적인 면에서 선사상과 결합하고 독자적인 흐름을 형성해서 지금까지 영향을 주고 있다.[33]

---

32 사토오 아츠시, "니시다 기타로(西田幾多郎, 1870-1945)", 〈불교신문〉 2251 (2006. 8. 9).
33 같은 곳.

바로 대동아공영권과 같은 가해자 일본의 흔적이 그에게도 있다는 것이다. 대동아공영권에 대한 이론적 후원으로 인해 그의 철학이 일본 내에서도 전후 활발하게 연구되지 못했다고 한다. 쉽게 말해 일본인들도 그의 철학에서 대동아공영권이란 잔혹한 가해자의 향기를 맡았다는 말이다.

이정우는 다음과 같이 니시다 기타로에 대해 이야기한다.

니시다 사유의 이런 한계는 구체적으로는 '대동아공영권'이 운운되면서 태평양전쟁이 벌어졌던 당대 상황에 대한 니시다의 태도에서 드러난다. 니시다는 일본사의 암흑기라 할 쇼와 전기에 활동한 인물이다. (그는 정확히 1945년에 세상을 떴다.) 하지만 그가 과연 대표 지식인으로서 이 시대에 감연히 맞섰는가는 의문이다. 오히려 그는 태평양전쟁에 적극 저항하지 않음으로써 시대가 지운 의무에 충실하지 못했다고 해야 하며, 동북아의 다른 국가들, 당대의 타자들보다는 일본중심주의에 머물렀다. 이는 하이데거나 박종홍의 경우가 그렇듯이 단지 그의 인간적 실수가 아니라 그의 사유 자체 내에 내재하는 어떤 본질적인 한계 때문이었다고 해야 한다. 빛을 어디까지나 주체·자아에 두는 그의 사유에서는 '타자의 사유'가 나올 수 없었던 것이다.[34]

니시다 기타로라는 한 개인이 그 시대의 악과 싸워서 세상을 바꿀 수 있었을까? 불가능하다. 그러나 그는 철학자로서 치열하게 다투어야 했다. 그의 철학이 당시 대동아공영권이란 시대적 악과 큰 모순을 가지지 않았기에 그는 치열하게 다투지도 소극적으로 다투지도 않은 것이다. 독일의 디트리히 본회퍼 (Dietrich Bonhoeffer, 1906-1945)는 히틀러에 맞서 싸웠다. 잔인한 가해자의 국가에서 조용히 학문을 이어간 니시다 기타로가 죽은 1945년에 본회퍼 역시 죽었다. 잔인한 가해자의 국가에서 부당한 가해자와 치열하게 싸우다 살해당

---

34 이정우, "[21세기에 보는 20세기 사상지도] 삶의 고뇌를 넘어 '참자아'를 찾아가다: 니시다 기타로(1870-1945)", 〈경향신문〉 2012. 1. 21.

했다. 본회퍼의 사상에 담긴 그의 철학이 그 시대의 부당함을 담을 수 없었기에 그는 그의 철학대로 살아야 했던 것이다. 니시다 기타로 역시 그가 그토록 치열하게 홀로 있는 자아를 외치는 동안, 자아의 밖에서 일어난 아픔을 보지 못했고 고개가 돌아가지도 않았다.

그의 철학은 '근대의 초극'(超克)을 주장했다. 그의 시대에 그 초극은 일본에게 화두와 같이 다루어졌다.[35] 그리고 '근대'란 유럽 중심의 근대와 무관하지 않다. 결과적으론 말이다. 난학으로 유럽의 사상을 수용하던 일본은 어느 순간 세계열강의 반열에 올랐다. 그리고 일본은 유럽과 미국의 아시아 침략으로부터 아시아를 지키겠다는 아시아주의를 내세웠다. 이것이 '대동아전쟁'이고 '아시아제국주의'다.[36] 중국이나 조선의 의도와 상관없이 일본 스스로 이들을 자신의 품속에서 보호해주겠다며 전쟁을 일으킨 것이다. 도덕적으로 너무나 형편없는 모순의 공간에서 이 논리는 총을 든 이들의 지성을 잠재웠을 것이다. 결국 일본이 유럽과 미국으로부터 아시아를 지켜야 하고, 이를 위해 식민지로 삼아야 하고, 유럽 및 미국과 싸워야 한다고 말이다. 이런 논리 속에서 일본의 악함은 도덕적 정당성 속에서 그럴듯해 보이기 때문이다. 이러한 시대적 요구를 위해서라도 '근대의 초극'이 필요했다. 여기에서 근대는 곧 유럽이다. 그렇기에 '근대의 초극'이란 유럽 중심의 근대, 바로 그 근대를 넘어서야 한다는 논리다.

그렇다면 니시다 기타로의 철학은 한국의 역사에서 그저 남의 철학이며 나와 무관한 철학인가? 그렇지 않다. 그의 '근대의 초극'은 한국의 지식인들에게 많은 영향을 주었다. 니시다 기타로는 일본왕, 즉 천황에 대한 자신의 생각

---

35   히로마쓰 와타루, 《근대초극론》, 김항 역(서울: 민음사, 2003).

36   요나타니 마사후미, 《아시아/일본: 사이에서 근대의 폭력을 생각한다》, 조은미 역(서울: 그린비, 2010), 25쪽. 이 책의 다음 부분을 읽어보는 것도 도움이 될 것이다. " '근대의 초극'은 대동아전쟁＝태평양전쟁이 이중구조를 품고 있음을 지적하고 있습니다. 아시아에 대한 식민지 침략전쟁이 이 구조의 한 측면이라면, 구미와 대립하는 제국주의에 맞서는 전쟁이 또 다른 측면입니다. 여기에는 아시아의 연대와 해방을 향한 계기가 담겨 있었음에도 불구하고 양 측면은 서로를 보완하면서도 모순을 이루는 관계에 있었고, 여기에서 어떤 아포리아가 존재하고 있었습니다."

에 동양철학을 연결시켰다. 그 과정에서 불교의 '일즉다'(一卽多)는 완전히 다른 일본 제국주의의 옷을 입는다. 이는 니시다 기타로의 영향을 받은 화엄불교 연구가 고야마 이와오(高山岩男, 1905-1993)를 통해 확인할 수 있다. 그에게 '일즉다'에서 '일'(一)은 결국 일본이며 '다'(多)는 일본에 협력할 아시아의 여러 국가다. 일본이 곧 아시아라는 생각은 얼마나 무자비한 잔인함을 가지는가? 결국 하나의 논리 속에서 다수의 논리들은 침묵해야 한다. 박종홍은 저마다 다른 조건의 다른 개성의 다수 한국인들에게 모두 "민족중흥의 역사적 사명"이란 하나의 틀을 제공했다. 이 하나가 강요된 공간에서 다수의 자유란 무엇이 되는가 말이다. 다수의 주체성과 그들의 존재 가치는 무엇이 되는가? 결국 타자 없는 철저히 홀로 있는 자아에 집중한 존재론의 한계다. 이렇게 '일즉다'라는 논리는 대동아공영권이란 잔인한 칼춤의 배경이 되어버렸다.

하나의 의지만을 강요하는 일본과 유럽 사이에서 다수의 타자들은 무력하게 당했다. 박종홍과 같이 경성제국대대학교에서 철학을 공부한 박치우(1909-1949)는 이러한 당시 일본의 철학적 흐름을 강하게 비판했다. 타자를 부정하고, 일본이란 주체만을 자아로 인정하는 가운데 자아로 통일하려는 움직임 자체가 박치우에겐 폭력이었다.[37] '중심'과 '변두리'를 대립적으로 사고하는 사유는 결국 '자아'와 '타자' 사이의 폭력으로 이어질 수 있다. 과거의 중심으로부터 벗어난 새로운 중심을 모색한다고 해도 이와 같이 자아와 타자의 끝이 보이지 않는 폭력의 연속을 그대로 볼 수 없다고 박치우는 생각했다.

박치우의 걱정과 무관하게 이미 일본은 잔혹한 전쟁의 칼춤을 시작했고, 동시에 일본의 철학은 그 칼춤의 배경이 되었다. 니시다 기타로의 글을 읽으면 특유의 종교적 분위기가 감지된다. 그 특유의 메시아적 분위기 속에서 매우 고상하고 고매한 어투로 잔인한 칼춤의 배경 음악을 만들어내는 것이 니시다 기타로의 장점이다. 그는 1934년《변증법적 일반자로의 세계》(弁証法的一般者としての世界)에서 "도덕이란 것은 결국 이성의 자율이 아닌 절대자의 명

---

37   박치우, "동아협동체론(東亞協同體論)의 일성찰(一省察)", 〈인문평론〉 6 (1940).

령으로 의미를 가지는 것"이라고 했다. 절대자의 명령으로 움직이는 것이 도덕이란 말은 도덕의 결단과 명령의 주체는 '나'의 밖이며, '나'는 그 명령의 대상으로 초라하게 만들어버린다. 또 그는 종교를 "이 역사적 현실에서 절대의 의미를 추구하는 것"이라 정의하고, 자기부정이 자기긍정이 되는 절대부정성 속에서, 즉 자기 자신을 철저히 부정함으로 현실 세계의 근저에서 절대자의 목소리를 들으며 그에 따라 살아야 절대신앙의 경지에 이르는 삶이 된다고 한다.[38] 결국 '나'를 철저히 부정하고 절대자의 목소리를 따라 하나가 되어야 한다는 식의 설명이 된다. 이런 니시다 기타로의 철학을 고야마 이와오가 계승해 발전시켰다. 결국 이렇게 되면 '일즉다'라는 불교의 논리는 잔인한 대동아공영권에 정당성을 부여하는 무기가 된다. 그렇다고 니시다 기타로가 개별적인 상황을 모두 무시하고 보편에 속해야 한다고 논리 없이 말한 이는 아니다. 아래와 같이 개별적인 상황도 존중해야 한다고 분명히 말한다. 작은 개별 단위의 통일성이 있은 후 더 큰 차원의 통일성으로 들어갈 수 있으니 말이다.

> 어느 국가·민족도 각각의 역사적 지반 위에 성립하여 각각의 세계사적 사명을 지니며, 바로 거기서 각 국가·민족이 각자의 역사적 생명을 갖는다. 각 국가·민족이 자기에 입각해 있으면서 자기를 초월하여 하나의 세계적 세계를 구성한다는 것은, 각자가 자기를 초월하여 각각의 지역 전통에 따라 먼저 하나의 특수적 세계를 구성하는 것이어야 한다.[39]

개별적 국가들, 개인들, 그 다수는 자신을 초월한 하나가 되어야 한다. 일본이란 하나의 단위 국가에서 그 하나가 되는 근거는 일본왕이다. 그가 국체(國體)다.

38　西田幾多 , "弁証法的一般者としての世界",《西田幾多郎哲学論集 II》(岩波書店, 1988), 170-171쪽.
39　《西田幾多郎全集 11》, 445쪽. 니시다 기타로의 아래 저작 인용은 다음 전집의 권수와 쪽수를 그대로 표기하겠다.《西田幾多郎全集 '全 24'》(岩波書店, 2002-2009).

우리의 '국체'는 흔히 이야기하는 '전체주의'가 아니다. '황실'은 과거와 미래를 포함하는 절대적인 현재이며, 그 황실은 우리 세계의 시작이며 마지막이다. 황실을 중심으로 하나의 역사적 세계를 형성해왔다는 점에서 볼 때, 만세일계(万世一系)라고 하며, 이는 우리 '국체'의 정수가 된다. 우리나라의 황실은 단지 한 민족 국가의 중심만으로 있지 않다. 우리나라의 황도(皇道)에는 팔굉위우(八紘為宇)[40]의 세계형성 원리가 포함되어 있다.[41]

일본의 국체는 '일본왕'이다. 그 일본왕은 시간과 공간을 넘어 일본의 시작이며 끝이다. 여러 일본인이 일본인으로 존재하게 되는 근거도 결국은 일본왕 때문이다. 일본왕이 없었다면 일본인은 일본인으로 살 수 없다. 일본이란 존재의 토대 혹은 근거가 국민이 아니라 바로 일본왕이다.

요즘 '국체'를 두고 말이 많다. 우리나라의 국체가 위대한 휴머니티에 근거했다고 말하는 이들은 없다. 그저 만세일계라는 것을 교조적이라 주장할 뿐이다. **만세일계의 황실은 위대한 자비, 몰아(没我), 공동체의 상징**이라고 생각한다.[42]

과연 일본의 그 국체, 일본의 정수, 그것은 위대한 휴머니티에 근거해 있었는가? 현실 정치에서 힘없는 지금의 일본왕과 달리 현실 정치의 힘으로 수많은 이들을 죽음에 이르게 한 그 국체는 가해자의 짐에서 자유로운가? 타자가 원하지 않은 공동체의 상징이며, 오직 자신의 의지만을 유일한 의지로 믿고 타자를 소유하기 위해 잔혹한 전쟁을 일삼은 그 국체는 한국과 중국에게 어떤 것인가?

40 《일본서기》에서 나온 말로 온 천하가 한 집안이라는 말이다. '팔굉일우'(八紘一宇)라고
    도 한다.
41 《西田幾多郎全集 9》, 446-447쪽.
42 같은 책, 343-344쪽.

일본의 정신인 '팔굉일우'에서 이름을 따왔으며, 조선총독부의 내선일체를 적극 지지하며 일본어 시집 《손에 손을》(手に手を)을 낸 시인 마쓰무라 고이치(松村紘一, 1900-1979)가 떠오른다. 그가 바로 '텐노헤이카 반자이'(てんのうへいか ばんざい), '천황폐하 만세'를 문학으로 외친 현대 시인 조요한이다. 그의 시 "첫 피-지원병 이인석(李仁錫)에게 줌"에서 일부 발췌해 읽어보아도 일본왕에 대한 그의 지극한 애정을 읽을 수 있다.

나는 간다,
만세를 부르고
천황폐하 만세를
목껏 부르고
대륙의 풀밭에
피를 뿌리고
너보다 앞서서
나는 간다.[43]

조요한만의 문제가 아니다. 오늘날 일본인들이 일본왕의 시작이라 이야기하는 진무천황(神武天皇)이 즉위한 산 '가구야마'(香久山)를 자기 이름의 씨로 삼아 '가야마'(香山)라 하고, 자신의 조선 이름의 한 글자인 '광'(光)에 조선의 이름에 있던 '수'를 일본식으로 '랑'(朗)으로 바꾼 가야마 미쓰로(香山光郎, 1892-1950)가 바로 이광수다.[44] 그 역시 '텐노헤이카 반자이'의 문학을 했다.

43   조요한, "사생死生을 초월한 황국정신 첫 피-지원병 이인석李仁錫에게 줌", 〈신시대〉(1941. 3). 이 외에 조요한의 친일문학에 대해서는 다음을 참고할 수 있다. 조요한, "댕기タンギ-", 〈국민문학〉(1941. 11); 조요한, "성전찬가"(聖戰讚歌), 〈매일신보〉(1942. 12. 8); 조요한, "아침햇발: 해군지원병제실시 발표된 날에", 〈매일신보〉(1943. 5. 13); 조요한, "동의어"(同義語), 〈신시대〉(1944. 5).
44   이광수의 친일문학은 다음을 참고하기 바란다. 이광수, "우리집의 노래", 〈신시대〉(1941. 1); 이광수, "창씨創氏와 나", 〈매일신보〉(1940. 2. 20); 이광수, "모든 것을 바치리", 〈매일신보〉(1945. 1. 18); "전망(展望)", 〈녹기〉(1943. 1).

근대의 초극을 외치며, 스스로 아시아의 중심이라는 일본에게, 일본의 변두리에서 일본이 되고 싶은 자신의 마음을 당시 친일문학은 이런 식으로 표현했다. 국체인 일본왕에 대한 자신의 애정을 고백하는 것이 곧 일본인이 되는 길이었다.

다시 생각해보자. 과연 니시다 기타로의 철학은 가해자의 철학, 일본군 '위안부'에 대한 무자비한 폭력을 비롯해 수많은 잔혹한 행위로 당시 중국과 조선 그리고 대만 등의 아시아 국가들의 수많은 민중을 죽음과 고통에 이르게 한 그 가해자의 철학과 무관한가? 후지타 마사카쓰(藤田正勝, 1949-)는 니시다 기타로의 국가철학은 그의 시대에 쓰인 것이라고 한다.[45] 그 시대가 어떤 시대인가? 모든 사상이 통제되고 오직 하나의 의지, 일본왕의 의지만이 일본과 아시아를 지배하려 한 잔혹한 폭력이 일상이던 시대다.[46] 그런 가운데 침묵해야 하는 시대였다. 절대자의 명령이 울리면 나는 나를 부정하며 그를 따라 도덕적으로 살아야 하는 시대였다. 조요한이 마쓰무라 고이치가 되고, 이광수가 가야마 미쓰로가 되는 것이 일상이고 어쩌면 성공의 방법인 그런 시대였다. 그 잔혹한 존재론적 타살이 일상인 그 공간에서 도덕은 바로 그런 것이었다.

3) 일본의 국체이론

유럽의 변두리에서 유럽과 싸우며 아시아의 새로운 중심이 되겠다는 '근대의 초극'을 이해하기 위해서는 국체이론에 대한 이해가 필요하다. 근대의 초극, 즉 유럽과 다른 일본이 되기 위해 일본은 본질을 정의해야 했다. 그 역할을 한 것이 '국체'다.

---

45 藤田正勝, "西田哲学の国家論", 〈日本哲学史研究〉 4 (2007), 27-55쪽.
46 같은 책, 31쪽.

각각 독립적인 개개인의 집합인 인민이 군주와 대립하고 군주를 옹립하는 경우에는 군주와 인민 사이에 이것을 일체시키는 깊은 근원이 존재하지 않는다. 그런데 우리 천황과 신민 관계는 하나의 근원에서 나와 건국 이래로 일체가 되어 번영해온 것이다. 이것이 즉 **우리나라의 큰 도리이자 우리 신민의 길의 근본을 이루는 것으로 외국과는 완전히 그 선택을 달리한다.**[47]

이미 일본은 유럽과 자신은 다르다고 했다. 일본은 유럽에서 당시 유행하던 흐름을 거부했다. 국가는 인민으로부터 나온 것이 아니다. 인민이 권력자에게 자신의 주권을 위임한 것도 아니다. 일본의 실체적 본질에 인민은 없다. 유럽의 변두리에서 유럽을 동경하던 일본이 아니다. 일본은 스스로 중심이 되어 유럽과 다른 자신의 국가 이론을 이야기하기 시작했다. 그 국가 이론에서 일본왕은 중심이고 실체이며 인민은 매우 수동적인 존재다. 그렇게 명령하고 따르는 사이를 일체라고 본다. 새로운 일본이란 아시아의 중심이 자신들의 이론이라며 제시한 것의 핵심이다. 다음을 이어 읽어보자.

전체성, 구체성을 잃고 인간 존립의 진실을 일탈하고 그 이론은 현실에서 유리되어 각종 잘못된 경향으로 기운다. 여기에서 개인주의, 자유주의 또는 거기에서 발전한 여러 사상의 근본적인 과오가 있다. **지금 서양 각국에서는 이 오류를 자각하고 이것을 극복하기 위해 다양한 사상이나 운동이 일어났다.…오류로 오류를 대신하는 것에 지나지 않으며, 결코 진실된 타개와 해결이 아니다.**[48]

인민에게 자유를 주었기에 유럽은 전체성과 구체성을 상실하고 개인주의와 자유주의 속에서 오류에 오류를 벗어나지 못하고 있다고 한다. 일본에게는

---

47 형진의·임경화 편역, 《'국체의 본의'를 읽다》, 54쪽.
48 같은 책, 155쪽.

전체성이 중요하다. 차이를 인정하지 않고 일본왕을 중심으로 일탈 없는 하나됨을 강조한다. 무조건적인 충성이라는 무서운 정치적 명령이 이 순간 사회 존재론적 일치의 힘이 된다. 니시다 기타로의 철학은 이 경우 좋은 활용 소재가 될 수 있다. 서로 다른 다수가 하나가 되기 위한 좋은 수단은 유교의 성리학에서 말하는 '충'(忠)이다.

> 충은 천황을 중심으로 받들고 천황에게 절대 순종하는 길이다. 절대 순종은 하늘을 버리고 사사로움을 멀리하여 오로지 천황에게 봉사하는 것이다. 이 충의 길을 행하는 것이 우리 국민의 유일한 살길이고 모든 힘의 원천이다. 그러므로 천황을 위해 목숨을 바치는 것은 이른바 자기희생이 아니고 소아를 버리고 능위에 살면서 국민으로서의 참생명을 떨쳐 일으키는 것을 의미한다.[49]

충성이란 사사로움을 버리고 자기희생을 통해 일본왕을 따르는 것이다. 이런 논리 속에서 일본왕은 그저 평범한 한 사람의 인간이 아니다. 일반적인 사람들과 아예 다른 존재로 그를 부각시켜야 했다. 이를 통해 부동의 통치자로 '국체' 일본왕을 내세울 수 있기 때문이다.

> 대일본제국은 만세일계의 천황이 황조의 신칙을 받들어 영원히 통치하신다. **이것이 우리 만고불역의 국체이다.**[50]

절대 변하지 않은 절대적인 통치자, 일본왕의 영구한 통치, 이것이 국체의 핵심이다. 이 핵심을 위해 충성은 절대적이다. 천황이 무엇인지 모르던 많은 이들이 국체이론과 이를 담은 《교육칙어》를 통해 알게 되었다. 교육은 서서히

49 같은 책, 55쪽.
50 같은 책, 31쪽.

일본을 과거와 다른 국가로 만들어갔다.

유럽에서는 근대에서 현대로 이행하는 가운데 대중이 서서히 자신의 존재 가치를 자각하기 시작했다. 민중이 더 이상 자신들의 나아갈 길을 민중의 밖 외부 어떤 지도자를 통해 이루려 하지 않았다. 스스로 자신의 이상을 가슴에 품은 숭고한 존재가 되어 살아가려 했다. 이런 민중의 등장은 유럽에서 현대의 등장에 큰 영향을 준다.[51] 이제 이상을 품은 민중이 변동하는 시대의 변덕스러움의 주역이었다. 민중 자신의 변덕스러움은 더 나은 미래를 향한 어려움의 하나일 뿐이다. 이를 거부하면 빠르고 정확한 명령으로 민중의 이성을 잠재우는 지도자가 등장하게 된다. 이것이 싫기에 민중은 자신들의 변덕스러움을 수용해야 했다. 리더십의 새로운 형태가 개인주의라는 토대에서 생겨났다. 이런 사회적 흐름 속에서 과거 특정 계층이 가졌던 정치적 권위, 국가 상업, 의사소통, 문화, 경제적 생산이 잠재적으로 민중의 손에 들어가기 시작했다. 이에 따라 민중의 위신은 더욱 증가되어갔다.[52] 물론 여전히 민중의 편에서 보았을 때 만족스러운 수준에 이르지 못했지만 말이다.

그러나 일본은 아예 다른 길로 갔다. '충'을 내세우며 다수의 민중에게 일본왕 중심으로 하나가 되자고 한다. 여기에서 변덕스러운 민중 다수의 소리는 잡음이 되고 만다. 그러니 침묵해야 한다. 침묵하며 일본왕을 따르면 된다. 이렇게 일본은 자신들의 길을 가며 조선과 중국 등 아시아의 국가들에게도 이를 강요했다.

'침묵하라'는 교육, 자신만이 홀로 주체이고 타자는 그 주체의 변두리에서 주체의 말을 들어야 한다는 그 강요는 해방 이후 한국에서도 이어졌다. 박종홍의 "국민교육헌장"은 다수의 여럿에게 침묵을 강요하며 "민족중흥의 역사적 사명을" 존재의 본질이라고 규정해버린다. 사사로운 생각은 모두 부정된다. 이런 한국에서 도덕은 무엇일까? 니시다 기타로가 이야기하듯이 절대자의 목

---

51   제프리 T. 슈나프·마슈 투스 편, 《대중들》, 양진비 역 (서울: 그린비, 2015), 141쪽.
52   같은 책, 43쪽.

소리를 들으며 자기를 부정하며 살아가는 것일까? 어쩌면 이 땅 한국의 상황은 식민지 조선에서 일본이 말한 것과 크게 다르지 않아 보인다. 김상봉은 다음과 같이 말한다.

> 도덕이 우리에게 **무조건적으로 자기를 부정**하고 타인과 공동체를 위해 헌신하는 것만이 도덕적으로 가치 있는 일이라고 가르친다.[53]

사실 우린 이미 경험으로 안다. 결국 '조용하라'는 명령 속에 산다. 도덕은 '하지 말라'는 말들의 집합이다. 침묵하며 욕심 없는 민중은 조용히 자기부정과 절대복종 속에서 누군가의 말을 따라 산다. 이런 민중의 침묵 속에서 누가 덕을 볼까? 우린 이미 경험으로 알고 있다.

함석헌은 "나는 언제부터 하는 말이 내 대적은 국가주의라 해요"라고 했다.[54] 또 "나는 국가주의를 아주 반대하는 사람인데, 세계 국가라는 것 때문에 이렇게 잘못되고 있어요. 이 국가주의, 이걸 청산하지 못하는 한은 인류의 구원 아마 없을 거예요"[55]라고 했다. 함석헌은 국가주의, 국가를 중심으로 개인을 억압하는 그 모든 것을 거부했다. 그것으로 인류의 구원도 힘들 것이라 했다. '자아'의 자기부정, '나'의 자기부정을 통해 오직 공동체 혹은 국가권력을 유지하겠다는 것, 그것이 어떻게 '나'의 희망이 될 수 있는가! 함석헌뿐인가. 류영모 역시 마찬가지다.[56] 독재정권 시기 권력에 대한 태도들, 그리고 국가에 대한 태도와 민중의 통치 수단으로 사용된 '국민윤리'라는 장치들, 이 모든 것이 일본의 그것들과 매우 유사하다.

난학과 양학으로 일본에 유입된 유럽의 사상은 점점 유럽의 변두리에서 유럽의 학문을 번역하는 나라가 아니라 일본 스스로 중심임을 소리치게 했다.

---

53 김상봉, 《도덕교육의 파시즘》(서울: 도서출판 길, 2009[7쇄]), 44쪽.
54 《저작집 14》, 75쪽.
55 《저작집 21》, 43쪽.
56 다석학회 엮음, 《다석 강의》(서울: 현암사, 1983), 218-220쪽.

그리고 일본이란 중심 이외에 다른 모든 아시아의 중심들은 중심이 될 수 없다는 논리로 발전해갔다. 일본만이 하나의 단일한 이성으로 존재하게 되었고, 어느 순간 동아시아의 많은 학문 언어도 일본의 것이 되어갔다. 그렇게 철학도 일본의 눈으로 작동하게 되었다. 일본이란 남의 시선이 식민지 조선의 시선이 되어갔다. 일본이란 남의 시선이 한국의 문학이 되어갔다. 식민지 조선은 '나'를 '나'로 소리 내지 못하게 만들었다. 해방 이후 한국 역시 여전하다. 유럽 학문과 일본 학문의 변두리에서 그들을 동경하며 그들이 되어버린 이들은 한국에선 자신만이 중심이라고 소리쳤다. 과거 일본왕과 같은 존재로 자신들이 있으려 한 것일까? 일본의 이와 같은 이론이 아시아 사람들에게 폭력이었다면, 한국의 이와 유사한 이론은 한국이란 공간 속 변두리에 있던 민중에게 폭력이었다.

4) 우치무라 간조의 또 다른 일본 사상

우치무라 간조(内村鑑三, 1861-1930)는 일본의 그리스도교 사상가다. 한국 사상사에 있어 무시할 수 없는 두 인물인 김교신과 함석헌[57]이 그에게 영향을 받았다. 김교신은 사후 구원과 같은 죽어서의 행복에 대한 일에 관심이 없었다. 그의 큰 관심은 '오늘'이다. '지금'이다.

> 오늘을 어떻게 싸울까, 이 순간 내가 주 예수 그리스도를 믿고 있는가가 현재의 나를 삼켜버린다.[58]

지극히 현세적인 그리스도교 신앙 위에 선 김교신에게 영향을 준 이가 바

57　《전집 4》, 217쪽.
58　김교신, "1932년 5월 21일 일기", 《김교신 전집 5권》(서울: 일심사, 1981), 60-61쪽.

로 우치무라 간조다. 김교신에게 그 현실, 즉 오늘의 문제는 당시 식민지 조선의 현실이었다. 그가 《성서조선》을 '성서조선'이라 이름 지은 것도 조선의 현실에서 고개 돌리지 않겠다는 그의 뜻을 담고 있다.[59] 그의 스승 우치무라 간조 역시 현실에 뿌리를 내리고 있다. 그가 살아간 현실은 무지막지한 폭력을 일삼는 조국 일본이었다. 하지만 그 역시 애국자의 삶을 살고자 한 인물이다. 그가 미국으로 유학을 떠난 이유를 적은 글을 보자.

> 자신의 국가에 충실한 인간이 되기 위해 자신의 국가라는 틀을 벗어나 넓은 견문과 지식을 얻는 것이 필요하기 때문이다. 먼저 인간이 되는 것 그리고 애국자가 되는 것이 나의 외국행의 목적이었다.[60]

쉽게 말해 애국하기 위해 유학을 떠난 것이다. 그러나 '국체이론'에서 말하는 그 일본이 그의 애국이 향하는 나라가 될 수는 없었다. 일본의 실체적 본질이 일본왕이라는 것도 그는 쉽게 수용하기 어려웠다. 그러니 그가 1891년 국체이론으로 가득한 "교육칙어"에 대한 '불경사건'(不敬事件)으로 힘겨운 삶을 살게 되는 것은 당연해 보인다. 그가 "교육칙어"에 대해 불경한 태도를 가질 수밖에 없었던 이유는 그의 무교회주의와 관련된다.

> '무교회'라고 하면 무정부주의라든가 허무당이라고 말하는 것 같아서 왜 그런지 파괴주의 책자 같이 생각됩니다만, 결코 그런 것이 아닙니다. '무교회'란 교회가 없는 사람의 교회입니다.[61]

하느님과 인간 사이에 어떤 조직적인 도구가 필요한가? 우치무라 간조는

---

59   김교신, "성서조선의 해(解)", 《김교신 전집 1권》(서울: 일심사, 1981), 22쪽.
60   松沢弘陽(編), 《内村鑑三》(中央公論社, 1984), 142쪽.
61   우치무라 간조, 《우치무라 간조 전집 8권》, 김유곤 역(서울: 크리스챤서적, 2001), 495쪽.

이를 인정하지 않는다. 루터(Martin Luther, 1483-1546)는 만인사제설을 통해 모든 신자들이 직접 하느님을 마주할 수 있다고 했다. 가톨릭교회나 교회 조직과 같은 중계 장치가 필요하지 않다고 생각했다. 우치무라 간조는 이런 종교개혁의 사상을 매우 극단적으로 밀고갔다.

> 이 세상에서의 우리들의 교회란 무엇이며 어디 있는 것일까요? 하느님이 지으신 우주입니다. 자연입니다. 이것이 우리들 무교회 신자의 이 세상에서의 교회입니다.[62]

있는 그대로의 자연이 참된 교회라고 한다. 체계적이고 조직적인 '교회'도, 사제직을 수행하는 '신부'도, 목회자인 '목사'도 필요 없다. 오히려 하느님을 직접 만나는 신자의 길에 방해가 된다. 우치무라 간조에 의하면, 예수는 지금의 가톨릭교회나 개신교회와 같은 그런 교회를 세운 적이 없다. 그럼에도 불구하고 인간들이 만든 교회가 그리스도교 고유의 살아 있는 신앙의 생명력을 의례와 조직의 구속 속에서 그만 상실해버렸다. '하느님'과 '인간 일반'이 아닌 '하느님'과 '개인'의 일대일 관계만이 남아야 한다고 우치무라 간조는 주장했다. 이런 주장은 어찌 보면 개인의 가치를 매우 높이는 결론에 이르게 된다. 하느님의 뜻을 알아들은 누군가로부터 다시 하느님의 뜻을 알아들어야 하는 것이 아니라, 하느님의 뜻을 '나'라는 개인이 직접 알아듣게 되니 말이다.

신앙을 위한 이런저런 중계 장치를 거부한 우치무라 간조에게 애국은 어떤 것이었을까? 바로 그와 관련된 일이 1891년 지금의 도쿄대학교 교양학부인 제일고등중학교에서 일어났다. 당시 교편을 잡고 있던 우치무라 간조는 일본왕이 서명한 "교육칙어"를 일본왕의 초상화 옆에 걸어놓고 그 앞에서 경의를 표하라는 의식을 거부했다. 그는 절하지 않았는데, 이를 두고 '불경사건'이라 한다. 우치무라 간조는 순식간에 반역자로 알려져 이후 고난의 시간을 견

---

62 같은 책, 497쪽.

더야 했다.

우치무라 간조의 무교회주의는 병역도 거부했다. 아시아 여러 곳에서 전쟁을 하던 상황에서 그는 병역을 거부한 것이다. 그는 다음과 같이 말한다.

(나는) 전쟁 절대 폐지론자다. 전쟁의 이익은 강자의 이익이다.[63]

"교육칙어"에 대한 반발은 국체 사상을 중심으로 일본 전체를 하나로 만들겠다는 일본 권력자들의 뜻에 대한 도전이었다. 왜 하나로 힘을 모아야 하는가? 유럽으로부터 아시아를 지킨다는 명분으로 아시아의 여러 나라를 식민지로 만들기 위해서다. 그런데 우치무라 간조는 이에 반대하고, 전쟁 자체를 반대한다. 당시 일본의 철학 교수들이 국체이론에 정당성을 부여하는 동안 우치무라 간조는 다른 길을 간 셈이다. 당연히 "교육칙어"와 국체이론에 대한 이런 입장은 강요된 충성에 대한 부정으로도 이어졌다.

20세기인 오늘날, 중국식 충효 도덕을 국민에게 강요한다는 것 그 자체가 일본의 존재를 가장 위태롭게 하는 것이다.[64]

동경제국대학교 철학과 교수인 이노우에 데쓰지로가 "교육칙어"의 공인된 안내서인 《칙어연의》를 통해 국민도덕에 힘을 주고 있었다. 니시다 기타로의 철학이 잔혹한 일본의 폭력 앞에서 무력하게 배경음악으로 있는 바로 그때였다. 우치무라 간조는 당시 일본 정부가 강조한 국체이론과 국민도덕 등을 모두 부정했다. 그러면서 그는 자신의 애국은 다른 이들과 같은 그런 잔혹한 군국주의적 애국심이 아니라고 했다.[65] 가해자 일본을 지지하며 응원하는 그런

---

63 우치무라 간조, 《우치무라 간조 전집 10권》, 김유곤 역 (서울: 크리스챤서적, 2001) 327쪽.
64 같은 책, 336쪽.
65 같은 책, 654쪽.

애국심이 아니란 말이다.

　일본인이면서 일본의 기본 방향에 대해 도전적인 모습을 보인 우치무라 간조의 사상은 당시 한국과 대만의 청년들에게 영향을 주었다.[66] 한국의 무교회주의자들은 우치무라 간조를 일본에서 직접 만난 것을 시작으로 많은 영향을 받게 되었다. 함석헌과 김교신이 모두 그렇다. 반면 대만의 무교회주의자들은 우치무라 간조의 제자이며 도쿄대학교 교수직에서 쫓겨난 이하라 다다오(矢內原忠雄, 1893-1961)의 영향을 많이 받았다. 한국과 대만의 무교회주의자들은 일본 제국주의에 대해 조금 다른 입장 차이를 가진다. 예를 들어, 김교신은 일본의 제국주의에 대해 매우 비판적이고 적대적인 반면, 대만은 그와 같이 강렬하진 않다.[67] 한국의 무교회주의자들에게 우치무라 간조는 유독 매우 대단한 선생이었던 것이 분명하다. 남은 여러 글에서 이를 확인할 수 있다. 그러나 우치무라 간조의 여러 한계가 이후 함석헌 등에 의해 제기되기도 했다. 함석헌은 1983년 《우치무라 간조 월도》에서 청일전쟁을 의로운 전쟁이라고 한 것과 관동대지진 당시 일본에 의해 자행된 조선인에 대한 학살에 침묵한 것, 그리고 궁극적으로 일본이 부당하게 조선을 식민지로 만든 것에 대해 침묵한 것 등을 거론하며 의문을 제기한다.[68] 그러나 분명한 사실은 이러한 한계에도 불구하고 당시 일본의 많은 철학자들과 비교했을 때 우치무라 간조는 분명 다른 길을 가고 있었다는 사실이다. 그리고 그 다른 길이 함석헌과 같은 한국의 철학자들에게 깊은 영향을 주었다는 점이다.

66　赤江 達也, "帝国日本の植民地における無教会キリスト教の展開", 〈社会システム研究〉 29 (2014).
67　같은 책, 163쪽.
68　《저작집 10》, 228-229쪽.

4 청일전쟁 이후 동아시아
: 일본과 중국 그리고 한국

사실 중국 명나라와 청나라는 유럽의 학문적 결실에 더 빨리 더 많이 접근할
수 있었다. 그러나 분명한 차이가 있었다. 일본에게 유럽은 세계의 중심이었
지만 중국에게 유럽은 그렇지 않았다. 일본은 중국과 조선의 변두리에서 유럽
의 변두리로 그리고 자신을 중심으로 이사(移徙)했다면, 중국은 항상 자신이
중심이고 중심이길 바라는 마음으로 이사를 거부했다. 중국에게 유럽은 무서
운 존재도 엄청난 괴력의 존재도 아니었다. 그저 자신과 다른 세계관을 가진
남일 뿐이었다. 중국인에게 유럽 사람들이 만들어 가져온 '시계'는 그저 장난
감이나 장식품이었다. 배울 것도 없고 감동도 없었다. 그러나 중국의 자만은
곧 무너진다. 그 무너짐의 시작은 유럽으로부터 시작된 것이 아니라 일본으로
부터 시작되었다.

그것이 유럽이라는 그저 멀리 사는 남이 아니라 중국이란 중심을 그리워
하고 동경하던 일본이란 자신들의 변두리에서 시작되었다는 사실이 충격이
었다. 1894년 7월 25일부터 1895년 4월까지의 청일전쟁에서 중국은 일본에
게 패배했다. 영원히 자신의 변두리에 있을 것 같은 일본이 더 이상 과거와 같
지 않았다. 다음은 유럽 차례였다. 아편전쟁에서 청나라는 영국에게 졌고, 이
제 중국 중심이라는 '중화사상'은 근본부터 흔들렸다. '서세동점'(西勢東漸), 즉
'서양이 서서히 동양으로 확대'되기 시작했다. 오랜 동아시아의 중심인 중국의

자존감 붕괴는 자신의 과거와 현재를 돌아보게 했다.

청일전쟁 이후 청나라는 1896년 주일공사를 통해 당시 일본의 외무대신이며 문부대신인 사이온지 긴모치(西園寺公望, 1849-1940)에게 청나라 청년 13명의 교육을 부탁한다. 중국이 일본에게 배우겠다는 말이었다. 이미 이때 일본과 청나라(중국)의 위치와 관계는 달라졌다. 사이온지 긴모치는 프랑스 유학파로, 동아시아를 넘어선 세상을 경험한 인물이었다. 또한 1898년 장지동(張之洞, 1837-1909)은 자신의 책 《권학편》(勸學篇)에서 일본 유학을 장려한다.[69] 그러나 이미 청나라는 1875년 프랑스, 독일, 영국으로 유학생을 보낸 경험이 있었다. 청나라는 배를 조종하거나 만드는 기술 등 오직 기술적 측면만을 배워오도록 했다. 그러나 체계적인 연구 없이 기술만 수용하기란 쉽지 않은 일이었다.[70]

청일전쟁에서의 패배는 청나라의 위치에 대한 강요된 확인이었다. 량치차오는 바로 이 패배로 인해 많은 청나라 청년들이 일본으로 유학을 가게 되었다고 했다.[71] 일부 중국의 청년들은 일본에 메이지유신과 같은 변환점이 있었듯이 중국도 변법자강(變法自疆)과 같은 변환점이 필요하다고 생각했다. 과거의 허물을 깨고 세상을 인민의 것으로 새롭게 세워 자력으로 강해져야 한다고 생각했다. 이런 '변법자강운동'을 주도한 캉유웨이(康有爲, 1858-1927)는 공자 중심의 전통 유교 이론이라는 과거의 변두리에서 과거를 그리워하는 것으로는 새로운 시대에 대처할 수 없다고 했다. 중심은 지금이어야 하기 때문이다. 그렇게 유교 이론을 비판했다. 그러면서 새로운 대안으로 캉유웨이가 바라본 것은 일본의 변화, 메이지유신이었다. 일본과 같이 청나라, 즉 중국도 변화해야 한다고 생각했다. 그 변화의 타당성을 청일전쟁의 패배에서 얻었다.

이제 중화사상, 즉 중국 중심의 동아시아는 일본 중심의 세상으로 변화되

---

69 옌안성, 《신산을 찾아 동쪽으로 향하네》, 한영애 역(서울: 일조각, 2005), 17쪽.
70 같은 책, 15쪽.
71 같은 책, 18쪽.

어갔다. 그러나 쉽게 중화사상을 버릴 수는 없었다. 중체서용(中體西用), 중국이 중심이며 서양을 이용한다는 논리를 포기하기 힘들었다. 이런 중국 청나라에게 일본은 강력한 유럽 앞에서 성공적으로 과거 기득권 세력의 힘을 유지하며 발전해가는 성공적인 국가였다. 유학생을 보낼 만한 국가였다. 일본에 유학한 지식인들이 청나라의 기득권 세력에게 유용할 것이라고 믿었다.[72]

어찌 보면 중국 지식인들이 그렇게 중시한 '체'(體)와 '용'(用)의 문제를 일본은 먼저 이룬 것이다. '실체'는 아시아, 더 솔직하게 '충효'이고, 이를 위해 유럽을 '사용'하겠다는 것이 기득권의 생각이었다. 일본은 이를 성공시킨 나라였다. 청나라는 과거 중국의 변두리였던 일본에게 그 비법을 배우고 싶었다. 미국에서의 유학생활로 서구적 가치관에 물든 이들보다는 일본에서 유학한 이들이 기존 질서에 더 유익한 존재가 되리라고 판단했다. 사실 청나라는 일본에 앞서 미국으로 유학생을 보냈다. 하지만 미국에서 공부한 이들은 청나라 권력이 기대한 모습과 너무 달랐다. 그들은 변발을 잘라버렸다. 전통과의 단절을 의미했다. 리훙장(李鴻章, 1823-1901)은 "정신이 썩은 놈"이라며 분노했다. 그런 존재는 필요하지 않았다.[73] 미국으로 유학을 떠난 이들에게 유교사상을 가르치기도 했지만[74] 성공적이지 않았다. 1872년 1차 미국 유학에 이어 1875년 4차 미국 유학까지 이어졌지만, 청나라 기득권의 눈엔 성공적이지 못했다. 그래서 미국 유학 실패 이후 1896년 일본에 유학생을 보내고자 한 것이다. 전통적인 위계 사회를 유지하면서 동시에 유럽의 기술을 수용한 일본이 청나라의 권력자들에게는 희망으로 보였다. 1902년에서 1905년까지 일본으로 떠난 유학생은 200여 명에서 1만여 명으로 증가했다. 일종의 붐이 일어난 것이다.[75] 일본으로 유학을 간 중국 청나라인들은 이제 일본에게 희망을 걸었다. 청나라 청년들은 러일전쟁에서 일본을 응원했다. 일본은 유럽과 싸워 이

---

72   같은 곳.
73   첸강·후징초, 《유미유동》, 이정선·김승룡 역(서울: 시니북스, 2005), 142쪽.
74   같은 책, 124-130쪽.
75   옌안성, 《신산을 찾아 동쪽으로 향하네》, 73쪽.

길 수 있는 아시아의 유일한 대안이었다.[76]

청나라가 일본을 통해 유럽의 기술을 익히며 변화를 모색했지만, 당시 청나라 학계는 초라하기만 했다. 청나라 사상가 왕궈웨이(王国维, 1877-1927)는 1902년 독학으로 칸트의《순수이성비판》(Kritik der reinen Vernunft)을 읽고 쇼펜하우어(Arthur Schopenhauer, 1788-1860)의《의지와 표상으로서의 세계》(Die Welt als Wille und Vorstellung)를 읽었지만 제대로 이해할 수 없었다. 무엇이 이해되는지 무엇이 이해되지 못하는지도 모르는 초급 단계였다.[77] 이후 청나라에도 대학이 세워지고 독자적인 인재 양성을 시도하지만 제대로 되지 못했다. 당시 상황에 대해 펑여우란(馮友蘭, 1894-1990)은 결국 배운 것은 영어라면서 독자적인 철학과는 거리가 멀다고 지적했다. 그러면서 교육의 식민지화를 언급했다. 논리학을 제대로 아는 이도 드물고, 그런 배경에서 존 스튜어트 밀(John Stuart Mill, 1806-1873)의 논리학 책을 읽고 이해할 사람을 찾기 어려웠다고 한다.[78]

량치차오는 일본과 같지 않은 청나라를 보며 슬퍼했다. 자신의 저서《음빙실자유서》(飲氷室自由書)에서 "금세기에 지구 모든 나라가 각기 자주적이고 사람마저 독립적인데, 이 중국 땅만 그렇지 않은 나라로 남았구나"[79] 하며 한탄한다. 그뿐 아니라 "지금 천하에 가장 근심할 만한 나라는 중국이고, 가장 사랑할 만한 나라 또한 중국이다. 나는 근심하면 할수록 사랑이 깊어지고, 사랑하면 할수록 근심이 더해진다"라며 실망스러운 중국, 그럼에도 자신의 조국 중국에 대한 마음을 남기기도 했다.[80] 그리고 당시 중국을 다음과 같이 적었다.

76 같은 책, 155쪽.
77 신정근, "'莊子 美學'은 成立 可能한가?",《東洋美學은 成立 可能한가?》(유교문화연구소, 2015), 34쪽.
78 펑유란,《펑유란 자서전》, 김시천·송종서·이원석·황종원 역(서울: 웅진지식하우스, 2014[8쇄]), 334쪽.
79 량치차오,《음빙실자유서》, 강중기·양일모 역(서울: 푸른역사, 2017), 79쪽.
80 같은 책, 113쪽.

저 복지부동하는 관료들은 스스로 기꺼이 노예가 되고 또 우리 인민을 노예로 삼으려 하니, 참으로 책망할 것도 없다. 우리 국민을 돌아보니, 끝내 깨닫지 못하는구나. 끝내 깨닫지 못하는구나.[81]

과거의 노예가 되어 있는 관료와 스스로 깨우치지 못하는 민중에 대한 실망이 가득한 분노다. 당시 그의 마음을 아래 글에서 추측해볼 수 있다.

대저 인간의 감정은 옛것을 아끼기 마련이다. 그런데 **이 옛것을 아끼는 성질은 실로 진보를 막는 큰 근원이다. 진보의 동력이 발동했을 때는 이 성질이 진보를 막을 수 없다.**[82]

새로움을 향한 몸부림 없이 과거의 것을 그리워하는 중국에 대한 그의 실망이 담겨 있다.

중국은 여러 기회가 있었다. 새로움을 향해 갈 기회가 있었고, 유럽을 더욱 진지하게 고민해볼 기회가 있었다. 그러나 그 모든 기회들이 큰 힘을 가지지 못하고 사라져갔다. 중국도 청일전쟁 이전에 이미 유럽에 대한 많은 지식을 가지고 있었다. 한문으로 번역된 유럽의 여러 학문적 성과는 오히려 일본이나 조선과 비교할 수 없을 정도로 많았고, 선교사들의 활동도 더 활발했다. 마테오 리치의 1605년 《건곤체의》(乾坤體義), 1601년 《경천해》(經天該), 1607년 《혼개통헌도설》(渾蓋通憲圖說), 테렌츠(Terenz, 鄧玉函)의 1631년 《측천약설》(測天約說), 1631년 《정구외도표》(正球外度表), 1631년 《황적거도표》(黃赤距度表), 페르비스트(F. Verbiest)의 1672년 《의상지》(儀象志), 우르시스(Ursis, 熊三拔, 1575-1620)의 1611년 《간평의설》(簡平儀說), 1614년 《표도설》(表度說), 디아즈(Emmanuel Junior Diaz, 陽瑪諾, 1574-1659)의 1615년

---

81 같은 책, 104-105쪽.
82 같은 책, 78쪽.

《천문략》 등 천문에 대한 유럽의 성과가 이미 선교사들을 통해 중국에 들어와 있었다.

또 수학과 기하학에 대한 유럽의 성과 역시 중국에 들어와 있었다. 1607 년 유클리드(Euclid, 기원전 330-기원전 275)의 것을 번역한 마테오 리치의 《기하원본》(幾何原本), 1608년 《환용교의》(圜容較義), 알레니(Giulio Aleni, 1582-1649)의 1630년 《기하요법》(幾何要法), 테렌츠의 1630년 《대측》(大測) 등이 이미 한문 저술로 있었다. 지리학 분야에는 마테오 리치의 1604년 《곤여만국전도》, 알레니의 《직방외기》(職方外紀), 불리오(L. L. Buglio, 利類思, 1606-1682)의 《서방요기》(西方要紀) 등이 있었고, 물리학 분야에는 우르시스의 1612년 《태서수법》(泰西水法), 아담 샬(Johann Adam Schall von Bell)의 1626년 《원경설》(遠鏡說), 테렌츠의 1627년 《기기도설》(奇器圖說) 등이 있었다. 기상학 분야에는 바뇨니(P. A Vagnoni, 1566-1640)의 1633년 《공제격치》(空際格致)가 있었고. 의학 분야에도 테렌츠의 1627년 《인신설개》(人身說槪)와 로(Jacques Rho, 1593-1638)의 1650년 《인신도설》(人身圖說), 페르비스트의 17세기 것으로 추정되는 《목사총도》(目司總圖) 등이 있었다. 어문학 분야에도 루기에리(Michael Ruggieri, 1543-1607)의 《포르투갈-중국어 사전》, 마테오 리치의 1605년 《서자기적》(西字奇蹟), 트리고(N. Trigault, 金尼閣, 1577-1628)의 1625년 《서유이목자》(西儒耳目資)가 중국에 있었다. 철학과 신학 관련 사상서로는, 루기에리의 1593년 《천주실록》(天主實錄), 마테오 리치의 1603년 《천주실의》, 1595년 《교우론》(交友論), 1594년 《서국기법》(西國記法)과 바뇨니의 1605년 《서학수신》(西學修身), 1605년 《서학제가》(西學齊家), 1605년 《서학치평》(西學治平)과 알레니의 1623년 《서학범》(西學凡), 아리스토텔레스의 《영혼론》에 근거한 유럽의 영혼에 대한 이론인 삼비아시(F. Sambiasi, 畢方濟, 1582-1649)의 1624년 《영언여작》(靈言蠡勺), 아리스토텔레스의 논리학에 근거한 서양 논리학서인 푸르타도(Francois Furtado, 1587-1653)의 1631년 《명리탐》(名理探), 1628년 《환유전》(寰有銓), 아리스토텔레스 논리학을 소개하는 페르비스트의 1641년 《궁리학》(宮理學) 등이 있었다. 또 유럽 중세신학과 철학의 큰 성과라고 할 수 있는 토마스 아퀴나스(Thomas Aquinas, 1224-1274)의 《신학대전》(神學大全, *Summa Theologiae*)도 예수회 선교사인 불리오에 의해 《초성학요》(超性學要)라는 이름으로 1654년에 시작해 1682년까지 30여 권이 번역되었다.

중국은 유럽인들이 선교사로 들어와 유럽의 학문 성과를 직접 한문으로 번역해 소개했다. 중국은 스스로 번역하며 진지하게 자기화하는 고민의 순간을 만들어가지 못했다. 게다가 중국의 지식인들은 유럽의 철학과 학문적 성과를 그리 대단하게 여기지도 않았다. 바로 이 지점에서 중국과 일본은 달랐다. 일본은 선교사들이 번역해주지 않았고, 설사 중국을 통해 유입된 것이 있어도 자신들의 필요에 따라 네덜란드어를 배워 스스로 번역해 수용했다.

량치차오가 중국 대학의 어설픈 교육에 실망할 때, 일본은 니시다 기타로와 같은 철학자를 낳았다. 조선의 처지도 중국과 다르지 않았다. 오히려 중국보다 못했다. 조선은 중국을 통해 유럽의 성과를 접했다. 조선의 많은 선비가 《천주실의》《교우론》《칠극》《영언여작》《직방외기》를 알고 있었다. 그러나 그것이 조선 사회의 오랜 정체성을 무너뜨리지는 못했다. 조선 선비들은 중국의 언어로 중국의 소개로 유럽을 알아간 존재다. 자신의 언어란 것이 생활속 언어인 한국어와 철학의 언어인 한문으로 구분되어 존재하는 이들이었다. 그들은 몸으로는 노비와 함께 살지만 정신적으로는 공자나 주자와 더 가까이 살았다. 존재론적으로 나뉘어 있는 존재였다는 말이다. 그래서 민중의 고난이나 아픔은 조선 선비들의 철학 가운데 그 어떤 작은 공간도 마련할 수 없었다.

정약종과 같은 이가 서학을 익혀 한글로 사상서를 적어낸 것은 정말 대단한 한국철학의 회임이다. 자신의 언어로 자신의 이해와 고민을 담았으니 말이다. 정약종은 중국을 거쳐 유입된 서학서로 조선 땅 민중에게 희망이 되는 그 무엇을 마련했다. 그러나 정약종 이후 많은 조선의 지식인들은 여전히 중국을 통해 유럽을 만났다.

최남선의 유럽 신학문 수용은 한문으로 번역된 서적을 접하며 시작되었다.

> 그때 한문으로 서양 서적을 많이 번역 간행하는 기관이 중국에 여러 군데 있
> 어서 다수한 서적이 한국으로까지 흘러들어오곤 했었는데, 한국에 들어오
> 는 이러한 종류의 책도 가장 먼저 보고 가장 깊이 인식하기에 힘썼는데…원
> 래 서양의 학술서적을 동양으로 옮기는 데 있어서도 일본보다 중국이 앞서
> 고, 따라서 서양의 학술용어를 번역하기도 중국 사람이 먼저 손대어서, 이를
> 테면 경제학을 생계학(生計學)이라 하고, 사회학은 대동학(大同學)이라고 하
> 고, 철학을 성리학이라고 하는 등의 번역어가 있었는데, 실상 서양 학술을
> 이러한 서적과 용어를 통해서 처음에 받아들였던 것이다.[83]

그러나 유럽의 학문에 대한 중국의 번역어는 살아남지 못했다. 이미 중국
도 조선도 일본의 변두리가 되어 일본을 통해 유럽을 배워갔다. 일본의 학술
언어가 중국과 한국의 학술용어가 되었다. 최남선 역시 일본어를 익혀야 했
다. 그에게 조금 더 가까이에서 유럽의 학문을 알려준 것은 일본이었다.

> 열세 살 때에 일본 신문을 통해서 일본 말을 알게 되고, 아는 대로 일본 책을
> 모아서 보았는데, 그때 서울서 볼 수 있는 일본 책은 관립 몇 군데 학교에서
> 교과서로 쓰는 종류가 있을 뿐이다. 하나는 관립 학교에서 초등 산술을 가르
> 치는 수학 교과서요, 또 하나는 관립 의학교에서 일본 의학서를 번역해서 교
> 과서로 쓰는 내과학(內科學), 해부학과 같은 종류였다. 나는 이 두 가지를 얻
> 어 보고 신기한 생각을 금하지 못해서, 산술 문제와 해부학 명사 같은 것을
> 낱낱이 암기하기에 이르렀다.[84]

---

83   최남선, "書齋閑談", 〈새벽〉(1954. 12).
84   같은 곳.

청일전쟁 이전 중국은 유럽이 이룬 많은 철학·신학·자연과학 지식을 가지고 있었지만 그것을 온전히 중국의 것으로 만들지 못했다. 청일전쟁 이전, 아니 임진왜란 이전에 세계여행을 다녀온 이후 차근히 준비한 일본은 아시아의 중심이 되었고, 중국은 어느 순간 일본의 변두리가 되었다. 중국이 일본으로 유학을 가서 일본을 배웠다. 이미 대동아공영권의 꿈을 꾸는 방향으로 나아가는 일본에 가서 배운다고 중국의 운명이 달라지는 것은 아니었다. 중국과 조선의 무력한 지식인들의 한탄이 이어졌고, 그 한탄 가운데 많은 지식인이 사회진화론이란 변명 속에서 일본의 강력한 폭력 앞에 침묵했다. 또 일부는 오히려 일본의 앞잡이가 되었다.

5 '타자'의 변두리에 선 한국

중국도 조선도 일본으로부터 배워야 했다. 자기인식은 반성적 사고를 통해 이루어진다. 반성이란 자신을 돌아봄이다. 그런데 조선은 일본이 제시한 시선 속에서 자신을 돌아보았다. 조선의 성리학사, 그 과거의 역사, 그 과거의 자기인식이 일본 학자의 손에서 이루어졌다. 바로 다카하시 도루(高橋亨, 1878-1967)다. 그는 경성제국대학 교수를 지냈다. 그가 조선이 무엇인지 정의하는 조선학을 다져갔다. 조선 성리학을 '주리파' '주기파' '절충파'로 분류하는 그의 삼분법은 많은 경우 지금까지 수용되고 있다. 그가 1925년에 쓴《조선유학대관》[85]과 1929년에 쓴《이조유학사에 있어서 주리파·주기파의 발달》등은 그런 의미에서 단순한 과거가 아니다. 타자의 시선에 의해 만들어진 것으로 나를 돌아본다면, 그것이 정말 '나'일까? 다카하시 도루가 조선의 고문서와 규장각 도서를 1911년에 정리한《조선도서해제》와 1929년 조선 불교사를 집대성한《이조불교》(李朝佛敎)도 단순한 과거가 아니다. 그의 시선은 여전히 힘을 가지고 있다. 다카하시 도루는 이렇게 이야기한다.

조선사 강좌가 조선에서 최초로 등장하여 성공한 학술 잡지 내지 강의록으로서 하나의 신기록을 세운 데 대해 우리 독자들과 함께 기쁨을 이기지 못하는 바이다. …조선 사회사 강의는 더욱 후일로 미루고 서너 차례 강의한 조선

---

85   다카하시 도루,《다카라시 도루의 조선유학사》, 이형성 역(서울: 예문서원, 2001).

유학대관으로 그 책임을 다하고자 한다.[86]

조선사 강좌, 즉 조선이란 과거를 돌아보는 일이 일본에 의해 이루어졌고, 조선유학대관, 즉 조선철학을 돌아보는 것도 일본에게 책임이 있었다. 일제강점기 식민지 조선인에게 자기 시선은 없었다. 조선인은 일본이 보여주는 대로 보았다. 조선이란 시기에 중국의 변두리에 있더니 일제강점기엔 일본의 변두리에서 일본의 시선이 되어야 했다. 비록 한국 고대사와 그와 관련된 철학적 해석에 동의할 수 없다고 해도 하기락(河岐洛, 1912-1997)은 자신의 철학사적 작업인 《조선철학의 체계적 전개》에서 나름 자기철학적 시선으로, 즉 자신의 시선으로 과거를 돌아보았다. 그러면서 그는 자신이 이 땅의 철학사를 돌아보는 것은 국가권력의 압박으로부터 어떻게 하면 민중이 해방할 수 있을지 모색하기 위해서라고 한다.[87] 함석헌 역시 자신의 철학으로 조선의 과거를 돌아보았다. 《뜻으로 본 한국역사》가 바로 그러한 작업이다. 특히 함석헌은 이 땅 민중의 고난을 통해 돌아본다. 하기락과 함석헌은 서로 다르지만 적어도 한국인으로 한국의 처지 속에서 자신의 철학으로 과거를 돌아보려 했다. 그러나 일제강점기 대학에서 조선철학을 배운 이들은 다카하시 도루의 시선을 따라 과거를 돌아보았다. 그의 시선이 가는 곳으로 따라가다, 이후 어느 순간부터 그의 시선은 너무도 익숙한 그 무엇이 되어버렸다. 반성적 사유가 주체의 근거인데, 그 반성적 사유가 타자에 의한 것이라면, 그 주체는 과연 제대로 된 주체라고 할 수 있을까?

조선철학 연구에 많은 영향을 남긴 박종홍은 다카하시 도루의 시선을 이어받았다. 어쩌면 이러한 이어짐이 이 땅의 대학 철학이 주체적 반성이 없는 것으로 존재하게 된 여러 이유 가운데 하나는 아닐까 생각해본다. 조남호는 2004년 〈교수신문〉의 "율곡철학, '주리론'(主理論)의 틀에서 이해돼야 한다"라

---

86   같은 책, 41쪽.
87   하기락, 《조선철학의 체계적 전개》(부산: 신명, 1993), 391쪽.

는 글에서 주체적 반성 없는 한국 학계의 현실을 다음과 같이 비판했다.

다카하시의 주리주기식 구분은 한국 학자들에게 계승됐다. 한국의 학자들은 다카하시의 주리주기론을 답습해 한국철학사를 쓰면서도, 그것을 공식적으로 검토하지 않았다. 왜냐하면 이들은 한국 유학에 대한 새로운 도식을 만들어낼 수 없었기 때문에 다카하시의 도식을 그대로 쓸 수밖에 없었다. 한국에서 다카하시의 주리주기에 대해 제일 먼저 반응한 이는 박종홍이다. 박종홍은 이황의 리의 자기 촉발이 가능함을 설명하는 예로 다카하시를 들고 있고, 이황과 기대승, 이이, 기정진의 학설이 주리와 주기의 입장 차이에서 생긴 논쟁이다라고 해 주리주기 도식을 사용하고 있다. 그는 이황의 주리론이 주기론자처럼 리기를 대상적인 자연계에서 문제 삼은 것이 아니라, 인간의 이성과 감성의 관계로 먼저 보았다'고 한다. 이러한 주장은 주리주기를 이성과 감정으로 보는 다카하시의 생각과 정신으로부터 유래한 것이다. 어쨌든 박종홍은 기왕에 일제시대에 일인 다카하시 도루 박사가 이에 착안해 어느 정도 연구 정리한 업적도 남겼거니와, 우리로서 좀 더 철저하게 이퇴계 기고봉 시대에서 훨씬 이전으로 소급하여 조선왕조 초기 혹은 그 이전에는 이 문제가 어떻게 다루어졌는가를 면밀하게 알아보아 그 계통이 밝혀졌으면 좋을 줄 안다라고 해, 다카하시의 주리주기론을 전제로 하고 있음을 알 수 있다. 박종홍이 적극적으로 주리주기 도식을 사용한 것은 아니지만, 그의 이론에는 암묵적으로 전제하고 있다. 문제는 주리주기 도식이 박종홍에게만 그치는 것이 아니라 아직도 광범위하게 채택되고 있다는 데 있다. 따라서 주리주기 도식은 조선철학사 분류방식에 대한 주체적이고 근본적인 반성의 부재를 반영한다고 할 수 있다.

주체적 반성 없이 '남'에 의해 주어진 반성이 '나'의 반성으로 주어졌다. "너 자신을 알라"라는 철학의 명령이 스스로의 고민으로 얻어진 답이 아닌 남에 의해 주어진 답으로 채워졌다. 분명 제대로 된 '나'의 반성은 스스로 돌아보는 반성이어야 한다. 고대 그리스 헤라클레이토스는 "나는 나 자신을 의문했다"(ἐδιζησάμην ἐμεωυτόν)[88]고 한다. 결국 철학은 나를 물으면서, 나를 생각하면서 시작한다. 그리고 그 물음의 답은 치열한 나의 반성적 돌아봄 없이는 불가능하다. '남'에 의해 주어진 반성은 제대로 된 '나'의 반성이 아니다. 이렇게 나온 논리는 철학이 될 수도 없다. 하지만 '한국철학' 혹은 '우리철학'을 궁리했다는 박종홍은 '남'이 준 것을 '나'의 반성으로 수용했다.

나는 나의 과거를 나의 기억에 근거해 스스로 복원해야 한다. 스스로 회상해내야 한다. 이것이 나라는 주체성의 초석이다. 무엇보다 나와 우리의 눈물이 시작이 되는 곳에서 나의 기억으로 스스로 돌아보는 주체성을 가진 철학이 되어야 한다. 아무리 슬픈 첫사랑이라도 스스로 기억해야 한다. 스스로! 그때 나와 나의 그 연인은 죽지 않고 지금 이 순간 나란 존재의 조각이 된다. 힘들어도 스스로 돌아보아야 한다. 그것이 나란 주체성의 정당한 짐이다.

함석헌은 이렇게 말했다.

내게 고통이 있는 것은 '나'더러 사람이 되라고 해서 있는 것입니다.[89]

고난을 피해서는 나란 존재가 온전한 인간이 될 수 없다. 고난 속 고통은 나의 본질에 더욱 충실해야 할 기회다. 한국도 한국이란 본질에 더욱더 충실하기 위해 고난은 일종의 기회다. 하나가 되는 기회다. 강요된 절대적 명령에 조용히 침묵하며 생각을 중지하고 하나가 되는 것이 아니라, 고난 속에서 치열하게 생각하고 생각하면서, 즉 철학으로 하나가 된다. 이렇게 고난은 철학을 더욱 철학답게 만든다.

남의 시선, 일본이나 중국 그리고 유럽의 시선 속에서 그들의 철학을 번역

---

88 DK22B101.
89 《저작집 21》, 111쪽.

하는 것은 온전한 철학이 아니다. 거기에 그들의 욕심으로 만들어진 그 철학을 마치 답인 듯 생각하고 따르며 그 욕심이 만든 사회의 상층부에서 또 다른 가해자가 되는 것도 철학이 아니다. 일본이 만든 것으로 지금도 민중을 무시하며 화려한 언변으로 삶의 고난을 가리는 철학도 철학이 아니다.

과연 한국철학은 누구를 위한 철학인가? 일본 니기사 기타로의 철학은 누구를 위한 철학이었나? 일본? 그렇다면 그 일본의 실체는 무엇인가? 결국 일본을 일본으로 만드는 것은 무엇인가? 일본의 민중이었나?

일본철학이 무엇인가라는 물음은 일본철학이 누구를 위한 철학이었는지 생각함으로써 답을 얻을 수 있다. 앞서 살핀 난학과 일본철학 그리고 일본의 대학은 누구를 위한 공간이었나? 민중은 어디에 있었나? 그렇게 만들어진 일본철학의 시선이 아직도 이 땅 한국에 남아 있다. 그런 한국철학이 과연 한국철학일까? 무너지는 청나라의 마지막에서 지금 한국철학은 무엇을 배워야 할까? 일본철학을 보며 우리에게도 국체이론이 필요하다고 생각해야 할까? 돌아보자. 반성적으로 돌아보자.

제4장

한국철학의 역사

1 '진짜' 한국철학과 '거짓' 한국철학
: 함석헌의 《뜻으로 본 한국역사》를 통해 본
진짜 철학에 대한 성찰

한국철학의 역사에 들어가기 전에 다시 한국철학에 대해 생각해보자. 앞서 한국철학을 민중이 주체가 된, 민중의 고난 가운데 민중의 언어로 민중의 궁리로 이루어가는 지혜에 대한 사랑이라고 정의했다. 그렇다면 그 철학은 이 땅의 민중을 위한 철학이어야 한다. 민중에게 어떤 유익도 없다면, 그것을 어떻게 한국철학이라 하겠는가? 이미 한국철학의 회임과 출산을 이야기했고, 이제부터 이야기할 한국철학의 역사는 한국철학의 삶, 즉 성장기다. 그러나 여전히 많은 민중이 한국철학의 존재를 의심한다. 왜일까? 그것은 외형은 멋지지만 실상은 가짜일 뿐인 가짜 한국철학이 더 진짜 철학으로 한국 사회에 머물었고, 그 결과 한국 민중은 철학의 부재를 경험했기 때문이다.

이 땅 민중은 힘든 20세기를 보냈다. 20세기에만 그런 것도 아니다. 조선 시대에 민중은 한 번도 역사의 주체가 되지 못했다. 그저 통치의 대상이었다. 식민지 조선에서도 군사 독재 시대에서도 이 땅의 민중은 역사의 주체가 되지 못했다. 주체가 아닌 대상으로 살도록 강요받았으며, 고난은 고스란히 민중의 몫이었다. 그러나 그 고난 속에서 민중은 더욱 철저히 철학을 준비할 수 있었다. 고난의 주체는 그 고난으로 깊어진 철학을 당당하게 가질 수 있기 때문이다. 함석헌은 이렇게 말한다.

아무리 생각해보아도 역사를 통한 하느님의 교육은 견디기 어려울 만큼 엄한 것이다.[1]

맞다. '하느님'이란 명칭이 종교적이라면, 편하게 '진정한 진리'라고 보자. 진리가 이 땅 우리 민중에게 스며들어가는 과정은 힘들다. 그러나 쉽지 않은 그 고난의 과정은 철학의 순간을 제공한다. '나'를 돌아보는 철학의 순간을 제공한다. '나'를 발견하게 한다. "너 자신을 알라"는 철학의 명령에 반응하게 한다. 고난의 슬픔 속에서 눈물이란 렌즈로 '나'는 나를 제대로 돌아보게 된다.

기쁨은 '나'를 잊어버리게 한다. 소유의 기쁨은 '나'의 주체성을 망각하게 한다. 무엇인가를 얻음으로 누리는 기쁨은 소유되는 대상이 기쁨을 주는 주체가 되어 나를 지배한다. 나는 그 소유물에 종속된 노예가 되어버린다. 소유의 기쁨은 그렇게 '나'를 망각하게 한다. 조선의 양반들을 보라. 그들의 성리학은 왜 민중과 더불어 누리는 철학이 되지 못했을까? 바로 아집 때문이다. '양반'이라는 상위 신분을 유지해야 한다는 아집, 그 '소유의 기쁨'에서 벗어나지 못했기에 결국 그들의 철학 역시 그 '소유의 기쁨'을 위한 수단이 되어버렸다. 한 인간의 본연의 '나'가 아닌 아집 속에서 만들어진 '나'를 잡고 살아가다 결국 망한 셈이다. 자신들의 도덕적 명분도 사라지고 이 땅 수많은 민중에게 식민지 조선의 아픔을 남긴 그런 존재가 되어버렸다. 이 땅의 역사에서 암세포와 같은 존재가 되어버린 것이다.

소유의 기쁨은 공감을 무디게 한다. 더 많은 것을 소유하기 위해 '남'의 것은 '나'의 것이 되어야 한다. 그 과정에서 생긴 부조리는 어쩔 수 없는 사회적 배설물일 뿐이라 생각한다. 이런 생각 속에서 어떻게 함께 분노하겠는가! 부조리 속에서 아픈 '너'는 그냥 '남'의 아픔일 뿐이다. '너'가 '남'이 되는 순간 '우리'는 무너진다. '너'와 '남'의 차이는 무엇인가? '우리 안'에 나와 다른 존재는 '너'이지만, '우리 밖'에 나와 다른 존재는 '남'이다. 결국 '남'으로 가득한 세상

1   《저작집 30》, 302쪽 ; 《전집 1》, 212쪽.

에 '우리'는 없다.

소유의 기쁨이 가득한 곳에 '더불어 있음'은 성가신 일이다. '홀로 있음'은 어쩔 수 없는 운명이다. 더불어 있기 위한 만남 속에서 '너'에게 보이는 '나'의 모습은 '나'를 힘들게 한다. 그 힘겨움이 싫어 누군가를 만나지 않는다. '남'을 그냥 '남'으로 둔다. 너도 '남'으로 돌려버린다. 나의 주변 모든 것이 성가시다. 없어도 그만이다. 혼자 있어도 그만이다. 죽지 않는다.

유럽 전통 철학에서 나(ego)는 곧 실체(substantia)다. 그 실체는 "그 자체로 존재하며, 우리들의 기초가 되는 것"(scilicet quod per se existat et substet ac cidentibus)이다.[2] 한마디로 다른 어떤 것에도 의존하지 않는 존재다. 나의 살색과 나의 키, 그리고 나의 사는 곳은 바뀔 수 있다. 이 모든 것은 나의 본질에 영향을 줄 수 없으며 나의 존재에 의존해 있다. 그러나 나 자신, 즉 나의 실체, 바로 그 '나'의 참있음은 다른 어떤 것에도 의존해 있지 않다. 토마스 아퀴나스는 '페르소나'(persona)[3]를 정의하는 가운데 이를 활용한다.

> 그 자체 가운데 존재하며 다른 것 가운데 존재하지 않는 것을 '자립성'(subsistentia)이라 부른다(quod per se existit et non in alio, vocatur subsistentia).[4]

나란 인간의 인격(persona)은 다른 어떤 것에도 의존하지 않고 자립해 있

---

2   Walter Burley, *Expositio super librum praedicamentorum Aristotelis*, cap. de substantia.

3   중세철학에서 '페르소나'는 인간을 향해서는 '인격'(人格)이지만 신을 향해서는 그리스도교의 삼위일체론에서 다루어지는 '위격'(位格)이다. 그래서 '인격'이나 '위격'이라는 하나의 고정된 번역을 하기가 힘든 경우가 많다. 여기에서 라틴어 음가를 그대로 적은 것도 그런 이유에서다.

4   Thomas Aquinas, *Summa theologiae*, Ia. q.19. a.2. resp. 그 이외에 토마스 아퀴나스는 《권능론》에서도 이러한 자립성에 대한 정의를 이어간다. Thomas Aquinas, *De potentia*, q.9, a.1, resp. "그러므로 그 자체로 존재하며 다른 것 가운데 존재하지 않는다는 점에서 자립한다 불린다"(ideo dicitur subsistere, quasi per se et non in alio existens).

다. '너' 없이 '나'는 존재할 수 있다. 지금 각자가 살고 있는 각자의 구체적 공간도, '21세기'라는 시간도, 심지어 내가 그토록 사랑한 너도, 너와의 공간과 시간도 나라는 존재에 의존해 있는 것이기 때문에 나란 본질에 영향을 주지 못한다. 나의 본질은 '너'도 '시간'도 '공간'도 아닌 '나의 자립성'에 뿌리 내리고 있을 뿐이다. 어떤 것으로부터도 독립되어 존재하는 '나'는 무색(無色)의 존재다. 그 무색의 존재에게 기쁨은 무엇일까? 삶의 이유는 무엇일까? 이론 속 '나'는 철저한 '홀로 있음'의 무색의 존재인데, 현실 속 '나'는 무엇이라도 색을 가져야 한다. 소유다. 홀로 외로운 존재가 누리는 거의 유일한 자기 존재 가치는 소유다. 정복이다. 소유와 정복으로 나의 존재를 느낀다. 기뻐하는 존재로서 말이다. 그러나 결국 이런 소유의 기쁨도 온전하지 않다. 소유 역시 나의 존재, 나라는 실체에는 어떤 영향도 주지 못하기 때문이다. 결국 그저 외롭게 죽어가는 '나'로 돌아갈 뿐이다. 회의주의와 염세주의로 마무리된다.

홀로 있는 무색의 존재에게 이 세상은 새로움을 위해 노력할 필요가 없는 공간이다. 부조리 앞에서 싸우지 않는다. 부조리 앞에서 싸우기 위해 '나'의 앞에 누군가는 우리 가운데 나와 더불어 있는 '너'가 되어야 한다. '너'의 고난이 '남'의 고난이 아닌 '우리'의 고난이 되어야 한다. 그러나 '홀로 있음'이 당연한 공간에서는 나의 아픔만 유일한 아픔이며, 남의 아픔은 나와 상관없는 성가신 일이다. 부조리한 권력자들이 바라는 것이 바로 이것이다. '우리'가 되지 못하고 무력하게 '나'로 있는 것.

소유의 기쁨은 '우리'를 사라지게 하고 홀로 있는 '나'만 남긴다. 그 홀로 있음의 외로움이 싫어 '너'에게 다가가지 않고 더 많은 소유로 채우려 한다. '너'를 만나 너라는 거울에 초라한 욕심쟁이 '나'를 마주하기 싫다. '너'를 멀리한다. 더 심한 홀로 있음으로 들어간다. 다시 더 많은 것을 소유하려 한다. 이 모든 문제를 소유의 기쁨으로 해결하려 한다. '너'를 만나 '나'를 마주하지 않는 공간, 오직 소유의 기쁨만이 있는 공간에 우리를 위한 철학은 존재할 수 없다. 고대 그리스 철학자 엠페도클레스는 이렇게 말했다.

정신의 부주의로 인해 서로들 먹어치우고 있는데도 이를 보지 못하는가?[5]

정신의 부주의 속에서 소유의 기쁨, 그것을 위해 서로 싸우고 빼앗으며 살았다. 홀로 있음이 상식인 곳에서 서로를 먹어치우며 생존만을 위해 살아가는 것은 어쩌면 당연하다. 자기를 돌아볼 시간도 없다. 그 사이 잡아먹힐까 두렵다. 그 두려움이 생각을 정지시킨다. 여기에서 철학이 가능할까?

참된 주체성은 자기반성으로 가능해진다. 그러나 반성과 돌아봄, 바로 그 회상은 나와 더불어 있는 '너' 없이는 불가능하다. 너를 만난 '나'가 진짜 나이며, 너와의 시간과 공간이 비록 지난 일이라도 지난 일이 아닌 '나'란 존재의 한 부분이 되어 있는 것이 바로 '나'이다. '나의 첫사랑'은 정말 나에게서 완전히 사라졌는가? 그와의 기쁨과 이별이 나에게 아무것도 아닌가? 나에게 어떤 뜻도 없는 것이 되었는가? 이별의 아픔으로 힘겨워하던 그 날의 추억이 지금의 나란 존재에 녹아들어 있지 않은가? 완전히 나에게 없는 일인가? '나'라는 존재는 나와 함께한 수많은 시간과 공간 속 '너들'과의 '더불어 있음'으로 있는 것이 아닌가? 비록 그것이 비극으로 끝난 시간이라도 말이다. 그리고 진정한 나는 너와의 만남에서 마주하는 '너'란 존재론적 거울에 비친 나, 우리 가운데 나, 그 '나'가 아닌가? 우리 가운데 '나'는 '너'와 더불어 존재하며, 너의 고난을 '남'의 고난으로 두지 않고 '우리'의 고난으로 두며, 고난 앞에서 더 깊게 '우리'를 사유하게 한다. 우리가 한낱 '사유의 존재'(ens rationis)가 아닌 '현실의 존재'(ens reale)가 되는 것은 바로 이러한 조건이 있을 때 가능하다. 그때 고난 앞에서 우리는 더욱더 단단해진다.

홀로 그 시대를 누리던 친일파는 '진짜 철학'을 만들지 못했다. 독재자도 '진짜 철학'을 만들지 못했다. 그들이 만든 철학이란 하나같이 '가짜 철학'이다. 좋게 말해 '유사 철학'이다. 요즘 말로 '짝퉁 철학'이다. 고상한 언어로 '민족'이니 '국가'니 '충효'니 이야기하지만 결국 기득권을 가진 지배자의 권력을 위한

5　DK31B136.

고상한 표현일 뿐이다. 홀로 누릴 것이니 조용히 자신들의 말을 따르라는 것이다. '국민윤리'도 '국민도덕'도 진짜 철학이 아니다. 강자들의 이기심이 만든 유사 철학일 뿐이다.

강단의 철학은 '고난의 언어'를 몰랐다. 민중을 몰랐다. 일본에서 대학교수로 있던 이들이 일본의 제국주의와 국체이론, 국민도덕, "교육칙어"를 철학의 언어로 합리화할 때, 대학 밖 우치무라 간조는 그 시대의 부조리를 고발했다. 한국도 다르지 않았다. 대학 밖에서 철학은 철학으로 익어가고 있었다.

이 땅엔 아직 제법 많은 철학과가 있지만 민중은 여전히 '철학의 부재' 속에서 산다. 철학과의 철학은 철학답지 못했다. 구실을 하지 못하는 철학이었다. 철학과의 자기반성이 먼저여야 한다.

역사는 **게으름뱅이를 위하여 기다리는 법이 없다.**[6]

한 시대가 새로워지려면 결국 기적이 일어나야만 한다. 기적을 행하는 것은 **외물을 기다리지 않고 스스로 하는 정신**만이다.[7]

철학사는 철학이 아니다. 철학사 속 외국의 유명 철학자들을 연구하는 것은 결국 '남'의 철학을 연구하는 셈이다. 남의 철학에 대해 아무리 대단한 전문가가 되어도 '나'의 철학을 가지게 되는 것은 아니다. 하기락은 철학사의 목적을 정의하며, "우리는 철학의 역사를 통하여 우리 자신 하나의 철학이 영글어 나오도록 힘쓰지 않으면 안 될 것이다"라고 했다.[8] 하기락은 결국 서양철학사와 조선철학사를 돌아봄으로써 자기 철학인 자신의 아나키즘을 다져갔을 것이다. 결국은 나의 철학을 해야 한다. 우리의 철학을 해야 한다. 남의 답으로

6 《저작집 30》, 319쪽.
7 같은 책, 349쪽.
8 하기락,《서양철학사》(서울: 영신문화사, 1961), 2쪽.

나의 답을 대신하는 게으름뱅이에게 철학의 자리는 없다. 스스로의 철학을 궁리하지 않고 기적을 행하는 나의 밖 외물이 찾아와 해결해줄 것을 기다리는 게으름뱅이에게 철학의 자리는 없다. 힘들어도 스스로 이겨내야 한다. 힘들어도 자기 답으로, 자기 철학으로 살아야 한다. 하지만 우린 스스로 하는 정신이 아니라 남의 답을 열심히 암기하며 살아왔다. 그 암기를 교육이라 생각했다. 하지만 결국 생각 없이 움직이는 기계를 만들어버렸다. "정신적으로 한국 민족을 아주 없애자는"[9] 것이 되어버렸다. 생물학적으로 살아 있지만 정치-존재론적으로는 죽어버린 존재, "기계처럼 되라는 것이다."[10]

> 충(忠)의 도덕은 종놈이 지는 사슬이요, 삼강오륜은 얽어내놓고 해먹는 도둑놈의 밧줄이다.[11]

'충'은 사슬이다. 임진왜란을 보라. 민중을 버리고 도망간 왕에게도 충성해야 했다. '충'이란 결국 역사 속에선 민중의 삶을 힘들게 하는 "종놈이 지는 사슬"이었다.

조선의 철학은 비록 양반들에겐 '진짜 철학'일지 몰라도 민중에겐 '가짜 철학'이다. 민중을 변두리로 내모는 철학이 어찌 '진짜 철학'이 될 수 있겠는가?

> 관제를 배우고 종교를 배우고 겉으로부터 속에 이르기까지 중국이 되려 하기에 겨를이 없었다. 그리하여 모화사상이 생기고 사대주의가 생기고 현상유지주의가 생기게 되었다. 현상유지는 곧 권력계급이 자기네의 세력을 영원한 것으로 박아놓으려는 주의다. 나라야 어찌 되거나 민중이야 어찌 되거나, 이대로 영원히 해먹자는 말이다.[12]

9 《저작집 30》, 392쪽.
10 같은 책, 393쪽.
11 같은 책, 266쪽.
12 같은 책, 198쪽.

조선의 철학자는 중국의 변두리에서 중국이 되려 했다. 자기 부정으로 중국이란 절대자의 부름에 응하는 철학이 어떻게 조선 민중의 철학이 될 수 있으며, 주체적인 철학이 될 수 있겠는가? 참고서는 되어도 답안지는 절대 될 수 없다. 민중이야 어찌 되거나 영원히 해먹자는 철학이 어떻게 진짜 철학이 될 수 있겠는가? 말도 되지 않는다.

조선은 망했다. 조선 민중의 잘못이 아니라 양반의 잘못으로 조선은 망했다. 하지만 양반은 대부분 친일파가 되어 잘살았다. 조선의 민중은 식민지 조선의 민중이 되어 그 시대의 부조리를 온몸으로 이겨내며 살았다. 그 고난이 결국 민중에게 철학의 조건, 철학의 공간이 되었다.

참으로 아픈 줄 알 때까지 고난이 그치지 않는다.[13]

실패라고 하더라도 그저 실패로 그치는 실패는 아니다. 영원한 실패라는 것은 없다. 몇 번을 잘못하더라도 역사가 무의미하게 끝나지 않기 위하여 늘 다시 힘쓸 의무가 남아 있다. 다시 함이 삶이요, 역사요, 뜻이다. 열 번 넘어지면 넘어지는 순간 열한 번째로 일어나야 하는 책임이 이미 짊어지워진 것이다.[14]

고난의 역사는 이어진다. 멈추지 않았다. 그러나 고난은 절망의 순간이 아니다. 아픔의 순간이고 슬픔의 순간이지만 절망의 순간은 아니다. 고난은 희망의 시작이다. 희망은 '나'의 앞에 누군가를 '우리' 가운데 '너'로 부르며 시작한다. 손잡고 나갈 이가 있다는 것에서 시작한다. '홀로 있는 나'가 아닌 '더불어 있는 나'가 되면서 시작한다. 역사 속 '나'는 오직 홀로 있지 않다. 역사의 주체로서 '나'는 '더불어 있는 나'이다. 더불어 있지 않다면 역사적 주체가 될 수

13 같은 책, 220쪽.
14 같은 책, 181쪽.

없다.

아리스토텔레스는 인간을 "더불어 살기 적합한 동물"(ζῷον πολιτικόν)이라고 했다.

> (폴리스라는 공동체는) 인간의 삶을 위해서 있으며, 인간의 좋은 삶을 위하여 있다. 따라서 모든 폴리스는 자연적으로 있으며, 최초의 공동체들도 마찬가지다.[15]

인간은 자연적으로 공동체를 이루고 산다. 자연적으로 말이다. 가정이란 예를 보자. 가정 역시 작은 공동체이며, 인간 존재는 바로 그 작은 공동체에서 자기 존재를 시작한다. 벗어날 수 없다. 공동체는 인간에게 운명이다.[16]

> 우리가 이야기하는 자족이란 말은 자기 혼자만의 자족, 고립된 삶을 사는 자족이 아니다. 부모, 자식, 아내, 흔히 벗들과 동료 시민들과 더불어 살아가는 사람의 자족이다.[17]

홀로 있기보다는 더불어 있는 것이 인간에게 더 본질적이다. '폴리티카'(πολιτικά)는 더불어 살아감이다. 결국 인간은 "더불어 살기 적합한 동물"이다.[18] 홀로 있는 것이 아니라 더불어 있는 것이 인간에게 더 적합하다. 그러나 이는 쉬운 일이 아니다. 더불어 있는 가운데 나의 주체성은 포기하지 말아야 한다. 더불어 살아감으로써 만들어진 그 집단 앞에서 내 모든 것을 포기하

---

15 Aristoteles, *Politica* I, c.2, 1252b 30. 인용한 것은 필자의 번역이며, 다음 한국어 번역을 참고하기 바란다. 아리스토텔레스, 《정치학》, 김재홍 역(서울: 도서출판 길, 2017).

16 cf. Aristoteles, *Ethica Eudemia* 7, 1242a 22-26.

17 Aristoleles, *Ethica Nicomachea 1*, c.7, 1097b8-12. 인용된 번역은 필자의 번역이며, 다음 한국어 번역을 참고하기 바란다. 아리스토텔레스, 《니코마코스 윤리학》, 강상진·김재홍·이창우 역(서울: 도서출판 길, 2011).

18 Aristoteles, *Politica I*, c.2, 1253a 1-5.

고 그 집단의 우두머리에게 모든 것을 내주어야 한다는 말이 아니다. 더불어 살기 적합한 존재라는 것이 공동체를 위해 생각을 중지하라는 것은 절대 아니다. 역사의 주체로서 자신의 주체성을 포기해서는 안 된다. 진짜 비극은 "자기를 잃어버리고 찾으려 하지 않는 것이다."[19] 역사의 주체임을 포기하고 노예의 삶으로 돌아가려는 것이다. 노예에게 철학이 있을 리 없다. 필요도 없다. 진짜 제대로 된 희망의 시작은 고난 속에서도 주체성을 포기하지 않는 것이다. 그것을 포기하는 순간이 바로 절망의 순간이다.

함석헌에게 나의 실체는 '씨올'이다. 그 씨올은 자기 존재의 무게를 피하지 않는다. 고난을 피하지 않는다. 나의 참모습은 고난을 피하지 않는 씨올이다.

> 민족운명에 관계되는 일에 대하여서 책임자는 언제나 민족 그 자체, 씨올 그 전체다.[20]

> 고난은 인생을 심화한다. 고난은 역사를 정화한다.[21]

씨올은 책임지는 존재다. 고난의 짐은 스스로 져야 한다. 스스로 고난의 짐을 질 때, 진짜 '나'와 '우리'를 마주하게 된다. 거짓이 지워진다. '식민지 조선'이란 고난에서 '친일파'라는 거짓을 알게 되었다. 지울 것이 생겼다. '세월호'의 고난에서도 지울 것을 마주하게 된다. 고난 가운데 진짜 '나'와 '우리'가 무엇이고 누구인지 돌아보게 된다. 그렇게 역사를 정화한다.

철학도 마찬가지다. 고난의 순간 가짜 철학과 진짜 철학이 나뉜다. 고난 앞에서 더 깊어지지 않는 철학, 눈물을 모르는 철학, 더 철학다워지지 않는 철학은 가짜 철학이다. 고난의 순간에도 침묵하자는 철학 역시 가짜 철학이다.

---

19 《저작집 30》, 183쪽.
20 같은 책, 248쪽.
21 같은 책, 131쪽.

사람들은 사람은 좋은데 자기를 깊이 들여다보고 팔 줄 모른다. 자기를 파지 않기 때문에 자존심이 없다.[22]

고난은 자기 내면을 파들어가게 한다. 더 깊어지게 한다. 스스로 자신을 돌아보게 한다. 반성하게 된다. 철학이 서게 된다. 진짜 철학은 바로 이 순간 등장한다. 고난 가운데 자기를 파들어가기 시작하는 순간, 자기를 돌아보는 그 주체성의 순간 철학은 시작된다. 고난 가운데 피하기만 하고 자기를 돌아보지 못할 때, "제 철학, 제 시를 가지지 못한 민족"이 되고 만다.[23]

자기 몫의 고난을 피하는 이는 결국 "자존하지 못하기 때문에 자유가 없다."[24] 지배당한다. 소유의 기쁨 속에 누리는 자유라지만, 실상 소유물에 종속되는 행복, 행복의 주체가 소유물이 되어버리는 불운한 행복을 누리게 된다. 스스로 행복할 수 없는 존재, 자유라지만 실상 구속된 존재가 되고 만다.

종은 불행일 뿐 아니라 죄악이다. 남을 업신여긴 것도 죄지만 자기를 업신여기면 더 큰 죄다. 그 죄에서 모든 죄가 나오기 때문이다.[25]

자기 철학 없이 살아가는 것! 죄다. 스스로 자기 철학을 만들 능력이 없다고 판단하고 있다면 정말 큰 죄다. 자기 존재가 가진 신성에 대한 모독이다. 자기 존재에 대한 모독에서 시작하는 철학은 '가짜 철학'이다.

한국철학의 '역사'란 결국 한국철학의 '생애'다. 살아 있음의 여정에 대한 기억이다. 기억에 남는 것은 무엇일까? 고난에 함께한 철학들이다. 힘든 날 눈물로 헤어진 누군가와의 쓰라린 사랑과 이별이 기억에 남는다. '나'란 존재가 된다.

22   같은 책, 130쪽.
23   같은 곳.
24   같은 곳.
25   같은 곳.

철학의 토대가 되는 '형이상학'(*metaphysica*)을 아리스토텔레스는 "존재하는 것으로 존재하는 것(*ὄν ᾗ ὄν*)인 한에서 그리고 그 자체에(*καθ' αὑτό*) 속하는 것을 이론적으로 고찰하는 학문"이라고 했다.[26] 그런 의미에서 형이상학은 "존재하는 것으로 존재하는 것"을 대상으로 하는 학문이다. 수학은 형이상학과 달리 수학적으로 존재하는 것으로 존재하는 것을 다루는 학문이며, 신학은 신적으로 존재하는 것에 대해 다루는 학문이다. 수학과 신학 그리고 여타 학문들이 하나의 관점 속에서 존재하는 것을 다루는 반면 형이상학은 존재하는 한에서 존재하는 이라는 가장 보편적인 관점 속에서 존재하는 것을 다룬다는 점에서 보편학이다. 그렇다면 그런 형이상학에 '한국'이란 한정사가 붙은 '한국 형이상학'은 어떤 것이 되어야 하는가? 어쩌면 '한국적으로 존재하는 것으로 존재하는 것'을 다루는 학문이어야 한다. 그렇다면 여기에서 한국적으로 존재한다는 것은 무엇인가? 한국인인 나와 우리에게 뜻 있는 존재를 두고 하는 말이다. 인류 보편의 차원에서 형이상학의 밖이 아닌 그 가운데 한국 형이상학은 한국인에게 뜻 있는 존재를 다루는 철학이며, 그 한국 형이상학에 근거해 한국철학이 가능하다 하겠다. 결국 한국 형이상학은 한국인으로 나의 철학적 시선 속에서 가능하다. 인류 모두에게 유의미한 형이상학으로 다가가기 위해 지금 나의 자리에서 한국 사람의 시선으로 한국 형이상학이 이루어져야 하고, 그 한국 형이상학의 시선 속에서 다시 인류 보편의 존재자에 대해 사람의 시선으로 다가갈 수 있을 것이다. 그런데 한국 사람으로 나의 시선을 상실한다면, 우리의 두 발로 걸어서 인류 보편의 뜻으로 다가가는 것이 아니라 다른 나라의 날이 본 것을 암기함으로써 다가가게 될 뿐이다. 그러나 이것은 참다운 뜻으로 나아가는 철학을 만들어내지 못한다. 이런 철학이 보이기는 프랑스철학 같고 독일철학 같아도 결국 한국인인 '나'에겐 뜻 없는 철학으로 머물 뿐이다. 무력한 철학이 될 뿐이다. 화려한 옷을 입었지만 남의 철학이며, 나의 철학이 아니다.

26   Aristoteles, *Metaphysica 6*, c.1 1003a 20-25.

'한국철학'이란 주체가 주체적으로 존재하기 위해 '한국철학' 스스로를 돌아볼 수 있어야 한다. 그때 그 돌아봄, 즉 회상으로 기억해야 하는 것은 '한국철학'이다. 한국인에게 뜻으로 남는 한국철학, 그 나의 이야기를 돌아보아야한다. 아무리 위대한 철학자라도 남은 남이며, 남의 답은 남의 답이다. 그것으로 한국인인 나의 답을 삼을 수는 없다. 대학의 강단 철학은 대부분 외국의 철학자들을 회상하는데, 그것이 지금 이 땅 민중의 고난에 뜻 있는 무엇이 되기는 힘들다. 결국 나에게 '뜻' 있는 철학을 기억해야 한다. '뜻' 없는 '남'의 일에 대한 기억으로 '나'는 '나'로 존재할 수 없다. 설령 돌아본다 해도 단편적이고 흩어진 뜻 없는 과거의 이야기일 뿐이다.

새 나라를 맡아놓고 가장 큰 불행은 정신의 혼란, 사상의 빈곤이었다.[27]

"철학 없이는 못하는 것"[28] 즉 철학으로만 할 수 있는 것, 그것은 존재론적 독립이다. 자기 발로 당당하게 서서 걷는 것이다. 스스로 생각하지 못하면 스스로 설 수 없다. 스스로 생각하지 못함, 자기 생각의 부재를 자각하는 것이 '철학의 시작' 자리다. 바로 여기가 철학이 서는 자리다.

고난의 역사를 살아온 우리, 우리 힘이 '없고' 우리 철학이 '없어' 스스로를 지킬 힘이 '없던' 그 '부재의 자각'에서 정말 필요한 것은 '부재의 자각'에서 시작하는 '진짜 철학'이다. 그러나 그 '부재'라는 아픔의 공간에 잠시 아픔을 없는 것으로 보게 하는 환각제가 등장하고 말았다. 바로 '가짜 철학'이다. 이들 '가짜 철학'은 민중에게 말 잘 듣는 사람이 되자고 혹은 과거의 영광 속으로 돌아가자는 망상으로 민중을 흔들었다. '가짜 철학'은 "케케묵은 민족지상, 국가지상, 화랑도나 팔아먹으려는 지도자들"[29]을 등에 업고 춤을 추는 권력의 시녀였다.

---

27 《저작집 30》, 278쪽.
28 같은 곳.
29 같은 책, 400쪽.

그것은 정신적 빈곤을 부정하고, 우리 역사 속 고난의 시간을 부정하며, 우리도 한때 많은 땅을 정복한 가해자였다고 자랑하며, 거짓 자아를 이야기한다. 그 거짓 속에서 '우리 철학'을 하자고 한다. 과거 기록에도 제대로 남아 있지 않은 그 오랜 과거, 우리도 가해자였다는 그들만의 기억이 무슨 자랑인지 모르겠지만, 그 과거의 기억으로 지금을 살자는 것은 모두 가짜 철학이다.

슬픈 한숨을 쉬게 한 이 민족, 이 민족의 정신적 빈곤을 무엇으로 형용할까?[30]

답답하다. 고난을 숨긴 철학이 제대로 된 철학이 되겠는가! 그 고난이 정말 철학의 자리인데, 그 고난 속 부재의 자각에서 정말 진짜 철학이 일어설 것인데, 그 모든 것을 지우고 우리도 가해자였다는 환각 속에서 철학을 하자고 한다. 정말 비극적인 저 정신적 빈곤을 어찌할 것인가!

박종홍은 "철학하는 것"의 출발점은 그가 살아가는 "이 시대의, 이 사회의, 이 땅의, 이 현실적인 존재 자체"라고 했다.[31] 그러나 결국 그 현실에 대한 고민, 그 부조리한 공간, 고난 가득한 공간에 대한 고민은 힘의 논리로 이어진다.[32] 오직 힘 있는 자가 되는 길에서 해결책을 찾는다. 그럴듯하지만 결국 이러한 힘을 향한 추구는 힘 있는 민족과 국가를 위해 수많은 민중은 조용히 강자의 논리를 따르라는 "민족중흥의 역사적 사명"으로 이어진다. 일본의 철학자들이 절대자의 명령에 자기를 부정하며 조용히 따르는 민중이 되라는 것이나, 조용히 민족의 명령에 따르라는 것이나 결국 민중은 시끄럽게 떠들지 말고 조용히 하라는 말이 될 뿐이다. 소리 내지 말라는 말은 생각하지 말라는 말이다. 철학은 지식인, 우리 대학의 교수들이 할 것이니 너희는 그냥 조용히 따

---

30 같은 곳.
31 박종홍,《박종홍전집 1》(서울: 형설출판사, 1982), 315쪽.
32 같은 책, 381쪽.

르라는 말이 된다. 그러나 일본에서는 대학 밖 우치무라 간조가 저항했고, 한국은 대학 밖 함석헌이 저항했다.

조용히 따르라는 철학이 민중의 철학이 될 수 있을까? 국민주권 국가 '대한민국'에서 국민에게 조용히 하라는 철학이 진짜 한국철학이 될 수 있을까? 민중의 수준을 야만과 비합리의 수준으로 보며 자학하게 하는 철학이 진짜 한국철학이 될 수 있을까? 민중에게 "너 자신을 알라"는 철학의 명령을 "너 자신의 분수를 알라"는 조롱으로 전달하는 이들이 정말 진짜 한국철학을 하는 이들이겠는가!

'가짜 철학'은 '가짜 우리'를 돌아보게 한다. 금속활자를 먼저 만들었다고 해도 우리글로 된 우리 철학으로 우리 민중의 자각운동이 어떻게 진행되었는지가 중요하다. 한글이란 과학적인 글이 나왔다고 해도 그것이 우리 민중의 자각운동에 어떤 도움을 주었는지 그것이 중요하다. 그러나 그것 없이 그저 이 민족의 자부심을 강조하는 흐름만 가득하다. 먼저 했다는 것, 이 역사적 사건이 민중에게 무엇으로 다가갔는지를 지워버려서는 안 된다. 그 성공의 기쁨, 먼저 함의 기쁨에 민중의 고난이 지워져서는 안 된다. 진짜 철학이 기억해야 할 것은 민중의 고난이다.

그렇다면 진짜 한국철학은 무엇일까? 함석헌은 이렇게 말한다.

한국의 역사는 고난의 역사다. [33]

고난은 인류 보편의 일이다. 우리만 고난을 겪은 것은 아니다. 온 지구촌 사람들이 저마다 저마다의 고난을 경험했다. 그 가운데 우리는 우리의 고난을 겪었다. 한국의 역사는 바로 우리가 겪은 고난의 역사다. 그 고난의 주체가 누구인가? 임진왜란으로 아파한 이들은 누구인가? 병자호란으로 아파한 이들은 누구인가? 식민지 조선에서 아파한 이들은 누구인가? 4·3 제주의 비극으

---

33 《저작집 30》, 95쪽.

로 아파한 이들은 누구인가? 한국전쟁으로 아파한 이들은 누구인가? 독재자의 손에 아파한 이들은 누구인가? 1980년 광주의 비극으로 아파한 이들은 누구인가? 대량 해고로 아파한 이들은 누구인가? 세월호의 비극으로 아파한 이들은 누구인가? 비정규직 노동자의 부당한 죽음으로 아파한 이들은 누구인가? 이 땅 역사의 비극으로 아파한 이들은 누구인가? 그 고난의 주체가 철학의 주체가 되어야 하고, 역사의 주체가 될 수 있다. 그리고 바로 그 고난에 근거한 철학이 진짜 한국철학이 될 수 있는 정당한 자격을 가진다. 그 고난에 무관심한 철학이 어찌 한국 사람의 철학이 되겠는가!

> 한국 역사는 한국 사람의 역사다. 어쩔 수 없이 한국 민족의 역사다. 한국 역사에 한족의 간섭도 있었고, 몽고족의 도둑질도 있었고, 일본족의 한때 섞임도 있었으나, 그렇다고 한국 역사가 한족, 몽고족, 일본족과 공동 소유는 아니다.[34]

조소앙은 주권불멸론(主權不滅論)을 통해 내어줄 수 없는 주권을 이야기했다. 함석헌은 역사의 주체, 역사의 주권은 내줄 수 없고, 공유할 수도 없다고 한다. 그리고 한국의 철학은 한국이란 조건 속에서 일어난 고난을 떠나 생각할 수 없다. 고난은 보편적인 것이지만, 그 고난은 구체적으로 어떤 모습을 띠고 드러난다. 독일에 드러난 고난은 독일철학을 깊게 만들었고, 중국에 드러난 고난은 중국철학을 깊게 했다. 한국에 드러난 고난과 무관해서는 한국철학이 될 수 없다. 그러나 그것이 배타성을 의미하지는 않는다. 국수주의도 아니고 민족주의도 국가주의도 아니다. 한국이란 조건 속에서 한국인으로 살아가며 한국인의 힘으로 만들어진 답으로 살자는 것이다. 한국인으로 당당하게 살기 위해 진짜 한국철학이 있어야 한다. 사상의 종이 될 순 없다.

지금 이 땅의 민중에게 필요한 철학은 더불어 분노하는 철학이다. 제주

---

34 같은 책, 92쪽.

4·3, 여수·순천의 10·19, 1980년 광주, 2014년 세월호의 고난, 비정규직 노동자의 죽음의 고난, 이곳에 다 적을 수 없는 수많은 이 땅의 고난의 슬픔 앞에서 더욱 깊어지는 철학이어야 한다. 더욱 깊어지는 철학이란 그 슬픔 가운데 아파하는 이들의 슬픔, 그 슬픈 기억으로 아파하는 이들의 슬픔, 그 슬픔을 남의 슬픔으로 돌리지 않는 철학을 말한다. '남'의 슬픔이 아니라 '우리' 안에 '너'의 슬픔으로 안아주는 철학이어야 한다. 이들을 안아주지 않는 철학 앞에서 민중은 '철학의 부재'와 '생각의 부재'를 경험하게 된다.

슬픔 앞에서 이 땅의 철학은 '언어'를 가지고 있지 않다. 생각의 수단이 없다. 남의 언어를 번역하여 철학 비슷한 것을 하다 보니 막상 이 땅의 아픔을 풀어낼 언어가 없다. 슬픔의 공유자들이 참된 우리가 된다. 너의 슬픔을 남의 슬픔으로 버리는 순간 너는 남이 된다. 너의 슬픔을 우리의 슬픔으로 안아줄 때, 우리는 진짜 우리가 된다. 그리고 여기에서 우리의 진짜 철학은 우리가 그 슬픔 속에서 우리를 돌아보는 주체성을 가질 때 가능하다. 우리의 주체성은 그 슬픔의 밖에 있는 것이 아니다. 한국 형이상학은 그저 존재하는 무색의 존재가 아니라 한국인으로서 고난이란 슬픔으로 칠해진 존재를 대상으로 해야 한다. 그 슬픔을 버리고서는 한국 형이상학도 한국철학도 민중에겐 남의 이야기다. 민중이 생각하는 한국적 존재는 그 슬픔 속에서만 온전히 존재할 수 있기 때문이다.

번역이 철학인 줄 아는 곳에서 이 땅의 고난을 담은 진짜 살아 있는 철학의 언어는 멀고 먼 남의 이야기다. 없다. 나의 말로 나의 고난으로 담아낼 그 한국철학이 없는 곳에서 한국철학의 언어가 있을 수 없다. 외국 유명 철학자의 철학이 우리 민중, 지금 여기 한국이란 부조리의 공간에서 일어난 나의 아픔을 치유할 영웅이 될 수 있을까? 아니다. 게으름뱅이가 되어 영웅을 기다리지 말자.

영웅숭배의 시대는 지나갔다. 역사의 나아감에 개인이 확실히 한 요소가 된

다.[35]

영웅을 기다리는 인간에게 철학은 없다. 철학은 게으름뱅이에게 주어지는 지적 허영이 아니다. 철학은 지독한 고난 가운데 스스로 돌아보며 스스로의 부재를 자각하며 그 부재를 채울 충만을 향해 달리는 '고난의 주체'에게 주어진다. 고난의 주체만이 당당히 진짜 철학의 주체가 될 수 있다. 그러므로 생각의 부재를 강요받은 민중의 독립운동이 한국철학이어야 한다. 식민지 조선이란 상황에서 임시정부가 철학 속 관념으로 존재하는 한국을 현실 공간 속 실태가 되기 위해 싸우며 존재하였듯이, 지금 이 땅의 철학자는 아직 온전히 존재하지 않는 한국철학을 위해 자신의 공간에서 치열하게 싸워야 한다. 독립운동을 이어가야 한다. 아직 한국철학은 독립운동 중이다.

1) 고난의 언어로 쓰는 '진짜' 한국철학

안호상(1902-1999)과 박종홍(1903-1976)에게 한국철학은 결국 한민족 철학이다. "너 자신을 알라"는 철학의 명령에 그들은 '한민족'이라 답할까? 그리고 국가란 한민족이 존재하는 방식이다. 과거의 많은 국가를 하나의 맥락에서 이해할 수 있는 것은 한민족이라는 하나의 실체 때문이다. 개인은 소멸하고 사라지지만, 민족은 사라지지 않고 남는다. 개인은 국가와 민족을 떠나 살 수 없고, 그 가운데 존재의 이유를 가진다. 예를 들어, 국민에게 "민족중흥의 역사적 사명을" 가지고 태어났다고 강요할 수 있는 것은 국가와 민족, 그리고 거기에서 벗어날 수 없는 개인에 대한 이들의 생각 속에서 가능한 일이다. 한국철학자들은 한국이란 국가의 발전을 위해 봉사하는 존재다. "국민윤리"와 같은 것도 그런 맥락에서 등장한 장치다. 또 민족에 대한 지나친 강조 역시 같은

---

35 같은 책, 88쪽.

216

맥락이다. 이런 흐름에서 자연스럽게 과거의 영광이라며 '홍익인간'이니 '화랑
도정신'이니 강조하게 된다. 일본이 '무사도'와 같은 것을 만들어냈듯이 말이
다. 역사책 속 몇 줄의 이야기였던 '생각 속의 존재'(*ens rationis*)를 '현실의 존
재'(*ens reale*)로 만들어버려 교육한다. 교육은 과거의 작은 조각도 현실 속 거
대한 괴물로 만들 수 있는 힘을 가졌다. '충'을 강조하며 조선이 시작될 땐 막
상 거부되었던 단군의 고조선이 위대한 역사로 새롭게 만들어진다. 근거도 마
땅하지 않은 유라시아 정복설과 같은 이상한 상상의 이야기들이 현실이 되어
나돌게 된다. 그 상상 속에서 만들어진 시간과 공간을 그리워하며 이상한 '한
빠' 문화가 등장하는 것도 과거를 거대하게 만들어 그리워하자는 '가짜 철학'
과 무관하지 않다.

안호상은 불교나 유교 등 외래 사상이 아닌 순수한 한민족의 사상을 이야
기하며 '단군사상'으로의 회귀를 주장한다. 반면 박종홍은 유교나 불교 등 외
부의 것들이 유입되는 가운데 한민족 특유의 공통된 정신적 바탕으로서 '민족
의 얼'을 이야기한다.[36] 어떤 변화에도 변화하지 않는 민족 실체의 정신인 '단
군사상'이든 이런저런 서로 다른 사상을 주체적으로 수용하며 유지한 '민족의
얼'이든 결국은 민족주의의 또 다른 수단일 뿐이다. 안호상의 '단군사상'과 박
종홍의 '민족의 얼'은 결국 이승만과 박정희 시대의 철학적 수단이 되었다. 굳
이 이러한 것을 철학이라고 한다면, 그 철학은 잔혹한 폭력을 정당화하는 '권
력의 시녀' 정도겠다.

함석헌은 안호상과 박종홍의 민족주의를 모두 부정한다.

이 나라의 정신적 파산! 사상의 빈곤! 해방이 되었다니 단군 기원이나 찾았
지 그밖에 모르는 나라, 한다는 소리가 한다는 소리가 벌써 케케묵은 민족지
상, 국가지상, 화랑도나 팔아먹으려는 지도자들, 꺼져가다 꺼져가다 하느님

---

36 이병수, "문화적 민족주의의 맥락에서 본 안호상과 박종홍의 철학", 〈시대와철학〉
   여름호(2008); 이병수, "문화적 민족주의와 현대 한국철학: 고형곤, 박종홍,
   안호상의 철학적 문제의식을 중심으로", 〈통일인문학〉 47 (2009).

이 특별히 생각하여 살아난 한글도 하마터면 망가뜨려버릴 뻔한 사람들, 종교인들, 종교인도, 예술인도, 고리대금업자나 인육상도 돈만 있으면 저마다 정치를 한다는 사회, 늙은 서재필로 하여금 50년 전과 조금도 달라진 것이 없다고 슬픈 한숨을 쉬게 한 이 민족, 이 민족의 정신적 빈곤을 무엇으로 형용할까?[37]

일본으로부터 해방이 되니 독재 권력자들이 나타나 민족중흥을 이야기하며 단군사상이나 화랑도정신을 거론하고, 지금 이 민족의 고난으로부터 등을 돌리고 과거로 돌아가려 한다. 과거로 돌아가 상상 속에 있는 그 영광의 복원을 위해 침묵하며 따르라 한다. 민중의 고난을 모르는 이들은 고난의 언어를 모른다.

고난의 역사는 고난의 말로 써라. 나는 이제야 비로소 역사적 현재의 쓴맛을 알았다.[38]

한국 역사가 수난의 역사라는 말은 막연한 독단으로 된 것이어서는 안 된다.[39]

플라톤은 자신의 스승 소크라테스의 억울한 죽음 앞에서 철학자 플라톤이 된다. 플라톤의 철학은 소크라테스의 억울한 죽음에 대한 울분과 그 울분이 철학의 옷을 입은 언어로 가득하다. 오캄(William Ockham, 1287–1347)의 정치철학은 당시 교황의 비합리적 행태에 대한 그의 울분과 그 울분의 언어로 가득하다. 결국 고난이 플라톤과 오캄을 철학자로 만들었다. 그들의 철학적

---

37 《저작집 30》, 400쪽.
38 같은 책, 25쪽.
39 같은 책, 99쪽.

지식은 고난 앞에서 철학다운 철학이 되었다. 고난의 언어를 그들의 방식으로 알고 있었다. 고난의 역사 속에서 자기 주체성을 만들어낸 것이 이 땅의 민중이다. 그리고 고난 속에서 '나'라는 인간의 주체성을 만든 것이 나란 존재다. 고난의 언어를 알지 못하는 철학은 이 땅 민중과 나에 대한 어떤 철학적 행위도 온전히 할 수 없다. 한다 해도 그것은 가짜 철학일 뿐이다. 진짜 철학은 이 땅 가득한 고난, 그 고난의 언어를 알아야 한다. 가만히 앉아 자해(自害)한 역사가 아니다. 수난의 역사, 당함의 역사, 억울함의 역사를 살았다. 정말 이 땅에서 이 땅 민중을 위한 철학을 하기 위해서는 그 고난의 역사 속에서 자신을 돌아보는 그 고난의 주체성 앞에 마주 서야 한다.

> 부끄러움이요, 찢어지고 갈라짐이요, 잃고 떨어짐의 역사뿐이다. 공정한 눈으로 볼 때 더욱더 그렇다. 그것은 참으로 견딜 수 없는 슬픔이다.[40]

그 고난의 역사 앞에서 슬픔은 피할 수 없는 것이다. 그리고 그 슬픔이 철학을 더욱 철학답게 한다. 슬픔의 주체, 고난의 주체에 향하게 하여 그들과 하나 되는 공감의 장을 가지게 한다. 철학을 그 가운데 살아 있게 한다. 그렇게 고난 앞에서 피하지 않는 철학은 민중의 고난의 공간에서 시작된다. 그것이 진짜 철학이다.

> 마치 땅을 보지 않고는 농사를 말할 수 없는 것과 같다.[41]

고난의 자리를 피해 외국 유명 철학자들의 철학으로 만들어진 '위안의 둥지'는 지적 허영의 공간일 뿐이다. 철학자는 고난의 자리에서 철학을 만들어야 한다. 땅을 보지 않고 농사를 말할 수 없듯이 고난의 자리를 피해서는 철학다

---

40   같은 책, 96쪽.
41   같은 곳.

운 철학을 할 수 없다.

> 수난은 결코 약한 자의 일이 아니요, 강한 자의 일이다. 자기 안에 더 위대한
> 힘을 믿는 것이 수난의 도다.[42]

이 땅 고난의 역사는 망함으로써 끝나지 않았다. 고난이 약한 자의 일이라
면, 그것으로 결국 죽어 사라졌을 것이다. 그러나 그렇지 않다. 그것으로 더욱
강해져 지금에 왔다. 고난을 마주하고서 말이다. 주체성의 없음, 힘의 없음,
주권의 없음 속에서 이 땅 민중은 그 부재의 자각을 통해 더욱더 단단하게 부
여잡을 자신의 철학을 준비하고 있었다.

> 죽음은 삶의 시작이요, 실패는 새 세대의 약속이 된다.[43]

이 땅의 역사는 분명 고난이었지만, 그 고난으로 "씨올은 깨(지)기 시작하
였다."[44] 싹을 내기 시작했다. "느리기는 하지만 자라고 있는 것은 민중이다.
그런 파란 그 자체가 민중이 깨는 증거다."[45] 고난 앞에서 너의 고난을 그냥 남
의 고난이라 하지 않고 우리의 고난이라며 우리를 돌아보고 우리라는 주체성
속에서 역사의 주체로 나선 그 힘! 그 힘은 느리고 느리지만 일어나고 있었다.
철학은 바로 그런 씨올의 일어남, 그 일어남의 옆에 함께해야 한다. 부조리에
대한 합리적 분노가 되어야 하고, 조롱에 대한 이성의 훈계가 되어야 한다. 그
것이 진짜 한국철학이다.
  가짜 철학은 남의 시선에서 부족한 민중이 부끄럽다고 한다. 박종홍의 글
을 보자.

---

42 같은 책, 466쪽.
43 같은 책, 416쪽.
44 같은 책, 417쪽.
45 같은 곳.

乃終(내종)으로 현대철학(現代哲學)의 추세(趨勢)를 말하고 있는 나로서 우리 조선의 현대철학에 관하여 언급(言及)할 만한 하등(何等)의 자료(資料)도 가지지 못함을 섭섭히 그리고 부끄럽게 생각한다.[46]

'남'의 시선에서 만들어진 주체성이 참된 주체성인가? 아니다. '남'의 시선에 종속된 주체성은 제대로 된 주체성이 아니다. 오히려 '남'의 시선에 부끄럽지 않기 위해 '나'를 부정하고 '남'이 되어야 한다. '나'의 자리에 '남'을 채워야 한다.

윤동주는 민중의 고난을 떠나 학교에서 공부만 하는 자신이 부끄러웠다. 미웠다. 밉지만 버릴 수 없는 것이 '부끄러운 나'다. 더욱 나다운 '나'가 되기 위해 윤동주는 결국 죽음을 맞이한다. 그의 "서시"에서 윤동주 자신의 부끄럽지 않은 결단을 읽을 수 있다.[47] 마땅히 있어야 할 것의 부재에 대한 자각, 그 부재의 자각이 윤동주에겐 부끄러움으로 나타났다. '남'의 시선이 아닌 '나'의 시선 속에서 '나'를 봄으로 나답지 못한 '나'가 부끄럽다는 윤동주의 부끄러움에서 진짜 한국철학의 토대가 될 무엇을 볼 수 있다.

한용운의 시에서 보이는 슬픔도 구체적인 무엇 하나로 규정하기는 힘들지만, 한용운 자신을 포함한 민족 전체가 마주한 부끄러움과 무관하지 않을 것이다.[48] 함석헌은 우리 민족의 고난 속에서 "의인이 부끄러워하는 시대"라고 했다.[49] 마땅히 있어야 할 것이 없는 그 슬픔의 공간을 그리는 한용운과 마땅히 있어야 할 것이 없는 부재의 공간에서 부끄러움을 아는 의인을 이야기한 함석헌에게서도 진짜 한국철학의 토대를 마주하게 된다.

부끄러움 자체는 이미 고난이다. 웃을 일이 아니다. 아픈 일이다. 하지만

46 박종홍, 《박종홍전집 1》, 348쪽.
47 윤동주, "서시", 《하늘과 바람과 별과 詩》(서울: 정음사, 1955), 1쪽.
48 韓龍雲, 《님의 沈默》(서울: 한성도서주식회사, 1954).
49 《저작집 30》, 282쪽; 《전집 1》, 198쪽.

"네 몸에는 네가 낸 상처로 가득하나 그것은 네 정신이 자란 기록이다."[50] 고난의 아픔을 피하지 않고 응시함으로써 내가 내 정신에 기록한 철학의 기록이기도 하다. 진짜 한국철학자는 부끄러움 앞에서 아파하면서도 응시해야 한다. 그리고 적어 내려가야 한다.

> 역사가 있은 지 5천 년 이래 우리 민족의 가장 부족한 결점은 주체성이 굳게 서지 못한 것이다. 그러므로 고난이다. 사람은 고난을 당해야만 생각이 깊어지고, 생각을 깊이 해야만 자기를 발견할 수 있으며, 자기를 발견한 다음에야 비로소 새 성격이 확립될 수 있고, 성격이 확립되어야만 환경을 지배하고 목적을 이루어갈 수 있다.[51]

주체성은 신분 정체성이 아니다. 남의 시선에 의해 좌우되는 그런 주체성이 아니다. 그런 주체성은 모두 가짜다. 진짜 주체성은 당당히 '나'로 존재함이다. 당당한 나의 주체성이 가능한 곳에서 당당한 역사의 주체성으로 서는 민중도 가능하다.

> 민중이 나라의 주인이다.[52]

> 국민 전체가 회개를 해야 할 것이다. 예배당에서 울음으로 하는 회개 말고 그것은 연기다. 밭에서, 광산에서, 쓴 물결 속에서, 부엌에서, 교실에서, 사무실에서, 피로 땀으로 하는 회개여야 한다.[53]

> 지금은 역사의 주인이 민중인 것을 분명히 알지만 정치가들이 이것을 깨닫

---

50 《저작집 3》, 32쪽.
51 《저작집 4》, 28쪽.
52 같은 책, 45쪽.
53 같은 책, 115쪽.

기까지는 퍽 힘이 들었다.[54]

민중이 이 역사의 주인이다. 우리 존재의 주인이다. 이것을 모르고 무시했다면, 지금이라도 회개해야 한다. 연구실에서, 공장에서, 부엌에서, 교실에서, 사무실에서 일상의 공간, 그 삶의 공간에서 회개하고 다르게 살아야 한다. 역사의 주인이 바로 '나'란 것을 알게 되면 삶이 달라질 것이다. 그런데 이것은 정치가와 같이 누리는 이들이 깨우치기는 힘들다. 그러니 그들이 희망을 줄 것을 기다리는 것이 아니라, 스스로 회개하며 자신을 돌아보고 스스로 역사의 주체가 되어야 한다. 철학의 주체가 되어야 한다.

혁명은 민중의 것이다. 민중만이 혁명을 할 수 있다.[55]

혁명은 남이 주는 선물이 아니다.

고난을 받아야 한다.[56]

나를 버린 죄요, 뜻을 찾지 않은 것이 죄다. 나를 버린 것은 하느님을 버린 것이요, 뜻을 찾지 않은 것이 생명을 찾지 않은 것이다. 우리의 평면적인 인생관을 고치기 위하여 고난을 받아야 한다.[57]

남이 주는 혁명을 기다리고 있는 이들은 나를 버린 죄에 벌을 받아야 한다. 그 벌도 하느님의 교육이다. 뜻을 찾아 살아가지 않은 것은 진정 살아 있는 삶을 사는 '나'를 찾지 않은 것이다. 이것도 죄다. 남이 주는 혁명을 기다리

54 《저작집 5》, 22쪽.
55 같은 책, 206쪽.
56 《저작집 30》, 448쪽; 《전집 1》, 316-317쪽.
57 같은 곳.

는 이런 인생관을 고치기 위해 고난을 받아야 한다. 이 세상 달라지지 않는다는, 그냥 주어진 삶에 고개 숙이고 살라는 숙명철학은 철학이 아니다.[58]

남의 시선에 높은 자리에 가기 위해 공부하는 이들은 높은 자리에 올라가면 자신을 높이는 이들의 시선 속에서 남을 당당하게 무시한다. 자신이 가진 지식은 자신의 죄를 숨기는 수단이 될 뿐이다.

> 지식은 잘못을 합법화하고 죄악을 정상화하는 데 쓰잔 것이 아니다.[59]

그런데 함석헌이 분노한 이 현실은 지금도 달라지지 않았다. 이 사회에 여전히 가득한 부조리한 이런 구조는 민중의 주체성이 부족한 탓이다. 이를 위해 진짜 한국철학이 필요하다.

> 낡은 도덕이나 더구나 낡은 법률을 가지고 변한 경제를 통제하려면 새 도덕이 나와야 하고, 새 도덕을 터로 한 새 법률이 나와야 한다.[60]

한국철학은 낡은 도덕과 낡은 법률로 아파하는 민중에게 희망이 되기 위해 새 도덕과 새 희망을 위한 철학적 틀을 만들어야 한다. 필요의 정당성만 이야기할 것이 아니라 정말 이 땅 민중을 위한 진짜 한국철학이 필요하다.

> 토할 것은 다 토하면 한동안 어지러울 것이다. 새 윤리를 찾는 것은 이제 거기서 살아나자는 소리 아닌가.[61]

이날까지 국민 교육에서 열성 있는 애국자들은 민족이라면 피가 끓는다고

---

58 유대칠, 《신성한 모독자》(서울: 추수밭, 2018), 22-26쪽.
59 《저작집 4》, 175쪽.
60 《저작집 3》, 19쪽.
61 같은 책, 31쪽.

했지만 그것은 옛날 소리, 옛날 소리, 옛날 받은 관념교육의 산물이다. 민족과 민족주의는 다른 것이다. **민족주의는 군국주의자들이 인위적으로 불어넣은 것이다.** 아이들에게 민족도 인종도 없다. 그저 만나면 친구다. 민족감정은 타고난 것이 아니다. 선전의 결과다. 이것이 과거에는 해방의 깃발이 될 수 있었으나 이제 **국수적 민족주의는 나아가는 역사의 방해물**이다.[62]

오랜 역겨운 도덕을 모두 다 토하기는 쉽지 않다. 오랜 과거의 철학 속에서 그 철학이 명령한 틀 속에 구속된 이들은 그 구속된 자리를 자신의 참된 주체성으로 안다. 강요된 자리에서 노예로 살던 이들은 자신의 존재 이름이 노예인 줄 안다. 노예로 그를 바라보는 시선 속에서 자신의 본질을 만들어버렸기 때문이다. 그 존재론적 폭력으로 노예가 된 이들은 자유 앞에서 오히려 힘들다. '단군사상'이니 '민족의 얼'이니 하는 잔혹한 논리 속에서 만들어진 정신이 하루아침에 바뀌지 않는다. 하지만 참된 한국철학의 소중함을 알아야 한다.

거짓 정통은 자신의 밖을 모두 악이라고 교육했다.[63] 없애야 할 것이라고 교육했다. 새로운 진짜 한국철학은 "결국 새 질서를 찾자는 고민, 곧 새 정신 붙잡자는 고민이다."[64] 그러나 쉽지 않다. 자신의 밖을 모두 악이라 교육한 세월이 있고, 새 정신과 새 질서를 악이라 교육한 세월이 있었다. 새로운 진짜 한국철학은 그 시작부터 쉽지 않다. 그러나 역사의 주인과 나라의 주인도 민중이다. 민초다. 씨올이다.[65] 가진 자, 고난을 모르는 자의 경험이 아니라 없는 자, 고난 중 부재를 경험한 자의 철학이어야 한다. 이 당위를 잡고 어려운 시작이지만 '진짜 한국철학'을 다져가야 한다.

---

62 같은 책, 58쪽.

63 《저작집 3》, 59쪽. "모든 종교는 나밖에 다른 것은 다 이단이라 한다. 이런 생각이 종교에서는 말할 것도 없고 세속적인 면에서도 인류의 정력을 얼마나 쓸데없이 없애버리는지 모른다."

64 같은 책, 31-32쪽.

65 《저작집 4》, 45쪽.

낡은 시대는 나를 기른 어머니요. 어지러움은 그 어머니가 나를 원수인 듯 내쫓는 진통이요 새 시대는 내가 잘 자라 조화된 몸으로 정신을 차려 나가는 일이다. 새것이란 결코 밖에서는 못 온다. 밖에는 있대야 낡아 썩어가는 어머니의 태집밖에 없다. 그러므로 새 질서는 새 정신에만 있는 것이다. 그럼 현대의 고민은 결국 새 질서 찾자는 고민, 곧 새 정신 붙잡자는 고민이다. 그것은 어려운 일이다.[66]

한국철학의 '회임'과 '출산'은 한국 사회의 부조리 속에서 가능했다. 낡은 시대의 고난 속에서 가능했다. 그 고난은 죽으라는 고난이 아니라, 우리 안에서 새로운 것이 스스로 출산해내는 과정이다. 고난은 새로운 희망을 품은 공간이며, 진짜 한국철학은 바로 그 품은 공간에서 새로운 질서와 정신을 출산해냄으로 가능하다. 이 땅 민중의 '고난의 언어'로 민중의 이성으로 치열하게 고민함으로 스스로 "너 자신을 알라"는 철학의 명령에 반응하는 진짜 한국철학은 바로 그러한 것이다.

---

66 《저작집 3》, 31-32쪽.

2 제도 속 한국철학의 계보

한국철학의 회임과 출산 이후, 한국철학은 제대로 성장하기 어려운 환경을 맞이한다. 동학농민운동의 실패 이후 조선 양반 계층의 수구적 행태와 그로 인한 식민지 조선이란 상황은 더욱더 한국철학의 성장을 힘들게 했다. 그러나 이런 고난의 시간이기에 철학은 더 절실했다. 한국철학은 '진짜' 한국철학과 '가짜' 한국철학으로 나뉘어 더욱더 힘겨운 시간을 지나야 했다. 민중의 편에서 민중 주체성 위에 고난을 피하지 않는 철학이 있다면, 다른 한편에선 대학이란 공간에서 '남'의 고민이 가득 담긴 '남'의 글에서 시작해 '남'의 글에 대한 이해로 하는 철학도 있었고, '지금' 이 땅 가득한 민중의 고난보다 화랑도니 단군이니 선비정신이니 충효니 이런저런 '옛날'의 것을 강조하며 그 과거를 위해 침묵하며 하나 된 마음으로 따르라는 철학도 있었다. 하나 됨! 이들 철학은 민족주의 혹은 국가주의의 모습을 가지지만, 그 민족주의와 국가주의에 민중이 빠져 있다. 한국철학은 한국 민중이 주체가 되어 그들의 언어로 그들의 고난에 깊어지는 철학이라고 했다. 그렇다면 민중 없이 국적만 한국인 철학을 한국철학이라고 해야 할까? 한국의 위대한 정신에 한국 국적의 이완용을 적을 순 없다. 민중의 아픔, 그 아픔에 고개 돌린 철학이 한국인에 의해 이루어졌다고 그것을 온전히 한국철학이라 할 순 없다.

민족주의와 국가주의라는 이름의 철학도 재야철학이 있고 대학 내 철학이 있다. 재야철학으론 김범부(1897-1966)가 있고, 대학 내 철학으로는 박종홍·

김형효 등이 있었다. 그리고 재야와 대학 사이에 안호상(1902-1999)이 있었다. 비록 대학에서 길지 않은 시간 강의했지만 민중을 위한 철학을 시도한 철학자 이관용(1894-1933)도 있다. 이제 이들의 이야기를 살펴보자.

1) 보수 재야 철학자 김범부의 철학

① 영남이란 공간에서의 김범부

대학 밖 공간에서 독재자와 부조리와 싸운 철학자 함석헌이 있다면, 대학 밖 공간에서 박정희 정권을 도운 이가 있는데 바로 범부 김정설, 김범부 (1897-1966)다. 흔히 '재야'라는 공간에서 활동한 사상가들 가운데 천재로 유명한 이들은 보통의 인간이 이룰 수 없는 전설을 가지고 있다. 김범부 역시 그렇다. 하루에 책 30권을 읽고 일 년에 1천 권을 독파했다는 식의 이야기가 있는 것을 보면 말이다. 그의 제자이며 친일파이고 독재 정권의 편에 서 있던, 어떤 의미에서 한결같은 시인 서정주(1915-2000)는 그를 "천 년에 한 번 나올까 말까 한 천재였다"고 높이 평가했다.

2007년부터 대구 지역 영남대학교를 중심으로 김범부의 사상에 대한 연구를 이어가고 있다. 한 인물에 대한 이와 같은 관심은 그가 상당한 영향력을 가진 인물임을 보여주는 것이기도 하지만 영남대학교이기에 그러한 것일지도 모른다. 영남대학교는 매우 복잡한 기원을 가졌으며, 그 가운데 하나가 계림학숙이다. 그런데 이 계림학숙의 초대 학장이 바로 김범부다. 계림학숙은 경주의 최대 지주인 최씨 가문에서 시작되었다. 흔히 '최부자집'이라 불리는 곳에서 시작된 이곳은 과거 동학의 2대 교주인 해월 최시형(1827-1898)을 한동안 숨겨준 곳이며, 동학의 3대 교주인 손병희(1861-1922) 역시 경찰을 피해 이곳에 숨었다. 당시 최부자집의 어른 최준(1884-1970)은 이런 환경에 있었다. 그의 사촌 처남은 대한광복회 총사령관인 박상진(1884-1921)이고, 처삼촌인 김응섭(1877-?)은 대한민국 임시정부 법무장관이었고 해방 이후에는 김구와 남북협상파로 활동했던 인물이다. 최준은 단순한 경주의 부자가 아니었다. 1915년 광복회가 만들어질 때 재무장관을 맡았으며, 대동청년단의 상업조직인 백산무역과 조선국권회복단의 상업조직인 향산상회, 태궁상점, 상덕태상회를 관리했다. 또 경주에서 우편마차의 700엔을 탈취하는 일에 참여하기도 했다. 최준은 지금 서울역 앞에 동상으로 세워져 있는 강우규(1855-1920)의 의거에 연루된 인물이기도 하다. 그의 동생 최완(?-?)은 대한민국임시정부의 재무부위원이었고, 의정원 의원을 역임했다. 그의 바로 아래 동생은 최완과 달리 대표적인 친일파로 활동했다. 친일파 최윤(1886-1970)은 조선총독부의 일을 도우며 살았다. 그는 1949년 반민족행위특별조사위원회의 조사에서도 문제 인물로 특별검사부에 송치되었다. 경주 최부자집도 당시 분열의 시대, 그 시대의 아픔 속에 있었다.

최준은 '한국철학의 출산'인 동학 정신을 수용했는데, 동학이 시작된 곳이 바로 경주이기도 했다. 3·1혁명이 거칠게 일어난 곳이 경주인 것도 이러한 맥락에서 이해할 수 있다. 때문에 최준은 유학을 따르는 사람이었지만 동학의 정신, 민중의 주체성을 버리지 않았다. 그는 동학의 손병희와 친분이 있었고, 손병희가 있던 훗날 고려대학교가 되는 보성학원의 이사를 지내기도 했다. 또한 동학의 후신인 천도교 신자들과 보성학원 학생들을 인솔해 수운 최제우의 묘소를 참배하기도 했다. 그런 그가 마지막으로 자신의 재산을 민중을 위해 투자한 것이 바로 계림학숙인데, 1952년 한국전쟁 당시 서울에서 피난한 교수들이 교편을 잡으며 시작되었다. 이미 최준은 1945년 10월 20일 경북종합대학기성회를 주도하며 회장으로 활동했고, 이 활동의 결실로 1947년 지금의 영남대학교, 당시 대구대학교가 설립된다. 이후 계림학숙도 대구대학교로 통합되었다. 대구 지역 최고의 철학과는 바로 1947년 설립된 대구대학교에서 시작된다. 당시 대구대학교는 영문학과, 철학과, 법학과, 정치학과, 경제학과,

응용화학과로 시작했고, 학생 수는 201명이었다. 이 대구대학교가 1967년 청구대학교와 통합되어 지금의 영남대학교가 된다. 그런데 청구대학교 역시 나름의 주요한 역사를 가진 공간이다.

청구대학은 1948년에 설립되었으며, 설립자는 최해청(1905-1977)이다. 그 역시 경주 최부자집의 일원이다. 그의 아버지 최현달은 청도 군수였으나 국권을 빼앗기자 스스로 물러났다. 최해청은 대구고보 시절 소년혁진단을 조직해 항일운동을 했으며, 전교생이 궐기해 문제 있던 일본인 교사를 물러나게 했다. 그러나 이와 관련해 퇴학을 당하고 일본으로 건너간다. 하지만 1926년 조선 아나키스트 동맹인 진우동맹에 가입해 활동했다. 그후 외삼촌 서상돈이 만든 경북상공주식회사를 다니다 경북신문사를 시작했다. 이후 가난한 근로 청소년을 위한 대중 학술강좌를 시작하고, 이것이 청구대학의 시작인 대구문화과전문학원이 된다. 이렇게 중학 중퇴의 학력을 가진 최해청이 노동자를 위한 주·야간의 청구대학을 시작하게 된 것이다. 1961년 대학원까지 만들어졌지만, 1967년 최해청이 제외된 상태에서 삼성의 이병철에게 넘어간 대구대학교와 통합되어 영남대학이 된다. 그리고 당시 박정희 대통령에게 상납되었다.

영남의 대구에 있던 근로자를 위한 교육 기관인 청구대학과 최부자집이 국가를 위한 마지막 헌신으로 세운 대구대학이란 두 공간이 영남대학교로 강제 합병된 것이다. 김범부는 영남대학교의 한 뿌리인 계림학숙의 초대 학장이었지만, 그는 최부자집의 정신이나 동학의 정신과는 사뭇 거리가 먼 인물이었다. 오히려 영남대학교의 한국철학사적 뿌리는 영남대학교라는 이름으로 시작한 1967년 이전, 동학의 정신과 무관하지 않은 흐름 속에서 시작된 대구대학교와 노동자를 위한 학문 공간인 청구대학교에 두는 편이 더 정확할지 모른다. 적어도 이 두 흐름은 경주라는 동학의 공간, 그 공간에서 시작해 전개된 어떤 것이기 때문이다.

② 김범부의 '국민윤리'

한마디로 김범부는 박정희 시대의 사상가다. 그는 일본에서 영어와 독일어를 익히고 교토제국대학교에서 철학으로 석사학위를 받고 돌아왔다. 해방 후부터 한국전쟁이 일어나기 전까지 1946년에서 1949년까지 육군본부 정훈국 정훈과 과장으로 있었으며, 1949년 중령으로 예편했다. 이후 무소속으로 국회의원을 지냈으며, 계림학숙의 학장을 역임했다. 또 박정희가 회장으로 있던 오월동지회의 민간 측 부회장을 지낸 인물이다.

그는 지금은 사라진 '국민윤리'(國民倫理)라는 교과목 이름을 처음 쓴 인물이다. 국민윤리는 명칭으로 보면 제국주의 시대 일본의 '국민도덕'을 떠올리게 하는 것으로, 상당히 유사한 면을 가진 것도 사실이다. 김범부는 1950년대 초 직접 "국민윤리론"을 강의하기도 했다. 이는 그의 저서 《화랑외사》(花郎外史)에 담겨 전해진다.[67] 당시는 국가의 틀이 확고하지 않았고 전쟁으로 모든 것이 혼란스러운 시기였으며 이승만의 독재는 민주주의의 가치를 흔들었다. 혹자는 이러한 시기 김범부의 현실적 고민, 즉 혼란 가운데 윤리란 무엇이며 그것이 국가의 기강에 어떤 도움을 줄 것인가에 대한 현실적 고민이 국민윤리를 낳았다고 본다. 그러면서 박정희 시대의 국민윤리와 그의 국민윤리를 구분하자며, 그의 국민윤리가 가진 철학적 가치를 따로 조심히 분석해보자고 한다. 좋은 제안이다. 오월동지회의 일원이며 박정희의 정치적 지지자인 김범부의 철학이 박정희 시대의 국민윤리와 구분될지도 모른다는 가능성을 생각하며 그의 국민윤리에 접근해보자.

김범부의 국민윤리학은 이미 '국민'이란 말에서 읽을 수 있듯이 매우 국가주의적이다. 그리고 그 국가는 민족 같은 것이다. 김범부에게 "너 자신을 알라"라는 철학의 명령을 던진다면, 그는 '한민족'이라 답해야 한다고 말할 것이다. 결국 국가도 민족이며, 민족 역시 국가다. 그러나 더 근원은 민족이다. 그

---

67   金凡父, "國民倫理特講", 《花郎外史》(大邱: 以文出版社, 1981), 195-249쪽.

의 역사 인식의 방법론은 동방적(東方的)이다. 그런데 동방적이란 말에서 '동방'은 동양이 아니다. 동양은 중국, 일본, 한국을 포함하지만 동방은 그에게 오직 한국뿐이다. 그런 맥락에서 그는 '동양'의 르네상스가 아니라 '동방'의 르네상스라는 말을 한다. 이미 여기에서도 그의 국가주의와 민족주의를 읽을 수 있다. 그러면서 그는 이런 자신의 생각이 역사를 관념이 아닌 현실로 보는 것에서 기인한다고 한다. 그런 자신의 인식의 방법을 "즉관적 역사(卽觀的 歷史) 인식"이라면서 말이다.[68] 그의 말을 직접 읽어보자.

> 역사(歷史)는 어떤 관념적 방식(觀念的 公式)이나 어떤 논리적 방식(論理的 公式)을 가지고 보지 말고 역사(歷史)를 사실 그대로 보아야(된다).[69]

근본적인 현대철학의 원칙에서부터 어긋난다. 역사란 과거 사실이기에 사실을 그대로 볼 수 없다. 역사학자 키스 젠킨스(Keith Jenkins)는 "과거는 사라지고 없다. 그리고 역사는 역사가의 작업을 통해 만들어진 과거에 대한 일종의 구성물이다"라고 한다.[70] 그러면서 "과거와 역사 간에는 차이가 있으며, 더욱이 현재 남아 있는 과거라는 것은 그 흔적뿐이라는 점에서는 역사가의 연구 대상은 대부분 구체적인 표명 속에서도 실제로는 존재하지 않는다"고 한다.[71] 과거의 현실을 있는 그대로의 현실로 볼 수 있는가? 불가능하다는 말이다. 지금 남은 것은 약간의 흔적이며, 역사가가 직접 다루는 것은 실제로 존재하지 않은 과거이다. 물론 역사가가 과거를 대상으로 허구를 만들어내는 존재는 아니지만, 적어도 과거를 현실로 인식하고 다가갈 수는 없단 말이다.[72] 어쩔 수

---

68   정달현, "金凡父의 國民倫理論", 〈現代와 宗敎〉 10 (1987), 283쪽.

69   金凡父, "國民倫理特講", 195쪽.

70   키스 젠킨스, 《누구를 위한 역사인가》(서울: 혜안, 1999), 43쪽.

71   같은 책, 51쪽.

72   H. White, *The Content of the Form* (London: John Hopkins Univewrsity Press, 1987) 등에서 역사와 허구의 문제를 참고할 수 있다.

없이 관념 속에서 그리고 자신의 논리 속에서 역사학을 구성하는 길뿐이다. 함석헌 역시 다음과 같이 말한다.

> 역사를 안다 함은 지나간 날의 일기장을 외운다는 말이 아니다. 역사를 쓰는 사람이나 읽는 사람이나 역사라면 일의 기록으로만 알고, 역사를 안다면, 옛날이야기를 많이 아는 것으로만 생각하는 이가 적지 않으나. 그것은 잘못이다. 역사를 그렇게 쉽게 이야기거리로 재미로 알고 쓰고 읽을 수 있는 것이 아니다. 역사를 참으로 깊이 알려면 비지땀이 흐르는 된 마음의 활동이 있어야 한다.[73]

역사는 과거의 일, 즉 현실을 그대로 아는 것이 아니다. 그것은 그냥 말 그대로 옛날이야기다. 역사는 옛날이야기가 아니다. 그 이상이다. "마음의 활동"이라는 주관의 활동, 나의 활동이 있어야 한다. 다음을 보자.

> 역사에 적는 일은 단순한 사실이 아니라 골라진 사실이요, 그 고르는 표준이 되는 것은 지금과의 산 관련이라는 것이다. 그러므로 그것은 사실이라기보다는 그 사실이 가지는 뜻이다. 뜻이 문제다. 또 그다음은 기록이라는 말이다. 지나간 일의 기록이라 함은 틀림없는 말이지만, 몇 개의 사실을 골라 그 시작과 끝머리를 낱낱이 적는 것만이 역사는 아니다. 그 사실을 기록하되 서로서로 사이의 산 관계를 주어 가지고 체계가 있게 통일이 있게 하는 것이어야 한다.[74]

결국 역사는 과거에 대한 것이지만, 주관의 지금 여기와의 연결 속에서 뜻을 가진 것에 대한 기록이다. 그냥 과거 모든 일의 기록이 아닌 뜻을 가진 것

---

73 《전집 1》 33쪽.
74 같은 책, 35쪽.

의 통일성 있는 기록이다. 그러나 김범부는 역사란 관념이나 논리의 방식이 아니라 있는 그대로의 현실로 다가가야 한다고 한다. 과연 과거의 일에 지금을 살아가는 나라는 존재의 관념과 논리 없이 다가갈 수 있을까? 막상 김범부 자신이 이야기하는 '화랑'과 같은 존재에 대한 이야기들이야말로 자신에겐 매우 주관적인 사실을 타인에게 객관적 사실로 강요하는 것은 아닌지 생각해볼 일이다.

김범부는 자신의 '즉관적 인식'으로 국가발전사 역시 객관적 사실로 적어 내려갈 수 있다고 한다. 마치 자연계의 현상을 발전의 단계로 객관적으로 서술하듯이 그렇게 자신의 방법론으로 인간 세상 역시 기술할 수 있다고 한다.

> 이러한 완료(完了)의 원칙(原則)을 국가발전사(國家發展史)에 적용(適用)을 한다면 국가(國家)는 원시부족국가 시대(原始部族國家 時代)에서 오늘날까지 발전해오는 역사적 과정(歷史的 過程)에 있어서 민족국가(民族國家)로서 완료되고 있습니다.[75]

어찌 보면 매우 위험한 발상이다. 그는 민족국가가 원시부족국가 시대에서 시작된 국가발전사의 완료형이라고 한다. 바로 이것이 어떤 관념이나 논리 없이 있는 그대로의 역사를 보고 그가 판단한 것이다. 그는, 과거 제국주의 시대의 제국주의 국가들은 그 시대 세계사회를 위한 소임이 팽창하여 개척한 일을 수행하고 이제 과거형이 되었고, 이제는 이후 민족국가라는 완료형으로 존재하며 각 민족국가가 독립해 각자 책임 있는 책임국가로서 국제 국가사회의 형태를 가지게 되었다고 한다. 결국 원시부족국가에서 시작해 제국주의 시대를 걸쳐 민족국가라는 완료에 이르는 것이 세계사이고, 그 세계사의 마지막에서 각각의 민족국가는 국제 국가사회를 이룬다는 것이다. 결국 현대 세계사회는 민족이란 틀 속에서 국가라는 통일 체제를 가지게 된다는 것이다. 결국 민

---

75 金凡父, "國民倫理特講", 196쪽.

족이 국가의 성격을 가지게 된다는 말이다.[76] 이런 역사의 발전이 그에겐 관념이나 논리에 빠져 있는 주관이 아닌 있는 그대로의 객관적이란 것이다. 그러니 그에게 국민윤리란 얼마나 중요한 것인가? 국가 발전의 마지막 단계의 윤리이니 말이다.

그렇다면 김범부가 이야기하는 그 민족은 무엇인가? 그 역시 생물학적으로 동일한 어떤 것으로 민족을 이야기하지는 않는다. 그에게 민족의 조건은 역사다. '같은 역사를 공유'하는 것이 민족의 조건이다. 미국은 독립전쟁과 남북전쟁 그리고 오바마 흑인 대통령 등으로 역사를 공유한다. 이러한 하나의 같은 역사를 공유하기에 미국은 하나의 민족, 미국 민족이 되었다는 것이 김범부의 생각이다.[77] 같은 역사를 공유한다면, 국가가 없어도 민족은 가능하다. 구약성경은 유대인을 하나의 민족으로 존재하게 하는 역사적 공유물이 될 것이다. 그러나 한국과 같이 한 국가로 존재하는 민족의 경우를 보자. 그 경우 국가에 속한 국민은 역사를 통해 국민적 자각을 하게 된다. 민족은 역사의 공유로 하나가 되고, 그 하나가 되게 하는 통일 체계인 국가를 가질 때 민족은 민족국가 속에 존재하는 국민이 된다. 또 국민적 자각, 즉 국민으로의 존재를 깨우치는 것은 국민으로의 윤리를 포함한다.[78] 이렇게 국민윤리가 요구되는 것이다.

유럽은 개인으로서 나의 '존재'에서 시작한다. 대표적으로 데카르트의 "나는 생각한다. 그러므로 나는 존재한다"라는 철학적 토대에서 유럽의 근대철학이라는 성과들이 세워졌다. 자아가 윤리를 앞선다. 자아가 충효를 앞선다. 이를 두고 김범부는 불만을 이야기한다.

효보다도 먼저 있는 것이 자아가 아니겠는가 하는 의혹이 일어날 것이요, 그

---

76 같은 책, 187-202쪽.
77 같은 책, 200쪽.
78 같은 책, 202쪽.

러나 그것은 속았다는 것이죠. …데카르트도 그 아버지와 어머니 없이는 생기지도 않았을 것(이다).[79]

사실 무척이나 당황스러운 논리 전개다. 논리(論理)를 앞선 윤리(倫理)라고 해야 할까? 그에게 나란 존재에게 의무로 주어진 '충효'는 나의 '존재'를 앞선다. 그에게 '효'는 한 가정의 윤리이고, '충'은 한 국가의 윤리다. 자연 존재인 가정, 생물학적으로 자연스러운 그 가정의 차원에서 인위적 공동체인 국가가 이해된다. 그렇게 충효라는 것은 인간 존재에게 자연스러운 것이 된다. 자신의 존재를 앞서는 자연스러운 본질이 된다.

> (국민윤리란) 그 국민의 윤리적 생리입니다. 그 국민의 도덕적 생리입니다. 관념이 아니고 사상이 아니고 성격이요, 생리라는 말입니다.[80]

> 우리 한국인(韓國人)은 이 생리화(生理化)된 전통(傳統) 가운데 들어가서 윤리(倫理)의 근거를 구하지 않으면 안 된다는 말입니다. 그리고 이 가운데서 의의(意義) 있는 것을 계승(繼承)해야 되겠다는 것입니다.[81]

민족국가로의 발전이 관념이나 논리의 문제가 아니라 객관적 사실이라 강요하던 김범부는 이제 국민윤리가 윤리적이고 도덕적 생리현상이며, 이는 관념이나 사상의 문제가 아닌 객관적인 어떤 것이라고 한다. 그리고 그 생리화된 전통 가운데 윤리적 근거를 구하고, 그것을 계승해야 한다. 이와 같이 국민윤리, 즉 '충효'가 나의 존재를 앞서고 내 존재의 본질을 이루는 생리라는 것이 객관적 사실이라고 한다. 더 충격적인 것은 보편윤리의 거부다. 모든 존재하

---

79   같은 책, 236-237쪽.
80   같은 책, 208쪽.
81   같은 책, 234-235쪽.

는 인간은 어떤 국민으로 존재한다. 그냥 인간으로 존재하지 않는다.

> 그냥 사람이라는 존재가 있습니까? 없습니다. 실제 사람을 포착할 때에는 그것이 어느 민족 어느 국민에 속합니다. 그러므로 실천에 있어서는 국민윤리적 성격을 가져옵니다.[82]

국가 없는 사람은 존재하지 않는다. 민족 없는 사람은 존재하지 않는다. 모든 사람은 국민으로 존재할 뿐이다. 그냥 '사람'은 없다. 그래서 그냥 사람에 대한 윤리는 필요 없는 관념이며, 국민윤리가 요구될 뿐이다.

국가가 시키면 어떤 보편적 윤리적 감성도 없이 악을 저지르던 제국주의 일본이 생각난다. 보편윤리의 소멸에서 얼마나 잔혹한 만행을 보았는가 말이다. 그 악행은 가미가제 자살 폭탄 공격에선 심지어 자국민을 향한 것이기도 했다. 자살이란 보편윤리적 악행이 국민윤리적 차원에서 이루어진 것이다. 김범부의 국민윤리에 대한 이야기를 듣고 있으니 갑자기 일본의 국민도덕이 떠오른다.

> **충**은 우리 신민의 근본이고 우리 **국민도덕의 기본**이다.[83]

> 진정으로 **충효일체**는 우리 국체의 정수이고 **국민도덕의 요체**이다.[84]

제국주의 일본에서는 충이 결국 국민도덕의 실체다. 그런데 김범부의 국민윤리에서도 충은 개인을 넘어서는 것이며, 국가를 지탱하는 실체다. 개인인 나의 존재를 넘어서는 생리적인 것이며, 그것으로 인해 '나'는 한 국가의 국민

---

82 같은 책, 210쪽.
83 형진의·임경화 편역, 《'국체의 본의'를 읽다》(서울: 어문학사, 2017), 57쪽.
84 같은 책, 68쪽.

이 되며, 어느 국가의 국민도 아닌 그냥 인간 혹은 사람으로 존재하는 불운을 면할 수 있다. 말을 잘 들어야 한다. 충을 실천해야 한다. 그렇지 않으면 큰일이다. 혹시나 국가가 망하게 된다면, 나는 그냥 인간 혹은 사람으로 존재하게 되기 때문이다.

김범부의 국민윤리는 이러한 것이다. 그런데 그 국민이란 하나의 실체를 지탱하는 과거로부터 내려오는 실체적 본질은 무엇인가? 바로 화랑이다.

③ 김범부의 '화랑정신'

김범부는 우리 역사에서 두 가지 흐름을 구분한다. "민족의 고유한 본래에 있는 전통"과 다른 하나는 "외래문화(外來文化) 외래사상(外來思想)이 들어와서 뿌리를 내려 전통(傳統)으로 화한 것"이다.[85] 김범부는 무엇이 우리에게 '고유한 정통'이라고 했을까? 바로 화랑정신이다.

> 이 고유(固有)의 정신(精神)이 본대 삼교(三敎: 유·불·도)의 성격(性格)을 포함(包含)했다는 의미로 해석해야 할 것이다.[86]

위의 글에서 이 고유한 정신은 화랑정신이다. 화랑정신은 유가와 불가 그리고 도가의 성격을 모두 포함하는 우리 민족 고유의 어떤 것이다. 화랑정신은 이와 같이 단순한 무리의 정신이 아닌 철학적이고 사상사적 가치를 가진 어떤 것이다. 이 화랑정신은 풍류도정신과 맥을 같이 한다. 아래 풍류도정신에 대한 그의 정의를 보면 화랑정신과 같이 삼교의 정신을 포함하는 것임을 확인할 수 있다.

---

85   金凡父, "國民倫理特講", 214쪽.
86   최재목·정다운, 《凡父 金鼎卨 단편선》(서울: 선인, 2009), 41쪽.

풍류도정신(風流道精神)이라는 것은 어디에 가서든지 맞지 않는 곳이 없으며, 그것은 기약하지 않고 삼교(三敎)의 정신(精神)을 포함(包含)하게 되었더란 말이요.[87]

이러한 화랑정신과 풍류도정신은 국가관과 관련된다. 일본은 1890년 "교육칙어"를 통해 일본왕과 국민(신민) 사이의 '충'을 가정의 '효'가 확장한 것이라는 논리로, '충'을 사회적 산물이 아닌 자연적 산물로 만들어갔다. 그런데 김범부가 이와 유사한 논리를 1961년 "국가관과 화랑정신"에서 제시한다. 이 글은 1961년 쿠데타 이후 국가재건최고회의에서 발행한 〈최고회의보〉 2호에 소개되었다. 이 글에서 일본의 '국민도덕'과 유사한 기능을 한 '국민윤리'가 제안되었다. 그가 국민윤리에서 강조한 것은 바로 효(孝)다. 효 자체를 위해 효를 강조하는 것이 아니다. 좋은 가정을 이루자는 목적도 아니다. 그가 강조하는 '효'는 '충'으로 확장하기 위한 기본 조건이다. '효'는 가정윤리이고, '충'은 국가윤리다. 한 가정의 효는 사실 이해득실을 벗어난 관계다. 김범부의 글을 직접 읽어보자.

나라에 대한 심정도 기실인즉 **이해득실을 초월해서 당연히 그리해야 하고 그리 않고는 할 수 없는 무조건의 감분**, 다시 말해서 효자가 부모에게 대한 측달한 심정, 곧 지정이라 할밖에 딴 이유가 없는 것이다. 그런데 **이러한 심정들은 이것을 국가관으로 규정하자면 역시 윤리적 혹은 인륜적 국가관으로 해야 할 것이다.**[88]

자녀는 부모에게 어떤 이익을 따져 '효'를 실천하지 않는다. 무조건적으로 실천한다. 이러한 '효'를 '충'으로 확대한다. 그에게 '인륜적 국가관'은 국가라

---

87   金凡父, "國民倫理特講", 232쪽.
88   최재목·정다운, 《凡父 金鼎卨 단편선》, 63쪽.

는 '하나의 큰 집안'에서 국민은 가족이고, 국가권력은 부모와 같다. 국가라는 집안에서 자녀는 부모의 말에 '효'의 마음으로 복종해야 한다. 그것이 '충'이다. 함석헌은 이러한 김범부와 같은 이의 논리를 매우 비판적으로 바라보았다. 높은 자리에 있는 이가 아껴주겠지만, 민중은 자기 철학의 중심이 아니라 강자의 변두리에서 강자를 따르는 수동적인 존재로 있을 뿐이다.[89] 일부 현대 연구가는 김범부의 철학을 현대 한국철학을 위해 필요한 혹은 새로운 대안이라도 되는 듯이 말한다.[90] 예를 들어, 〈경북매일〉의 2014년 10월 22일 기사에 따르면, 최재목은 "범부는 박정희 정권이 사라지면서 함께 잊혀진 사상가다. 그는 박 정권의 건국철학을 구상했고, 새마을운동의 기초단계를 초안했으며, 남한 정권의 골격인 신라–화랑정신–경주를 제안한 인물이다"라고 말했다.[91] 맞다. 김범부의 철학은 박정희 정권에 유용하게 사용되었다. 그러나 그가 과연 한국 철학에 어떤 유익을 줄 수 있을까?

그의 책《화랑외사》는 한국전쟁 이후 국군장병의 사상 무장을 위한 교재로 활용되었다. '사상 무장'이란 말만으로도 그의 철학이 어떤 역할을 수행했는지 알 수 있다. 민중은 사상 무장이 강제되어야 할 통치의 대상일 뿐인가? 스스로 사상을 가지며 치열하게 생각하는 주체가 될 순 없는가? 무조건 국가와 민족의 담론 앞에서 고개 숙이고 따라야 한다는 이야기에서 민중은 무엇인가? 왜 민중은 국가권력자를 부모로 모시고 화랑정신으로 무장되어야 하는가? 김범부의 이러한 생각에 류영모는 다음과 같이 분노한다.

> 학생을 국가의 동량이라고 하는데, 그따위 말은 집어치워야 합니다. 애당초 민족국가라는 말이 틀렸습니다. **국가의 '가'(家)는 집어치워야 합니다. 이 '집 가'의 가족제도 때문에 우리나라가 망한 게 아니겠습니까? 전 세계 인류**

89 《저작집 30》, 400쪽;《전집 1》, 281쪽.
90 최재목,《범부 김정설의 풍류·동학 그리고 동방학》(서울: 지식과교양, 2018).
91 윤종현, 〈경북매일〉(2014. 10. 22).

를 생각하면 국가와 민족이라는 것도 말이 안 됩니다. 민족이라는 것을 넣을 데가 없습니다. 그런데 교육 당국에서는 국가의 동량과 민족의 광명이란 슬로건을 내겁니다. 이것은 안 됩니다. 이렇게 하다가는 한 나라만 망하는 게 아니라 전 인류가 망하게 됩니다.[92]

류영모의 분노는 진지하다. 민족국가, 학생을 국가의 동량으로 사상 교육하는 것, 이 모든 것을 거부한다. 가정에서 이루어지는 '효'의 마음으로 국가권력자를 부모로 모시라는 것을 거부한다. 결국 '충'을 강조하는 것은 민중을 말잘 듣는 존재로 만들려는 것임을 류영모는 알아보았다. 이것은 한 국가의 죄악일 뿐 아니라 인류에 대한 죄라며 류영모는 강하게 분노한다. 맞다. 민족주의와 국가주의 그리고 제국주의는 '남'이 없는 '나'를 이야기한다. 그 '나'는 '남'을 열등한 존재로 여기고 계몽의 대상으로만 파악한다. 권력자에게 '남'으로있는 '나'는 결국 '남'인 권력자에게 정복되어 계몽되어야 할 대상일 뿐이다. 결국 스스로 '나'를 돌아보지 못하고 '남'이 명령하는 그 명령으로 자신을 돌아보는 '나'는 바보가 되어버린다. 함석헌은 화랑정신이나 이야기하는 이러한 것으로 "이 민족의 정신적 빈곤을 무엇으로 형용할까"[93]라며 부정적인 시선으로 바라본다.

김범부는 화랑도의 정신과 풍류도의 정신이 우리의 혈맥 가운데 흘러 지금에 이르렀고, 우리 민족이 많은 고난을 이겨낸 것도 바로 신라-경주의 풍류도정신과 화랑정신 때문이라고 한다.[94] 신라의 화랑정신과 풍류도정신이 최제우의 동학으로 이어졌다면서, 동학의 '개벽'을 김범부 자신이 이야기하는 '동방 르네상스'와 같은 맥락으로 본다.[95] 그의 이런 논의에 따르면, 그에게 경주

92 1956년 11월 22일 "다석 강의."
93 《저작집 30》, 400쪽; 《전집 1》, 281쪽.
94 최재목, "'東'의 誕生: 水雲 崔濟愚의 '東學'과 凡父 金鼎卨의 '東方學'", 〈양명학〉 26 (2010), 16쪽.
95 같은 책, 21쪽.

는 참으로 대단한 도시다. 신라-경주는 한국철학의 원류인 풍류도정신과 화랑정신의 공간이다. 그리고 그 정신은 그가 이야기하는 새로운 시대의 대안인 동방학의 근거가 된다.[96] 결국 새로운 시대의 대안은 바로 신라-경주의 정신으로 돌아감이 된다. 김범부는 경주를 '신도성시정신'이 살아 있는 곳으로 보며, 그 정신이 기적적으로 부활해 '국풍의 재생'이 될 것이라고 했다.

이러한 김범부의 논리에 민초의 아픔은 어디에 있는가? 철학은 스스로 나를 돌아봄으로 시작된다. 반성적 사고, "너 자신을 알라"는 철학의 명령에서 시작된다. 김범부에게 '나'는 과거를 그리워해야 하는 존재다. 그의 이런 논리 속에 민중의 아픔은 어디에 있는가? 민중이란 어리석게 과거의 화려한 그 정신을 망각한 존재일 뿐인가? 그래서 계몽해야 할 존재일 뿐인가? 경주를 강조하는 그 논리 속에 민초의 아픔은 어디에 있는가?

함석헌은 역사의 중심에 민중이 있어야 한다고 했다. 민중의 아픔, 민중의 고난이 없는 자긍심의 역사는 거짓이다. 그런 자긍심의 철학 역시 위선의 철학이며, 거짓의 철학이다. 민중을 말 잘 듣는 사람으로 두고 민족지상주의니 국가지상주의이니 하는 것은 제대로 된 한국철학이 될 수 없다. 진정한 한국철학에서 민중은 통치와 교화의 대상이 아니라 주체로 있어야 한다.

민중은 모든 혁명의 원동력이 되면서 결과는 늘 일부 특권자에게 뺏기고 속아왔다. 이날까지 모든 혁명가 중 압박자로 타락하지 않은 경우 없고 모든 지도자 중 협잡꾼으로 떨어져 들어가지 않은 경우 없다.[97]

역사의 혁명은 스스로 생각하는 민중에게 있지 말 잘 듣는 민중에게 있는 것이 아니다. '충성'이라는 말로 아무리 미화시켜도 결국은 거짓에 속는 것이다. 많은 경우 민중 자신의 권리를 오히려 빼앗긴 꼴이 되었다. 오랜 시간 민

---

96 김범부, 《풍류정신의 사람, 김범부의 생각을 찾아서》, 김정근 풀어씀(서울: 한울아카데미, 2013).
97 《저작집 4》, 111쪽.

중은 속아왔다. 조선의 양반은 많은 경우 친일파가 되었다. 그들은 누리며 즐기는 역사를 살았다. 그러나 이 땅 민중은 엄청난 고난의 시간을 보냈다. 독재의 시간에도 마찬가지다. 기득권을 누린 이들은 '충성'이라는 듣기 좋은 말을 했지만, 그들은 누리고 민중은 고난 속에서 아파했다. 진정한 한국철학의 근본은 고난 속 민중에게 있어야 한다. 고난 중에도 쉼 없이 생각하는 민중에게 있어야 한다. '충'이란 이름으로 말 잘 듣는 민중에게 있는 것이 아니다. 사상 교육용으로 만들어진 그런 철학이 참된 한국철학이 되어서는 정말 안 될 일이다.

2) 대학의 철학자들

이관용[98]은 1921년 취리히대학에서 "의식의 근본 사실로서의 의욕론"으로 학위를 받고 귀국해 연희전문학교에서 철학을 강의했다. 김중세(1882-1946)는 1909년 베를린대학으로 유학을 떠나 철학과 고전학을 전공했으며, 1923년 라이프치히대학에서 고대 그리스철학으로 박사학위를 받고 식민지 조선으로 돌아와 당시 경성제국대학에서 강의했다.[99] 1929년 이승만 시대의 대표적 파시즘 철학자인 안호상은 예나대학에서 "관계 문제에 대한 헤르만 로체의 의미"란 논문으로 박사학위를 받고 돌아와 보성전문학교에서 강의했다. 이후 1945년 서울대학교 문리과대학 교수를 거쳐, 1948년 정부 수립 때 초대 문교부장관을 역임했다. 이들이 독일 유학파라면, 프랑스에 유학을 다녀온 이들

---

98 이현희, "이관용의 사상 발전과 현실 인식", 〈東方學志〉 174 (2016). 이관용의 삶에 대해 다음의 연구서들을 참고하면 도움이 될 것이다. 윤선자, "李灌鎔의 생애와 민족운동", 〈한국근현대사연구〉 30 (2004) ; 이태우, "일제강점기 신문조사를 통한 한국철학자들의 재발견: 김중세, 이관용, 배상하를 중심으로", 〈인문과학연구〉 8 (2007) ; 이태우, "일제강점기 한국철학자 연구(II): 일성 이관용 연구를 위한 예비적 고찰", 〈동북아문화연구〉 25 (2010) ; 표정훈, 《나의 천년》(서울: 푸른역사, 2004), 162-165쪽.

99 표정훈, "동양학자 김중세 연구", (성균관대학교 석사학위논문, 2014).

도 있었다. 연희전문학교 3·1혁명에 앞장섰으며, 연세대학교 철학과 교수 재직 시 '4·19 교수시위'를 주도했고, 박정희의 유신정권 시기엔 '정치교수 1호'로 낙인찍힌 정석해(1899-1996)와 독립운동가로 대한민국임시정부와 함께 다양한 활동을 하고 1942년 조선어학회 사건에 연루된 김법린(1899-1964), 언론인으로 친일 행위를 하고 납북된 이정섭(1895-?) 등이 프랑스 유학 출신이다. 미국으로 유학을 간 한치진(1901-?)은 사우스캘리포니아대학에서 학위를 받고 1930년에 귀국해 이화여자전문학교에서 강의를 시작했다. 그러나 1936년 이화여자전문학교 교수직을 사임하고 다음 해 1939년 일본 와세다대학에서 연구하며 일본어로 《인격심리학원론》(人格心理學原論)을 출판했다. 해방 이후 1947년 7월 서울대학교 교수로 취임했고, 한국전쟁 시 납북되었다. 대표적인 개신교 친일파이며 이승만과 박정희 정권에서 차관과 대사 등을 역임한 갈홍기(1906-1989)는 1934년 시카고대학에서 박사학위를 받고 귀국해 연희전문학교에서 철학을 강의했다. 이어서 영미철학을 한국에 소개한 박희성(1901-1988)은 1937년 미시간대학에서 "주관주의과 직관"으로 박사학위를 받고 귀국해 1938년부터 보성전문학교에서 철학을 강의했다.[100]

유럽과 미국으로 유학을 떠나기도 했지만 가장 편한 유학지는 일본이었다. 국어학자 최현배(1894-1970)는 일본의 경도제국대학 철학과를 졸업하고 1926년부터 연희전문학교에서 철학 강의를 했다. 개신교의 친일파 가운데 한 명인 채필근(1885-1973)은 1926년 동경제국대학 철학과를 졸업하고 당시 평양에 있던 숭실전문학교에서 강의했다. 친일파로 불리는 윤태동(1900-?)은 동경제국대학 철학과를 졸업하고 경성제국대학 예과 교수가 되었다. 친일 활동을 한 김두헌(1903-1981)은 1929년에 동경제국대학 철학과를 졸업하고 이화여자전문학교 교수가 되었다. 그는 1945년에서 1950년까지 서울대학교 문리과대학 교수로 있었고, 이후 1950년 문교부 고등교육국장, 1952년 전북대학교 총장, 1958년 숙명여자대학교 총장을 지냈다. 이후 1960년에서 1972년

100   어영서, "박희성의 '주관주의와 직관'", 〈철학연구〉 56 (2017).

까지 건국대학교 대학원장을 지냈으며, 1970년엔 윤리학회 회장을 역임했다. 일본 입교대학교를 졸업하고 《금명일의 국가》(今明日의國家), 《철학사전》, 《철학개론》을 남겼으며, 이화여자전문학교 교수, 국민대학 미술부 철학과 교수, 휘문중·고등학교 교장을 역임한 이재훈(1902-?)과 경도제국대학교를 졸업하고 경성제국대학교에서 대학원을 수료하고 1962년 경북대학교에서 박사학위를 받았으며, 고려대학교 총장을 한 이종우(1903-1974)와 와세다대학교를 졸업하고 경성제국대학교에서 그리스철학을 연구했으며, 연희대학교, 성균관대학교, 고려대학교에서 교수 생활을 한 손명현(孫明鉉)도 있다. 또 식민지 조선에선 독립운동을 했고, 해방 이후 현재 영남대학교인 1947년 당시 대구대학교, 1953년 경북대학교, 1979년 계명대학교에서 교수 생활을 하며 활발한 저술활동을 한 아나키스트 하기락(1912-1997) 등도 일본 와세다대학에서 유학생활을 했다.

드디어 1929년 경성제국대학교 철학과 1회 졸업생이 배출된다. 동시에 식민지 조선의 자체적 철학 전문가들이 등장한다. 헤겔을 비롯한 유럽 근대 철학을 연구한 서울대학교 교수 김계숙(1905-1989), 동덕여자대학교 교수이며 양명학과 조선철학을 연구한 조용욱(1902-1991), 친일파이며 이화여자대학교 교수를 지낸 배상하(1906-?), 그리고 그들의 후배인 헤겔과 맑스 철학을 비롯한 공산주의 철학을 연구한 사상가이자 김일성종합대학교 철학과 교수였던 신남철(1903-?),[101] 조선총독부에서 일한 친일파이며 식민지 조선에서 의령과 하동 군수를 지낸 안용백(1901-1977) 등이 있다. 이 가운데 안용백은 이승만 정권 아래에서 자유당의 국회의원으로 당선되지만 부정선거로 당선 취소된 인물이며, 김영삼의 고등학교 시절 스승이기도 했다. 미술사학자로서 이 땅 미술사학의 선구자로 불리는 고유섭(1905-1944)과 박정희의 철학자 박종홍, 그리고 "민족과 문학", "아리스토텔레스의 문학관", 평론집 《사상과 현실》

---

101   신남철, "철학의 일반화와 속류화: 한치진 씨의 하기강좌를 읽고", 〈조선일보〉(1930.
10/11회 연재) ; 신남철, "이데오로기와 사회파씨슴: '신수정주의'와 현계단",
〈신계단〉 1 (1932).

을 쓴 철학자로 월북한 박치우(1909-1949),[102] 한때 국무총리를 한 고건의 아버지이며 국회의원을 했으며 서울대학교 철학과 교수와 전북대학교 총장을 지낸 고형곤(1906-2004), 칸트의 책을 번역하고 독일철학을 연구한 서울대학교 철학과 교수 최재희(1914-1984), 아우구스티누스 등을 중심으로 중세철학을 번역·연구·소개한 김규영(1919-2018) 등이 있다. 이 가운데 신남철과 박치우는 마르크스 철학을 연구했으며, 박종홍은 앞서 살펴본 대로 박정희 시대의 철학자였다.

경성제국대학교의 자리에 그대로 서울대학교가 들어섰다. 조요한(1926-2002)은 서울대학교 시절 서울대학교 철학과와 대학원을 졸업하고 숭실대학교 철학과 교수가 되었다. 또 데카르트에서 아리스토텔레스와 플라톤, 질 들뢰즈에 이르기까지 다양한 시기 다양한 철학 저작을 번역한 최명관 역시 서울대학교 철학과를 졸업한 인물이다.

오랜 시절 경성제국대학을 중심으로 유지되던 철학과는 해방 이후 여러 대학에서 다양한 철학과가 등장하며 새로운 시대를 맞이했다. 수적으로 다수의 철학 전문 인력이 양상되기 시작했다. 철학과 독주로 대부분 교양 철학 정도의 논의가 이루어진 상황에서 변화가 일어난 것이다. 가장 먼저 문을 연 곳은 연세대학교 철학과로 1945년에 개설되었다. 이어서 고려대학교 철학과가 1946년 8월, 동국대학교 불교학과가 1946년 9월에 개설되었다. 또 이 무렵 경성제국대학 철학과는 새로운 시작을 알리며 서울대학교 철학과로 1946

---

102 박치우, "현대철학과 인간문제", 〈조선일보〉(1935. 9. 3-11), 박치우, "세대 비판의 완성으로", 〈조광〉(1937), 박치우, "고문화 음미의 현대적 의의", 〈조선일보〉(1937. 1. 1-3) ; 박치우, "고전의 성격인 규범성", 〈조선일보〉(1938. 6. 14) ; 박치우, "예지(叡智)로서의 지성", 〈비판〉(1938) ; 박치우, "전체주의 철학적 해명", 〈조선일보〉(1939. 2) ; 박치우, "교양의 현대적 의미", 〈인문평론〉(1939. 11) ; 박치우, "지식인과 직업", 〈인문평론〉(1940. 5) ; 박치우, "동아협동체론(東亞協同體論)의 일성찰(一省察)", 〈인문평론〉(1940. 7) ; 박치우, "민족과 문학", 〈한성일보〉(1946. 2. 26-3. 7), 박치우, "문화공동체와 민족의 성립", 〈중외일보〉(1946. 4. 19) ; 박치우, "민족문화건설과 세계관", 〈신천지〉(1946. 6) ; 박치우, "아메리칸의 문화", 〈신천지〉(1946. 9) ; 박치우, "아리스토텔레스의 문학관", 〈신인문학〉(1947. 10).

년 8월 22일 미군정법 제102호 '국립 서울대학교 설치령'에 의해 문을 연다. 이어서 광주의 조선대학교 철학과가 1946년 9월, 성균관대학교 동양철학과가 1946년 10월 철정과(哲政科)로 문을 열었고, 이후 1948년 7월 동양철학과로 이름을 바꾸었다. 영남대학교의 전신인 대구대학교[103]에서 하기락 등의 교수들이 가르치는 철학과가 1947년 문을 열었다. 이어서 부산대학교 철학과가 1946년 인문학부 예과로 시작해 1948년 9월 철학과로 새롭게 시작되었다. 1950년대에 이르러 1951년 한국전쟁 당시 대구 경북대학교에서 철학과가 문을 열었고, 같은 해 원광대학교 원불교학과가 문을 열었다. 1948년 전북대학교의 전신인 명륜학원에서 경전학과가 시작되었고, 이는 1951년 전북대학교 철학과가 된다. 1952년에 전남대학교 철학과가 시작되고, 같은 해 충남대학교 철학과가 시작했다. 1953년 동국대학교 철학과, 1954년에 계명대학교 철학과가 문을 열었다. 또 1938년에 폐교했다가 1954년에 다시 시작된 숭실대학교는 시작과 함께 철학과의 문을 열었다. 1954년에는 중앙대학교 철학과가 창설되었다.

철학과는 점점 확대되어가다가 1990년부터 문을 닫거나 철학과의 본질과 무관한 학과와 통합되어 사라지기 시작했다. 혹은 교수 충원이 없는 이상한 상태로 지속되었다. 호서대학교 철학과, 경산대학교 지금의 대구한의대학교 동양철학과, 대구가톨릭대학교의 철학과, 한남대학교 철학과 등이 사라졌고, 지금도 몇몇 철학과는 불안한 상황을 유지하고 있다.

① 이관용 : 민중 전체를 위한 민중의 철학을 꿈꾼 비운의 미완

식민지 조선에서 유학을 떠나 철학을 공부한 이들이 있었다. 이관용 (1894-1933)은 1921년 취리히대학에서 "의식의 근본 사실로서의 의욕론"으로

---

103   지금의 대구대학교와는 완전히 다르다. 1947년의 대구대학교는 지금의 영남대학교의 옛 이름이다.

학위를 받고 귀국했다. 그의 아버지는 유명한 친일파 이재곤(1859-1943)이다. 그는 조선의 왕족으로 시대의 친일파인 정미칠적(丁未七賊) 중 한 명이다. 그의 넷째 아들이 바로 독립운동가이며 스위스 취리히에서 한국인 최초로 철학 박사학위를 받은 이관용이다. 이관용은 매우 극단적인 성향의 사상가로, 그의 아버지와는 많이 달랐다. 그는 대한민국임시정부의 파리위원부 부위원장으로 김규식 등과 함께 파리강화회의의 한국인 대표단으로 참여했고, 민중 주권을 주장한 조소앙 등과 함께 1919년 8월 1일부터 9일간 스위스 루체른에서 개최된 만국사회당회의에 한국 대표로 참석했다. 또 그는 1929년 10월 광주학생 사건과 관련해 신간회 간부들과 함께 12월 규탄 대회를 준비하던 중 체포되어 구금되기도 했다. 그리고 불운하게도 1933년 익사했다. 21세기의 우리에게 그에 대한 기억은 그리 강하지 않다. 그러나 당시 함께 유학했던 김준연이 1922년 〈동아일보〉에 그를 소개한 것을 살펴보면 그가 어떤 사람이었는지 알 수 있다. 김준연은 그를 역동적이고 매우 적극적인 인물로 그리고 있다.

이관용 씨를 소개합니다. 언제 한번 잠간 말씀하엿섯지오. 동씨(同氏)는 우리 조선에서 매우 보기 드문 양학자올시다. 또 겸해서 한학에도 상당한 소양이 잇습니다. 동씨는 우리 조선 구주유학생의 제2성과올시다. 제1위는 김중세 씨가 점령하겟습니다. 하나 량 씨가 각기 특색이 다 잇습니다. 김씨의 정적(靜的)임에 반해서 **이씨는 동적(動的)이올시다.** 김씨의 얼마쯤 상고적임에 반해서 **이씨는 넘우도 급진적이라 하겟습니다.** 김씨의 순학자적임에 반해서 **이씨의 정치적 열혈**을 도저히 간과치 못하겟습니다. **이관용 씨는 경성고 등보통학교,** 동경부립 제4중학을 지내서 경성전수학교를 졸업하고 9년 전에 구주에 와서 영불독서서국(英佛獨瑞西國)에서 즉금까지 풍요한 천자(天資)를 더욱 탁마하엿습니다. 서서(瑞西) 추리히대학에서 철학박사의 학위를 어덧습니다. 영독(英獨) 양 국어는 그이의 특장이오 또 불어에 능하고 겸하야 일어에 정통합니다. 동씨(同氏)가 우리 동아일보지를 위해서 "사회의 병적 현상"이라는 론문을 기초하엿습니다. 동씨는 고국을 떠나서 구주에 체류한 지 근 10년이기 때문에 고국 사정에 혹 정통치 못한 점도 잇겟고 또는 우리 언어문장에 어색한 점이 전연이 업슬이라고는 보증하기 어렵습니다. 하나 그의 풍부한 온축중(蘊蓄中)에서 서리(犀利)한 두뇌를 경과해서 쏘다저 나온 론문 중에는 반다시 주의할 만한 점이 만히 잇슬 줄 압니다.[104]

이관용은 1917년 취리히대학에 입학해 1921년에 철학박사 학위를 취득했으며, 유학 기간은 10여 년이었다. 그는 친일파의 아들로 조용히 공부만 하지 않았다. 유학 중 일어난 1919년 3·1혁명에도 함께하였으며, 임시정부의 파리위원부에서도 활동했다. 일급 친일파의 아들이 독립운동의 전방에 있었다. 이후 그는 지금의 연세대학교인 연희전문학교에서 철학을 강의했고, 그 흔적으로 그가 1924년 〈延禧〉(연희)에 발표한 "임마누엘 칸트"[105]가 있다. 또 그는 "인식에서의 주객(主客)의 관계"와 "가치론(價値論)에서의 이론적 책임 및 평가적 책임, 주의주의와 주정주의, 그리고 보편성과 우연성"을 강의했다고 한다.[106] 그는 당시 식민지 조선의 어느 누구보다 더 유럽을 제대로 경험하고 익히고 돌아온 철학박사였다. 그런데도 그는 1922년 〈동아일보〉에서 "구주의 민주정체를 표준적 국체(國體)라 함은 공리적 진리"가 되었지만, 사실 이는 "구주인(유럽인)의 사회제도나 생활방법이 완전무결"하기 때문이 아니며 그들이 당시 시대 상황에서 승자의 자리에 있었기 때문에 "모든 건설적 활동의 표준"으로 정해진 것이라고 했다.[107] 즉 유럽의 것들이 모두 완전한 것은 아니며, 단지 그들이 승리하였기에 승리한 그들의 것이 표준이 된 것일 뿐이라고 한 것이다. 그는 이처럼 유럽을 비판적으로 바라보았다. 그는 유럽의 변두리

---

104 김준연이 "李灌鏞, 社會의 病的現像(1)", 〈東亞日報〉(1922. 7. 21)에서 이관용을 이와 같이 소개했다.
105 이관용, "임마누엘 칸트", 〈延禧〉 3 (1924).
106 이현희, "이관용의 사상 발전과 현실 인식", 172쪽.
107 "哲學博士 李灌鎔, 社會의 病的現像(9)", 〈東亞日報〉(1922. 10. 13).

에서 유럽을 동경하며 철학하지 않았다. 그러나 유럽 등에서 익힌 철학의 방법론과 세계관은 그가 다음과 같이 조선 시대의 계급과 그 오랜 착취 수단으로의 철학을 비판하는 것으로 이어진다.

지금까지의 사회는 '민중 전체의 사회'가 아니요, 일정한 주인계급이 잇서 왓습니다. 그래서 사회의 이익이라는 쇠기는 개념의 가면을 벡기고 보면 '사회의 주인의 이익'인 것이 분명합니다. 구한국 시대에 우리 농민더러 충군애국하고 사회를 위하야 착한 일을 하라 함은 곳 '너희들은 우리 양반계급의 이익을 위하야 노력을 다하라' 하는 심입니다. 그때 그 사회는 양반의 사회이요 농민의 사회가 아님으로 농민들이 아모리 착한 일을 하야도 양반계급의 부패한 생활만 조장하얏지 민중 전체의 발전은 보지 못하얏습니다. 이러한 쇠김수가 엇지 구한국 시대에만 유행되얏겟습니가. 고대부터 동서양 각 민족이 다 속아온 것입니다.…즉 민중을 본위로 한 사회가 아니면 모든 도덕적 교훈에 허무맹랑한 사기에 불과합니다. 그래서 지금도 민중의 요구를 능히 이해하고 자기 개인의 생활에 민중 전체의 생활이 빗최게 된 인격은 모든 전래적(傳來的) 도덕 관념을 혁신하고 정신생활 문제까지라도 사회적으로 해결코자 함임니다.[108]

조선의 철학은 제대로 된 철학이 아니다. 조선의 윤리도 마찬가지다. 이미 조선 혹은 대한제국의 기득권이며 친일파의 아들로 서양철학으로 박사학위를 받은 이관용의 조선철학에 대한 공격이다. 그는 민중을 위한 철학이 아니면 민중을 착취하는 수단일 뿐이라고 했다. 아무리 윤리적 삶을 주장해도 이런저런 철학적 수단으로 가린 위선적인 철학일 뿐이라는 것이다. 고대로부터 민중은 그런 철학에 속았다. 그것은 정말 제대로 된 도덕이 아니다. 남녀 사이의 관계도 마찬가지다.

108   李灌鏞, "올흔 生活", 〈延禧〉 5 (1925), 96-97쪽.

가죽으로 만든 노동복을 입고 붉은 수건으로 머리를 함부로 싸매었건만 베를린이나 파리에서 최신식 유행복을 입은 숙녀 이상으로 미인입니다. 모스크바에서는 남자의 팔에 장식품처럼 매달리는 여자는 시대에 뒤떨어진 외국 여자밖에 볼 수 없는 현상입니다.[109]

그는 과거의 오랜 관습 속 당연한 권력과 관계 그리고 그것에 정당성을 부여하는 모든 거짓 가짜 철학을 고발한다. 그는 노동자 여성이 남자의 팔에 매달려 살지 않는 모습을 소개하며 그 아름다움을 전한다. 이것은 단순한 미인이 아닌 주체성을 가진 당당한 모습의 아름다움일 것이다. 그러나 그는 자신의 철학을 온전히 정리하지도 못한 채 연희전문학교에서 철학 교육 활동을 잠시 하다가 1933년에 사망했다. 대학 철학의 첫 두드러진 희망, 첫 번째 서양철학박사의 마지막이 익사라는 사실이 너무도 안타깝다. 2008년 대한민국 정부는 그의 공을 기억하며 건국훈장 애국장을 추서했다.

3) 안호상의 철학

김범부가 대학 밖에서 국가철학을 구상했다면, 대학 내부엔 이승만의 안호상[110]과 박정희의 박종홍이 있었다. 18세의 안호상은 일본의 영어학교로 유학을 갔다가 2년 후엔 중국으로 가서 지금의 국립 퉁지대학교인 중덕학교에서 공부했다. 그리고 다시 3년 후에는 독일의 예나대학에서 철학과 법학을 공부

---

109 李灌鎔, "赤露首都 散見片聞(3)", 〈東亞日報〉(1925. 6. 16).

110 안호상, 《일민주의의 본바탕》(서울: 일민주의연구원, 1950) ; 안호상, 《世界新 思潮論》上, 中(부산: 일민주의보급회총본부, 1952) ; 안호상, 《민주주의의 역사와 종류》(서울: 일민출판사, 1953) ; 안호상, "일민주의와 민주주의", 《화랑의 혈맥》(화랑도보급회중앙총본부, 1956) ; 안호상, "배달민족의 고유한 종교와 철학에 대한 연구", 〈건국학술지〉 8 (1967) ; 안호상, 《배달동이 겨레는 동아문화의 개척자》(배달문화연구원, 1972) ; 안호상, 《단군과 화랑의 역사와 철학》(사림원, 1979) ; 안호상, 《배달의 종교와 철학의 역사》(어문각, 1964).

하기 시작해 1929년에 철학박사 학위를 받았다. 그가 철학박사 학위를 받은 것은 "재독일 철학박사 안씨 조선에 영광 나타내"라는 기사로 1929년 7월 25일자 〈신한일보〉에 소개될 정도로 당시 식민지 조선에서는 큰 소식이었다. 그러나 스위스에서 독립운동가 이관용이 1921년에 이미 철학박사가 되었기에 안호상을 최초의 유럽 철학박사라고 할 수는 없다. 물론 독일 최초의 철학박사 정도는 되겠다.

안호상은 학위를 마치고 1930년까지 영국 옥스퍼드대학교에서 연구생으로 있었으며, 눈에 드러나는 독립운동 활동을 하지는 않았다. 그는 당시 식민지 조선의 청년으로는 일본, 중국, 독일에서 최고의 교육을 받으며 글공부를 한 인물이었다. 독일에서 생활하며 그는 당시 독일의 극우주의의 영향을 많이 받은 것으로 보인다. 민족우월주의와 국가주의는 이후 그의 사상을 형성하는 토대가 되었다. 안호상 역시 중국 유학생활 동안 김구, 안창호, 신채호, 이시영, 조소앙, 이동녕 등 당시 독립운동을 이끌던 이들을 만나 시간을 보내기도 하고, 상해 한인유학생회 활동을 하기도 했지만, 독일 유학 이후 그는 매우 극단적인 극우주의자가 된다. 그의 머릿속을 정확하게 알 순 없지만, 당시 조선의 여러 문제를 그는 독일 극우 민족주의와 같은 형태로 해결할 수 있다고 판단했을지도 모른다.[111] 이후 그가 보인 일민주의(一民主義)도 이와 무관하지 않아 보인다.[112]

그러나 안호상보다 조금 이른 시기에 박사학위를 받은 이관용은 달랐다. 이관용은 극우주의나 민족우월주의 혹은 국가주의의 영향을 받지 않았고 오히려 그것을 매우 비판적으로 바라보았다. 이관용이 1921년에 박사학위를 받았으니 1919년은 그가 한참 연구를 하던 시기다. 그런데 그는 1919년 조소앙 등과 함께 스위스 루체른에서 개최된 만국사회당 회의에 한국 대표로 참석하

111   이병수, "문화적 민족주의의 맥락에서 본 안호상과 박종홍의 철학", 〈시대와 철학〉 19 (2008).
112   연정은, "안호상의 일민주의와 정치·교육 활동", 〈역사연구〉 12 (2003); 오상무, "현대 한국의 국가철학: 안호상을 중심으로", 〈범한철학〉 36 (2005).

기도 하고 대한민국임시정부의 일들에 참여하기도 했다. 조선의 기존 질서 유지를 강하게 주장하며 전통 의복과 머리 모양을 그대로 해야 한다고 한 안효제(1850-1915)의 아들 안호상과 대표적인 친일파이며 왕족이자 정미칠적 중 한 사람인 이재곤의 아들 이관용은 확실하게 다른 길을 갔다. 안호상은 독재자의 철학을 지지하며 극우민족주의를 소리 높였다. 또한 흔히 '재야사학'이라고 하는 비과학적 '유사사학'에서 안호상의 역할을 무시할 수 없다. 극단적인 민족주의가 허구를 역사적 사실로 믿게 만들어버렸는지도 모른다. 결과적으로 그는 상상 속의 과거를 현실이라 믿으며 찬양하기에 이르렀다.[113] 그러나 이관용은 달랐다. 그는 전통이란 이름으로 많은 민족을 착취한 과거의 역사에 대해 비판적이었다. 그러나 안호상이 당시 해방 한국에서 대표적인 지식인이었음은 분명하다.

안호상은 귀국 후 바로 지금의 고려대학교인 당시 보성전문학교의 교수가 된다. 또 해방이 되자 1948년에서 1950년 한국전쟁 직전까지 초대 문교부장관을 역임했다. 그는 또 1949년 학도호국단(學徒護國團) 창설에 참여했는데, 학도호국단은 국방부와 교육부에서 고등학교와 대학교에 재학 중인 모든 학생을 대상으로 사상 통일과 유사시 동원을 위해 만든 학생단체다. 사상 통일이란 말은 얼마나 무서운가? 하지만 이것이 안호상의 일민주의 교육사상이기도 하다. 당연히 이러한 조직은 관변단체로 사용되었다. 학도호국단은 1960년 해체되었다가 1975년에 다시 만들어진다. 1975년 5월 21일 〈중앙일보〉는 학도호국단의 목적을 이렇게 보도하고 있다.

문교부가 20일 발표한 학도호국단 창설과 군사교육강화방안은 학생들에게 면학과 호국정신을 한층 드높여 "학원의 총력안보 체제"를 구축하는 데 목적

---

113   이문영,《유사역사학 비판 '환단고기'와 일그러진 고대사》(서울: 역사비평사, 2018) ; 기경량, "한국 유사역사학의 특성과 역사 왜곡의 방식", 〈강원사학〉 30 (2018); 강정인·하상복, "안호상의 민족주의에 대한 비판적 성찰: 전체와 동일성의 절대화", 〈인간, 환경, 미래〉 10 (2013).

을 두고 있다.[114]

학생들을 모두 하나의 생각을 하게 만드는 조직, 호국정신이라는 하나의 틀 속에 구속하기 위해 운영된 곳이 바로 학도호국단이다. 그리고 이런 단체를 처음 기획하고 참여한 이가 안호상이다. 그는 또 1948년에 만들어진 대한청년단(大韓靑年團)을 지지했다. 대한청년단은 이승만의 지지기반을 강화할 목적으로 만들어진 우익단체인 청년조선총동맹(靑年朝鮮總同盟), 국민회청년단(國民會靑年團), 대한독립청년단(大韓獨立靑年團), 서북청년회(西北靑年會), 그리고 전국에 산재한 각 청년단체가 모여 만들어진 단체다. 지금 들으면 납득할 수 없지만 이런 조직들은 "총재 이승만 박사의 명령을 절대 복종한다"는 선서문을 낭독하는 단체였다. 대한청년단으로 통합된 서북청년회는 제주 4·3의 비극에 참여한 조직이기도 하다.

안호상은 이승만 이후 박정희 시대에도 여전히 독재 정권의 권력을 철학적으로 다듬어주는 역할을 수행했다. 대표적인 것이 박종홍과 함께 작업한 "국민교육헌장"이다. 그의 생각을 살펴보자.

① 안호상의 일민주의

이승만 시대는 일민주의의 시대다.[115] 이승만 시대 김범부의 철학도 민족주의적이며 민족을 위해 개인은 통제되어야 한다고 했는데, 이 역시 이승만 시대 일민주의의 틀에 매우 잘 어울리는 논리다. 그러면 1949년 이승만이 이

---

114 "학도호국단 설치령의 내용", 〈중앙일보〉(1975. 5. 21).

115 서중석, "이승만정권 초기의 일민주의와 파시즘", 《1950년대 남북한의 선택과 굴절》, 역사문제연구소 편(서울: 역사비평사, 1998); 손호철, 김윤철, "국가주의 지배담론: '일민주의'에서 '국가경쟁력 강화론'까지", 《한국의 정치사회적 지배담론과 민주주의 동학》 조희연 편(서울: 함께읽는책, 2003); 김수자, "이승만의 一民主義의 제창과 논리"《韓國思想史學》 22 (2004); 김수자, 《이승만의 집권 초기 권력기반 연구》(서울: 경인문화사, 2005); 김수자, "1948-1953년 이승만의 권력 강화와 국민회 활용", 〈역사와 현실〉 55 (2005).

야기하는 일민주의를 직접 읽어보자.

> **반만년의 유구한 역사를 가진 우리 민족은 전 세대를 통하여 동일한 혈통과 강토를 계승 보유하여 왔으며 공동한 문화와 운명을 창조 담하(擔荷)하여 온 우수한 단일민족입니다.** 아득한 고대로부터 무수한 외부의 위협에 대하여는 항시 우리 조상 선인들은 철혈(鐵血)의 영용심(英勇心)과 견결한 민족의식으로 이를 극복 격퇴하였으며 안으로는 위대한 덕성과 창조적 자질로써 부단히 그 찬란한 예술과 발명으로 인류문화에 공헌 기여하여왔던 것입니다. 이러한 탁월한 역사를 관통하여 우리 민족의 불굴의 영용성(英勇性)과 영민한 창발성은 지금도 우리의 혈관 속에 틀림없이 약동하고 있음을 체득하는 것입니다. 이 탁월한 덕성과 우수한 자질은 이 강역이 불행히도 왜국에게 유린되었던 과거 40년간에도 연면히 승전(承傳)되어 한 번 기미독립선언서와 같이 민족의식 앙양의 기전(機轉)에 당면하면 항시 그 본질을 현현(顯現)하여 정의와 인도와 평화를 사랑하는 세계 인류로 하여금 우리 민족은 불가멸(不可滅)의 존재이며 대한국가 재생이 필연적임을 인식시켜왔던 터입니다.…**대한민국은 완전한 주권국가인 동시에 우리 민족의 역사적 독자성과 현실적 환경에 비추어 반드시 단일민족 국가인 것이며 결코 어떠한 개인적 또는 집단적 특권도 용허되지 않을 것입니다.**[116]

오랜 시간 일제강점기란 힘겨운 시간을 보냈지만, 하나의 혈통 속에 있는 하나의 민족이란 생각이다. 결국 '하나'라는 말이다. 더 읽어보자.

> **하나인 민족으로서 무엇에고 또 어느 때고 둘이 있을 수가 없다.** 계급이 없어야 하며 차등이 없어야 한다. 하나이거니 지역이란 무엇이며 하나이거니 남녀란 무엇이냐. 우리 민족은 하나다. 국토도 하나요, 정신도 하나요, 대우

---

116 이승만, "제1회 78차 국회본회의에서 시정방침 연설", 〈시정월보〉 1 (1949), 4쪽.

에도 하나요, 정치상, 문화상 무엇에고 하나다.[117]

하나의 민족은 둘이 될 수 없다. 이런저런 생각으로 나뉘어서는 안 된다. 이러한 이승만의 논리는 그 자체로 매우 좋아 보일 수도 있지만, 현실적으로는 사상의 통제와 권력의 집중화를 위해 사용되었다. 1949년 9월 이승만의 일민주의를 위해 다양한 시도가 전개되었다. 바로 일민주의보급회와 일민주의연구회가 등장한 것이다. 이들 조직은 일민주의를 체계화하고 사상 교육을 위해 생겼는데 연구 조직에서 그치지 않았다. 일민출판사가 설립되고 〈일민보〉라는 주간지가 발간되었다. 또 일민주의보급회의 임원들이 정부 관료들이었던 터라 조직의 힘도 제법 강했다. 국부총리 이범석, 내무부 장관이던 윤치영과 김효석, 서울시장이던 윤보선과 이기붕, 또 문교부 장관이던 안호상 등이 그러한 인물들이다. 그리고 전국 각지에 지부를 설치해 각 지역의 군수나 구청장 등이 위원장이 되고 지역 사회단체의 임원과 동장 등이 위원이 되었다. 이승만은 이와 같은 치밀한 방법으로 일민주의를 확산시키기 위해 노력했다. 일민주의가 하나의 당파에 한정되지 않고 전국적인 운동으로 확대되기를 바랐기 때문에 현실 공간에서 실천할 조직이 필요했고, 그 역할을 수행한 대중집단이 바로 대한국민회와 대한청년단이다.[118] 그리고 이런 노력의 중심에 일민주의를 합리적인 체계로 만들어간 안호상이 있다.

문교부 장관 안호상은 당시 교원들의 사상경향성을 조사해 이를 통제하려 했다. 당시 여수·순천 10·19 사건을 계기로 초등교원 3만 5천 명, 중등교원 7900명, 사범교원 3200명, 전문대학교원 560명 등 총 5만 1천 명에 대한 조사를 끝내고 전면적인 숙청을 단행한다.[119] 안호상은 여수·순천 10·19 사건 이후 국가비상시국으로 단정하고, 중등 이상 학생을 중심으로 향토방위와 학

117   이승만, 《일민주의 槪述》(일민주의보급회, 1949), 7쪽.
118   홍태영, "'과잉된 민족'과 '찾을 수 없는 개인", 〈한국정치연구〉 24 (2015), 95쪽.
119   연정은, "안호상의 일민주의와 정치·교육 활동", 27쪽.

생 개개인의 민족정신을 양성하고 국가권력에 복종하게 하기 위해 학도호국단을 결성하기로 결정한다.[120] 한마디로 일민주의라는 확고한 틀 속에서 학생들을 군인과 같은 존재로 양성하기로 한 것이다. 이것 역시 이승만의 생각을 안호상이 실천한 것이라고 볼 수 있다. 이승만은 하나가 되기 위해 하나로 만들어야 하고, 하나가 되는 것에 방해가 되면 제거하라 했다. 아래 이승만의 글을 읽어보자.

> 하나가 미처 되지 못한 바 있으면 하나를 만들어야 하고 하나를 만드는 데에 장애가 있으면 이를 제거하여야 한다. 누구든지 독자의 일념(一念)이 일어날 때 이 **하나에 위반되는 바 있거든 곧 버리라.** 이 일념에서 민족이 깨여진다. 행여 분열을 가지고 일체에 더하려 말라.[121]

안호상은 이승만의 이런 생각이 철학적으로도 정당하다고 믿었고, 때문에 숙청을 통해 하나가 되는 데 방해가 되는 것들을 버렸다. 그에게 일민, 즉 '한 백성'으로 있는 것은 그냥 덩어리로 있는 것이 아니라 가장 크게 하나로 통일되어 있는 것이며, 밝게 제대로 있는 것이다. 아래 글을 보자.

> **한백성은 가장 바로 크게 같이 하나로 통일되어 밝게 살기와 사는 이 곧 한 밝삶이요, 한백성주의는 가장 바로 크게 같이 하나로 통일되어 밝게 살기 주의, 곧 한밝삶주의요,** 또 끝으로 한백성이론(한밝삶이론)은 한백성주의의 이체(理體)와 현실, 곧 본질과 현상의 체계적 앎이다.[122]

한백성으로 존재하는 것이 가장 밝게 제대로 존재하는 것이라면, 안호상

---

120 같은 책, 32쪽.
121 이승만, 《일민주의 槪述》, 9-10쪽.
122 안호상, 《나라역사 육천년: 안호상 상고사 논문 모음》(서울: 한뿌리, 2006), 90쪽.

에게 참된 교육은 일민적인 민족교육이다. 즉 모두를 하나의 생각으로 만들어 하나로 존재하게 하는 것이다. 당연히 이런 교육을 위해서는 모든 학생들에게 '같은 것'을 주입해야 한다는 생각이 자연스러운 귀결이다.[123] 여러 갈래로 갈라지고 쪼개진 백성들을 '한 백성 일민'으로 만드는 것이 교육의 목적이니 말이다. 그렇다면 생각의 주체는 누구인가? 모두가 하나의 같은 생각을 하게 하고, 이를 교육하는 국가권력자만이 생각의 주체인가? 민중은 그저 생각의 주체들이 생각하고 고민한 것을 수동적으로 수용하면 그만인가?

생각의 주체가 '나'가 아니고, '나'는 그저 교육의 대상 혹은 통치의 대상에 지나지 않는다면, 결국 일민주의도 조선 사회 오랜 시간 유지된 성리학과 크게 다르지 않다. 양반만이 생각하고 철학한다. 민중은 그 생각과 철학에 따라 교화되어야 할 수동적 존재일 뿐이다. 양반은 당연하게 민중을 교화하고 지도하는 상층부를 차지하며 그 지위를 유지한다. 그러면서 성리학의 효와 충으로 국가의 기강을 강조한다. 그런데 이승만 시대 안호상이 한 것도 유럽의 논리가 제공되었을 뿐이지 결국은 민중을 주체가 아닌 대상으로만 본다는 점에서 크게 다르지 않다. 저마다 다른 사람들이 각기 자신의 고유한 개성으로 행복하기보다 하나가 되어 더불어 행복한 것이 좋다. 하지만[124] 결국은 '나'란 존재의 개체성이 사라진 나의 행복이 될 뿐이다. 나란 존재는 국가의 발전을 위해 희생되어야 마땅한 존재다. 당연히 말이다.

일민주의에 근거한 안호상의 한국철학은 결국 한민족철학이다. 한국이란 국가도 결국은 민족이 입은 옷이고, 실체는 민족이다. 국가도 민족의 집단적 생존과 번영을 위해 존재한다. 당연히 그 국가의 모든 국민은 하나의 생각으로 뭉쳐 국가와 민족의 부국강병을 위해 헌신해야 한다. 서로 다른 생각은 안 된다. 일본이 서로 다른 생각이 있다 해도 국체라는 이름으로 하나가 되어 제2차 세계대전을 지탱했듯이, 한국도 한민족이란 하나의 생각으로 모두 하나

---

123 안호상, 《일민주의의 본바탕》, 32–61쪽.
124 안호상, "일민주의와 민주주의", 44–45쪽.

가 되어야 한다. 이승만의 "흩어지면 죽는다"라는 말은 그저 하는 말이 아니다. 공산주의는 흩어지게 한다. 그렇기에 민족의 적이다. 그리고 이런저런 철학들도 생각을 흩어지게 한다. 용납할 수 없다. 서로 다른 생각을 하는 교수들도 마찬가지다. 사라져야 한다. 오직 민족국가를 위한 하나의 생각이 한국을 지배해야 한다. 이러한 생각은 당시 여러 사회적 혼란 가운데 권력을 유지하려 했던 이승만에게 매우 유익한 것이었다. 이승만은 다른 생각 없이 국부가된 자신을 따를 국민이 필요했다. 안호상의 일민주의는 이를 철학적으로 미화시켜주었다. 즉 안호상의 철학은 당시 이승만 정권의 정치적 필요와 깊이 결합해 있었다.[125]

　　안호상과 같은 시기에 활동한 김범부는 국가와 국민은 '충'으로 묶여야 한다고 했다. 그 '충'은 '효'의 확장이라면서 말이다. 당시 김범부뿐 아니라 많은 이들이 이와 유사한 방식으로 권력과 민중을 이해하고, 민중을 권력에 충성해야 하는 '통치의 대상'으로 판단했다. 흔히 이야기하는 국부(國父) 이승만도 이런 맥락에서 나온다. 하나의 백성, 하나의 국민을 다스리는 아버지와 같은 유일의 영도자 이미지 속에서 이승만은 국가라는 하나의 거대한 가정의 인자한 가장이 되려고 했다.[126] 이승만은 선한 통치자였는데 주변 사람들이 나쁜 사람들이었다고 생각하는 이들도 있다. 이승만을 '국부'라면서 그를 효의 대상으로 보는 이들이 많다. 그 효를 충으로 이어가고 있는 이들이 여전히 많다. 하지만 민중이 주권을 가진 국민주권 국가에 아버지란 존재가 있다는 것이 가능한가? 민중에게 권력을 위임받은 자가 어떻게 아버지이며, 국민에게 봉사해야하는 위치에서 봉사는커녕 부정선거와 역사 속 수많은 실패와 악행에도 불구하고 그를 효의 대상으로 보아야 하는가? 안호상의 일민주의에 근거한 교육은 힘이 강했는지 여전히 힘을 발휘하고 있다.

125　이병수, "문화적 민족주의와 현대 한국철학: 고형곤, 박종홍, 안호상의 문제의식을 중심으로", 〈인문학논총〉 47 (2009), 96쪽.
126　양우정, 《이 대통령 건국정치이념: 일민주의의 이론적 전개》(서울: 연합신문사, 1949); 임종명, "이승만 대통령의 두 개의 이미지", 〈한국사시민강좌〉 38 (2006).

김범부과 안호상은 단군정신과 화랑정신 등을 이야기하며 한국의 '원형'으로 돌아가야 한다고 한다. 실체(*substantia*), 즉 한국의 실체는 한민족이다. 그렇기에 돌아가 이루려는 것은 결국 민족주의다. 일본이 유럽의 언어 'nation'을 번역해 만든 '민족'(民族)이란 말이 한국 수구세력들의 좋은 수단이 되어버렸다. 이런저런 생각의 차이로 조선이 망했다고 생각하는 이들이 있다. 일본은 메이지유신 이후 단일한 생각으로 강국이 되었지만, 우리는 붕당정치(朋黨政治)와 같이 서로 다른 생각으로 망했다는 것이다. 진보세력은 생각이 다양해서 빠른 발전이 어렵다고 생각하는 이들도 있다. 결국 하나의 생각을 해야 한다는 말이다. 안호상의 일민주의는 여전히 힘을 가지고 있다.

철학은 주체성 속에서 가능하다. 그 주체성은 지금 나의 반성적 자각을 무시하고 얻어질 수 없다. 나의 반성적 자각은 나 스스로의 힘으로 이루어져야 한다. 나는 지금 여기에 존재한다. 그렇다면 나의 반성적 자각도 지금 여기 있는 '나'에게서 시작되어야 한다. 지금 여기 '나'의 본질이 외부에서 강제되고 그 강제된 본질 속에서 구금된다면, 과연 그런 철학이 '나'의 철학이 될 수 있겠는가? '나는 나다'라는 기본적인 명제 속에는 나의 개체성에 대한 긍정이 있다. '나는 한민족이다'라는 명제가 '나는 나다'라는 명제에 앞선다면, '나'라는 개체적 본질은 '한민족'이란 관념적 본질에 후행하는 것이 되고 만다. 현실 속에 살아 있는 '나'의 개체적 본질이 강조될수록 관념적 본질의 하나 됨의 강제성은 약해진다. 그렇기에 '나'의 개체성은 항상 통제의 대상이 된다. 안호상은 단군정신을 역사적 실재로 만들었다. '생각 속의 존재'(*ens rationis*)가 아니라 '실재 속의 존재'(*ens reale*)로 만들고 교육했다. 단군은 한민족의 시작이고 원형이며 역사적 사실이다. 이렇게 교육함으로 우리는 과거 단군으로 돌아가야 한다. 안호상은 심지어 도교는 '한임'을 뿌리로 두고 있으며, 불교는 '환웅'을 뿌리로 두고 있고, 유교는 '한검'을 뿌리에 두고 있다면서 단군정신이 동아시아 정신문화의 원형이며,[127] 한민족이 동아시아 최고의 원형적 존재임을 강조한다. 결

---

127 안호상,《배달 동이는 동아문화의 발상지》(서울: 한뿌리, 2006), 249쪽.

국 '나'는 지금 거짓의 세상에 살고 있다. 한민족으로 '나'는 세계 최고의 강국으로 있어야 한다. 그러므로 지금의 '나'는 거짓이고, '나'의 원형을 찾아 '나'는 안호상 등이 만든 찬란한 고대의 한국으로 돌아가야 한다. 지금의 '나'를 부정하게 하는 철학, 그런 철학은 '나'의 철학이 될 수 없고, '나들'이 모인 '우리'의 철학도 될 수 없다. 나와 우리에게 과거로 돌아가라고 하는 철학은 현재를 살아가는 우리의 정당한 철학이 될 수 없다. 또 나란 존재의 개체성을 긍정하지 않고 '우리'라는 이름으로 하나의 생각만을 강조하는 가운데 '나'의 행복은 무엇일까? 진정한 '나'의 행복은 '나'라는 존재의 개체성이 온전히 발현된 곳에서 가능할 뿐이다.

안호상은 단군을 강조하지만, 우리 역사의 주체는 민중의 밖 '영웅'이 아니다. 비록 영웅들의 이름이 많이 거론되지만 사실 영웅으로 대표된 민중이다. 고난을 온 삶으로 지탱하고 싸워온 민중이 역사의 주체가 될 수 있다. 함석헌은 이렇게 말한다.

> 루터는 종교개혁의 중심적 지도인물이지만 그것은 개인 루터로서가 아니요, 독일사람 루터로서다. 아무리 루터를 존경하는 사람이라도 종교개혁을 루터 한 사람의 일로 알 사람은 없을 것이다.[128]

한 사람으로 역사가 만들어지는 것이 아니다. '전체'가 역사를 만든다. 민중 말이다. 그 민중에 대한 철학적 고민 없이 그 민중을 철학의 주체로 삼지 않으면서 단군 기원만을 찾아서는 진정 참된 한국철학을 할 수 없다.[129]

그러나 안호상은 진정한 철학을 단군과 단군사상에서 찾는다. 철학은 보편적 지혜다. 유럽의 철학자들과 중국 및 인도의 철학자들이 지금 이 땅의 철학 연구가들에 의해 연구되는 것은 그 가운데 시간과 공간의 한계를 넘어서

128 《저작집 30》, 90쪽;《전집 1》, 67-68쪽.
129 《저작집 30》, 399쪽;《전집 1》, 281쪽.

는 어떤 보편성을 가진 지혜가 있기 때문이다. 안호상은 단군사상을 삼일철학(三一哲學)이라고 한다. 그 삼일철학은 모든 세계 인류의 종교와 철학이 요청하는 보편적 가치를 구현하고 있다. 단순하게 한민족에 그치는 것이 아니라 온 인류가 추구하는 보편적 가치를 삼일철학이 가지고 있다고 믿었다.[130] 삼교(三敎)인 신선도교와 유교 그리고 불교가 특수성과 부분성 그리고 개체성에 치우쳐 있다면, 이 삼교의 상위인 삼일철학은 이 모든 것을 하나로 관통하는 보편성과 전체성을 가졌다.[131] 이러한 삼일철학 혹은 일민주의 그리고 한백성주의는 지금 여기 '나'를 부정한다. '나'는 과거 그 찬란한 단군사상의 보편성과 순수성을 잃어버리고 나의 것으로 타락된 존재다. 그러니 나는 타자 없이 스스로 순수하게 있던 과거 단군사상으로 돌아가야 한다. 이를 위해 모든 민중은 하나의 생각으로 통일되어 민족의 영도자를 사리사욕 없이 따라야 한다.

이런 안호상의 생각은 무서운 폭력으로 가득하다. 그리고 철학이라 부르기 힘든 비합리가 가득하다. 안호상은 《환단고기》(桓檀古記)를 언급하며 1983년 국사편찬위원회 주최 학술회의에서 단군 시대에 한글이 창제되었다고 하기도 했다.[132] 단군 시대가 우리의 원형이며 우리 생각 이상으로 환상적인 세상이었다고 안호상은 정말 믿은 것이다. "세계인류는 한얼님의 자손으로서 세계-한백(世界一民)"이라는 말은 어떠한가?[133] "한민족은 같은 한 조상의 한 핏줄을 받은 사람이라야만 한다", "한 민족은 같은 한 조상의 한 핏줄을 받은 사람이라야만 한다. …다른 조상의 핏줄을 받은 사람이라면 그들은 같은 한 민족이 될 수 없다. 이것은 스위스를 보아 잘 알 수 있다. …스위스 국민은 있어도 스위스 민족은 없다."[134] "한겨레와 한백성은 한 핏줄이다. 한백성이 되게

130 안호상, 《나라역사 육천년: 안호상 상고사 논문 모음》, 56–57쪽.
131 안호상, 《배달 동이는 동아문화의 발상지》, 249쪽.
132 이기혁, "이색논단: 한글의 비밀을 밝힌다 '해설 히브리문자 기원설을 계기로 본 훈민정음'", 〈신동아〉(1997년 5월호), 418쪽.
133 안호상, 《나라역사 육천년: 안호상 상고사 논문 모음》, 83쪽.
134 같은 책, 259–260쪽.

하는 데는 여러 가지의 요소들이 있으나, 그 가운데서 가장 먼저와 또 쉽게 되는 것은 그 자연적 요소인 핏줄이다"[135]는 말은 어떠한가? 그는 정말 혈통적으로 단일한 민족을 추구했고, 그 혈통의 근거로 단군을 믿었다. 과연 이러한 철학이 앞으로 한국철학을 일구어갈 토대가 될 수 있을까? 이런 생각들이 과거 이승만 정권의 도구가 되었다는 것 이상의 무엇으로 우리에게 유익한 무엇을 줄 수 있을까? 생각해볼 일이다.

안호상의 철학은 철저한 반공사상과 일민주의 속에서 오직 하나 됨, 하나의 정신으로 통일할 것만을 강조한 감옥 장치다. '우리'와 '남'을 철저히 분리하고 '우리'가 되기 위해 하나의 정신만을 강요하고 교육한다. 또한 '우리'와 다른 '남'은 죽어야 하는 대상이고, 그 죽음도 슬프지 않은 대상이다. 해방 이후 이승만의 시대는 그런 시대였다. 그 시대를 20대로 살아간 이들에게 그 시대는 죽이느냐 죽느냐의 시대였다.[136] 우리는 그저 통일성 가운데 조용히 있어야 한다. 틀에서 벗어나면 죽어야 하는 존재가 된다. 다른 이유가 없다. 그냥 생각이 달라서 혹은 다르게 보여서 혹은 우리를 우리로 존재하게 하는 데 방해가 되어서 등의 이유로 죽인다. 친구도 부모도 형제와 자식도 죽인다. 우리와 남을 철저하게 분리한 시대의 잔혹한 비극적 모습이다. 안호상의 철학은 바로 이런 시대의 철학이다. 단일민족이란 하나의 틀, 단군사상이란 하나의 틀, 그 하나의 틀로 뭉쳐야 했다. 흩어지면 안 된다. 그러한 시대의 잔혹함을 안호상은 합리적인 무엇이라도 되는 듯이 만들었다. 그 이상 과연 그의 철학에 어떤 진지한 철학적 성찰이 있는지 모르겠다.

---

135   같은 책, 111쪽.
136   김상봉, 《네가 나라다: 세월호 세대를 위한 정치철학》(서울: 도서출판 길, 2017), 260쪽.

4) 백낙준의 철학

백낙준(1895-1985)은 안호상을 이어 두 번째 문교부 장관이 된다. 그는 철학자가 아니지만 그의 생각들은 당시 시대상을 이해하는 하나의 수단이 된다. 그는 한국인 최초로 미국의 예일대학교에서 1927년에 철학박사 학위를 받았다. 그에 앞서 정한경(1890-1985)은 1921년 아메리카대학에서 철학박사 학위를 받았으며, 이 소식은 1921년 6월 30일자 〈신한일보〉에 "정한경 씨 철학박사"란 제목으로 기사화되었다. 또한 박사학위를 받지 않았지만 미국에서 철학 공부를 한 이들은 이미 여럿 있었다. 예를 들어, 독립운동가 김현구(1889-1967)는 오하이오주의 콜럼버스대학에서 철학을 공부하고 학사학위를 받았다. 이 역시 1917년 6월 28일자 〈신한일보〉에 "김현구 씨는 철학을 졸업"이란 제목으로 기사화되었다. 이와 같이 백낙준 이전에도 미국에서 철학을 공부한 이들이 있었다. 백낙준은 철학박사 학위를 받았지만 철학 작업을 하지는 않았다. 그의 박사학위 논문은 "조선개신교선교사"(The History of Protestant Missions in Korea, 1832-1910)이고,[137] 목사 안수를 받고 귀국한 이후 바로 연희전문학교에서 교수 생활을 시작했다. 1929년 10월 조선어사전편찬회 발기인으로 참가했으며, 1931년 영국 왕실 아세아학회 한국지부 이사로 위촉되기도 했다. 1936년 연희전문학교 문과 과장이 되어서는 조선학 혹은 한국학 과목을 신설해 연구를 후원하기도 했다. 그는 당시 정인보, 최현배, 백남운 등과 함께 조선학의 기틀을 마련하기 위해 노력했고, 이러한 움직임이 해방 이후 한국학 연구의 기원이 되었다.

국어를 가르치기 시작할 때 제일 염려한 것은 총독부 학무 당국에서 폐지 명령을 내리지나 않을까 하는 것이었어요. 그랬는데 그때 설립된 지 얼마 안된 경성제국대학에서 '조선어'를 정규과목으로 가르치는 것을 알게 됐지요.

---

137   백낙준, 《韓國改新敎史: 1832-1910》(서울: 연세대학교출판부, 1973).

그 핑계를 대고 우리도 아예 국어를 선택 과목에서 정규과목으로 채택해버렸습니다.[138]

백낙준은 경성제국대학교와 같이 연희전문학교에도 '조선사'와 '조선어' 과정을 개설한 인물이다. 그는 고등교육에서 한국어 교육이 필요하다고 보았지만 일본의 감시와 간섭이 두려웠다. 그러던 차에 경성제국대학에서 조선어를 정규과목으로 가르친다는 것을 알고 연희전문학교에도 강의를 개설했다. 1940년 경성제국대학교 법문학부엔 '조선어학'과 '조선문학'이 두 강좌, '조선사학'이 두 강좌 있었는데,[139] 이것을 빌미로 연희전문학교에서도 조선어 과목을 개설한 것이다. 백낙준은 이처럼 나름의 방식으로 조선학 혹은 한국학의 환경을 만들어갔고, 이 과정에서 조선학을 좀 더 체계적으로 연구하기 위해 연희전문학교에 동방학연구소를 설립했다. 이곳은 이후 연세대학교 국학연구원의 시작이 된다. 조선학 혹은 한국학 활동을 했다고 하지만 백낙준은 친일파였다.

백낙준은 1941년 8월 20일 조선예수교 장로교 비행기기부회의 부회장을 맡았고, 같은 해 8월 25일 친일 조직인 조선임전대책협의회와 조선임전보국단 발기인으로 참여했다. 조선임전보국회는 당시 대표적인 친일파들이 모인 조직으로, 전쟁에 직접 나가 일본왕을 위해 싸우다 죽지 못하니 일본왕의 크나큰 은혜에 만분의 일이라도 보답하기 위한 목적으로 설립되었다. 또한 그는 전쟁 중인 일본에 도움을 주기 위해 비행기를 헌납해야 한다며 협력하기도 했다. 그러나 일본이 전쟁에 패배하고 미군이 들어오자 그는 1945년 9월 9일 〈코리아타임즈〉를 창간했다. 그리고 다음 해인 1946년 연희전문학교를 연희대학교로 승격시키고 신과대학을 설립했다. 1946년 8월부터 1957년 1월까

---

138 백관인 편, 《백낙준 박사 대담 모음: 내일을 위하여》(서울: 정음문화사, 1989), 258쪽.

139 馬越徹, 《한국 근대대학의 성립과 전개》, 한용진 역(서울: 교육과학사, 2000), 153쪽.

지 연희대학교 1대 총장을 역임했고, 이어서 1957년 3월부터 1960년 7월까지 연세대학교 1대 총장으로 있었다.[140] 훗날 그는 총장의 자리에 선 당시를 이렇게 회상한다.

> 진정한 자유는 진리를 바탕으로 이뤄져야 한다는 뜻입니다. **사람은 누구나 인격을 가지고 있고 따라서 남의 지배나 다스림을 받지 않아야 됩니다.** 이 것이 외적 자유이지요. 각자는 또 양심을 가졌고 도의를 알고 이상을 바라며 살지요. 이 **양심과 도의와 이상을 해치려는 '죄'에서 벗어나는 것이 곧 내적 자유입니다. 내적 자유 없이는 외적 자유를 누릴 수 없습니다.** 학문적 양성을 통한 지식의 발전으로 진리를 깨치는 일이 곧 내적 자유를 충실하게 누릴 수 있는 조건이지요. '자유'를 얻기 위해서는 '진리'를 알아야 한다는 생각에서 그렇게 정했던 것입니다.[141]

일본에게 보인 그의 행동이 과연 "남의 지배나 다스림을 받지 않아야 됩니다"라는 말과 자연스럽게 연결되는지 의문이다. 또 양심의 죄에서 벗어난 내적 자유를 온전히 누렸는지도 의문이다. 해방 이후 권력을 잡은 이승만은 그를 총리에 임명하려 했지만 당시 국회의원 123명 가운데 찬성한 이가 21명이고, 반대가 무려 100명, 기권이 2명이었다. 결국 백낙준은 안호상의 뒤를 이어 문교부 장관이 되었다. 정석해(1899-1996)는 한국전쟁 발발 시 문교부 장관이며 연희대학교 총장이었던 백낙준이 교수들에게도 알리지 않고 혼자 학교 차를 타고 피난을 떠났다고 말한다. 당시 문과대 학장이던 정석해는 북한 인민군 치하의 서울에서 3개월을 견뎌야 했다. 정리해보면 백낙준은 미국 유학파 개신교 목사이고, 조선학 혹은 한국학에 깊은 관심을 가진 인물이었

---

140 김건우, 《대한민국의 설계자: 학병세대와 한국 우익의 기원》(서울: 느티나무공방, 2017), 53-54쪽.

141 백관인 편, 《백낙준 박사 대담 모음: 내일을 위하여》, 295쪽.

다.[142] 또 친일파이며 해방 이후에는 독재자 이승만의 편에서 활동한 인물이다.

당시 해방 이후를 생각하면, 유럽에서 박사학위를 받은 안호상이나 미국에서 박사학위를 받은 백낙준과 같은 이들은 매우 드물었을 것이다. 그런 상황에서 그들이 교수가 된 것은 전혀 이상할 것이 없어 보인다. 또 같은 맥락에서 백낙준은 안호상에 이어 문교부 장관이 되었을 것이다. 안호상과 백낙준 모두 유럽과 미국의 대학과 교육을 직접 경험한 이들이었으니 말이다.

그러나 이 땅 민중에 대한 고민 없이 자신들만의 역사를 살아온 이들이 큰 어려움 없이 교육과 사상계에 등장함으로써 우리 역사는 뒷걸음질하게 된다. 민중의 고난이 철학의 대상이 되지도 않았고, 민중의 주체성을 위한 교육도 이루어지지 않았다. 고난의 역사 속에서 어쩌면 민중들에게 가해자로 있었던 이들이 누리는 권력이 민중의 눈에 좋게 보였을 리 없다. 친일파가 좋아 보였을 리 없고 극우주의자 역시 좋아 보였을 리 없다. 그러나 민중에게 기회가 주어진 것이 아니라 안호상과 백낙준으로 이어지는 노선이 교육을 담당했다. 이 길은 민중이 나라의 주체가 되는 교육의 길이 아닌 민중을 통치의 대상 정도로 여기는 길로 이어졌다.

백낙준은 문교부 장관이 되어 한국 교육계의 틀을 잡아갔다. 예를 들어, 그는 1952년을 기점으로 한국전쟁 당시 '전시 연합대학'의 경험을 모태로 경북대학교, 전남대학교, 전북대학교, 부산대학교 등 총 네 곳의 국립대학을 각 도마다 두었다.[143] 1950년 당시 한국엔 55개의 고등교육기관이 있었는데, 그 가운데 절반 이상이 서울에 집중되어 있었다. 또한 국공립과 사립의 비율이 32대 68로, 사립이 압도적으로 많은 비율을 차지했다. 기본적으로 대학 교육은 사립대학들이 이끌었다.

1952년에서 1954년까지 대학의 붐이 일어 기업화 현상을 낳았으며, 교육

---

142 서정민, "백낙준의 '한국개신교사'와 국학", 〈한국교회사학회지〉 12 (2003), 183-230쪽.

143 김건우, 《대한민국의 설계자: 학병세대와 한국 우익의 기원》, 54-55쪽.

의 질도 낮아졌다. 대학 교육의 질보다는 우선 대학 진학을 열망하는 많은 민중들의 욕구에 의존해 양적으로 팽창했다. 게다가 4년제 종합대학과 단과대학, 그리고 2년제 초급대학 등 다양해 많은 이들이 자신에게 적절한 방식으로 대학 교육에 참여할 수 있어 대학생 수는 더욱 증가했다. 1953년과 1956년 사이에 대학생 수는 급증했다.[144] 대학생 수는 급증했지만, 한국전쟁으로 대학 교육의 기본적인 조건들이 무너졌다. 기존 대학 건물의 반이 무너지고 교직원의 반이 전쟁 중 사망했다.[145] 이와 같은 상황에서 대학의 수와 학생 수는 늘어났다. 해방 이후 한국의 대학생은 1945년 8천여 명에서 1948년 2만 4천여 명까지 확대되었고, 한국전쟁이 끝난 1954년엔 6만 6천여 명에 이르렀다. 대학이 대학으로 온전한 구실을 하기 힘든 여러 조건 속에서 많은 사립대학교가 설립되고 많은 수의 학생을 모집해 대학망국론이 고개를 들던 시기였다.[146]

일제강점기와 한국전쟁의 혼란 가운데 대학 진학이 미래의 삶을 보장하리라는 민중의 불안 섞인 기대를 대학은 놓치지 않았다. 또 하나 주요한 요인이 있었는데, 바로 한국전쟁 당시 대학생 '징병보류조치'가 취해졌다는 사실이다. 대학생이 되면 전쟁터로 징병되는 것이 미뤄졌다. 당연히 청년들이 대학으로 몰려들었고, 대학생 수는 증가했다. 대학은 학생들을 통해 소득을 극대화할 수 있는 기회를 얻은 셈이었다. 교수다운 교수가 없어도, 대학으로 온전히 기능하지 못해도 상관없었다. 문교부로부터 인정받은 대학 간판을 붙이고 학생들을 모아들였고, 사립대학교들은 정원만으로도 부족했는지 청강생, 보결생 등 다양한 방식으로 정원 이상의 학생들을 모집해 소득을 만들어냈다. 그리고 문교부는 이를 묵인했다. 오히려 제대로 된 건물도 없는 마당에 학생들이 모두 등교하면 대학에 혼란이 일어날 테니 출석률을 떨어뜨리기 위해 출석을 부르지 말라고 종용하는 비극적 사태가 발생하기도 했다.

144　馬越徹,《한국 근대대학의 성립과 전개》, 193쪽.
145　오천석,《한국신교육사》(서울: 현대교육총서출판사, 1964), 445쪽.
146　김종철 외,《한국고등교육의 실태》(서울: 문교부교육정책심의회, 1973), 26쪽.

바로 이러한 시기에 백낙준은 문교부 장관과 사립대학교인 연희대학교의 총장으로 있었다. 대학 교육에 있어 지방과 서울의 격차를 줄이고 국·공립 교육의 비율을 높이기 위해 도마다 국립대학을 세웠다고 하지만, 과연 그 정도로 기업화된 사립대학교 문제를 해결할 수 있었을까? 불가능했다. 예를 들어, 사립대학교의 문제점을 개선하기 위해 이승만 정부는 "사학재단 운영지침"을 만들었지만, 전국의 사학재단들은 전국사립대학연합회를 결성해 이에 반발했다. 이때 회장이 바로 당시 연희대학교 총장 백낙준이며, 부회장은 고려대학교 총장 유인오(1906-1987)다. 당시 정계와 대학을 오가며 활발하게 활동한 이들은 백낙준과 유진오 그리고 이화여자대학교 총장 김활란(1899-1970)이다. 이들 세 명은 사립대학교를 대표하는 권력으로 정부 정책도 무력화할 만큼 강력한 힘을 자랑했다. 이들은 이미 미 군정의 비호 아래 친일파 관련 논란을 무마하고 각각 연희대학교, 고려대학교, 이화여자대학교의 총장 자리에 올랐다. 거기에 이승만 자신이 사립대학교 설립과 관련되어 있었다. 이승만은 하와이 교포 2세의 교육을 위해 자신이 운영하던 한인 기독학원을 처분하고 하와이 교포들의 정성을 모아 1954년에 '하와이'와 '인천'에서 각각 한 글자씩을 가져와 '인하'라는 이름의 공과대학을 세웠다. 이것이 지금의 인하대학교다.

지금까지 해결되지 않은 대학과 관련된 많은 문제들이 시작되고 만들어진 시기였다. 1950년대 대학이 온전한 대학 구실을 하지 못해도 이승만 정부는 방임했고, 그러는 동안 사학권력은 대학을 완전히 장악해 대학은 본질적으로 큰 변화 없이 현재에 이르렀다. 대학은 대학 자체의 학문적 완성보다는 대학이란 공간에서 얻어지는 소득과 학생 모집에 열을 올린다. 이것은 이미 1950년대 문교부의 묵인 속에서 이루어진 분위기의 연속이라 할 수 있다.

백낙준은 문교부 장관 이전 미군정청 한국교육심의회에서 '홍익인간'을 강조했고, 그의 제안은 현실이 되었다. 정수 수립 이후 첫 교육법 제1조는 아래와 같다.

교육은 홍익인간의 이념 아래 모든 국민으로 하여금 인격을 완성하고 자주적 생활능력과 공민으로서의 자질을 공유케 하여 민주국가 발전에 봉사하며, 인류 공영의 이상 실현에 기여하게 함을 목적으로 한다.[147]

안호상은 단군정신 혹은 홍익인간 혹은 삼일철학을 인류 전체에 유의미한 보편성을 가진 철학으로 여겼다. 그것을 온전히 구현한 과거의 우리가 참우리이며, 우리는 그 과거로 돌아가야 한다고 생각했다. 백낙준 역시 홍익인간은 보편적 가치를 가진다고 생각했다. 그렇기에 한국 사람은 홍익인간의 정신을 교육받아야 한다고 했다. 지금도 안호상과 백낙준과 같이 보편적 가치를 가진 홍익인간 이념이 세계 철학의 기초가 되어야 한다고 생각하는 이들이 있다.[148] 김건우는 백낙준의 홍익인간은 박정희 시대 박종홍과 안호상이 주도해 만든 "국민교육헌장"의 그것과는 다르다고 말한다. "국민교육헌장"에서 교육의 목표는 근본적으로 국가주의라고 할 수 있지만, 백낙준은 세계 공통성을 향한 개방성을 전제하기 때문이라는 것이다.

한국의 교육 이념으로 '홍익인간'을 삼고자 하는 것은 인류에 공헌한다는 **세계 공통적인 이념에 부합하는 것**이라고 생각합니다.[149]

안호상은 대종교의 신도로서 종교적인 마음과 무관하지 않은 상황에서 단군을 바라본다. 당연히 목사인 백낙준과 안호상의 생각이 같을 수는 없다. 하지만 과연 결과적으로 얼마나 다를까? 그의 홍익인간에 대한 생각을 간단히

147 용재기념학술모임 편, 《백낙준 박사의 학문과 사상》(서울: 연세대 국학연구원, 1995), 83쪽.
148 김익수, "홍익인간사상 형성의 사상사적 배경과 현대적 가치", 〈한국 사상과 문화〉 87 (2017), 159-184쪽; 송봉구, "건학이념 '홍익인간(弘益人間)'의 이해: 홍익인간의 철학적 의미와 역사적 전개", 〈동양문화연구〉 6 (2010), 7-24쪽; 정영훈, "단군신화의 정치사상", 〈동양정치사상사〉 8 (2009), 5-32쪽.
149 용재기념학술모임 편, 《백낙준 박사의 학문과 사상》, 257쪽.

살펴보자.

한민족의 교육 목적은 이전에 말한 것과 같이 '홍익인간'이라 할 수 있다. 왜 교육을 하는가? 모르는 것을 가르쳐주고 배우려고 하는 것이 교육하는 목적이라 할 수 있다. 그렇다면 왜 모르는 것을 배워 알려고 하는가? 모르는 것을 배워 알려고 하는 목적이 무엇인가? 그것은 다른 사람에게 널리 유익하게 하기 위함이다. 내 자신의 명리나 부귀영화만을 위한 것이 아니라 모든 사람들에게 도움이 되기 위해 모든 좋은 것을 배우기 힘쓰고, 배운 후에도 **그 배운 것을 내 자신만을 위해서가 아니라 사회와 민족을 위해 사용하겠다는 목적을 가지고 배움에 임하여야 한다는 것이다. 온갖 좋은 것을 배워 사회를 위해 널리 유익되게 한다는 홍익인간 사상**은 달리 말하면 수기치인(修己治人)이라고 할 수 있다. 옛 선조들은 먼저 자신의 인격과 학문을 닦은 후에 나아가 남을 다스리는 것을 교육의 목적으로 삼았다. 교육을 하는 목적이나 교육을 받은 후에 그것을 사용하는 목적이 사회와 국가를 위하자는 데 있었다는 점에서 홍익인간이나 수기치인은 피차 다를 바가 없다.[150]

그저 읽으면 좋은 말로만 읽힌다. 그러나 과연 교육이 누군가를 다스리기 위함인가? 다스리고 다스림을 당하는 이들의 모임이 이 사회이고, 다스리는 이들이 조금 더 나은 지식으로 다스리기 위해 필요한 것이 홍익인간인가? "오직 미래적 과제에 대한 지향을 통해서만 인간은 참된 의미에서 인간적인 삶을 살게 되는 것이다." 이를 위해 "우리는 우리가 실현해야 할 이상을 타율적 강요에 따라서가 아니라, 자기 스스로 정립하지 않으면 안 된다. 우리가 되어야 할 우리의 모습을 우리 스스로 정립한다는 바로 거기에 인간성의 자유 또한 존립하는 것이기 때문이다."[151] 그러나 백낙준은 우리 교육의 이유를 나 자신

---

150 백낙준, 《나의 終講錄》(서울: 정음문화사, 1983), 221쪽.
151 김상봉, 《도덕교육의 파시즘》(서울: 도서출판 길, 2009[7쇄]), 23쪽.

이 아닌 우리 사회, 우리 민족을 위함이라고 정해둔다. 좋은 말로 들린다. 그러나 국가와 민족의 담론 속에서 소극적으로 자기 소리를 내지 못하고 따르는 이, 국가와 민족을 위해 침묵하는 이들은 결국 사상적 노예에 지나지 않는다. 그렇게 많은 지식을 얻어 남을 다스리는 것을 교육의 목적으로 삼는다는 생각의 잔인함을 보라. 흔히 많이 교육받은 이들이 가지는 사회적 약자에 대한 공격성은 그저 생긴 것이 아니다. 아직도 사회를 다스리는 자와 다스림 받는 자로 나누어 보는 신분 노예제 사회의 흔적과 무관하지 않다.

식민지 근대화론에 의하면, 개인의 자유로운 주체성을 폭력적인 지배 체계 아래에서는 침묵해야 한다. 그저 끌려가야 한다.[152] 결국 유럽과 미국의 지식을 많이 가진 자가 그렇지 않은 이들을 계몽하고, 선한 통치자가 되기 위해 홍익인간의 이념을 가져야 한다는 말은 국민주권의 정신에 어긋난다. 잘못하면 지식인과 강자의 다스림이란 이름의 폭력을 정당화하기 때문이다.

백낙준은 '홍익인간'을 '홍익'과 '인간'으로 나눈다. '홍익'은 타자와 공존하여 자신의 이익을 생각하지 않는 상태라고 한다.[153] 개인의 이익보다 남을 더 생각하라는 말이다. 이것이 김범부가 말한 "이해득실을 초월해서 당연히 그리해야 하고 그리 않고는 할 수 없는 무조건"[154]이란 화랑정신과 무엇이 다른가? 그리고 '인간'은 홀로 존재하는 것이 아니라 사회 가운데 존재하는 건전한 지식과 건강한 육체를 가진 존재라고 한다. 그렇게 이 둘이 합해져 개인의 이익보다 남을 더 생각하며 사회 가운데 존재하는 건전한 지식과 건강한 육체를 가진 홍익인간이 된다.

당시 화랑정신이니 단군정신이니 혹은 선비정신이니 하면서 국가와 민족의 길 앞에 침묵하라는 논리에 대한 반론들이 있었다. 백낙준의 홍익인간도 이것이 《일본서기》(日本書紀)의 '팔굉일우'와 비슷하다는 반론이 있었다.[155] 한

152 같은 책, 27쪽.
153 용재기념학술모임 편,《백낙준 박사의 학문과 사상》, 63쪽.
154 최재목·정다운,《凡父 金鼎卨 단편선》(서울: 선인 2009), 63쪽.
155 강만길,《고쳐 쓴 한국현대사》(서울: 창비, 2006), 457쪽.

마디로 민중을 침묵하게 하고 자신들을 따르게 하기 위한 구호 같은 성격이 있다는 말이다. 팔굉일우는 "팔방의 모든 범위에 하나의 집"이라는 뜻으로, 일본이 과거 대동아공영권을 빌미로 침략전쟁을 할 때 자신들을 합리화하는 수단으로 사용했고, 이와 유사하게 '무사도'와 같은 것들이 사용되었다. 백낙준 역시 이와 비슷하다는 것이 구호 속에서 결국은 침묵하라는 말이기 때문이다. 김범부의 화랑정신이나 안호상의 단군사상 역시 결국은 비슷한 권력의 욕구와 맥을 같이 하는 것으로 볼 수 있다.

백낙준은 장준하(1918-1975)와 친했고, 장준하가 중심이 되어 펴낸 〈사상계〉를 뒷바라지했다. 〈사상계〉가 어떤 잡지인가? 한국철학자 함석헌이 자신의 글 "한국 기독교는 무엇을 하고 있는가?"를 1956년 〈사상계〉 1월호를 통해 발표했다. 이것은 철학자 함석헌이 민중을 만나는 큰 계기가 된다. 철학자 함석헌이 역사 앞에 조금 더 뚜렷하게 드러나는 동력이 되었다는 말이다. 〈사상계〉를 통해 당시 독재자에게 주권을 유린당한 채 힘겨운 삶을 살아가던 민중들은 위로를 얻었다. 그리고 자신의 삶에 대한 긍정을 얻었다. 〈사상계〉는 함석헌을 통해, 함석헌은 〈사상계〉를 통해 대중을 만나며 자신의 자리를 잡아갔다. 〈사상계〉는 1958년 400쪽에서 500쪽에 이르는 월간지로 4만 부 넘게 발행되었다. 당시 민중에게 대학이나 공적 기관이 수행하지 못하는 지적 활력을 심어준 공간이 바로 〈사상계〉였다. 그런데 그 〈사상계〉가 어렵게 시작할 때 은행 잔고증명서를 만들어 도와준 이가 백낙준이다. 연세대학교의 동방학연구소의 〈동방학지〉가 처음 발행된 곳도 〈사상계〉의 사상계사였다. 그뿐 아니라 국어국문학회의 〈국어국문학〉과 한국철학회의 〈철학〉도 모두 사상계사에서 발행되었다.[156] 이런 일들이 가능하게 해준 이가 백낙준이었다.

그러나 백낙준은 철학자가 아니다. 그러나 그의 홍익인간에 대한 생각들은 한국의 국민윤리와 윤리관에 안호상과 김범부, 박종홍 등과 함께 흔적을 남겼다. 그 홍익인간의 정신에 대한 백낙준의 이해가 철학적으로 그리고 현실

---

156   김건우, 《대한민국의 설계자: 학병세대와 한국 우익의 기원》, 55쪽.

공간으로의 한국 교육계에 어떤 긍정적인 영향을 주었는지 혹은 부정적인 영향을 주었는지 다시 생각해보아야 한다.

"배운 것을 내 자신만을 위해서가 아니라 사회와 민족을 위해 사용하겠다"는 것이 교육의 이유라는 말이 무섭다.[157] 거기에 어떤 사리사욕도 없이 타인을 위해야 한다는 말의 강요도 무섭다. 조용히 하라는 말로 들린다. 결국 "공동체의 발전과 복지 증진에 기여하는 것이 올바른 자아실현이며 보람 있는 삶이라는 것을 강조하는 것이다." "언제라도 타인과 공동체를 위해 자기를 희생할 준비가 되어 있는 사람으로 기르는 것"에 지나지 않는다.[158] "타인을 위한 자기희생이 아무리 숭고한 것이라 하더라도 언제나 자기를 잊고 타인만을 위해서 살아야 한다고 가르치는 것은 자유인이 아닌 노예를 위한 도덕"일 뿐이다.[159] 노예만이 그렇다. 온전히 타자만을 위해 산다. '나'란 존재는 수동적으로 타자만을 향한 존재가 된다. 타자의 부당함과 부조리에도 공동체의 빠른 성과를 위해 인내하고 참는다. 홍익인간은 언뜻 좋게 들리지만 다시 생각해보아야 한다. 과연 지워진 '나'의 존재는 어떻게 되는지.

5) 박종홍의 철학

박종홍(1903-1976)은 박정희 시대의 철학자다.[160] 이 말 자체에 거부감을 갖는 이들도 있다. 박종홍기념사업회의 소광희 회장은 박종홍에 대한 이런 오해에 섭섭함을 숨기지 않는다. "국민교육헌장"은 진정 국민의 참교육을 위한 마음이며, 이를 위해 박종홍은 "불원천리(不遠千里)하고 지방에 계몽강연을

---

157 백낙준, 《나의 終講錄》, 221쪽.
158 김상봉, 《도덕교육의 파시즘》, 32쪽.
159 같은 책, 34쪽.
160 김석수, 《현실 속의 철학, 철학 속의 현실 : 박종홍 철학에 대한 또 하나의 평가》 (서울: 책세상, 2001) ; 양재혁, "박종홍 철학에 대한 비판적 연구", 〈동양철학연구〉 31 (2002).

다닐 정도로 참다운 민족중흥을 위해" 애썼다고 한다. "민족중흥의 역사적 사명을 갖고" 태어난 것을 모르는 민중들에게 이를 알려주기 위해 순수한 마음으로 참으로 노력했다는 말이다. 박정희 독재를 "뒷받침하기 위해 일제의 "교육칙어"를 차용해 급조됐다는 비판을 받을 수 있겠지만, 진정 열암(박종홍)의 뜻은 참다운 국민교육에 있었다"고 한다. 결국 "교육칙어"를 차용했다고 해도 순수하게 국민교육을 위한 마음이었다는 말이다. 또 박정희 정권과 손을 잡은 것이 아니라고 한다. 박종홍이 서울대학교 철학과 교수로 있었을 당시 조교였던 정 때문이었을까? 그는 인터뷰에서 이렇게 말한다.

> 서울대 철학과 교수로 있다가 연금도 없이 100만 원을 받고 정년퇴임하고 나니 생활이 막막했을 겁니다. 당시 열암(박종홍) 선생의 일기를 보면 자식들 학비를 어떻게 하나 하고 걱정했던 내용이 나옵니다. 7남매니 오죽했겠어요. 그러던 차에 청와대에서 강압적인 제의를 누차 해왔죠. 열암(박종홍) 선생은 이참에 차라리 제대로 된 교육정책을 펴보자는 생각에서 그 자리를 수락했을 겁니다. 그 연세에 무슨 정치적인 야심이 있었겠습니까.[161]

결국 힘겨운 생활고에 자식들 학비 때문에 박정희의 대통령 교육문화 담당 특별보좌관이 된 것이고, "국민교육헌장" 역시 순수한 "민족중흥의 역사적 사명"을 갖고 했던 일이라는 말이다. 소광희뿐 아니라 박종홍의 철학에 매우 긍정적인 평가를 하는 이들이 많다. 이병수의 아래 글을 보자.

> (박종홍의 철학은) 당대의 식민지 현실에 뿌리를 둔 분명한 문제의식 아래 우리의 현실을 해명하고 극복하려는 **주체적 철학함의 정신이 흐르고 있**

---

161 허정헌, "[인터뷰] 열암기념사업회 교수: 열암은, 한국에 무슨 철학이 있냐던 자조감을 날려버린 선구자, '박정희 보좌관 된 것 정치적 야심 아니다'", 〈한국일보〉 (2007. 11. 7).

었다.[162]

이병수는 박종홍의 철학을 드디어 한국이 '주체적 철학'의 가능성과 한계를 보여준 것이라고 한다. 박종홍 스스로도 한국철학 혹은 우리 철학을 위해 노력해야 한다고 했고, 스스로 한국철학을 만들기 위해 다양한 시도를 했다. 다음 글을 보자.

> 과연 **우리의 철학은 대중적 인간으로서의 사회적 존재인 우리들 속에 움트고 있다.** 우리의 철학은 독일서 차를 타고 왕림하는 것도 아니요, 미국서 배를 타고 내강하는 것도 아니다. 석가도 공자도 우리들 속에 이미 뿌리박고 있는 우리의 철학의 싹을 북돋워주는 역할은 도울 수 있을 법하되 그네들의 교설이 곧 우리의 철학은 아닌 것이다. **만 권의 철학서를 독파한다고 하자.** 그러나 그것이 그대로 곧 우리의 사상으로서 진실된 힘이 못 되는 바는 우리의 철학이 우리들 속에서만 용솟음치고 있기 때문이다. 우리는 모든 시대의 철학적 유산을 이 시대의 이 사회의 이 땅의 우리의 현 단계적 입장으로부터 전승하여 새로운 우리의 것을 만드는 때에 우리의 철학이 비로소 건설된다 할 수 있을 것이다. 여기에 이르매 우리는 선각을 세계에서 구하는 동시에 좀 더 **우리들 자신의 철학적 유산을 천착할 필요를 절실히 느끼지 않을 수 없다.** 이러한 의미에 있어서 철학이라면 마치 칸트나 헤겔을 말하여야 되는 것처럼 생각하는 구태를 일소할 필요가 있다. 우리의 철학의 근원인, 우리를 잊어버린 철학이, 감성 오성을 논하며 변증법을 운운한들 우리에게 무슨 관여되는 바 있을 것이랴.[163]

162 이병수, "이론적 영향", 〈시대와 철학〉 17 (2006), 99쪽.
163 《박종홍 전집 1》, 384-385쪽. 이후 《朴鍾鴻 全集》(서울: 형설출판사, 1982)은 《朴鍾鴻 全集》이라 표기하고, 《박종홍 전집》(서울: 민음사, 1998)은 《박종홍 전집》이라 표기하겠다.

이 글은 한마디로 우리 자신의 철학을 해야 한다는 말이다. 철학의 주체가 바로 '우리' 자신이 되어야 한다는 말이다. 외부에서 유입된 철학은 우리 철학을 위한 싹을 북돋위주는 역할을 할 순 있지만 우리 철학은 아니며, 우리의 철학은 외부에서 유입된, 즉 남의 생각이 담긴 책 만 권을 읽어도 얻어지는 것이 아니다. 정말 중요한 것은 '우리' 철학이 '우리' 가운데 드러나야 한다. 참으로 좋은 말로 들린다. 박종홍은 직접 한국철학 혹은 한국사상은 어떠한 것이 되어야 하는지 정의하기도 했다.

> **한국사상은 한국 사람의 사상이다.** 쉽사리 어디서 꾸어올 수 있는 물건도 아니요, 그렇다고 이미 주어진 대로 지키고만 있으면 되는 완성품으로서의 고정된 유산도 아니다. 사상은 정신적인 것이다. 우리의 생활을 통하여 마음속 깊이 용솟음치고 있는 산 것이어야 한다. **괴롭고 힘들어도 우리 자신이 찾으며 새로이 세우는 수밖에 없는 것이 한국사상이다.**[164]

그의 말을 빌리자면, 한국철학은 한국인의 삶 속에서 "용솟음치고 있는 산 것"이어야 한다. 죽은 것이 아니고 산 것이어야 한다. 설사 힘들고 괴로워 흔들려도 우리 자신의 중심이 되어주는 것을 한국사상, 즉 한국철학이라고 한다. 참 좋은 말로 들린다. 공허한 관념 속에서 철학하는 것이 아니라, 즉 죽어 생명 없는 철학이 아니라 살아서 생명력을 갖고 우리의 삶 가운데 "용솟음치고 있는 산 것"으로의 철학을 위해 철학은 관념이 아닌 현실에서 시작해야 한다. "이 현실적 지반을 떠나 그의 출발점을 찾는 철학은 결국 그 시대 사회에 대하여 하등의 현실적 의미를 가질 수 없을 뿐 아니라 철학 자체에 있어서도 새로운 경지를 개척하기가 곤란할 것"은 당연하기 때문이다.[165] 현실의 기반 없이 이루어지는 철학, 그것은 제대로 된 참된 철학이 아니다. 당연히 새로운

---

164 《박종홍 전집 5》, 501쪽.
165 《박종홍 전집 1》, 331쪽.

경지를 개척하기 힘들다. 박종홍이 생각한 현실, 철학이 기반해야 한다는 그 현실은 무엇일까? 그는 매우 의미심장한 이야기를 1939년에 했다.

현실 파악의 길! 그것은 일상적 현실이 구체적 실천을 매개로 자각하는 과정 이요, 문화의 창조를 위한 투쟁이요, **국가의 건설을 위한 성전**이다.[166]

1939년이라면 일제강점기다. 일제강점기에 드디어 이루었다는 현실 파악 에서 얻은 구체적 실천과 국가 건설의 성전은 도대체 무엇일까? 당시는 조선 총독부가 '성전'(聖戰)을 외치던 시기다. 일본이란 국가가 꿈꾸던 대동아공영 권을 위한 성전이 강요되던 시기란 말이다.[167] 그가 말한 현실은 강자가 지배 하는 세상에서의 처세에 필요한 현실은 아닐까? 그가 현실을 강조하는 것, 그 현실은 또 어쩌면 정말 식민지로 살아가는 조선의 현실, 한국의 현실이 아닐 지 모른다. 그저 그에게 익숙한 당시 일본 철학자들의 언어가 그에게 녹아든 것일지도 모른다. 예를 들어, 앞서 박종홍의 말과 비슷한 "철학은 현실에서 일 어나서 어떤 다른 데로 가는 것이 아니라 언제나 현실로 되돌아온다"는 말은 미키 기요시(三木清, 1897-1945)의 것이다.[168] 박종홍이 강조한 현실이란 것도 어쩌면 우리 역사 속 민중의 고난을 담고 있는 현실이 아니라, 당시 유행하던 일본철학의 영향일지 모른다. 그의 현실 강조의 모습이 일본의 그것과 매우 유사하기 때문이다.

박종홍 역시 안호상과 같이 민족주의자다. 그에게 민족은 무엇일까? 일제 강점기 조선총독부가 하던 이야기와 비슷한 국가를 위한 성전을 이야기한 그 에게 민족이란 무엇일까?

---

166 같은 책, 432쪽.
167 김원열·문성원, "유교 윤리의 근대적 변형에 대한 비판적 고찰: 박종홍(1903-1976)의 유교윤리를 중심으로", 〈시대와 철학〉 17 (2006), 111쪽.
168 같은 책, 116쪽.

문화는 '얼'의 소산이요 '얼'에 의해서 만들어진 것이요, 그러기에 민족 문화
는 민족의 '얼'의 소산임이 틀림없다.[169]

그에게 민족의 얼, 즉 민족의 정신은 민족 문화의 중심이고, 그 민족 문화
와 민족 가운데 '나'라는 개인이 가능하다. 그러면서 그는 민족 개조를 이야
기한다. 그가 말한 "민족 개조는 우리가 참으로 우리다운 우리로서 되는 길이
다."[170] 여기에서 우리란 무엇인가? '한국 사람'이다. 민족 개조란 우리가 참다
운 한국인다운 한국인이 되는 길이다.

① 박종홍 철학의 연대기적 흐름

박종홍의 첫 작품은 1922년과 1923년 사이 〈개벽〉 22호에서 35호에 연
재한 "조선 미술의 사적 고찰"이다.[171] 이 글에서 박종홍은 신라 시대의 예술
작품인 '금동반가사유상'을 마치 한 종교의 신자가 신적 존재를 묘사하듯 묘사
한다.[172] 금동반가사유상이란 불상에 담긴 불교적 의미와 제작 당시의 시대적
혼란 속의 의미와 같은 것은 지워지고 오직 민족의 아름다움이란 관념 속에서
"우리 모두의 아름다움"이라거나 "조선의 아름다움"으로만 남겨진다. 즉 객관
적 역사의 모든 조건은 지워지고 주관적인 것이 마치 객관적인 무엇이 되는
듯이 드러난다. 이러한 "조선 미술의 사적 고찰"을 두고 김교빈은 박종홍이 훗
날 서양철학을 넘어선 체계로서 한국철학을 이해하는 토대를 바로 "조선 미술
의 사적 고찰"에서 마련했다고 평가한다.[173] 박종홍의 철학이 세계 철학을 넘

---

169 《박종홍 전집 6》, 572쪽.
170 《박종홍 전집 6》, 518쪽.
171 《朴鍾鴻 全集 1》, 3-105쪽.
172 박노자, "박종홍 철학: 민족과 근대, 종속과 주체성 사이에서", 〈동서인문〉 10 (2018),
     112-113쪽.
173 김교빈, "열암의 철학 역정을 통해 본 열암 철학의 구도", 《현실과 창조 II》, 열암기념
     사업회 편(서울: 천지, 2001), 76쪽.

어선 체계에 이르게 되었는지에 대해서는 동의할 수 없지만, 이 작품에서 보이는 태도들이 이후 그의 철학함의 어떤 성격을 규정한 것은 정확해 보인다. "조선 미술의 사적 고찰"을 쓸 무렵을 그는 아래와 같이 회상한다.

> 철학 관계 서적으로 내가 제일 먼저 읽은 것은 다카야마 조규라는 사람이 쓴 《미학급미술사》(美學及美術史)라는 책이다. …표지 오른쪽 위에 우리는 모름지기 현대를 초월하지 않으면 안 된다는 어마어마한 글이 씌어 있었다. …이 미술사라는 것은 일본의 미술사였다. **그것을 읽으며 일본 미술의 조종(祖宗)이 한국의 미술이었음을 여기저기서 알게 되어 혼자서 억제하기 힘든 흥분을 느끼곤 하였다.**[174]

박종홍은 한국과 자기 동일성이 강했나 보다. 책에서 읽은 일본 미술의 조종이 한국 미술임을 알고 억제하기 힘든 흥분을 느꼈다니 말이다. 결과적으로 이 책을 읽고 박종홍에게 남겨진 것은 조선인으로의 강한 자긍심 같은 것일지도 모른다. 하여간 다카야마 조규(高山樗牛, 1872-1902)의 영향 속에서 박종홍은 "조선 미술의 사적 고찰"을 적어갔다. 예술작품을 개인이 소장하고 사람들에게 공개하지 않는 잘못[175]과 조선화의 필법은 대상에 대한 사실 묘사가 아닌 대상으로부터 주관에 주어진 인상이 주요하기에 이는 유럽의 인상파와 유사하다는 식[176]의 이야기는 모두 다카야마 조규의 영향이다. 비록 다카야마 조규와 같은 일본 학자의 영향을 받았지만, 기본적으로 박종홍은 보려는 것만 보았다. 조선 예술의 우수성, 크게는 이 땅 민족의 예술적 우수성이다. 그렇기에 그는 '금동반가사유상'에서 다른 어떤 것도 보지 않고 민족의 우수성만을 본 것이다. 이런저런 객관적인 것들은 지우고 보이는 것만 본 것이다.

---

174 《朴鍾鴻 全集 7》, 250-251쪽.
175 《박종홍 전집 1》, 4쪽.
176 같은 책, 13쪽.

이후 박종홍은 1928년 일본어로 쓴 "이퇴계의 교육사상"[177]에서 퇴계 이황의 철학에 따른 교육은 개성을 존중한다며 당시 일제강점기에 실행된 획일적이며 강제적인 교육을 비판했다. 훗날 "국민교육헌장"을 만들고 계몽을 위해 노력한 인물과는 어울리지 않아 보이기도 한다. 그러나 여기에서도 중요한 것은 이황을 어떤 초월적인 인물로 보고 있다는 점이다. 그는 성리학의 여러 한계를 보지 않고 영웅 이황을 만들어냈다.[178] 백남운(1894-1979)은 1933년《조선사회경제사》에서 당시 무리한 전통문화의 자만을 경고했다.

> 우리나라 역사 발전의 전 과정은 세계사의 일원론적 역사법칙을 통하여 **다른 모든 민족과 거의 비슷한 발전과정을 거쳐온 것이다.**[179]

백남운은 조선의 역사를 후진적이라고 보지 않는다. 다른 민족과 거의 비슷한 발전과정을 거쳐온 것이라고 한다. 즉 보편적인 역사의 흐름 속에 있다는 말이다. 따라서 어떤 특수성 속에서 역사를 돌아보는 것은 잘못이다. 그에 따라 식민지 시대 관학(官學)의 실증주의적 방법을 비판하면서 동시에 당시 정인보 및 안재홍 같은 이들이 보인 민족주의 조선학도 국수주의적인 것이라며 비판했다. 그뿐 아니라 과학이라는 이름으로 조선사 인식에서 민족적 주체성을 몰각하거나 민족적인 가치 일체를 국수적인 것이라고 하는 극단적 계급주의도 비판했다.[180] 물론 유사한 면도 있지만, 전통문화의 자만이란 점에서 박종홍은 동의할 수 없었다. 박종홍은 1935년 "조선의 문화유산과 그 전승의 방법"에서 조선 문화의 통일된 특징이 존재한다는 주장으로 논박한다. 조선 문화의 통일된 특징, 즉 고유성을 강조한 셈이다.

177 《朴鍾鴻 全集 1》, 127-161쪽.
178 박노자, "박종홍 철학: 민족과 근대, 종속과 주체성 사이에서", 116쪽.
179 백남운, 《조선사회경제사》(서울: 범우사, 1989), 23쪽.
180 이병수, "일제하 식민지 지식인의 전통 인식: '신남철'과 '박종홍'을 중심으로", 〈통일인문학〉 63 (2015), 11쪽.

민족문화의 특수성을 다른 입장에서까지 파악할 수가 없는 것같이 철두철미 사갈시할 필요는 없을 것이다.[181]

민족 문화의 특수성 혹은 고유성은 다른 입장에서 평가하고 파악할 수 없다. 그 자체로 보아야 한다. 그리고 그러한 고유성에 대해 높이 평가하는 것은 역사법칙의 필연성을 무시하는 것이 아니라 오히려 고유성을 드러내는 것이 노예화에서 벗어나는 것이라고 한다.

자기의 특수성을 고조함은 결코 일반적 역사법칙의 필연적 발전성을 거부하는 거조가 아니라 도리어 그 법칙을 현실적인 구체성에 있어서 적용하게 되는 것이다. 조선의 현 단계에 있어서는 문화유산의 특수성을 시인하며 천명하는 것이 노예화에 빠지는 사도이긴커녕 유일한 소생의 활로인 것이다.[182]

여기에서 백남운과 박종홍 사이의 논쟁에 대해 자세히 이야기를 할 필요는 없다. 중요한 것은 박종홍이 조선 역사의 고유성, 이 땅 민족의 고유성을 인정하고 강조했다는 점이다. 그러다가 갑자기 박종홍의 작품에서 변화가 감지된다. 해방 이후다.

해방 이후 그는 1953년에 《철학개론강의》를, 다음해인 1954년엔 《철학개설》을 펴냈다. 《철학개설》은 박종홍이 부산 피난 시절에 구상한 것이라고 한다. 힘겨운 부산 피난 시절에 《철학개설》과 같은 철학책을 구상한 이유는 "이 나라 청년들의 철학적인 요구(要求)를 뜻있게 살려보려는 데 있었다"고 한다.[183] 그러나 그가 강조한 이황도 조선의 고유성에 대한 언급도 약하게 다루었고, 책의 거의 마지막 부분인 11장에서 원효(617-686), 의천(1055-1101),

---

181 《朴鍾鴻 全集 1》 357쪽.
182 같은 곳.
183 박종홍, 《철학개설》(서울: 동양출판사, 1961 改訂), i쪽.

지눌(1158-1210), 서경덕(1489-1546), 이황(1502-1571), 이이(1537-1584) 등의 철학을 아주 간단하게 정리하는 정도다. 또 《철학개론강의》는 유럽과 미국 중심의 철학이 주된 내용이다.[184] 물론 그는 어느 정도 한국적인 것에 대해 관심을 유지하고 있었다. 예를 들어, 1958년에 발표한 "한국사상연구에 관한 서론적인 구상"에서 그는 외국의 철학 사상만을 별생각 없이 따르는 당시 여러 철학 연구가들의 태도를 탄식하며 정치 및 경제와 더불어 철학의 독립이 중요하다고 역설했다.[185] 즉 그는 1950년대에도 '우리' 것에 대한 관심을 포기한 것은 아니었고, 그렇다고 해서 그의 주된 과제가 그것은 아니었다는 말이다.

박종홍은 1960년대 이후 또 다른 변화를 보인다. 5·16 쿠데타 이후 권력자들에게 필요한 철학자는 이승만에게 김범부와 안호상과 같은 그런 철학자였다. 이미 김범부는 박정희 정권과 같은 길을 가고 있었고 안호상도 다르지 않았다. 박종홍 역시 박정희 정권이 원하는 것을 수행하기 시작한다. 그것은 바로 충효(忠孝)와 같은 유교적인 가르침이었는데, 박종홍에겐 새로운 시대 새로운 권력에 알맞은 철학이었다.[186] 이제 박종홍은 '한국사상사'에 집중한다.

한국사상사를 연구하고 집대성하는 것이 박정희 시대 권력자들에게 왜 필요했을까? 그것은 박종홍이 과거 '금동반가사유상'의 객관적 사실을 지우고 마치 종교적 도취에 빠진 듯 민족의 아름다움을 보았기 때문이다. 이황의 여러 다른 객관적 사실을 따지지 않고 초월적인 인물로서 영웅 이황을 보았기 때문이다. 박종홍은 매우 객관적 사실인 듯 서술하지만 결국은 자신의 주관적 사실을 객관적 사실인 듯 그렸다. 1975년 《인간과 국가》라는 저서의 "민족문화의 전통" 장에서 그는 금동반가사유상을 종교적 도취 속에서 본 것처럼 한국을 그렇게 신비화한다. 이 책은 《박종홍 전집》에 '한국의 철학'이란 이름으로 포함되어 있다.[187]

---

184 박노자, "박종홍 철학: 민족과 근대, 종속과 주체성 사이에서", 117쪽.
185 《박종홍 전집 4》, 3-17쪽.
186 《박종홍 전집 2》, 534-554쪽.
187 《박종홍 전집 4》, 17-59쪽.

김범부는 자신의 관점이 객관적이라는 것을 강조했다. 즉 역사를 사실 그대로 보는 것이라고 한다.[188] 안호상 역시 자신이 생각한 고대사를 객관적 사실이라고 믿었다. 그렇게 김범부와 안호상은 자신들의 '한민족' 우월의식을 객관적 사실로 만들었다. 또 한민족의 그 우월의식이 드러나는 방식을 화랑정신 또는 단군정신 등이라 하며, 이러한 정신은 사리사욕을 돌아보지 않고 전체를 위해 하나의 정신으로 뭉치는 것이라고 했다. 그리고 그것을 객관적 사실이라고 설명한다. 안호상에겐 일민주의가 객관적 사실에 근거한 철학이며, 김범부에겐 화랑정신이 바로 객관적 사실에 근거한 철학이다. 사실 박종홍 역시 이들과 크게 다르지 않아 보인다. 이 땅을 신들이 탐내고 싶어할 만큼 좋은 땅이란 식으로 환웅 신화를 풀어내기 때문이다. 이로 인해 철학적인 것도 학문적인 것도 아닌 주관적 감정이 학문의 옷을 입고 읽는 이들에게 객관적 사실처럼 전해졌다.

박종홍은 "민족문화의 전통"에서 다음과 같이 적고 있다.

> **한국인들의 사상은 원래 현실 위주다.** 우리 민족에게는 단테의 《신곡》과 같은 책이 없는 것이고 우리가 **하늘나라의 낙원에 갈 것을 꿈꾸지 않고 이 이승에서 행복하게 장수하고 자손들의 행복을 보장하고 싶다.**[189]

박종홍은 한민족은 하늘나라의 낙원을 꿈꾸지 않고 현실에서 행복하며 장수하는 것을 추구한다고, 한국인은 현실 위주라고 한다. 정말 이 땅의 민중은 현실 지향적이었을까? 단테의 《신곡》(*DiVina Comedia*)을 부러워할 것 없는 우리만의 고유색을 가지고 있다는 설명을 위한 무리수로 보이기도 하지만, 사실은 개발독재 속에서 일어난 경제제일주의와 성장제일주의를 합리화하는 수단으로 한민족은 현실 중심이라는 식의 서술을 한 것으로 보는 것이 더 적절

---

188 金凡父, "國民倫理特講", 《花郎外史》(大邱: 以文出版社, 1981), 195쪽.
189 다음의 인용에서 재인용했다. 박노자, "박종홍 철학: 민족과 근대, 종속과 주체성 사이에서", 120쪽.

할 것이다.

경제적인 성공은 매우 현실적인 성공이다. 그리고 그 성공을 이룬 경제인과 경제인을 강하게 이끄는 개발독재의 권력자는 그런 의미에서 한국인 고유의 현실 중심주의에 적절한 인물로 그려질 수 있다. 분명 그는 자신의 글에서 경제인이야말로 우리 역사에서 근대화의 선구자라며 현실 속 강자의 편에서 사고하기도 하고, 때로는 독재자의 편에서 사고하기도 한다.

> 조금만 죄면 독재가 아닌가 의심받고 조금만 느슨하게 하면 방임이라고 비난받기 알맞은 세태다. 여기에 지도자로서의 결단을 망설이게 하는 고충이 있으리라. 우리들은 서로 헐고 뜯어 깎아내리기에 앞서 지도자로 하여금 그의 역량을 십분 발휘할 수 있도록 서로의 힘을 다하여 협력하여야 할 것이다. 시기가 중대한 때일수록 그와 더불어 고초를 같이하며 책임을 같이 질 각오가 요청되고 있다고 하겠다.[190]

그는 독재권력자와 경제인은 매우 적절하게 '현실'을 판단하지만 민중들은 저마다 자신의 생각으로 이런저런 소리를 내고 있다고 말한다. 그러면 발전이 늦어진다. 이에 권력자의 걱정이 더해지는 것이다. 결국 박종홍도 김범부와 안호상이 이야기하듯 민중은 침묵하며 권력자를 따라야 한다는 것이다. 그것이 박종홍이 생각하는 '천명'(天命)이다.

천명을 따라야 한다. 천명을 따르기 위해 민중은 권력자의 지시에 따라 이런저런 생각은 중지하고 경제발전을 위해 하나가 되어 경제인의 말을 잘 따라야 한다.

새마을운동의 목표인 소득증대 즉 자연관계로 이어진다. 같은 맥락에서 그

---

190   같은 책, 87쪽.

는 소득증대가 되어야 자주국방도 국력배양도 가능하다.[191]

현실 중심적인 삶을 살아가는 것이 객관적인 한민족의 속성이고, 그 현실 중심적인 삶은 경제적 성공과 무관하지 않으며, 또 이는 박정희 시대의 작품인 새마을운동과도 무관하지 않다. 이 모든 것을 이루기 위해 민중은 흔들리거나 고민하지 말고 조용히 영도자를 따라 경제발전에 힘쓰면 된다.

경제발전이 어느 정도 이루어지고 소득이 늘어나자, **정신이 흐트러지고 벨트도 매지 않은 채 망연히 담배를 피워문 채 다른 일에 정신을 팔고 있지 않은가 스스로 반성해보아야 할 때가 아닌가 한다.**[192]

"너 자신을 알라"는 철학의 명령 앞에서 한 인간은 자신을 스스로 돌아보는 반성을 통해 주체가 된다. '나'가 진정한 '나'가 되기 위해 '나'는 '나'를 '나'로 돌아볼 수 있어야 한다. '나'는 반성을 통해 '나'로 돌아간다. 즉 반성이란 주체가 자기 자신에게 되돌아가는 것을 의미한다.[193] 그런데 '나'는 오직 '나'만으로 '나'를 돌아볼 수 있는 것은 아니다. '나'는 홀로 되지 않는다. '너'와의 만남에서 '너'를 통해 '너'와 함께 우리가 됨으로써 진정한 의미의 '나'가 된다.[194] '나'는 '나'로 존재하기 위해 반성이 필요하지만, 그 반성은 '나'만으로는 되지 않는다. 그러나 박종홍이 이야기하는 반성은 경제발전으로 이룬 소득으로 정신이 흐트러져 담배를 피워문 채 다른 일에 정신이 팔린 자기 자신을 다시 일자리로 되돌려 경제발전에 힘쓰게 하는 반성이다. 어쩌면 "민족중흥의 역사적 사명을 띠고" 살아가야 하는데 '나'란 존재의 즐거움에 빠져 '우리'라는 한민족의 역사적 사명에 부족한 것은 아닌지 돌아보라는 반성이다. 이런저런 소리 내지

---

191   《박종홍 전집 5》, 521쪽
192   같은 책, 520쪽.
193   김상봉, 《나르시스의 꿈》(서울: 한길사, 2002), 313쪽.
194   김상봉, 《학벌사회》(파주: 한길사, 2004), 164쪽.

말고 천명을 따라 우리로 뭉쳐 있는지 돌아보라는 반성이다. 이런 반성으로 '나'는 '나'로 존재하게 되는가? 강요된 '우리' 가운데 '나'는 지워지는 것은 아닌가?

② 박종홍의 천명사상

천명사상은 박종홍 철학의 기본 골격이다.[195] 그는 박정희 정권이라는 역사 속 일개 권력집단을 단순한 하나의 권력집단이 아닌 "민족중흥의 역사적 사명"을 가진 영도자, 즉 천명을 실현하는 민족의 영도자로 여기며 여러 정책을 천명의 틀 속에서 이해했다. 그리고 그렇게 민중을 이해시키려 했다. 이러한 박종홍의 생각에서 권력의 부당함과 폭력에 대한 비판적 사고는 성립될 수 없다. 천명을 거스르는 일이기 때문이다. 이제 박종홍의 천명사상을 살펴보자.

서정주와 노천명의 순천, 그리고 나르시시즘

박종홍의 철학에서 서정주(1915-2000)와 관련한 무엇인가를 읽어볼 수 있다. 서정주는 식민지 조선의 청년들에게 일본을 위한 전쟁에 나가 싸우다 죽는 것은 일본왕이 조선인에게 부여한 큰 영광이라며 참전을 강권했다. 그리고 많은 이들이 자신에게 친일(親日)이라고 하는 것 대해 친일이 아닌 순일(順日)이라고 말했다. 더 정확하게는 하늘의 뜻을 따른 것에 지나지 않는다고 했다. 그냥 종천(從天)하며 살았을 뿐이라는 말이다.

어찌 보면 박종홍 역시 자신에게 주어진 환경에 충실했다. 1938년에 그는 아래와 같이 말했다.

현실 파악의 길! 그것은 일상적 현실이 구체적 실천을 매개로 자각하는 과정

---

195   이병수, 《열암 박종홍의 철학사상: 천명사상을 중심으로》(서울: 한국학술정보, 2005).

이요, 문화의 창조를 위한 투쟁이요, 국가의 건설을 위한 성전이다.[196]

1939년이라면 일제강점기다. 1939년, 가장 현실적인 모습은 일본이란 현실을 파악하고 일본이 주도하는 국가 건설을 위해 성전에 참여하는 것이라고 한 박종홍은 박정희 정권에서는 또 다른 이야기를 했다. 왜일까? 어쩌면 그런 박종홍의 입장을 노천명(1912-1957)과 같은 이의 삶에서 이해의 틀을 구할 수 있지 않을까 생각한다. 박종홍은 민족을 강조하고 민족의 역사를 매우 긍정하는 듯하지만, 실상은 식민지적 시선에서 벗어나지 못하고 있다. 그가 최한기(1803-1879)를 바라보는 시선은 매우 서구적이다. 그가 실학(實學)을 정의하고 다룰 때의 관점 역시 마찬가지다.[197] 당시 많은 지식인들이 과거를 부정하고 타자를 부정하며 유럽 혹은 일본이란 중심의 변두리가 되기를 망설이지 않았다. 또한 변두리에서 민중이란 타자를 여전히 개명의 대상 혹은 후진한 존재로 여겼다. 노천명의 "자화상"에서 보이는 자아에서 박종홍의 이러한 삶과 철학을 이해하는 교집합을 구할 수 있지 않을까?

문학은 철학의 거름이 된다. 문학 역시 자신이 누구인가에 대한 고민을 수행하고 스스로를 문학의 언어로 반성적으로 돌아본다. 특히 고난의 시기에서의 반성적 사유는 자신이 가야 할 길을 가야 한다는 스스로를 향한 다짐이기도 하고, 다른 한편 어쩔 수 없이 고난의 길보다 편한 길을 가는 자신에 대한 합리화이기도 하다. 그래서인지 일제강점기 식민지 조선의 시인들은 '자화상'이라며 자신의 현재를 돌아보았다. 박종화(1901-1981), 이상(1910-1937), 노천명, 윤동주(1917-1945), 윤곤강(1911-1950), 서정주, 권환(1903-1903), 박세영(1907-1989) 등이 그들이다.

노천명도 친일파다. 서정주의 논리라면 노천명 역시 하늘의 뜻을 따른 것일지 모른다. 노천명은 1943년 조선총독부의 기관지 〈매일신보〉의 기자가 되

---

196 《박종홍 전집 1》, 432쪽.
197 김용옥, 《혜강 최한기와 유교》(서울: 통나무, 2004), 21, 29쪽.

어 "승전하는 날" "출정하는 동생에게" "진혼가"와 같은 다분히 친일파다운 다수의 시를 발표했다. 결국 일본이 패배하고 한국에 해방이 찾아와 그는 일본 유학을 준비했지만 곧 한국전쟁이 발발했다. 북한군이 서울을 점령하자 그는 조선문학가동맹에 가입해 북한을 지지하는 '문학인 총궐기 대회' 등의 행사에 참여한다. 그러나 다시 서울을 유엔군이 수복하자 노천명은 좌익분자가 되었다. 서울을 탈출한 서정주에 비해 서울을 떠나지 못한 노천명의 인생은 기구했다. 그는 20년형을 선고받았지만 6개월 만인 1951년에 석방되었다. 그 후 공보실 중앙방송국에서 일하다 1957년 뇌빈혈로 쓰러졌다. 그의 시 "자화상"은 처음 제목이 "꼭다문 입술과 괴롬"이다. 한번 읽어보자.

꼭다문 입술과 괴롬/자화상[198]

5척 1촌 5푼(五尺一寸五分二寸) 키에 2촌이 부족한 불만이 있다. 부얼부얼한 맛은 전혀 잊어버린 얼굴이다. 몹시 차 보여서 좀처럼 가까이하기 어려워한다.
그린 듯 숱한 눈썹도 큼직한 눈에는 어울리는 듯도 싶다마는…
전시대(前時代) 같으면 환영을 받았을 삼단 같은 머리는 클럼지한 손에 예술품답지 않게 얹혀져 가냘픈 몸에 무게를 준다. **조그마한 거리낌에도 밤 잠을 못 자고 괴로워하는 성격은 살이 머물지 못하게 학대를 했을 게다. 꼭 다문 입은 괴로움을 내뿜기보다 흔히는 혼자 삼켜버리는 서글픈 버릇이 있다.** 삼 온스의 살만 더 있어도 무척 생색나게 내 얼굴에 쓸 데가 있는 것을 잘 알건만 무디지 못한 성격과는 타협하기가 어렵다.
처신을 하는 데는 산도야지처럼 대담하지 못하고 조고만 유언비어에도 비겁하게 삼간다. **대[竹]처럼 꺾어는 질지언정.**

198 이 작품은 "꼭다문 입술과 괴롬"이란 제목으로 〈삼천리〉(1936. 6)에 발표되었는데, 후에 시집 《산호림》(1938)에서는 "자화상"이란 제목으로 연이 나뉘어 개작·발표되었다.

구리[銅]처럼 휘어지며 꾸부러지기가 어려운 성격은 가끔 자신을 괴롭힌다.

타자의 침입보다는 자시의 세계 속에서 타자와 갈등하며 "자신을 괴롭"히는 도도하고 결벽증에 가까운 성격의 여성으로 그려진다. "대처럼 꺾어는 질지언정 구리처럼 꾸부러지기가 어려운 성격"이라고 스스로 평가하고, 그 평가 속에서 스스로의 삶을 규정했다면, 쉽지 않았을 것이다. 반성적 사유 속에서 만들어진 진정한 자신이 바로 저와 같이 도도한 그 무엇이라면, 타인과의 만남을 철저히 대립적인 것으로 이해하는 성격이라면 정말 쉽지 않았을 것이다. 헤라클레이토스는 "나는 나 자신을 의문했다"(ἐδιζησάμην ἐμεωυτόν)고[199] 했다. 그 의문은 반성적 사유로 이어진다. 노천명에게 주어진 답은 '남'이 아닌 '나'다. '남'의 시선으로부터 떨어진 어떤 곳의 '나'다. 그곳에 있는 것이 '나'다. 그리고 그 '남'과 떨어져 있는 '나'를 부정적인 언어로 표현하고 있지만, 결코 부정적으로 생각하고 있지 않다. 어찌 보면 '너희와 다르다' 정도라고 할 수 있다. 즉 스스로의 존재를 '부정'하고 가치 없는 것으로 여기는 '부정'을 통해 부정적인 자신을 그리는 것이 아니라, 그런 '부정'을 통해 나는 충분한 가치를 가진 존재라고 '긍정'하고 있다. 지나칠 정도로 남을 경계하고 타협을 거부하는 자신의 모습에 대한 불만은 불만을 위한 불만이 아닌 '나는 너희와 다르다'라는 자기 긍정이라는 말이다. 이러한 '나는 너희와 다르다'는 사고 속에서 마련된 그의 주체성은 철저한 '홀로 있음'이다.

결국 또 다른 의미의 나르시시즘(Narcissism)의 발현이다. 나르키소스(Νάρκισσος, Narcissus)는 물에 비친 자신의 아름다움을 벗어나지 못했다. 나르키소스라는 말은 '무기력'과 '무감각' 그리고 '마비' 등의 의미를 가진 '나르케'(νάρκη)에서 나왔다. 이 말은 '감각이 없어진다'는 의미의 '나르코

---

199   DK22B101.

오'(ναρκόω)와 무관하지 않다.[200] 나르키소스는 매우 탁월하게 아름다운 외모를 지녔지만 그는 누구도 사랑하지 않았다. 그러다 물에 비친 자신의 얼굴에 매료되어 사랑에 빠지고 만다. 결국 자신의 얼굴만을 바라보다 죽어 수선화가 된다. 누구도 사랑하지 않음으로 자신만을 사랑하는 존재, 노천명이 자신의 시 "자화상"에서 그리는 그 자아 역시 다르지 않다. '나'를 힘들게 하고 '나'를 이상하게 보지만, 결국 너희와 다른 '나'를 포기하지 않는다. 어떤 타협도 없다. 그런 노천명에게 '나'는 '남'도 '너'도 모두 '아닌 곳' 혹은 '없는 곳'에 '있는' 혹은 '있어야 하는' 존재이며, 그곳은 '우리'라는 틀은 존재하기 힘든 곳이다.

도도한 노천명이 생각보다 쉽게 친일을 했다고 생각할 수 있지만, '우리'라는 틀이 힘겨운 존재, '나'만 홀로 있는 존재가 친일을 했다고 생각하면 조금 쉽게 이해할 수 있다. 도도함은 무엇인가? 혼자 잘난 체하여 거만하다는 뜻이다.[201] 결국 도도한 이는 홀로 있는 사람이다. 홀로 있는 이에게 가장 중요한 이는 '나'뿐이다. 그런 이가 일제강점기엔 일본이란 권력에, 인민군과 유엔군의 권력이 교차하는 곳에선 그때그때의 상황에 따라 권력에 편입해갔다.

어쩌면 과거의 구습, 노천명 자신이 '전시대'라고 한 그 시대의 여성은 많은 것이 한 개인의 노력이 아닌 그 사회의 시선 속에서 만들어졌다. 노천명은 그런 '나'가 싫었을지 모른다. 자신을 향한 시선 속에서 만들어진 자신 말이다. 그것이 싫어 과거에 대한 부정이 곧 그에 익숙한 타자에 대한 부정으로 이어졌을지도 모른다. 그리고 그 부정으로 자신의 존재를 긍정하게 되었을지 모르고, 결국 타자 없는 곳에 주체, '너'와 '남'이 없는 곳에 '나'만이 홀로 있게 되었는지 모른다. 그러나 '남'을 모두 부정하고 '나'의 앞에 있는 '남'은 자신이 이용해야 할 그 무엇으로 남았을지 모른다.

노천명은 자신의 가치를 모르는 구습에 익숙한 조선 민중들에게 구부러지

---

200 Robert Steven Paul Beekes·Lucien van Beek, *Etymological Dictionary of Greek* (vols. 1 & 2)(Leiden: Brill, 2010). p. 997
201 운평어문연구소, 《뉴에시스 국어중사전》(서울: 금성교과서, 1987), 476쪽.

지 않겠다고 했지만, 권력 앞에서는 쉽게 구부러졌다.[202] 그러나 식민지 조선의 지식인들은 이미 일본이란 권력에 고개 숙이고 그들의 귀에 달콤한 이야기를 하는 것에 익숙해져버렸는지 모른다. 어느 순간 일본의 시선으로 이 땅의 민중을 보게 되었는지 모른다. 해방과 민주화 이후 누군가는 이를 변명해야 했다. 서정주는 이를 순천(順天)이라고 했다. 순천이란 순천명(順天命)의 줄임말로, 천명을 따른다는 말이다. 박종홍은 '천명'을 이야기한다.

서정주의 시 "자화상"을 보자.

자화상[203]

애비는 종이었다. 밤이 깊어도 오지 않았다.
파뿌리 같이 늙은 할머니와 대추꽃이 한 주 서 있을 뿐이었다.
어매는 달을 두고 풋살구가 꼭 하나만 먹고 싶다 하였으나… 흙으로 바람벽한 호롱불 밑에
손톱이 까만 에미의 아들.
갑오년이라든가 바다에 나가서는 돌아오지 않는다 하는 외할아버지의 숱 많은 머리털과
그 커다란 눈이 나는 닮았다 한다.
스물세 해 동안 나를 키운 건 팔할이 바람이다.
세상은 가도 가도 부끄럽기만 하더라.

어떤 이는 내 눈에서 죄인을 읽고 가고
어떤 이는 내 입에서 천치를 읽고 가나
나는 아무것도 뉘우치진 않을란다.

---

202 임종국, 《친일문학론》(서울: 민족문제연구소, 2013), 280-283쪽.
203 서정주, 《미당 서정주 전집 1》(서울: 은행나무, 2015), 27쪽.

292

찬란히 틔어오는 어느 아침에도 이마 위에 얹힌 시의 이슬에는

몇 방울의 피가 언제나 섞여 있어

볕이거나 그늘이거나 혓바닥 늘어뜨린

병든 수캐마냥 헐떡거리며 나는 왔다.

　서정주는 자신을 누리며 살아온 사람이라고 생각하지 않는다. 시련의 시간, 고난을 시간을 겪으며 살아온 사람이라고 자신을 돌아본다. 그런 힘겨움에도 불구하고 좌절하지 않고 지금에 이르게 되었다고 한다. 종으로 살아가는 아버지, 늙은 할머니, 빈곤으로 힘든 어머니가 키운 '나'는 2할뿐이다. 8할은 청춘의 방황과 시련이라 한다. 그리고 "나는 아무것도 뉘우치진 않을란다"라고 한다. 단호하다. 잘못이 없고, 있다 해도 자신은 그저 하늘의 뜻을 따른 것뿐이란 말이다. 힘겨운 상황에도 단호하게 하늘의 뜻을 따라 열심히 "병든 수캐마냥 헐떡이며 나는 왔다"며 부끄러울 것 없다고 한다. 이런 논리는 그의 자전적 담시집 《팔 할이 바람》 가운데 "종천순일파"라는 괴이한 시로 이어진다.

　　종천순일파[204]

　　그러나 이 무렵의 나를

　　'친일파'라고 부르는 데에는 이의가 있다.

　　'친하다'는 것은

　　사타구니와 사타구니가 서로 친하 듯 하는

　　뭐 그런 것도 있어야만 할 것인데

　　내게는 그런 것은 전혀 없었으니 말씀이다.

　　'부일파'(附日派)란 말도 있긴 하지만

204　서정주, 《미당 서정주 전집 4》(서울: 은행나무, 2015), 228쪽.

거기에도 나는 해당되지 않는 걸로 안다.

일본에 바짝 다붙어 사는 걸로 이익을 노리자면

끈적끈적 잘 다붙는 무얼 가졌어야 했을 것인데

나는 내가 해준 일이 싼 월급을 받은 외에

그런 끈끈한 걸로 다붙어 보려고 한 일은

단 한 번도 없었기 때문이다.

나는 이때 그저 다만,

좀 구식의 표현을 하자면—

'이것은 하늘이 이 겨레에게 주는 팔자다' 하는 것을

어떻게 해서라도 익히며 살아가려 했던 것이니

여기 적당한 말이려면

'종천순일파'(從天順日派) **같은 것이 괜찮을 듯하다.**

　서정주는 일본이 그렇게 쉽게 항복할 줄은 꿈에도 몰랐다고 한다. 몇백 년
은 일본의 지배를 받을 것이라고 생각했다 한다. 그렇기에 하늘의 뜻이라 생
각하고 "익히며 살아가려 했던 것"일 뿐이라 한다. 자신은 친일파가 아니며,
일본을 위해 일하며 이익을 누리며 살아온 사람도 아니라 한다. 그저 이것이
하늘이 이 겨레에 주는 팔자, 운명이라 생각하고 그렇게 살아갔을 뿐이라 한
다.

　이런 서정주의 논리에 의하면, 1945년 8월 15일 이후 일본이 전쟁에 패배
하지 않았다면, 여전히 그것이 하늘의 뜻이라 생각하며 그렇게 살았을 것이란
말이다. 일본을 위해 살라 하고 헌신하라 하면서 말이다. "대동아공영권이란
또 좋은 술어(述語)가 생긴 것이라고 나는 내심 감복하고 있다"라는 글을 적으
며 말이다.[205] 또한 그는 독재자들을 칭송하는 시를 쓰며 살았다. 그의 순천은

205　〈매일신보〉(1942. 7. 13–17).

결국 권력을 따르는 삶이었나 보다. 그가 독재자 전두환을 예찬하며 쓴 "처음으로"라는 시는 '시'라는 말이 '시'에 대한 모독으로 읽힐 정도로 민망하다.

처음으로
: 전두환 대통령 각하 56회 탄신일에 드리는 송시

한강을 넓고 깊고 또 맑게 만드신 이여
이 나라 역사의 흐름도 그렇게만 하신 이여
이 겨레의 영원한 찬양을 두고두고 받으소서
새맑은 나라의 새로운 햇빛처럼
님은 온갖 불의와 혼란의 어둠을 씻고
참된 자유와 평화의 번영을 마련하셨나니
잘 사는 이 나라를 만들기 위해서는
모든 물가부터 바로 잡으시어
1986년을 흑자원년으로 만드셨나니
안으로는 한결 더 국방을 튼튼히 하시고
밖으로는 외교와 교역의 순치를 온 세계에 넓히어
이 나라의 국위를 모든 나라에 드날리셨나니
이 나라 젊은이들의 체력을 길러서는
86아세안 게임을 열어 일본도 이기게 하고
또 88서울올림픽을 향해 늘 꾸준히 달리게 하시고
우리 좋은 문화능력은 옛것이건 새것이건
이 나라와 세계에 떨치게 하시어
이 겨레와 인류의 박수를 받고 있나니
이렇게 두루두루 나타나는 힘이여
이 힘으로 남북대결에서 우리는 주도권을 가지고

자유 민주 통일의 앞날을 믿게 되었고

1986년 가을 남북을 두루 살리기 위한

평화의 댐 건설을 발의하시어서는

통일을 염원하는 남북 육천만 동포의 지지를 받고 있나니

이 나라가 통일하여 흥기할 발판을 이루시고

쉬임없이 진취하여 세계에 웅비하는

이 민족기상의 모범이 되신 분이여!

이 겨레의 모든 선현들의 찬양과

시간과 공간의 영원한 찬양과

하늘의 찬양이 두루 님께로 오시나이다

이것도 서정주에겐 천명을 따르는 것이었을까? 여기에서 천명에 대해 생각해보자. 천명은 무엇인가? 서정주와 같은 이가 아무 생각 없이 따른 그 천명, 무비판적으로 따른 그 천명은 도대체 무엇인가? 천명이 무엇인지 말하며 많은 이들에게 침묵하며 따르라 한 이도 있을 것이고, 침묵하며 자신의 이익을 따라 살아가는 이를 위한 나름의 합리적 면피의 길을 열어준 이도 있을 것이다. 여기에서 박종홍을 만나게 된다. 그가 천명이 무엇인지 설명해줄 것이다.

천명, 침묵하고 따르라!

박종홍의 천명은 "국민교육헌장"에서 확인할 수 있다. "우리는 민족중흥의 역사적 사명을 띠고 이 땅에 태어났다." 이 말은 지금 '나'란 한 존재의 존재 이유를 알려주고 있다. 바로 민족중흥을 위해 태어난 존재다. 나란 존재는 바로 민족 때문에 있다. 이러한 결단에 있어 '나'의 동의는 처음부터 없었다. 하지만 박종홍은 마치 필연적 사실이라도 되는 듯이 이 사실을 확정해버린다. 따라서 민족중흥에 필요 없는 존재나 거부하는 존재는 이 사회에 필요 없는 존

재가 되고 만다. '나'는 오직 민족을 위해 있으며, '나'로 있는 '나', 있는 그대로
의 '나'는 지워져야 한다. 개체성이 사라지고 민족이란 관념 속 보편성이 개체
적 존재인 '나'를 지배한다. 현실이 무시되고 관념이 현실이 되어버리는 것이
다. 그 관념이란 것도 나의 경험이나 동의의 산물이 아니다. 이렇게 '나'는 민
족이란 존재를 위한 소모품이 된다. 아무리 생각해도 무서운 선언이고 단언이
다. 이러한 그의 잔혹한 철학에 대한 비판적 입장이 없지 않았지만,[206] 여전히
박종홍의 철학은 강한 힘을 가지고 있다. 모든 것이 천명, 하늘의 뜻이란 이름
속에서 '국가 중심' 혹은 '민족 중심'으로 움직이는 것은 여전히 강한 힘을 가진
다. 개인의 개성은 전체의 적이다. 호국이란 이름으로 침묵하는 개인들이 하
나의 권력자를 중심으로 뭉쳐 싸운 것이 우리의 역사라며, 그것이 천명을 따
른 우리의 역사라는 생각은 여전히 현재진행형이다.

한국의 불교를 호국불교 중심으로 이해하려는 것을 보자.[207] 물론 한국 역
사 속 호국불교의 흔적은 분명하다. 그러나 그것이 과연 한국의 고유색을 가
진 것이라고만 할 수 있을까? 아쇼카 왕 시절 이미 인도에도 호국불교는 있었
다. 또한 박종홍의 생각과 완전히 다른 길로 간 불교도 이 땅에 있었다.[208] 예
를 들어, 1688년 8월 1일 승려 여환(呂還) 등 11인이 반란을 도모하다 처형된
일도 있었다. 즉 호국불교가 아닌 불교도 역사 속에 있었고, 호국불교를 이 땅
에만 한정할 수도 없다는 말이다. 그러나 박종홍은 자신이 보고자 하는 주관
적인 것을 객관적인 것으로 단언해버리는 일을 여기에서도 단행한다. 고려 시
대 승려 의천에 대한 태도 역시 마찬가지다. 의천의 중국과 일본과의 교류 및
《속장경》 간행과 중국과 일본으로의 전파를 "우리 민족의 주체성"와 관련해

---

206 김석수,《현실 속의 철학, 철학 속의 현실》(책세상, 2001); 양재혁, "한국철학: 박종홍
     철학에 대한 비판적 연구", 〈동양철학연구회〉 31 (2002), 139-170쪽; 김원열·문성원,
     "유교 윤리의 근대적 변형에 대한 비판적 고찰: 박종홍(1903-1976)의 유교윤리를
     중심으로", 〈시대와 철학〉 17 (2006), 101-132쪽.

207 《박종홍 전집 4》, 24-27쪽.

208 박노자, "박종홍 철학: 민족과 근대, 종속과 주체성 사이에서", 121쪽.

서술하며, 국위 선양으로 확대평가한다.[209] 당시 불교는 한 국가의 경계에 의존해 사유를 구분하지 않았고, 그저 동아시아 불교의 전통 속에서 자신의 이론을 만들어갔을 뿐이지만, 그는 민족의 자랑이라며 찬양하는 데에만 집중한다. 그리고 이런 것은 지금도 우리 일상에서 흔히 볼 수 있다.

이런 박종홍의 태도는 이황에게도 나타나 그의 이황 연구는 이황을 찬양하기 위한 초석이었을 뿐이다. 그 외에 유형원(1622-1673)이나 김정희(1786-1856) 그리고 이원구(18세기 후반-19세기 초반) 등에 대한 논의나 안창호에 대한 논의에서도 마찬가지였다. 이들에 대한 비판적이고 섬세한 연구보다는 이 땅 역사 속에서 영웅 만들기, 그의 표현으로 하자면 "역사 속의 완인(完人)"을 만드는 것으로 보일 뿐이다.[210] 그들에 대한 비판적 사유 없이 완전무결한 무엇으로 만들어버리고, 그 한 구체적인 인간은 인류 보편의 가치를 구현한 존재이며 우리 민족의 객관적 모범이라고 선언해버린다. 그리고 우리는 그들과 같이 되어야 한다. 바로 "민족중흥의 역사적 사명"을 실천해야 한다. 영웅을 내세우고, 그 모범에 따라 우리에게 침묵하고 따르라는 것이다.

결국 자랑스러운 이 땅 역사의 일원이 되기 위해 우리는 충성을 다하는 존재가 되어야 한다.

> **유학의 본령을 나는 인간 대 인간, 즉 인간관계, 따라서 인(仁)에다 둔 것으로 안다.** 그리고 추상적 이론보다 **구체적인 생활에 있어서의 실천이 문제인 만큼 자근지원(自近至遠)이라든가 하학상달(下學上達)의 순서를 중시하게 된 것일 줄 안다.** …즉 우주에 관한 것보다는 **인륜(人倫),** 그리고 나의 내면적인 마음으로부터 출발하게 된다. 성지자(誠之者)는 인지도(人之道)요, 거기에 **경(敬),** 나아가 **예(禮)에 있어서 실천이 무엇보다도 관심사**

---

209 《박종홍 전집 4》, 149-157쪽.
210 《박종홍 전집 5》, 470-481쪽.

였다고 하겠다.[211]

박종홍은 유학을 인간관계에 대한 학문이라고 정의한다. 다소 과격하게 말하면 인간 사회의 '위계'에 대한 것이다. 그 위계가 유학에선 인륜과 관련된다. 자연스럽게 이 인륜은 경(敬)과 예(禮), 즉 공경과 예의의 문제로 이어진다. 공경과 예의는 단순한 이론적 앎으로 끝나는 것이 아니다. 구체적인 실천으로 드러나야 한다. 박종홍은 이러한 논의를 전개하는 가운데 성지자(誠之者)는 인지도(人之道)라는 《중용》을 글귀를 인용한다. 참으로 성실하게 살려고 하는 것이 인간의 길이라는 말이다. 여기에서 인간의 길, 인간이라면 마땅히 따라야 하는 그 길은 인간의 도리이고, 바로 '천명'이다. 인간이 따라야 하는 그 길은 한 인간의 사리사욕에 의해 결정 나서는 안 된다. 그것은 참으로 성실하게 살려는 이들의 길이 될 수 없다. 참으로 성실하게 살려는 이는 당연히 전체를 생각한다. 천명, 인간이 마땅히 따라야 하는 그 도리는 개인의 사리사욕 영역이 아닌 모두를 위한 것이라고 쉽게 여겨지기 때문이다. 그래서 아래와 같은 논의가 박종홍에게 가능하다.

우리가 살고 있는 이때를 가리켜 유신의 시기라고 부르고 있다.…인간과 자연 관계가 급템포로 꾸준히 약진해가야 하겠으며, 그에 따라 인간관계가 더욱 긴밀하게 뭉쳐 하나가 되어야 하겠으며, 힘차게 활주로를 달리던 비행기가 하늘 높이 솟아올라 이제 목적지를 향하여 힘껏 속력을 내기 시작하려는 가장 긴장된 때다. 이에 알맞은 모든 시책과 우리가 취하여야 할 자세를 통털어 유신이라고 부르고 있다.

여기서 우리는 한 가지 깊이 생각해야 할 것이 있다. 비행기가 활주로를 힘차게 달리다가 이륙하여 제 항로에 완전히 돌입할 때까지, 승객들은 모두 벨트를 꽉 잡아매고 있어야 한다. 잡담이나 하며 한가로이 담배를 피우고 있

211 《박종홍 전집 4》, 243쪽.

다가는 어떤 사태가 벌어질는지 모른다. 우리는 지금 이 단계에 있다. **만일 '비행기는 비행기고 나는 나다' 하고 함부로 놀아나다가는 중대한 사태가 벌어질 수 있다는 말이다.** 경제발전이 어느 정도 이루어지고 소득이 늘어나자, 정신이 흐트러지고 벨트도 매지 않은 채 망연히 담배를 피워문 채 다른 일에 정신을 팔고 있지 않은가 스스로 **반성해보아야 할 때가 아닌가 한다.**[212]

유신의 시대를 나쁘게 보는 이들이 있다. 그러나 유신의 시대는 나쁜 시대가 아니다. 오히려 천명을 따라 조용히 힘을 하나로 모아 하늘로 올라가야 하는 시기다. 조금 배부르다고 "담배를 피워문 채 다른 일에 정신을 팔고 있지 않은가" 반성해야 한다. 생각은 전체의 발전이다. 그리고 그 전체의 발전을 위해 이런저런 소리나 생각은 금해야 한다. 그러나 천명을 따라 다른 생각하지 말고 자기 자리에서 일을 하라는 것은 강요가 아니라는 것이 박종홍이다.

'우리는 …하자'가 국민교육헌장의 기본 중심입니다. …우리는 대통령으로부터 어린아이에 이르기까지 **한뜻 한마음으로 우리는 다 같이 자발적으로,** 스스로 국가 건설에 참여 봉사하는 것으로 되어 있습니다. 이것이 곧 독재적인 강요가 아닌 만큼 공산주의식 강요가 아닙니다.[213]

북한은 독재적인 강요이고 공산주의식 강요이지만, 박종홍과 박정희의 한국에서 이루어지는 입 다물고 모두 하나가 되어 국가 건설에 참여하자는 것은 봉사이고, 민족의 일원으로 태어난 천명, "민족중흥의 역사적 사명"이란 그 천명에 대한 자연적인 드러남이다.

민족중흥을 위해 태어난 존재라고 존재 이유를 결정해준 상태에서, 그 존재 이유에 따라 자연스럽게 살아가면 당연히 입 다물고 자기 자리에서 다른

212 《박종홍 전집 5》, 520쪽.
213 《박종홍 전집 6》, 566-569쪽.

생각 없이 일하게 된다는 것, 스스로 자기 존재 이유를 고민할 것도 없고 삶의 방향을 고민할 것도 없이 모든 것이 주어진 상황에서, 강요가 아니라는 말이 가능할까? 이 상황에서 자유란 무엇인가? 자유란 스스로 자기 행위의 주인이 된다는 것이다. 우선 '스스로'가 되어야 한다. '나'란 주체가 되어야 한다. 그냥 '자유'란 말은 추상물에 지나지 않으며, 구체적인 '나'라는 자유의 터가 있을 때 자유는 자유가 될 수 있다. 그러나 이미 민족이란 관념 속 '나'라는 구체적 존재의 몸짓이 지워진 상황에서 자유란 무엇인가? 존재 이유가 이미 주어진 존재이며, 앞으로 나갈 방향이 주어진 존재에게 자유란 무엇인가? 스스로의 결단이 무력해진 곳에서 자유란 무엇인가? 자유가 존재하기는 할까? 천명이니 충효니 하는 수단으로 하나로 뭉쳐진 곳에서, '다르게 되기'가 제거되어야 할 이유가 되어버리는 그런 공간에서 자유란 무엇인가? "한뜻 한마음으로 우리는 다 같이 자발적으로" 국가와 민족을 위해 움직이자는 말은 쉽지만, 자유롭게 움직이고 생각하고 활동하는 인간이라면 서로 다른 생각이 모여 토론하고 동의하는 길고 긴 과정을 거쳐야 한다. 또한 그 토론과 동의의 과정에 동참한 이들의 존재 이유를 미리 정하고 앞으로 나갈 방향도 미리 정해두고 이루어진, 더 빨리 결과를 이루는 방식에 대한 자유만을 참된 자유라고 할 수 없다.

매매의 대상으로 존재한 노예는 어쩌면 존재 이유가 있는 물건이다. 무엇을 이루기 위해 그 물건을 구입한다. 구입한 이유가 그 물건의 존재 이유고, 그것 이외 다른 것은 허락되지 않는다. 물건에게는 허락되지 않는다. "한뜻 한마음으로 우리는 다 같이 자발적으로" 나아가자는 외침에서 주인이 노예에게 하는 소리와 비슷한 것을 듣게 된다. 아래 글을 보면 더욱 분명하다.

민족 개조는 우리가 참으로 우리다운 우리로서 되는 길이다.[214]

---

214 같은 책, 518쪽.

민족의 개조는 나 자신의 정신적 자세 개조로부터 시작되는 것(이다).[215]

우리는 민족의 영광을 위해 정신 차려야 한다. 지금 민족의 영광에서 벗어나 다른 길로 조금이라도 가려고 한다면, 스스로를 개조해야 한다. 그것이 "우리다운 우리"가 되는 길이고, 그 "우리다운 우리"라는 민족 개조를 위해 '나' 역시 새롭게 태어나게 된다. 개조되어야 한다. '나'는 개조의 대상이다. 천명에 순종해야 할 대상이다.

박종홍의 천명은 "민족중흥의 역사적 사명"을 따르는 것이고, 이를 위해 충효의 정신으로 국가에 충성해야 한다. 다른 생각을 해서는 안 된다. 담배를 피워물며 여유를 부려서도 안 된다. 독재니 무엇이니 하며 딴소리를 해서도 안 된다. 천명 앞에서 개인은 그저 천명을 따르면 그만이다. 천명을 따를 때, 즉 "민족중흥의 역사적 사명"을 따르기 위해 사적인 것을 포기할 때 "우리다운 우리"가 된다. 그리고 '나'는 지워진다.

"우리다운 우리"는 과연 무엇인가? 우리의 주체성을 강조하는 듯이 들리지만, 그 우리의 주체성 속에서 수많은 개인의 주체성이 잔혹하게 지워졌다. 개인들, 민중들은 아프다며 전태일은 몸에 불을 지르고 법을 지키라고 외쳤지만, "민족중흥의 역사적 사명"을 위해 돌아보지 않고 앞으로 가야 했다.

박종홍의 철학에서 우리 철학 혹은 한국철학의 가장 온전한 모습을 찾으려는 이들이 아직도 많다. 그에게서 한국철학이 주체적인 모습으로 철학이 되었다는 이들도 있다. 정말 그런가? 대한민국은 민중이 주권을 가진 국민주권 국가다. 한국철학이 되기 위해 철학의 주체는 민중이 되어야 한다. 그러나 민중에게 한마음 한뜻으로 움직이자는 이에게 민중은 철학의 주체가 될 수 있을까? 그에게 민중은 새로워져야 하는 대상, 개조의 대상이다. 이런 박종홍의 철학에서 민중의 고난은 어디에 있는가? 민중의 고난이 철학을 더욱 깊게 만들고 있는가? 그렇게 보이지 않는다. 결국 천명을 따르는 충성을 보이는 것이

215   같은 책, 519쪽.

우리다운 우리가 되는 것이란 말을 철학적 언어로 풀어낸 것에 지나지 않아 보인다. 생각하는 민중으로 자신의 고민을 이런저런 방식으로 말하고 불만을 이야기하고 희망을 이야기하면, "지도자로서의 결단을 망설이게 하는" 역사 발전의 방해꾼이라는 철학에서 민중은 철학의 주체가 되기 어렵다. 그의 이런 발상은 이미 오래전부터 있었던 것으로 보인다. 그의 《일반논리학》에 등장하는 글을 읽어보자.

> 가령 지도자가 과오를 범할 수 있다 할 때 지도자는 바로 문제 되고 있는 대상, 즉 무엇일 것이요. 과오를 범하는 수가 있다 함은 그 대상, 즉 무엇의 성질을 규정하는 것이라고 하겠다. 이에 관하여 어떻게 해서 그런가, 왜 그런가, 하고 다시 물을 때에 원인 내지 이유가 추궁된다고 할 것이다. 이러한 물음을 거듭하여 사물의 궁극적인 원인이나 원리를 밝히려는 것이 곧 학문이다. 그리고 '어떻게'와 '왜'를 밝히는 과정을 우리는 그 일반적인 형식에 있어서 대략 두 가지로 나눌 수 있다. 모든 사람은 과오를 범할 수 있다. 모든 지도는 사람이다. 그러므로 지도자는 과오를 범할 수 있다와 같이 한층 더 일반적인 기지(己知)의 사실 혹은 원리로부터 시작하여 어떻게나 왜를 밝히는 것이 그 하나요, A라는 지도자도 과오를 범하였다 B라는 지도자도 그러하였고 C라는 지도자도 그러하였고 D라는 지도자도 그러하였다와 같이 개별적인 실례를 들어 이것을 왜의 근거로 삼아 그러므로 지도자도 과오를 범하는 수가 있다고 하는 것이 다른 하나다.[216]

가령 지도자가 과오를 범할 수 있다. 당연하다. 지도자도 사람이다. 사람은 과오를 범할 수 있다. 따라서 사람인 지도자도 과오를 범할 수 있다. 이 역시 당연하다. 연역적으로 보아도 귀납적으로 보아도 지도자는 과오를 범할 수 있다는 것이 사실이다. 그러나 그 과오에 대해 민중은 분노할 수 있고, 거부할

---

216 박종홍, 《일반논리학》(백영사, 1953), 2-3쪽.

수 있고, 심지어 물러나게 할 수 있다. 그것이 민주주의다. 지도자는 실수할 수 있다. 당연하다. 그러나 그 실수의 의도와 규모에 따라 물러나야 할 때도 있다. 또한 당연한 민중의 꾸짖음을 들어야 한다. 그런데 하나의 마음으로 한 뜻으로 이런저런 소리 없이 그 지도자를 따라야 한다면, 결국 지도자는 사람이고 사람은 실수한다는 형식적 논리 구조 속에서 누가 되어도 세상은 달라지지 않는다는 암울함을 당연한 것으로 만들고, 변하지 않는 세상에서 그저 구관이 명관이란 이상한 논리를 사실로 받아들이며 살아간다면, 민중이 철학의 주체가 될 일은 없어 보인다.

학문이란 궁극적인 원인과 원리를 분명히해야 한다는 박종홍의 말에 동의한다. 그러면 이 땅 민중의 고난, 그 고난의 원인은 무엇이었을까? 아리스토텔레스는 《형이상학》에서 '원리'(ἀρχή)를 다루며 여러 각도에서 정의한다. 원리는 "운동과 변화가 자연적으로 처음 시작하는 것이다. 예를 들어, 아이는 아버지와 어머니로부터 태어났고 싸움은 비방으로 생겨났다."[217] 그리고 '원인'(αἰτία)도 다양한 각도에서 정의한다. 그러면서 "자모(字母)는 음절의 원인이며, 재료는 그로 인하여 만들어진 것의 원인이며, 불과 흙 등은 모두 물체들의 원인이며, 부분들은 전체의 원인"이라고 했다.[218] 그렇다면 이 땅 민중의 고난은 도대체 어디에서 처음 시작하는지 그 원리를 따져야 할 것이다. 이 땅의 이 힘겨운 고난은 무엇이 모여 이루어진 것이며, 그 원인은 무엇인지 논리적으로 따지고 들어야 하는 것이 정말 이 땅에 필요한 학문이 아니겠는가? 박종홍의 말과 같이 궁극의 원인과 원리를 분명히해야 하는 것이 학문이라면 말이다. 결국 논리학을 익혀 이 땅에 정말 필요한 그 무엇이 되기 위해 그렇게 해야 하는 것이 아닌가 말이다.

그러나 부조리가 세상을 지배하는 시대, 자칭 많이 배웠다면서 우울감에 빠진 지식인들이 자신이 익힌 논리와 합리라고 하는 것으로 행한 것은 바로

217 Aristoteles, *Metaphysica* V, c.1, 1013a 5-10.
218 *Ibid.*, 1013b 15-20.

이러한 것이었다. 암울한 시대의 부조리를 당연한 것으로 만들고, 하늘의 뜻이라 보게 만들고, 온갖 논리로 합리적인 어떤 것 혹은 어쩔 수 없는 것으로 생각하게 만들었다. 그렇게 민중을 속이는 탁월한 수단으로 사용해왔다. 과연 이것이 이 땅의 철학일 수 있을까? 한국철학일 수 있을까?

노천명과 같은 이들은 강자의 뜻을 따르며, 자신의 눈에 일본과 유럽에 비해 열등한 민중 사이에서 우등한 자신의 삶을 보존하려 했을 것이다. 서정주는 그 강자의 힘을 하늘의 뜻이라며 자신은 그 하늘의 뜻에 순종했을 뿐이라고 했다. 당시 많은 지식인들이 노천명이나 서정주와 크게 다르지 않았다. 강자의 세상은 달라지지 않을 것이고, 강자가 다른 강자로 대체되어도 강자는 강자이고 그 강자의 뜻을 따르는 것이 자신의 생존법이라고 생각했다. 이승만을 가리켜 구관이 명관이라고 민중에게 외치는 그 마음에도 결국은 달라지지 않는 세상에 대한 그들의 믿음이 있었을 것이다.

그런 믿음에서 철학이 가능할까? 철학은 이성의 자발성과 그 자발성 속에서 이루어지는 치열한 고민 없이는 있을 수 없다. 순종은 철학에 어울리지 않는다. 오히려 "'원래 이 세상은 그런 것'이라는 말에 분노할 수 있어야 한다. 오랜 시간 유지된 권위라도 나의 삶 속에서 나의 이성으로 따지고 들어가봐야 한다."[219] 그때 철학이 가능하다. 그러나 많은 이들이 "'원래 그런 세상'이라는 패배감을 당연한 것으로 받아들이고 산다. 그러나 철학자는 바로 그 순간에도 사람들을 설득한다. 가만히 앉아 바뀌는 것은 없다며, 쉬지 않고 설득한다."[220] 이것이 철학자의 임무이고 운명이다. 어차피 달라지지 않는 세상이니 구관이 명관이라고 합리화하며 그것이 하늘의 뜻이라고 수정하는 곳에 철학은 없다. 박종홍의 철학에 따르면, '나'는 "민족중흥의 역사적 사명"이란 천명을 위해 태어난 존재다. 다른 생각은 모두 지우고 바로 이 '천명'에 충성해야 한다. '나'는 그 천명을 위해 부정되고 개조되어야 할 존재다. 박종홍의 철학에 '나'의 자리

---

219   유대칠, 《신성한 모독자》, 37쪽.
220   같은 책, 25쪽.

는 없다. '나'의 자리 없는 한국철학이 '나'에게 무슨 소용인가?

누구나 실수할 수 있다. 때론 그 실수로 인해 거짓된 권력을 선한 것이라 믿을 때도 있다. 그러나 다시 그 잘못을 반성하고 돌아가야 하는 것이 또 제대로 된 민중이다. 결국 답은 하나다. 함석헌은 이렇게 말한다. "민중이 깨는 것밖에 없다. 나라를 정치인에게 맡기고 운명을 기다리는 그런 따위 어리석은 구습을 버리고"[221] 스스로 깨어 있는 길뿐이다. 철학은 자신의 존재 무게를 피해서는 이룰 수 없다. 자기 존재의 무게를 스스로 질 때, 오직 그 무게를 지탱하고 있을 때, 그런 인내자만이 당당하게 철학의 주체가 될 수 있다. 그 인내자만이 철학자가 될 수 있다.

> 민중이 스스로 역사를 메는 자가 되지 않고 구경하는 자가 되어서 어떻게 할까? 인생에는 구경꾼이 없고 역사에게 제삼자가 없다.[222]

자기 삶의 주인은 바로 자신이다. 민중 역시 스스로 역사의 주인공이 되어야 한다. 구경꾼도 아니고 발전하는 역사 옆에서 시중을 드는 노예도 아니다. 권력자와 경제인이 역사의 중심인 곳에서 민중은 언제나 변두리다. 언제나 제삼자다. 그저 권력자와 경제인의 말에 의존하는 존재일 뿐이다. 과연 이것이 바른 것인가? 이런 상황에서 어떻게 민중이 자신의 역사를 스스로 만들어갈 것이며, 어떻게 역사의 주체가 될 수 있겠는가? 천명이라며 순종하는 민중이 아니라 생각하는 민중으로, 스스로의 생각으로 자기 인생의 구경꾼이 아닌 주체가 되어야 한다. 생각하는 나! 그것이 가장 큰 희망이다.

---

221   《저작집 4》, 31쪽.
222   《저작집 2》, 26쪽; 《전집 2》, 60쪽.

제5장

'뜻'으로 본 한국철학

조선 후기 민중들의 고난 속에서 일어난 서학과 동학이란 몸짓과 그 몸짓의 결과로 일어난 3·1혁명이란 외침! 그 외침으로 드디어 한국철학이 어떤 뜻을 가져야 하는지 조금 명확해졌다. 위계질서를 이야기하는 양반과 같은 이들의 지적 담론과 그들의 자기 이해 속에서 이루어지는 철학은 한국철학이 될 수 없다. 한국철학은 한국을 구성하는 일부 계층만의 자기인식 속에서 이루어진 것이 아니라 한국 민중 전체의 자기 돌아봄의 행위여야 한다. 이 땅 민중의 언어로 이 땅 민중의 고난 가운데 깊어지는 그런 이 땅 민중의 반성적 사유 속에서 시작되는 것이어야만 한다. 대학교수의 지적 장식 가득한 논리가 없어도, 외국 유명 철학자의 인지도와 논리가 없어도 상관없다. 이 땅의 민중을 중심으로 하는 철학이어야 한다는 사실이 가장 중요하다. 이 땅 이 민중의 눈물에 고개 돌리지 않은 철학만이 이 땅 민중의 철학으로 뜻을 가진다.

이제 뜻을 가진 한국철학의 다양한 몸짓을 정리하려 한다. 윤동주, 류영모, 문익환, 장일순, 권정생, 그리고 함석헌의 철학을 정리할 것이다. 이것은 그들 철학을 객관적으로 정리하려는 것이 아니다. 지금 '나'란 존재가 온전히 존재할 수 있는 '우리'라는 만남의 장, 그 장 속에서 뜻 있는 한국철학을 다지기 위한 하나의 노동임을 미리 알려둔다.

1 식민지 조선의 초라한 지식인

영어 'modern'은 참으로 난감한 단어인 것이, 경우에 따라 '근대' 또는 '현대'로 해석된다. 이런 복잡한 논의는 접어두고 확실한 것은 20세기 초 식민지 조선의 청년에게 'modern'은 무엇으로 번역되었든 상관없이 과거 조선과 다른 어떤 것이었다는 사실이다. 가까이는 일본이고, 멀리는 유럽이었다. 그렇다면 이 단어와 관련해 '근대화'라고 하거나 '현대화'라 하거나 중요한 것은 '유럽화'라는 의미를 가진다는 것이다. 그리고 그 '유럽화'는 자기부정이다. 이 땅 양반이 주도한 조선의 부정이기도 하고, 과거로부터 이어온 익숙한 모든 것과의 부정이기도 하다. 사실 현대나 근대라는 이름으로 이루어진 많은 것들이 '한국의 주체적 고민'의 결과물은 아니다. 유럽인들의 것을 가져옴, 다르게 말해 '유럽이 되는 것'이다.

이런 현상은 비단 한국만의 것은 아니다. 많은 비유럽 국가에서 현대화 혹은 근대화는 결국 '유럽 되기'였다. 현대식 학교와 현대식 교육제도라고 할 때도 각자의 '지금 여기에' 적절한 학교와 교육제도가 아니라 유럽식 학교와 교육제도를 따라함을 의미했다. 국가 체계도 현대화라는 말로 수식될 때 그 기준은 유럽이다. 결국 누군가에게 이러한 현대화는 '나'를 '남'이 되게 함이다. '나'는 후진하고 '남'은 선진하다는 생각에서 '나'는 부정되어 '남'이 되어야 하는 그 무엇이고, '남'은 '나'의 이상향이다. 나는 나를 나의 반성으로 돌아보지 않으며, 그저 '남'에 비해 후진한 것으로 인식할 뿐이다. 이런 슬픈 곳에도 철학은 힘겹게 찾아온다.

'지금 여기에 산다'고 말하기 위해 우선 '나'라는 존재는 주체적 존재가 되어야 한다. 스스로 결단하며 '지금 여기'의 문제를 해결하기 위해, 온전히 '나의 지금'이 되기 위해, 스스로 주체적 존재가 되어야 한다. 남의 답으로 남의 시선과 남의 과거에 의존한 나의 지금은 온전한 나의 지금이 아니다. 바로 식민지다. 지구촌 많은 이들에게 현대화는 결국 유럽화이고, 식민지 되기였다. 물론 이 '식민지 되기'를 자발적으로 시작하진 않았다. 유럽이란 강력한 타자의 힘에 의해 수동적 존재가 되었다.

중국과 한국 그리고 일본의 동아시아는 서로 간에 큰 전쟁이 많지 않았다. 중국의 권력이 '천자'(天子)로 하늘 아래 유일한 강력한 권력으로 존재했다. 고려와 조선의 왕들은 그 천자로부터 시호를 받았다. 비록 형식적인 절차라고 해도 허락을 받았다. 일본 역시 중국을 숭상하며 그들에게 책봉을 받았다.[1] 베트남도 이러한 점에서 기본적으로 다르지 않았다. 사실 오랜 시간 동안 동아시아에서 중국과의 사대관계(事大關係)는 일종의 질서였다. 조선만의 문제가 아니었다. 동아시아 최대 강국이라고 생각하는 일본인들에겐 불편한 진실일 수 있지만 역사 속 일본은 분명 중국을 숭상한 국가였다. 중국과 사대관계를 체결하고 그 질서 가운데 이득을 얻은 국가였다. 조선의 많은 양반들과 마찬가지로 일본인들 역시 한족(漢族)의 중국을 사고의 중심에 두었다. 오직 한족만이 중원의 정통성 있는 지배자라고 생각했다. 한족이 아닌 몽골과 같은 민족이 중원을 지배할 경우 일본 역시 조선과 마찬가지로 정상적인 수교를 할 수 없다는 논리를 가진 국가였다.

동아시아는 이런 질서 가운데 큰 전쟁이 없는 시간을 제법 길게 보냈다. 비록 정치와 국방에서 속국은 아니지만 중국을 중심으로 서로의 관계가 정해졌기에 굳이 전쟁을 하지 않을 수 있었다. 동아시아의 유교가 충효를 강조한

---

1 김종성, 《한국 중국 일본, 그들의 교과서가 가르치지 않는 역사》(서울: 역사의 아침, 2015)의 3장 내용을 전체적으로 참고하기 바란다.

것도 이러한 질서를 유지하는 데 한몫했다. 중국과 한국의 철학은 인간과 인간 사이의 위계 문제에 집중했다. 그래서 철학이 합리적으로 우주의 원인과 결과를 이해함으로써 보편적인 원리를 깨우치고자 하는 노력으로 등장하지 않았다. 공자(기원전 551–기원전 479)는 그런 것에 관심이 없었다. 공자의 관심은 인간과 인간 사이의 관계였다. 충이든 효든 모든 것이 관계의 문제와 관련되었다. 동아시아에서 사대관계는 강제와 복종의 관계에 한정되는 것이 아니라 중심과 변두리 사이의 관계다. 이때 변두리는 식민지와 같은 것을 의미하는 것이 아니다. 조선과 일본도 독립된 군대와 행정 조직을 가진 국가였지만, '한족의 중국'을 그리워하는 중국의 변두리였다. 그리고 중심과 변두리 사이엔 일종의 충 혹은 예의 관계가 구성되었다. 그 관계 속에선 큰 다툼이 없었다.

동아시아가 유럽에 세계 경제의 주도권을 내준 것은 불과 200년 정도에 지나지 않는다. 오랜 시간 동아시아는 큰 전쟁 없이 안정적으로 서로의 이익에 집중할 수 있었다. 1750년 조선의 형 나라인 중국 청나라는 전 세계에서 거래되는 제조품의 33퍼센트를 차지했다. 당시 인도와 유럽이 각각 23퍼센트였던 데 비하면 대단한 점유율이라고 할 수 있다.[2] 거기에 1775년 아시아는 세계 생산의 약 80퍼센트를 차지했다. 인구 자체로 아시아는 절대적이었다. 1500년대에는 60퍼센트, 1750년대엔 66퍼센트의 지구인이 아시아인이었다.[3] 이것은 여러 가지를 암시한다. 우선 증가하는 인구를 감당할 여러 사회 구조가 있어야 한다는 것이다. 그냥 인구만 증가한다면 그것은 오히려 재앙이다. 그러나 아시아는 경제적 성장을 함께 이루어갔다. 그런 아시아 가운데도 동아시아는 두드러졌다. 당시 유럽에서 남아메리카라는 신대륙으로부터 얻은 은이 매력적이었던 것은 그 은으로 중국이란 거대 시장과 거래할 수 있었기 때문이다. 유럽이 필리핀을 찾고 일본을 찾은 것도 중국과의 거래를 위해서였다. 중국은 당시 세계에서 가장 규모가 큰 경제 시장이며, 가장 높은 생산성을

2 로버트 B. 마르크스, 《어떻게 세계는 서양이 주도하게 되었는가》, 윤영호 역(서울: 사이, 2014), 11쪽.
3 같은 책, 133쪽.

가진 공간이었다. 만일 중국이 은을 요구하지 않았다면, 남아메리카 은광의 도시 포토 시는 존재하지 않았을 것이다.[4] 유럽은 굳이 식민지를 얻어 무리한 수탈을 할 필요도 없었다. 이 모든 세계사의 중심에 중국이 있었다. 중국은 조선과 일본, 베트남 등 주변 국가의 위협 없이 발전할 수 있었고, 그 발전은 주변국에게도 이득이 되어 돌아왔다. 사대관계 속에서, 즉 서로의 위치가 분명한 상황에서 동아시아는 다툼 없이 발전할 수 있었다.

그러나 유럽은 달랐다. 유럽은 로마 이후 제국이 없었다. 제국이란 이름으로 불렸어도, 제국 내부의 복잡한 권력을 통제할 힘을 가진 권력자도 많지 않았고, 있다 해도 오래가지 못했다. 겨우 비잔틴제국이 어설프게 제국의 모습을 유지하며 오랜 기간 지속되었을 뿐 서유럽엔 그조차도 없었다. 신성로마제국의 명칭이 1806년까지 있었다고 하지만 동아시아의 제국과 같은 위상으로 유럽을 지배한 것은 아니었다. 그 힘은 오스트리아와 독일에 국한된 것이었고, 내부에서는 오히려 이탈리아보다 더 심각한 정치적 분열이 계속되었다. 1500년 스페인이 실질적인 유럽의 제국을 꿈꾸기 시작했다. 카를로스 5세(Carolus V, 1500-1558)는 신성로마제국의 황제였으며, 이탈리아·네덜란드·시칠리아·사르디니아·멕시코·페루를 아우르는 합스부르크 왕가의 영토를 물려받았다. 거기에 남아메리카에서 얻은 은으로 중국과 무역하여 막대한 자금을 얻었고, 이것을 제국의 꿈을 이루기 위해 사용할 수 있었다. 그러나 프랑스와 영국 등 다른 유럽 국가들이 이를 그냥 두지 않았다. 스페인은 프랑스와의 전쟁으로 세력이 약해졌고, 1588년 영국과의 전쟁에서도 패배해 결국 제국의 꿈은 사라지고 말았다.

16세기에서 18세기까지 치열한 다툼의 시기가 이어졌다. 갈등과 경쟁으로 승자만이 살아남았던 이 시기에 영국과 프랑스가 강대국으로 부상했다. 영국의 성장은 인구 증가로 이어졌고, 런던 주변 산림이 연료로 사라져가자 자신들이 가지고 있던 석탄으로 눈을 돌리게 되었다. 또 인도 무굴제국의 쇠퇴

4 같은 책, 132쪽.

이후 프랑스와 네덜란드를 몰아내고 그곳을 차지했고, 동시에 아메리카의 식민지를 통해 얻은 은으로 영국은 당시 세계에서 가장 거대한 시장이었던 중국과 거래할 수 있었다. 은을 구하기 위해 흑인 노예무역도 활발해졌다. 이 모든 조건에서 영국은 다른 유럽 국가들을 앞섰다. 게다가 영국은 중국의 차(茶)에 매료되어 더더욱 중국과의 무역을 원했다. 그러나 18세기 어느 순간 은과 인도에서 생산한 목화만으로는 중국으로부터 얻고자 하는 것을 얻을 수 없게 되었다. 영국은 중독성 강한 마약인 아편을 중국에 팔아 자신들이 원하는 차를 얻었으며, 아편에 물든 중국이란 제국은 서서히 무너지기 시작했다.

중국이 많은 인구에 기반한 노동력과 거대한 토지 그리고 자본에 의존해 생산하는 경제 체계였다면, 영국은 식민지로부터 많은 것을 수탈해 와 방대한 자원을 사용할 수 있었고, 영국 내 매장된 석탄을 기반으로 증기기관을 만들어내 산업혁명을 주도할 수 있었다. 결국 영국의 체계가 중국을 앞서게 되어 영국이 주도하는 유럽이 세계를 지배하게 되었다.

유럽의 국가들은 항상 다른 국가와 다투어야 했고, 한 국가 내부에도 다양한 힘들이 존재해 서로 다투었다. 한 국가의 성장을 다른 이웃 국가가 그냥 두고 보지 않았으며, 그 국가의 성장으로 강해진 왕권을 그 국가의 다른 권력들이 그냥 지켜보고 있지 않았다. 어제의 적이 오늘의 벗이 되고 오늘의 벗은 내일의 적이 되는, 만인에 대한 만인의 투쟁이 일상적으로 이어지는 공간이었다. 몽골군의 공격으로 중세 유럽인들은 화약과 대포의 존재를 알게 되었고, 더욱 잔혹하게 서로를 공격하는 방법을 연구하고 실행해갔다. 당연히 유럽은 점점 더 강력한 힘을 가지게 되었고, 어떤 식으로든 상대방을 무너뜨리는 방법들을 익혀갔다.

18세기 이후 유럽은 유럽 내부에 제국을 세운 것이 아니라 유럽을 벗어난 거대한 제국, 식민지로 이루어진 거대한 제국을 이룬다. 아프리카와 아시아의 많은 나라들이 유럽이란 강력한 세력 앞에서 무너졌다. 단순한 무역의 상대가 아닌 정복자의 이름으로 유럽은 많은 아시아의 국가를 식민지로 만들었다. 식민지가 된다는 것은 유럽식 질서에 강제됨을 의미했다. 유럽의 승리감은 당시 그들의 철학에서도 읽을 수 있다. "존재하는 모든 것은 나 속에 있고 나 밖에는 아무것도 없다"는 무서운 철학이 힘을 얻기 시작했다.[5] 당시 "독립관념론은 나 밖에 자립하는 타자적 존재를 제거하는 대신 존재의 타자성 일반을 정신의 내재적 지평 속으로, 다시 말해 절대적 나의 의식 속으로 이끌어들였다."[6] 이제 오직 '나'는 유일한 실체이고 유일한 주체다.[7] 김상봉은 이러한 당시 유럽 철학을 두고 "서양정신의 나르시시즘은 여기에서 더 이상 오를 곳이 없는 그 꼭대기에 도달한다"고 한다.[8] 그렇다. 그리고 그러한 철학이 힘을 갖고 유럽의 지식인들 사이에서 익숙한 그 무엇이 되어가는 동안 유럽이란 '나' 밖의 아시아와 아프리카는 유럽이란 '나'의 의식 속에 이끌어들여진 존재가 되고 말았다. 유럽 속에 있지 않은 많은 것들이 제거의 대상이 되었다.

사대관계를 긍정적으로 읽고자 할 생각은 없다. 그러나 유럽의 제국주의가 지구상에 저지른 만행에 비하면 동아시아의 사대관계의 악행은 초라해 보인다. 유교가 중국 중심의 세계관을 동아시아에 어느 정도 합리적인 무엇으로 수용하게 했다면, 유럽의 철학 역시 그러한 역할을 수행했다. 조선의 양반 지식인들이 유교라는 틀 속에서 중국의 변두리에서 중국이란 중심을 그리워하며 철학을 했다면, 이제 그들은 유럽의 학문이란 틀 속에서 유럽 혹은 일본을 매개로 한 유럽을 그리워하며 철학했다. 참 슬픈 일이다. 조선에서는 민중에게 철학이 허락되지 않았고, 양반은 중국을 그리워할 뿐이었다. '남'의 철학이 '나'의 철학으로 유지되고, 그 '남'의 철학을 수단으로 '나'란 존재가 누리는 조선이란 배경 속 사회적 기득권이 유지되었다.

이제 그 '남'이 중국에서 유럽으로 넘어갔다. 그리고 그때 그 넘어감을 두

5   김상봉, 《나르시스의 꿈》(서울: 한길사, 2002), 259쪽.
6   같은 책, 260쪽.
7   같은 책, 261쪽.
8   같은 책, 262쪽.

고 사용된 용어가 근대화 혹은 현대화다. 이것이 무엇이든 결국은 유럽화다. '유럽 되기'이고 '식민지 되기'이다.

1) 불안의 시대, 자기부정의 일상화
: 이정섭, 이상, 김기림 등의 시대

만인에 대한 만인의 투쟁을 이기고 아시아를 찾은 유럽 앞에서 조선의 모든 것은 과거형으로 보였다. 당시 유럽을 간접경험한 많은 지식인들은 조선의 모든 것을 비유럽적인 것으로 파악했고, 비유럽적이란 것 자체를 곧 비합리적이고 후진한 것으로 판단했다. 후진한 것에 대한 차별은 정당해 보였다. 유럽의 종교는 아시아의 종교를 미신적이라고 규정하며 다가왔고, 힘과 함께 찾아온 유럽의 종교에 아시아 사람들도 어쩔 수 없이 수긍하기 시작했다. 유럽의 의학과 철학 그리고 모든 것이 합리적이고 정상적인 것으로 여겨졌다면, 비유럽적인 모든 것이 비합리적이고 비정상적인 것으로 여겨졌다. 이제 자기 과거에 대한 자기부정이 시작되었고, 부정해야 할 과거의 결집으로 이루어진 자기 현실에 대한 강한 부정이 세상을 지배했다. 이는 곧 유럽의 폭력에 대한 정당성으로 이어졌다. 유럽인 자신도 그 폭력을 비합리적인 것을 합리적인 것으로 만드는 일종의 필요악 정도로 생각했다.

유럽과 다르다는 '차이'는 '차별'의 이유가 되었다. 2017년 쥐스탱 트뤼도(Justin Trudeau) 캐나다 총리는 과거 캐나다 정부 주도로 기숙학교에서 자행된 원주민 학생 차별과 학대, 문화말살정책에 대해 공식 사과했다. 가해자의 고해로 문화적 학살(cultural genocide)이 더욱 분명해졌다. 2008년에는 호주 정부가 과거 원주민들에게 가한 국가적 탄압에 대해 공식 사과했다. 그런데 캐나다와 호주만의 문제였을까? 아니다. 제국주의 시대 유럽은 계몽이란 이름 아래 자신들의 생각과 삶을 강요했다. 그리고 그 강요의 수단으로 폭력을 사용했다. 그것이 유럽인의 눈에는 현대화였다. 과거의 비유럽적인 모습에서 벗어나 합리적인 유럽이 되는 유럽화였다. 그 유럽화는 '식민지 되기'이며 '자기부정'이었다. 나(비유럽)는 사라져야 하고 남(유럽)이 되어야 할 것이다.

나름 유럽을 익히고 자신의 방식으로 아시아의 유럽과 같은 존재가 되었다고 생각한 일본에게 조선은 후진한 국가였다. 그들에게 조선은 나쁜 것으로 가득한 공간이었고 반면 유럽은 좋은 것으로 가득했다. 이런 상황에서 후진한 조선이 취해야 할 가장 좋은 방법은 훌륭함으로 가득한 유럽을 따라하는 것이었다. 유럽이 되는 것이었다. 이것도 쉽지 않았다. 그렇기에 이미 성공한 일본의 안내를 따라 열심히 유럽이 되어야 했다. 후진한 '나'를 버리고 선진한 '남'이 되어야 했다. 그러나 '주체성'을 잃지 않고 '남'의 장점만을 수용한다는 것은 어려운 일이다. 식민지 조선인으로 일본인도 유럽인도 아니지만 온전히 조선인도 아닌 사람으로 살아간다는 것, 그러면서 일본어로 유럽을 배우고, 유럽의 옷을 입고, 유럽의 사상을 익히며, 자기 주체성을 유지하며 일본과 유럽이란 '남'의 장점만을 수용한다는 것은 정말 쉽지 않았다. 어쩌면 불가능한 일이었을 것이다. 대부분 그냥 '나'는 버리고 '남'이 된다. 존재론적 자살이 일상이 된다.

1920년대와 1930년대 '모던'은 유럽과 미국의 스타일이었다.[9] 많은 식민지 조선의 지식인들은 조선이 빨리 '유럽'스러운 무엇이 되어야 한다고 생각했다. 3·1혁명이 있던 1919년, 장도빈(1888-1963)은 "아등(我等)의 서광"에서 다음과 같이 적고 있다.

이 문명진보한 세계에 아등은 엇더하뇨. 아등의 세계는 아즉 사막세계냐, 아등의 세계는 아즉 암흑세계니라. 아등은 아즉 문명진보의 세계에서 낙오되니라. 그럼으로 정신계로나 물질계로나 퇴보한 인민이요. 정신계로나 물

9   김진송,《서울에 딴스홀을 허하라》(서울: 현실문화연구, 2003[6쇄]), 24-25쪽.

질계로나 진보하여야 될 인민이니라.[10]

장도빈은 조선의 현실을 문명 진보로부터 멀어진 후진 그 자체로 보고 있다. 사막의 세계이고, 암흑의 세계다. 정신적으로나 물질적으로나 후진적인 공간이다. 그렇다고 장도빈이 조선의 현실에 절망만 하고 어떤 희망도 품지 않은 인물은 아니다. 《국사》《조선역사록》《조선역사요령》《조선사상사》《조선역사대전》《조선사》《대한역사》《이순신전》《임오군란과 갑신정변》《을지문덕전》《한국의 혼》《발해태조》《대한문화고적도》(大韓文化古蹟圖)를 적으며 조선에 대해 확고한 애정을 갖고 자신의 방식으로 실천한 인물이다. 또한 식민지 조선에서 항일운동을 전개한 인물이기도 하다. 하지만 그에게 조선은 '유럽화'를 이루어야 할 공간이었다.

1920년 식민지 조선을 지배한 여러 단어 가운데 하나가 '신흥'(新興)이었다.[11] '신흥'이란 오래된 것과 구별되는 새로움이 일어난다는 말이다. 1920년대 식민지 조선은 신흥을 원하고 있었다. 신흥이란 말로 일으키려는 것도 유럽이다. 신흥사상이라 불리는 것도 유럽의 것이고, 신흥예술이라 불리는 것도 유럽의 것이었다. 중국의 변두리가 아닌 유럽 혹은 일본의 변두리에서 교육받고 자란 이들이 자기 소리를 내기 시작한 것이 바로 1920년대다.[12] 어찌 보면 중국의 변두리에서 유럽의 변두리로 이사를 간 셈이다. 하지만 변두리는 변두리다.

1930년대 '유럽화'는 더욱 힘을 얻고 진행되었다. 그냥 눈으로 보아도 '유럽의 변두리'가 되어갔다. 많은 이들이 과거 양반보다 유럽의 귀족과 같은 존재가 되고 싶어했다. 청년 지식인들은 자신을 '모던걸' 혹은 '모던보이'라고 하며 다녔다. 유럽화된 청춘이라는 말이다. 이러한 분위기는 1930년 "모던어 사

---

10   장도빈, "아등의 서광", 〈서울〉 1919년 12월호.
11   김진송, 《서울에 딴스홀을 허하라》, 38쪽.
12   같은 책, 40쪽.

전"에서 잘 확인할 수 있다.[13]

1910년대에서 1920년대까지 식민지 조선의 지식인들은 유럽화를 추구했다. 그리고 1930년대 지식인들은 자신의 지금을 모던, 즉 현대라는 말로 표현하기 시작했다. 이들에게 조선인으로의 '나'는 이질적이었으며, 오히려 유럽의 변두리에 서 있는 '나'에 더 익숙했다. 결국 '남'이 된 '나', 유럽이 되어버린 조선이었다. 서당이나 서원은 완전히 물러나고 일본을 통해 혹은 유럽과 미국의 선교사를 통해 들어온 신흥교육 체계가 교육의 과업을 이어갔다.

1930년대 식민지 조선의 지식인에게 삶의 공간은 농촌이 아니다. 도시다. 현대라는 시간의 공간도 도시다. 자연히 지식인의 공간도 도시다. 그 도시에서 유럽인의 흉내를 내며 살았다. 그러나 1930년대 도시 노동자로의 민중은 그런 삶을 살 여유가 없었다. 갑자기 자유인이 된 노비가 급변하는 환경 속에서 살아가기란 쉬운 일이 아니었다. 빠르게 변화하는 시간 속에서 제대로 교육받지 못한 사회적 약자인 그들에게 도시라는 공간은 힘들기만 했다. 그들에게 문제는 생존이었다. 생존이 문제인 이들 앞에서 유럽인의 삶을 흉내 내며 살던 지식인들은 무감각해졌다. 절대화된 도덕이나 종교도 성가셨다. 도덕은 자신들의 무감각함을 힘들게 하고, 종교의 신은 무력하게 악을 방관하는 듯 보였다. 도덕심도 종교심도 없는 곳에서 타자의 아픔은 그저 타자의 아픔일 뿐이다. 타자의 아픔이 우리의 아픔이 되지 못하는 공간에서 온전한 공동체가 세워지기란 쉽지 않다. 지식인들은 그저 자신에게 주어진 여러 조건들을 순간순간 즐기며 살 뿐이었다. 자신의 방관에 대해 후진적인 조선을 탓하며, 때론 후진적인 민중을 탓하며 말이다.

실천 없는 지식인이란 바로 이런 이들이다. 20세기 초반 이 땅엔 그런 지식인으로 가득했다. 일본은 이미 어쩔 수 없는 강대국이라 고개를 숙여버렸다. 약해진 공동체성 속에서 유일한 대처는 포기뿐이라고 합리화하며 말이다. 더 많이 알수록 더 빨리 포기했다. 그리고 어쩔 수 없다는 포기 속에서 자신에

---

13 같은 책, 43쪽.

게 주어진 삶을 즐겼다. 그러나 아무리 공동체 의식이 없다 해도 결국 인간은 공동체 속에서 산다. 아무리 '너'란 존재를 부정해도 '너'와 함께 살아가는 것이 인간이다. '나'의 운명이다. 그것은 피할 수 없는 현실이다. 공동체 속에서 살아가면서 그 정신은 탈공동체화될 때, 정신은 힘겹다. 바로 그 힘겨움이 불안이다. 사르트르는 《존재와 무》(Etre Et Le Neant)에서 "나의 자유는 모든 가치의 유일한 근거이다"라고 한다.[14] 불안은 바로 이런 상황에서 등장한다. 자유 속에서 '나'는 무엇인가를 선택하고 그에 대한 책임을 져야 한다. 책임지지 않는 자유는 무의미하다. 그런데 나는 나와 관련된 이들과 함께 있다. 그렇다면 '나'의 선택은 '나' 아닌 타자와도 연결되어 있다.[15] 그러니 그 책임감으로 불안을 느끼게 된다. 이 불안이 싫어 도피하면 수동적인 삶이 된다.

식민지 조선의 지식인들은 당시 불안을 느꼈다. 그러면 그 불안, 즉 지식인으로서 자신의 사회적 의무에 대해 책임을 다하는 것이 아니라 그냥 포기한다면, 그것은 친일파의 삶을 살지 않았다고 해도 결과적으로 친일파와 같다. 수동적으로 일본을 따라가며 민중의 힘겨운 눈물에 고개 돌린 이가 되기 때문이다. 이들에게 보편적 가치란 오히려 성가신 것이었다. 자신을 책임감 앞에 힘들게 하는 것이기 때문이다. '나' 하나로는 바꿀 수 없는 현실이라며 불안해할 것 없이 그냥 현실을 살면 그만이라고 생각했다. 도덕도 종교도 부정하며, 굳이 도덕이란 것이 있다면 자신은 '부끄러운 존재'이고, 절대적인 종교가 있다 해도 자신은 '구원의 밖'에 있다고 생각했다. 그러니 식민지 조선에서 태어나 일본을 통해 유럽을 동경하며 일본어로 유럽의 사상을 익히고 배운 이들, 조선인의 몸을 하고 유럽의 옷을 입고 일본의 식민지로 살아가는 이들에게 정체성의 혼란은 당연하다. 지식인으로의 책임감도 당연하다. 그리고 그 책임감

---

14 장 폴 사르트르, 《존재와 무》, 정소성 역(서울: 동서문화사, 2009), 97쪽.
15 "우리가 인간은 스스로 자신을 선택한다고 말할 때, 이 말은 우선 우리 각자가 자신을 선택한다는 것을 뜻합니다. 하지만 이 말은 또한 우리 각자가 이처럼 스스로 자신을 선택함으로써 모든 인간을 선택한다는 것을 뜻하기도 합니다." 장 폴 사르트르, 《실존주의는 휴머니즘이다》, 박정태 역(서울: 이학사, 2008), 35쪽.

안에서 일어나는 불안 역시 당연하다. 그러한 불안은 시인 이상(1910-1937)에게서 잘 드러난다.

불안하지 않을 수 없었고, 그 불안을 잊기 위해 그저 강자의 논리를 따라가면 그만이란 이들도 많았다. 예를 들어, 미야모토 아키쇼(宮本晶燮)라는 일본 이름을 가진 친일파 이정섭(1895-?)은 프랑스에서 철학을 공부하고 돌아와 〈중외일보〉에 기고한 글로 인해 1928년 경성지방법원으로부터 징역형을 선고받기도 했다. 그는 1927년 〈중외일보〉에 "철학이란 무엇인가"라는 글을 연재하기도 하고,[16] "학해편린(學海片鱗), 희랍의 지노의 논법"이란 제목으로 그리스 철학에 대한 글을 발표하기도 했다.[17] 그러나 그는 1939년 1월 "내선일체운동의 방법론"과 1939년 2월 "정신적(精神的)으로 결합(結合)하자"라는 글을 〈재만조선인통신〉을 통해 발표했다. 제2차 세계대전 시에는 일본과 독일 그리고 이탈리아의 동맹을 지지하는 "일독이(日獨伊) 굳은 악수"를 〈매일신보〉에 발표하기도 했다(1940년 10월 6일). 그는 지식인으로서 현실에 안주하고 현실의 강자인 일본에 고개를 숙였다. 단순한 안주함이 아니라 적극 가담했다. 그러나 많은 이들이 이정섭과 같이 적극 가담하지도 못하고 그렇다고 민중의 손을 잡고 독립운동의 길을 가는 것도 아닌 방관자의 삶을 살았다.

많은 지식인들이 시대적 책임감을 포기하고 어떤 불안감도 없이 그저 무책임하게 삶을 즐기자는 태도였다지만 지식인들이 모두 부유한 것은 아니었다. 남일(생몰연도 미상)이 1931년에 쓴 "현대의 부층 월급쟁이 철학"에서 가난한 처지의 지식인을 확인할 수 있다. "양복쟁이, 월급쟁이, 발뒤꿈치 빵꾸는 삼위일체다"라는 말 속에서 지식인은 '유럽의 옷'을 입고 기존 질서의 강자로부터 '월급'을 받으며 구멍 난 양말의 '가난'한 삶을 살아가는 무력한 존재다.[18] 김동인(1900-1951)이 같은 해 쓴 "발까락이 닮엇다"도 같은 맥락에서 당시 지

---

16   이정섭, "철학이란 무엇인가", 〈중외일보〉(1927. 6. 2/4/7 연재).
17   이정섭, "學海片鱗, 희랍의 지노의 논법", 〈중외일보〉(1927. 6. 15).
18   남일, "現代의 浮層 月給쟁이 哲學", 〈혜성〉(1931. 8).

식인의 가난을 읽을 수 있다.

> M은 설흔두 살이엇습니다. 세태가 갑작이 변하면서 혹은 경제문제 때문에 혹은 적당한 배우자가 발견되지 않기 때문에 혹은 단지 **조혼(早婚)이라 하는 데 대한 반항심 때문에 늦도록 총각으로 지나는 사람이 많아가기는 하지만** 설흔두 살의 총각은 아모리 생각하여도 좀 너무 늦은 감이 없지 않엇습니다. 그래서 그의 친구들은 아직것 긔회가 잇을 때마다 그에게 채근 비슷이 결혼에 대한 주의를 하고 하엿습니다. 그러나 M은 언제던 그런 의론을 받을 때마다(속으로는 매우 흥미를 가진 것이 분명한데) 겉으로는 고소(苦笑)로서 친구들의 말을 거절하고 하엿습니다. 그러든 M이 우리의 모르는 틈에 어느덧 혼약을 한 것이외다.
> M은 가난하엿습니다. **매우 불안정한 어떤 회사의 월급쟁이엇습니다.** 이 뿌리 약한 그의 경제상태가 그로 하여금 **늦도록 총각으로 지내게 한 듯도 합니다.**[19]

당시 지식인은 조혼이란 구습에 대한 반항심으로 늦도록 총각으로 지낸다고도 하지만, M은 가난했고 불안정한 회사의 월급쟁이였다. 그런 경제상태로 인해 늦도록 총각으로 지내게 되었다고 한다. 이와 같이 지식인들이 모두 그들의 삶을 즐기며 산 것은 아니다. 하지만 적극적으로 부조리에 맞서 싸우지도 않았다.

비도덕적인 막강한 힘 앞에서 초라하게 도덕을 이야기하기는 쉽지 않았다. 비록 비도덕적이었지만 유럽과 일본은 더 진화한 국가였다. 당시 일본과 유럽에서 유입된 사회진화론은 이러한 생각을 더욱 그럴듯한 것이라고 식민지 조선의 지식인들에게 각인시켰다. 그것이 정답 같았다. 조선엔 답이 없어 보였다. 스스로 해결할 수 있는 것이 하나도 없어 보였다. 유럽과 일본의 변두

---

19 김동인, "발까락이 닮엇다", 〈동광〉 29 (1931), 119쪽.

리 어딘가에서 고난 속 민중에게 다가가지도 못하고 그렇다고 돌아서지도 못하는 당시 많은 지식인들은 무력감에 부끄러워하고 아파했다.

윤동주가 쓴 "내일은 없다"에서 1934년 12월 24일이란 시간의 무력감을 읽을 수 있다.[20] '내일'이라고 말하지만 '오늘'과 다르지 않은 '오늘'일 뿐이다. 결국 진짜 '내일'이라는 희망의 공간은 없다. 변할 것 같지 않은 암담한 현실만이 가장 확실한 현실로 보였다. "삶과 죽음"에서도 1930년대 지식인이 느낀 당시의 삶이 어떠했는지 알 수 있다.

> 삶은 오늘도 죽음의 서곡을 노래하였다. 이 노래가 언제나 끝나랴.[21]

변화 없이 고정된 암담한 현실, 절망이 일상인 그런 시간을 '죽음의 서곡'이라고 표현했다. 그 절망의 시간 가운데 그저 글공부나 하는 학생과 제법 배웠다고 하는 지식인은 부끄럽다. 1930년대는 절망의 시기였다. 절망 속 누군가에게는 '부끄러움의 시기'이고, 누군가에게는 '포기의 시기'였다.

1930년대 시인 김기림은 "바다와 나비"에서 윤동주와는 또 다른 방식으로 특유의 절망을 보여준다.

바다와 나비

아무도 그에게 수심(水深)을 일러준 일이 없기에
흰 나비는 도무지 바다가 무섭지 않다.

청(靑)무우밭인가 해서 내려갔다가는
어린 날개가 물결에 절어서

---

20 윤동주, "삶과 죽음",《하늘과 바람과 별과 詩》(서울: 도서출판 청월, 2018), 25쪽.
21 같은 책, 23쪽.

공주처럼 지쳐서 돌아온다.

삼월(三月)달 바다가 꽃이 피지 않아서 서글픈
나비 허리에 새파란 초생달이 시리다.

이 시의 바다는 서울과 동경 사이의 거리감일 수 있다. 어쩌면 후진과 선진 사이의 심리적 거리감일 수도 있다. 나비는 새로운 세계를 향해 바다를 건너려 하지만 쉽지 않다. 그 간격의 멀고 먼 거리를 온전히 모른다. 나비의 허리에 초생달이 걸렸다는 시적 표현으로 김기림이 전하고자 하는 것은 나비의 허리가 초생달에 의해 잘렸다는 말이다. 즉 힘없는 나비가 건너기에 이 둘 사이의 거리는 결코 만만치 않다. 결국 나비의 꿈은 좌절된다.

1930년 이상의 시 역시 이런 분위기를 이어간다. 이상의 현실과 김기림의 현실이 완전히 같은 것은 아니지만, 이 둘 모두에게 현실은 쉽지 않은 공간이다. 김기림에게는 좌절의 공간이요, 이상에게는 분열의 공간이다.

거울[22]

거울속에는소리가없소
저렇게까지조용한세상은참없을것이오

거울속에도내게귀가있소
내말을못알아듣는딱한귀가두개나있소

거울속의나는왼손잡이오
내악수(握手)를받을줄모르는—악수를모르는왼손잡이요

22 이상, 《이상선집》(서울: 더스토리, 2017), 133쪽.

때문에나는거울속의나를만져보지를못하는구료마는
거울이아니었던들내가어찌거울속의나를만나보기라도했겠소

나는지금(至今)거울을안가졌소마는거울속에는늘거울속의내가있소
잘은모르지만외로된사업(事業)에골몰할게요

거울속의나는참나와는반대(反對)요마는
또꽤닮았소
나는거울속의나를근심하고진찰(診察)할수없으니퍽섭섭하오

　거울은 '나'란 존재를 '나'에게 보여주는 수단이다. 그러나 거울 속 '나'는 '나'와 반대다. 쉽게 말해 진정한 '나'가 아니다. 나의 분열을 보여주는 장치일 뿐이다. 식민지 조선인이라는 신분이 이미 분열의 존재다. 조선 사람이지만 온전히 조선 사람으로 있을 수 없는 시대다. "나는 나다"라는 말이 쉽지 않은 자기 분열의 시대다.

　김기림과 이상으로 읽을 수 있는 1930년대는 절망과 좌절의 시간이다. 10대의 윤동주 역시 그 시간은 절망의 시간이었다. 암울한 현실은 변할 것 같지 않았다. 이에 몇몇 지식인은 그 절망 앞에서 다른 길을 선택했다. 이정섭의 길은 친일이었다. 절망과 좌절의 시간을 차라리 강자의 편에 서서 강자가 되어 보내려 했을까? 불안도 책임감도 주체성도 없이 강자의 논리에 움직이는 수동적 존재가 과연 강자일까? 이정섭과 같은 존재 역시 그 시기의 절망을 보여주는 단면일 뿐이다. 하지만 언제까지 절망 속에서만 살아야 하는 것은 아니다.

　1940년대, 절망 속에서 고개를 숙이지는 않았지만, 그렇다고 적극적으로 민중의 손을 잡고 부조리한 권력과 싸우지도 않은 이들은 자신의 존재가 부끄러웠다. 그 부끄러움에서 자신의 존재를 깨우친 이들은 어떤 의미에서 한국철

학의 또 다른 토대를 마련하기 시작했다. 이미 1926년 한용운은 "님의 침묵"에서 "나는 향기로운 님의 말소리에 귀먹고 꽃다운 님의 얼굴에 눈멀었습니다" "나는 님을 보내지 아니하였습니다"라고 하며, 아직 님을 그리워하며 보내지 아니한 '나'의 존재를 고백했다. 아직 '나'는 '나의 본질' 혹은 '나의 님' 혹은 '나의 고향'을 지우지 않고 버리지 않고 부여잡고 있다. 1941년 5월 31일 윤동주는 "십자가"에서 절망과 좌절을 넘어선 어떤 것을 그린다. "모가지를 드리우고 꽃처럼 피어나는 피를 어두워가는 하늘 밑에 조용히 흘리겠습니다"라는 그의 시어는 매우 단호하다. 한용운이 '나의 님'이라 부른 그 '나의 본질' 혹은 '나의 고향'을 위해 조용히 피 '흘리겠습니다'라는 말로 들린다. 바로 이런 윤동주와 한용운의 마음에서 한국철학은 또 다른 단계를 마주하게 된다.

2 윤동주의 도덕존재론, 부끄러움의 철학

서정주는 창씨개명(創氏改名) 했다. 그의 일본 이름은 다쓰시로 시즈오(達城靜雄)다. 서정주는 《친일인명사전》에 나오는 인물이다. 윤동주도 창씨개명 했다. 그의 일본 이름은 히라누마 도주(平沼東住)다. 그는 일본으로 유학을 가기 위해 창씨개명을 한 것이지 일본에 잠입해 독립운동을 하기 위해 창씨개명을 한 것이 아니다. 윤동주에게 이 일은 쉽지 않았다. 부끄러운 일이었다. 하지만 그는 1942년 4월 도쿄의 입교대학교에 입학했다. 부끄럽지만 그는 그 부끄러운 길을 갔다. 부끄러워하면서 갔다. 그는 자신이 민중에게 남으로 있는 그 모습이 힘들었다. 마음으론 민중의 옆에 민중의 언어로 있고자 했지만 마음처럼 살지 못했다.

당시 많은 시인들이 어려운 조어(措語)를 사용했다. 그러나 윤동주의 시는 그렇지 않다. 솔직하게 있는 그대로 자신의 입에서 나온 말을 받아적은 듯이 적혀 있다. 솔직하다. 자신의 입에서 나온 한국말 그대로 한글로 시를 적은 윤동주가 유학을 가기 위해 일본 이름으로 살았다. 1942년 1월 24일 일본으로 떠나기 전에 쓴 "참회록"에서 그런 자신의 모습을 '욕되다'고 표현했다. '부끄럽다'는 말이다. 도덕적이지 못한 '나', '너'의 아픔 앞에서 무력하게 서 있는, 심지어 일본으로 유학을 떠나기 위해 창씨개명 하는 '나'는 부끄럽고 아프다는 말이다. "서시"를 읽어보자.

서시²³

죽는 날까지 하늘을 우러러
한 점 부끄럼 없기를
잎새에 이는 바람에도
나는 괴로워했다.

별을 노래하는 마음으로
모든 죽어가는 것을 사랑해야지
그리고 **나한테 주어진 길을**
걸어가야겠다.

오늘 밤에도 별이 바람에 스치운다.

자연스러움 앞에서 '나'는 괴로워했다. 자연스럽지 못한 자신의 존재가 괴로웠다. 한국인으로서 당연히 한국어로 생각하고 한국어로 말하고 한글로 시를 적어가지만, 당당하게 한국인으로 존재한다고 말하지 못하는 자신의 존재가 괴로웠다. 자연스러움이 부정당하는 공간에서 나의 본질은 말뿐이다. 어쩌면 "서시"에서 윤동주는 이제까지 걸어온 자연스럽지 않은 부끄러운 길이 아닌 자신에게 주어진 자연스러운 길을 담담히 걸어가겠다며 고백한 것일지 모른다.

'너'의 아픔 앞에서 부끄러운 마음을 가지지만 '너'에게 다가가지 못한 '나', 그런 '나'는 '너'의 앞에서 '부끄러운 존재'다. 너의 아픔을 향해 달려가지도 못

---

23 윤동주, 《하늘과 바람과 별과 詩》(서울: 도서출판 청월, 2018), 190쪽. 이 시는 정음사 1948년판인 윤동주, 《하늘과 바람과 별과 詩》(서울: 정음사, 1948) 15쪽에, 그리고 1955년판인 《하늘과 바람과 별과 詩》(서울: 정음사, 1955)엔 쪽 표기보다 앞서 다른 시들의 가장 앞에 서문 혹은 서론과 같은 위치에 놓여 있다.

하고, 너의 아픔을 온전히 시로 담아내지도 못한다. 겨우 시로 힘들게 담아내는 것은 고난 속 '너'의 눈물이 아닌 '나'의 부끄러움이다. 그의 시는 '너'가 아닌 '나'를 다룬다. 더 정확하게는 '너'의 아픔 앞에서 무력한 '나'의 아픔을 다룬다. 윤동주에게 '나'의 있을 곳은 '홀로 있음'이 아니다. 그래서 더 부끄럽다. '홀로 있음'이 나의 본 모습이 아닌데, '더불어 있음이' 나의 본향인데, 그럼에도 '너'의 아픔 앞에서 '나'는 숨는다. 그렇게 홀로 있어버린다. 윤동주의 시는 그런 '나'의 아픔을 그린다. 그리고 그 부끄러움이란 아픔이 도덕적 존재로의 '나'를 가능하게 한다. 부끄럽고 싶지 않아서, '너'의 앞에서 당당하고 싶어서, 도덕은 더욱 단단한 힘을 가지게 된다.

윤동주는 혼란과 절망이 공존한 식민지 조선의 1930년대와 1940년대를 살아간 지식인이다. 그는 모든 것이 안 된다는 생각에 절망만을 노래한 시인은 아니다. 자기 분열만을 그린 시인도 아니다. 부끄러움은 부끄럽지 않으려는 의지가 있는 이에게 찾아오는 아픔이다. 부끄러움은 또 '우리'라는 공동체를 하나로 묶어주는 끈이 된다. '우리'로부터 벗어나 홀로 잘되려는 욕심을 부끄러움은 막아준다. 그런 욕심이 현실화될 때, 부끄러움은 아픔으로 나타나기 때문이다. 하지만 부끄러움이 없는 이는 쉽게 공동체를 무시하고 도덕을 무시한다. 전혀 아프지 않기 때문이다. 그런데 윤동주는 부끄러워하고 있다. 아파하고 있다.

유럽의 근대철학자 데카르트는 '너' 없는 '나'를 말한다. '너'는 '나'의 존재에 필요하지 않다. 어쩌면 데카르트에게 '너'는 고민의 대상도 아니었을지 모른다. '너'가 없이 혹은 '너'가 아무리 아프고 힘들어도 '나'는 존재한다. 그런데 윤동주는 '우리' 가운데 '너'가 '너'로 다가온 이상 '나'와 무관하지 않은 존재임을 인정한다. "별 헤는 밤"에서[24] 윤동주는 "이름을 불러봅니다"라고 한다. 여기에서 이름을 부른다는 것은 그냥 그의 이름을 물리적으로 발음한다는 것이 아니다. 이름 부른 한 명 한 명이 이미 '남'이 아닌 존재로 다가와 있음을 고백

24 같은 책, 185쪽.

하는 것이다. '나'에게 '너'는 무시할 수 없는 존재, 더불어 있음이 당연한 존재 임을 고백하는 것이다.

더불어 있음이 당연하다면, '우리'로의 존재도 당연하다. 그렇다면 '우리 조선'이란 조건 속에서 고난의 시간을 보내는 민중에게 달려가 그들과 더불어 있음도 당연하다. 그 '당연'(當然)이 당연으로 있지 않을 때, 부끄러움이 드러 난다. 부끄럽다고 죽지 않는다. '너' 없이도 생존할 수 있다. 그러나 '너'와 더불어 있음이 참모습이기에, '너'의 아픔 앞에서 고개 돌리고 있는 '나'의 홀로 있음은 '나'를 아프게 한다. 이런 부끄러움이라는 아픔과 슬픔은 철학의 영양제다. 철학자를 더 참된 철학자로 만드는 각성제다. 슬픔은 자신을 돌아보게 만든다. 왜 이렇게 아픈지 돌아보게 만든다. 그 돌아봄은 자신의 주체성을 자각하게 한다. 슬픔은 철학이 아니지만 철학의 각성제가 된다. 주체를 자각하게 하는 첫걸음이 된다. 그렇게 윤동주에게 다가온 자신은 부끄러운 존재다. '너'로 다가가지 못하고 자기 아픔에 아직 구속되어 부끄러워하는 존재다. '너'의 얼굴을 마주보기도 힘든 무력감 속에 자신의 세계에 구속되어 한없이 아파하는 존재다. 아픈 윤동주의 시이기에 그 시들은 고난과 슬픔의 풍경화다. 더불어 있지 못하고 떨어져 홀로 있으며 부끄러워하는 마음에 그린 슬픔의 풍경화다.

윤동주는 당시 많은 독립운동가들과 같이 싸우지 못했다. 어찌 보면 싸우지 않았다. 부끄럽지만 창씨개명까지 하며 일본에 공부하러 간 사람이다. 그의 외면적 모습은 전혀 투사가 아니다. 절망에 빠진 당시 많은 식민지 조선의 청년들과 마찬가지로 윤동주 역시 일본을 통해 선진 유럽의 지식을 수용하며 살았다. 식민지 조선의 청년으로 나름 훌륭한 교육을 받았다. 그러나 그의 내면은 편하지 않았다. 윤동주는 자신의 현실이 괴로웠다. 구름은 당당하게 구름으로 있다. 잎새 역시 당당하게 잎새로 있다. 자연스럽게 당당하다. 그러나 그 자연스러운 당당함 앞에서 윤동주는 초라했다. 자신은 조선 사람이지만 조선 사람이 아니었다. '윤동주'이지만 그는 '히라누마 도주'였다. 마음속으로 아무리 '윤동주'라 다짐해도 현실 속에선 그저 힘없고 초라한 '히라누마 도주'였다.

'너'의 아픔 앞에서 초라할 뿐 아니라 심지어 자기 자신 앞에서도 초라했다. '윤동주'라는 '나'는 '윤동주'라는 '나'로 당당하게 살아가지 못했다. '나'도 '나'로 있지 못하는 무력한 존재에게 '우리'로 있지 못함은 당연할지 모른다. 이 모든 것이 잘못이란 것을 알지만, 그 앎이 앎에서 그칠 때, 삶이 되지 못했다. 삶과 앎의 갈라짐에서 오는 상처가 부끄러움이기도 하다.

'앎 속 나'와 '삶 속 나'가 분리되어 있을 때, 그 '나'는 온전한 '나'가 아니다. 온전하지 않은 상태로 있을 순 없다. 부끄러움은 두려움의 삶을 가르치고, 앎이 삶이 되려는 애씀의 상처다. 앎이 그저 관념의 조각으로 힘을 잃어버리거나, 여러 조건 속에서 결코 쉽지 않지만 앎이 삶을 주도하지 않으면, 부끄러움은 사라지지 않고 일어난다. 식민지 조선의 모든 청년이 독립운동가나 투사가 되어 살아갈 수는 없었다. 겁이 났을 것이다. 아직 일어나지 않은 일에 대한 그 겁이 투사가 되어 싸우지 않고, 부끄러울지라도 치욕의 삶을 부여잡고 살게 하거나 매국 친일파가 되게 했을지 모른다. 1930년대 식민지 조선의 청년들에게 '앎 속 나'와 '삶 속 나'는 너무도 달랐다. 사회진화론의 논리 속에서 뒤처져 있는 조선은 선진한 일본을 따라 일본이 되어야 한다는 생각으로 '앎 속 나'와 '삶 속 나'를 연결하는 이들도 있었다. 그러나 그렇게 부조리와 힘의 논리가 지배하는 공간에서 '앎 속 나'와 '삶 속 나'가 타협하는 순간 순응주의자, 즉 매국 친일파가 되는 것은 어려운 일이 아니다.

유럽으로부터 배운 논리 속에서 앎은 조선을 부정하게 하고 좌절하게 했다. 그 좌절에 삶은 현실의 강자에게 순종했다. 앎이 좌절한 자리에 삶은 힘의 논리에 순종할 뿐이다. 오늘의 이상이 내일의 현실이 되리라는 희망이 개혁의 시작이다. 그러나 오늘도 내일도 이상은 그저 이상으로만 존재할 뿐이라면, 앎은 앎 속에만 있을 뿐 삶이 되지 못한다. 윤동주의 1934년 시 "내일은 없다"는 이러한 내적 어려움이 담겨 있다.

내일은 없다[25]
—어린 마음에 물은

내일내일 하기에
물었더니

밤을 자고 동틀 때
내일이라고

새날을 찾던 나는
잠을 자고 돌보니

그때는 내일이 아니라
오늘이더라

무리여! 동무여!
내일은 없나니

(1934. 12. 24)

내일은 내일이 아니다. 내일도 오늘이다. 내일도 결국 어떤 변화도 없이 그저 절망이 일상인 오늘일 뿐이다. 이 시는 12월 24일에 세상에 나왔다. 그리스도교의 교리에 따르면, 인류를 위한 새로운 희망으로 예수가 온 시간이다. 바로 그 시간에 윤동주는 식민지 조선에 희망이 없다고 적었다. 오늘의 고난은 내일도 달라지지 않는다. 열여덟 살 윤동주에게 내일은 그런 시간이다. 무엇도 기대할 것이 없는 미래다. 이젠 달라질 수 없는 과거와 달리 지금과 다

25 윤동주, 《하늘과 바람과 별과 詩》, 25쪽.

르게 될 수 있는 가능성과 기대의 시간이 미래다. 그런데 오늘과 같은 내일이라면, 그 내일은 참된 미래가 아니다. 변화가 없다는 것은 죽었다는 말이다. 생명은 움직임이다. 역동함이다. 그런데 오늘과 같은 내일이라면, 어떤 변화도 없다면, 그 미래는 죽은 시간이다. 생명 없는 시간이다. 희망 없는 시간이다.

시간이 죽은 공간에서 삶은 그저 죽음의 서곡을 노래하는 고난의 연속일 뿐이다. 같은 시기에 쓴 "삶과 죽음"에서 시간과 현실에 대해 좌절하는 그의 마음을 읽을 수 있다.

삶과 죽음[26]

삶은 오늘도 죽음의 서곡을 노래하였다.
이 노래가 언제나 끝나랴

세상 사람은–
뼈를 녹여내는 듯한 삶의 노래에
춤을 춘다.
사람들은 해가 넘어가기 전
이 노래 끝의 공포를
생각할 사이가 없었다.

(나는 이것만은 알았다.
이 노래의 끝을 맛본 이들은
자기만 알고,
다음 노래의 맛을 알려주지 아니하였다.)

26 같은 책, 23-24쪽.

하늘 복판에 아로새기듯이

이 노래를 부른 자가 누구뇨.

그리고 소낙비 그친 뒤같이도

이 노래를 그친 자가 누구뇨.

죽고 뼈만 남은,

죽음의 승리자 위인들!

(1934. 12. 24)

기대할 것 없는 삶에서 할 수 있는 것이라곤 죽음의 노래에 고난의 춤을 추
는 것뿐이다. 생명 없는 뼈만 남은 존재들의 삶, 그냥 절망과 좌절의 연속일
뿐이다. 죽음은 더 이상 새로움이 없는 상태다. 어떤 기대도 희망도 없이 죽음
이 일상인 곳에서 자기 포기라는 죽음은 일상이다. 생물학적으로 살아 있다
해도 이미 존재론적으로 죽어 있는 존재일 뿐이다. 이미 죽어 존재하던 죽음
이 일상인 이들에게 죽음은 더 이상 두려운 무엇이 아니다. 그런 의미에서 그
들은 죽음의 승리자다.

절망이 일상인 공간에서 윤동주는 자신을 돌아본다. 1939년 9월 "자화상"
은 그의 자기 돌아봄의 흔적이다. 자신을 돌아본다는 것, 자신의 존재를 반성
한다는 것, 그것은 분명 '철학의 순간'이다. 그런 의미에서 윤동주에게 "자화
상"은 철학의 순간이다.

自畵像(자화상)[27]

---

27 같은 책, 120-121쪽. 이 시는 1948년 정음사판에서는 다음에서 찾을 수 있다. 윤동주,
《하늘과 바람과 별과 詩》(서울: 정음사, 1948), 16-17쪽. 이 정음사판은 이후 보강되어
1955년에 다시 출판되었고, 그곳에선 다음에서 이 시를 찾을 수 있다. 윤동주,《하늘과
바람과 별과 詩》(서울: 정음사, 1955), 6-7쪽.

산모퉁이를 돌아 논가 외딴 우물을 홀로 찾아가선 가만히 들여다봅니다.

우물 속에는 달이 밝고 구름이 흐르고 하늘이 펼치고
파아란 바람이 불고 가을이 있습니다.

그리고 한 사나이가 있습니다.
어쩐지 그 사나이가 미워져 돌아갑니다.

돌아가다 생각하니 그 사나이가 가엾어집니다. 도로 가 들여다보니 사나이
는 그대로 있습니다.

다시 그 사나이가 미워져 돌아갑니다.
돌아가다 생각하니 그 사나이가 그리워집니다.

우물 속에는 달이 밝고 구름이 흐르고 하늘이 펼치고 파아란 바람이 불고
가을이 있고 추억처럼 사나이가 있습니다.

(1939. 9)

반성은 주체의 특권이다. 반성, 즉 돌아봄 없는 주체는 없다. 반성과 주체
없는 곳에 철학은 없다. '나'란 존재의 외모와 완전히 동일한 존재가 있다고 해
도 반성으로 세워지는 주체는 다르다. 아무리 같은 외모와 말투라도 완전히
다른 존재가 되는 이유는 반성으로 세워진 주체의 차이 때문이다. 또한 반성
은 스스로 하는 것이다. 자기 힘으로 반성하여 자기 힘으로 주체가 되는 것이
다. 노예는 반성하지 않는다. 그냥 주인의 목소리를 기다릴 뿐이다. 스스로 주
체적으로 자기 존재를 결정하지 못하고 자기 본질을 결정하지 못한다. 목소리
를 기다릴 뿐이다. '나'의 과거를 스스로 돌아보지 못하고, '남'이 말하는 '나'를

'나'로 수용하는 이에게 주체는 허락될 수 없다.

윤동주는 "자화상"에서 자신을 돌아보고 있다.

　산모퉁이를 돌아 논가 외딴 우물을 홀로 찾아가선 가만히 들여다봅니다.

우물을 들여다본다는 것은 그냥 물리적으로 자신의 상을 본다는 말이 아니다. 자신을 돌아본다는 말이다. 자신을 반성적으로 사유한다는 말은 자신을 사유의 대상으로 두겠다는 말이다. 지금 우물 앞에서 이루어지는 행위는 바로 이것이다. 그 돌아봄의 공간으로 등장하는 외딴 우물은 쓰인 그대로 인적 없는 조용한 곳일 수 있다. 조금 다르게 생각해 보면, 아무도 모르게 혹은 남들에게 들킬까 봐 몰래 자신을 돌아볼 수 있는 공간이다.

자연스럽게 "우물 속에는 달이 밝고 구름이 흐르고 하늘이 펼치고 파아란 바람이 불고 가을이 있"다. 그리고 그 우물 속 아름다운 풍경 가운데 '나'도 있다. 그러나 우물 밖의 '나'는 다르다. 자연스러운 풍경과 더불어 이루며 살지 못하고 있다. 홀로 아무도 없는 곳에서 자신을 돌아보는 초라한 모습일 뿐이다. 이런 현실의 '나'는 우물 속 아름다운 풍경 속 '나'가 밉다. 그 미움은 정말 아름다운 풍경 속 '나'를 향한 미움이 아닌 우물 밖 현실 속 '나'를 향한 미움이다. 오히려 우물 속 '나'는 그리움의 대상이다. 돌아가 다시 보고 미워져 다시 떠나고 돌아가는 그런 그리움의 대상이다.

윤동주의 '나'는 '너' 없이도 산다. '너'의 아픔에 다가가지 않아도, 부끄럽지만, 살고 있다. 윤동주는 마땅히 '너'에게 다가가야 하지만 다가가지 않고 살고 있다. '너'에게 다가가지 못하고, 부끄럽다는 자신의 아픔에 구속되어 살고 있다. 그러나 '너'에게 다가가 '너'의 이름을 시로 그려내지 못했다고 해도, 이것은 분명할지 모른다. 마땅히 있어야 할 곳은 '너'와 '더불어 있음'이란 사실. '너'와 더불어 있지 않고 '나' 홀로 있어도 산다. 다만 있기는 하지만 부끄럽게 있다. 부끄러운 나의 자각은 '너'의 앞에서 가능하다. 아무도 없는 홀로 '나'만 있는 곳에서 부끄러움은 없다. 마땅히 다가가 더불어 있어야 할 '너'의 고난 앞에서 부끄러운 '나'의 자각은 이루어진다. 부끄러움이란 본질로 돌아가야 한다는 아픔이 일어난다.

1) 데카르트와 박이문의 홀로 있는 '나'

데카르트의 '나'를 보자. 그의 철학에서 '나'는 '생각'이다. 이 세상 모든 것을 의심해도 절대 의심할 수 없는 것은 "나는 생각한다. 그러므로 나는 존재한다", 라틴어로 '코지토 에르고 숨'(*cogito ergo sum*)이라는 명제다.[28] "나는 존재한다"라는 생각을 위해 어떤 것도 필요하지 않다. 나의 밖에 아무것도 없다고해도 생각하는 자기 자신을 스스로 생각하면 된다. 이와 같이 "나는 생각한다. 그러므로 나는 존재한다"가 참이 되기 위해 다른 어떤 것도 필요하지 않다. 철저하게 '홀로 진리'다. 어떤 것도 아닌 그저 있기만 한 '나'의 있음은 다른 모든 것 없이도 있을 수 있다. 그러나 현실 속에서 나는 그저 있기만 할 순 없다. '무엇으로' 있게 된다. 생각으로만 있을 수도 없다. 부모로 있고, 자식으로 있고, 공장 노동자로도 있다. 부모도 자식도 공장 노동자도 홀로 있는 무엇이 아니다. 순수하게 그저 있기만 한 것은 현실 속에 없다. 현실 속에 존재하는 모든 것은 이와 같이 누군가와 더불어 있다. 작은 잡초 하나도 그냥 있음으로 있지 않으며, 타자와 더불어 존재한다. 타자와의 공존 가운데 생성하고 소멸하며 그렇게 있다.[29]

데카르트는 모든 의심 가운데 절대 의심할 수 없는 인식론과 존재론의 근거를 찾으려 했다. 《제일 철학의 성찰》(*Meditationes de prima philosophia*)에서 그는 의심을 다음과 같이 정의한다.

---

28 르네 데카르트, 《철학의 원리》, 원석영 역 (서울: 아카넷, 2002), 12쪽.
29 김용옥, 《도올심득 동경대전》(서울: 통나무, 2004).

의심은 우리가 드디어 참된 것으로 발견한 것에 대해 **더 이상 의심할 수 없게 하여준다.**[30]

의심은 절대 의심할 수 없는 것을 찾는 방법이다. 더 이상 의심할 수 없는 어떤 것을 발견하기 위해 데카르트는 모든 것을 의심한다. 그러면서 그는 이렇게 말한다.

진짜 참된 것으로 간주해온 것은 모두 감각으로부터 혹은 감각을 통해서 받아들인 것이다. 그런데 **감각은 우리를 종종 속인다는 사실을 이제야 경험하고 있으며, 딱 한 번이라도 우리를 속인 것에 대해서는 전적으로 신뢰하지 않는 편이 현명한 일이다.**[31]

감각으로 수용하는 모든 것은 나의 밖 타자다. '나의 살 밖'의 모든 것이다. '나의 살 밖' 모든 것은 촉감으로 다가오기도 하고 시각과 후각으로 다가오기도 한다. 그런데 데카르트는 '나의 살 밖' 모든 것을 의심한다. 오늘 만난 친구와의 시간도 현실인가 의심 가능하다. 그 친구들도 '나의 살 밖'이다. '남'이다. '나'를 울게 한 첫사랑 역시 의심 가능하다.

깨어 있는 것과 꿈꾸고 있는 것을 확실하게 구별하게 할 어떤 징표도 없단 사실에 제법 많이 놀란다. 이런 놀라움으로 인해 지금도 나는 꿈을 꾸고 있는 것은 아닌가라는 생각을 하게 된다.[32]

그와의 모든 순간이 꿈일지 모른다. 현실이 아닐지 모른다. 현실인지 아

---

30 AT VII, p. 12; 르네 데카르트, 《성찰》, 이현복 역(서울: 문예출판사, 1997), 28쪽. 이현복의 번역에 도움을 받아 약간 수정했다

31 AT VII, p. 18; 르네 데카르트, 《성찰》, 35쪽.

32 *Ibid.*, p. 19; 같은 책, 36쪽.

닌지 알 길이 없다. 이 모든 의심을 통해 얻게 되는 것이 바로 "나는 생각한다. 그러므로 나는 존재한다"는 명제다. '너'와 '남'이란 모든 것을 의심으로 제거하고 남은 것은 결국 '나'라는 '정신'이다. '생각하는 나'이다.

> 나는 내 정신보다 더 쉽게 또 더 명증적으로 인식되는 것은 아무것도 없음을 분명히 알고 있다.[33]

'나의 살 밖' 모든 것이 없다 해도 '생각하는 나'는 남는다. 결국 '나의 살 밖' 모든 것은 절대 의심할 수 없는 '나'라는 존재의 변두리다. '나'는 존재론적으로 그리고 인식론적으로 변두리의 어떤 것도 필요하지 않다. 데카르트는 지금 '나'란 존재가 의지하고 있는 대지(大地)마저 의심한다.

> 땅이 존재하지 않는데도 불구하고 내가 땅을 만진다고 판단하는 일이 일어날 수 있지만, 그때 내가 그렇게 판단을 한다는 사실이 일어나지 않을 수는 없으며, 또 그런 판단을 하는 **나의 정신이 무(無)일 수는 없기 때문이다.** 이는 다른 것들과 관련해서 마찬가지다.[34]

두 발로 설 수 있는 토대가 되는 이 땅의 존재마저 의심한다. 무위당 장일순은 "땅이 없는데 내가 있을 수 없고 하늘이 없는 내가 있을 수 없고 만물이 없는 내가 있을 수 없고 만인이 없는 내가 있을 수 없으니까"라고 했다.[35] 장일순에게는 너무나 당연한 상식이 데카르트에겐 의심의 대상이다. 윤동주가 자신의 시에서 노래하는 고향의 하늘과 별도 그에게는 의심의 대상이다. 지금 '나'의 앞에서 '나'와 대화하는 '너'도 의심의 대상이다. 존재하지도 않는 것을

33 *Ibid.*, p. 34; 같은 책, 55쪽.
34 르네 데카르트, 《철학의 원리》, 16쪽.
35 이아무개 대담 정리, 《무위당 장일순의 노자 이야기》(서울: 삼인, 2003), 70쪽.

절대적 권능을 가진 신의 장난으로 인해 '나'는 '너'라고 부르며 속고 있는 것일지 모른다. 심지어 있지 않은 '너'를 혼자 짝사랑하고 있을지도 모른다. '나'의 사랑도 '너'의 존재도 모두 의심스럽다. 생각하는 내가 '존재한다'는 사실을 제외하면 말이다. 사랑하는 연인인 '너', 사랑하는 가족인 '너', 그리운 사람인 '너', 이 모든 것이 허상이라도 홀로 남겨진 '나의 정신'은 분명하다. 또 나의 정신을 채우고 있는 '너'와의 많은 시간이 모두 허상이고 거짓일 수 있다. 그 허상과 거짓으로 '나'는 웃고 울었던 것이다. 그렇게 생각하면 '나'의 웃음과 울음도 멍청한 짓일 수 있다.

데카르트의 철학적 아픔은 존재론적이고 인식론적이다. '절대 없다고 생각할 수 없는 그런 있음'에 대한 고민이다. '절대 의심할 수 없는 진리'에 대한 고민이다. 그러한 진리의 부재에서 오는 아픔, 그 철학적 아픔에서 데카르트의 철학은 시작되었다고 할 수 있다. 절대 의심할 수 없는 진리가 없다는 것은 혼란의 세계를 살아감을 의미했을 것이다. 그런 세상에서 계속 살 순 없다. 그렇기에 절대 의심할 수 없는 어떤 것을 찾아야 했다. 그것이 철학함의 이유였다. 그 철학함으로 얻은 것은 '나'라는 절대 의심할 수 없는 존재다. 그리고 잃은 것은 '나' 밖의 '타자', 바로 '너'다.

박이문은 고독이 세상의 본질이라고 한다.[36] 인간은 자신과 우주의 참된 의미와 이유를 알 수 없다.[37] 아무것도 모른다는 상태가 가장 많이 아는 상태일 뿐이다. 그런 무지함 속에서 우주와 '나'에 대해 침묵할 뿐이다. 침묵 중에도 고민한다. 고독 속에서도 고민한다.[38] 고독 속에서 철학을 한다.

---

36 박이문, 《박이문 인문 에세이: 아직 끝나지 않은 길》(서울: 미다스북스, 2017), 222쪽.
  "인간이 자신의 존재에 대한 궁극적인 의미를 찾듯이 우주도 자신의 궁극적인 존재의
  의미를 필요로 한다. 그러나 우주는 어디에서도 그것을 찾을 수 없다. 우주 밖의 다른
  어떤 존재를 생각할 수 없기 때문이다. 우주의 고독의 의미는 오로지 우주 자신의
  결단에 달려 있다. 우주에 의미가 있다면 그 의미는 무한히 고독하다. 나와 인간과
  자연과 우주가 무한한 침묵 속에서 모두 함께 고독하다."
37 같은 책, 235쪽.
38 같은 책, 71쪽. "나의 주체는 곧 나의 고민 그 자체이기 때문이다."

고독을 모르고서 어찌 깊은 삶의 경험을 할 수 있을 것인가, 한 번도 고독에 빠져보지 못했던 사람이 어찌 참다운 자아, 자기 자신의 모습을 알고 있다고 할 수 있겠는가. 고독에 젖어보지 않았던 사람이 어찌 위대한 문학작품을 쓸 수 있을 것인가, **깊은 철학적 사상이 고독을 떠나 어찌 탄생할 수가 있겠는가.**[39]

고독 속에서 우리는 처음으로 적나라한 자아, 모든 껍데기를 훌훌 벗은 벌거숭이 자아와 처음으로 직면한다.[40]

나에게 나의 삶과 죽음은 유일무이하며 따라서 **나는 고독할 수밖에 없다.**[41]

철학은 철저한 고독 가운데 가능하다. 위대한 문학이란 것도 철저한 고독이 필요하다. 고독 속에서, 누구도 없는 어떤 곳에서 우리는 온전한 '나'를 발견한다. '나'의 밖 '너'는 '나'를 힘들게 하는 껍데기에 지나지 않는다. 벌거숭이 자아, 즉 있는 그대로의 '나'가 되기 위해 '너'는 지워져야 한다. '나'는 철저하게 '너'를 지우고 철저하게 고독해야 한다. 그 고독 곳에서 철학도 가능하다. 결국 박이문의 철학은 철저하게 '홀로 있는 나'에 근거한다.

(나는) 사회적 동물이면서 근본적으로 하나의 개체로서 혼자 존재해야 하는 실존적 존재, 비사회적 존재임을 의식한다. 남은 차다. 사회는 냉혹하다. 나는 혼자다. 아무도 나를 도와주지 않는다.[42]

'나'의 밖 '남'은 차갑고 '남'들이 모여 있는 사회는 냉혹하며, 이 거대한 우

---

39 박이문, 《박이문 인문 에세이: 나의 길, 나의 삶》(서울: 미다스북스, 2017), 45쪽.
40 같은 책, 42쪽.
41 같은 곳.
42 같은 책, 37쪽.

주는 도저히 알 수 없는 존재이며, 이렇게 차갑고 알 수 없는 것들 가운데 '나'는 홀로 있으며 철저하게 고독하다. 이 고독 가운데 자신의 존재에 집중하자는 것이 박이문의 철학이다.

박이문은 자신의 철학을 '둥지의 철학'이라 한다. 새들은 마른 풀잎과 지푸라기 등을 가져다 둥지를 만든다. 서로 다른 이곳저곳에서 모은 것으로 정교하게 둥지를 만든다. 박이문에게 철학함이란 바로 이런 둥지 제작 작업과 비슷하다. 철학이란 결국 알 수 없는 우주 속 차가운 '남'들 사이 두려움에 사로잡힌 '나'라는 인간이 만든 둥지다.

데카르트는 모든 것을 의심함으로 의심할 수 없는 '나', '생각하는 나'만을 남긴다. 박이문은 알 수 없고 차가운 '남'을 버리고 철저한 고독 속 작은 둥지에 숨은 '나'만을 남긴다. 데카르트는 의심할 수 없는 진리의 부재라는 아픔을 이기기 위한 여정의 끝에서 '생각하는 나'에 이르렀다. 박이문은 차가운 '남'을 피하고 피하다 결국 고독 중 둥지 속 '나'에 이르렀다. 윤동주의 '나'는 이들의 '나'와 다르다. 박이문은 사회적 부조리에 분노를 느끼는 시간을 지나고 나니 염세주의자가 되었다고 한다. 결국 책의 세계에 빠져들어가기 시작한 것이다. 박이문에게 철학한다는 것은 현실 속 부조리에 분노해 그 부조리와 싸우는 것이 아니라 결국 책으로 빠져들어 둥지에 숨는 것이다. 박이문은 '너'에게 달려갈 생각이 없다. 그의 철학에서 '너'는 차가운 존재다. 위험한 존재다. 그러니 피해야 한다. 그를 피했다고 부끄럽지 않다. 너의 아픔 앞에서 더불어 있지 못하는 것이 부끄러웠던 윤동주와 다르다. 달려가야 하는데, 달려가지 못한 자신의 아픔에 사로잡힌 윤동주에게 '나'의 밖 '너'는 차갑고 위험한 존재가 아니다. 윤동주의 '나'는 데카르트의 '나'와도 다르다. 데카르트의 생각처럼, '너'도 '남'도 없는 '나'의 생존은 가능하다. 그러나 현실을 살아가는 존재는 그런 존재가 아니다. 현실 속 존재는 항상 타인과 더불어 있으며, 그것이 자연스럽다. 윤동주에게 참된 '나'는 어머니를 그리워하는 '나'이고, 좋아한 시인을 동경하는 '나'이며, 누이와 보낸 시간을 그리워하는 '나'이다. 수많은 '너'와 더불어 있는 '나'다. 윤동주에게 '너'는 차가운 존재가 아니다. 오히려 책에 빠져들어 현실 속 너의 아픔에 등을 돌린 나란 존재가 차가운 존재이며, 부끄러운 존재다.

2) 윤동주에게 '더불어 있음'

노발리스(Novalis, 1772-1801)의 말을 적용해보자.

> **철학은 본래 향수다.** 어디에서나 집에 있으려는 충동이다(Die Philosophie ist eigentlich Heimweh, ein Trieb, überall zu Hause zu sein).[43]

집에 있고자 하는 마음, 고향에 있고자 하는 마음이 향수이고, 그와 비슷한 마음으로 철학을 한다. '나'의 존재론적 고향은 '너'와 더불어 있음이다. 그 고향을 떠나 있는 실향의 상태, 그 실향의 상태에서 느껴지는 향수가 철학이 된다. 철학은 그리움이다. 더불어 있음에 대한 그리움이다. "자화상"에서 윤동주는 고향으로 멀리 떠나 있는 '나'를 마주한다. 고향의 '나'는 그리움의 대상이지만, 막상 그 그리움의 대상으로 바로 달려가지 못하는 자신은 부끄럽기만 하다. 더불어 있어야 하는 '너'에게 차가워지는 '나'에 대한 아픔, 더불어 있어야 하는 우리가 '나'라는 홀로 있음으로 찢긴 아픔, 부끄러움은 더불어 있음이란 고향을 떠난 '나'에게 이처럼 아픔으로 찾아온다.

윤동주는 1941년 "길"에서 이러한 자신의 현실을 '길 잃은 이'로 그린다. 더 정확하게는 무엇을 잃어버렸는지도 모르는 존재, 잃은 것을 찾지도 못하는 존재, 무엇을 잃어버렸는지 모르지만 상실했다는 사실만을 알고 있는 답답한 존재로 그린다. 그러면서 찾지 못하는 잃은 것을 찾는 것이 '나'란 존재가 살아가는 이유라며, 살아가는 존재로 그린다.

---

43   Novalis, *Werke*, G. Schulz (ed.)(Munich, 1987), S. 491.

길[44]

잃어버렸습니다
무얼 어디다 잃었는지 몰라
두 손이 주머니를 더듬어
길에 나아갑니다

돌과 돌과 돌이 끝없이 연달아
길을 돌담을 끼고 갑니다

담은 쇠문을 굳게 닫아
길 위에 긴 그림자를 드리우고

길은 아침에서 저녁으로
저녁에서 아침으로 통했습니다

돌담을 더듬어 눈물짓다
쳐다보면 하늘은 부끄럽게 푸릅니다

풀 한 포기 없는 이 길을 걷는 것은
담 저쪽에 내가 남아 있는 까닭이고

내가 사는 것은, 다만,
잃은 것을 찾는 까닭입니다
(1941. 9. 31)

---

44   윤동주, 《하늘과 바람과 별과 詩》, 180-181쪽.

답답한 길에서 잃은 것을 찾으려는 이유는 부끄러움 때문이다. '앎 속 나'는 현실이 되지 않고 '앎'으로만 있을 때 무력하다. 그냥 관념 조각이다. 그러나 그 '앎 속 나'가 두려움이란 살을 가르고 현실로 나와 '삶 속 나'가 되는 순간 '앎 속 나'는 힘을 가진다. 윤동주는 부끄러움 때문에 답답한 길에서도 잃은 것을 찾으려 한다. '앎 속 나'가 두려움의 살을 가르고 '삶 속 나'로 현실로 나오려는 마음이 있기 때문이다.

윤동주는 박이문과 같이 자신을 힘들게 하는 '남'을 피해 고독 속에서 작은 둥지를 만들어 숨으려 하지 않는다. 윤동주는 데카르트와 같이 '생각하는 나'의 위에 자신의 철학을 세우지 않았다. 비록 윤동주는 '형이상학'이란 이름의 책을 쓰거나 직접 작업하지 않았지만, 그의 철학은 '생각하는 나' 위에 선 것이 아니라 '부끄러운 나' 위에 세워져 있다. '너'의 존재는 처음부터 의심의 대상이 아니다. 오히려 '너'의 앞에서 '나'는 부끄러운 존재임을 알게 된다. 실향의 상태를 알게 된다. 다만 윤동주는 부끄러움이라는 나의 고통과 아픔을 이기고 너에게 달려가지 못했다. "서시"에 이르러 부끄러움에 아파한 과거의 괴로움을 고백하며 주어진 길을 가겠다고 한다. 그리고 머지않아 그는 죽게 된다. 고난 속 '너'의 옆에 있지 않고 창씨개명을 하고 일본으로 가는 자신이 부끄러웠던 윤동주는 자신이 밉고 싫었다. 결국 윤동주의 이런 부끄러운 마음은 우리를 우리로 존재하게 하는 힘이 된다. 우리를 찢으며 나만 살자는 삶이 부끄러운 삶이니 말이다. 이런 윤동주의 마음이 도덕존재론의 토대가 된다.

그가 철학자는 아니었지만 나는 윤동주에게서 한국철학의 성장을 본다. 서학의 정약종은 민중의 문자인 한글로 형이상학적 사유인 그리스도교의 신론을 소개하며 한국철학의 회임기를 마련했다. 우리 민중도 형이상학적 사유를 나눌 수 있다는 것을 보여주었다. 이어 동학의 최제우는 민중의 글인 한글로 이 땅의 고민과 아픔을 담은 한국철학의 출산기를 마련했다. 그리고 윤동주는 1930년 이후 식민지 조선의 암울한 절망이 일상인 공간에서 주체를 돌아본다. 돌아봄은 철학의 순간이다. 비록 철학이란 이름의 글이 아니라 시라는 이름의 글이라도 분명 철학의 순간이다. 윤동주는 '나'에 대한 고민, 주체성에 대한 고민을 시를 통해 민중의 언어로 솔직히 담아냈다. '너'의 앞에서 부끄러운 '나', 차가워진 '나'에 대한 부끄러움을 시로 담았다. 회임과 출산 이후 힘겨운 외부 조건 속에서 '나'라는 의식이 자라는 철학의 성장이 이루어졌다. 그리고 그 성장을 통해 이 땅은 도덕존재론의 토대를 가지게 되었다.

3 함석헌의
'고난'의 형이상학

벗이 그려준 그림 속 함석헌(1901-1989)을 본다. 그림 속 함석헌은 웃고 있다. 과하게 큰 웃음은 아니지만 억지웃음도 아니다. 조롱은 더더욱 아니다. 그의 작품 전체를 몇 번 읽고 또 읽은 후에야 그 웃음에 조금 공감할 수 있을 듯하다. 비록 조금 공감할 수 있다지만, 그의 글을 읽는 동안 심장을 때리는 '철학의 순간'을 경험했다. 그의 철학은 지금 이 땅을 살아가는 한국인으로서 우리에게만 유익한 것이 아니다. 그의 철학이 가지는 보편성은 한국이란 국경을 넘어선다. 이런 생각은 국수주의나 국가주의 그리고 민족주의에 따른 것이 아니다. 민족주의나 국가주의가 아닌 그의 철학 자체가 가진 지혜의 보편성에 근거해 하는 말이다. 함석헌 자신이 직접 국가주의와 같은 것이 얼마나 위험한지 분명하게 적고 있기도 하다. 지금부터의 글은 함석헌의 철학에 대한 첫 스케치다. 마지막이 아닌 첫 스케치.

1) 플라톤의 철학

함석헌을 얼버무려 그냥 사상가라거나 종교인으로 소개하고 싶지 않다. 함석헌은 너무도 분명히 철학자다. 그것도 형이상학자다. 그의 형이상학은 기

본적으로 역사형이상학이다. 그리고 그 내용에 따라 이름을 붙인다면, 내적 초월의 형이상학이다. 초월의 가치가 역사의 밖에서 드러나는 것이 아니라 역사의 안에 있다는 말이다. 이것이 무슨 말인가? 이것을 이해하는 것이 내가 읽은 함석헌을 이해하는 시작이다. 가다머(Hans-Georg Gadamer, 1900-2002)는 하이데거(Martin Heidegger, 1889-1976)의 철학이 "그 이전 철학이 의미했던 것과는 어떤 식의 비교도 거부하고 있는 듯이 여겨진다"고 했다.[45] 가다머에게 하이데거의 철학은 철학사를 그 전과 후로 나눈다고 할 정도로 충격적이었나 보다. 하이데거를 그렇게 충격적인 위치에 놓이게 한 것은 무엇일까? 많은 이들이 '존재'(sein)에 대한 그의 입장이라고 할지 모른다.

> 모든 존재론이 아무리 풍성하고 견고하고 완결되게 범주체계를 활용하고 있다 하여도 그 존재론이 존재의 의미를 충분히 해명하고 그 해명을 자신의 기초적 관계로 품고 있지 않다면, 그것은 근본적으로 맹목적이며, 자신의 가장 고유한 의도를 왜곡하고 있는 것일 뿐이다.[46]

> 먼저 존재자 그 자체가 아니라 오히려 존재 그 자체가 미리 개념 파악되어야 한다. 그러므로 '존재자란 무엇인가'라는 물음에는 보다 근원적인 물음이 놓여 있다. : 저 물음에서 이미 선-이해된 존재는 무엇을 의미하는가?[47]

아무리 존재론적 사유가 화려해도 존재 자체에 대한 물음이 아니면 결국 존재론 자체의 가장 고유한 의도를 왜곡하는 것에 지나지 않는다는 말이다. 하이데거의 이 말이 유럽의 많은 철학자들에게 충격으로 다가갔다. 그렇다면 함석헌의 철학에서 과거와 다른 한국철학을 가능하게 한 부분이 있다면, 그것

---

45 Hans-Georg Gadamer, *Heidegger's Ways*, John W. Stanley (Albany, NY: State University of New York Press, 1994), p. 69.

46 Martin Heidegger, *Sein und Zeit* (Max Niemeyer, 1953). S. 11.

47 하이데거, 《칸트와 형이상학의 문제》, 이선일 역 (파주: 한길사, 2001), 222-223쪽.

은 무엇일까? 바로 '내적 초월의 형이상학'이다.

하이데거는 자신의 철학이 등장하기까지 유럽의 과거 철학을 '존재의 망각'이란 말로 특징 지웠다. 그렇게 과거를 특징 지우면 자신이 무엇을 해야 하는지 철학자는 알게 된다. 고유한 의미에서 한 명의 고유한 철학자가 탄생하는 것은 바로 이 순간이다. 함석헌은 당시 많은 이들이 자기 자신을 부정하며 자기 자신의 밖, 자신을 벗어난 초월의 공간에서 자신의 본질과 뜻을 구하려는 모습에 크게 실망했다. '나'는 지금 여기에 있다. 그런데 '나'의 본질, '나'의 형이상학적 원형은 '나'의 밖에 있다. 그렇기에 '나'는 나 아닌 존재가 된다. 적어도 '나'는 '덜 나'인 것이다. 그러므로 '나'는 지금의 '나'를 부정하고 '더 나'로 나아가야 한다. 그럴듯해 보인다. 그러나 결정적으로 이런 형이상학적 입장은 지금 여기 존재하는 '나'를 부정하게 만든다. 그러면 나에게 희망은 어디에 있는 것일까? 그 희망은 나의 '밖', 우리의 '밖'이다. 밖을 통해 안은 쉼 없이 부정되어야 한다.

플라톤의 '이데아'(idea)를 보자! 지금 여기 존재하는 모든 것은 '덜' 존재하는 것이다. '거짓' 존재는 아니라도 '덜' 존재하고 있다. '덜' 존재하는 지금 이곳은 '더' 존재하기 위해 자기 '밖'을 향해 달려가야 한다. '안'엔 희망이 없다. '밖'으로 도주해야 한다. '자기'를 부정해야 한다. '덜' 존재하는 것들이 모여 '더' 존재할 수 없다. '덜' 존재하는 모자란 것이 많이 있을 뿐이다. '덜' 존재하는 것이 '더' 존재하는 것이 되기 위해 자기 '안'에서 자기 '밖'의 초월로 향해야 한다.

플라톤은 자신의 대표작 《국가》(Πολιτεία, Republica)에서 현실의 문제를 치열하게 질문하고 고민한다. 그의 형이상학은 현실의 문제에서 시작된다. 현실 속 보편적인 물음은 바로 정의로운 사회는 무엇인가, 한마디로 '과연 정의란 무엇인가'이다. 이에 대해 트라시마코스(Θρασύμαχος, Thrasymachus, ?-기원전 399)는 결국 정의란 강자의 이득에 지나지 않는다고 했다.

들어보십시오! 제가 생각해보면 정의로운 것(τὸ δίκαιον)은 결국 더 강자의

이득 이외에 다른 것이 아닙니다.[48]

　어찌 보면 지금도 유의미한 도발적 질문이고 냉혹한 현실의 답이다. 강자들의 답은 그 답을 현실이 되게 할 힘을 가졌다. 강자의 마음이 현실이 된다는 말이다. 강자는 약자가 필요하지 않지만 약자는 강자가 필요하다. 고정된 강자가 되면, 강자는 누군가의 인정을 받음으로 강자로 존재하지 않는다. 약자가 없어도 강자다. 이렇게 고정된 세상에서 약자는 승리하여 강자가 되는 것이 아니라 강자의 인정을 받으려고 한다. 반면에 약자의 인정 따위는 필요하지 않은, '남' 없이 '나'뿐인 강자는 자기애에 몰입한다. 나르시시즘에 빠져 자신만을 사랑하는 나르키소스를 바라보며 사랑하는 약자는 오직 '남'의 말을 따라 할 뿐 '나'의 말을 먼저 하지 못하는 에코(Ηχώ, Echo)가 되어간다. 말을 하지 못한다는 것, 남의 말을 따라할 뿐 스스로의 말을 하지 못한다는 것은 생각이 없다는 말이다. 자신의 생각으로 자신의 밖과 소통할 수 없다는 말이다. 약자는 자기 생각 없이 자신이 바라보고 있는 강자의 눈에 들기 위해 싸운다. 약자의 성공은 강자가 되는 것이 아니라 강자의 시선에 드는 것이다. 그것도 에코에겐 과분하다.

　조선 시대 역시 양반이란 강자는 백정이나 노비와 같은 사회적 약자의 인정을 요구하지 않았다. 양반은 양반이 왜 지도적 위치에 있는지 나르시시즘에 빠진 철학적 담론으로 자위할 뿐 천한 이들의 인정을 요구하지 않았다. 천한 이들의 인정이 필요하지 않은 이들에게 고난에 빠진 천한 이들의 아픔 따위는 신경 쓸 일이 아니다. 양반들은 경우에 따라 보수라는 이름으로 자신을 치장하고 등장했다. 여기에서 보수란 무엇인가? 관습적 전통 가치를 옹호하는 이들이다. 이들은, 백정과 노비 그리고 많은 여성들은 동의하지 않은 조선

48　Platon, *Respublica*, 338c. 플라톤과 관련된 인용은 모두 필자가 직접 번역한 것이다. 번역에 사용한 그리스어본과 참고한 현대어 번역본은 다음과 같다. 그리스어본으로는 Platon, *Platonis Opera* Volume IV, John Burnet (ed.)(Oxford: Oxford University Press, 1978)이며, 참고한 영어 번역본은 Plato, *Plato: Complete Works*, J. M. Cooper, (ed.)(Indianapolis: Hackett, 1997)다.

의 그 잔인한 위계 사회가 소중한 전통의 가치라도 되는 듯이 이야기한다. 루소(Jean-Jacques Rousseau, 1712~1778)는 《사회계약론》(*[Du]contract social*)에서 다음과 같이 말한다.

> 타인의 노예가 되는 사람은 자신을 주는 것이 아니라, 자신을 판다. 적어도 자신의 생계를 위해서 말이다.[49]

지금 이 말을 한국 사회에 적용해보자. 임금을 노예 구매비용 정도로 생각한다. 임금 노동자와 기업가를 노비와 주인의 관계처럼 생각한다. 이런 상황에서는 노동자에 대한 구타와 모욕이 심각할 수 있다. 2018년과 2019년 현재에도 노동자의 산업재해에 대한 기업인들의 생각을 보면 참으로 슬프다. 인간의 도리로 이해하기 힘든 것을 이해하기 위해서는 기업인의 이득을 생각하면 쉽다. 현실 공간에서는 고상한 윤리와 철학의 뜻이 아니라 강자의 이득이 현실 공간을 움직인다. 이 땅 자본주의 사회에서 강자의 이득이면서 동시에 강자의 무기는 돈이며, 돈을 가진 강자가 스스로 만든 법칙이 이 사회의 법칙이 되곤 한다. 왜 지금 그 많은 돈을 소비하며 영어를 익히는가? 왜 스와힐리어는 익히지 않는가? 왜 영어 능력이 장점이 되며, 왜 영어 능력으로 기업에 입사하는가? 강자들이 영어 실력자를 원하기 때문이다. 교육의 많은 부분은 강자들이 원하는 길을 따라가고 있다. 아무리 이런저런 이야기를 해도 이와 같이 현실 공간에서는 강자의 이득이 가장 강력하다. 그러니 트라시마코스의 "정의란 강자의 이득이다"라는 말도 그냥 흘려들을 이야기는 아니다. 수천 년이 더 지난 지금도 여전히 우리 삶의 한 부분을 그대로 드러내는 말이기 때문이다.

플라톤은 이 문제를 해결하기 위해 그 유명한 '동굴의 비유'를 제시했다. 참된 존재의 세계가 온전히 이 현실에 구현된다면 이런 문제가 발생하지 않을

---

49   장 자크 루소, 《사회계약론》, 김중현 역(서울: 웅진씽크빅, 2010), 39쪽.

것이라 믿었기 때문이다. 동굴의 비유에서 동굴 속은 인간이 살아가는 현실이다. 일상이고 역사다. 동굴 속은 어둡다. 빛이 없다. 빛은 동굴의 밖에서 들어온다. 동굴 안에서는 동굴 밖에 존재하는 참된 존재의 그림자만을 볼 뿐이다. 동굴 안에서 어떤 것을 보며 그것을 진짜라고 서로 다투어도 모두 허구의 것에 속고 있는 것에 지나지 않는다. 동굴 안은 어둠이며 그림자고, 동굴 밖은 빛이고 원형이다. 동굴 안은 절망의 이유이고 동굴 밖은 희망의 근거다.

> 그러면 생각해봅시다. 만약 다음과 같이 진행된다면, (빛이 없는 어둔 동굴 속에 있는) 이들이 **결박에서 풀려나 어리석음에서부터 치유되는 것이 과연 어떤 것이겠는지 생각해봅시다.** 이들 가운데 누군가 결박에서 풀려나 자신의 자리에서 일어나 목을 돌리고 걸어가 **빛이 있는 밖을 향하도록 강요받을 경우, 그는 분명 이러한 과정에서 제법 큰 고통을 받을 겁니다.** 누군가 그에게 다가와 그가 과거에 엉터리를 보았지만, **이제 진짜 있는 것에 조금 더 가까이 와 있으며 또 한결 더 진짜 있는 것을 향하고 있어서 더욱더 옳게 보게 될 것이라고 이야기한다면,** 거기에 지나가는 것들을 가리켜 보이면서 그곳이 무엇인지 묻고 답하도록 강요한다면, **그는 무슨 말을 할 것 같습니까?**[50]

어둠 속에서 덜 존재하는 그림자만을 진짜라고 믿으며 살던 이들이 결박을 풀고 강제로 진리의 세상, 동굴 밖 빛의 세상으로 나온다면 고통스러울 것이다. 이 고통이 철학의 고통이다. 플라톤에게 진리는 동굴 밖이다. 일상의 밖이다. 우리는 지금 일상 속에서 속고 있다. 이것은 현실로 느껴지지만 현실이라 생각해서는 안 된다. 감각이 우리를 속이고 있다는 것을 이성은 깨우쳐야 한다. 플라톤에게 진리는 동굴 밖이다. 일상의 밖, 즉 초월된 곳이다. 그리고 플라톤에게 참된 철학자란 동굴 밖을 이성의 눈으로 '본' 사람이다. 플라톤 철학이라면 떠오르는 이데아(ἰδέα, idea)는 '본다'라는 뜻의 '이데인'(ἰδεῖν, idein)

---

50   Platon, *Respublica*, 515c~d

에서 나온 말이다. 또 '안다'라는 뜻의 '에이데나이'(εἰδέναι, eidenai)와도 무관하지 않다. 이런 말들은 결국 '본다'는 의미의 인도유럽어의 어원인 'weid'로 거슬러 올라간다. 이 말에서 라틴어 'video'를 비롯해 현대어 wise(지혜로운), view(견해, 관점), wit(재치) 등의 말이 나왔다. '본다'는 말은 매우 힘 있는 말이다. '지혜롭다'는 것도 '재치 있다'는 것도 결국은 적절하게 '본다'는 말이다. 철학 역시 '본다'는 행위와 관련된다. 동굴 밖을 '본다'는 것이고, 동굴 밖에서 '본 것'을 '보아야 할 대상'으로 알리는 것이다. 이러한 철학의 본질에 충실하기 위해 철학자는 다시 어둠의 공간인 '동굴 안'으로 들어와야 했다. 그리고 속고 있는 사람들을 '동굴 밖'으로 끌고가야 했다. 절망의 공간에서 희망의 공간으로 끌고가야 했다. 이를 위해 모두가 상식으로 알고 있는 것을 사실은 '잘못'이나 '가짜'라고 말해야 했다. 당장 아무도 믿지 않고 조롱하지만 그런 어려움 속에서도 동굴 밖 빛의 세상으로 이끌고나와야 했다.

> 사람들은 그를 두고 동물 밖 위로 올라가더니 아예 눈을 버려 가지고 왔다고 말하며, 굳이 올라가려는 노력을 할 필요가 없다는 말을 듣지 않겠는가! **자신들의 결박을 풀어 동굴 밖으로 인도하려는 이를 자신의 손으로 잡아 죽일 수 있다면서, 죽여버리려 하지 않겠는가!**[51]

이렇게 동굴 속 일상을 살아가는 이들이 어리석다는 것을 플라톤은 보여주려 했다. 결박을 풀고 진리의 세계인 '동굴 밖'으로 해방시켜주려 하지만, 오히려 자신에게 참된 진리를 알려주려는 이를 죽이려 한다. 플라톤의 눈에 소크라테스가 바로 이러한 어리석은 군중의 손에 죽은 인물이다. 하지만 겁을 내서는 안 된다. 그래도 철학을 해야 한다. 어둠의 공간 속에서 가짜를 가지고 싸우면서 그 가운데 만들어진 거짓의 순위들, 그 순위 가운데 강자라며 강자의 이득을 따라 살아가려는 이들의 어설픈 삶에서 그들을 구해야 한다. 변

---

51   *Ibid.*, 516e-517a.

덕스러운 강자의 눈치를 보면서 살아갈 것이 아니라, 변화하지 않는, 늙지도 죽지도 않는, 동굴 밖 초월된 진리를 따라 살도록 사람들을 구해야 한다. 이를 위해 철학자가 왕이 되어야 한다. 그의 손에 민중을 맡겨야 한다. 플라톤의 생각이다. 그렇다면 플라톤에게 철학자와 철학은 무엇인가?

> **철학자는 '이데아'를 보고 그것을 관상하며 그것과 함께 있기(*homilōn*) 때문에 스스로 최대한 절도 있으며, 신과 같은 사람이 되어 있으며, 나아가서 시민들의 성격을 단련시켜 절제와 정의 등 시민이 가져야 한 모든 덕을 가지게 해준다.[52]**

철학자란 이런 일을 하는 사람이다. 신적인 존재이며, 우리 모두를 동굴 밖으로 안내해줄 인물이다. 그의 뜻을 따라 살아가면 우리는 굳이 힘들게 고민하지 않아도 충분히 합리적이고 이성적인 철학적 행복을 누릴 수 있다. 편하게 동굴 밖 세상에 이를 수 있다. 철학자 자신이 이미 동굴 밖을 보고 있으며 본 사람이기 때문이다.

플라톤이 '동굴 안'이라 한 곳은 우리의 일상과 역사의 터다. 그곳엔 희망이 없다는 말이다. 밖으로 가야 한다. 일상의 밖으로 가야 하고, 역사의 밖으로 가야 한다. '안'은 절망의 이유로 가득하고, '밖'은 희망의 근거다. '안'은 덜 존재하는 것으로 싸우는 번뇌의 공간이고, '밖'은 더 존재하며 완전하게 존재하는 평화의 공간이다. '안'의 평화는 '안'을 부정하는 '밖'을 본 사람에 의해 이루어질 수 있다. 철학과 철학자가 해야 하는 일이 그것이다. 외적 초월을 향하게 하는 것이다.

동굴 속 어둠을 해결한 빛은 동굴 밖에서 들어온다. 이와 관련된 역사관과 세계관을 아우구스티누스의 《신국론》(*De civitate Dei*)에서 읽을 수 있다. 현실의 문제는 현실의 내적인 것으로 해결되지 않는다. 동굴 안의 문제는 동굴 안

---

52   *Ibid.*, 500d

의 것으로 해결되지 않는다. 동굴 안은 오직 결핍의 공간, 덜 존재하는 것들의 공간일 뿐이기 때문이다. 이러한 것은 절망의 이유는 되어도 희망의 근거가 될 수는 없다. 어떤 철학도 절망을 향하고자 하진 않는다. 희망을 위해 유럽의 전통 형이상학은 외적 초월, 동굴 밖에 있는 초월을 이야기한다. 유럽의 전통 형이상학에서 이야기하는 초월범주들 '참된 것'(*verum*), '좋은 것'(*bonum*), '하나인 것'(*unum*), '아름다운 것'(*pulchrum*) 등은 바로 이러한 것이다. '초월된 곳'에 '초월된 것'으로 있다. 그 초월적인 것은 생성 소멸하는 변덕스러움에 있는 것으로부터 분리되고 구분되는 현실에 없는 '부동적인 것'들이다. 아리스토텔레스는《형이상학》에서 이렇게 말한다.

제일 철학은 변화하는 것으로부터 분리 가능하며, 변하지 않는 것에 대한 학문이다.[53]

제일 철학, 첫 번째 철학이 하는 것이 바로 이러한 동굴 밖의 것에 대한 학문이라고 한다. '나'의 눈앞, 지금 여기 존재하는 것은 모두 생성 소멸하는 것들이다. 태어나 살다 죽는다. 사랑도 변한다. 죽도록 보고 싶은 누군가도 어느 순간 성가신 존재가 된다. 영원할 것 같은 국가도 어느 순간 과거형이 된다. 정말 소중한 '생명'도, 없으면 죽을 것 같은 '사랑'도, 생명을 버리며 지키려 한 '국가'도 변한다. 사라진다. 그것이 지금 여기의 운명이다.

이런 공간에서 지금 여기 있는 모든 것으로부터 벗어나 현실에 없는 부동의 것과 초월적인 것을 추구하며 살아가는 것은 무엇을 의미할까? 바로 쉼 없는 자기부정이다. 지금 여기의 모든 것을 부정하고 지금 여기를 벗어나려는 것이다. 일상을 살아가는 민중은 시끄러운 잡소리를 내는 존재가 되어버린다.

---

53 Aristoteles, *Metaphysica*, 6, c.1, 1026a 30-35. 이 번역은 필자의 번역이다. 아리스토텔레스의 한국어 번역에 대하여 더 깊은 이해를 원하는 이들은 다음의 번역서를 참조하기 바란다. 아리스토텔레스,《형이상학》, 조대호 역 (서울: 도서출판 길, 2017)과 아리스토텔레스,《형이상학》, 김진성 역 (서울: EJB, 2007)이다.

이 일상을 벗어난 곳에서 참다운 것을 본 이들이 이끌어주어야 한다. 제국주의 시대, 유럽은 아시아와 아프리카를 두고 이런 합리적 근거에 숨어 잔혹한 악행을 저질렀다. 이 땅의 독재자도 이와 같은 이유로 민중들에게 하나의 생각으로 뭉쳐 다른 생각은 하지 말고 자신을 따르라고 했다. 고난을 스스로의 힘으로 이겨내기보다는 동굴 밖, 일상의 밖, 한국의 밖, 우리의 밖에서 무엇인가에 의존해 해결하려 했다.

이런 공간에서 부동의 초월적인 것을 추구하며 살아간다는 것은 결국 쉼 없이 자신을 부정하며 자신의 외부로 나아가야 함을 의미한다. 그러나 함석헌의 철학은 이와 다르다. 자기부정을 통해 자기 외부로 나가 나의 밖을 희망으로 삼는 철학이 아니다. 함석헌의 철학은 플라톤 이후 오랜 시간 유지된 유럽의 형이상학과 근본적으로 다르다.

2) 함석헌에게 '진짜 철학'이란 무엇인가

함석헌에게 결핍의 공간은 절망의 공간이 아니다. 결핍은 절망의 이유가 아니다. 오히려 '채워질' 공간이다. 충만을 향한 공간이다. 노력이 뜻을 품을 수 있는 공간이다. 함석헌은 1956년 〈사상계〉에 투고한 "진리에의 향수"에서 이렇게 말한다.

> **빛은 밝은 것, 빈 맘에야 밝음이 있고 밝은 것이 참이다.** 빛은 자체로 있는 충만하고 완전한 것이지, 빛에 제한도 차별도 없다. [54]

오랜 식민지 생활을 끝내고 해방이 되었지만 독립하지 못했다. 제대로 자신의 두 발로 서지 못했다. 남북으로 갈라지고 서로가 서로를 잔인하게 죽이

---

54 《전집 2》, 169쪽.

는 전쟁을 했다. 전쟁 이후 남북은 각자의 공간에서 서로 다른 방식으로 또다시 힘겨운 시간을 보냈다. 빛이라고는 없어 보였다. 한국이란 동굴 안에 빛은 없어 보였고, 동굴 밖을 진짜 희망의 공간으로 믿는 것이 가장 합리적인 선택이라 여겨졌다. 독일철학에서 답을 구하려 하고, 프랑스철학과 영국철학 그리고 미국철학에서 답을 구하려 했다. 그러나 독일과 프랑스, 영국과 미국에선 있을 법하지 않은 일들이 이 땅에 일어나자 너무도 쉽게 이 땅을 희망이 없는 곳, 빛이 없는 곳이라고 생각해버렸다. 모두 한국의 밖, 동굴의 밖을 보았다. 한국학이라고 하면서 한국이 얼마나 유럽적인 것을 품고 있는지 이야기하는 이들의 논의는 그리 큰 울림을 주지 못했다. 결국 진리의 기준은 '밖'이고, '우리'라는 이름의 '안'은 변두리에서 '밖'을 그리워하는 존재일 뿐이었다. 이와 같이 동굴 밖이 희망이라면 동굴 안은 절망이다. 동굴 안은 어느 하나 제대로 있는 것이 없는 결핍의 공간으로 보였다. 이 땅에 1968년 프랑스의 5월혁명이 없어 희망이 없다고 이야기하는 철학한다는 이가 있을 지경이었다. 그런 '안'의 무시는 곧 '안'이란 공간을 터전으로 살아가는 이들에 대한 무시로 이어진다.

'무시'(無視)가 무엇인가? "있는 값어치를 알아주지 아니함"이고,[55] "있어도 없는 것 같이 다루는 것"이며,[56] "눈여겨보지 아니하거나 존재를 알아주지 아니함"이다.[57] 결국 존재하고 있어도 문제 삼지 않거나, 알아주지 않거나, 인정하지 않는다는 말이다. 깔보는 것이고 업신여기는 것이다.[58] 지금 눈앞에 있지만 결국 없는 것으로 여긴다는 말은 눈앞의 누군가를 절대 '너'로 부를 수 없는 존재로 판단한다는 말이다. '나'의 어떤 것도 내줄 수 없다는 말이다. 이런 무엇을 앞에 둘 때, 주체는 그 무엇을 지배해야 한다. 동의는 필요하지 않다. 그

---

55 한글학회 편, 《중사전》(서울: 한글학회 출판부, 1958), 515쪽; 한글학회 편, 《새한글사전》(서울: 홍자출판사, 1965), 396쪽.
56 문세영, 《수정증보 우리말큰사전》(서울: 삼성문화사, 1957), 367쪽.
57 운평어문연구소, 《뉴에이스 국어중사전》(서울: 금성교과서, 1987), 676쪽
58 심기철·신용철, 《새 우리말큰사전》(서울: 삼성출판사, 1980[증보판]), 1222쪽.

냥 그 무엇은 지배받아야 하는 존재일 뿐이다. 결핍의 존재! 밖을 모르는 안의 존재란 그런 존재일 뿐이다. 흔히 과도한 민족주의자들이 이야기하는 상상 속 과거의 영광이 민족의 영광을 드러내고 민중의 자랑을 드러내는 것 같지만 그렇지 않다. 그것은 무시의 수단이다! 과거의 영광이라는 밖으로 스스로 물러나 지금의 민중을 그런 사실조차 모르는 모자란 존재로 판단해버린다. 들리는 말로는 '우리 민족'을 긍정하는 듯하다. 지금 여기 '안'을 긍정하는 것으로 보인다. 그러나 그렇지 않다! 오히려 '안'의 부정이고 무시다. 그 역시 외적 초월, 즉 '지금의 밖'을 향하게 한다. 그리고 그 '밖'을 향하게 할 존재로 자연스럽게 독재자를 등장시키기도 한다. 독재자의 시대, 독재자의 철학자들이 한 일이 결국 이것이다. '안'을 긍정하는 듯 이야기하지만 결국 '안'에 대한 무시이고, '밖'으로 이끌어줄 권력자를 긍정하는 것이다. 결코 그런 논리들은 '안'의 긍정, '지금 여기'의 긍정이 아니다. 속아서는 안 된다!

함석헌 철학의 시작은 '지금 여기의 긍정'이다. 삶의 긍정이고 역사의 긍정이다. 바로 여기 무엇인가 끝없이 부족한 결핍의 공간에 대한 긍정이다. 함석헌은 외적 초월이 결국은 민중을 무시하는 데로 이어질 것임을 알았다.

> 너를 '서민'(庶民)이라 하고 '하민'(下民)이라, '우민'(愚民)이라고 해서 '업신' 여기고 '학대'했지.[59]

서민이란 "중류 이하의 넉넉지 못한 백성"이다.[60] 사실 서민이란 말은 슬픈 추억을 가진 말이다. 중국 춘추전국시대에 백성(百姓)은 성(姓)을 가진 사람을 가리켰다. 성이 없으면 백성이 아니다. 이런 이들이 서민이다. 한마디로 소외된 민중이다. 한자 '서'(庶)는 기본적으로 "소외된 자"라는 의미를 가진다. 부인이 아닌 첩(妾)에게서 태어난 아들을 서자(庶子)라 부른 것도 이런 맥락이다.

---

59 《저작집 3》, 52쪽.
60 한글학회 편, 《새한글사전》, 599쪽.

또 '하민'은 곧 범민(凡民)이며, 범민은 "사부(士夫)가 아닌 백성"이다.[61] '우민'
은 "어리석은 백성, 무지한 백성"이고, "백성이 통치자에게 대하여 자신을 낮
추어 하는 말"이다.[62] 서민, 하민, 범민, 우민은 모두 민중이 스스로 혹은 타자
에 의해 낮추어져 불린 말이다. 함석헌은 이러한 말들도 불만이다. 이 나라의
주권과 역사의 주체가 바로 민중인데, 어떻게 이런 부정적인 표현으로 드러나
야 하는가 말이다! 지금도 '서민대출' '서민금융통합지원센터' '서민교육' 등 자
주 사용되는 '서민'이란 말이 사실은 "중류 이하의 넉넉지 못한 백성"에 대한
부정적인 표현에서 시작되었다. 일상 속 자신을 '서민'이라는 부정적인 표현
으로 서술함으로써 그 언어로 자신을 규정해버린다. 아무 거리낌 없이 스스로
를 서민, 중류 이하의 넉넉하지 못한 이로 규정한다. 무시가 당연시되는 세상
을 마무리하기 위해 함석헌은 결핍의 공간을 긍정하는 철학이 필요했다. '있
는 것'을 '없는 것'으로 '본다'는 '무시'를 극복하고 '있는 것'을 '있는 것'으로 '긍
정'하는 형이상학적 토대가 필요했다. '동굴 밖'을 '본다'는 유럽의 형이상학으
로는 안 될 일이었다. '남'의 철학으론 안 될 일이었다. 함석헌은 지금 여기를
긍정하기 위한 형이상학을 이루고, 그 형이상학으로 지금 여기를 살아가는 민
중, 결핍의 이 공간을 터전으로 살아가는 민중의 긍정을 이루고자 했다.

　함석헌은 현실을 벗어난 초월, 즉 외적 초월이 아닌 '지금 여기'에서 희망
을 찾는다. 희망은 나의 '밖'에 있지 않다. 나의 '안'에 있다. 희망이 나의 '밖'에
있음으로 절망 속 나의 '안'은 당연히 무시되고, 그런 '자기 무시'에서 자기를
희망으로 이끌어줄 지배자를 찾는 '악의 연쇄'는 사라져야 한다고 믿었다.

　　민(民)은 제가 제 노릇을 하는 사람이다. 제가 제 주인이다. 사람에게, 인격
　　이 있는 사람에게 주인이 있을 리 없(다.)…자기야말로 자기의 주인인 것을
　　알게 되어간다. 하늘은 사람 위에 사람을 짓지 않았고 사람 아래 사람을 짓

61　같은 책, 464쪽.
62　같은 책, 819쪽.

360

지 않았다.[63]

민중이 살아가는 이곳은 결핍의 공간이다. 그러나 함석헌은 그 '비워진 공간'을 빛이 없는 공간으로 보지 않는다. 오히려 "빈 맘에야 밝음이 있"다고 한다. 빛은 그 자체로 충만하고 완전함을 의미한다. 그 빛은 제한도 차별도 없어야 한다. 그런 빛이어야 참다운 빛이다.[64] 그런데 빛은 빛으로 가득한 공간에선 오히려 빛이 아니다. 빛으로 가득 찬 공간에선 빛이 빛으로 있지 못한다. 빛을 '너'라고 불러줄 수 있는 곳, 빛이 '뜻'을 품을 수 있는 곳은 오히려 빛이 비워진 곳이다. 자기 이성과 자기 욕심으로 가득 채워진 곳에서 타자는 '나' 아닌 '남'일 뿐이며, 때론 '나'와 싸울 '적'이다. '나'의 외부에서 찾아오는 빛은 '남'이거나 '적'이다. 다투어야 한다. '나'란 존재는 지거나 이기거나다.

이기면 그 빛을 '무시'한다. 진정한 뜻을 품은 빛은 '빈 맘'에야 가능하다. '무심'(無心)은 불교에서 "세속 물욕에 팔리는 마음이 없음"이란 뜻이다.[65] 세속의 물욕이란 결국 누군가를 이기고 차지하겠다는 욕심이다. 이기겠다는 욕심, 소유하겠다는 욕심이다. 그 욕심으로 가득한 사람은 눈앞의 누군가를 온전하게 있는 그대로 '있는 것'을 제대로 보지 못한다. '있는 자'를 '있는 자'로 보지 못한다. '무시'한다. 있는 자를 있는 자 그대로 드러내 보이는 것이 빛이라면, '가득한 마음' 앞에 빛은 무력하며, '비워진 마음'에서 빛은 빛으로 뜻을 품고 있는 자를 있는 자 그대로 드러나 보이게 한다. 있는 그대로의 자신을 보게 되면 자신은 누군가의 종이 아니다. 자신이 자신의 주인이다. 무심의 마음에서 스스로를 무시하지 않게 된다.

오랜 시간 민중은 자신의 힘으로 스스로를 돌아보지 못했다. 제대로 된 빛으로 자신을 있는 그대로 보지 못했다. 조선의 민중은 양반의 시선 속에서 자

63　《전집 2》, 169쪽.
64　같은 곳.
65　한글학회 편, 《새한글사전》, 394쪽.

신을 규정했다. 열심히 노력하며 힘겨운 다툼을 통해 양반의 인정을 받으려 했다. 다수의 민중은 스스로의 존재 가치를 제대로 보지 못하고 스스로를 무시했다. 평등에의 욕심이 아니라 양반에게 인정받겠다는 욕심이 지배하는 공간에서 평등은 멀고 먼 남의 이야기다. 지금은 자본가의 시선 속에서 스스로를 규정한다. 자본가에게 필요 없는 존재는 스스로도 자신의 존재 가치를 무시한다. 지금 이 땅을 지배하는 자본주의의 구조 속에서, 오직 자본주의적 욕구만이 빛이라며 가득 채우고 살아가는 이런 구조 속에서, '나'는 있는 그대로의 '나'를 보지 못한다. 있는 그대로의 '나'를 찾지 못한 이들은 '나'에 대한 규정을 타인에게 의존한다. 노예가 된다. '나'란 존재가 누구인지 타인에게 의존하면, 타인은 다가와 자신의 답으로 '나'를 구속한다. '나'의 밖에 있는 '남'의 답으로 '나'의 안을 구속한다. '나'는 철학이 필요 없는 존재, 독재자가 필요한 존재가 된다. 더욱 '나'답기 위해 '나'는 '나'의 안에 충실한 것이 아니라 '나'의 밖에 충실하게 된다. '나'는 더욱더 '나'로부터 멀어지게 된다.

외적 초월의 형이상학에서 한국은 결핍의 공간이다. 답이 한국의 밖에 있기 때문이다. 한마디로 남에게 있다. 그 한국을 터전으로 살아가는 나 역시 결핍의 존재다. '나'는 더욱 '나'다운 존재가 되기 위해 '나'의 밖에 존재하는 '남'의 시선 속에 존재하는 '나'의 본질을 추구하며 살아가야 하기 때문이다. '나'는 이상한 존재다. 현실 속 '나'는 여기 있고, 나의 본질은 나의 '밖'에 있는 그런 존재다.

내적 초월의 형이상학에서도 한국은 결핍의 공간이며, 결핍의 공간이어야 한다. 답이 '남'에게 있다는 의미에서 결핍이 아니다. 어떤 하나의 답으로 채워진 강요된 공간이 아닌 빛이 빛으로 뜻을 품을 수 있는 공간이란 의미에서 비워진 공간이다. 있는 그대로의 나와 너를 마주할 수 있는 공간, 빛이 빛으로 존재할 수 있는 공간이란 의미에서 비워진 공간이다. 이런 공간에서 가장 우리다운 우리는 우리의 '밖' 본질에 답이 있지 않다. 우리 '안'에 있다. 있는 그대로의 우리를 마주한 우리 자신은 우리 스스로 우리의 주인이 되려 하지 다른 주인을 찾지 않는다. 그리고 우리 가운데 '나' 역시 마찬가지다. 나다운 '나'가 되기 위해 나는 나의 '안'에 충실하면 된다.

함석헌에게 철학은 지금 여기를 긍정하며 시작해야 하는 것이다.

> 철학자는 지혜를 찾는 사람이니, 다만 누가 정말 철학자냐, 어디 정말 철학이 있느냐, 어떤 것이 '참말 지혜냐'만이 문제다. 철학이라면 보통 머리가 허연 늙은 학자를 연상하고, 지혜라면 곧 곳간에 둘러싸인 책을 생각하지만 말이다. **철학은 구더기 같다는 민중 속에 있고, 지혜는 누구나 다 하면서도 신통히 알지도 않는 삶 곧 그것 속에 있다.**[66]

진짜 철학은 이 삶 속에 있다. 구더기 같은 민중 속에 있다! 플라톤은 철학의 대상이 초월적인 것이라고 했다. 아리스토텔레스 역시 다르지 않다. 아리스토텔레스는 이렇게 말한다.

> **제일 철학은 변화하는 것으로부터 분리 가능하며, 변하지 않는 것에 대한 학문이다.**[67]

'제일 철학', '첫 번째 철학'은 바로 지금 여기 존재하지 않는 것에 대한 학문이다. 역동적으로 변화하는 이 현실에 존재하지 않는 것이며, 오히려 이 현실로부터 분리 가능한 것에 대한 학문이다. 반면에 함석헌의 철학은 구더기 같은 민중 속에 있는 것이다. 바로 지금 여기에 있는 것이다.

씨는 그 본질을 자기 안에 품고 있는가, 밖에 두고 있는가? 나의 본질은 지금 번뇌하고 갈등하며 고난의 삶을 살아가는 나의 존재 안에 있는가, 나의 밖에 있는가? 나의 밖에 있으니 나를 부정하라는 것이 아니라 나의 안에 있으니

---

66 《저작집 3》, 63쪽.
67 Aristoteles, *Metaphysica*, 6, c.1, 1026a 30–35.

더욱 나 자신에게 충실하라는 말이다. 나를 긍정하라는 말이다. 씨는 자신을 가르고 싹을 낸다. 고난의 시간은 싹을 틔우기 위해 어쩔 수 없다.

내게 고통이 있는 것은 나더러 사람이 되라고 해서 있는 것입니다.[68]

참사람이 되기 위해 고통은 당연한 것이다. 싹이 나지 않는 씨는 본질을 상실한 먼지다. 고난은 먼지가 아닌 살아 있는 씨의 운명이다. 고난이라는 자기 운명을 피한다면 고난은 더욱 아프게 찾아올 것이다.

고난을 받아야 한다. 우리 지은 죄로 인하여 고난을 받아야 한다. **재난이 올 때마다 피하기부터 하려 하고** 비탄만 하지만, **그 당파심**을 버리지 않는 한, **그 시기심을 버리지 않는** 한, **의인 대접할 줄을 모르는** 한, 환난은 절대로 떠나지 않을 것이다.[69]

결국 동굴 속에서 아파하고 힘들어하는 것은 동굴 안에 구속되어 있기 때문이 아니다. 우리의 죄 때문이다. 자기 짐을 피한 죄, 이기심에 빠져 무리를 지어 싸우고 나와 다른 생각을 시기심 때문에 물리치며, 뜻을 품은 이를 안아주지 않은 죄, 그 죄로 힘든 것이다. 지금 여기 있는 답을 스스로 버리고 '남'의 답을 찾아 자기를 부정한 죄, '자기 무시'의 죄! 바로 그 죄 때문이다.

인류의 역사란 결국 눈물의 역사요, 피의 역사가 아닌가? 고난을 당하는 것은 우리만이 아니다. 온 인류가 다 그렇다.[70]

68　《저작집 21》, 111쪽.
69　《전집 1》, 317쪽.
70　같은 책, 315쪽,

이런 고난은 우리만의 것이 아니다. 고난으로 아파하는 것이 인간이고, 역사의 맨얼굴이다. '자기 무시'와의 싸움은 인류의 운명이다. 그러나 '자기 무시'와의 싸움에서 패배해 스스로를 무시하며 살아서는 안 된다. 무시받고 살아가는 것이 당연하다고 생각해서는 안 된다. 이것이 함석헌이 그토록 거부한 숙명철학에 대한 거부다. '자기 무시'를 어쩔 수 없는 숙명이라 여겨서는 절대 안 된다.

일어나며 일어났다간 또 넘어지는 것이 사람이다. 역사다.[71]

인간은 바로 그런 존재다. 쉼 없이 무시하는 이들과의 다툼에서 때론 패배하고 때론 승리하며 일어나고 쓰러지는 여정을 쉼 없이 반복하는 존재다. 그리고 그런 존재들이 만들어가는 것이 역사다. 우리에게 고난과 고생은 생명의 본질과 같은 것이다. 고난도 고생도 없는 삶은 싹을 품지 않은 씨일 뿐이다.

우리는 **고생하기 위하여 이 세상에 온 사람** 같다.[72]

고난은 우리의 삶을 죽음으로 이끌기 위함이 아니다. 오히려 싹을 향한 애씀이고 잎을 내기 위한 애씀이며 과실을 향한 애씀이다. 이런 고난으로 우리의 인생은 위대해진다.

고난은 인생을 위대하게 만든다.[73]

고난은 뜻을 품은 존재를 참으로 뜻을 드러내는 존재로 있게 한다. 뜻이란

---

71   같은 곳.
72   같은 책, 313쪽.
73   같은 책, 316쪽.

나의 밖 누군가가 나의 안에 주는 선물이나 강제가 아니다. 스스로에게 주어진 존재의 무게를 피하지 않고 담담히 이겨낸 이의 자신 '안'에서 드러나 올라온 내 '안'의 것이다. 그러나 고난의 힘겨움을 피하기 위해 나의 '밖'에 의존하면, 나의 존재, 나의 행복, 나의 뜻이 모두 남의 손에 잡혀 있게 된다. 이것은 참다운 나의 존재도 아니고, 참다운 나의 행복도 나의 뜻도 아니다. 모두 거짓이다. 게다가 그 거짓이 참이라며, 부조리도 어쩔 수 없는 숙명이라며 자기 최면에 빠져 살아가게 된다. 이것이 노예의 삶이다. 주인을 모시고 주인의 시선 속에 안주하는 삶이다. 이것이 숙명철학이 만들려는 민중이다.

> 우리의 생명을 마비시키는 **숙명철학을 몰아내기 위하여** 최후의 반발을 찔러 일으키는 **지독한 고통이 필요하다.** 장차 오는 새 역사에서 우리의 사명을 다할 수 있는 자격자가 되기 위하여 **고난은 절대 필요하다.** 보다 높은 도덕, 보다 넓은 **진보적인 사상의 앞잡이가 되기 위하여,** 우리가 가진 모든 낡은 것을 사정없이 빼앗아가는 **고난의 좁은 문이 필요하다.**[74]

노예의 삶이 숙명이라며 그냥 조용히 숙명대로 살아가는 비극을 막기 위해서는 지독한 고통과 고난이 필요하다. 더 높은 차원의 사상의 진보를 이루기 위해 고난의 좁은 문이 필요하다. 노예는 '나'의 '밖'을 위해 노력하지만, 더 나다운 '나'가 되기 위해 나를 부정하며 나의 밖을 향하지만, 진정한 주체로서 씨올은 나의 밖 남이 되기 위해 나의 안을 부정하지 않는다. 나다운 나가 되기 위해 나를 더욱 긍정하며 나의 살을 찢고 싹을 내야 한다. 고난을 이기고 희망을 '나'의 안에서 내야 한다. 내적 초월이란 바로 이런 것이다. 외부에서 나를 억누르는 그 억압의 존재론적 속박을 이기고 '나'의 안에서 '나'의 살을 찢고 안으로부터 희망의 싹을 내는 그 초월, 더욱 나다운 '나'가 되기 위해 '나'의 안에 더욱 충실한 바로 그런 의미에서의 초월이 내

---

74 같은 책, 317쪽.

적 초월이다. '나'의 밖에 답이 있다는 외적 초월이 나를 위대하게 하지 않는다. 나는 항상 희망의 밖에서 초라한 존재가 된다. 그러나 내적 초월은 나를 위대하게 한다. 나는 항상 나에게 더욱 충실함으로 위대한 존재가 된다. 누리고 살아가는 자들이 구더기 같다고 생각하는 민중 안에서 희망을 발견하는 것이 철학이다. 철학의 진짜 대상은 나의 '밖'이 아니라 나의 '안'이고, 우리의 '밖'이 아니라 우리의 '안'이다. 철학은 우리를 노예로 만드는 것이 아니라. 우리가 우리의 주인, 나란 존재가 나의 주인이 되게 하는 것이다. 한국철학 역시 한국에서 희망을 찾아야 한다. 한국의 답은 한국에 있다. 한국의 답이 한국이 아닌 곳에 있다면, 한국은 한국이 아닌 것이 되어야 한다.

> **한국 역사는 한국 사람의 역사다. 어쩔 수 없이 한국 민족의 역사다.** 한국 역사에는 한족의 간섭도 있었고, 몽고족의 도둑질도 있었고, 일본족의 한때 섞임도 있었으나, 그렇다고 **한국 역사가 한족, 몽고족, 일본족과 공동 소유는 아니다.**[75]

고난의 주체는 '우리'이고 '나'다. 그러면 그 고난으로 만들어진 '우리의 역사'와 '나의 삶'은 남의 것이 아니라 우리의 것이고 나의 것이 되어야 한다. 남의 답으로 지금 여기 '나'와 '우리'의 아픔을 치유할 수 없다. 고난의 주체인 '우리'와 '나'가 온전히 '우리'와 '나'의 철학에서 주체가 될 수 있다.

함석헌의 철학은 '나'와 '우리'가 변두리가 아닌 중심에 있어야 한다고 한다. 고난을 피해 밖으로 도주하지 말자고 한다. 고난을 긍정하며 나와 우리의 본질을 마주하자고 한다. 나와 우리 안에서 가능태로 있던 희망이 현실이 되어 살을 찢고 나오게 하자고 한다. 고난의 주체로 '우리'와 '나'가 우리와 나의 철학에 있어 주체가 되자고 한다. 남의 답이 아닌 우리와 나의 답으로 우리와 나의 삶을 만들어가자고 한다. 고난의 주체가 철학의 주체가 되어야 한다면,

---

75 같은 책, 69쪽.

철학의 자리는 고난의 자리다. 철학은 자기 소리를 내는 것이다. '자기 무시'가 민중을 침묵하게 하는 힘이 있다면, 철학은 자기 소리를 내게 한다. '안'의 생각이 '밖'으로 울려 나오게 한다. 이것이 철학이기에 철학을 하기 위해선 치열하게 고민해야 하고, 그 고민을 밖으로 드러내야 하며, 싸워야 한다. 현실의 부조리와 싸우는 철학, 현실의 고난을 긍정하는 철학, 자신이 중심이 되는 철학, 그것이 함석헌이 말한 진짜 철학이다.

> **사람은 저항하는 거다. 저항하는 것이 곧 인간이다.** 저항할 줄 모르는 것은 사람이 아니다. 왜 그런가? 사람은 인격이요 생명이기 때문이다. 인격이 무엇인가? 자유하는 것 아닌가? **우선 나는 나다 하는 자의식을 가지고 나는 나를 위한 것이다 하는 자주하는 의지로써 내 뜻대로 내 마음껏 나를 발전시키 완전에까지 이르자는 것이 인격이다.**[76]

인간은 철학을 통해 제대로 싸우는 존재가 된다. 지금 여기에서 나의 안에 품은 희망을 관념의 조각이 아닌 현실이 되게 하려 한다. 살을 찢고 현실이 되게 노력한다. 그 고난이 싫어 도망가는 존재는 철학자가 아니다. 철학이란 '나'가 '나'로 존재하기 위해 '우리'가 '우리'로 존재하기 위해 저항하는 것이며, 그 저항으로 인간은 온전한 주체가 된다.

3) '더불어 있음'의 철학, '전체'의 철학

고난은 보편 지혜인 철학을 '개체화하는 원리'(*principium individuationis*)다. 고난 자체는 보편 현상이지만, 사실 그 보편이 구체적 현실 속에서 드러나지 않으면 힘을 가지기 어렵다. 보편이 보편으로 머물 때, 보편은 단지 관념의

---

76 《전집 2》, 173쪽.

조각일 뿐 더 큰 힘을 가질 수 없다. 독일이란 조건 속에서 구체적으로 드러난 고난은 독일인을 철학하게 하고, 독일철학을 낳는다. 그렇게 각각의 고난은 프랑스철학, 영국철학, 미국철학, 그리고 중국철학의 바탕이 된다. 보편학으로서의 철학은 인간이 가진 보편의 고난에 반응한다. 그러나 그러한 철학보다 더 현실적이고 구체적으로 우리 각자의 삶에 다가오는 철학은 자신이 처한 상황의 철학, 즉 어떤 구체적 국적을 가진 철학이다. 인간으로의 '나'도 있지만, 한국인으로의 '나'도 있다. 어떤 국적도 없이 존재한다고 해도 나름의 공동체 속에서 자신을 확인받는 것이 '나'다. 그 공동체의 형식이 국가가 아닌 다른 어떤 것이라고 해도 말이다. 그러나 현실적으로 국가는 그러한 공동체의 대표적인 모습을 가지고 있다. 한국을 '우리'가 아닌 '너희'로 살아가는 이가 한국인으로 살긴 힘들다. 그는 있지 않을 곳에 있는 불편한 존재다. 우리는 '우리'라는 이름으로 '나'와 다른 타인들과 더불어 '우리'라는 공동체를 만든다. 우리는 '우리'라는 이름으로 '우리'를 만들어 우리 가운데 '나'를 확인받는다. 그런 '우리' 가운데 가장 대표적인 '우리'가 국가다. 원하지 않아도 우리는 국가 속에서 '나'를 확인받는다.

한국철학이 우리 철학이 되기 위해 한국은 '나'와 '너'의 만남으로 이루어진 '우리'로 존재해야 한다. 한국이 우리가 아니라면, 한국철학은 우리 철학이 아니다. 너희의 철학이다. '우리'는 주인과 노예의 관계가 아니다. 진정한 '우리'는 평등한 다수의 '나'들이 만남으로써 가능하다. 서로 다른 낱개의 '나'들을 하나로 존재하게 하는 힘은 공감(共感)이다. 공감은 동감(同感)이다. 이는 "느껴 일어나는 생각이 같음"을 두고 하는 말이다.[77] '느껴짐'이란 나의 '밖'에서 나의 '안'으로 찾아옴을 의미한다. 서로 다른 다수의 사람이 같은 일에 대해 같은 생각을 할 때, 그것을 공감이라고 한다. '세월호'라는 비극의 순간, 서로 다른 다수의 '나'들이 같은 생각을 자기 '안'에 가질 때, 다수의 '나'는 '우리'가 된다. 우리가 되었다는 말은 서로 손을 잡게 하는 힘이다.

77　한글학회 편,《새한글사전》, 295쪽.

사람들은 서로 손을 잡게 됐다. 사람이 비로소 인간적이 되기 시작한 것이다.[78]

인간을 인간으로 만드는 것은 공감이다. 같은 마음으로 서로 손을 잡아 우리가 될 때이다. 그 우리 가운데 인간은 '나'를 제대로 된 '나'로 자각하기 때문이다. 그렇다면 너 없는 나는 온전한 '나'가 아니다. 우리 없는 나 역시 마찬가지다. 인간이 인간으로 존재하기 위해 '나'는 '우리' 가운데 '너'의 손을 잡고 있어야 한다. 우리 가운데 아픈 너를 그냥 남의 아픔으로 둔다면, 그 외로운 너의 아픔에서 나의 존재도 보게 되는 것이 진짜 인간이다. 너에게서 나를 보는 것이 진짜 인간이다.

공감은 악당 사이에 존재하기도 한다. 그런 순간들이 없지 않았다. 그 공감은 민중을 더욱 힘들게 한다. 매국 친일파들 사이의 공감은 사악한 결과를 낳았다. 지금 여기에서 말하는 공감은 그런 공감이 아니다. 어쩌면 나의 밖에서 나의 생존과 무관한 세월호, 1980년 광주, 제주 4·3 등, 그리고 지금도 진행 중인 비정규직 노동자들의 죽음 등을 서로 다른 '나'들이 자신의 안에 둠으로써, 비록 물리적으로는 남의 아픔이지만 남의 아픔이 아닌 우리의 아픔으로 받아들이는 마음이다. 이 공감이 존재하는 순간 이미 '우리'가 존재하는 것이고, 우리가 존재하는 그 바탕엔 이미 공감이 존재하는 것이다. '공감'과 '손잡음'과 '우리'는 서로 선후가 있는 일이 아니다. 말의 논리에서 선후가 있어도 참된 존재론적 의미에서 선후는 없다. '나'에게 일어나지 않은 '세월호'의 비극에서 나의 비극을 마주한다. 남의 비극이 아니다. 우리의 비극이다. 나의 것이 아닌 나의 밖에서 나의 안으로 찾아온 그것은 '나'와 '남'을 우리로 묶어준다. 비록 나의 밖 남에게 일어난 일이고, 나와 무관한 일이지만, 남의 것이 아닌 우리의 것으로 묶어주는 것은 공감이다. 공감이란 나의 안에 일어난 너와의 존재론적 끈이다. 이 끈으로 서로 다른 '나'들은 손을 내밀어 하나로 존재한

78 《저작집 3》, 41쪽.

다. 공감이 강하게 일어나는 자리가 고난이다. '고난'의 순간에 떨어지면, 한동안 잊고 떨어져 있던 이들도 손을 잡고 하나가 된다. 고난의 힘이다.

고난은 인생을 심화한다. 고난이 역사를 정화한다.[79]

고난은 개인의 인생을 깊게 만든다. 더 뜻 깊은 존재로 있게 한다. 더욱 나답게 만든다. 역사도 마찬가지다. 고난은 역사를 정화한다. 고난 중 "눈물을 통해서 볼 때에는 선(善)으로 가는 힘씀이 아닌 것이 없다"고 했다.[80] 진짜 선이 무엇인지 우리는 고난 앞에서 알게 된다. 거짓의 강요와 부조리의 힘 앞에서 우리는 진짜 선을 알게 된다. 조선 양반들의 그 위선을 돌아보자. 민중이 근본이라며 유교 경전을 암기하던 그들의 현실 속 삶을 돌아보자. 일본에게 조선을 판 이들도 양반이고, 친일파가 된 이들도 양반이 많았다. '식민지'라는 고난은 거짓을 알아보게 만들었다. 역사를 깨끗하게 보게 했다. 아직도 온전히 깨끗하게 되지 못했지만, 더러움을 알아보게 해주었다. 해방 이후 그들은 독재자의 손을 잡음으로써 자신의 기득권을 유지했다. 그리고 다시 민중을 힘들게 했다. 독재라는 고난이 역시나 그 더러움을 알아보게 했다. 고난의 시간은 역사 속 거짓과 더러움을 알아보게 했다.

역사 속 위선자들은 손을 내밀지 않았다. 자기 욕심을 이루며 그 결과를 누리기에 바쁜 이들이었다. 그들 스스로 이미 민중을 아프게 하는 원인이기도 했다. 고난은 위선의 더러움을 알아보게도 하지만, 또한 더욱 단단히 서로의 손을 잡게도 한다. 하나가 되게 한다.

우리는 전체다. 우리는 살았다. 우리는 우리다.[81]

---

79 《저작집 1》, 131쪽; 《전집 30》, 97쪽.
80 같은 곳.
81 《저작집 4》, 183쪽.

양심은 혼자서는 못 살린다. 양심은 본래 개인의 것이 아니기 때문이다. 개인적으로는 깨끗한 듯하나 **망하는 전체를 능히 잠잠히 보고만 있을 때 그 양심은 벌써 죽은 것이요**, 악을 행하는 자를 이미 **소망이 없는 것으로 단념해버리고 말 때, 또 스스로 죽은 것이다.** 양심은 공공하게 증거함으로만 살아난다.[82]

민중은 서로 손 내밀어 전체가 된다. 우리가 된다. 양심이 진짜 양심이라면, 부조리와 부당함으로 누군가 고난의 시간을 보낼 때 가만히 있을 수 없다. 세상은 원래 그런 것이라고, 소망이 없다고 단념해버린다면, 그것은 양심이 아니다. 진짜 양심이라면, '나'는 홀로 있을 수 없고, '나'의 앞 '너'의 고난을 '남'의 것으로 외롭게 둘 수 없다. 너의 아픔에서 나의 아픔을 보는 것이 양심이다. 다가가 손 내밀어 우리가 되어야 한다. 양심은 공감의 조건이다. '우리'의 바탕이다.

우리가 된다는 것은 철학적으로 어떤 의미인가? "모든 철학은 자기 자신을 향한 그리움과 동경이다. 그런 한에서 철학의 지향점은 자기 자신이다." 결국 철학은 "자기가 자기 자신으로부터 떠밀려나 밖에 선 곳에서만 일어난다. 그리하여 철학이란 자기가 자기 자신에게로 되돌아가려는 열망으로 발생하는 것이다. 따라서 철학적 그리움의 지향점도 자기 자신이지만, 동시에 그리움의 출발점 또한 자기 자신이다."[83] 결국 철학은 자기인식이다. 철학은 '나'를 아는 것이 바탕이 된다. '나'를 제대로 알아야 한다. 정말 제대로 '나'란 존재가 '나'로 존재하게 되는 것은 '너'와 더불어 있음으로 가능하다. '너'도 '너'로 제대로 존재하기 위해 '나'와 더불어 있어야 한다. 그냥 홀로 있는 '나'는 없다. '나'는 항상 '너'를 만남으로 그리고 '너'와 더불어 온전한 주체로 드러난다. 즉 나는 너와 더불어 우리로 있는 가운데 진정한 주체로 있을 수 있다. 너 역시 마

---

82 같은 책, 290쪽.
83 김상봉, 《나르시스의 꿈: 서양정신의 극복을 위한 연습》, 343쪽.

찬가지다.[84] 그렇다면 '홀로 있는 나'는 정말 제대로 있는 나로부터 '떨어져 있음'이다. 진짜 '나'는 '너'와 만나 '우리' 가운데 더불어 있는 존재이기 때문이다. 이것이 진짜 '나'이며, 철학이 지향하는 '그리움의 대상'이다.

우리가 된다는 것은 진짜 '나'가 된다는 것이다. 그렇다면 만남의 철학적 의미도 간단한 일이 아니다.

> **사람은 어떤 만남에 의해 거듭 형성되어갑니다.** 그 대상이 사람이든 어떤 사상이든 또는 종교든, 그 만남으로 인해 인간은 눈을 뜨게 되고 인식의 영역이 깊어지고 넓어집니다.[85]

법정 스님은 '만남'으로 인간이 형성되어간다고 한다. 김상봉은 '만남'이야말로 주체성의 가장 근원적인 본질이라고 한다. 과연 철학적으로 '만남'은 무엇인가? '만남'은 홀로 고착되어 있던 '나'를 가르고 싹을 내게 한다. '나'는 '너'와의 만남으로 '나'를 극복하게 된다. '너'를 만남으로 곧 '우리'가 된다. '우리가 됨'은 그냥 '홀로 있는 나'가 아닌 너와 '더불어 있는 나'로 있게 된다. 진짜 '나'는 홀로 있을 수 없다. 항상 더불어 있다. 이것을 가능하게 하는 것이 만남이다. 태어나서 부모를 만나고 형제자매를 만남으로 가족 안에 있었다. 가족 안에서 '나'는 처음으로 '나'가 된다. 그리고 생물학적 공동체인 가정 밖의 타인을 만남으로 '나'는 또 한 번 '나'를 극복해간다. 그 타자를 만남으로 그와 우리가 되고, 그 우리 가운데 다시 자신을 확인하고 확인받는다. 수동이며 능동의 주체가 된다. 수동이기만 한 나는 노예이지 너와 진정한 우리를 이루지 못한다. '나'도 '너'도 마찬가지다. 함석헌은 또 이렇게 말한다.

> **개인은 저만이 홀로 있는 것이 아니다. 생각하고 판단하고 행동하는 주체**

---

84 김상봉, 《학벌사회》(파주: 한길사, 2004), 164쪽,
85 법정, 《한 사람은 모두를 모두는 한 사람을》(서울: 문학의 숲, 2009), 87쪽.

가 개인인 것은 물론이지만, 그 개인의 뒤에는 언제나 전체가 서 있다. 양심
은 제가 만든 것이 아니요, 나기 전에 벌써 그 테두리가 결정되어 있다.[86]

나도 너도 홀로 있지 못한다. 그렇다고 무리 속에서 생각 없이 살아간다는
말은 절대 아니다. 함석헌은 분명하게 개인으로 '나'와 '너'는 서로 생각과 행위
의 주체라고 한다. 단지 이것이 개인만으로 이루어지는 것이 아니라, 항상 그
위에 개인의 생각과 판단의 바탕이 되는 전체, 즉 '우리'가 있다고 한다. 흔히
'나의 양심'이라며 양심을 '홀로 있는 것'으로 생각한다. 그러나 양심이란 것도
홀로 만들어낸 것이 아니다. 더불어 있음 가운데 이미 만들어진 것이다. 더불
어 있지 않은 양심은 양심이 아니다.
　우리는 서로 대화한다. 특히 대화로 우리는 서로가 낱개의 것이 아닌 우리
라는 이름의 전체로 존재하게 된다. 그렇게 생각하면 말은 매우 중요한 철학
적 힘을 가진다.

　　**말은 우리를 하나로 만듭니다. 말은 본래 우리 따로따로의 것이 아니요 전
　　체의 것이기 때문입니다.** 말씀은 곧 전체입니다. 우리가 말을 만들어서 하는
　　것이 아니라, 말씀이, 한국말이 우리를 지은 것입니다.[87]

하나 된 말은 따로 외로이 있던 고난의 아픔을 나누게 하고, 하나가 되게
한다. 그런 의미에서 보면, 말이 우리를 만든다. 말의 하나 됨이 우리의 하나
됨을 만든다. 말이 가진 존재론적 힘은 바로 이것이다.
　'나'는 '너'와 역사를 공유하며 '우리'로 더불어 존재하게 되는 것은 사실이
다.

86　《저작집 1》, 89쪽.
87　《저작집 4》, 36쪽.

역사는 하나다. 하나밖에 없는 것이 역사다. 한국 역사면 5천 년 동안 이 민족 안에 났던 **모든 사람과 일은 마디마디 떨어진 것이 아니고, 제각기 따로 된 것이 아니라, 전체가 한 생명이다.** 산 것이다.[88]

나는 너와 하나의 역사를 일구어가는 '우리'라는 공동 주체가 되어야 한다. 나와 너는 서로 다른 존재지만, 역사 가운데 너와 나는 남이 아니다. 하나다. 나와 너가 만나 하나 되어 역사의 주체가 될 때, 나는 역사의 외부자, 역사로부터 소외당한 자가 되지 않을 수 있다. 역사의 밖에서 나는 제대로 나일 수 없다. 그렇기에 나는 항상 우리 속에서 역사의 주체가 되어야 한다.

너와 더불어 있다는 말은 단순하게 한 무리로 있다는 말이 아니다. 하나가 되어 있다는 말이다. 서로 다른 여럿이 여럿으로 있으며 그냥 한 공간에 있다는 말이 아니다. 나는 너이고 너는 나인 그런 하나 됨에 이르렀다는 말이다. 나는 나와 더불어 있는 나의 밖 '너'에게서 나를 보게 된다. 너의 밖 '나' 또한 너를 나의 안에 품는다. 너 역시 나에게서 너를 보게 된다. 이 때 우리 가운데 진정한 나와 너로 존재하게 된다.[89] 나는 자립적인 나로 존재하면서 너 가운데 품어져 있고, 너는 자립적인 너로 존재하며 나 가운데 품어져 있다. 이렇게 나와 너는 우리 서로가 서로에게 의존하여 또 자립하여 존재한다.

너는 너지만 곧 나고, 나는 나지만 곧 너고. 이때는 이게 산 관련 즉, 둘이면서 둘이 아니고 하나인 때입니다.[90]

나는 너를 무시하고 '나' 안의 '너'를 '나' 밖의 '너'에게 강요하지 않는다. 너에게 나를 강요하는 나는 진정한 '나'가 아니다. 홀로 있기만 하는 외로운 존

88   《저작집 1》, 44쪽.
89   김상봉, 《나르시스의 꿈》, 377쪽.
90   《저작집 21》, 120쪽.

재, 쉼 없이 '나'의 앞에 '너'와 주도권을 두고 싸워야 하는 존재일 뿐이다. 나만 있으면 그만이고 너는 나에게 당해야 한다는 '나'는 우리의 파괴자다. 그것은 강제이고 폭력이다. 그 강제와 폭력으로 결국 홀로 있게 되는 것은 '나'다. 철저하게 홀로 있게 되는 것은 '나'다. 그로부터 나를 구원하게 하는 희망은 바로 너다. 너를 만나 이룬 '우리' 안에서 나는 진짜 '나'가 된다. 그렇게 희망은 '너'의 얼굴로 나에게 온다.

우리 가운데 더불어 있음이 참된 '나'를 위한 바탕이 된다면, 한국인으로 '나'는 한국이란 우리 가운데 더불어 있음으로 참된 한국인으로 '나'가 된다. 참된 '나'와 '너'는 서로 평등해야 제대로 된 진짜 만남을 이룰 수 있다. 진짜 우리를 이룰 수 있다. 통치자의 안에 만들어진 관념 그대로 통치자의 밖 민중을 강제해서는 안 된다. 통치자의 머릿속에 만들어진 관념을 현실 속에서 살아가는 민중에게 강제해서는 안 된다. 민중은 통치자의 생각대로 존재해야 하는 수동적 존재가 아니다. 상호의 관계가 아닌 일방의 관계에서는 참된 의미의 '우리'란 존재하지 않는다. 그런 '우리'에 대한 생각에 기초한 우리 철학은 한국철학이 될 수 없다. 한국은 국민주권 국가, 즉 민중이 능동적 주권을 가진 국가다. 그런 국가관이 유지되는 국가에 민중을 수동적 존재로 정의하는 철학은 허락될 수 없다. 그러나 독재 시대 몇몇 철학자들은 민중을 그런 식으로 이해했다. 영도자의 뜻을 따라 각자의 생각을 죽이고 하나의 생각으로 모여야 하는 존재로 보았다. 민중의 사고 능동성에 대한 무시다. 또 민족중흥의 역사적 사명을 가지고 태어났다는 존재 이유를 민중에게 제시하며 그것을 따르도록 했다. 이 역시 민중의 존재에 대한 무시다. 다시 말하지만, 평등하고 자립적인 '나'와 '너'가 만남으로써 이루어진 '우리'에서는 독재자의 철학자들이 이야기하던 영도자가 설 자리는 없다. 그러나 현실 속 국가주의라는 이름으로 듣기 좋은 이론을 만든 이들은 결국 영도자와 독재자 그리고 기득권자의 기쁨을 위해 민중을 희생시킨다. 국가 앞에 수동적이어야 한다면서 결국은 그들 권력자들의 권력 앞에 수동적이어야 한다고 했다.

다시 생각해야 할 것은 이 국가라는 것이다. 새파란 젊은이들을 모두 몰아다가 서로서로 찔러 죽이도록 하며, 국가를 위해 죽는 것은 영광이라고 하며, 자기네는 뒤에 앉아 호강을 하는 국가지상주의 말이다.[91]

권력자들은 민중과의 관계에서 항상 자신만이 능동적이길 바랐다. 반면 민중은 항상 수동적이길 바랐다. 한편만 능동이고 다른 한편은 수동적이기만 한 만남은 참된 우리가 되기 위한 만남이 아니다. 주인과 노예가 하나의 역사에 공동 주체로 참여할 순 없다. 하나의 존재인 '우리'를 이룰 수 없다. 나의 능동만큼 너도 능동인 그런 만남이어야 한다. 나만 능동이고 너는 수동이라면, 인격으로 자유인으로의 '너'가 아닌 기계와 같은 수동적 '그것'일 뿐이다.

나는 너와 더불어 있기보다 나 혼자 성공을 독점하고 싶어 한다. 눈에 보이는 것을 독점하기 위해 나의 본질 따위는 강자에게 맡겨버리기도 한다. 눈에 보이는 것으로 나의 주체, 즉 나 자신을 강화할 수 없다. 단단하게 서 있지 못한 주체는 아무리 배가 불러도 불안하다. 스스로 누구인지 무엇인지 모르고 남의 시선 속에서 살아가는 이에게 행복은 사치다. 노예는 스스로 행복을 결단하는 존재가 아니다. 스스로 자신의 무엇임을 결단하지 않는다. 노예에게 밖의 세상은 자신의 노예이거나 주인이거나 둘 중 하나다. 이 둘 모두 자신과 '우리'를 이루지 못한다. 누구를 만나도 그 가운데 있는 그대로의 자신을 보지 못하고, 명령에 고개 숙이는 자신 혹은 명령을 내리는 자신이란 왜곡된 자신만을 확인할 뿐이다. 결국 자신의 주체는 철저히 홀로 있다. 생존만이 기쁨의 유일한 이유이며, 주체성은 멀고 먼 이야기다. 이러한 고통을 피하기 위해 더불어 있어야 한다. 생각하는 개인으로 항상 깨어 있어야 한다. 여기에서 생각한다는 것은 나만을 생각하는 것이 아니라, 우리 가운데 너와 더불어 있는 나를 생각함이다. 이런 생각으로 있는 존재가 진짜 '나'이다.

진리는 참음이다. 진리는 외부의 누군가에 의해 주어지는 것이 아니다. 진

91 《저작집 4》, 322쪽.

리는 자기 결단과 궁리로 주어지고 유지된다. 깨어 있어야 한다. 깨어 있음은 쉽지 않다. 그러나 그 힘겨움의 대가로 우린 우리 자신의 주인으로 존재하게 된다. 참아야 한다. 그래야 진리가 이루어진다.

참은 참음(忍)이다. 깨야 하기 때문에 참아야 한다. 졸음을 참아야 하고 피 곤을 참아야 하고 아픔을 참아야 하고 낙심하는 것을 참아야 한다.[92]

참지 못하고 너무 쉽게 '남'의 답에 의존하면, 너무 쉽게 철학 식민지가 되어버린다. 김구(1876-1949)는 이것이 슬펐다.

무릇 한 나라가 서서 한 민족이 국민생활을 하려면 **반드시 기초가 되는 철학이 있어야 하는 것이니** 이것이 없으면 국민의 사상이 통일이 되지 못하야 더러는 이 나라의 철학에 쏠리고 더러는 저 민족의 철학에 끌리어 사상의 독립, 정신의 독립을 유지하지 못하고 남을 의뢰하고 저의 기리는 추태를 나타내는 것이다.[93]

왜 우리의 문제에 남이 답인가! 우리의 밖이 아닌 생각하는 나와 생각하는 너의 대화 속에서 우리의 답이 나와야 한다. 이것이 고난의 주체가 철학의 주체가 되는 길이다.

우리는 너에게서 나를 보고 나에게서 너를 봄으로 유지된다. 너에게서 나를 본다는 것은 시각적인 봄을 이야기하지 않는다. 너에게 나를 본다는 것은 생각한다는 것이다. 나에게서 너를 본다는 것도 생각한다는 것이다. 생각이

---

92 《전집 2》, 167쪽.
93 김구, 《백범일지》(白凡逸志) (국사원, 1947), 3쪽. 지금의 한글 표기로 적어보면 다음과 같다. "무릇 한 나라가 서서 한 민족이 국민생활을 하려면 반드시 기초가 되는 철학이 있어야 하는 것이니, 이것이 없으면 국민의 사상이 통일되지 못하여 더러는 이 나라의 철학에 쏠리고 더러는 저 민족의 철학에 끌리어, 사상과 정신의 독립을 유지하지 못하고 남을 의뢰하고 저희끼리는 추태를 나타내는 것이다."

공감을 이룰 때 서로 대화하고 그 대화 가운데 둘은 이제 서로 다른 존재가 아닌 우리라는 하나의 존재로 있게 된다. 부조리 가운데 아파하는 너의 아픔은 이제 남의 아픔이 아니다. 우리의 아픔이고, 우리 삶의 중심에서 우리가 더불어 고민해야 하는 것이 된다. 그 고난에서 우린 더욱더 단단하게 서로의 손을 잡게 된다는 말이다. 누군가의 변두리가 아닌 스스로 우리 삶의 주체가 되는 것은 바로 이 때의 일이다. 이제 남의 아픔이 아닌 우리의 아픔으로 우리가 더불어 고민해야 한다. 부조리한 것이 있다면 함께 싸워야 한다. 우리 가운데 너를 외롭게 두지 않는다. 외롭게 두고 가만히 있다면, 그것은 양심이 아니고, 공감도 우리도 아니다. 비록 물리적으로는 나의 고난이 아니고 너의 고난이지만, 너의 고난 속에서 나의 고난을 보고 손을 내밀어 우리라는 이름으로 더불어 있을 때, 나의 삶을 아프게 하는 고난은 우리의 고난으로 우리의 눈물이 되고 나의 눈물이 된다. 친일파의 아들 이관용은 '우리'의 철학자이고 '한국'의 철학자다. 비록 그가 이기심으로 살아간 매국 친일파의 아들이지만, 그는 쉬운 삶이 아닌 독립운동가의 삶, 쉬운 철학 교수의 삶이 아닌 독립운동가의 철학함을 이어가며, 자신의 앞 민중의 눈물 속에서 자신이 누구로 있어야 하는지 보았고, 그대로 살았기 때문이다. 그에게 민중은 지배를 받아야 하는 대상이 아닌 역사의 주체이며, 자신은 바로 그러한 주체의 입이 되고 손이 되려 한 것이다.

함석헌의 철학으로 지금을 보자.

2018년 겨울 태안화력발전소 하청노동자 김용균 씨가 사망했다. 2010년부터 8년 동안 12명의 하청노동자가 바로 그곳에서 사망했다.[94] 우리가 알지 못하는 사이 이들은 한국 사회의 잔혹한 부조리 속에서 죽어갔다. 그 12명의 죽음은 너무나 외로웠다. 그때 고통스러워하는 김용균 씨 어머니 김미숙 씨에게 손을 내밀고 우리라는 이름으로 더불어 있었던 이들은 세월호의 비극 가운

---

94 이승준, "'김용균들' 목숨과 맞바꾼 공기업 민영화 24년", 〈한겨레21〉 1224 (2019), 28쪽.

데 가족의 죽음을 바라봐야 했던 이들이었다.[95] 김용균 씨 어머니의 아픔에서 세월호 피해자의 가족들은 남의 아픔이 아닌 나의 아픔을 보았다. 그냥 있을 수 없었고 손을 잡았다. 그리고 많은 민중들이 이들의 아픔을 남의 아픔으로 둘 수 없어 손을 잡았다. 그것이 민중이다. 아들 이민호 군이 제주도 생수 제 조업체 현장실습생으로 일하다 압착기에 끼어 숨진 이상영 씨, 삼성전자 LCD 공장에서 2005년 뇌종양 판정을 받은 한혜경 씨와 그의 어머니 김시녀 씨, 삼 성전자 반도체 생산라인에서 일하다 급성 백혈병으로 2007년 딸 황유미 씨를 보낸 아버지 황상기 씨, 2015년 삼성전자 하청업체에서 일하다 메탄중독으로 시력을 상실한 김영신 씨, 2017년 남대서양에서 실종된 스텔라데이지호 선원 허재용 씨의 누나 허경주 씨 등이 김용균 씨의 어머니와 더불어 아파하며 있 었다.[96] 이들은 모두 고난 속에 있는 이들이었다. 고난 속에 있는 이들은 고난 을 아는 이들이다. 고난으로 인해 무엇이 진짜이고 무엇이 가짜인지 아는 이 들이다. 고난으로 뜻 있는 삶이 무엇인지 자신에게 더 깊어진 이들이다. 그런 이들이기에 김용균 씨 어머니의 아픔은 남의 아픔이 아니었다. 더불어 있어야 하는 아픔이었다. 이들의 손잡음이 곧 우리 됨이다.

한국철학은 오랜 시간 대학의 강의실에서 남의 글을 공부하고 익히느라 이 땅의 이 많은 고난에 손을 내밀지 못했다. 철학은 자기인식이라고 했다. 철 학은 자기 자신에게 돌아가려는 열망이라고 했다. 철학은 고난 속 너를 통해 나를 보며 우리를 이룬 이들의 잡은 손을 더욱 단단히 해줄 이론을 내어놓아 야 했다. 우리가 된 이들의 잡은 손을 놓지 않게 하는 이론을 내어놓아야 했 다. 진짜 나, 진짜 주체를 고난 가운데 경험한 이들의 손에 힘을 줄 이론을 내 어놓아야 했다. 한국철학은 이들의 아픔 앞에서 더욱 깊어져야 했다. 철학은 슬픔 속에서 생명을 가진다. 그러나 한국철학은 이들의 고난에 공감하지 못했 고, 이들의 슬픔 속에서 생명을 얻지 못했다. 대학에서 글공부로 있는 한국철

95 나경희, "비정규직 자식들의 한 이 엄마가 풀어주게", 〈시사 In〉 590 (2019), 27쪽.
96 같은 책, 28쪽.

학은 이들에게 남의 이야기고 죽은 이야기다. 겨우 한다는 것이 남의 철학에서 나의 답을 찾는 것이다. 그 답이 나의 정답이라 믿으며 말이다.

> **우리는 이제 남을 쳐다볼 필요 없습니다.** 그것은 아직 빛나는 것 같지만 얼마 아니 있다가 없어질 것입니다.[97]

한국의 철학은 여전히 남의 변두리에서 남을 그리워하고 있다. 어느 날 외국의 어느 철학자가 유행하고 어느 날은 또 외국의 또 다른 철학자가 유행하면서, 그리워하는 대상은 계속 바뀌지만 막상 우리 자신은 없다. 그런 사이 이 땅 민중의 고난과 아픔에게 한국철학은 그냥 남의 이야기일 뿐이다. 부산 형제복지원과 대구 희망원의 아픔을 보자. 세월호의 말로 담을 수 없는 비극적 아픔을 보자. 1980년 광주의 그 고통스러운 아픔을 보자. 제주 4·3의 비극적 아픔을 보자. 한국철학은 무엇이었나?

생각해야 한다. 민족이나 국민이란 보편적 존재는 사고의 주체가 될 수 없다. 사고의 주체는 바로 너와 나와 같은 구체적 개인이다.

> **개인적인 자아를 통해서만 생각하고 판단하게 생겼지,** 민족이나 국민이 직접 하는 수는 없다.[98]

생각하는 개인들이 역사를 만든다. 저마다 각자 생각해야 한다. 그 생각은 나만을 위한 것이 아니다. 너를 이기기 위함이 아니다. 민족과 국민성 타령을 하면서 막상 스스로는 어떤 실천도 생각도 하지 않는 개인을 향한 권고다. 생각해야 한다. 남의 이야기에서 답을 찾을 것이 아니라 스스로 생각해야 한다. 너의 아픔이 나의 아픔으로 다가오는 순간, 고개 돌리지 않고 생각해야 한

---

97 《전집 1》, 366쪽.
98 같은 책, 336쪽.

다. 더불어 생각해야 한다. 공감 가운데 손을 잡고 함께 생각해야 한다. 생각의 주체는 보편적 존재인 민족이 아닌 구체적으로 살아 있는 '너'와 '나'다. '너'와 '나'라는 구체적 개인이 생각을 쉬지 않을 때, 그것이 '우리'의 생각이 된다. 전체의 생각이 된다. 결국 역사의 주체는 바로 그 전체다.

> 3·1운동의 주인이 될 인물도 단체도 없고, 그 지도원리와 방법이 되는 사상도 조직도 없다.[99]

> 전체같이 무서운 것은 없다. 만세를 한번 부르고 나자 민중은 딴사람이 됐다.[100]

한국은 3·1혁명으로 시작되었다. 한국의 법통이 대한민국임시정부에 있고, 그 대한민국임시정부의 시작이 3·1혁명에 있기 때문이다. 그리고 3·1혁명의 뿌리는 이 땅 민중의 손잡은 공감에서 나온 울분이다. 동학농민혁명의 고난으로도 민중의 잡은 손은 포기되지 않았다. 3·1혁명에서 더 강하게 서로의 손을 잡았다. 그 혁명은 누군가의 지도를 받아 일어난 것이 아니다. 많은 지식을 갖고 이루어진 것도 아니다. 사상과 조직에 의해 이루어진 것도 아니다. 심지어 자신의 금반지를 팔아 시위에 필요한 비용을 마련한 기생들도 있었다. 동학과 개신교회 그리고 불교가 모두 손을 잡았다. 유교도 질 수 없다며 유림 137명이 규합해 파리강화회의에서 한국의 독립을 호소하려 했으며, 이와 관련된 이들은 이후 독립운동에 참여했다.

이들은 더불어 있었다. 단지 너의 아픔이 나의 아픔이기에 더불어 우리로 있지 않으면 안 된다는 생각이었다. 우리 안의 양심에 따라 있었다. 함석헌은 이런 시대를 살았다. 그의 철학은 '더불어 있음'을 강조한다. 그는 이것을 '전

---

99 《저작집 5》, 17쪽.
100 같은 책, 31쪽.

체'라고 한다. 전체로 있기 위해 고난 속 공감으로 나의 안에서 올라오는 양심의 소리, 하나 됨의 소리를 그냥 말로만 해서는 안 된다.

> **염원은 말로만 하는 것 아니요, 생각만으로 하는 것은 더구나 아니요, 몸으로 하는 일이다.** 왼발을 내딛는 것은 바른발 나오라는 기도요, 아랫목을 잘 치는 것은 외목이 열려 물이 잘 내려오라는 원이다.[101]

씨앗은 싹을 내기 위해 살을 찢어야 한다. 그것이 아프다고 말로만 염원을 말한다면 씨앗이 제대로 된 씨앗이 되지 않는다. 쓰레기다. 역사가 정화해서 버릴 쓰레기다. 내 안의 울림을 따라 울리면 된다. 너에게 나를 보고, 너의 울음에서 나의 울음을 보고, 너도 너의 울음도 나에게서 남이 아닌 우리 가운데 '나'고 나의 울음일 때, 그렇게 실천하면 된다.

> 분명히 알아들어라. 4·19에는 개인이 없다. 첨부터 전체다. 전체 그 자체가 일으켰고, 전체 그 자체가 내밀었고, 전체 그 자체가 이겼다.[102]

혁명은 스스로 지도자가 되어 이끌겠다는 생각으로 안 되고, 남의 지도를 받아 따르겠다는 생각만으로도 안 된다. 진정한 역사의 혁명은 전체로 일어난다. '우리'라며 손잡은, 생각하는 나와 너가 전체 속에서 잡은 손을 놓지 않고 나아감으로써 이루어진다. 모두가 능동의 주체이고, 모두가 수동의 주체다. 모두가 철학의 주체이고, 모두가 역사의 주체다.

> 4·19에서 영웅주의는 없었다. 권력주의는 그 냄새조차도 없었다.[103]

---

101 같은 책, 135쪽.
102 같은 책, 183쪽.
103 같은 책, 184쪽.

전체다! 결국 하나의 낱개 사상이나 권력이 아닌 전체의 생각과 힘으로 이룬다.

함석헌은 3·1혁명 이후의 철학자다. 대한민국 건국 이후의 철학자다. 대한민국철학의 회임과 출산 그리고 성장으로 당당한 어른이 된 시기의 철학자다. 무엇이 대한민국인지! 무엇이 철학인지! 그리고 무엇이 대한민국철학인지! 이 모든 물음에 응답한 철학자다. 한국은 주인과 노예로 이루어진 국가가 아니다.

민중이 나라의 주인이다.[104]

민중이 주권을 가진 국가이고, 그 주권을 유지하기 위해 쉼 없이 생각하고, 주권에 도전하는 것과 싸워야 하는 민중이 주인인 국가다. 때론 실패할 수 있다. 그러나 피하지 말아야 한다. 실패 앞에서도 더 단단해질 수 있다. 그럴 힘이 자기 안에 있는 것이 씨올, 바로 민중이다.

민중아, 사천만 씨올아, 너 아니냐. **네가 한번 노하면 천지간에 두려울 것이 없는데 네가 어찌 그리 비겁하냐.** 멍청하느냐. 막을 것을 왜 아니 막느냐![105]

질 수 있다. 겁먹을 필요 없다. 기득권 가진 이들의 속임수에 속을 수 있다. 그러나 그것도 우리의 책임이다. 다시 일어나야 한다.

언제나 속는 것이 민중이라, 이번에도 또 속았다.[106]

104 《저작집 4》, 45쪽.
105 같은 책, 53.
106 《저작집 2》, 24쪽.

실패한 것은 **민중 자신의 책임이다.**[107]

남의 마음을 고치기 전에 **네 마음이 어떤 것인가, 우선 보아라.**[108]

잘못도 민중의 잘못이요, **잘도 민중의 잘이다.**[109]

　책임을 져야 한다. 자유의 값이다. 그리고 다시 일어나야 한다. 주체의 값
이다. 그 고난 가운데 자유의 값을 지고, 주체의 값을 지고, 스스로를 돌아보
아야 한다. 나 혼자 너를 모두 지우고 홀로 있는 자신을 보자는 것이 아니다.
우리 가운데 너에게 나를 보고 나에게 너를 보면서 상호주체성 속에서 더불어
있는 나를 보라는 말이다. 우리 안에 너와 더불어 있는 나를 보라는 말이다.
너의 잘못은 남의 잘못이 아닌 우리의 잘못으로 나의 잘못이고, 나의 잘못도
너에게 남의 잘못이 아닌 우리의 잘못으로 너의 잘못이다. 서로 남의 책임이
라 말하며 책임을 피해 도망갈 때 우리는 무너진다. 너만의 책임도 나만의 책
임도 아니다. 우리의 책임이다. 우리 가운데 너의 책임도 나의 책임이고, 나의
책임도 너의 책임이다.

　**지난날 잘못의 책임을 어느 개인 몇 사람에게 지우는 것으로만 만족하고 국
민 전체가 스스로 그 책임을 지려 하지 않았다. 잘못은 어디까지나 이승만
과 자유당의 일로만 알았고, 혁명은 어디까지나 학생의 의분으로만 알았지
자기네 일로 알려 하지 않았다. 다시 말하면, 혁명이 아주 피상적인 데만 멈
추고 말았다. 학생은 잘못한 것 없다. 제 할 것을 했다. 그러나 학생은 학생
만이 아니다. 전 민중의 분노가 없이 학생은 일어나지 못했다.**[110]

107　같은 책, 25쪽.
108　같은 책, 27쪽.
109　같은 책, 36–37쪽.
110　같은 책, 36쪽.

4·19혁명에서 김주열을 비롯한 학생들의 분노! 3·1혁명에서 유관순을 비롯한 수많은 학생들의 분노! 독재정권에 의해 죽임을 당하고 차가운 바다로 버려진 김주열! 일본과 매국 친일파에 의해 죽임을 당한 유관순! 학생들은 자기 할 일을 했다. 우리 앞 너의 고난을 남의 고난으로 돌리지 않았고, 너의 고난은 우리의 고난이며 그 가운데 나의 고난으로 받아들이고 싸웠다. 외쳤다. 3·1혁명이 독립으로 이어지지 않고, 4·19혁명이 완전한 민주주의로 이어지지 않은 것은 학생들의 탓이 아니다. 독재자의 탓도 아니다. 바로 이 모든 것을 남의 일로 여기고 침묵한 이들의 잘못이다. 전체에 속하지 않은 이들의 잘못이다. 침묵이 잘못이다. 더불어 있지 않음이 잘못이다. 학생들도 전체의 일어남 가운데 자신을 맡긴 것이다. 전체가 할 일을 했다. 함석헌에게 전체란 이러한 것이다. 우리 됨이고, 하나 됨이다. 3·1혁명의 외침은 주인의 명령에 노예가 소리친 것이 아니다. 전체가 우리가 할 일을 한 것이다. 민중 안에 있는 것이 살을 찢고 나온 것이다. 그 나옴으로 완전해져가는 것이 우리이고 한국이다. 한국철학은 바로 그런 한국의 철학이어야 한다. 남의 답에 의존하면 민중이 주인인 국가의 철학이 될 수 없다. 한국철학이 정말 우리 철학이 되기 위해 우리는 남에게 의존해선 안 된다. 우리 안에 주인과 노예가 없듯 우리도 누군가의 노예가 되어서는 안 된다. 철학은 우리를 우리로 인식하게 하는 힘이다. 남의 노예가 아닌 우리가 우리의 주인이란 것을 알려주는 힘이다.

① 박종홍이 아닌 함석헌!

한국철학은 항거(抗拒)다. 버텨서 겨눔이다. 맞서서 싸움이다.[111] 이 싸움을 위한 이성의 무기가 한국철학이다. 서로 치열하게 고민하며 나누면서 더욱더 원래의 나로 돌아가 수많은 '나'들이 우리 가운데 서로 화해하게 하는 것이 철학이다. 진짜 나를 우리 가운데 만나게 하는 것이 우리의 철학이다. 개인으로

---

111   한글학회 편, 《새한글사전》, 1189쪽.

나! 낱개로의 나! 그런 '나'가 아니다. 철학이 돌아가려 하는 것은 바로 전체 가운데 '나'다.

> 지금은 **인간 존재의 근본이 개인이 아니고 전체**인 것을 알게 된 때입니다.[112]

그런데 많은 독재자와 그 시대의 철학자들은 전체 가운데 나를 이야기하는 듯하지만, 전체의 영도자의 개념 속에 있는 나로 나를 고정시켜버린다. 국가와 민족이란 이름으로 나의 개성을 침묵하게 한다. 오직 하나의 생각으로 '나'들의 다양성을 침묵시키려 한다.

> 우리나라가 떨어진 것은 바로 이 낡아가는 국가주의 때문입니다.[113]

함석헌도 박종홍도 결국 자신이 보고자 한 역사를 본다. 그리고 그 철학을 정당화한다. 박종홍은 유교의 충효에서 국가권력을 견고하게 할 수단을 구했다. 함석헌은 같은 곳에서 민중을 바보로 만드는 사악한 욕구와 논리를 보았다. 함석헌은 이렇게 말한다.

> 몇이 모여서 짜고 의논하고는 '국가'라 하고 옛날 있던 낡은 딱지를 가져다 붙여놓고, '거룩'이라 하고, 씨올들이 벌어놓은 것을 뺏을 때는 거룩한 국가에 바친다 한다. 이웃과 싸움하려면 그것은 도둑이라고, 자기네 것만 신성한 것이라 하며, **국가를 위해 죽으면 영광이라 하며 안 들으면 폭력으로 강제한다.**[114]

---

112 《저작집 21》, 126쪽.
113 같은 곳.
114 《저작집 4》, 324쪽.

국가의 주인이 민중임에도 국가권력은 주인인 민중에게 국가라는 이름으로 폭력을 저지른다. 그리고 충효 혹은 국가의 논리로 자신들의 폭력을 정당화한다. 박종홍의 글을 읽어보자.

> 우리의 주체적 자각은 평등한 인간의 존엄성을 그의 성실성에서 찾았으며, 그것은 다시 경세택민(經世澤民)에까지 구현되어 근대 과학의 섭취를 요구하는 데 이른 것이다. 마찬가지로 오늘의 자유민주 사상도 실존주의도 과학 기술도 그것이 받아들여짐에 있어서는 민족적 주체성에 의하여 여과되면서 결합 통일되어 우리 자신의 것이 되어야 한다. 우리의 바탕에 의하여 소화 섭취되어야 한다. 이때의 **주체성이 곧 민족정기**다. 만일 이 **주체성으로부터 유리된다면, 그 어떤 사람도 기술도 우리의 것으로 살려질 수 없다.** 우리의 것이 못 되는 이상 여전히 남의 흉내일 수밖에 없고 그것은 얼빠진 형해(形骸)에 불과할 것이다. 진정한 의미에 있어서의 문화일 수는 없다.[115]

박종홍에게 민중의 주체적 자각은 인간 존엄성의 자각으로 이어지고, 그것은 다시 경세택민의 근대 과학의 섭취로 이어진다. 박종홍에게 민중의 주체적 자각, 즉 주체성의 자각은 민족정기다. 자유민주주의와 실존주의 그리고 현대 과학과 기술도 민족정기를 토대로 수용되어야 한다. 그렇지 않으면 결국 남의 것을 대충 흉내 내는 것에 지나지 않는다. 여기에서 민족정기, 그가 천명이라 믿는 민족중흥의 역사적 사명과 따로 떼어 생각할 수 없다. 민족중흥의 역사적 사명 속에서 학문을 해야 한다. 그때 의미가 있다.

박종홍은 우리 민족이 매우 현세적이라 내세적인 것을 바라지 않으며 영적인 것도 바라지 않는다고 감히 단언한다. 한반도에 살게 된 것도 현세적으로 가장 좋은 곳이며, '신'조차도 욕심을 낸 곳이기 때문이다.[116] 그래서 한국인

---

115 박종홍, "韓國의 哲學", 《韓國學》(서울: 현암사, 1975[3판]), 127쪽.
116 같은 책, 74쪽.

은 내세가 아닌 이곳 한반도에서 오래 살기를 원했다고 한다.[117] 그가 이야기
하는 "개똥밭에 굴러도 이승밖에 없다"는 말의 한국철학적 의미는 바로 이것
이다. 유럽의 문학작품인 《신곡》이 우리에게 없는 것은 연옥이니 지옥이니 바
랄 것이 없는 이승에 대한 만족과 사랑 때문이다.[118] 유럽의 그리스도교가 에
덴동산에서 잘못을 저질러 추방되어 현실을 살아가고 있다고 생각한다면, 이
땅 한반도는 그 자체로 신이 원하고 욕심을 낸 곳으로 이미 동경의 대상이라
고도 한다.[119] 그의 한반도 사랑은 거의 종교적인 데다가 마땅한 근거도 없다.
주관적인 생각을 객관적 사실이라도 되는 듯이 이야기한다. 게다가 그것을 타
인에게 강요한다. 여기에서부터 함석헌과 달라진다. "국민교육헌장"이 대표적
이다. 그뿐 아니라 그의 철학 곳곳에 흔적이 남아 있다. 사람은 어떤 개인적인
것도 버리고 오직 순수한 하나의 마음을 가짐으로 성실에 이르며 그것이 바른
마음이다.[120] 그 마음이 사람을 하늘과 연결한다.[121] 하늘의 뜻, 천명을 따르는
것이다. 민족중흥의 역사적 사명을 따르는 것이다. 그 사명에 '나'는 없다. '나'
는 수동적이다. '나'의 동의도 생각도 없다. 사적인 모든 것은 침묵해야 한다.
'나'의 존재 이유를 철학자는 "민족중흥의 역사적 사명"이라고 규정한다. 나의
그 사명은 하늘의 뜻 아래 무력하고 수동적이다. 한마디로 노예다. 그것이 교
육을 위한 것이니 결국 그 교육도 노예를 위한 교육이다. 나는 철저히 민족이
란 타인을 위해 존재한다. 나의 동의도 없이 말이다. 사회는 조용해야 한다[122]
하나의 생각으로. 그것이 성실의 구현이다. 다르게 말하면, 생각 없이 기득권

---

117 같은 책, 75쪽.

118 같은 책, 76쪽.

119 같은 책, 74쪽.

120 같은 책, 113쪽. "사람의 마음에 일념의 사(私)도 없어서 편사(偏邪)로써 가리어지지
     않을 때가 순수 무잡한 본래의 바른 마음이다. 하나라 함은 성실이며, 그때에 마음이
     바르다는 것이다."

121 같은 책, 117쪽. "성실에 있어서 사람과 사람이 통하며 사람과 하늘이 통할 수
     있다. 그 성실 사상이 이 민족의 기본 정신이요, 궁극적인 염원이었음을 생각할 때
     오늘날 실존운동한다고 새삼스레 신기한 남의 것처럼만 생각하여야 할 이유를 나는
     모르겠다."

122 김상봉, 《도덕교육의 파시즘》(서울: 도서출판 길, 2009[7쇄]), 30쪽.

자의 말 잘 듣는 노예의 침묵이다. 노예의 성실이다. 하늘의 뜻을 향한 성실이라면 결국 그 하늘의 뜻은 기득권자의 뜻이고, 그 성실은 침묵 속에서의 주어진 임무의 수행이다.

아리스토텔레스는 "자유로운 사람은 다른 것 위하여 있지 않고 자기 자신을 위하여 사는 사람"이라고 했다.[123] 민족을 위해 태어나 민족중흥을 위해 살아가야 하는 존재, 이를 위해 하나의 생각으로 자신의 생각을 구속해야 하고, 자기의 말을 침묵으로 닫아야 하는 존재, 이런 존재가 과연 자유로운 존재일까? 함석헌은 다음과 같이 말한다.

> 진리는 틀림없이 승리하고야 마는 것입니다. 꼭 사슬을 져야 노예가 아니라, **자유로운 정신을 잃어버리면 그때 벌써 노예입니다.**[124]

자유를 잃으면 노예다. 기득권자의 거짓에 패배해도 노예가 아닐 수 있다. 그들의 사슬에 온몸이 묶여도 노예가 아닐 수 있다. 중요한 것은 정신이다. 진리를 향한 정신이다.

> **나는 죽어도 사상의 강제를 당하고 싶지 않다. 타협도 아니요 내 한 몸의 편리를 위해 하는 것도 아니다. 될수록 참을 하기 위해 하는 일이다.** 참은 스스로 하는 것이요, 참 그것을 위해 하는 것이다. **참은 완전한 마음의 자유에서만 될 수 있다.**[125]

진리, 즉 '참됨'을 향한 마음은 어떤 타협도 없다. 나 한 사람의 편리를 위해 포기할 수 없다. 그것이 진리에 이르는 길이다. 진리는 나로 인해 진리인

123 Aristoteles, *Metaphysica*, I, c.2, 982b 25.
124 《저작집 5》, 56쪽.
125 같은 책, 118쪽.

것이 아니라 그 자체로 스스로 참이다. 오히려 나란 존재가 뜻을 품기 위해 정신을 차려야 한다. 그리고 이 진리를 향한 마음은 자유에서 가능하다. 자유로운 정신만이 스스로의 고민과 궁리함으로 진리를 향해 나아가며 책임 있는 삶을 살 수 있다. 진리 앞에 구경꾼이 아니라 주인이 될 수 있다. 자유 없이 제도의 종이 되어 있는 존재에겐 진리를 향한 궁리가 처음부터 필요 없다. 무엇이 참인지 고민할 것 없이 주인이 명령한 것만 따르면 된다. 너는 민족중흥의 역사적 사명을 위해 태어났다고 하면, 그것이 참이라 생각하고 다른 생각 없이 살아가면 그만이다. 그러나 그것은 책임 있는 역사의 주체, 역사의 주인으로 할 일이 아니다.

> 씨올은 그것을 안다. 씨올만이, 즉 **제도의 종이 되지 않은 인간만이 그것을 안다.** 그러나 씨올은 하늘, 곧 전체의 씨올이기 때문에 독점/독재하지 않는다.[126]

제도의 종이 되게 하는 것이 유교다. 박종홍은 유교의 가치를 높이며 충효를 강조하지만, 함석헌의 생각은 다르다.

> 유교가 완전히 국교가 된 것이다. 그러니 관제를 배우고 교육을 배우고 겉으로부터 속에 이르기까지 중국이 되려 하기에 겨를이 없었다. 그리하여 **모화사상**[127]이 생기고 사대주의가 생기고 현상유지주의가 생기게 되었다. 현상유지는 곧 권력계급이 자기네의 세력을 영원한 것으로 박아놓으려는 주의다. 나라야 어찌 되거나 민중이야 어찌 되거나, 이대로 영원히 해먹자는 말이다.[128]

---

126 《저작집 5》, 44쪽.
127 중국의 문물이나 사상을 추종하는 사상이다.
128 《저작집 1》, 198쪽.

충효를 강조하는 유교사상 자체가 우리 민중의 손에서 나온, 나와 너의 고민으로 만들어진 것이 아니다. 남의 답이다. 남의 답안지를 아무리 철저하게 익혀도 남의 것은 남의 것이다. 이 땅의 양반들은 그 남의 답안지로 자신의 기득권을 유지했다. 이 땅 민중들, 고난의 주체들이 외친 외침으로 이 땅의 철학을 삼을 때, 가해자들의 기득권은 무너질 것이 뻔했다. 양반들은 고난의 주체가 철학의 주체가 될 때 가질 힘이 두려웠다. 이 땅의 민중이 자유의 정신 가운데 진리를 향해 기득권자의 명령을 이기고 나아갈 것이 두려웠다. 그렇게 유학으로 무장한 양반들은 동학이 두려웠다. 그래서 외국군을 불러서라도 죽여야 하는 존재로 여겼다. 임진왜란 때 민중을 버리고 도망간 양반들과 왕도 충효의 질서 속에서 기득권을 누려야 했다. 민중의 침묵 가운데, 민중의 철학이 숨을 죽인 가운데 기득권을 누려야 했다. 그들은 현상유지를 원했다. 변하지 않는 세상에서 기득권을 누려야 했기 때문이다. 나라야 어찌 되거나 민중이 어찌 되거나 그들은 영원히 기득권을 유지하려 했다. 민중은 스스로 자신의 존재를 돌아보며 자신의 노예 됨의 부당함에 분노해서는 안 되었다.

함석헌에게 충효와 유교는 결국 현상유지를 위한 양반들의 도구다. 함석헌에게 그런 유교는 한국철학이 될 수 없었다.

> **민족적으로 자기를 잃어버린 것이 그 원인이다. 우리나라 역사에서는 이 자아를 잃어버렸다는 일, 자기를 찾으려 하지 않았다는 이 일이 백 가지 병, 백 가지 폐해의 근본 원인이 된다.** 나를 잊었기 때문에 이상이 없고, 자유가 없다. 민족적 큰 이상이 없기 때문에 대동단결이 안 된다.
> **민족을 묶어 매는 것은 폭력이나 법이 아니고 민족적 이상이다. 뜻이 하나일 때, 통일은 저절로 된다.**[129]

오랜 시간 우리는 우리를 잃어버렸다. "너 자신을 알라"는 철학의 그 명령

---

129   같은 책, 298쪽.

에 '나'의 자리에서 '나'의 언어로 말하지 못했다. 나를 잃어버렸다. 이 땅 민중의 가장 큰 병은 바로 자기 철학의 상실이다. 철학은 자기 자신에 대한 그리움으로 시작한다. 그 그리움으로 자신을 돌아본다. 이를 위해 그리워하고 돌아보는 주체로의 자기가 형성된다. 이때 철학은 자기에서 시작되고 종결된다. 그런데 그 자기를 잃어버렸다. '자기'가 없기에, 그 주체성이 없기에 자유가 없다. 자유의 바탕이 없기에 진리를 향한 움직임도 없다. 자기가 없기에 무엇이 자신에게 뜻 있는지도 알지 못한다. 박종홍과 같이 "민족중흥의 역사적 사명"이라며 명령하지 않아도, 국가의 힘으로 강제하지 않아도, 양심을 가진 이들이 서로의 아픔에 더불어 있어 공감하며 '나'의 밖 일이지만 '나'의 안에 하나 됨에 따라 나의 밖 너와 손을 잡고 우리 안에 하나 되는 것, 이것은 정말 역사 속 뜻 있는 우리의 모습이다. 그 우리 가운데 너는 나고 나는 너이며, 나는 너와 더불어 진정한 나이고 너는 나와 더불어 진정한 너다.

이 땅의 역사 안에, 그 아픈 고난 안에 나는 더욱 온전한 나를 너와 더불어 있음으로 마주하게 된다. 나와 너는 서로 더불어 있음으로 온전히 존재하는 서로주체성의 존재다. 나는 너의 고난 앞에서 깊이 생각하고, 너는 나의 고난 앞에서 깊이 생각한다. 그렇게 역사 안 고난은 생각을 깊게 한다. 철학을 철학답게 만든다. 그런데 중국의 변두리에서 중국을 그리워하며 철학하는 것은 나의 상실이다. 나는 중국 변두리에 있는 중국을 그리워하는 나가 아니다. 나는 지금 너와 더불어 우리 가운데 있는 나다. 독일의 변두리에도, 프랑스의 변두리에도, 미국과 영국의 변두리에도 없다. 한국이란 우리의 역사 속 우리의 '나'는 광주의 눈물이 남의 눈물이 아니다. 여전히 흐르는 너의 눈물에서 나는 나의 눈물을 마주한다. 그 사람이 바로 진짜 '나'다. 전태일, 박종철, 이한열의 몸부림이 남의 몸부림이 아닌 우리 가운데 나의 몸부림으로 있는 것이 진짜 '나'다. 세월호의 비참한 아픔과 비정규직 노동자의 외로운 죽음이 우리 가운데 남의 아픔과 외로운 죽음이 아닌 나의 아픔이고 외로운 죽음이 된다. 그렇게 있는 것이 진짜 '나'다. "너 자신을 알라"는 철학의 명령에 대한 정말 제대로 된 답은 바로 이것이고, 바로 이 답에서 시작하는 것이 한국철학이다.

함석헌의 한국철학은 3·1혁명 이후 이 나라의 운명은 민중 스스로 세워가고자 한다. 그것이 나의 아픔이 아니라고 고개 돌리지 말고, 우리 가운데 그 남의 아픔이 너의 아픔으로 나의 아픔이 되어야 한다고 소리친다. 그때 한국철학은 나도 너도 우리도 제대로 주체로 설 수 있다. 고난 가운데 피하지 말고 우리가 되자. 오히려 고난은 우리가 우리를 돌아볼 수 있는 기회다. 매국 친일파와 독재 기득권 세력과 같은 거짓을 청소하게 해주는 것이 고난이다.

우리 자신을 고난자로 스스로 의식하고 수난자의 심정을 가지고 아픔을 체험하여야 한다. 고난의 술잔을 그것인 줄 알고 삼킬 뿐만 아니라, 그 말이 달기가 꿀 같다고 느껴야 한다. 이제 우리 마음을 바꿔야 한다. 제3자의 태도를 버리고 **내가 되어야 한다.**[130]

아픔 속에서 아픈 너의 손을 잡고 너에게 나를 보며 나는 나가 된다. 한국철학은 바로 그 고난 가운데 제대로 철학이 된다. 잊지 말아야 한다. 제대로 우리가 되고 제대로 우리 철학을 갖게 된다. 절망에서 나와 너를 진정한 우리라는 하나의 큰 주체성 속에서 나와 너의 '작은 주체성'을 제대로 경험하게 된다.

절망으로 인해 잠가지고 닫혔던 그의 마음도 **이 믿음 깊고 서로 간격 없이 '너' '나'로 부르는 사랑의 분위기 속에서 위로를 얻어 차차 빛을 보게 되었다.**[131]

함석헌은 이야기한다. 국가주의니 화랑도니 하는 말로 현실을 보지 못해

---

130 같은 책, 444쪽.
131 같은 책, 71쪽.

서는 안 된다고 말이다. 그것은 과거를 보게 함으로 지금 여기의 '나'를 보지 못하게 한다. 그 말에 막혀서 지금의 고난을 보지 못해서는 안 된다. 진짜 한국철학은 바로 지금 여기 '나'의 앞에 있는 이 고난을 피하지 않아야 한다. 역사 속 민중은 항상 고난의 역사를 살았다. 삼국 시대, 고려 시대, 조선 시대, 그리고 지금도 다르지 않다. 변하지 않은 이 현실이 "부끄러움이다." 이것이 바로 "참으로 견딜 수 없는 슬픔이다."[132] 민중이 고난의 주체로 살았을 뿐 철학의 주체도 역사의 주체도 되지 못했던 것이다. 가진 자들이 화랑과 단군의 영광을 이야기할 때, 민중은 고난의 역사로 자신을 돌아보아야 했다. 그것은 슬픈 기억의 회상이 아니라 지금 이 순간 민중의 주체성, 민중의 반성적 사유의 시작이다. 스스로 자신을 돌아보지 못하는 이는 주체성이 있을 수 없다. 그리고 이 땅 민중의 주체성이 고난에 뿌리를 두고 있음은 어찌할 수 없는 사실이다.

> **한국의 역사는 고난의 역사다. 고난의 역사! 한국 역사의 밑에 숨어 흐르는 바닥 가락은 고난이다.** 이 땅도 이 사람도 큰 일도 작은 일도 정치도 종교도 예술도 사상도 무엇도 무엇도 다 고난을 드러내는 것이다. 이 말을 듣고 놀라지 않을 사람은 없을 것이다. 그러나 부끄럽고 쓰라린 사실임을 어찌할 수 없다.[133]

> **고난의 역사는 고난의 말로 써라. 나는 이제야 비로소 역사적 현재의 쓴맛을 알았다.** 가슴에 들어오는 보름달을 받아들이는 산속 호수 모양으로 나는 고난의 역사를 와 비치는 대로 반사하였다.[134]

---

132   같은 책, 96쪽.
133   같은 책, 95쪽.
134   같은 책, 25쪽.

이 땅의 고난이 녹아들지 않은 철학은 이 땅의 철학이 될 수 없다. 예술도 정치도 종교도 마찬가지다. 그렇다면 이 땅의 역사는 당연히 고난의 말로 쓰여야 하고, 이 땅의 철학 역시 고난의 말로 채워져야 한다. 화랑의 영광! 단군의 영광! 그런 과거의 이야기로 지금의 고난을 가려서는 안 된다. 그 고난을 보지 않고 이루어진 한국철학이란 "마치 땅을 보지 않고는 농사를 말할 수 없는 것과 같다."[135] 고난과 수난을 부끄러워할 것이 아니다. 그 일을 없던 일로 하려는 것이 부끄러움이다.

3·1혁명, 제주 4·3의 비극, 4·19혁명, 1980년 광주의 아픔 그리고 세월호의 아픔은 분명 너무도 큰 고난이다. 그러나 그것으로 "씨올은 깨기 시작하였다,"[136] "느리기는 하지만 자라고 있는 것은 민중이다. 그런 파란(波瀾) 그 자체가 민중이 깨는 증거다."[137] 민중은 가만히 있지 않고 서로의 손을 잡고 움직인다.

진짜 나를 본 나! 우리 가운데 너와 나의 참모습을 본 나! 그런 나는 혁명을 하게 된다. 나를 구속하는 거짓을 지우려 한다. 안호상과 같이 과거의 영광을 이야기하거나 박종홍과 같이 충효의 논리 속에 숨어 침묵하는 말에 분노하게 된다. 혁명하게 된다.

혁명은 민중의 것이다. 민중만이 혁명을 할 수 있다.[138]

그 혁명의 수단이 바로 한국의 철학이다. 어차피 세상은 달라지지 않는다는 패배감 속에서 우리 생명을 마비시키는 숙명철학을 거부하고 싸워야 한다.[139] 노력해도 시도해도 달라질 것 없는 세상이라는 자포자기식 생각 속에서

---

135 같은 곳.
136 같은 책, 417쪽.
137 같은 곳.
138 《저작집 5》, 206쪽.
139 유대칠, 《신성한 모독자》(서울: 추수밭, 2018), 22-26쪽.

자기 삶을 위해 치열하게 고민하지 않는 것은 노예가 되려는 것일 뿐이다. 노예의 도덕, 침묵의 도덕을 부수어야 한다. 스스로의 삶에 주인이 되어야 한다. 민족중흥이란 외침 속에서 나의 모든 생각을 정지하고 살아가는 것은 노예다. "너 자신을 알라"는 말에 "나는 민족중흥의 역사적 사명을" 가진 존재라고 말할 때 나는 도구적 존재다. 민족의 도구다. 민족이란 이름으로 민중 위에 군림하는 이의 도구다. "나는 우리 가운데 너와 더불어 있는 존재"라고 말할 때, 나는 우리 가운데 수많은 너의 고난을 남으로 두지 않고 함께 울고 분노하는 존재라는 말이 된다. 나는 나이면서 누군가의 도구가 아니며, 이 역사의 수많은 아픔에 울고 부조리와 부당함에 분노하는 그런 나다. 역사를 남으로 두지 않고, 민중을 남으로 두지 않고, 전체 속에서 나로 존재하는 그런 나다.

4) 한국의 형이상학 바탕 만들기
: 뜻의 형이상학

① '사람'의 형이상학은 '자유'의 형이상학이다.

사실 '인간'(人間)이란 말은 순수 우리말이 아니라 외국에서 들어온 말이다. 우리말 '인간'을 분석하며 동양의 인간관을 논하려는 이들도 종종 보는데, 시작부터 잘못이다. 우리말 '사람'에 대응하는 말로 '인간'이 사용된 것은 일본식 한자어의 영향이다. 원래 '인간'이란 한자어는 '사람'을 의미하는 말이 아니었다. '인생세간'(人生世間)의 줄임말이다. 한자에 충실하게 번역하면 '사람이 사는 세상'이다. 《월인석보》(月印釋譜)에도 "人間은 사룹 서리라"는 말이 나온다. 이 글에서 '인간'은 '사람'을 의미하지 않고 '인간이 사는 세상'을 뜻한다. '인간도처유청산'(人間到處有靑山)에서도 인간은 사람이 아니라 세상이다. 세상 어느 곳이나 청산이 있다는 의미다. "인간만사(人間萬事)는 새옹지마(塞翁

之馬)다'라는 말도 '세상'에서 일어나는 온갖 일들이 새옹지마라는 말이다. '천상인간'(天上人間)도 천상의 사람이란 말이 아니라, 천계(天界)와 하계(下界)를 두고 하는 말이다. '인간'은 '세상'이란 말이다. 인간은 고해(苦海)라는 말도 세상은 고해라는 말이다.[140] 그런데 이 땅 역사의 자연스러운 삶 속에서 만들어져가던 '세상'이란 의미의 '인간'이 일본의 영향으로 어느 순간 '사람'을 의미하는 말이 되었다.

조선에서 대한민국으로 변하던 그 시절, 이렇게 언어에도 많은 변화가 일어났다. 이 땅의 자연스러운 흐름에 있던 말들의 의미가 달라지고, 아예 없던 말이 엄청난 뜻을 품은 말로 이 땅 민중을 찾아오기도 했다. '철학'과 '형이상학'이 바로 그런 말이다. '세상'이란 의미를 가진 '인간'이란 말이 '사람'을 의미하게 되면서 '안트로폴로기'(Anthropologie)는 '사람에 대한 앎'도 '인학'(人學)도 아닌 '인간학'으로 번역되었다. 인간을 세상이라고 이해하던 조선 시대 사람들은 '인간학'이란 말을 듣고 지금 우리가 생각하는 '인간학'과는 다른 생각을 머릿속에 그렸을지 모른다.

오랜 시간 이 땅의 민중과 함께한 말은 '인간'이 아니라 '사람'으로, '사람'의 옛말은 '사룸'이다. 이 말은 '살다'(生)의 어간 '살-'에서 나온 말이다. 결국 사람은 '살아 있는 것', 곧 생명체라는 말이다. 그렇게 보면, '우리'뿐 아니라 생명 가진 모든 것이 '사람'이다. '나는 살아 있다'는 말은 '나는 사람이다'라는 말과 같은 말이 될 수도 있다. 살아 있는 것 가운데 가장 익숙한 것은 바로 자신이다. 살아 있음을 가장 직접적으로 느끼는 것은 바로 나 자신의 심장이기 때문이다. 그렇게 우리 자신을 사람, 즉 '살아 있는 것'이라 부르게 되었다. 그렇게 자연스러운 말의 역사가 이어지던 어느 순간 '인간'이란 말도 '사람'처럼 쓰이기 시작했다. 일본의 영향력 속에서 동아시아의 지식인에게 일본의 언어는 서서히 남의 언어가 아닌 것이 되어갔을 것이다. 일본식 한자 표현인 '인간'도 어느 순간 우리에게 그렇게 다가와 익숙한 말이 되었을 것이다.

140   조항범, "'인간(人間)'의 의미", 〈새국어소식〉 23호(2000).

다시 '살아 있는 것'이란 뜻의 '사람'이라는 말을 생각해본다. 라틴어로 사람은 '호모'(*homo*)다. 이 말은 원시 이탈리아어인 'hemō'에서 파생된 말이다. 또 이 말은 '대지 혹은 흙에 사는 것'이란 의미의 원시 인도유럽어인 'ǵʰm̥mṓ'에서 나온 말이다. 한 번 더 생각해보면, 이 인도유럽어는 흙 혹은 대지를 의미하는 'dʰéǵʰōm'과 관련된다. 이 말에서 '대지'라는 의미의 라틴어 '후무스'(*humus*)로 나왔다. 아마 사람이 흙에서 나온 존재 혹은 대지에서 살아가는 존재라는 인식과 무관하지 않을 것이다. 그러니 사람을 흙과 대지와 관련된 말에서 나온 '호모'라 부르게 되었을 것이다. '사람'과 대지 혹은 흙 사이의 이러한 연관은 지중해의 또 다른 지역의 언어인 헤브라이어에서도 보인다. 사람은 '아담'(אָדָם, adám)이고, 흙은 '아다마'(הָאֲדָמָה, adamá)다. 그리스도교의 구약성경에서 '사람'은 흙으로 이루어졌고, 흙에서 나왔다. 흙덩이에 신의 숨(生氣)이 들어간 것이 '사람'이다. 그리스 신화에서도 사람에 대한 기본적인 이해는 유사하다. 먼저 생각하는 자인 프로메테우스(Προμηθεύς)와 그의 동생인 뒤늦게 깨우치는 자 에피메테우스(Ἐπιμηθεύς)가 흙으로 각각 프로메테우스는 인간을 에피메테우스는 동물을 만든다. 프로메테우스가 흙으로 만든 사람에 아테네가 숨을 불어넣어 사람이 창조되었다.

한국 사람에게 '나'는 사람이다. '살아 있는 것'이다. 생명체다. 그 삶과 생명의 근원에 대해 고민하지 않는다. 당장 여기 삶, 즉 살아 있음을 살아 있는 것 없이 무슨 소용이겠는가? 살아 있는 것은 살아 있음 없이 가능하겠는가? 즉 생명 없이 생명체가 없고, 생명체 없이 생명도 없다. 생명체의 원인이 생명 같아 보이지만 아니다. 사실은 원인과 결과는 말뿐이고, 한자리에 같이 있다. 생명과 생명체는 서로 다르게 보이지만 다르지 않다. 식별 불가능한 것이다. 생명과 생명체가 다르지 않다면, 식별 불가능한 것이라면, 생명체란 뜻의 사람은 사람 때문에 사람으로 있다고 할 수도 있겠다. '나'는 '나'의 밖에 원인을 가지는 것이 아니다. '나'는 사람이고, 사람인 한에서 '나'는 사람으로 인해 사람이다.

지중해 사람들에게 '나'는 흙과 대지에서 나온 호모이고 아담이다. 흙과 대지를 떠나 존재할 수 없으며, 신이 생기를 불어넣어주지 않으면 존재할 수 없다. 지중해 사람들에게 '나'는 흙과 신의 덕으로 존재한다. 원인이 나의 밖에 있다. 지중해 사람들에게는 어지럽고 지저분한 흙을 사람의 형상으로 존재하게 한 신의 생기가 매우 중요하다. 인간의 형상은 신 덕분이다. 사람을 진짜 사람으로 만든 원인은 흙이기보다 신이다. 신의 정신 속 '나'란 존재에 대한 생각이 중요하다. 그 생각이 '나'란 존재의 원인이고 원형이다. 흙보다 나의 영혼, 나의 이성이 더 신에게 가까운 신이 허락한 생기에 가깝다. 흙으로 만들어진 것은 어쩔 수 없는 조건이다. 신의 생기를 그리워하며 원형을 찾아가려는 자기 현실의 부정으로 흙을 넘어선 순수한 나의 원형인 신과의 합일이 중요하다. 흙과 대지에서 살아가는 존재이지만 신을 향해 흙과 대지로부터 달아나야 하는 존재다. 이렇게 지중해 사람들의 존재론적 논쟁은 이어졌다. 오랜 시간 '영혼'이 진정한 '나'이고 '몸'은 그런 '나'의 감옥이라고 생각했다. 그러나 그 영혼이 신의 뜻을 바로 알아듣는 능력을 가진 것은 아니기에, 신을 대신한 어떤 존재들이 그 영혼에 정보를 주면 많은 이들이 영혼에 주입된 정보에 따라 몸의 이끌림을 살았다. 20세기에 들어 푸코(Michel Foucault, 1926-1984)와 같은 이는 '몸은 영혼의 감옥'이란 생각을 비판하며 오히려 '영혼이 몸의 감옥'이라고 하기도 했다.[141] 어쨌든 이 문제는 존재론적 문제이자 정치철학적 문제로 오랜 시간 유지되었다.

그런데 한국 사람의 '사람'이란 말은 그렇지 않다. 사람은 곧 생명체라는 말이며, 생명체는 생명으로 생명체가 되며, 생명도 생명체를 통해 온전히 생명이 된다. 생명과 생명체는 실질적으로 서로 다른 둘이 아니다. 생명이 생명체의 원인이기만 한 것도 아니고, 생명체가 생명의 원인이기만 한 것도 아니다. 이 둘은 서로가 서로의 원인이고 결과다. 따라서 생명체는 생명으로 생명체가 된다는 말은 생명체는 생명체로 생명체가 된다는 말이 된다. 그렇다면

141   미셸 푸코, 《감시와 처벌》, 오생근 역(파주: 나남출판, 2005), 62쪽.

이렇게 생각해보자. 나는 사람이다. 여기에서 사람이 사람으로 존재할 수 있는 것은 사람 때문이다. 나의 원인, 나의 원형은 나로부터 멀리 떨어진 어느 곳에 있지 않다. 바로 나 자신이 나의 존재론적 원형이다. 그러니 자연스레 인간 자신이 인간의 존재론적 원형이다.

유럽의 철학, 크게는 지중해의 철학은 출애굽의 철학이다. 본질에서 벗어난 유다 사람들이 모세의 지도를 받으며 이집트를 벗어나 고향으로 돌아가는 긴 이야기가 성서의 "출애굽기"다. 원인과 원형으로부터 멀어진 이들이 그 존재론적 고향을 찾아가는 모세의 가르침이 어쩌면 그들의 '신학'이다. 플라톤은 본질과 참으로 있는 것을 알지 못하고 거짓을 참으로 믿고 살아가는 동굴 속에서 벗어나고자 했다. 그렇게 동굴로부터 벗어나야 한다는 외침이 플라톤의 철학이다. 지중해 연안 사람들, 신에 의해 흙으로 만들어진 '호모'와 '아담'으로서 그들에게 원인에 대한 고민은 결국 신으로 돌아가려는 희망이다. 그러므로 자신의 존재론적 고향으로 돌아가는 지도를 그리겠다는 것이다. 결국 이 현실 그리고 이 현실 속에서 살아가는 '나'는 신이란 원인, 신이란 고향으로부터 멀어진 결과다. 다시 돌아가야 한다.

지중해 지역엔 호모(homo)이고 아담(אָדָם, adám)인 '나' 말고, 맨(man)과 만(mann)으로의 '나'도 있다. 영어 '맨'과 독일어 '만' 등은 산스크리트어 '마누'(मनु, mánu)의 친척이다. 산스크리트어 '마누'는 '인간'이란 의미도 있지만 '생각'이란 의미도 가진다. 사실 '정신'이란 뜻의 영어 '마인드'(mind) 역시 이들과 같은 부류의 말이다. 산스크리트어 '마나스'(मनस्)는 '정신'이란 의미를 가지며 고딕어(Gothic) '문두스'(𐌼𐌿𐌽𐌳𐍃, munds)는 '정신'과 '기억'이란 의미를 가진다. 또 라틴어 '멘스'(mēns)는 '정신'이란 의미를 가지며, 그리스어 '메노스'(μένος, ménos)는 '이성'이란 의미를 가진다. 이렇게 보면, '맨'(man)으로의 나와 '만'(mann)으로의 나는 이성, 정신, 기억 등의 존재다. 아리스토텔레스는 사람을 '현명한 동물'(homo sapiens)이라고 정의했다. 무관하지 않아 보인다.

결국 지중해 지역의 사람들에게는 신적인 존재의 생기 부여를 통해 흙으로 만들어진 '호모'이자 '아담'으로의 '나'와 정신을 가진 현명한 존재인 '맨'과 '만'으로의 '나'가 있었다. 이들이 따로 산 것이 아니라 함께 더불어 철학을 일구고 신학을 일구었다. 결국 인간이 가진 지성과 정신으로 고민하며, 흙으로 만들어진 신의 피조물로서 신이라는 고향으로 돌아가기 위해 고민하며 철학과 신학을 일구었을 것이다.

한국의 형이상학은 이 땅 민중의 역사와 함께 만들어진 말이 아니다. 어느 순간 일본이 조선을 식민지로 삼아버린 것처럼 그렇게 어느 순간 한국에 유입되어 마치 한국어나 원래 있던 한자어처럼 사용되는 일본식 한자어 '인간'으로 된 '인간'의 형이상학도 아니고, 중국으로부터 들어온 '인'(人)의 형이상학도 아니다. 중국의 영향이 아무리 크다 해도 우리의 형이상학이 '인'(人)의 형이상학이 되어서는 안 된다. 그렇다고 '호모'와 '아담'의 형이상학도 아니며, '맨'과 '만'의 형이상학이 되어서도 안 된다. 한국의 형이상학은 '사람'의 형이상학이다.

'사람'은 20세기 초 맞춤법이 제정되면서 고정된 말이다. 이 말은 15세기 '사룸'이었다. '사룸'은 동사인 '살다'의 어간에 명사파생접미사 '-움'이 결합된 형태다. 중세국어에서 이러한 경우는 일반적이었다. 그림(그리-, 畵), 어름(얼-, 氷)도 바로 이러한 경우다. 16세기 '사룸'은 비어두음절(두 번째 음절 이하)에서의 'ㆍ'의 문자만 존재하고 음가가 없어지는 현상인 비음운화와 17세기 어두음절(첫 번째 음절)에서의 'ㆍ'가 'ㅏ'로 됨으로 '스람, 사름, 스룸, 사람' 등 여러 다양한 형태로 나타나며, 그 가운데 모든 세기를 통틀어 '사룸'이 가장 많이 나타난다. '사람'은 이와 같이 지금 우리가 알고 있는 것만으로도 긴 역사를 가진 말이다. 그리고 이 말은 '살다'에서 나온 말이다.[142] 결국 '사람'은 '살아 있는 것'이다. 즉 사람은 생명체다. 다시 말하지만, 생명체는 생명을 떠나 있을 수 없고, 생명 역시 생명체와 무관하게 있을 수 없다. 생명체 밖에 생명이 있

---

142 이남덕,《한국어 어원연구 3》(서울: 이화여자대학교출판부, 1998), 442쪽.

을 수 없다. 사람의 원인, 생명체의 원인은 어찌 보면 생명이다. 그런데 생명의 원인 또한 생명체다. 결국 사람의 원인은 밖에 없다. 한국의 형이상학, 사람의 형이상학은 그 원인을 사람의 밖에서 찾지 않는다. '나'의 밖에서 찾지 않는다. '나'의 원인은 바로 '나'다.

'호모'와 '아담'이란 말로 '나'를 표현하는 이들에게는 신에 의해 흙으로 만들어져 생기를 부여받았다는 식의 인간 발생의 신화가 있다. 그러나 '사람'이란 말로 '나'를 표현하는 이들에겐 이러한 고유한 인간 발생 신화가 없다.[143] '사람'은 그 자체로 자기 원인이다. 타인에게 존재를 의존하지 않는다. 원인과 결과가 같은 존재다. 한국의 형이상학은 바로 그 사람의 형이상학이어야 한다. 함석헌은 이렇게 말한다.

> 그저 고난의 역사가 스스로 나타났을 뿐이다. **제가 제 까닭이다. 제가 곧 까닭이다. 그러므로 자유, 곧 스스로 함이다.** 그러므로 고(苦)는 생명의 근본 원리다. 고를 통해 자유에 이른다.[144]

'나'란 존재의 존재 근거, 그 이유는 바로 '나 자신'이다. 나의 고난도 곧 나의 까닭이다. 고난은 타자에게서 나온 것이 아니다. 그러므로 고난을 준 타자

---

143 "인간창조에 관한 신화소는 "창세가"와 "셍굿"에서만 나타나 있다. 그런데 두 각편의 내용은 판이하다. "창세가"에서는 미륵이 금쟁반과 은쟁반을 양손에 들고 하늘에 축도하여 금벌레·은벌레를 다섯 마리씩 받는다. 이 벌레들이 자라서 금벌레는 남자가 되고 은벌레는 여자가 되어 부부를 이루게 하여, 사람이 번성한 것으로 되어 있다. "셍굿"에서는 황토로 남자와 여자를 만들었다고 되어 있을 뿐 누가 창조한 것인지는 밝혀놓지 않았다. "창세가"에서는 인간의 시원(始源)이 하늘에 있는 데 비해 "셍굿"에서는 인간의 시원을 흙에 두고 있다. 또한 "창세가"에서는 벌레로부터 인류로 성장, 변화하였다는 점에서 진화론적 사고를 읽을 수 있다. 반면에 "셍굿"에서는 황토로 인간을 만들었다는 점에서 창조론적 사고를 찾을 수 있다. 인류의 시원을 하늘에 두고 있는 사고는 국조신화에서도 찾을 수 있는 것이며 천신숭배사상과 관련된다. 그러나 황토조인(黃土造人)의 신화소는 중국 여와고사(女媧故事)의 이입(移入)으로 보이며 우리 민족 고유의 신화소라고 보기 어렵다." 서대석, "창세신화", 《한국민속문화대백과사전》(http://encykorea.aks.ac.kr/).

144 《저작집 30》, 25쪽.

를 제거함으로 사라지는 것이 아니다. 고난은 스스로 나타났다. 고난의 원인은 바로 자신이다. 아픈 논리지만, 사람의 형이상학이 말하는 사실의 논리다. 스스로 자기 원인인 존재는 남으로 있지 않다. 생명의 근본 원리도 스스로에게서 나타났다. 씨올을 생각해보자. 작은 씨앗은 아무리 작은 나무라고 해도 나무가 되기 위해 자신의 살을 가르고 싹을 내야 한다. 자기 살을 가르는 고난의 시간은 참생명으로 스스로가 스스로의 존재 원인으로 당당하게 서는 시간이다. 사람은 고난을 이겨냄으로써 참생명체로 더욱더 당당하게 자기 원인으로 자유로운 존재가 된다.

고난은 이기는 자에게는 옥을 닦는 돌 같은 것이나, 거기 져버린 놈에게는 망하게 하는 재난이다. 천년 고난에 그만 눌려버린 한국은 그 때문에 생명을 망가지고 말았다. 혼은 그 날뛰는 힘을 잃어버렸고, 마음은 그 고요함을 빼앗기고 말았고, 원기를 꺾이고, 용기를 떨어뜨려버렸다.[145]

고난은 죽으라고 있는 것이 아니다. 고난은 존재론적으로 재난이 아니다. 스스로의 생명을 더욱더 단단하고 아름답게 하는 시간이다. 사람이 스스로 종이 되어, 보이는 주인이거나 보이지 않는 주인이거나 주인을 가정해 고개를 숙이고, 그것이 운명이라며 살아가는 것은 없는 원인에 고개 숙인 결과다. 스스로 자기 원인이며 스스로 자기 결과인 사람에게 그런 종살이, 그런 숙명론은 가장 큰 병이다.

숙명관은 물론 우리에게만 있는 것이 아니다. …한옛적에 있어서는 사람은 거의 다 운명의 종으로 살았다. 동양은 더구나도 그렇다고 할 수 있다. 유교에도 불교에도 그 사상이 있다. 그러나 한국에서와 같이 심한 해독을 끼친 데는 없다. 무슨 까닭인가? **우리가 고난에 눌려버렸기 때문이다.** 져버

145   같은 책, 430쪽.

렸다.[146]

과거 많은 사람들이 종살이를 했다. 이 땅의 민중 역시 종살이를 했다. 그 종살이를 위한 쉬운 통제의 논리가 숙명론이다. 이는 유교와 불교에도 어느 정도 포함되어 있다. 신분제 사회를 긍정하는 데 사용된 유교에도 있고, 욕심 없이 살라 하면서 가진 자들이 야기한 사회적 부조리에 침묵하게 한 불교 역시 없지 않다. 한국에서도 숙명론은 강한 힘을 가지고 역사의 한 부분이 되었다. 그 숙명론, 보이지 않는 숙명이란 주인, 그 주인 앞에 고개 숙이고, 그 고개 숙임이 당연한 것이라 믿고 살았다. 고난에 지고 고개 숙이고 종살이를 한 것이다. 그러나 이것은 사람의 형이상학이 말하는 것이 될 수 없다. 주인을 두고 살아가는 것은 자기 원인으로 '사람'이 할 일이 아니기 때문이다.

숙명관은 압박당한 자의 철학이다. **생명의 갇힘**이다. **종살이하는 놈의 신앙**이다. 고난을 이기는 놈은 전투적인 생활관을 가진다.[147]

사람은 살아 있는 것이다. 생명을 가진 것, 즉 생명체다. 남에 의해 살아가는 것이 아니라 스스로 살아가는 것이다. 자기 원인이다. 자기 원인이기에, 타자에게 존재를 구걸하거나 의존하지 않기에 자유다. 그런 자유로운 자기 원인인 사람이 스스로의 존재론적 지위를 포기하고 숙명관에 물들어 종살이하는 것은 생명의 갇힘이다. 살아도 산 것이 아닌 그런 사람이다. 생명체이지만 생명체가 아닌 것, 즉 사람이지만 사람이 아닌 것과 같다. 함석헌의 형이상학 그리고 한국의 형이상학은 '사람'의 형이상학이다. 사람의 형이상학으로 한국 형이상학은 자유로운 자기 원인인 사람의 형이상학이다. 사람의 형이상학은 종살이와 싸우는 형이상학이다. 숙명론, 숙명철학과 싸우는 형이상학이다. 그렇

146   같은 책, 431쪽.
147   같은 곳.

게 '사람'의 형이상학은 '자유'의 형이상학이다.

사람의 형이상학은 자기 존재의 원인을 찾아 '신'과 '초월'이란 자기 밖으로 달려가 명령을 기다리는 철학이 아니다. '나'의 존재론적 고향을 '나'의 '밖'에서 찾기 위해 '나'를 떠나는 철학이 아니다. '나'로 인해 생긴 고난, '나'의 생명 현상으로 주어진 고난, '나'의 존재와 생명을 직접적으로 마주하게 하는 고난, 그 고난 앞에서 '나'를 찾는다. '나'를 만난다. 진짜 나로 살게 된다. '자유'인 나로 살게 된다. 그것이 사람의 형이상학이다. '나'라는 살아 있는 것의 형이상학이고, '나'라는 생명체의 형이상학이며, 바로 '나'의 형이상학이다. 크게는 바로 '나들'의 형이상학이다.

한국의 형이상학은 바로 사람의 형이상학이고, 함석헌의 철학도 사람의 형이상학이다. 이것을 미리 말하고 한국 형이상학의 정초 작업을 함석헌의 철학에 근거해 시도해보자.

② 번역이 아닌 진짜 우리의 형이상학을 위해

'형이상학'(形而上學)이란 말은 우리에게 없던 말이다. 이 땅 민중의 말도 아니고, 그 민중을 다스리던 권력자의 말도 아니다. "형태를 가지지 않은 것을 '도'(道)라고 하고, 형태를 가진 것을 '기'(器)라 한다"(形而上者 謂之道 形而下者 謂之器)라는 《주역계사전》(周易繫辭傳)의 한 구절에서 빌려온 말이지만,[148] 형이상학이란 말은 원래 유럽 사람들의 말인 '메타피지카'(metaphysica)의 번역이다. 번역을 위해 동아시아의 대표적 고전인 《주역계사전》의 한 구절에서 빌려왔지만, 형이상학이란 말은 동아시아에 없던 말이다. '존재론'(存在論)이란 말도 마찬가지로 이 땅에 없던 말로, 이 역시 번역어다. 근대 유럽 철학자들이 만들어 사용한 'ontologia'(온톨로기아)에 대한 번역어로 '존재론'이 사용된 것이다.

---

148   허지향, "문헌해제: 哲學字彙", 〈개념과 소통〉 11 (2013), 212쪽.

'형이상학'이라고 번역하는 '메타피지카'라는 말은 아리스토텔레스의 책 제목으로 유명하다. 그러나 아리스토텔레스 자신이 이런 말을 만들어 사용한 것은 아니다. 형이상학이란 말로 어떤 학문을 정의하고 구체화하지도 않았다. 이 말은 아리스토텔레스 이후 만들어진 말이다. 그것도 학문의 이름으로 만들어진 것이 아니라 아리스토텔레스 저작의 편집 과정에서 나온 말이다. 아리스토텔레스가 쓴 다수의 '자연학적 저서'(φυσικά, physica) '다음에'(μετὰ, meta) 편집된 글들에 대한 명칭이 바로 '타 메타 타 피지카'(τὰ μετὰ τὰ φυσικά), 즉 메타피지카(μετὰφυσικά, metaphysica)다. 이렇게 생각하면 '형이상학'이란 번역어보다 '자연학 이후 과정'이나 '자연학 이후 논의' 정도가 정확한 번역이 될지 모른다. 만일 윤리학 다음에 편집되었다면, 메타에티카(metaethica)가 되었을 것이고, 논리학 다음에 편집되었다면 메타로지카(metalogica)가 되었을 것이다. 아리스토텔레스도 모르는 아리스토텔레스 철학을 표현하는 말이 메타피지카(metaphysica)이다. 그리고 그 말이 번역된 것이 '형이상학'이란 말이다. 또 근대에 들어서 등장한 것이 '온톨로기아'(ontologia)다. 막상 유럽의 고대와 중세 철학자들은 '온톨로기아'라는 말 자체를 알지 못했다. 그런 말이 번역된 것이 '존재론'이다. 편집 과정에서 나온 '메타피지카'라는 말은 "자연학적 저서의 다음에 편집된 것"들이란 의미에서 "자연학의 논의 대상을 넘어서는 것에 대한 학문"으로 의미의 전환이 일어났다. 그러면서 이 말은 철학 중에 철학, 철학 가운데 가장 근본적이고 기초적인 바탕을 이루는 이론으로 여겨지게 되었다. 그렇게 유럽의 메타피지카는 구체적 현상에 대한 '기학'(器學)이란 의미의 형이하학(形而下學)이 아닌 구체적 현상을 넘어선 보편적 원리에 대한 '도학'(道學)이란 의미의 '형이상학'으로 번역된다. 동아시아 사람들이 '형이상학'으로 번역해도 될 만큼 유럽에서 메타피지카는 중요한 근본 학문이 되었고, 여러 개별적인 철학적 논의의 뿌리가 되는 무엇으로 있어왔다.[149]

'메타피지카'는 편집 과정에서 나온 말에서 시작했지만, 이런저런 수많은

149   하이데거, 《형이상학이란 무엇인가》, 최동희 역(서울: 서문당, 1974), 17쪽.

우연과 필요에 따라 힘을 가진 인간 이성의 행위가 되었다. 반면에 '존재론'으로 번역되는 '온톨로기아'(ontologia)는 우연의 산물이 아니라 어떤 목적을 갖고 만들어진 말이다. '온톨로기아'는 조금 더 구체적으로 무엇에 대한 학문인지 학문의 이름에서 확인할 수 있다. 번역어인 '존재론'을 두고 생각하면, 존재론의 논의 대상은 '존재'다. '있다'는 말이다. 오랜 시간 유럽의 많은 철학자들은 '존재' 혹은 '있다'는 말과 관련해 형이상학과 존재론을 이해했다. 그러나 자세히 들여다보면서 고민하면, 존재론이란 번역은 여러 가지 한계가 있다. 그리고 그 한계로 인해 우린 유럽인이 이 학문으로 고민하는 것과 완전히 같은 방식으로 고민할 수 없음도 인정하게 된다.

사실 형이상학이든 존재론이든, 더 정확하게 '메타피지카'(metaphysica)든 '온톨로기아'(ontologia)든 상관없이 이들 학문은 결국 영어 be 동사, 라틴어 esse(에세) 동사와 그리스어 εἶναι(에이나이) 동사 등과 같이 '실존'과 '본질'을 나타내는 동사와 깊은 관련이 있다. 이들 동사는 실존과 관련되는 '있다'와 무엇임에 대한 물음과 관련되는 '이다'를 혼자서 해결한다. 생각해보자. 'I am a boy'(나는 소년이다)와 'I am in my room'(나는 내 방에 있다)에서 전자는 무엇임에 대한 답을 표현하기 위해 사용되었다면, 후자는 실존을 표현하기 위해 사용되었다. 이와 같이 하나의 단어가 서로 다른 조건의 서로 다른 상황에서 사용되는 것이다.

한국어에 이런 단어가 있는가? '이다'와 '있다'가 하나의 단어로 표현되는 그런 단어가 한국어에 있는가? 또한 영어로는 그 단어가 동사인데, 한국어에선 동사가 아니다. '이다'는 조사이고, '있다'는 형용사다. 한국이란 상황을 넘어 동아시아에선 가능한가? 결과적으로 한국어엔 영어의 be 동사도 독일어의 sein(자인) 동사도 그리고 라틴어의 esse(에세) 동사와 그리스어의 εἶναι(에이나이) 동사에 일치하는 '이다'와 '있다'라는 두 의미를 간직한 하나의 단어가 없다. 그렇다면 중국은 어떤가? 중국어에도 εἶναι 동사에 일치하는 단어가 없다. '있을 유'(有)를 제안하는 이들이 있지만, 이 역시 바른 대안이 될 수 없다.

'있을 유'(有)는 "무엇이 있다"라는 의미나 "무엇을 가지고 있다"는 의미로 사용된다. 그러나 그리스어 동사 'εἶναι'는 '있다'라는 의미에 한정되지 않고 계사(繫辭)의 기능도 가지고 있다. 즉 '이다'의 의미를 가지고 있다. 그러나 '있을 유'(有)는 그와 같은 기능을 수행하지는 않는다. 유럽 사람들이 고민하던 εἶναι 동사가 한국과 중국에 없다는 것은 그저 언어적으로 동아시아와 유럽이 다르다는 것 이상의 의미를 가진다. 어쩌면 이 말은 누군가에겐 너무나 중요하고 근본적인 하나의 물음이 다른 누군가에겐 처음부터 물어지기 힘든 어떤 것이란 사실을 의미하기도 한다. 플라톤과 아리스토텔레스와 같이 유럽의 철학자들이 그렇게 치열하게 고민한 것은 바로 'οὐσία'(ousia, 우시아)에 대한 문제다. 이 말도 동아시아의 언어로 어떻게 번역해야 하는지 여러 입장이 있다. 어떤 경우 누군가에게는 '실체'(實體)이고, 어떤 경우 또 다른 누군가에게는 동시에 '본질'(本質)이다. '실체'와 '본질'은 매우 큰 차이를 가진 서로 다른 말인데, 하나의 그리스어에 대한 번역어다. 그들의 그저 한 단어에 동아시아 사람들이 서로 다르게 사유하는 이 둘이 같이 녹아들어가 있는 것이다. 유럽의 철학사에서 핵심 용어인 이 'οὐσία'라는 단어는 εἶναι 동사에서 파생된 분사다. εἶναι 동사가 동아시아 사람들에게 없었으니 당연히 'οὐσία'라는 말도 없었다. 'εἶναι'가 한국말로 '있다'와 '이다'의 의미를 모두 가진다면, 'οὐσία' 역시 '있는 것'이란 의미의 실체와 '-인 것'이란 의미의 본질을 모두 가진다고 보아야 한다. '존재론'이라 번역한 '온톨로기아'(ontologia)는 'ontos'(온토스)와 'logia'(로기아)의 결합이다. 여기에서 'ontos'는 그리스어 'ὤν'(온)에서 나온 말이다. 이 역시 εἶναι 동사의 분사다. 그러면 이 말 역시 '있는 것'과 '-인 것'의 의미를 모두 가진다. 동아시아는 한 단어로 이 두 가지 의미를 모두 가지며 동사의 품사를 유지하는 말이 없다. 그렇다면 오직 '있다'는 의미에 한정된 존재론이나 유론(有論)은 모두 '온톨로기아'의 적절한 번역어가 아니다. 그러나 어쩔 수 없다. 유럽 철학자들이 그렇게 오랜 시간 고민한 그 한 단어에 일치하는 말이 동아시아 사람들에겐 없기 때문이다. '존재론'이라고 번역할 수밖에 다른 마땅한 대안이 없어 보인다. 있다고 해도 모든 문제를 온전히 해결할 것이라 기대하지 않는다. 동아시아의 모든 이들이 유럽말을 자신의 생각과 대화의 수단으로 삼아버리지 않는 한에서 말이다.

동아시아만 그런 것은 아니다. 아랍 역시 마찬가지다. 아랍어로 '무함마드는 키가 크다'는 'Muhammad tawil'이다. 'Muhammad'는 '무함마드'라는 말이고, 'tawil'은 '키 큰'이란 형용사다. 아랍어에선 영어의 비 동사나 그리스어의 εἶναι 동사 없이도 의미 전달이 가능하다는 말이다. 아랍어 'al-math afu g am-ilun'은 우리말로 '미술관은 훌륭하다'이다. 그런데 여기에서 아랍어도 εἶναι 동사, 즉 인도유럽어족의 '이다'와 '있다'라는 두 가지 의미를 동시에 가지는 하나의 동사는 사용되고 있지 않다. 굳이 우리말로 직역하면, '미술관 훌륭' 정도가 된다. 아랍어는 주어가 되는 명사와 서술격 보어가 되는 형용사만으로도 성립이 가능하다는 말이다. 유럽 사람들처럼 εἶναι 동사가 동아시아 사람과 아랍 사람에게 없다고 해서 그들이 후진하거나 문제가 있는 것이 아니다. 그냥 서로 다른 것일 뿐이다.

그러면 이렇게 생각할 수 있다. 유럽의 인도유럽어족에서 그려지는 '메타피지카'나 '온톨로기아'와 완전히 같은 모양의 사고는 동아시아에서 힘들다. 그렇다고 이 땅에서 철학함에 있어서 개별적인 철학적 고민이 본바탕이 되는 무엇이 없거나 없었거나 없어야 하는 것은 아니다. 그렇다면 그들과 같은 모양으로 최대한 잘 번역하려는 철학보다는 이 땅의 언어로 그들이 그 고민으로 '뜻'하고자 한 것을 더불어 이루면 된다. 유럽도 있으니 우리도 있다는 식의 자격지심에서 하는 말이 아니다. 우리의 철학, 한국철학이 정말 제대로 본바탕을 가지기 위해, 비록 언어는 다르지만, 그들에게도 '뜻'있는 무엇이 되기 위해, 이 땅 '우리'의 철학은 '뜻'을 품어야 한다. 앞서 '호모'와 '아담'의 형이상학이 아닌 '사람'의 형이상학이 되어야 한다고 했다. 굳이 언젠가 누군가 '사람'의 형이상학을 영어로 번역한다면, 그 말은 '호모'와 '아담'과 다른 '사람'이란 우리 말에서 시작한 'Métaphysique de Salam'과 'Metaphysics of Salam'

이 되어야 한다. 어쩌면 더 정확하게는 아예 'Hyeong-i Sanghak de Salam'
과 'Hyeong-i Sanghak of Salam'이 되어야 할지 모른다. 그들의 메타피지카
와 우리의 형이상학이 온전히 같은 것일 수 없으면, 처음엔 번역어로 시작되
었지만 이 땅의 형이상학은 메타피지카와 같은 '뜻'을 품은 또 다른 어떤 이 땅
의 말로 된 이 땅 살아가는 사람들의 생각이 되어야 할 것이다.

형이상학은 철학 중에 철학이라고 한다. 철학의 가장 아래 바탕이 되는 학
문이라고 한다. 굳이 나무에 비유한다면, 뿌리라고 할 수 있다.[150] 뿌리 없는
나무는 죽는다. 생명의 토대가 없기 때문이다. 한국철학의 뿌리는 한국 사람
의 말과 고민으로 이루어져야 한다. 현대 프랑스철학이 현대 프랑스인의 말과
고민으로 이루어졌으며, 현대 미국철학이 현대 미국인의 말과 고민으로 이루
어졌듯이 말이다. 물론 현대 프랑스철학에 중국철학인 마오주의(Maoism, 毛
澤東思想)와 다른 타자의 철학이 녹아들 수 있다. 그러나 현대 프랑스철학이
그들 철학의 번역이 되어서는 안 된다. 영감을 받고 도움을 받아 현대 프랑스
사람들의 언어 속에서 현대 프랑스 사람들의 삶으로 녹아들 수 있는 철학이어
야 한다. 남의 철학을 번역하면서 어느 것이 더 좋은 번역인지, 어느 것이 더
정확한 남의 이해인지만을 따지며 남을 그리워하는 철학, 남이라는 원형의 타
자, 스스로를 원형으로부터의 추방자로 규정하고 살아가는 자신에게 버림받
은 '나'로 살아서는 안 된다. '나'의 자리에서 '나'의 언어로 '남'의 철학마저 '나'
의 자리에서 수용하고 고민하면서, 그렇게 '남'의 철학에 대한 번역이 아닌 '나'
의 현실, '나'의 고난, '나'의 존재가 '나'의 철학의 본바탕을 이루고 있어야 한
다. 남을 배척하지도 않지만 나를 스스로 포기하지도 않는 그 자리에서 우리
가 살아가듯이 우리의 철학도 그래야 한다.

함석헌의 철학은 유럽의 철학을 배제하지 않는다. 보지 말거나 필요 없
는 것이라 여기지 않는다. 중국철학에 대해서도 마찬가지고 심지어 일본철학
에 대해서도 마찬가지다. 함석헌은 칼릴 지브란(Kahlil Gibran, 1883-1931)의

---

150   하이데거, 《형이상학이란 무엇인가》, 17쪽.

글을 번역하기도 했고, 일본 사상가 우치무라 간조의 영향을 깊이 받았다. 그는 중국철학사의 고전인 《도덕경》(道德經)을 풀이했고, 양명학에 대한 관심도 분명히했다. 인도철학은 또 어떠한가? 그는 직접 《바가바드기타》(*Bhagavad Gītā*)를 번역하기도 했다. 그러나 그의 말과 그 말로 이루어진 그의 고민, 그리고 그 고민이 향한 곳은 철저히 이 땅 민중의 아픔이었다.

유럽의 사상가들 중 일부는 그들의 본바탕, 즉 그들의 언어로 'οὐσία'를 자신의 밖에서 찾았다. 그것은 때론 신이고 때론 이데아이며 때론 권력자의 그 무엇이었다. 공간적으로 유럽뿐 아니라 조선의 선비들도 그들의 참본바탕을 조선의 민중 밖에서 찾았다. 그러나 함석헌의 철학은 신 혹은 참된 진리 혹은 참된 지혜에 대한 믿음을 나의 밖에서 구하지 않는다. 신과 나, 참된 진리와 '나'가 만나는 지평, 그 지평을 나의 밖이 아닌 씨올에서 찾았다. 햇빛과 흙 그리고 바람과 비가 씨올과 하나를 이룰 때, 그 지평에서 씨앗은 나무를 향한다. 햇빛이 흙과 바람과 비 그리고 씨올을 만나 뜻 있는 무엇이 되고, 흙과 바람도 그 만남 가운데 뜻 있는 무엇이 된다. 그 하나 됨, 더 뜻 있는 자기 내어줌으로, 죽지 않은 생명으로 뜻을 품게 되는 것이다. 씨올의 형이상학은 자기 밖에서 삶을 구하지 않는 사람의 형이상학이며, 서로가 서로에게 뜻을 주고받는 뜻의 형이상학이다. 단순히 번역어로 이루어진 형이상학이 아닌 이 땅 민중에게 다가가는 형이상학의 첫걸음이 될 수 있는 그 무엇이다.

우리의 '첫째 철학'으로 '뜻'의 형이상학

막상 형이상학의 문을 연 아리스토텔레스 자신은 '메타피지카'라는 말을 사용하지도 않았고 알지도 못했다. 우리가 형이상학이라 부르는 것을 굳이 그의 언어로 표현하면, '메타피지카'가 아니라 '제일 철학', 즉 '첫째 철학'(πρώτη φιλοσοφία, prima philosophia)이라고 했다. 한국말로는 '으뜸 철학'이라 해도 나쁘지 않겠다. 그렇다면 '첫째 철학'은 과연 어떤 학문인가?

자연에 의하여 이루어진 실체들 이외 다른 실체가 없다면, 자연학이 첫째 철학이 되어야 하지만, 운동하지 않는 실체가 있다면, 그 실체에 대한 학문은 **(자연학에) 앞서는 첫째 철학(제일 철학)이며, 첫째라는 의미에서 보편적 학문이기도 하다. 그 학문은 있는 것을 있는 것인 한에서 이론적으로 연구하며, 있는 것이 무엇이든 있는 것인 한에서 있는 것으로 연구하는 학문이다.**[151]

움직이고 변화하는 것들은 자연학의 대상이다. 꽃은 피고 진다. 사람은 태어나 늙어가다 죽는다. 이처럼 자연의 모든 것은 변화한다. 있다가 없다가 한다. 생성 소멸한다. 이것은 그들의 운명이다. 그런데 변화해도 본바탕은 변화하지 않는다. 눈앞의 '꽃'은 피고 지지만 '꽃 그 자체'는 사라지지 않는다. 눈앞 감각의 대상으로 주어진 그 꽃들이 사라진다고 꽃의 본질, 꽃을 꽃으로 존재하게 하는 그 본바탕은 사라지지 않는다. 자연학이 생성 소멸하는 것을 대상으로 한다면, 그보다 더 근본적이고 본질적인 본바탕, 즉 실체를 다루는 것이 제일 철학이다. 즉 자연학에 앞서는 '첫째 철학'이다.

이 '첫째 철학'은 모든 것을 포괄하는 보편학이다. "있는 모든 것을 있는 것인 한에서 있는 것으로 다루는 학문"이기 때문이다. 이 말은 참 어렵다. 과연 무슨 말인가? 생물학은 '생명'을 갖고 '있는 것'으로 '있는 것'을 다룬다. 수학은 '수적'으로 '있는 것'으로 '있는 것'을 다룬다. 사회학은 '사회적'으로 '있는 것'으로 '있는 것'을 다룬다. 이런 개별적인 학문은 항상 어떤 구체적인 시선으로 '있는 것'을 바라본다. 즉 보편적이지 않다. 그러나 제일 철학은 '있는 것'을 '있는 것' 그 자체로 바라본다. 그렇다면 '있는 모든 것'이 제일 철학의 대상이 된다. 그렇게 '있는 것'은 초시간적이다. 즉 시간에 따라서 있다 없다 하지 않는다. 변화하는 것의 근거가 되는 본바탕이 스스로 있다 없다 한다면, 제대로 된 근거가 될 수 없다. 이러한 논리 속에서 '인간'은 변하지 않고 그대로다. 각각의 개별적 인간들의 다양한 삶의 모습과 외모가 달라진다고 해도 '인간 그 자

---

151   Aristoteles, *Metaphysica*, VI, c.1 1026a 25-35.

체'는 달라지지 않는다. 그것이 본바탕이 되고 있고, 그 본바탕에 근거해 다양한 변화가 일어나고 있을 뿐이다. 이런 관점에서 보면 이 세상은 결국 하나의 본바탕, 즉 하나의 실체가 있어야 하고, 그 실체에 의해 있어야 한다. 그렇다면 그 실체는 무엇인가? 흔히 고대인들은 그리고 신앙을 가진 이들은 '신'을 생각했다. 이런 의미에서 보면 제일 철학은 신적인 것에 대한 학문, 즉 신학이 된다.

제일 철학은 "참으로 있는 것"에 대한 학문이기도 하다. 플라톤이 설명하는 '동굴의 비유'를 보자. 인간의 현실 세상을 의미하는 동굴의 '밖'이 인식론적으로 '진리의 세상'이다. '진짜'가 인간 삶의 '밖'에 있다. 인간 현실을 의미하는 동굴 '안'에는 진짜로 보이는 '가짜'가 있다. 요즘 말로 유사품이 있다. 눈에 보이는 '이 사과'는 '진짜 사과'가 아니다. '진짜 사과'는 시간 밖, 인간 현실의 삶 밖에 있다. 눈에 보이는 '이 사과'는 그저 '밖'에 있는 '사과의 이데아'에 대한 유사품일 뿐이다. '모방하고 있는 것'일 뿐이다. '모방하고 있는 것'은 항상 '원본으로 있는 것'의 덕으로 있다. 스스로 있지 못한다. 이러한 사고 속에서 원본 없는 모방은 없기 때문이다. 치열하게 노력하며 살아가지만 결국은 유사품을 두고 다투는 것이 인생이다. 정말 제대로 행복을 누리기 위해서는 이 현실을 벗어나는 수밖에 없다. 비록 차이가 있을지라도 근본적으로 아리스토텔레스 역시 동굴 밖, 즉 현실을 벗어난 곳을 향하는 철학을 꿈꾸었다.

바로 그곳에 신적인 것이 놓일 수 있을 것이며, **그것은 첫째가는 가장 주도적인 원리일 것이다.** 이와 같이 분명히 이론학 가운데 세 가지, 자연학, 수학, 신학이 있다. 이와 같은 이론학의 부류들이 가장 뛰어나며, **그 가운데 가장 마지막에 언급된 것이 가장 낫다. 그것은 있는 것 가운데 가장 고귀한 것을 연구한다.**[152]

---

152 *Ibid.*, XI, c.7,1064b 3 이하.

'첫째 철학'은 "가장 고귀한 것"을 다루며, "가장 주도적"이고 '뛰어난 것'을 다루며, '신적인 것'을 다룬다. 그냥 들어도 첫째 철학이 마주하려는 그 첫째 존재는 우리가 일상에서 마주하는 것들을 넘어서는 어떤 것이다. 즉 초월적인 것을 다룬다. 플라톤의 방식으로 말하자면, 동굴 밖의 것에 대한 학문이다. 아리스토텔레스마저 말이다.

　시간 속 '나'란 존재가 시간 속 '이 꽃'에 대해 "이 꽃은 아름답다"고 말할 수 있는 까닭은 '이 꽃'이 아름다움을 품고 있기 때문이다. 그러나 그 아름다움의 근거는 시간 '속'에 있지 않다. 시간 '밖'에 있다. '이 꽃'은 곧 시들어버린다. 흔적 없이 사려져버릴 것이다. 그러나 '아름다움 그 자체'와 '꽃 그 자체'는 사라지지 않는다. 여전히 '저 꽃'과 '이 나무' 그리고 '저 아이의 미소'는 아름다움을 품고 있다. 감각 현실 가운데 '아름다운 것'들이 사라져도 시간과 현실 밖, 그 초월 속 아름다움은 사라지지 않는다. 그 초월의 '아름다움'으로 인해 현실의 아름다운 것들은 아름답게 존재할 수 있다. 그 덕에 그렇게 존재한다. 현실 속에 존재하는 아름다움들을 추구하며 살아간다고 해서 제대로 행복할 수 없다. 그것은 유사품을 향하는 삶일 뿐이기 때문이다. 정말 제대로 행복하기 위해서는 초월적 아름다움으로 시선을 돌려야 한다. '나'란 존재의 외부에 있는 초월, 그 외적 초월을 향해 시선을 돌리는 것이 제일 철학의 첫걸음이다. 그것이 지혜(*sapientia*)의 시작이다. '안'을 향하는 시선이 아니라 '밖'을 향하는 시선이 지혜의 토대가 된다. 오직 '밖'만이 신성과 고귀함 그리고 거룩함의 자리다.

　첫째 철학, 즉 형이상학이 향해야 할 곳은 '밖'이다. 이런 철학적 입장에 따라 수도자는 아무도 없는 사막이나 산 위로 가야 했다. 현실에서 '밖'으로 벗어나야 했다. 가짜들 가득한 인간 세상을 벗어나야 했다. 인간적인 것, 동물적인 것, 이 모든 것을 버려야 했다. 성욕으로 자신의 영혼을 힘들게 하는 자신의 성기를 도려내는 이도 있었다. 그런데 이것이 바로 '지혜'였다. 그 지혜의 이론적 배경이 된 것이 앞서 본 제일 철학이다. 이렇게 메타피지카는 현실 속 성욕과 식욕 같은 욕구로 가득한 '자연적인 것'(*physica*)을 '벗어나는'(*meta*) 학문이 된다. '자연'인 '나'를 벗어나야 한다는 이론이 된다.

앞서 언어적으로 유럽과 한국은 많이 다르다고 했다. 그리스어 εἶναι 동사는 한국어로는 있는 그대로 번역될 수 없다고 했다. 동사, 즉 'verb'의 사전적 정의는 흔히 '행함'(doing)과 관련해 이해된다.[153] 유럽어인 그리스어 εἶναι 동사 혹은 라틴어 *esse* 동사 혹은 영어 be 동사는 모두 동사다. 동사이면서 한국어로 '이다'와 '있다'의 의미를 가지며 그렇게 번역된다. 그런데 한국어로 '이다'와 '있다'는 모두 동사가 아니다. '이다'는 서술격조사이고, '있다'는 형용사다. 즉 εἶναι 동사를 한국어로 번역하면 품사도 달라진다. 아래 사례들을 보자.

(1) I am happy. 나는 행복**하다**.
(2) You are my friend. 너는 나의 친구**이다**.
(3) My book is on the table. 나의 책이 테이블 위에 **있다**.

위의 세 영어 문장은 모두 동일하게 be 동사를 술어로 가진다. 영어로는 하나의 동사이지만, 한국어로는 '하다' '이다' '있다'와 같이 세 가지로 번역된다. (1)에서 '하다'는 '행복'이란 명사와 함께 '행복하다'라는 형용사를 만드는 명사의 접미사다. (2)에서 '이다'는 이 문장에서 체언인 '친구'에 붙어 서술어가 되게 하는 서술격조사다. 마지막으로 (3)에서 '있다'는 존재 상태를 나타내는 형용사다. 인도유럽어족에서 동사로 이야기되는 것이 한국어에서는 형용사 혹은 조사이지 동사가 아니다.

존재 혹은 실존을 나타내는 표현이 유럽 사람들의 언어에선 동사이지만 한국 사람들에겐 형용사라는 것은 중요한 차이다. '있다'라는 존재의 표현이

---

153 B. Aarts·S. Chalker·E. Wein, *The Oxford Dictionary of English Grammar* (Oxford University Press, 2014), p. 433.

유럽인들에겐 '사물의 행위'이며, 이는 움직씨, 즉 동사의 몫이다.[154] 그러나 한국어에선 '사물의 상태', 즉 어떠함을 나타내는 그림씨, 즉 형용사다.[155] 유럽인과 달리 한국인에게 존재는 '대상의 상태'다. "저기 꽃이 있다"라고 할 때, 유럽의 철학자는 꽃이 '존재함'이라는 행위(actio)를 하고 있다고 생각할 수 있다. 꽃 스스로 자기 존재를 위한 행위를 한다고 할 수 있다. 그러나 있다 없다 하는 변덕스러운 존재가 스스로 자기 존재의 원인이 될 수는 없다. 그렇다면 그 행위는 근본적으로 누가 하고 있는가? 신이다. 구약성서 "탈출기" 3장 14절에서 신은 모세에게 '에고 숨 퀴 숨'(ego sum qui sum)이라고 자신을 알렸다. "나는 있는 나다"라는 의미다. 이 말은 유럽의 철학자들에게 신은 곧 '존재 그 자체'라는 말로 들렸다. 신은 다른 존재에 의해 존재하지 않는 존재다. 스스로 존재한다. 누군가에 의해 만들어진 것이 아니고, 누군가에 의해 사라질 존재도 아니다. 타자에 의해 존재하지 않으면 모든 타자가 사라져도 자신의 존재에 어떤 영향도 받지 않는다. 그것이 '존재 그 자체'다. 그리고 그 '존재 그 자체'는 곧 '진리 그 자체'이고 '선 그 자체'이다. 모든 피조물은 '존재 그 자체'인 신에게 자신의 존재를 의존해 있다. 처음부터 이미 '창조'라는 존재 부여의 행위로 시작되었다. 그리고 신에 의해 존재가 유지되고 있다. 신이 원한다면 언제든 존재 행위를 멈출 수 있기 때문이다. 존재하는 것에 있어 신이 중심이고, 신만이 자존하며, 그만이 희망이다. 저마다의 존재들은 저마다의 공간에서 또 다른 모세가 되어 신을 향해 저마다의 공간을 벗어나 저마다의 '탈출기'를 적어야 한다.

한국어에서 '있다'는 행위가 아닌 상태다. "신이 있다"에서 '있다'는 신의 상태다. 동사 '있다'도 한국어에 있지만 존재의 상태를 나타내는 것은 아니다.

---

154 최현배, 《고등말본》(서울: 정음사, 1951), 22쪽. "'움직씨. 읽다, 오다, 흐르다, 읽하다, 불다, 쓰다(用), 씨다(書), 갈다, 늘다' 들과 같이 일과 몸의 움직임을 나타내는 낱말을 움직씨라 한다."
155 같은 곳. "그림씨. '푸르다, 검다, 희다, 따뜻하다, 길다, 높다, 아름답다, 바르다, 있다, 없다' 들과 같이 일과 몸의 바탕(性質)과 모양과 있음과의 어떠함을 그리어 나타내는 낱말을 그림씨라 한다."

"내가 갈 테니 너는 학교에 있어라"고 할 때, '있어라'는 '떠나거나 벗어나지 않고 머물다'는 동작을 나타내기에 동사다. 그러나 형이상학과 존재론의 대상은 '머물다'는 의미의 '있다'가 아니다. '존재의 상태'를 나타내는 것이다. 그런데 그렇다면 형이상학과 존재론의 대상은 동사가 아닌 형용사 '있다'이다. 동일한 낱개의 꽃 한 송이에 대한 "이 꽃은 아름답다"와 "이 꽃은 있다"라는 문장에서 '아름답다'와 '있다'는 모두 한국어에선 형용사로, 상태에 대한 표현이다. '이 꽃'이란 낱개는 이 수많은 상태들로 이루어진 하나의 낱개다. '있다'와 '아름답다'는 그 낱개의 밖에 원형을 가진 것이 아니라 그 원형 자체가 낱개 안에 있다. εἶναι 동사로 의미되는 '있다'는 일종의 행위와 관련된다. 행위는 무엇인가 목적을 향해 일어난다. 더 온전히 있기 위한 목적을 향한다. 더 좋은 것을 향해 움직인다. 그런 의미에서 εἶναι 동사로 의미되는 '있다'에서 지금은 항상 덜 있는 것, 부족하게 있는 것이다. 거부되어야 할 것이고 부정되어야 할 것이다.

다르게 설명해보자. 영어에서 εἶναι 동사에 준한 동사는 be 동사다. be 동사는 원형이다. '있다'는 것 그 자체를 의미한다. 그러나 '있다'는 것은 항상 '누가' 혹은 '무엇'이 있다. 주어 없이 그냥 '있다 그 자체'는 현실에 없다. 즉 I am(나는 있다/이다)이거나 you are(너는 있다/이다)이거나 she/he is(그녀/그는 있다/이다)이거나다. 그러나 언어적으로 am, are, is는 그 자체로 있지 않고 현실에 구체화되어 있지 않은 '있다 그 자체'를 의미하는 be 동사에 참여함으로써 유의미해진다. 동사 원형인 be 동사가 없었다면 am, are, is는 없었다. 그런데 언어가 현실을 반영하는 것이란 유럽의 고전적 생각을 고려해보면 '언어'가 그와 같다면, 그에 상응하는 '존재'의 세계도 그러하다고 볼 수 있다. 즉 감각 현실 세계에 구체화되어 있지 않은 '있다', 즉 εἶναι 동사가 의미하는 '있다 그 자체' 혹은 '신'이 구체적으로 현실 세계에 존재하는 것들의 원형이며, 그 원형에 참여함으로써 '나'는 존재하게 되고, '너'와 '그' '그녀'와 '우리'가 존재하게 된다. 스스로 있지 않다. 원형 덕분에 있다.

사람의 형이상학은 원형을 밖에 두지 않는 형이상학이라고 했다. '있다'가 형용사인 한국어의 형이상학도 마찬가지다. 밖에 원형을 둔 것이 아니라, 그 자체로 자기 가운데 품고 있음이다. 장일순의 철학에서도 장일순은 현실의 나를 버리고 초월 속으로 달아나지 않는다. 지금 여기 우리 각자에게서 희망을 구하고자 한다. 권정생의 철학에서도 권정생은 '나'를 부정하고 '초월'로 달아나지 않고 현실의 '나'와 '너'가 '자기 내어줌'을 통해 하나 됨으로 이 땅, 이 현실에서 답을 만들어가려 한다. 지금 이곳의 밖, 나의 밖, 우리의 밖에서 답을 구하지 않는다. 문익환은 어떤가? 그 역시 더욱 치열하게 현실에 집중하라고 한다. 발바닥 철학이란 그의 철학의 명칭만으로도 이해할 수 있다. 발바닥이 마주하는 바로 이 땅의 현실이 철학의 공간이다. 모난 돌이라 아프고 힘들어도 피할 수 없는 현실, 삶의 공간, 바로 이곳이 철학의 공간이다. 함석헌의 철학 역시 다르지 않다.

> 햇빛과 바람을 받지 못한 씨가 어찌 싹이 틀 수 있겠나. 싹이 못 트고 어찌 나무가 될 수 있겠나. 나무가 못 되고 어찌 꽃이 피고 열매를 맺을 수 있겠느냐. …**기쁘거든 노래하고 춤을 추어라, 슬프거든 발을 굴러라. 그것도 못하는 것은 씨올 아니다.**[156]

씨올의 공간은 나와 우리의 밖이 아니다. 현실을 벗어난 어딘가가 아니다. 지금 여기 고난의 공간이다. 햇빛과 바람을 받지 않은 씨가 어찌 싹이란 희망을 품을 수 있겠는가? 자신의 살을 가르는 아픔 없이 어떻게 희망을 품을 수 있겠는가? "기쁘거든 노래하고 춤을 추어라. 슬프거든 발을 굴러라." 울고 화를 내는 그것이 씨올이다. 그것이 진짜 '나'이고 '우리'다.

씨올은 그것을 안다. 씨올만이, 즉 제도의 종이 되지 않은 인간만이 그것을

---

156   《저작집 5》, 39-40쪽.

안다. 그러나 씨올은 하늘, 곧 전체의 씨올이기 때문에 독점/독재하지 않는다.[157]

나의 존재 이유가 나의 밖이면, 우리의 존재 이유가 우리의 밖이면, 이미 종이다. 그 삶이 종살이다. 원형 덕에 존재하는 유사물로 자신을 알고 원형을 향해 지금의 자신을 버리고 달아나는 이는 이미 종살이를 하고 있다. 스스로 자신의 존재를 책임지지 못하고 자신을 무지하고 나의 밖에 희망을 걸고 살아가는 종이다. 제도의 종이고 신의 종이다. 그러나 씨올은 종이 아니다. 그 자체가 하늘이며 전체이기에 누군가의 덕으로 존재하지 않는다. 이미 스스로 있으며 이미 스스로 주인이 되어 있다.

씨올은 맨사람 곧 가진 것 없는 사람이요, 가진 것이 없기 때문에 제바탈을 잃어버린 것이 없다. 그러므로 하늘나라 곧 이상의 나라가 그의 것이다. 이상의 나라를 가지면 땅의 나라를 세울 자격이 있을 것이다.[158]

씨올은 제바탈을 잃어버리지 않은 맨사람이다. 그 자체가 하늘나라, 그 자체가 초월이고, 그 자체가 이상의 나라인 그런 존재다. 씨올이 초월인 것은 외적 초월이 아니다. 나의 밖 초월이 아니라 나의 안 초월이다. 내적 초월이다. 외적 초월은 지금 '나'를 부정하고 달아나려는 목적이지만, 내적 초월은 지금 '나'를 긍정하고 더욱 충실한 '나'이게 한다. 외적 초월로 살아가는 이에게 '이상의 나라'는 나의 밖이며, 나다운 나가 되기 위해 나는 나의 밖으로 나아가야 한다. 그러나 내적 초월로 살아가는 이에게 '이상의 나라'는 나의 안이며, 나 자신이다. 나다운 나가 되기 위해 나는 나의 안으로 나 자신에게 더욱 충실하면 된다.

<hr>

157 같은 책. 44쪽.
158 《저작집 3》, 71쪽.

씨올로 "내가 있다"라고 자신의 존재를 선언하는 것은 신이나 어떤 '초월적인 것'의 덕에 있다는 말이 아니다. 신의 존재 부여 행위로 인해 내가 있다는 말이 아니다. "내가 있다"는 존재의 선언은 나의 상태, 나 자신의 상태에 대한 확신의 선언이다. '있다'는 주어의 상태를 나타내는 한국어다. "내가 있다"에서 '있다'고 단언하는 존재의 상태는 '나'의 밖 누군가의 유사품이나 '나'의 밖 누군가의 행위로 인해 있다는 것이 아니라, '나'의 안에 이미 주어진 상태임을 확인하는 것이다.

함석헌의 씨올은 현실의 나와 우리를 부정하지 않으며, 외적 초월을 향해 달아나지도 않는다. 나의 존재를 확신하고, 나와 더불어 존재하는 너와 우리를 이루며, 그 우리 가운데 더욱 나다운 나, 더욱 너다운 너가 된다. 현실 속 '나'와 '너'가 서로가 서로를 지우지 않고 서로가 서로 '더불어' 있으며 '우리'를 이룰 때, 그 가운데 참된 진리와 존재가 이루어진다는 것이 함석헌의 철학이고, 권정생의 강아지똥이 꾸는 꿈이다.

아리스토텔레스의 제일 철학은 운동하고 변화하는 것의 본바탕이 되는, 스스로는 변화하지 않는 어떤 것을 고민의 대상으로 삼는다. 이런저런 변화에도 불구하고 변화하지 않는 근거, 그 근거를 고민의 대상으로 삼는다. 모든 있는 것의 근거이며 토대인 있는 것, 그리고 그 고민은 어느 순간 원형에 대한 그리움이 되고, 지금 나의 존재가 의존하는 신 혹은 외적 초월에 대한 것이 되었다. 그들에게 철학, 형이상학은 향수병에서 유지된다. 그리고 그 철학의 고향은 '나'의 밖이다. 그 향수병은 결국 지금 여기를 살아가는 현실 속 '나'를 버리게 한다. 나를 버리면서 나의 원형을 찾아간다는 혼란스러운 향수병 속에서 나를 찾아 나를 떠나며 형이상학을 이어간다. 진정한 나를 찾아 현실 속 나를 떠나며 나의 밖에서 나를 그리워하며 형이상학을 이어간다. 그렇다면 한국 형이상학, 우리에게 제일 철학은 무엇이 되어야 할까? 무엇에 대한 형이상학이어야 할까? 이 세상의 토대, 본바탕, 우리에게 그것은 무엇일까? 누군가에게 형이상학은 "있는 모든 것을 있는 것인 한에서 있는 것으로 다루는 학문"이었고, 누군가에게 그것은 신학이었다. 또 누군가에게 그것은 '외적 초월'을 향한 학문이었다. 그렇다면 우리에게 형이상학, 우리에게 제일 철학은 무엇에 대한 학문이어야 할까? 함석헌의 철학이 궁리하고 권정생, 장일순, 문익환, 윤동주 등의 20세기 사상가들이 하나 같이 궁리한 그것은 무엇이었을까? 어쩌면 '뜻'이다. 아니 '뜻'이다.

뜻 있는 것은 그 자신 가운데 뜻을 품고 살아가는 한에서 '뜻 있는 것'이다. 자기 밖 진짜 뜻을 모방하는 것을 두고 뜻 있는 것이라고 하지 않는다. 뜻의 원인은 '밖'이 아니라 '안'이다. '나'이다. 누군가에게 인정받는 '뜻'은 그 존재 토대가 밖이다. 이것은 진정한 '뜻'이 아니다. 남에게 의존한 뜻은 진정한 뜻이 아니다. 권정생의 강아지똥은 그저 홀로 있는 존재가 아닌 '뜻' 있는 존재가 되고자 했다. 강아지똥은 민들레의 거름이 되어 뜻 있는 존재가 되는 순간, 햇빛과 흙과 바람과 빗물과 더불어 한 송이 꽃이 되는 순간, 꽃이라는 우리로 자기를 내어놓는 순간, 뜻 있는 자신의 모습에서 행복함을 느꼈다. 결국 권정생의 철학에 녹아든 것도 '뜻' 있고 싶음이라 할 수 있다. 윤동주가 부끄러움에 아파한 것도 '뜻' 있는 존재가 되지 못해서다. 문익환이 그저 어려운 이론으로 이루어진 철학이 아닌 민중의 옆에서 민중을 위한 철학으로 발바닥 철학을 외친 것도 바로 이 현실의 '뜻'이 이루어지는 공간이 민중이었기 때문이다. 가톨릭 신자이지만 동학의 영향을 많이 받은 장일순 역시 '뜻'은 누군가에게 주어지거나 누군가에게 의존하는 것이 아니라, 자기 안에 고귀함과 신성함을 깨우치는 것이라고 한다. 이들이 비록 '뜻'이란 말을 사용하지는 않았지만, 하나 같이 '뜻' 있는 존재를 꿈꾸었다. 뜻을 품고자 하였다. 비록 함석헌이 '뜻'이란 말을 그리스도교의 '로고스'(λόγος)로부터 영향을 받아 사용했지만, 함석헌만이 뜻을 궁리하고, 뜻 있는 것에 대해 혹은 뜻을 품은 삶에 대해 고민한 것은 아니다. 그것은 20세기 내재적 초월을 지향한 이 땅의 철학자들, 고난의 시간을 살아가면서 과연 어떤 삶이 뜻 있는 삶인지 고민한 현실의 고난 속에서 뜻을 이루며 살아가려 한 거의 모든 한국 철학자들의 고민이다. 그것이 서로 다른 많은 철학자들이 하나 같이 궁리한 것이며, 이런저런 서로 다른 삶의 모습 속에서도 이루려고 한 보편적인 지향점이었다. 바로 우리 제일 철학이 향하려 한 제일의 어떤 것이었다는 말이다. 그러므로 우리의 제일 철학은 '뜻의 형이상학'이라고 할 수도 있겠다.

뜻의 형이상학: 함석헌의 내적 초월 형이상학

유럽 형이상학의 전통에서 주요한 인물은 바로 수아레즈(Francisco Suárez , 1548 – 1617)[159]다. 그는 자신의 《형이상학 논고》(Disputationes metaphysicae)[160] 에서 형이상학에 대한 체계적 형태와 논의를 전개한다. 우선 형이상학은 과연 무엇을 대상으로 하는 학문인지(Quod sit metaphysicae obiectum) 묻는다.[161] 형이상학의 대상은 크게 두 가지 가운데 하나다. '실재의 존재'(ens realis)이거나 '이성의 존재'(ens rationis)다. 형이상학은 이 둘 가운데 하나 혹은 둘 모두를 다루는 학문이어야 한다. 결과적으로 수아레즈는 형이상학을 '실재의 존재인 한에서 존재'를 다루는 학문이라고 했다. 여기에서 '실재의 존재'란 나의 주관에 의해 달라지지 않으며 주관의 산물도 아니다. 쉽게 말해 주관의 사고 행위의 결과물이 아니다. 반면 '이성의 존재'는 소설 《어린왕자》의 'B612'이나 《홍길동전》의 율도국과 같은 것이다. 이것은 이성이 만들어낸 관념 속의 존재다. 오직 인식 주관 '안'에 존재하는 것일 뿐이다. 그러나 주관의 사고 행위가 아닌 '실재의 존재'는 주관 '밖'에 존재한다. 여기에서 '밖'이란 공간적 외부를 의미하지 않으며, 인식 주관이 행하는 이성의 사고 행위로 만들어지거나 그것에 의존하는 그런 존재가 아니란 의미에서 '밖'이다. 당장 눈앞에 있는 만년필은

---

159 Benjamin Hill and Henrik Lagerlund (eds), *The Philosophy of Suarez* (Oxford: Oxford University Press, 2012).

160   Francisco Suarez, *Disputes métaphysiques I, II, III.* Jean-Paul Coujou (trans.)(Vrin: 1998).

161 Marco Forlivesi, "Impure Ontology. The Nature of Metaphysics and Its Object in Francisco Suarez's Texts", *Quaestio 5* (2005), pp. 559-586; Daniel Heider, "The Nature of Suarez's Metaphysics: Disputationes Metaphysicae and its Main Systematic Strains", *Studia Neoaristotelica 6* (2009), pp. 99-110.

'실재의 존재'다. 내 의식의 산물이 아니다. 사고로 만들어낸 것이 아니다. 이러한 '실재의 존재'는 '현실'과 '가능'을 기준으로 다시 '실재적 현실 존재자'와 '실재적 가능 존재자'로 나뉜다.

서로 다른 두 개체인 '지승'과 '현아'를 가정해보자. 이 둘은 '실재적 현실 존재자'이다. 실재의 존재이면서 현실적으로 있다. 그러나 지승과 현아 사이에서 '태어날 아이'는 '실재적 가능 존재자'다. 현실적으로 '있지 않지만' 가능적으로는 '있다'. 지금 씨앗은 눈앞 보이는 그대로 씨앗으로만 보면 실재적 현실 존재자이다. 그러나 실재적 현실 존재자로 씨앗은 '나무'라는 실재적 가능 존재자를 품고 있다. 또 나무는 눈앞 나무만으로 보면 실재적 현실 존재자이지만, 그 가운데 과실이란 실재적 가능 존재자를 품고 있다. 이 두 가지 '실재의 존재'에 속하는 모든 것이 형이상학의 논의 대상이다.

실재적 현실 존재자나 실재적 가능 존재자만 논의의 대상인 것이 아니다. 또 '실재의 존재'는 유한과 무한을 기준으로 두 가지로 나눌 수 있다. '실재적 무한 존재자'와 '실재적 유한 존재자'가 그것이다. 수아레즈에게 신은 실재적 무한 존재자다. 반면에 피조물은 실재적 유한 존재자다. 또다시 '실재의 존재'는 질료를 기준으로 두 가지로 나눌 수 있다 신과 천사는 '실재적 비질료 존재자'이며, 그 이외 다른 피조물들은 '실재적 질료 존재자'이다. 여기에서 실재적 비질료 존재자는 신이란 '실재적 무한 비질료적 존재자'와 천사라는 '실재적 유한 비질료적 존재자'로 나뉜다. 천사를 제외한 모든 피조물은 '실재적 유한 질료적 존재자'다. 이들 가운데 하나만이 형이상학의 고유한 대상이 아니다. 예를 들어, 신만을 대상으로 삼는 것도 아니다. 그렇다면 형이상학은 신학이 되어버린다. 또 신과 천사만을 다루는 것도 아니다. 만일 그렇다면, 신학과 천사론이 결합된 새로운 학문이 형이상학이 되어버린다. 만일 형이상학이 이와 같이 감각 현실로부터 벗어난 것만을 논의의 대상으로 삼는다면, 형이상학이 다루는 그 있는 것은, 나란 존재도 너란 존재도 그리고 우리 일상의 모든 존재도 다루지 않는 학문이 된다. 그렇다면 수아레즈와 같이 중세와 근대의 그리스도교인이 천사와 신을 제외한 존재만을 형이상학의 대상으로 다루기도 쉽지 않다. 그들에게 신과 천사는 그저 관념의 대상이나 상상의 산물이 아니었기 때문이다. 그 신이 도대체 어떤 존재인지 쉽게 말할 수 없지만 말이다.

결과적으로 수아레즈는 형이상학의 고유 대상을 "실재의 존재인 한에서 존재"라고 한다. 이 답은 앞선 모든 것을 포괄하는 것을 다루는 학문으로서 형이상학이라는 말이다. 수아레즈는 '이성의 존재'를 형이상학의 고유한 대상으로 보지 않는다. '실재의 존재'만을 형이상학의 고유한 대상이라고 한다. 즉 형이상학은 '상상의 존재'를 다루지 않는다. 이성적 사유에 의존해 존재하는 그런 존재들, 슈퍼맨이나 율도국이나 B612와 같은 존재는 형이상학의 고민 대상이 아니다. 오직 '실재의 존재'의 존재성만을 다룬다.

정리해 보면, 형이상학이 다루는 '있는 것'은 이성의 산물이나 관념이 아니다. 오직 주관 안에 있기만 한 어떤 것이 아니다. 주관 밖에 있는 '실재의 존재'다. 물론 실재의 존재 역시 사고를 위해 이성의 영역 '안'에 속하게 되지만, 이성 '밖'에 그 존재의 뿌리를 가진 것이어야 한다. '이 만년필'을 사고할 때, '이 만년필'이란 개념이 이성 가운데 형성된다. 그러나 그것은 허상이 아니다. 나라는 주관의 밖에 이 만년필이 존재하고 있으며, 그 밖의 존재에 뿌리를 내린 개념이기에 허상이 아니다. 형이상학은 이와 같이 상상의 산물과 같은 이성의 존재가 아닌 토대를 가진 실재의 존재만을 고민한다.

또 형이상학은 보편학이다. 그렇게 실재의 존재 사이의 공통된 어떤 것, 모든 실재의 존재를 초월해 적용되는 어떤 것을 다룬다. 형이상학은 '유대칠'의 존재나 '유한결'의 존재 혹은 '유은결'의 존재와 같이 구체적인 어떤 존재를 다루는 것이 아니라, 이들 존재를 초월한 어떤 것을 다룬다. 당장 '있는 것'(ens)은 초월적이다. 유대칠도 '있는 것'이고, '이 만년필'도 '있는 것'이며, 저기 '양파'와 여기 '대나무'도 모두 '있는 것'이다. 유대칠과 바디우가 서로 다르게 생겼고, 서로 다른 곳에 살고, 서로 다른 취미를 갖고 살아간다고 해도, 그렇게 눈에 보이는 것으로 서로 너무 달라도, 유대칠과 바디우는 모두 '있는 것'이다. 유대칠이 더 있고 바디우가 덜 있는 것도 아니며, 유대칠과 바디우가 더 있고 '이 만년필'과 '저 양파'가 덜 있는 것도 아니다. 이와 같이 '있는 것'은 '실재의 존재'라고 하는 모든 것에 대해 서술될 수 있다. '있는 것'이 아니면, 실재의 존재도 아니다. 유대칠과 바디우는 서로 다르게 '있는 것'이지만, 이 둘은 모두 '있는 것'이다. 이렇게 서로 구분되지만, 이 둘은 동시에 '하나의 것'(unum)이다. 유대칠도 그 자체로 '하나인 것'이며, 바디우도 그 자체로 '하나인 것'이다. 쉽게 말해, 이 둘은 '있는 것'이며 동시에 각각 '한 명'이다. 유대칠과 바디우가 아무리 많은 수의 세포로 구성되어 있다고 해도 결국은 '한 명'이라 부른다. 결코 '여럿'이라고 하지 않는다. 잘 생각하면 '있는 것'은 모두 '하나의 것'이다.

한국은 영토와 여러 국민 등으로 구성된다. 그러나 한국으로 '있는 것'은 '하나'로 '있는 것'이다. 한국은 다수로 이루어졌지만, 여럿이 아닌 '하나의 것'이다. '하나의 것'은 모두 '있는 것'이며, 동시에 '진짜인 것' 혹은 '참된 것'(verum)이다. '가짜로 있는 것'은 결국 '있지 않은 것'이며, '있지 않은 것'은 '하나의 것'이라 부를 수도 없다. 오직 '진짜인 것'만이 '있는 것'이며 '하나의 것'이다. 그리고 이러한 것만이 우리가 추구할 수 있는 '좋은 것'(bonum)이 될 수 있다. '가짜로 있는 것'이나 '있지 않은 것'이나 '하나의 것'이 아닌 무질서한 것이 정말 '좋은 것'이 될 순 없다. 이렇게 '있는 것' '하나의 것' '참된 것' '좋은 것' 등은 서로 다르지만 모든 '실재의 존재'에 대해 서술될 수 있는 '초월범주'(transcendentalia)다.[162] 초월범주에 대한 생각은 오랜 시간 지중해 연안 철학자들의 사상을 지배했다. 이 세상 모든 '있는 것'이 '하나의 것'이며 '참된 것'이고 '좋은 것'이라면, 귓구멍 속 귀지도 '하나의 참된 좋은 것으로 있는 것'이

---

162 Jan A. Aertsen, *Medieval Philosophy and the Transcendentals. The Case of Thomas Aquinas* (Leiden-New York-Köln: Brill, 1996); Rolf Darge, *Suárez' transzendentale Seinsauslegung und die Metaphysiktradition* (Leiden–Boston: Brill, 2004); Federici Vescovini (ed.), *Le problème des transcendantaux du XIVe au XVIIe siècle* (Paris: Vrin, 2002); Martin Pickave (ed.), *Die Logik des Transzendentalen. Festschrift für Jan A. Aertsen zum 65. Geburtstag* (Berlin/New York: Walter de Gruyter, 2005).

다. 귀지가 있으니 귓구멍 속 수분이 유지되고 이물질로부터 귀가 보호된다. 귀지는 나름의 임무를 가지고 있으며, 그 임무를 수행하는 '참으로 좋은 것'이다. 그것을 더러운 것으로 보는 것은 우리 인간의 편협한 시선에서일 뿐이다. 흔히 필요 없다며 뽑아버리는 잡초 역시 마찬가지다. 그것 역시 그 있음의 '까닭'이 있다. 그냥 있는 것이 아니라 까닭이 있으며, 그 까닭을 이룸으로 좋은 것이다. 거짓으로 있으며 거짓으로 이루고 있는 것도 아니다. 산속 잡초는 많은 곤충과 짐승의 먹이이고 죽어서는 거름이 되어 다른 식물들의 생명을 위해 자신을 내놓는다. '좋은 것'이다. 그 잡초 역시 수많은 자기 내어줌의 희생이 하나의 모습으로 있게 된 '하나의 것'이다. 그리고 거짓으로 있지 않고 '참된 것'이다. 이와 같이 유럽 전통 형이상학에서는 '있는 것' '하나인 것' '참된 것' '좋은 것'과 같은 초월범주로 모든 것이 서술된다. 길에서 흔히 보는 잡초도, 귓구멍 속 귀지도, 그리고 '나'도 모두가 '참'으로 '좋은' '하나'로 '있는 것'이다. 잡초도 나도 '좋은 것'이란 점에서 같고, 잡초도 나도 '하나인 것'이란 점에서 같다.

하지만 이 현실 속 잡초와 나 그리고 귀지는 제대로 영원히 '참'으로 '좋은' '하나'로 '있는 것'으로 있지 못한다. 잡초와 나 그리고 귀지는 모두 죽거나 부서지며 소멸할 것이다. 그러면서 하나로 있지 못할 것이다. 여럿으로 부서진다. 그리고 '좋은 것'은 서로 경쟁하면서 누군가에겐 소유하지 못한 '나쁜 것'이 되고, 누군가에겐 과도하게 소유한 '좋은 것'이 되기도 한다. 그 '좋음'이 '나쁨'이 되기도 한다는 말이다. 거기에 참으로 있는 것도 주관의 인식 한계에 의해 쉽게 거짓으로 왜곡되기도 한다. 현실 속에서 '있는 것', 즉 플라톤이 이야기하는 감각 현실이란 동굴 속에 '있는 것'은 초월범주의 가치를 온전히 드러내지 못하고 쉽게 무너진다. 서로가 서로를 알아보지 못하고 자신이 자신을 알아보지 못한다. 그러니 동굴, 즉 현실 '안'이 아닌 '밖'의 초월범주를 향해 달아난다. 감각 현실 속 '있는 것' '하나의 것' '참된 것' '좋은 것'은 설사 처음부터 그렇게 창조되었다고 해도, 아니 원래 처음부터 그렇게 있어왔다고 해도 변덕스러운 인간 존재는 그 초월범주의 가치를 지탱하지 못한다. 설사 이 감각 현실 가운데 그렇게 가치가 주어져 있다고 해도 지탱해내지 못한다. 그러니 이곳의 가치가 아닌 저곳의 가치, 안의 가치가 아닌 밖의 가치를 향해 달아난다. 그곳에 의존해 존재하려 한다. 철학적 종살이를 자처하는 것이다.

유럽의 형이상학은 결국 '밖'을 향한다. 실제로 존재하는 것이 비록 이곳에서 웃고 울며 현실적으로 살아 있다고 해도, 그 있음의 뿌리는 '안'이 아닌 '밖'이었다. 변덕스러운 여기에 있을 리가 없다. 철학적 희망의 길은 '안'을 향한 길이 아닌 '밖'을 향한 길이어야만 했다. 나와 우리를 중심에 두는 것이 아니라, 나와 우리의 밖을 중심에 두고 나와 우리를 변두리에 둔다. 나와 너는 '실재의 존재'다. 수아레즈의 논리에서 생각해보자. 나와 너는 '이성의 존재'가 아니다. '실재의 존재'다. 나의 관념에 의해 존재하는 것도 아니고, 누군가의 관념에 종살이하는 존재도 아니다. 자신의 존재의 뿌리를 누군가의 사고가 아닌 곳에, 인식 주관자의 이성 사고의 밖에 당당한 자신의 몫으로 가진 존재다. 그러나 아무리 이렇게 생각해도, 결국 '밖'을 향하는 형이상학에서 보면 나와 너의 존재론적 뿌리, 나와 너의 존재론 혹은 형이상학의 고향은 나와 너가 살아가는 여기, 바로 나와 너 그리고 우리라는 터가 아니라, 이 '안'이 아니라 저 '밖'이다.

나와 너가 웃고 울고 있는 이 현실의 밖이 더 현실이며, 그 현실의 근거도 밖에 있다. 이 현실 자체가 현실 밖의 현실에 종살이하고 있다. '유대칠'을 유대칠로 있게 하는 유대칠의 본질(*essentia*)과 존재(*esse*), 즉 무엇임(*essentia*)과 있음(*esse*)은 변덕스러운 것으로 가득한 이 감각 현실의 공간에 있지 않다. 그 것은 시간과 공간을 넘어선다. 초월된 곳에 있다. 이 감각 현실은 'is'(지금 있다)에서 'was'(그때 있었다)로 이행하는 변화의 공간이다. '현재' 모든 것은 '과거'가 되어 '변화'하며 사라진다. 인간으로 보면, 태어나 살아가며 늙어가고 죽는다. 모든 탄생은 모든 죽음의 시작이다. 이를 벗어난 존재는 없다. 모든 '있는 것'은 모든 '없는 것'과 결국은 같아진다. 언제 어디서나 보편타당하게 항상 동일한 것은 없다. 이 감각 현실의 세상엔 없다. 이곳의 '유대칠'은 태어나 살아가며 늙어간다. 그리고 죽어간다. 이것이 이곳의 '유대칠'의 있는 모습 그대로이다. 그것이 그의 '있음'이고 그것이 그의 '무엇임'이다. '있음'과 '아니 있음'이 같아지고, '있기'와 '없어지기'가 같아지는 것이 '있는 그대로의 여기'다.

있는 그대로의 모습으로 있는 것을 두고 아리스토텔레스는 변화하며 사라지는 이곳에 집중하기보다는 벗어나려 한다. 변화하지 않는 어떤 것을 향한다. 그리고 오랜 시간 유럽의 형이상학은 변화하지 않으며 언제나 어디서나 동일한 어떤 것을 향해 나아간다. 이 현실에 없는 어떤 것을 찾아 이 현실의 밖으로 달아나려 했다. 그렇게 사라지는 '유대칠'은 진짜 '유대칠'이 아닐 것이라는 희망, 죽지 않으려는 희망에서였는지 모르겠지만, 늙지도 변하지도 않는 '유대칠'이 되기 위해 이곳 감각 현실이 아닌 이 현실 '밖' 초월한 곳, 이상향에 희망을 두고 살라 한다. '유대칠'이 '유대칠'로 제대로 있기 위해 안이 아닌 밖, 즉 '유대칠'이 '유대칠'로 제대로 있기 위해 '유대칠'을 벗어나 달아나라 한다. 죽어 흩어지지 않는 '하나의 것'으로 있는 '유대칠', 언젠가 사라져버리는 과거형의 '참된 것'이나 '좋은 것'으로 '유대칠'이 아닌 영원히 '참된 것'과 '좋은 것'으로 '있는 것'인 '유대칠'이 되기 위해서 말이다. 감각 속에서 울지도 웃지도 않는 그 초월된 곳에 있는 '유대칠'이 이 현실 속에서 울고 웃으며 늙고 죽어가는 '유대칠'의 철학적 고향이라며 말이다. 결국 철학, 형이상학, 존재론은 이 세상 '밖'을 향한 그리움이다. 철학은 이런 의미에서 향수병이 된다. 이 향수병이 깊어지면 깊어질수록 자신을 벗어나 자신 아닌 곳으로 찾아가 종살이를 하게 된다.

강력한 힘을 가지게 된 근대 유럽은 자신들만 동굴 밖을 경험한 듯 행동했다. 자신들이 '신'이 된 듯 행동했다. '참된 것'은 자신들이 가르쳐주는 것이었다. 자신들의 종교만이 초월적인 것을 합리적으로 잘 반영하는 종교이며, 유럽 밖의 종교는 신의 뜻을 거스르는 악덕한 것으로 제거되어야 할 무엇이라고 가르쳤다. 힘없는 이들은 힘으로 가르치는 그들의 가르침에 그것을 '참된 것'

으로 여겼다. 그렇게 유럽은 선으로 가장한 악으로 수많은 지역의 종교와 철학을 탄압했다. 가치의 문제도 유럽의 시선으로 '좋은 것'이 '선한 것'이 되었다. 제국주의의 식민지도 근대화라는 그럴듯한 논리 속에서 유럽인이란 가해자에게 '좋은 것'이 식민지의 피해자를 위한 '선한 것'으로 포장되었다. '좋은 것'을 결정하는 이들도 유럽이었다. 그들만이 가치를 만들어내는 존재였다. 많은 이들이 유럽인의 몸매가 되고 유럽인의 옷차림에서 호감을 느끼기 시작했다. 어쩌면 강자의 몸매이고 강자의 옷차림이었다. 그렇게 유럽 자신만이 가장 '좋은 것'이며, 유럽 밖 많은 이들을 지금보다 더 좋은 것으로 있게 만들어줄 희망이 바로 유럽 자신이라고 생각했다. 이런 생각 속에서 이루어진 잔혹한 식민통치도 범죄 행위로 여겨지지 않아 양심의 진통제가 되었다. 유럽은 지구의 '여럿'을 '하나의 것'으로 만들어야 한다고 생각했다. 유럽과 비유럽은 하나의 것이 되기 위해 비유럽의 많은 것들이 제거되어야 했다. 그러는 사이 많은 언어가 사라지고 많은 전통과 종교 그리고 철학이 사라졌다. 통일이라는 듣기 좋은 논리 속에서 말이다. 유럽으로 '하나' 되어 '있는 것'이 가장 '좋은 것'이고 '참된 것'이라고 유럽인들은 비유럽인들에게 힘으로 가르쳤다. 비유럽이란 동굴 속에서 살아가는 이들에게 자신들이 동굴 밖을 경험하고 그곳에 산다고 생각한 유럽은 잔인하게 동굴 속 비유럽인에게 자신들과의 동일화를 강요했다. 자신들과의 차이성은 곧 미개이고 비합리이고 제거되어 마땅한 것이라고 가르치고 강요했다.

잔혹한 유럽과 그런 유럽을 빨리 자기 방식으로 익힌 일본에게 조선은 유럽과 일본의 밖, 즉 미개하고 열등하며 모자란 존재였다. 유럽과 일본에 비해 '덜' 좋은 존재이고, '덜' 참된 존재였다. 말 그대로 식민지가 되어 마땅한 존재였다. 유럽과 일본의 시선에서 이루어진 교육은 조선 청년들을 서서히 무력한 존재로 만들어갔다. 조선 사람이지만 유럽과 일본의 시선이 주어졌다. 서서히 우리 스스로를 경멸하게 만들었다.[163] 나와 우리의 '있음'을 스스로 돌아보

---

163 《저작집 30》, 431쪽.

지 못한다. 나와 우리의 가치를 나와 우리의 삶에서 일구지 못하고 의존한다. 종살이를 한다. 나와 우리를 또 다른 누군가의 변두리에 둔다. 스스로 자신의 '뜻'을 위해 궁리하며 살아가지 못하고, 유럽은 어떠한지 일본은 어떠한지 살핀다. 다른 역사 다른 문화 다른 수많은 조건에서 이루어진 것을 답이라고 생각한다. 스스로의 있음에 자신감이 없다. 종살이를 당연한 것으로 생각한다. 동굴 속에서 벗어날 수 없다면 적당히 배나 불리는 것이 천명(天命)이라는 이들도 등장한다. 그러나 함석헌은 정말 우리 자신, 바로 나 자신을 믿고 운명을 걸고 마지막까지 싸워야 한다고 한다.

> '그럼 이제 믿을 건 나밖에 없다' 하고 운명을 걸고 나서는 마지막 힘을 써봤어야 할 것인데, 그러려는 기색이 없었다.[164]

이것이 비극이다. 이것이 바로 이 땅의 형이상학, 바로 한국 형이상학이 필요한 이유다. '진짜 있는 것'은 바로 여기 '나'이고 '너'이고 '우리'다. 참된 것, 하나의 것, 좋은 것, 있는 것이 하나가 되어야 할 공간은 '밖'이 아니라 바로 '안'이다. 이곳이다. 함석헌이 제안하는 한국 형이상학의 공간, 그 터는 '밖'이 아니라 '안'이다. 바로 역사다. 억울하게 죽기도 하고, 배신과 배반이 가득한 고난의 시간이다. 또 그 고난 가운데 뜻을 이루기 위해 죽을힘 다해 싸우기도 하고, 온 힘 다한 싸움에서도 이기지 못해 눈물로 이겨내는 시간을 보내기도 한 시간이 역사다. 역사 속 민중의 외침과 그 외침의 이름 하나하나가 온전한 기록으로 남아 있지는 않지만, 민중이란 거대한 '여럿이 더불어 하나 된 힘'으로 지금도 사라지지 않고 남아 있는 터가 역사다. 민중의 삶, 시간과 공간을 넘어 우리의 삶, 그 삶이 뿌리내린 역사가 바로 이 땅 민중, 이 땅 사람의 형이상학이 세워진 터다.

---

164 《저작집 2》, 27쪽.

여럿인 가운데서 될수록 **하나인 것을 찾아보자는 마음**, 변하는 가운데 될수록 **변하지 않는 것을 보자는 마음**, 정신이 어지러운 가운데서 될수록 **무슨 차례를 찾아보자는 마음, 하나를 찾는 마음**, 그것이 '**뜻**'이란 것이다. 그 뜻을 찾아 얻을 때 **죽었던 돌과 나무가 미(美=아름다운 것)로 살아나고**, 떨어졌던 **과거와 현재가 진(眞=참된 것)으로 살아나고**, 서로 원수 되었던 **너와 나의 행동이 선(善=좋은 것)으로 살아난다**. 그것이 역사를 앎이요, 역사를 봄이다.[165]

뜻은 마음이며, 마음으로 이루어진다. 어지럽게 흩어져 있지 않으며, 하나로 더불어 있으려는 마음, 그 마음으로 뜻이 이루어진다. 뜻이 이루어지면 죽었던 것이 '아름다운 것'으로 살아나고, 과거와 현재가 '참된 것'으로 살아나고, 서로 원수가 되어 싸우던 것이 '좋은 것'으로 살아난다. 함석헌이 이야기하는 '좋은 것'과 '참된 것'과 '아름다운 것'과 같은 초월범주의 것들은 나와 너 그리고 우리의 밖에서 이루어지는 것이 아니다. 나와 너가 우리로 하나 된 그 더불어 있음의 터에서 이루어진다. 죽든 말든 상관없다며 고개 돌리고 살던 '너'의 앞에서 '너'의 아픔을 '남'의 아픔이 아니라 '우리'의 아픔이고, '우리'의 아픔이기에 '우리' 가운데 '나'의 아픔이라며 더불어 우는 모습에서 죽었던 돌과 나무가 아름다움으로 살아나듯 '나'와 '너'는 '우리'로 아름답게 존재하게 된다. '아름다운 것'이 된다. 진정한 '아름다운 것'이 있는 '아름다운 것'의 자리는 바로 여기다. 우리 가운데다. 또 과거의 화려한 역사라며 과거로 돌아가려는 이들에게 현재는 거부의 대상이다. 과거와 현재는 화해하지 못하고 다툰다. 이런 곳에서 참된 것은 죽는다. 참된 것은 과거와 현재의 화해 속에서 이루어진다. 그 화해는 '여기'에서 이루어진다. 서로의 '좋은 것'만을 위해 살아가며 싸우고 다투던 '나'와 '너'가 화해해 더불어 있게 될 때, 나와 너는 그 자체로 우리라는 '좋은 것'이 된다. 밖의 '좋은 것'으로 두고 싸우는 각자가 되는 것이 아니라, 우

165 《저작집 30》, 48쪽.

리라는 '스스로 좋은 것'이 된다. 이 역시 바로 여기에서 우리 가운데 이루어진다.

뜻 있는 존재의 자리는 바로 '여기'다. 살아 있다는 것은 진리 없는 동굴 속에서 미개하고 비참하게 살아 있다는 말이 아니다. 유럽의 밖에서 유럽을 그리워하며 있는 것도 아니고, 일본이나 중국의 밖에서 그들을 그리워하며 있는 것도 아니다. 정말 제대로 뜻 있게 있는 것은 바로 지금 여기 나와 너 그리고 우리에게 충실한 것이다. 바로 이곳에서 외치는 것이다. 그 당연한 외침을 외치며 시작하는 것이다.

나는 나다 하는, 다시 말해서 **자아를 가지는 것이 인간**이다.[166]

이 말은 나는 '나'라며 나를 그냥 고집하는 것이 아니다. '나'라는 자아가 있다는 말이다. 누군가의 종이 아닌 '나'라는 자아가 여기 살아 있다는 외침이다. 살아 있다는 말은 종살이하고 있다는 말이 아니다.

생명은 곧 **자기주장**이다.[167]

'나'라는 것은 '나'는 살아 있다는 것이다. 바로 '여기'에서 말이다. 밖을 그리워하며 밖의 덕으로 존재하는 것이 아니라, 바로 여기에서 나와 너 그리고 우리가 초월범주의 가치를 이루며 살아 있다는 말이다.

뜻의 형이상학은 밖을 향한 그리움으로 살아가라는 모든 형이상학적 폭력에 대해 도전적이어야 한다. 사람은 '살아 있는 것'이라고 했다. '살아 있는 것'은 자기주장이다. 자기주장은 저항이다. 항거다. 그 항거가 나를 사람으로 만들고, 인격(人格, persona)으로 만든다. 나를 책임지는 '자유의 주체'로 만든다.

---

166 《저작집 2》, 111쪽.
167 같은 책, 110쪽.

그런 존재가 되어야만 완전에 이르게 된다. 초월의 경지에 이르게 된다. 내적 초월이다. 밖을 향한 외적 초월이 아닌 바로 이곳에 충실한 가운데 이루어진 내적 초월이다. 그 내적 초월의 구현으로 '나'는 '뜻 있는 것'이 된다.

> **사람은 저항하는 거다. 저항하는 것이 곧 인간이다. 저항할 줄 모르는 것은 사람이 아니다. 왜 그런가? 사람은 인격이요 생명이기 때문이다. 인격이란 무엇인가? 자유하는 것 아닌가? 우선 나는 나다 하는 자아의식을 가지고, 나는 나를 위한 것이라 하는 자주하는 의지로써, 내 뜻대로 내 마음껏 나를 발전시켜 완전에까지 이르자는 것이 인격이다.** 완전히 어디까지인지 말로 할 수 없지만, 말로 할 수 없기 때문에, 하나님이라 혹은 하늘나라라 하지만, 그 뜻을 말하면 영원한 것이요 무한한 것이다. 영원/무한을 지향하고 자유 발전하여 나가는 것이 인격이다.[168]

그런데 슬프게도 이 땅의 철학은 이 땅의 지금을 살아가는 나와 너 그리고 우리라는 사람을 긍정하지 못하게 했다. 이 땅의 사람에게 남의 땅의 '호모'와 '아담'을 그리워하라고 했다. 조선 시대 중국의 변두리에 있던 민중은 일본과 유럽 그리고 미국의 변두리가 되었다. 그들과 우리의 차이성, 그 '다름'을 인정하지 않고, 그들과 우리 사이의 동일성, 즉 '같음'만을 강조했다. 같아져야만 했다. 강요된 동일성은 '나'로 있음의 포기다. 주체성의 포기이며, 철학의 포기다.

> **제가 스스로 제 운명을 개척하고 사람 노릇을 하자는 생각이 없고 오늘 이** 놈에게, 내일은 저놈에게 붙어 그때그때 구차한 안락을 탐하는 것이었다.[169]

---

168 같은 책, 109쪽.
169 《저작집 30》, 377쪽.

포기한 이들은 종살이하는 이들이다. 자발적 노예다. '나'와 '우리'의 형이상학을 가진다는 것은 쉽지 않은 결단의 순간을 가져야 한다. 파스칼 (Blaise Pasca, 1623~1662)은 우리 인간이 불행하고 무지하고 절망 속에 있다고 했다.

> 우리는 진리를 원한다. 그러나 우리 안에 불확실만 본다. 우리는 행복을 추구한다. 그러나 비참과 죽음만을 발견한다.[170]

> 만약 우리의 상태가 진정 **행복하다면**, 이것을 생각하는 것에서 굳이 **마음을 돌릴 필요가 없었을 것이다.**[171]

진리를 찾으려 하면 불확실을 보게 되고, 행복을 향하면 비참을 보게 된다. 이것이 인간의 처지다. 그러나 그 처지에 고개 숙이고 살아가는 것은 '뜻'을 포기한 삶이다. 만일 처음부터 행복했다면, 행복하려 하지 않았을 것이다. 만일 진리를 처음부터 알고 있었다면, 진리를 추구하지 않았을 것이다. 없기에, 부재하기에 철학한다. 부재한다고 그냥 부재하게 두는 것이 아니라, 누군가의 지도와 지시를 기다리는 것이 아니라, 스스로 철학한다. 절망과 불행이 생각하게 만든다. 눈물이 철학하게 한다.

> **자기 자신을 알아야 한다.** 이것이 진리를 찾는 데 도움이 되지 않는 때라도, 적어도 생활을 규제하는 데에는 도움이 되는데, 이보다 **더 옳은 일은 아무것**

---

170 파스칼, 《팡세》, 이환 역(서울: 민음사, 2017[44쇄]), 83쪽. 《팡세》에 대한 한국어 번역은 서로 상이하다. 그 구성 문장의 전체 내용은 같으나 문장의 순서가 매우 상이하다. 그것은 한국어 번역의 문제가 아니라, 각각 다른 프랑스어 원문의 종류가 가지는 상이함 때문이다. 나는 각각 서로 다른 판본에 대한 인용을 굳이 하나의 한국어 번역본으로 통일하지 않고 내가 읽어온 서로 다른 번역본들의 서로 다름에 따라 각각 인용했다.

171 같은 책, 79쪽.

도 없는 것이다.[172]

만일 인간이 자기가 오만과 야욕과 취약과 비참과 부정에 가득 차 있음을 모른다면, 그는 **장님에 틀림없다.**[173]

비참한 자기 처지를 알아야 한다. 비참해서 오히려 '나'를 알아야 하고 '우리'를 알아야 한다. '나'와 '우리'가 철학의 주체가 되어야 하고 철학의 대상이 되어야 한다. 그것이 없어서 그것을 해야 한다. 장님으로 있을 순 없으니 말이다. 한국 형이상학의 존재 이유는 바로 '부재의 자각'이다. 한국 형이상학이 없다는 그 부재의 자각에서 한국 형이상학은 시작한다. 한국철학 역시 한국철학의 없음을 자각함으로써 시작된다. '없음'이 '있음'의 시작인 것은 당연하다. 철학의 주체는 없음을 자각한 주체이며, 삶의 고난을 이겨내고 있는 고난의 주체여야 한다. 눈물의 주체여야 한다. 그것을 알지 못하고 남의 반성으로 일구어진 남의 것을 가져다 나의 부재를 채운다고 그것이 나의 부재에 대한 해결책이 되지 않는다.

당신 눈 속의 들보는 스스로 보지 않으면서 어떻게 당신 형제더러 '여보게, 가만 있게. 자네 눈 속의 티를 빼내주겠네' 하고 말할 수 있습니까? 이 위선자, **먼저 당신 눈에서 들보를 빼내시오.** 그 때에야 당신은 형제 눈 속의 티를 똑똑히 보고서 빼낼 것입니다.[174]

"루카복음서"의 한 구절이다. 시작은 '나'다. 우리 가운데 나와 너의 항거와 혁명은 어디에서 시작되어야 하는가? 나다. 나의 생각 없이 너에게 달려가 너

---

172 파스칼, 《빵세》, 안응렬 역(서울: 동서문화사, 1975), 34쪽.
173 파스칼, "팡세", 《파스칼 데카르트》, 이문호 역(서울: 대양서적, 1970), 218쪽.
174 "루카복음서" 6장 42절.

의 답을 요구하는 것으로 해결 날 일이 아니다. '나의 생각' 없이 '너의 생각'으로만 가득한 '나'는 제대로 된 '나'가 아니다. 그런 나는 평등한 나와 너로 이루어진 우리를 이룰 수 없다. 그냥 주인인 너와 노예인 나일 뿐이다.

고난, 비참, 불행, 절망은 철학의 시작이다. 가장 쉬운 해결책은 '남'을 찾는 것이다. 그러나 제대로 된 해결책은 '나'의 것을 가지는 것이다. 나의 '밖'이 아니라 나의 '안'에서 희망을 구하는 것이다.

> **고난을 이기는 자에게는 옥을 닦는 돌 같은 것이나,** 거기 져버리는 놈에게는 망하게 하는 재난이다.[175]

이것이 한국철학자의 몫이다. 아무리 힘들어도 우리의 힘으로 우리의 옥을 닦아내야 한다. 그것이 우리의 인생을 더욱 깊게 만들고, 더욱 나답게 만들며, 거짓과 위선으로 가득한 역사를 정화한다.[176]

많은 유럽의 철학자들 역시 '안'으로 들어가라고 한다. 파스칼 역시 철학자들이 '밖'의 것에 속으면서 '밖'의 것에 희망을 거는 민중에게 '안'으로 들어가라고 하지만 민중의 귀엔 온전히 들어가지 않는다고 했다.[177] 그러나 사실 유럽의 철학자들이 이야기하는 그 '안'은 나의 '안'이면서 세상의 '밖'이다. 나의 '안'이면서 우리의 '밖'이란 말이다.

함석헌의 철학은 세상 '밖'이나 우리의 '밖'을 향하지 않는다. 그의 초월범주는 '밖'에 있지 않다. '안'에 있다. 뜻이 구현되는 공간은 우리 가운데다.[178] 이미 위에서 보았듯이 하나의 것, 참된 것, 좋은 것, 아름다운 것의 공간은 바로여기 우리 가운데다. 함석헌이 이야기하는 '뜻'은 유럽인의 눈에는 '로고스'다. "요한복음서"에서 로고스는 이 세상의 처음부터 하느님과 함께 있고, 곧 하느

---

175 《저작집 30》, 430쪽.
176 같은 책, 131쪽.
177 파스칼, 《팡세》, 150쪽.
178 《저작집 30》, 48쪽.

님이며, 이 세상 모든 것은 로고스로부터 나왔다. 함석헌은 그 로고스를 한국어로 번역하기 어렵다고 했다.

> 우리말로 한다면 '말씀'이라 그럴 수도 있고 '이성'이라 그럴 수도 있고 '도'(道)라 그럴 수도 있고, **한문으로 그냥 '道'(도)라 하면 좋아요. 그러나 지금은 또 '도'란 말이 잘 안 쓰이니까, 그 말 쓸 수가 없습니다.**[179]

'말씀'이라고 할 수 있지만 '도'라고 하면 더 좋다고 생각한다. 그런데 함석헌은 로고스를 '도'라는 용어보다 의미 혹은 뜻으로 받아들인다.[180]

> **사람이 사는 것이 뭐냐?** 사람은 보람에 사는 건데 자기가 하는 일에 **어떤 의미가 있다 믿어지면 어려운 환경에서도 잘 견디고, 고난으로 죽을 것 같은데 잘 견디고, 그렇지 못한 사람은 튼튼한 것 같은데 맥없이 턱턱 죽더라 그거예요.** 그래서 이걸로 새로운 학설을 하나 세워 그걸 로고테라피라, 로고(logo)는 "요한복음" 첨에 나오는 **'로고스'라는 말**(이다).[181]

결국 로고스는 의미다. 의미 있는 삶은 당연히 뜻 있는 삶이다. 함석헌의 철학에서 '로고스'는 그렇게 '뜻'이 된다. 바로 그 '뜻'의 공간은 밖이 아니라 안이다.

"요한복음서"를 읽어보면 '로고스'는 한국어로 '말씀'이라고 번역된다. 유럽의 현대어에서도 같은 맥락에서 the word(영어), das Wort(독일어), la Parole(프랑스어), la Parola(이탈리아어)로 번역된다. 일본어 번역(Colloquial Japanese)은 아예 의미적으로 '로고스'가 결국은 '예수 그리스도'이기에 '그리

---

179 《저작집 21》, 232쪽.
180 같은 책, 204쪽.
181 같은 곳.

스도'(キリスト)라고 번역해버린다. 그러나 다른 일본어 번역(일어본 Colloquial Japanese)에서는 '엉'(言)으로 번역함으로써 '말씀'이란 사전적 의미를 유지하고 있다. 직접 보자.

- 그리스어본: *Ἐν ἀρχῇ ἦν ὁ Λόγος, καὶ ὁ Λόγος ἦν πρὸς τὸν Θεόν, καὶ Θεὸς ἦν ὁ Λόγος.*
- 라틴어본: *In principio erat Verbum, et Verbum erat apud Deum, et Deus erat Verbum.*
- 한국어본(200주년): 맨 처음에 말씀이 계셨다. 말씀이 하느님과 함께 계셨으니 그 말씀은 하느님이셨다.
- 한국어본(가톨릭성경): 한 처음에 말씀이 계셨다. 말씀은 하느님과 함께 계셨는데, 말씀은 하느님이셨다.
- 한국어본(공동번역): 한 처음, 천지가 창조되기 전부터 말씀이 계셨다. 말씀은 하느님과 함께 계셨고 하느님과 똑같은 분이셨다.
- 한국어본(개역개정): 태초에 말씀이 계시니라 이 말씀이 하나님과 함께 계셨으니 이 말씀은 곧 하나님이시니라.
- 영어본(NIV): In the beginning was the Word, and the Word was with God, and the Word was God.
- 일어본(Colloquial Japanese): 初めに言があった。言は神と共にあった゛言は神であった゜
- 일어본(Japanese Living Bible): まだこの世界に何もない時から゛キリストは神と共におられました゜キリストは゛いつの時代にも生きておられます゜キリストは神だからです゜
- 프랑스어본(La Sainte Bible): Au commencement était la Parole, et la Parole était avec Dieu, et la Parole était Dieu.
- 독일어본(Luther Bibel): Im Anfang war das Wort, und das Wort war

bei Gott, und Gott war das Wort.

· 이탈리아어(La Nouva Diodati)： Nel principio era la Parola e la Parola era presso Dio, e la Parola era Dio.

사실 로고스는 '말씀'이란 의미 그 이상의 위상을 가졌다. 번역이 쉽지 않다. 함석헌 자신도 '뜻'이나 '의미'라는 표현을 제안하지만, 결국은 사람들에게 익숙한 번역어인 '말씀'을 주로 사용했다. 그러나 '말씀'이란 말로 로고스를 이해하기엔 무리가 있다. 로고스는 그리스어 '레고'(λέγω, lego)에서 나왔다. 이 그리스어는 '말하다' '모으다' '정돈하다' '합계하다'라는 사전적 의미를 가진다. 아리스토텔레스의 문헌에서 '로고스'는 '말'이란 의미로 사용되기도 한다.[182] 또 다른 곳에선 '비율'로 사용되며,[183] '이성'으로 사용되기도 한다.[184] "요한복음서"의 이 구절을 조금 더 흥미롭게 이해하기 위해 헤라클레이토스의 '로고스'에 대한 설명이 도움을 줄 듯하다.

저에게 귀를 기울이기보다는 **로고스에** 귀를 기울이세요. **'만물은 하나다'** 라는 것에 동의하는 것이 지혜로운 것입니다(οὐκ ἐμοῦ, ἀλλὰ τοῦ **λόγου** ἀκούσαντας ὁμολογεῖν σοφόν ἐστιν **ἓν πάντα εἶναι**).[185]

헤라클레이토스가 이야기하는 '로고스'는 '모든 것이 하나'라는 지혜를 준다. 이것은 단순한 '말씀'이 아니다. '말씀'은 흔히 입 밖으로 나오는 소리를 두고 하는 말처럼 들리기도 한다. 그러나 여기에서 '로고스'는 '의미를 가진 소리 말', 즉 '뜻을 품은 것'이다. 그 로고스에 따라 세상이 운행된다는 것은 '뜻'에 따라 운행된다는 말이다.

---

182   같은 책, 57쪽.
183   Aristoteles, *Metaphyscia*, I, c.5, 985b 32 등.
184   *Ibid.*, IX, c.2, 1046b 2 등.
185   DK22B50.

함께 있는 것은 전체이지만 전체가 아니며, 한곳에 모이지만 따로 떨어지는 것, 더불어 부르지만 따로 각자 부르는 것, 그리고 **모든 것으로부터의 하나이며, 하나로부터의 모든 것이다**(συλλάψιες ὅλα καὶ οὐχ ὅλα, συμφερόμενον διαφερόμενον, συνᾷδον διᾷδον, καὶ ἐκ πάντων ἓν καὶ ἐξ ἑνὸς πάντα).[186]

따로 있지만 따로 있지 않은 것, 결국 '하나인 것'을 알게 되는 것이 로고스를 알게 되는 것이고, 우주의 이치를 알게 되는 것이다. 헤라클레이토스는 로고스 가운데 모든 대립하는 것이 하나가 된다고 본다. 즉 로고스 가운데 모든 것이 결국 하나가 된다는 말이다. 그리스도교는 로고스를 예수 그리스도라 한다. 마치 말이 뜻을 품은 소리인 것과 같이 예수 그리스도는 신인 인간이다. 어쩌면 예수를 예수로 있게 하는 것은 인성이 아닌 신성이듯이, 말에서도 '소리'가 아니라 '뜻'이다.

'말씀'이란 번역은 결국 우리 일상 속 '말'을 떠올리게 한다. 말은 수단이다. 말이 진짜 말이 되는 것은 말 그 자체 때문이 아니라 말을 하는 사람, 즉 '말의 주체' 때문이다. "저리 가라!" 이 말이 진짜 말이 되는 것은 이 말에 뜻을 부여한 '말의 주체' 때문이다. 그 말을 듣고 저리로 가는 행위가 이루어졌다면, 그 것은 말 때문이고, 궁극적으로 그 말을 한 '말의 주체' 때문이다. 그 말을 제대로 알아듣고 저리로 가는 이도 있고, 제대로 알아듣지 못하고 망설이는 이도 있으며, 아예 알아듣지 못하는 이도 있을 수 있다. 이때 제대로 알아듣는 이가 그렇지 않은 이를 이끌어야 한다. 즉 '신의 말'을 제대로 알아들을 수 없는 이들을 제대로 알아듣는 이들이 이끌어야 한다. '민중의 말'로 '하느님의 말'을 번역해주어야 한다. '인간의 논리'로 '계시 사실'을 민중에게 전달해주어야 한다. 교회가 이런 기능을 수행할 것이고, 왕권신수설을 주장하는 이들에겐 왕도 그

---

186 DK22B10.

런 기능을 수행한다. 초월은 경험과 인식의 밖으로 나감을 의미한다.[187] 교회
와 왕과 같은 권력자들만이 민중의 경험과 인식의 밖에서 일어난 것을 그들의
언어로 번역하고 알려주고 이끌 수 있다. 그 능력이 교회와 왕에게 나름의 특
권을 허락했다. '밖'의 것을 '안'에 소개함으로써 누릴 것을 누리는 중개상이라
고 할 수 있겠다.

그러나 로고스를 '말씀'이 아닌 '뜻'으로 읽는다면 다르다. '말씀'은 밖에서
안으로 들어오는 것이다. 말씀은 '듣는 것'이다. 그러나 '뜻'은 다르다. 뜻은 이
세상에 내재해 있다. '안'에 있다. '뜻'의 공간은 뜻의 '밖'이 아닌 뜻이 머문 바
로 '여기'다.

> 도덕적으로 완전한 지경을 표시하여 거룩(聖)이라 하는데, 위에서 말한 것
> 같이 그것도 하나의 뜻이 된다. whole이 holy다. **완전한 전체가 하나로 있**
> **으면 그것이 깨끗한 것, 거룩한 것이요, 전체에서 떨어지면 더러운 것이다.**
> 때는 몸에서 떠난 살이요, 속(俗)은 하나님에게서 떠난 인간이다. 그밖에 **정**
> **신적 가치라는 진(眞)/선(善)/미(美) 하는 거도 다 같은 뜻이다. 전체가 참이**
> **요, 전체가 선이요, 전체가 미다.**[188]

이곳의 '밖'에서 들려오는 소리에 따라서, 이곳의 '밖'에 존재하는 진선미를
향하여, 이곳의 '밖'으로 달아나는 것이 '뜻'이 아니다. 바로 이 현실의 공간, 바
로 이곳에서 떨어진 여럿이 하나가 되려는 마음이 '뜻'이다. 그리고 그 마음이
단지 앎으로 있으면 뜻이 아니다. 삶이 되어 드러나야 한다. 그래야 '뜻'은 '뜻'
이 된다. 인간은 원래 홀로 있으려는 존재가 아니다. 더불어 있고자 한다. 서
로 손을 잡고 있으려 한다. 그것이 인간이다.

---

187   한글학회 편,《새한글사전》(서울: 홍자출판사, 1965), 1075쪽.
188   《저작집 3》, 37쪽.

사람들은 서로 손을 잡게 됐다. 사람이 비로소 인간적이 되기 시작한 것이다.[189]

흔히 인간을 '사회적 존재'라고 한다. 아무리 "나는 나다"라고 소리치고 다녀도 철저히 홀로 웃는 행복보다 더불어 행복하기를 원한다. 함석헌에서 '나'는 흩어져 있는 것이 부자연스럽고, 진선미를 제대로 구현하지 못하고 있다. 함석헌에게 '나'는 흩어진 것으로, 낱개로 존재해야 하는 '홀로 있음'이 아니다. 더불어 있어야 한다. '더불어 있음'이 그 본질이다.

개인은 저만이 홀로 되는 것이 아니다. 생각하고 판단하고 **행동하는 주체가 개인**인 것은 물론이지만, **그 개인의 뒤에는 언제나 전체가 서 있다.** 양심은 제가 만든 것이 아니요. 나기 전에 벌써 그 테두리가 결정되어 있다. 사람은 생리적으로만 아니라, 정신적으로도 족적(族的)인 사회적 존재다. **개인은 전체의 대표다. 전체에 떨어진 나는 참나일 수 없고, 스스로의 안에 명령하는 전체를 발견한 나야말로 참나다. 그것이 참자기발견이다.**[190]

행위하는 주체, 즉 토대는 '나'다. 그러나 그 토대가 자리 잡고 있는 터는 전체다. '우리'라는 전체다. 그 주체가 다져지는 터, 그 주체가 참으로 주체로 서게 되는 그 터는 '더불어 있음'의 공간 '우리'이고, 시간은 역사다. 한마디로 전체다.

전체는 바로 여기 있어야 전체다. 그 전체가 '하나의 것'이 있을 터이고, '참된 것'과 '좋은 것'의 터이며, '아름다운 것'의 터다. 바로 '뜻'의 터이며, 뜻 그 자체다. 함석헌의 형이상학은 '밖'이 아닌 여기, 전체가 머문 이곳을 향한다. 아우구스티누스는 《신국론》에서 결국 '밖'을 향한다. 이 땅 민중은 민중 자

---

189   같은 책, 41쪽.
190   《저작집 30》, 89쪽.

신이 아닌 '밖'을 향한다. 플라톤의 《국가》와 《법률》(Νόμοι, Nomoi)에서의 위대한 존재론적 구조 속에서도 그는 여럿이 모인 민중 전체에 희망을 걸지 않는다. '밖'이다. 인간 도시의 '밖'이고, 동굴의 '밖'이다. 인간은 참된 구원을 이루기 힘든 존재이고, 참된 구원을 향해 살아가기 힘들게 만드는 방해물이다. 인간이란 존재의 조건은 그 자체가 동굴이다. 어두운 공간이다. 그래서 아우구스티누스도 플라톤도 밖을 향한 빛을 찾는다. 그 빛을 찾으려는 마음이 철학이 된다. '나'와 함께 살아가는 이웃으로 '너'는 빛을 향해 나아가는 나에게 방해가 될 수 있다. 멀리해야 한다. 결국 아우구스티누스와 플라톤의 철학은 인간을 떠나 산으로 올라 살아가는 수도자의 철학이 되기 쉽다. 민중을 떠나 천상의 빛을 향하는 철학이 되기 쉽기에, 민중의 아픔과 현실로부터 떨어져 홀로 이론을 연구한다면 과거 철학자들의 글귀에서 한 걸음도 밖으로 나오려 하지 않는 많은 대학의 철학과 맥을 같이 하기 쉽다. 혹은 자신들이 진리를 아는 이라는 교만 가운데 민중을 통치의 수단일 뿐 존재의 주체이며 역사의 주체임을 인정하지 않는 이들과 맥을 같이 하기 쉽다. "국민교육헌장"이니 "국민윤리"이니 하는 것들이 모두 그런 것이다. 민중을 통치의 대상으로 생각하지 역사의 주체로 인정하지 않는다. 민중의 밖, 진리를 본 자신들만이 통치의 주체이며 역사의 주체가 될 수 있다고 믿는다. 그렇기에 일제강점기와 독재 시대에 이 땅 많은 철학자들은 침묵하거나 권력자의 명령을 따르는 것을 천명이라 생각했다. 서양의 형이상학, '밖'을 향하는 형이상학은 이 땅에 와서 민중의 밖에 진리가 있다는 논리가 되어 민중이 부조리 가운데 자신을 마주하지 못하고 오히려 부조리의 현실에 침묵하며 천상의 소리, 천상의 말씀에 귀 기울이며 현실의 밖만을 바라보게 하였다. '로고스'는 말씀이 되었고, 말하는 이, 명령하는 이의 변두리로 물러나 있음이 당연한 자신의 자리로 여기게 하였다. 함석헌은 '로고스'가 '뜻'이라고 한다. 민중은 '말씀'을 들어야 하는 변두리에 있는 수동적 존재가 아니라 이미 '뜻'을 품은 존재다. 단지 스스로 자신의 가치와 뜻을 알아보지 못할 뿐이다. 더욱 치열하게 자기가 되어야 하고, 우리 가운데 나를 마주해야 한다. 나와 우리의 밖으로 도주하면 뜻으로부터 멀어질 뿐이다. 흩어진 존재, 홀로 있는 존재가 될 뿐이다.

함석헌의 형이상학은 '뜻'의 형이상학이다. '뜻'에서 인간이 나왔다. 뜻에서 나왔다는 말은 뜻으로부터 떨어졌다는 말이 아니라 존재 자체의 시작이 뜻이라는 말이다. 그 뜻에서 나왔으니 뜻을 품은 진리가 먼 곳에 있는 것이 아니라 '우리 존재 자체'다. 뜻에서 나온 존재로 인간이 뜻을 찾는다는 말은 뜻을 상실하여 찾아 나선다는 말이 아니다. 스스로가 스스로의 존재 원리, 그 있음의 고귀하고 신성한 이치를 알아보고, 그에 따라 스스로의 주인이 되어야 한다는 말이다. 스스로에게 이미 주어진 '뜻'을 알아보지 못하고 밖으로 가지 말라는 말이다.

> 사람은 **뜻을 찾는 유의미한 존재**다. 창조했다는 말은 **뜻에서 나왔다**는 말이다.[191]

> **뜻에서 나온 것**으로 보는 것만은 움직일 수 없는 진리다.[192]

그 뜻은 나의 밖에 있지 않다. 우리의 '밖'도 너의 '밖'도 아니다. '안'에 있다. 나와 너와 더불어 있는 '우리'라는 전체 그 자체다. '뜻'으로 하나 되었을 때 우린 참된 하나가 된다. 동시에 우리가 하나 된 곳에 '뜻'이 있게 된다. '뜻'과 '우리'는 서로 '남'이 아니다. 뜻이 곧 우리이고, 우리가 뜻이다. 참된 전체로 우리가 있을 때 뜻도 있게 되고, 뜻이 드러날 때 우리도 참된 우리가 된다. '참된 것'도 '아름다운 것'도 '좋은 것'도 마찬가지다. '뜻'으로 하나 될 때, 우리는 '아름다운 것'이 되고 아름다운 것은 '뜻'이 되며, 뜻으로 하나 될 때, 우린 '좋은 것'이 되고 '좋은 것'은 뜻이 된다. 뜻의 공간이 바로 여기 우리 '전체'이듯

---

191 《저작집 30》, 56쪽.
192 같은 책, 57쪽.

이, '하나의 것' '참된 것' '좋은 것' '아름다운 것'의 공간도 바로 여기 우리 전체다. 이렇게 '참'으로 '좋은' '하나'로 '아름답게' '있는 것'이 되기 위해 우리의 '밖'이 아닌 '안'으로 들어온다. 로고스가 말씀이며, 우리는 그 말씀이라는 외적 초월의 공간, 밖에서 울리는 그 소리와 빛 앞에 무력한 수동적 존재이기만 하다면, 한마디로 이곳 전체의 '밖'에서 들려오는 '말씀'을 들어 참된 존재가 된다면, '말씀'에 방해가 되는 '너'는 성가신 존재다. 그러나 함석헌에게 '너'는 성가신 존재가 아니다. '우리'라는 전체를 더불어 이룰 '뜻의 벗'이다. 뜻을 품은 존재, 참된 씨올이라면, 너는 나와 더불어 '뜻'을 품었고 품었으며 품을 존재이다. 너는 나와 함께 우리라는 이름의 전체 가운데 더불어 '뜻'을 일궈가야 할 동지다.

'뜻'은 모든 초월범주를 가능하게 하는 근본이다. 뜻이 머물러야 '우리'라는 '하나의 것'으로 전체가 가능하며, '좋은 것'으로 있게 되고 '참된 것'으로 있게 된다. 뜻이 있어야 한다. 그리고 그 뜻은 저 밖에서 들려오는 '말씀'이 아니다. 그 '뜻'의 자리는 바로 여기다. '뜻'이란 존재는 내적 초월의 모습으로 있다. 여기에서 '내적 초월'이란 '우리 전체'의 '밖'에 있다는 의미에서 초월이 아니다. 그 초월은 이곳 밖에 있는 원형이 아니다. 우린 초월이란 밖의 원형을 모방함으로 있게 되는 유사품이 아니다. 원형으로부터 들리는 소리, 밖에서부터 울리는 말씀의 순종자로 있는 것도 아니다. 뜻은 말 잘 들은 이에게 주어지는 선물이 아니다. 뜻은 '밖'이 아닌 바로 여기 우리 '전체 자신'이다. 우리 전체와 뜻은 서로가 서로의 존재 원인이다. 뜻은 '하나 되게 하는 초월'이며, 전체는 '하나 된 초월'이다. 그리고 그런 뜻이 참된 것, 좋은 것, 아름다운 것과 같은 초월의 근거다. 그러나 함석헌에서 초월은 외적 근거를 가진 것이 아니다. 바로 여기에서 이루어져야 할 것이다. 원형이 밖에 있지 않고 바로 여기 안에 있다. 양심과 도덕도 밖에서 울리는 명령이 아니라 바로 여기 '전체'의 산물이다.

자칫하면 그것을 개인적인 것으로 생각하기 쉽고 더구나 양심은 타고난 것

이라 할 때 그럴 수 있다.[193]

개인의 뒤에는 언제나 전체가 서 있다. 양심은 제가 만든 것이 아니요. 나기 전에 벌써 그 테두리가 결정되어 있다.[194]

양심은 혼자서는 못 살린다. 양심은 본래 개인의 것이 아니기 때문이다.[195]

양심이라면, 개인의 몫으로 여기기 쉽지만, 사실 그 양심의 근거는 '우리' 라는 전체에 근거한다. 바로 '밖'이 아닌 '안'에 근거한다. '밖'에 있는 초월적 '좋음'과 '하나임'과 '참됨'으로 인해 있는 것이 아니다. '밖'에 있는 것의 유사품 으로 있는 것도 아니고, '밖'을 향한 마음도 아니다. 바로 여기 우리 '전체'로부 터 나온 것이다. '밖'도 '개인'도 '나'도 아니다. 엄밀하게 '나'만도 아니다. 나와 더불어 너와 함께 우리라는 전체와 그 전체의 시간인 역사 속에서 나온 것이 다.

진짜 있는 것에 대한 학문이 형이상학이다. 수아레즈는 '실재의 존재'에 대 한 것이라고 했다. 그저 '상상의 존재'가 될지도 모를 '이성의 존재'가 아닌 '실 재의 존재'를 형이상학의 대상이라고 했다. 신도 천사도 피조물도 모두 '실재 의 존재'인 한에서 형이상학의 대상이 될 수 있다. 유럽의 형이상학은 여기에 서 그치지 않는다. 모든 '실재의 존재'는 정말 제대로 '하나'의 '참된' '좋은' 것 으로 '있기' 위해 초월적인 것의 덕을 보아야 한다. 플라톤은 감각 현실이란 동 굴 속 모든 것이 '좋은 것'이 되기 위해 동굴 밖 '좋음의 이데아'의 덕을 보아야 한다고 주장했다. 아우구스티누스와 플라톤은 동굴 '안'이 아닌 '밖'으로 가야 한다고 주장했다. '밖'이 참된 진리와 참된 행복의 공간이기 때문이다. 유사품

193 《저작집 3》, 35쪽.
194 《저작집 30》, 89쪽.
195 《저작집 4》, 290쪽.

이나 모방품이 아닌 원형의 공간이기 때문이다. 아리스토텔레스의 형이상학을 연구한 이들도 결국은 이 세상을 움직이는 존재 혹은 이 세상의 목적으로 있는 존재로 신을 가정했고, 그 신은 이 감각 현실의 밖이라고 보았다. 이러한 주장들과 달리 근대의 데카르트는 존재하는 것이라곤 '나'뿐이라고 했다. 다른 것 필요 없이 '나'는 홀로 존재할 수 있다고 생각했다. '초월자'만이 우리에 비하여 제대로 있다고 하다가 이젠 '나'만 있다고 한다. 그러나 함석헌은 어디에도 속하지 않는다. '진짜 있는 것'은 '나'만도 '너'만도 아니다. '우리'다. 나도 진짜 '나'이기 위해 우리 가운데 '나'여야 한다. 우리 가운데 '나'는 제대로 '나'가 되고, 우리라는 전체 가운데 초월범주들도 제대로 가치를 가지게 된다. 모든 것은 바로 여기 '우리'라는 전체로 인해 가능하다. '참된 것'도 '좋은 것'도 전체의 하나 됨 가운데 생긴 것이다. 우리 밖의 초월을 모방해서 그런 것이 아니다.

3·1혁명을 보자. 그 민중의 움직임, '뜻'을 향한 외침은 더불어 있는 전체의 외침이었다. 누군가 명령하고 그 명령에 많은 이들이 조직적으로 따라서 이루어진 것이 아니다. 동학농민혁명 역시 마찬가지다. 민중 스스로 자발적으로 사회적 불의에 분노한 것이다. 비록 나의 고난이 아니지만, 너와의 만남으로 이룬 우리 가운데 너의 고난도 나의 고난이 되는 그 더불어 있음, 그 뜻 있는 전체로 있음으로 가능했던 일이다. 외적 초월의 가치가 아니라 이곳 나와 더불어 있는 너와 함께 우리에 충실하며 가능했던 것이다.

> 삼일정신은 **우주 생명의 한 나타남**이다. 그러므로 정치로 죽이지 못한다. 그것은 정치보다는 높은 차원의 정신이다. 힘으로 없앨 수 없는 것이다.[196]

민중을 주인으로 모셔야 한다. 3·1운동엔 구한국 시대의 벼슬아치가 주인도 아니요, 지식층의 학생이 주인도 아니요, 자본가가 주인도 아니요, **순전히**

---

196 《저작집 5》, 44-45쪽.

전체 민중이 주인이었다.[197]

이 땅에 우리말로 철학을 시작하면서, 사상을 시작하면서, 서학과 동학으로 알게 된 것은 '나'란 존재는 역사의 변두리가 아닌 주체가 되어야 한다는 사실이다. 민중이 주인이라는 사실이다. 3·1혁명은 민중이 남의 명령을 잘 들어 일어난 것이 아니다. 자발적인 것이었다.

우리라는 뜻을 가진 뜻에 사는 존재다.[198]

'우리'와 '뜻'은 결국 같다. 뜻을 이루기 위해 우리는 '하나'가 되어 3·1혁명 아래 태극기를 들었다. 뜻을 이루기 위해 뜻을 살렸다. 그렇게 '우리'와 '뜻'은 결국 하나다.

세월호의 비극도 '남'의 일이고, 1980년 광주의 비극도 '남'의 비극이며, 일제강점기의 여러 범죄의 피해자도 '나'는 아니다. 그러나 그냥 침묵하고 자신이 갈 길만 가는 것을 생각하면 '홀로 있음'으로 사는 것이다. 그러나 함석헌의 '뜻'의 형이상학은 그저 '홀로 있다'고 제대로 자아가 성립된다고 생각하지 않는다. 더불어 있어야 한다. '너'를 만나야 하고 '우리'라는 전체를 이루어야 한다.

사람은 개인만이 아닙니다. 개인은 전체의 한 나타남일 뿐입니다. 전체 없이 개인 없습니다.[199]

사람의 살림이 **본래 개개인으로만 되는 게 아니야. 전체적으로 되는 거**

---

197 같은 책, 23쪽.
198 《저작집 30》, 461쪽.
199 《저작집 11》, 142쪽.

에요.[200]

개인은 저만이 홀로 되는 것이 아니다. 생각하고 판단하고 행동하는 주체가 개인인 것은 물론이지만, **그 개인의 뒤에는 언제나 전체가 서 있다.**[201]

사람은 공동체를 떠나 살 수 없는 것이 마치 고기가 물을 떠나선 살 수 없는 것과 같은 줄을, 공동체를 만드는 것은 생명인데 그것이 고기에서는 물이요, 생리적 사람에서는 대기요, 정신적 생명체로서의 인간에는 말씀이야.[202]

나와 너는 '우리'라는 전체, '우리'라는 공동체를 떠나 살 수 없다. 아무리 "나는 나만으로 그만이다" 하며 홀로 있으려 하지만, 그것은 온전한 '나'가 아니다. 함석헌은 물고기가 물을 떠나 살 수 없듯이 개인은 전체를 떠나 살지 못한다고 한다. '나'는 역사 속 우리 속에서 '뜻'에 따라 살아가는 존재다.

'뜻'으로 존재하며, 동시에 '뜻'에 따라 살아가고, '뜻'을 찾는 '우리' 가운데 '나'에게 항상 기쁨만 있는 것이 아니다. 오히려 고난의 길이 놓여 있다. 동학 농민혁명의 외침이 이 땅 민중에게, 즉 나와 너 그리고 우리에게 역사의 주체로의 법적 지위를 바로 가져다주지 못했다. 3·1혁명의 외침이 식민지 조선에게 해방이란 현실적 선물을 바로 가져다주지 못했다. 1980년 광주와 1987년 전국 곳곳에서 일어난 뜨거운 민중의 열망 후에도 독재자와 권력자의 악행은 사라지지 않았다. 그 이후에도 부조리들은 여전했다. 그러나 그러한 '뜻'을 향한 열망과 몸부림이 무의미했던 것은 아니다. 뜻을 품은 '나 됨의 행위'이고 '우리 됨의 행위'였다. 비록 눈에 보이는 3·1혁명은 실패였지만 '뜻'의 역사에선 실패가 아니다.

200 《저작집 21》, 96쪽.
201 《저작집 30》, 89쪽.
202 《저작집 11》, 145쪽.

화산의 주인이 지구라면 3·1운동의 주인은 **민중**이다. 화산의 불이 우주 자연의 불이라면 3·1운동의 정신은 우주 본연의 정신이다.[203]

실패가 아니라 이 땅 역사의 주인이 바로 우리 민중임을 외친 뜨거운 진리의 함성이었고, 우리를 다시 한 번 더 단단하게 우리로 묶어주는 '뜻'의 형이상학이 역사로 드러난 형이상학적 사건이었다. 조선을 보자. 민중은 양반의 변두리였고, 조선은 중국의 변두리였다. 이제 민중은 총칼 앞에서도 당당하게 외치게 된다. 바로 우리가 역사의 '주체'라고 말이다.

> '꽃이 웃는다, 새가 운다' 하는 것은 그 **현상을 말하는 것이 아니라 뜻을 말한 것**이다. 웃고 운 것은 시인 자신이지 꽃이나 새가 아니다. 그와 마찬가지로 현상계로 하면, 무한히 변천해갈 것이지, 종말이란 것이 있을 리 없다. 그러나 **뜻으로 할 때에 뜻은 반드시 이루어지는 시간이 있다는 말이다.** 시인이 한 개의 자연현상인 꽃이나 새에서 웃음, 울음을 경험하듯이 이 세계의 뒤에 **뜻을 믿는 자는 이 자연 속에서 어느 순간 천지의 창조를 보고 어느 순간 또 우주의 끝을 본다.** 그에게 있어 **모든 현상은 하나님의 뜻을 전하는 말씀**이다. 그러므로 그것이 현상계의 질서와 아무 충돌이 될 것이 없다.[204]

"꽃이 웃는다"라는 말은 자연현상을 보이는 대로 적은 것이 아니다. 생물학자의 눈에 꽃은 웃는 존재가 아니다. 새도 인간과 같은 의미에서 울거나 웃거나 노래하지 않는다. 이 모든 것은 시인이 품은 마음의 발현이다. 시인에게 이 말은 그저 '상상의 존재'를 표현하는 허언(虛言)이 아니다. 시인이 그 말로 전하려는 것은 '뜻'이다. 그 뜻은 물리적으로 눈에 보이는 것과 다르지만, 그렇다고 시인이 전하려는 "꽃이 웃는다"는 시적 표현의 참된 뜻은 덜해지지 않는

203 《저작집 5》, 17쪽.
204 《저작집 30》, 59쪽.

다. 3·1혁명의 외침은 비록 물리적으로 현실 정치적으로 보면 실패였지만, 그러나 그 혁명의 외침이 전하려 한 '뜻'은 하나도 줄지 않았다. 뜻은 천지 창조의 순간부터 있어왔다. 함석헌, 그리고 권정생과 장일순 또 문익환에게 로고스는 말씀이 아니라 뜻이다. 밖에서 들려오는 명령이 아니라, 이미 이곳 민중에게 녹아들어가 있는 '뜻'이다. 로고스가 뜻이기에 그리스도교적 의미에서도 이 세상은 뜻에서 나와 뜻으로 존재하며 뜻을 구하고 있다. 항상 '뜻'이었다.

'씨올'을 보자. 씨는 이미 그 가운데 뜻을 품고 있다. 나무를 품고 있고, 나무의 수많은 과실과 그 과실에 품은 수많은 나무와 또 그 나무의 수많은 과실과 그 과실의 수많은 씨를 품고 있다. 뜻은 씨의 살을 가르고 나온다. 지금 보이는 것은 작디작은 씨이고, 작디작은 좁쌀이지만, 실상 그것 속에 잠재해 있는 것, 보이는 현실이 아니며 그렇다고 상상의 것도 아닌 실재로 있지만 잠재해 있는 바로 그것은 '뜻'이다. 그 뜻이 씨를 '씨'로 만든다. 그 뜻으로 빗물과 흙은 자신을 내주고 강아지똥과 죽은 식물은 거름으로 녹아들어주었다. 멀리 태양조차 그 작은 씨가 품은 '뜻'에 고개 돌리지 않고 그 '뜻'이 드러나는 역사를 함께했다. 뜻은 멀리서 오는 것이 아니라 씨에 품어져 있고, 동시에 그 주변 모두를 하나 되게 하는 힘으로 있다. 마치 개인으로 나의 삶과, 우리라는 전체와, 역사라는 시간이 그렇게 흩어진 따로 따로가 아닌 하나이듯이 말이다. 숲이 나무와 남이 아니고, 숲이 바람과 빗물과 햇살과 남이 아니고, 씨와도 남이 아니듯이 말이다. 씨가 진짜 뜻을 품은 씨가 되기 위해 이들이 더불어 있듯이 말이다. 뜻을 품은 씨들이 모여 숲을 이룬다. 작은 씨들이 숲의 주체가 된다. 그것도 홀로 주체가 아닌 서로서로 모여 상호주체성으로. 명령을 기다리는 지배와 통치의 대상으로 있는 것이 아니다.

자기를 나타내지 못하는 씨올은 죽을 씨올이다.[205]

---

205 《저작집 5》, 39쪽.

진짜 '씨올'은 스스로의 뜻을 알아보고 그렇게 살아야 한다. 싹을 내야 한다. 자신을 나타내야 한다. 씨는 씨로 있는 것이 자신을 드러내는 것이 아니다. 자신의 살을 가르고 싹을 내는 것이 자신을 드러내는 것이다. 그것이 진짜 씨올이다. 자신의 살을 가르는 힘겨움이 싫어 피하지 말고 자기 삶, 자기 뜻의 주인이 되어야 한다. 그래야 씨올이다. 남의 눈치를 보며 남의 변두리에서 중심을 그리워하고 중심의 명령을 기다리는 존재는 씨올이 아니다.

> **햇빛과 바람을 받지 못한 씨가 어찌 싹이 틀 수 있겠나. 싹이 못 트고 어찌 나무가 될 수 있겠나. 나무가 못 되고 어찌 꽃이 피고 열매를 맺을 수 있겠느냐. 속에 무한의 가능성을 품은 씨를 맺은 나무만이 산 나무요, 자유로운 개인을 낳는 정치만이 참정치다.** 그러므로 **맘으로만 기념한다는 국민은 거짓하는 국민이요 죽은 국민**이다. 기쁘거든 노래하고 춤을 추어라, 슬프거든 발을 굴러라. **그것도 못하는 것은 씨올 아니다.**[206]

고난 중에서 두려움에 침묵하지 않고 자기를 드러내는 씨올만이 진짜 씨올이다. 제대로 뜻을 품은 씨올이다. 그 뜻을 나타내기 위해 기꺼이 고난도 피하지 않는다. 이것이 거짓 없이 있는 그대로의 민중이다. 씨올로 민중이 자신의 뜻을 자유로이 드러내는 곳이 뜻의 형이상학이 꿈꾸는 '우리'라는 전체의 제대로 된 터다. 그리고 정치란 것도 결국 바로 그러한 터를 만들어 민중들이 제대로 씨올로 살아가게 하는 행위여야 한다. 권력 앞에 침묵하는 것이 아니라, 자유롭게 자신을 드러내는 개인, 그런 씨올의 삶이 상식이 되게 하는 것이 참다운 정치다. 씨올을 죽이고 침묵하게 하는 정치는 제대로 된 정치도 아니고, 뜻의 형이상학이 말하는 그러한 것도 아니다. 참다운 씨올이라면 그런 정치를 그냥 두어서도 안 된다.

---

206 같은 책, 39-40쪽.

씨올은 그것을 안다. 씨올만이, 즉 **제도의 종이 되지 않은 인간만이 그것을 안다.**[207]

민중의 밖에 존재하는 그들이 그들의 이득을 듣기 좋은 논리 속에서 제도로 만들어놓고 따르라고 하는 것을 많이 보았다. 그 제도를 따라 살았으면, 3·1혁명도 없고 동학농민혁명도 없었다.

잠정적 정리: '더불어 있음'의 존재론

긴 이야기를 했다. '한국' 형이상학은 '사람'의 형이상학이고 '뜻'의 형이상학이다. 우리 '밖'의 철학적 고향을 찾아가는 '호모'와 '아담'의 형이상학도 아니고, '밖'에서 들려오는 말씀에 순종하는 '말씀'의 형이상학도 아니다. 함석헌이 생각한 한국 형이상학은 우리가 전체가 되어 살아가는 바로 이 역사의 시간과 공간에 대한 형이상학이다. 바로 이 현실에 대한 형이상학이다. 그러나 단지 물체만이 현실이라는 오직 감각만의 존재론이 아닌 감각 대상으로 우리에게 주어진 객체와 정신이라는 주체가 '뜻'으로 하나 되는 뜻의 형이상학이다. 오직 '나'만 존재한다면, 나의 '밖' 모든 것을 무시하는 그런 형이상학은 '뜻'의 형이상학이 아니다. 감각 현실을 모두 뒤에 두고 외적 초월만을 향해 달려가는 그런 형이상학은 함석헌의 뜻의 형이상학이 될 수 없다. 함석헌의 형이상학에서 '로고스'는 외부에서 들려오는 말씀이 아닌 바로 이곳에 머무는 이곳의 '이치'이고 우리와 함께하며 우리 자체인 '뜻'이다. 말씀을 따라 밖으로 나가는 형이상학이 아니라, 뜻을 찾아 지금 우리 자신에게 더욱 깊어지는 형이상학이다.

앞서 본 '사람'의 형이상학은 생명과 생명체가 서로의 이유가 되어 밖에서 이유를 찾지 않고 자신을 긍정하는 형이상학이다. 그 '사람'의 형이상학은 존재의 이유를 밖에서 찾으며 밖을 그리워하는 '말씀'의 형이상학이 아닌 '뜻'의

207 같은 책, 44쪽.

형이상학이 되어야 한다. '뜻'과 '뜻'을 가진 것은 서로가 서로의 이유가 되며 존재하기에 '뜻'을 찾아 밖으로 갈 것이 아니라, 오히려 '너'를 만나 '너'와 더불어 있는 '우리'라는 전체 속에서 가능하다. 뜻의 자리는 '더불어 있음'의 자리다. 더불어 있음은 그저 같은 자리에 같이 있다는 것이 아니다. 뜻은 밖의 것을 품는 것이 아니라, 이미 모두에게 주어진 우리 자신, 나 자신의 모습이다. 작은 씨앗에 거대한 나무의 '뜻'이 품겨져 있듯이 말이다. '숲'이란 전체 가운데 나무는 홀로 있지 않다. 흙을 내주고 물을 내주고 거름이 되는 죽은 식물들을 내주고 바람을 내준다. 그 가운데 나무 씨앗은 나무가 된다. 나무 씨앗의 잠재태는 현실태가 된다. '숲'이란 전체 가운데 흙도 물도 거름도 자신을 아끼지 않고 내어준다. 자신을 내준다. 그렇게 흙과 물과 거름은 다시 하나가 되어 나무가 된다. 서로가 서로에게 남이 아니다. 인간 역시 마찬가지다. '나'라는 작은 씨올은 '우리'라는 전체 속에서 온전한 '나'가 된다. '나'가 온전할 때 '우리'도 온전하다. 하나하나의 나무가 온전하지 않은 숲이 가능할까? 불가능하다. '나'와 '전체' 역시 마찬가지다. 한 그루의 나무가 썩지 않고 다른 나무의 몫까지 모두 빼앗아 먹으며 거대해진다면, 숲도 그 나무도 제대로 있는 것이라고 볼 수 없다. 나 역시 너에게 나를 내줄 수 있어야 한다. 그때 너도 나에게 너를 내어준다. 그리고 그렇게 '우리'가 된다. '나'와 '너'라는 씨올이 우리라는 전체, 그 큰 한 덩어리의 씨올이 된다.

한 덩어리로 뭉쳐서 **하나의 유기체가 된 씨**올이다.[208]

'나'와 '너'가 더불어 '뜻'을 이루며 우리라는 전체가 되었을 때, 민중은 제대로 민중으로 있게 된다. 역사의 주체가 되고 각자 삶의 주체가 된다. 종노릇을 그만하게 된다. 3·1혁명과 동학농민혁명도 바로 이러한 주체 됨의 외침이다. 나와 우리가 나와 우리이며, 나와 우리의 '삶'과 '역사'의 주체라는 외침이다.

208　같은 책, 68쪽.

그 외침으로 나와 우리는 진짜 '나'와 '우리'라는 씨올이 되었다.

> 전체같이 무서운 것은 없다. 만세를 한번 부르고 나자 민중은 딴사람이 됐
> 다.[209]

딴사람이 되었다는 말은 진짜 나와 우리가 되었다는 말이다. 종이 아니라 주인이 되었다는 말이다. 변두리가 아니라 중심이 되었다는 말이다.

딴사람이 되기 위한 고난은 힘겨운 선물이다. 고난이란 '나'와 '우리'의 '밖'에 주어진 부조리의 공간이다. 나와 너의 만남은 멀어지게 하고 다투게 하고 흩어지게 하는 것이 무서운 고난의 힘이다. 일제강점기의 고난, 그 가운데 누군가는 친일파가 되지 않았나 말이다. 많은 이들이 반독재을 위해 생명을 걸고 다툴 때 누군가는 독재자의 편에서 그들의 종이 되었다. 고난이 싫어 자기 가운데 초월적 가치를 무시하고, 좋고 맛난 것을 따라 부조리의 존재, 뜻 없는 씨앗이 되어버렸다. 그러나 더 많은 민중은 그런 고난 가운데도 자기 삶에서 자기 길을 갔다. 거대한 혁명가가 아니라도 바로 그런 익명의 수많은 씨올들이 유기적으로 뜻을 이루며 우리 역사는 더욱더 우리답게 되어갔다.

함석헌은 '밖'의 형이상학이 아닌 '안'의 형이상학, 우리 자신의 형이상학, 나와 너가 '더불어 있음'의 형이상학을 꿈꾸었다. 그 형이상학의 공간엔 영웅이 없다.

> 분명히 알아들어라. **4·19에는 개인이 없다. 첨부터 전체다. 전체 그 자체가**
> **일으켰고, 전체 그 자체가 내밀었고, 전체 그 자체가 이겼다.**[210]

---

209 같은 책, 31쪽.
210 같은 책, 183쪽.

4·19에서 영웅주의는 없었다. 권력주의는 그 냄새조차도 없었다.[211]

　　민중을 떠난 진리를 민중에게 계몽하는 영웅은 없다. 혁명은 영웅의 능동과 민중의 수동으로 이루어진 것이 아니다. 그것은 혁명이 아니다. 함석헌의 형이상학, 그 뜻의 형이상학에서 이야기하는 씨올은 하나하나도 씨올이지만 그 전체도 씨올이다. 그것은 영웅주의로 있지 않으며, 권력주의라는 누군가의 이기심에 의해 움직여지는 것이 아니다. 그런 개인이 아니라 하나하나의 씨올이 '전체'라는 거대한 씨올로 드러나는 것이다. 전체 속에서 나는 참다운 나이고, 전체 속에서 나는 역사 속의 주체가 되며, 전체 속에서 수많은 너들과 더불어 있음으로 뜻 있는 누군가가 된다. 영웅이 아닌 그 누군가들, 그 익명의 민중들, 그 씨올들이 역사 속 참주체이며, 참있음이다. 함석헌의 형이상학은 바로 그들을 향한다. 이론으로만 있는 형이상학이 아니다. 함석헌의 형이상학은 처음부터 '글'로 남기 위해 있지 않았으며 '삶'이 되기 위해 있었다. 글도 뜻을 가지기 위해서는 삶이 되어야 한다. 대학 강단 안에서 민중을 계몽하겠다며 "민족중흥의 역사적 사명"을 강요하는 것이 아니라, 스스로 그 철학의 위치를 민중 가운데 두고 스스로 민중의 고난 그 고난의 주체가 되어 민중이 당하는 고난의 외마디 비명이 되기도 하고 분노가 되기도 하는 그런 철학, '여기 더불어 있어 뜻을 이루자! 그것이 우리가 참있는 그대로의 우리다'라고 외치는 울부짖음이 어쩌면 그의 철학이다. 그의 형이상학이다. 그에게 철학의 대상, 형이상학의 대상은 바로 이 땅 민중 속에 있으며, 민중으로 있는 뜻, 더불어 있음으로 이루어지는 그 뜻이다. 홀로 있지 않으며 서로가 서로를 향해 자기를 내어주는 그 더불어 있음이다. 그것이 역사 속에서 고난 받은 민중에게 가장 실재의 존재이며, 그것은 함석헌에게 절대 상상의 존재나 이상의 존재만으로 있을 수 없는 것이기 때문이다.

　　이런 함석헌의 형이상학은 20세기, 그리고 어쩌면 아직도 한국이란 구조

211　같은 책, 184쪽.

속에서 철학에게 던져진 질문이며 의무다. 과연 철학의 주체는 무엇이고, 철학의 대상은 무엇인가? 함석헌의 형이상학은 더 이상 조선과 같이 양반만이 철학의 주체이고 역사의 주체로 둘 수 없다고 소리친다. 동학 최제우의 외침도 이와 다르지 않다. 고난의 주체가 역사의 주체이고 철학의 주체가 되어야 했다. 문익환의 외침도 마찬가지다. 여기 발바닥으로 살아가는 민중이 철학의 주체이고, 그들에게 참으로 있는 그 삶의 무게가 철학의 대상이다. 민중의 시선, 그 시선이 이 땅에 '뜻' 있는 형이상학이다. 장일순도 다르지 않다. 철학의 주체는 바로 이 땅 민중이다. 이 땅의 부조리를 가장 잘 알고, 그 가운데 가장 아파하고 가장 신성하게 그 부조리의 공간에서 치열하게 싸우는 이들은 바로 민중이다. 철학의 주체는 바로 민중이고, 대상은 그 민중의 존재론적 본질, 바로 신성함이다. 그 신성함은 함석헌과 마찬가지로 밖이 아닌 민중 안, 민중 그 자체다. 권정생도 마찬가지다. 그는 '자기 내어줌'으로 '뜻' 있게 존재하는 강아지똥을 통해 현실에 대해 치열하게 고민하는 주체가 강아지똥과 같은 이 땅의 민중임을, 누군가에게 자신을 내주며 사라지지만 사라지지 않은 그 '뜻'을 보여준다. 하나 같이 밖이 아닌 안이고, 하나 같이 대학이란 공간에서 이론으로 있는 철학이 아닌 삶으로 있는 철학, 눈물이 되고 울음이 되고 웃음이 되고 분노가 되는 철학, 삶과 역사의 공간에서 피하지 않는 철학을 저마다의 방식으로 보여주었다. 이 모든 것들이 함석헌의 형이상학과 많은 부분 교집합을 이룬다. 바로 그들이 살아온 그 시기의 부조리가 같고, 그 부조리 앞에서 무력하게 권력자의 편에서 글을 위한 글로 끝을 내버린 철학자들에 대한 실망이 같기 때문일지 모르겠다.

4 다석 류영모의
'씨올'의 형이상학

다석 류영모(1890-1981)는 조선이란 이름의 '우리'와 일제강점기 속 '우리' 그리고 대한민국의 '우리'를 모두 산 인물이다. 아직 이 땅에 국왕이 존재하던 1890년 3월 13일 서울에서 태어나 민주주의를 위한 치열한 투쟁에도 불구하고 독재자 전두환이 권력을 잡아버린 시대인 1981년 2월 3일까지, 참으로 고난 속 이 땅의 역사를 온 삶으로 살아간 인물이다. 조선의 고종은 1919년 1월 21일에 죽었다. 명성황후는 1895년에 죽었다. 조선의 마지막 왕과 왕비의 죽음도 그의 삶 동안 있었다. 환갑에 이르렀을 무렵 한국전쟁이 일어났고, 1961년 5월 16일 박정희의 쿠데타는 그의 나이 고희(古稀)에 일어났다. 기나긴 독재의 시대가 끝나고 다시 또 다른 독재자 전두환이 등장한 1980년대 초를 살았다. 그는 아주 힘들고 비참한 시기를 살았다.

류영모는 매우 독창적인 인물이다. 그는 서구의 사상과 거리를 두면서도 그것을 버리지 않았고 동아시아의 사상을 잡고 있는 듯하지만 정통이라 할 수는 없다. 그를 이단으로 볼 수도 있지만, 새로운 시대의 정통을 만들어낸 인물이기도 하다. 그는 예를 들어 '기역'(ㄱ)과 '니은'(ㄴ) 사이에 점(點)을 찍고 이 기호 'ㆍ'를 '가온찍기'라고 하며 자기 철학을 구성하는 하나의 요소로 사용했다. 그는 많은 면에서 한국어로 철학을 했다기보다 그의 언어로 철학을 했다. 그는 우리말과 우리글을 '씨올'(백성 혹은 민중)을 교육[訓民]하는 '바른소리글'

이라고 했다. 이때의 우리말 한글은 '훈민정음'(訓民正音)이다. 우리말(글)인 훈민정음의 언어학적 우수성은 이미 많은 학자들에 의해 밝혀진 바 있지만, 류영모는 우리말을 영적 차원에서 조명하고 있다는 점에서 특별하다.[212] 그리고 영적 차원은 어떤 면에서 류영모 개인의 강인한 개성 속에서 이루어졌기 때문에 21세기를 살아가는 이들에겐 우리말 우리글이라기보다는 그저 류영모의 말과 글로 이해되는 면도 있다. 어쩌면 그는 자신의 철학을 전달하기 위해 일반적인 글의 차원을 넘어섰는지 모른다. 'ㆍ', 즉 가온찍기를 보아도 알 수 있다.

다석 류영모는 그리스도교의 하느님을 문자적으로 '거대한 하나'란 의미의 태일(太一)이라 불렀다. 유럽 철학에 익숙한 이라면 플로티노스(Πλωτῖνος, Plotinos, 205-270)의 일자(一者), 즉 그리스어 'ἕν'(헨)을 떠올릴 그런 단어다. 이 둘 사이엔 유사한 모습도 많다. 류영모는, 하느님은 우주 만물의 궁극적 실재이며 일자이고, 모든 존재하는 것은 그 일자에 의해 존재 혹은 생존하고 있다고 한다. 참다운 삶 역시 일자를 향해 올라가려는 삶이라고 한다. 존재하는 모든 것은 하나의 존재론적 뿌리 혹은 고향을 공유한다고 할 수 있겠다. 그것은 바로 하느님, 즉 일자다. 하느님은 존재하는 모든 것을 자기 가운데 포함하고 있다. 하느님 덕에 모든 것이 존재하며 하느님의 밖에 존재하는 것은 없다. 설사 다른 시간과 공간에 존재한다고 해도 하느님의 존재 가운데 참여함으로 존재한다. 하느님을 떠나서는 존재할 수 없다. 하느님으로 인해 존재하는 모든 것은 유한하다. 하느님은 홀로 무한한 존재다. 유한한 모든 것은 무한한 하느님 가운데 존재하지만, 무한한 하느님은 유한한 것에 의존해 존재하지 않는다. 이와 같은 하느님의 독특한 존재 방식은 '얼'이다. 하느님은 '얼'의 방식으로 존재한다. 얼은 감각 대상이 아니다. 인간이 만져서 알 수 있는 것도 아니

---

212   고진호, "다석 류영모의 영성관과 우리말 사상에 내포된 사람됨의 의미 고찰", 〈교육사상연구〉 31 (2017), 1-21쪽. 류영모의 철학적 언어에 대한 긍정적 평가와 관련해 다음의 연구서들을 참고할 수 있다. 이기상, 《다석과 함께 여는 우리말 철학》(서울: 지식산업사, 2003); 박영호, 《다석 유영모: 우리말과 글로 철학한 큰 사상가》(서울: 솔, 2009).

고 눈으로 보아서 알 수 있는 것도 아니다. 몸이 없으니 당연하다. 어떤 감각으로도 하느님을 알 수 없다. 그런 의미에서 인간에게 하느님은 아무것도 아닌 존재와 같이 느껴지기도 한다. 느껴지는 것이 아무것도 없기 때문이다. 또 하느님은 어떤 이름으로도 구속할 수 없다. 인간의 작은 언어로 하느님을 구속할 수 없다. 사실 하느님이 눈에 보이고 귀에 들린다면, 하느님의 뜻을 따라 살아간다는 것은 생각보다 쉬울 것이다. 들리는 대로, 보이는 대로 살아가면 된다. 그러나 하느님은 '얼'의 형태로 존재한다는 사실을 기억해야 한다. 인간은 하느님에게서 나와 그의 뜻을 따라 살아감으로써 그의 품으로 다시 돌아갈 수 있는 존재다. 이를 위해 인간은 영적 존재인 '얼나'로 새롭게 거듭나야 한다. '얼나'로 존재할 때에만 인간은 자신의 존재적 근원이자 고향인 하느님에게 돌아갈 수 있다.

류영모 철학에서 '얼나'와 '제나'에 대한 이해는 중요하다. 다시 말하지만 신은 얼로 존재한다. 이러한 신으로 돌아가기 위해 인간은 득도견성(得道見性), 즉 도를 깨우치고 본성을 바라보아야 한다. 쉽게 말해, 영적으로 깨우친 사람이어야 한다. 이러한 사람은 이기적 자아인 '제나' 혹은 육체적 자아인 '몸나'로 있지 않아야 한다. 그것으로 있으려는 아집도 없어야 한다. 류영모에게 인간의 죄성(罪性)은 세 가지 독인 욕심, 노여움, 어리석음이다. 이러한 것에서 벗어나지 못하고 감각적인 것을 추구하며 살아간다면 여전히 죄성에 머물러 있음을 의미한다. 진리로 충만한 사람, 진리를 깨우친 사람, 모든 속박에서 자유로운 사람은 '얼나'다. 예수 그리스도와 싯다르타와 같은 이가 얼나로 존재하는 이들이라 할 수 있다.

의문이 생긴다. 얼은 하나의 고정된 물리적인 시간과 공간에 구속받지 않는다. 어디에나 존재한다. '여기' 있다가 '저기'로 가고 '저기'에 있다가 '여기'에 다시 오는 그런 존재가 아니다. 신이 그러한 얼로 존재한다면 어느 정도 이해하겠다. 존재하는 모든 것이 하느님의 덕으로 존재한다. 당연히 인간 역시 하느님 덕으로 존재한다. 또 모든 인간은 얼을 가졌다. 얼은 없는 곳이 없으니 당연히 인간에게도 있다. 다만 인간이 이를 깨우치지 못할 뿐이다. '제나'를 죽이고 철저하게 회개하고 마음을 돌림으로써 새롭게 다시 태어날 때 인간은 '얼나'로 존재하게 된다. 제나와 얼나에 대한 다음의 글을 보자.

> 제나(自我)가 죽어야 '참나'인 '얼나'로 살 수 있다. '제나'가 온전히 없어져야 '참나'인 '얼나'가 드러난다. '참나'(얼나)가 우주의 임자요 제나(自我)의 임자(主님)이다. 제나(自我)의 임자란 제나의 수성(獸性)을 다스려 수성에서 해탈한 자유인(自由人)이란 뜻이다. 이러한 자유인이라야 '남'을 '나'로 생각해줄 수 있다. 제나(自我)가 죽어 내 마음이 깨끗해지면 하느님을 볼 수 있다. 마음이 깨끗하다는 말은 제나(自我)의 수성(獸性)을 죽여 부귀(富貴)를 초월했다는 말이다.[213]

제나가 온전히 죽어야 얼나가 온전히 산다. 얼나가 온전히 우주의 임자가 되어야 한다. 제나를 이기고 독립해 참자유인으로 있어야 한다. 사리사욕으로 살아가는 것이 아니라 온전히 얼나로 살아갈 때 소유욕을 초월하게 되고, '남'과 '나' 사이의 차이가 무너지고, '너'는 '나'가 된다. 제나로 살아간다는 것은 나의 사리사욕으로 세상을 보며 살아간다는 말이다. 그런 삶에서 '남'은 나와 이기심을 두고 다투는 존재가 된다.

> 제나(自我)의 마음은 제나가 내서는(부려서는) 안 되고 얼나(靈我)가 다스려서 내어야(부려야) 한다. 몸의 욕망에 끌려서 마음을 내면 견물생심(見物生心)의 탐욕이 된다. 몸의 욕망을 충족시키는 것은 죄악이다. 무슨 맛을 그리워하는 것은 못쓴다. 무엇을 즘 갖겠다든지 좋은 소식을 즘 듣겠다고 하는 것은 실제 마음이 거기에 머뭇거리고 있다는 증거이다. 이런 생각은 하나의 우상이

---

213 1957년 다석 어록(http://www.dasuk.or.kr/).

니 삼가야 한다.[214]

제나는 몸의 욕망에 의해 탐욕의 삶을 살아가는 자아다. 몸의 욕망을 따라 살아가면 자기만 안다. 자기 부족만 채우려 한다. 우리도 너도 남도 없다. 이런 소유욕이 하나의 우상이 되고 만다. 생각은 없고 욕심과 탐욕이 '나'를 지배한다. 이것이 '제나'다. 제나는 너와 남을 적으로 만들어버린다. 이런 조건에서 우리가 어찌 나뉘지 않을 수 있겠는가? 제나는 우리를 분열시키고 다투게 한다.

'참나'는 없이 있는 하나의 긋(점)이요 찰나다. '나'라 하는 순간 이미 '나'는 아니다. '참나'는 없이 있는 '나'다. 그런 '나'만이 '참나'라고 할 수 있다. 빛보다 빠른 나만이 '참나'다. 날마다 새롭고 새로운 나만이 '참나'다. '참나'는 말씀의 '나'요, 성령의 '나'다.[215]

'제나'가 죽어야 '참나'인 '얼나'가 가능하다. 이 참나는 자기 욕심을 고집하지 않는다. 아집으로 남을 배척하지 않는다. 아집으로 자신의 욕심만을 고집하는 순간, 우리는 부서지고 남은 나의 앞에서 적이 된다. 그러나 이것이 진정 바른 세상은 아니다. 류영모는 '나'와 '너'는 서로 다른 것이 아니라고 한다.

나와 너가 다른 것이 아니다. 모두 다 한 나무에 핀 꽃이다.[216]

아집을 버리고 온전히 자기 욕심으로부터 자유로운 존재가 되었을 때, 더 이상 잡다한 것을 우상으로 섬기지 않고 온전히 '얼나'가 되어 자신의 참된 존

214 1956년 다석 어록(http://www.dasuk.or.kr/).
215 같은 곳.
216 같은 곳.

재 가치를 깨우치게 된다. 온전한 얼나가 되었을 때, 더 이상 몸이 주는 기쁨도 불안도 '나'를 흔들지 못한다. 몸이 주는 가장 큰 공포는 죽음일 것이다. 그러나 얼나는 더 이상 죽음을 두려워하지 않는다. '제나'가 집착하는 것들에 흔들리지 않으며, 남에게 매달리지 않고, 자신의 존재 가운데 영원한 생명과 이치를 깨우친다. 이런 깨우침은 거저 주어지지 않는다. 고민하고 궁리해야 한다. 한마디로 '생각'해야 한다.

유럽의 근대 철학자 데카르트는 인간을 '사고하는 것'(*res cogitans*)이라고 했다. 데카르트는 모든 것이 의심스러운 시대, "최초의 토대에서부터 다시 새로 시작해야 한다"고 했다.[217] 그리고 최초의 토대는 절대 의심할 수 없는 것이어야 했다. 그것은 나란 존재가 생각하고 있다는 사실이다. 정확하게 말해 '나'는 '사고하는 것' 혹은 '사유하는 것'이다.[218] '의심'이란 방법으로 모든 것을 의심하고 의심해도 결국 이 하나의 사실은 의심할 수 없다.[219] 데카르트는 이렇게 말한다.

나는 있다. 나는 현존한다. 이것은 확실하다. 그러나 얼마 동안? 내가 사유하는 동안이다. 왜냐하면 내가 사유하기를 멈추자 존재하는 것도 멈출 것이기 때문이다.[220]

이런 과정을 통해 데카르트는 "나는 생각한다. 그러므로 나는 존재한다"라는 명제에 도달한다. 이 명제는 절대 의심할 수 없다. 의심으로 인해 흔들리는 불안한 세상을 살아가는 걱정 많은 철학자는 바로 이 의심으로 얻은 명제로 평안을 얻게 된다. 데카르트에게는 어쩌면 생각이 곧 나다. '생각하는 것'이 곧 나다. 생각 없이 나는 없다. 류영모 역시 생각은 나의 존재와 깊이 연관된다.

217   르네 데카르트, 《성찰》, 34쪽.
218   같은 책, 46쪽.
219   같은 책, 28쪽.
220   같은 책, 46쪽.

생각 없이 나는 없다.

> '나는 생각한다. 그러므로 나는 존재한다'(cogito ergo sum)는 데카르트의 말
> 은 인정한다.[221]

류영모는 생각이 나의 존재의 토대가 된다는 데카르트의 생각을 수용한
다. 그러나 그대로 받아들이는 것은 아니다. 자기 식의 고민이 녹아들어 있다.

> 생각은 사랑이 있을 때 피어나는 하나의 정신적인 불꽃이다. 사랑의 정신으
> 로 꽃 피울 때 참으로 불꽃이 되어 살아 나오는 것이 생각이다. 나란 바로 정
> 신이다. 정신이 자라는 것이 생각이다. 정신이 깨어나고 정신이 불붙어야 한
> 다. 정신은 거저 깨어나지 않는다.[222]

나는 곧 정신이며 정신은 생각으로 자란다. 생각으로 정신은 산다. 또 생
각은 사랑으로 피어나는 정신적인 불꽃이다. 정신의 불꽃으로 생각에서 '나'는
존재하게 된다. 생각하기에 '나'라는 존재가 그 생각에서 나온다.

> 내가 생각하니까 내가 나온다. 생각의 불이 붙어 내가 나온다. 생각에서 내
> 가 나온다.[223]

나는 능동적인 존재다. 내가 능동적으로 생각할 때 나는 존재한다. 내가
생각을 해서 내가 존재하는 것이다. 나는 존재를 받은 것이 아니다. 능동적으
로 사고함으로 존재한다. 다른 것이 아니라 생각함으로 말이다. 밥을 먹고 운

---

221 1956년 다석 어록(http://www.dasuk.or.kr/).
222 같은 곳.
223 류영모, "정2",《다석일지》(서울: 1982), 740쪽.

동하고 노동하는 모든 것은 몸의 행위다. 오직 생각이라는 행위만이 정신의 몫이다. 생각은 다른 이와 나를 구분시켜주는 나의 고유한 존재론적 행위다. 또한 나란 존재는 나의 생각에서 나온다. 생각으로 '나'는 '나'로 존재한다. '나'라는 존재를 유지하기 위해 '생각'은 필요하다.

류영모에게 '생각'은 위에서 말한 존재론적 목적만을 가지지 않는다. 단지 나의 존재를 설명하기 위해서만 '생각'이 필요한 것이 아니란 말이다. 또 다른 이유가 있다. 어쩌면 이 점에서 류영모는 데카르트와 다른 자신만의 사유를 구성하게 되는 것 같다.

생각으로 존재하는 '나'는 어찌 보면 홀로 있는 '나'다. 다른 것의 존재는 그 자체로 자명하지 않을 수 있다. 데카르트와 같이 그것의 존재는 의심할 수 있다.

> 저게 있는 것인가? 없는 것이다. 있는 것은 오직 나뿐, 그중에서도 생각뿐이다.[224]

다른 것은 그것이 존재하는가 물을 수 있다. 그러나 생각하는 이상 '나'는 분명 존재한다. 있는 것, 즉 존재자는 오직 '나'뿐이다. '나'란 존재자의 존재는 의심 대상이 될 수 없다. 생각하고 있는 이상 반드시 존재한다. 나의 생각이 곧 나의 존재다. 다른 존재가 없어도 나의 존재는 나의 생각으로 이미 그 존재가 보증된다. 그런데 그 '나'는 홀로 있다. '너'와 더불어 있지 않다. '나'의 생각으로 '나'의 존재가 있다. '나'의 생각으로 존재하는 '나'는 굳이 '너'와 더불어 '우리'로 존재할 필요가 없으며, '너'의 존재가 없다고 해서 '나'의 존재에 큰 이상이 생기는 것도 아니다. 그냥 '나'의 생각으로 '나'는 존재한다. 이런 '나'의 존재에게 '너'를 비롯한 수많은 '나' 아닌 것들은 무엇일까?

조금 과한 이야기지만, 결과론적으로 류영모의 관심은 '나'의 밖이 아니다.

---

224 류영모, "빛", 《다석일지 상》, 82쪽.

'나'의 안이다. 데카르트는 결국 의심할 수 없는 생각하는 존재로 '나'란 토대를 마련한 이후 나의 밖을 향했다. 데카르트에게 생각은 무엇보다 의심이다. 의심은 불완전한 존재의 몫이다. 완전한 존재는 이미 모든 것에 대한 지식을 가졌기에 의심하지 않는다. 여기에서 '나'란 존재에게 적용되는 '불완전'이란 개념은 '완전'이란 개념이 먼저 있을 때 가능하다. 완전의 부족으로 불완전이 있기 때문이다. 그렇기에 '나'와 구분되는 '완전한 존재'가 있어야 한다. 이 완전한 존재가 '신'이다. 신이 필연적으로 존재해야 하는 이유도 바로 이러한 이유 때문이다. 신은 완전한 존재이기에 속이는 존재가 아니다. 속이는 것은 완전한 존재에겐 어울리지 않는다. 신은 선해야 한다. 그것이 완전한 존재에 어울린다. 이와 같이 데카르트는 '생각하는 나', 즉 '의심하는 나'로부터 신의 존재를 이끌어낸다. '나'의 '밖' 신의 존재를 이끌어낸다.[225] 이런 식으로 그는 나의 생각에서 나의 존재를 이끌어내고, 나의 밖의 존재로 이끌어낸다. 그런데 류영모는 다르다.

나의 생각으로 홀로 있는 나의 존재는 홀로 있기에 홀로 좋고자 하기 쉽다. 즉 나는 이기적이기 쉽다. 존재론적으로 그렇게 생겼다. 그러나 나의 아집을 버리고 '얼나'가 될 때, '나'란 홀로 있는 작은 존재를 벗어나 전체가 하나인 하느님의 '나'에게로 솟아오르게 된다. '나'만 생각하는 아집으로 작아진 존재는 아집을 버림으로써 거대한 '나'가 된다. 인간으로 '작은 나'에 비하여 하느님은 '큰 나'다.[226]

> 참나(眞我)와 하느님이 하나다. 참나가 '얼나'이다. 참나(얼나)로는 나의 생명과 하느님의 생명이 하나다. 참나(얼나)와 하느님은 이어져 있다. 그리하여 무한(無限)과 유한(有限)이 이어져야 한다. 그것이 진선미(眞善美)의 영원한

---

225   르네 데카르트, 《성찰》, 69쪽.
226   박영호 편, 《다석 유영모 어록》(서울: 두레, 2002), 14쪽.

생명이다.[227]

　나는 생각으로 존재하게 된다. 그러나 욕심으로 나의 존재는 '큰 나'에서 떨어져 '작은 나'가 되고 말았다. 나의 생각으로 나의 존재가 가능하기에 존재론적으로도 이기적이 되기 쉽다. 그러나 생각에 집중하고 아집과 욕심을 멀리하면 할수록 인간은 '큰 나'로 다가간다. '얼나'의 존재는 하느님의 존재와 다른 존재가 아니다. 하나다. 얼나의 생명도 하느님의 생명과 다른 생명이 아니다. 나란 존재는 유한하지만 데카르트와 같이 나의 유한으로 인해 신의 '밖'에 내가 있고 나의 '밖'에 신이 있는 것이 아니다. 나의 모든 아집이 사라진 곳에서 나의 '유한'은 하느님의 '무한'과 하나가 된다. 그 하느님과의 하나 됨을 유한한 인간, 회의하는 인간은 자기 행위의 목적으로 여기고 살아야 한다.

　데카르트는 나의 존재라는 토대를 마련하고 바로 그 토대로부터 다른 존재로 나아간다. 그러나 류영모는 그렇지 않다. 생각하는 실재인 나의 존재를 토대로 그 나의 존재 밖이 아니라 안을 향한다. 모든 아집을 버리고 내면으로 파고들면 그 가운데 나의 내면에서 하느님과의 하나 됨으로 향하는 길을 발견하게 된다.

　　우리 이 세상 나왔던 것은 아버지를 떠나 나왔다가 이제 다시 그 나라로 돌아가는 거예요. 돌아가는 게 나들이예요. 나왔다 들어가는 게 나들이예요.[228]

　류영모에게 '나'의 존재는 고향에서 잠시 떠나와 있는 존재다. 다시 돌아가야 한다. 나의 아집 없이 순수한 생각은 나와 하느님을 나누지 않는다. 나란 존재의 고향이며 돌아가야 할 곳이다. 죽음에 대해 류영모는 다음과 같이 말한다.

227　1957년 다석 어록(http://www.dasuk.or.kr/).
228　류영모, 《다석 마지막 강의》(서울: 교양인, 2010), 178쪽.

이 세상 떠날 준비가 잘됐으면 자기도 모르게 옷을 벗어버리고서 '얼나'로 올라가는 사람도 있을지 모릅니다.[229]

'얼나'가 된다는 것은 죽을 준비를 잘 하는 것이기도 하다. 나란 존재의 고향, 돌아가야 할 곳에 대한 정확한 지혜와 몸이 주는 아집으로부터 벗어나 있으니 말이다. 그 모든 것, 즉 나를 홀로 있게 하는 그 모든 것들을 버리면, 나의 존재는 하느님의 존재와 다르지 않다. 나의 생각으로 나의 존재가 가능하다면, 나의 생각이 곧 나의 존재라면, 그 나의 생각도 하느님의 생각도 다르지 않게 된다. 순수한 나, 즉 얼나로 내가 하느님과 하나 되는 것은 이런 의미에서 나 혼자만의 생각으로 되지 않는다. 나와 하느님이 함께 '우리'가 되어 존재함으로 가능하다. 나와 하느님이 서로 남이 아니라 함께 '우리 되기'를 노력할 때, 나와 하느님은 하나가 된다. 그리고 그 하나 됨 가운데 진선미(眞善美)의 초월범주가 드러난다. 하느님과 온전한 우리가 될 때, '거짓 나'인 '제나'를 온전히 버리고 '참나'인 '얼나'가 된다. 하느님과 '나'가 하나가 될 때 말이다.

낱동(개체)인 나는 전체인 하느님을 알 수가 없다. 사람은 완전이신 하느님을 알 수 없다. 그러나 사람은 온통(전체)을, 완전(참나)을 알고 싶어 한다. 그 온통과 완전이 참나인 하느님 아버지가 되어서 그렇다. 하느님 아버지를 그리워하는 것이 우리 참삶인 것이다. 우리의 마음은 항상 하느님을 생각하는 궁신(窮神)하는 자리에 있어야 한다. 하느님을 알려는 것이 궁신이다. 하느님은 다른 것이 아니다. 우리들이 바로 하느님이다. 지금은 우리가 하느님의 능력을 나타내지 못할망정 이 다음에 하느님께로 돌아가는 것만은 사실이다. 궁극에는 내가 하느님이 되겠다고 하는 것이 아닌가? 내가 하느님의 자리에 간다는 말이다. 정신이란 곧 궁신하겠다는 것이다. 거짓 나인 제나로

229 같은 책, 228쪽.

470

죽고 참나인 얼나로 솟아 하느님께로 돌아가는 것이다.[230]

결국 '하느님'과 '나'는 둘이 아닌 하나가 되어야 한다. 물론 지금도 하느님은 나에게 남이 아니다. 나도 하느님과 하나가 되고 너도 하느님과 하나가 되면, 결국 인간 '우리'는 하느님과 하나가 된다. 류영모는 데카르트와 다르다. 데카르트의 생각하는 '나'에게 신은 '나의 밖'이다. 그러나 류영모에게 생각하는 '나'는 하느님과 남이 아니다. 류영모는 '나'의 생각에서 시작해 결국 하느님과의 하나 됨을 이야기한다. 서로가 서로를 '밖'으로 두지 않는 하나 됨이다. 데카르트는 의심할 수 없는 어떤 것을 통해 언제 어디서나 보편타당한 진리를 구하고자 했다. 그 진리를 위해 구해진 것이 생각하는 '나'다. 그러나 류영모는 절대적으로 부정할 수 없는 생각하는 '나'의 밖에서 하느님을 구하지 않고, 오히려 하느님과 하나 되는 그 첫걸음을 생각하는 '나'에서 구하였다. '나'란 존재가 능동적으로 생각하고 하느님 역시 '나'와 더불어 생각할 때, 순수한 나 '얼나'가 가능하며, 그때 하느님과 나의 존재와 생명은 서로 남이 아닌 하나가 된다.

이쯤에서 가온찍기(·)에 대해 생각해보자. 가온찍기란 나의 존재 중심과 우주 중심을 정확하게 일치시켜 유한과 무한을 하나로 마주 보게 하는 것이다. 이 가온찍기의 순간은 유한한 '나'란 존재가 우주 만물의 생성 소멸하는 변화의 깊은 이치, 즉 존재의 신비를 제대로 바르게 깨우치는 순간이다. 큰 깨우침의 순간이다. 이 순간 '얼나'는 하느님과 하나가 된다.

얼나라는 것의 무한한 가치를 자각하고 날아가는 새를 화살로 쏘아 맞히듯이 곧이곧고 신성하고 영특하고 영원한 나의 한복판을 정확하게 명중시켜 진리의 나를 깨닫는 것이 가온찍기(·)이다. 나의 마음속에 영원한 생명의 굿이 나타난 것이다. 기역(ㄱ)은 니은(ㄴ)을 그리고 니은(ㄴ)은 기역(ㄱ)을 높이

230   같은 책, 52쪽.

는데 그 가운데 한 점을 찍는다. 가온찍기(·)란 영원히 가고 가고 영원히 오고 오는 그 한복판을 탁 찍는 것이다. 가온찍기(·)야말로 진리를 깨닫는 순간이다. 찰나 속에 영원을 만나는 순간이다. 그래서 생각하고 또 생각하고 하늘을 그리워하고 또 그리워하며 가온찍기(·)가 인생의 핵심이다. 그러나 깨닫는 가온찍기(·)로 끝나는 것은 아니다. 끝끝내 표현해보고 또 표현해보고 나타내보고 나타내보여야 한다. 내가 내 속알을 그려보고 내가 참나를 만나보는 것이 끝끝내이다.[231]

가온찍기는 진리를 깨우치는 순간이다. 유한에서 무한을 만나는 순간이다. 찰나에서 영원을 만나는 순간이다. 이 가온찍기로 나는 참나를 만난다. 얼나가 된다. 이러한 가온찍기는 수동적으로 이루어지는 것이 아니다. 나의 밖에 존재하는 무엇인가에 의해 강제되는 것이 아니다. 스스로 생각해야 한다. 얼나에게 나와 하느님의 존재는 다르지 않다. 즉 나의 생각과 하느님의 생각은 서로 남이 아니다. 서로가 능동적으로 더불어 있다. 이때 얼나가 된다. 그리고 그 얼나의 순간이 또 가온찍기의 순간이다. 가온찍기를 통해 시간 속에 존재하는 '나'는 나의 '밖'이 아닌 나의 '안'에서 영원한 우주의 이치를 만난다.

나와 하느님이 서로 남이 아니듯이 하느님과 너도 서로 남이 아니다. 결국 하느님과 나와 너, 즉 하느님과 우리도 서로 남이 아니다. 나의 아집이 버려지면 말이다. 몸에서 일어나는 욕심들을 버리면 말이다. 류영모 철학의 핵심엔 '제나'와 '얼나'의 구분이 있다. 이 구분은 곧 거짓 나와 참나의 구분이다. 이러한 구분으로 이루어진 류영모의 철학은 동양사상과 그리스도교 사상을 하나의 흐름 속에서 담아내고 있다. 《도덕경》《주역》《맹자》《성경》 등을 오가며 자신의 철학을 전개한다. 그 철학의 핵심엔 몸의 욕심으로 존재하며 아집에 싸인 거짓 나인 '제나'와 이런 욕심과 아집을 버린 참나인 '얼나'의 구분이 있다. 신은 '얼'로 존재한다. 신은 인간의 몸으로 감각

231   1956년 다석 어록(http://www.dasuk.or.kr/).

되는 대상이 아니다. 신을 마주하고 영원한 우주의 이치와 남이 아닌 하나가 되기 위해 사람도 온전히 '얼'로 존재해야 한다. 얼나로 존재해야 한다. 《성경》의 한 구절을 읽어보자.

> 하느님에게서 태어난 이는 누구도 죄를 짓지 않습니다. 하느님의 씨가 그 안에 머물러 있기 때문입니다. 그는 죄를 지을 수 없습니다. 하느님에게서 태어났기 때문입니다. (요한1서 3장 9절)

얼나 가운데 하느님의 씨가 있다. 이 씨올이란 몸의 욕심으로부터 멀어진 얼나 그 자체다. 하느님과 하나 되려고 생각하는 민중, 결국 몸의 욕심으로 세상 즐거움을 누리려는 이들과 구분되는 하느님과 하나 되려는 민중, 하느님을 향해 나아가는 이들이 씨올이다.

씨올은 민중이다. 그 민중이 하느님의 뜻을 품은 이로 이 땅의 중심에 서야 한다. 그 민중은 국가나 민족으로 나뉘어 갈라지는 것이 아니다.

> 학생을 국가의 동량이라고 하는데, 그따위 말은 집어치워야 합니다. 애당초 민족국가라는 말이 틀렸습니다. 국가의 '가'(家)는 집어치워야 합니다. 이 '집가'의 가족제도 때문에 우리나라가 망한 게 아니겠습니까? 전 세계 인류를 생각하면 국가와 민족이라는 것도 말이 안 됩니다. 민족이라는 것을 넣을 데가 없습니다. 그런데 교육 당국에서는 국가의 동량과 민족과 광명이란 슬로건을 내겁니다. 이것은 안 됩니다. 이렇게 하다가는 한 나라만 망하는 게 아니라 전 인류가 망하게 됩니다.[232]

1956년 강의에서 류영모는 국가주의와 민족주의를 비판한다. 한 나라뿐 아니라 인류에게 위험한 것이라고 한다. 국가와 민족이란 정체성의 아집, 그

---

232   다석학회 편, 《다석 강의》(서울: 현암사, 2006), 218–220쪽.

아집이 서로를 다투게 하고 결국은 모두에게 위험한 것이 될 것이기 때문이다. 그 아집에서 '얼나'는 사라지고 '거짓 나'만이 힘을 쓸 것이기 때문이다. 그 국가와 민족이란 이름으로 학생들을 아집에 빠지게 하는 것도 거부한다.

류영모의 철학은 나와 하느님의 하나 됨과 너와 하느님의 하나 됨을 이야기한다. 그리고 하느님과 우리는 하나가 된다. 나와 너도 하나가 된다. 큰 나무의 서로 다른 과일일 뿐이다. 서로 남이 아니다. 그리고 나와 너 가운데 씨올을 이야기한다. 하느님을 향하는 씨올을 가지고 있다는 것이다. 씨올 그 자체가 바로 우리의 본모습이라 한다. 이 씨올은 '제나'의 몫이 아니라 '얼나'의 몫이다. 그리고 그 얼나, 아집을 버린 얼나가 민중이다. 참민중이다.

류영모는 한국의 큰 존재론자이다. 제나와 얼나 그리고 씨올과 가온찍기는 그의 존재론적 사유의 결과물로 이후 함석헌에게 많은 영향을 준다. 노평구의 증언에 다르면, 김교신 등은 류영모의 철학을 그리 좋아하지 않았다고 한다.

> (김교신은) 동양학의 권위이신 류영모 씨의 기독교에 대한 동양적인 해석 내지는 범신주의, 금욕주의 등에 대해서 심한 경계를 표시했다.[233]

그리스도교에 보다 더 뿌리를 둔 이들, 그리스도교에 깊이 뿌리를 두고 그것을 한국적으로 이해하려는 이들에게, 동양철학은 물론 자신의 독창적인 사고가 과도하게 적용된 류영모의 그리스도교에 대한 이해는 마음에 들지 않았을 것이다. 그럼에도 불구하고 그는 한국철학에 있어 한국어로 철학을 한 거의 첫 존재론자 혹은 형이상학자라고 할 수 있다. 그에게서 드디어 한국어는 철학, 그 가운데 형이상학의 언어를 갖게 되었다고 볼 수 있기 때문이다. 그의 이러한 형이상학적 노력은 이후 함석헌의 역사형이상학에 지대한 영향을 준다.

233   노평구, "내가 생각하는 김 선생", 《김교신과 한국》(일심사, 1984), 80쪽.

처음으로 돌아가보자. 다석 류영모는 조선과 식민지 조선 그리고 대한민국을 모두 산 인물이다. 아직 이 땅에 국왕이 존재하던 1890년 3월 13일 서울에서 태어나 전두환의 잔혹한 악행이 역사를 채우고 있던 1981년 2월 3일까지, 참으로 고난 속 이 땅의 역사를 온 삶으로 살아간 인물이다. 그리고 그 삶 동안 그는 치열하게 한국의 형이상학, 씨올의 형이상학을 만들어갔다.

5 문익환의
'사랑으로 하나 됨'의 형이상학

사랑은 서로 떨어진 여럿이 하나가 되는 원리다. 왜 굳이 하나가 되려 하는 걸까? 그냥 서로 다 같이 떨어져 살아가면 안 될까? 그렇게 존재하면 안 되는 걸까? 어쩌면 사랑은 아직 가지지 않은 것에 대한 욕심일지도 모른다. 아직 가지고 있지 않아서 그것을 가지려고 노력하는 것일지 모른다. 그렇게 소유함으로 종결되는 것이 사랑일지 모른다. 플라톤의 대화편《향연》(*Symposium*)에 등장하는 누군가는 사랑을 '안 가진 상태'에서 하는 것이라 했다.[234] 아직 가지지 않은 것에 대한 욕심으로 하나가 되려 하는 걸까? 왜 낱개로 존재하지 않고 서로 다른 여럿이 굳이 하나가 되려 하는 걸까? 욕망에 차올라 사랑하는 이를 강제로 자신과 같이 있게 하려는 마음도 사랑일까? 소유하고 싶어하는 마음, 아직 가지지 않은 것에 대해 소유하려는 마음도 사랑일까? 그런데 성경엔 이와 다른 사랑도 등장한다.

> 사랑은 무례하지 않으며 자기 이익을 찾지 않습니다. 사랑은 분통을 터뜨리지 않고 억울한 일을 따지지 않습니다.[235]

---

234 Platon, *Symposium* 200a. "안 가진 상태입니다. 그렇게 생각하는 것이 더 있을 법합니다."
235 "코린도 신자들에게 보낸 첫째 서간" 13장 5절.

그리스도교에서 이야기하는 사랑은 자기 이익을 찾지 않는 사랑이다. 소유욕이 아니다. 나는 이만큼 사랑했는데 너는 왜 나를 이 정도 사랑하는지 따지는 사랑이 아니다. 사랑 그 자체가 목적이다. 사실 그리스도교의 하느님은 스스로 완전한 존재다. 부족해서 누군가를 사랑할 필요가 없다. 더 가질 것도 없고 더 원할 것도 없는 완전한 존재의 사랑이 하느님의 사랑이다. 그 사랑을 닮아서 해야 하는 것이 그리스도교의 사랑이다.

> 하느님께서 우리에게 주신 사랑을 우리는 알고 있고 또 믿었습니다. 하느님은 사랑이십니다. 사랑 안에 머무르는 사람은 하느님 안에 머물러 있고 하느님도 그 사람 안에 머물러 계십니다.[236]

하느님이 곧 사랑이다. 하느님을 믿는 신앙인은 하느님을 닮아야 한다. 인간은 '하느님의 모상'(imago dei)이다. 하느님의 사랑은 무조건적 사랑이며, 인간의 사랑은 그런 하느님의 사랑을 닮아야 한다. 누군가를 어떤 이유가 있어사랑하는 것이 아니라 그 자체로 사랑해야 한다. 하느님이 우리를 그렇게 사랑했고 그것이 사랑의 원형이기 때문이다. 설사 인간이 누군가를 자신의 행복을 위한 수단으로 사랑한다고 해도 근본적으로 사랑은 그 자체가 목적이어야 한다. "나는 너를 사랑한다"라는 말에서 '나'는 '너'를 어떤 다른 이유가 있어서 사랑하는 것이 아니라 '너'가 '너'라서 사랑해야 한다. 그것이 하느님의 사랑을 가장 많이 닮은 사랑이다. 그런 사랑으로 하나가 되어야 한다.

> 사랑하는 여러분, 서로 사랑합시다. 사실 사랑은 하느님으로부터 오고 사랑하는 모든 이는 하느님에게서 났고 하느님을 알기 때문입니다.[237]

---

236 "요한의 첫째 서간" 4장 16절.
237 같은 책, 4장 7절.

서로 사랑하는 것은 하느님의 명령이다. 서로 사랑해야 한다. 그리고 그 사랑은 보편성을 가진다.

> 하느님께서는 사람 차별을 아니하시기 때문입니다.[238]

하느님의 사랑은 모든 인간을 향한다. 그렇다면 우리의 사랑도 그러해야 한다. 무엇인가 이득을 생각해서 사랑하는 것이 아니고, 그 자체로 모두를 사랑해야 한다.

인간은 무엇이 더 좋은지를 따지는 선악과, 즉 무엇이 더 좋고 덜 좋은지 따지는 능력을 갖게 되는 그 선악과를 먹어버렸다. 인간에게 이 세상은 가지고 싶은 것과 가지고 싶지 않은 것으로 나뉘었고, 가지고 싶은 것을 더 가지기 위해 분열하기 시작했다. 사랑도 무엇인가를 소유함으로 행복을 누리기 위한 수단이 되어버렸다. 누군가를 있는 그대로 사랑하기보다는 자신의 욕심으로 더 좋은 것과 덜 좋은 것으로 나누어 세상을 보기 시작했다. 이런 분열 가득한 곳에 온전한 하나 됨은 머물 곳이 없다. 더 좋은 것과 덜 좋은 것을 두고 다툼이 가득한 곳에 아름다움이 있겠는가? 그리스도교의 사랑은 순수하게 사랑 그 자체를 목적으로 해야 한다고 한다. 그러나 그 사랑은 이상향이다. 현실의 사랑은 아직 가지지 않은 것에 대한 욕심일 때가 많다. 덜 좋은 것에서 더 좋은 것으로 쉼 없이 이탈하려 한다. 현실의 이 추악한 곳에서 천상의 이상향으로 가려 한다. 이 현실은 생성 소멸하는 덜 좋은 곳이고, 천국은 더 좋은 곳이기 때문이다. 이와 같이 천국에 가려는 것도 순수한 사랑 그 자체가 목적이 아니라 자신의 이득을 위해 사랑하는 것이 된다. 결국 이 땅을 살아가는 이들은 그렇게 살아가면서 그리스도교에서 이야기하는 이상적 사랑을 모범으로 삼으려 노력할 뿐이다. 이 세상은 분열과 추악함이 기본이다.

---

238 "로마 신자들에게 보낸 서간" 2장 11절(200주년).

순수하고 순결하며 혼합되지 않은 아름다움 자체를 보는 일이 누군가에게 일어난다면, 인간의 살이나 피부 혹은 다른 썩어버릴 오물에 물든 것을 보는 것이 아니라, 단일한 형상인 신적인 아름다움 자체를 직관할 수 있게 된다면, 어떨 것이라 생각합니까?[239]

그러므로 진정으로 참된 아름다움과 진리의 공간은 감각 세상의 공간이 아니다. 곧 사라질 덜 좋은 곳들의 공간이 아니라 영원한 본질이 구현된 초월 공간이어야 한다. 곧 사라지고 덜 좋은 곳으로 변화되어가는 물질적인 것이 아니어야 한다. 이 세상에 있지 않아야 한다. 결국 사람들은 순수한 사랑도 순수한 아름다움도 순수한 진리도 이 세상의 것이 아니라고 생각하게 되었다. 이 세상은 다른 어떤 목적 없이 그 자체를 목적으로 사랑한다는 하느님의 사랑이 있을 곳이 아니며, 하느님과 같은 신성한 아름다움이 있을 곳도 아니고, 하느님과 같이 영원한 진리가 있을 곳도 아니다. 결국 많은 이들에게 이 감각의 세상은 부정되어야 할 곳이다. 우리가 몸으로 살아가는 이 감각의 세상은 완전한 진선미(眞善美)가 있을 곳이 아니다. 결국 이렇게 이 현실의 감각 공간은 부정되어갔다. 서구의 과도한 금욕주의는 이런 세계관과도 무관하지 않을 것이다. 사람과 함께 있다는 것은 다툼의 공간에 있음이다. 혹은 다툼의 가능성을 두고 있음이다. 그러나 아예 사람과 있지 않고 서로 떨어져 지낸다. 이 세상은 진리도 없고 행복도 구현되지 않는 곳이며 다툼으로 가득한 곳이라는 생각이 일상이 된다. 하느님의 사랑은 책에서나 나오는 이야기일 뿐이다. 철학자 아르네 네스(Arne Naess, 1912-2009)는 자신의 과거를 돌아보며 타인과 있지 않는 고요하고 거친 장소에는 갈등도 없고 다툼도 없다고 했다. 타인으로부터의 도피, 그곳은 부조화가 있지만 다툼은 없다 했다.[240] 이런 그의 이야

---

239 Platon, *Symposium* 211d-e. 인용한 한글 번역은 필자의 것이다. 참조한 한국어 번역본은 플라톤, 《향연》, 강철웅 역(서울: EJB, 2010)이다.
240 데이비드 로텐버드, 《생각하는 것이 왜 고통스러운가요?》, 박준석 역(서울: 낮은산, 2011), 69쪽.

기가 조금 익숙하다. 우리 역시 그의 생각과 비슷한 생각을 하며 산다.

문익환(1918-1994)의 생각은 다르다. 아래 글을 보자.

> 인생의 본질은 기쁨인데, 사랑이 없으면 기쁨이 없다는 걸 믿기 때문입니다. 사랑이 없으면, 우리는 아무도 믿을 수 없어요. 아무도 믿을 수 없으면서 어떻게 살아갈 수 있어요? 어떻게 이 사회가 설 수 있어요? 안 되지요.[241]

문익환은 하느님의 사랑이 이 세상에 없다고 실망하지 않는다. 오히려 그러니 이 땅에서 하느님의 사랑을 해야 한다고 말한다. 더 좋은 것을 위해 나를 속일 인간만으로 가득하다고 생각하면 어떻게 공동체가 유지되겠는가! 그렇게 생각하면 어떻게 타인과 함께 살아갈 수 있겠는가? 과연 그것이 나의 삶에 기쁨이 되겠는가? 문익환은 결국 남이 없는 곳으로 도피해 그곳에서 다툼 없는 삶을 살기보다는 이 현실의 공간에서 다투며 하느님의 사랑을 실천하려 한다. 그것은 앞서 이야기한 소유욕, 아직 가지지 못한 것을 가지기 위한 사랑이 아니다. 물론 아직 가지지 못한 민주주의를 위한 욕심이라고 할 수도 있지만, 그것이 자기만의 소유욕을 위한 사랑은 절대 아니다. 민주주의를 희망하고 사랑하지만 그것은 개인의 사리사욕을 위한 것이 아니다. 가지지 않은 것에 대한 소유욕이라기보다는 비정상의 상황에서 정상의 상황으로 나아가려는 노력이며, 아파하고 힘들어하는 민중의 아픔에 대한 그의 사랑이다. 다른 이유나 목적은 없다. 이러한 문익환의 입장을 '사랑으로 하나 됨의 형이상학'이라 부르며, 그의 형이상학을 정리해보겠다.

문익환에게 '아름다움'과 '참' 그리고 '선'과 '하나'는 어떤 관계인가? 이것은 유럽의 형이상학자들에게 초월범주의 영역으로 다루어진 것들이다. 초월범주란 존재하는 모든 것을 초월해 서술되어지는 것을 의미한다. 인간도 나무도 바위도 모두 그 자체로 참된 것이며, 좋은 것(선한 것)이고 아름다운 것이

241　문익환,《문익환》(서울: 돌베개, 2005[2쇄]), 210쪽.

다. 물론 하나의 단일성을 이루며 존재하는 것이기도 하다. 가장 아름다운 것, 가장 참된 것, 그리고 가장 선한 것은 현실 속에 구현되어 있지 않다. 그것은 모든 것을 초월해서 있다. 그렇다고 현실의 것들과 무관하게 있는 것은 아니다. 그 초월범주는 존재하는 것의 가장 온전한 모습에 대한 표현이다. 아름다움의 본질로 인해 이 세상의 많은 것들이 아름답다. 아름다움 자체는 소멸되지도 늙어 사라지지도 않는다. 그것은 변하지 않는다. 모든 것을 초월해 있다. 이때 초월해 있다는 말은 변화하는 모든 것을 벗어나 있다는 말이다. 변화하는 모든 것은 이 영혼 외부의 아름다움이라는, 초월된 어떤 것에 다가간 만큼 아름답다고 불린다. 예를 들어보자. 내 눈앞에 장미 한 송이는 아름답다. 그것은 아름다움 그 자체라는 고유한 초월적 본성에 장미 한 송이가 참여하기 때문이다. 그러나 그 참여가 서서히 멀어지면서 장미 한 송이는 더 이상 아름답지 않은 것이 된다. 이렇게 감각되는 개체들은 아름답지 않은 것에서 아름다운 것으로, 그리고 다시 아름답지 않은 것으로 변화한다. 그러나 아름다움 자체는 변화하지 않고 언제나 그대로 있다. 이러한 초월된 것에 대한 이해는 유럽 철학, 특히 플라톤 철학의 오랜 전통이다.

문익환에게 '아름다움'이란 사람마다 다르다. 누군가는 이것이 아름답고 또 다른 누군가는 저것이 아름답고 이것은 아름답지 않을 수 있다. 당연히 그렇다.[242] 미적 취향은 사람마다 다르고 문화마다 다를 수 있다. 그렇다면 아름다움은 객관적 기준이 없는 것일까? 순수하게 주관적이기만 한 것일까? 흩어진 대상에 대한 사람마다 다른 흐릿한 표현일 뿐일까? 문익환은 이에 대해 묻는다. 저마다 다른 기준으로 존재하는 저마다 다른 아름다움이 있을 뿐이며, 하나의 객관적 기준, 나의 주관을 벗어난 어떤 객관적 기준도 존재하지 않는 것일까?

---

242 문익환, 《문익환 옥중 서한집: 하나가 되는 것은 더욱 커지는 일입니다》(서울: 삼민사, 1991), 155쪽.

아름다움에는 객관적인 기준이 없는가? 있어요. 그게 뭐냐고 하면 첫째로 '참'이지요. 말을 바꾸면, 아름답지 않은 것은 거짓이요, 속임수라는 말이죠.[243]

문익환에 의하면 아름다움의 기준은 '참'이다. 참이란 진리(眞理) 혹은 진짜와 관련된 개념이다. 아름답기 위해 그 아름다운 것은 '진짜'로 있어야 한다. '가짜'로 있는 것이 아름다운 것일 수 없다. 아름다움이 유의미한 말이 되기 위해서는 우선 진짜에 대한 표현이어야 한다. 그렇다면 진짜로 존재하는 모든 것은 아름다운가? 사실 그렇지도 않다. 추악한 짓을 해서 얻은 것도 아름다운 것인가? 그렇지 않다. 그런 의미에서 문익환이 제기한 두 번째 기준은 '선'(善)이다.

아름다움의 둘째 기준은 '선'입니다. 선하면 우리는 도덕을 생각하게 되잖아요? 아름다움과 도덕을 하나로 묶는다는 건 당치도 않은 일이라고 생각할 수 있지요. 세상에는 아름답지 않은 선이 많이 있으니까 그렇게 생각하는 것도 무리는 아니죠.[244]

아름답지 않은 선이 진정한 선일까? 아름답지 않은 도덕은 도덕일까? 아프리카에는 그들의 전통적인 도덕적 관습 가운데 폭력적인 여성 할례가 있다. 과연 아름다운가? 남성은 자유로이 여성을 만나고 관계를 가지면서 여성에겐 한 남자만을 강요하는 문화 속에서 열녀는 과연 아름다운 '선'인가? 그 사회에서는 선이라 불리지만 결코 아름답지 않다. 진짜 일어난 일이지만 아름답지 않다. 경우에 따라서는 누군가에게 너무나 추악한 악행이지만 잔혹한 도덕의 이름으로 진짜 이루어진 거짓 아름다움일 수 있다. 특정 계층이나 성별이 만

243　같은 책, 156쪽.
244　같은 곳.

든 권위 속에서 이루어진 폭력적 계율의 성실한 수행, 그 수행 가운데 일어난 아픔과 슬픔이 아름다운 것인가? 진짜 아름다운 도덕인가? 선의 기본은 사랑이다. 그저 누군가의 이득을 위한 혹은 특정 세력의 기득권 유지를 위한 선이 제대로 아름다운 도덕일 수 없다. 제대로 아름다운 도덕은 사랑에 기초한 선으로 가득하다. 문익환은 다음과 같이 말한다.

> 도덕이 계율의 완성이 아니라 아름다운 마음의 실현이 될 수는 없을까? 계율을 지키는 것을 도덕의 완성이라고 생각하는 것은, 피아노나 바이올린의 운지법을 숙달하고 마는 것만큼이나 어리석은 이야기죠. 운지법을 넘어가는데 피아노 음악이 있고 바이올린 음악이 있다면, 도덕률을 넘어가는데 도덕의 완성, 곧 선의 아름다움이 있다고 해야겠지요. 그 경지가 무엇인가? 성서는 그것을 사랑이라고 하지요. 사랑이 도덕의 완성이라는 것이 성서의 가르침이거든요.[245]

도덕의 계율을 그저 따르는 것이 도덕이 아니다. 도덕의 완성은 도덕률을 넘어선다. 바이올린 운지법이 바이올린 음악의 완성이 아니다. 그것을 넘어가야 한다. 그것을 넘어 소리가 되고 울림이 되어야 한다. 도덕은 어떻게 울림을 가지는 소리, 진정한 음악이 될 수 있을까? 바로 사랑이다. 사랑이 도덕의 완성이다. 사랑 없는 선은 선이 아니다. 진짜 아름다운 것일 수 없다.

> 아름다움을 외면한 선이 선일 수 없는 거죠. 아름다움은 선으로 인해서 참아름다움일 수 있고 선은 아름다움으로 완성되는 거죠.[246]

선은 아름답다. 제대로 된 선, 진짜 선은 아름답다. 아름답지 않은 선은 있

245 같은 책, 157쪽.
246 같은 곳.

을 수 없다. 선으로 인해 아름다움은 진짜 아름다움이 되기 때문이다. 존재론적으로 아름다움은 선에 종속되어 있다. 진짜 좋은 것이 아름다움이다. 진짜 선한 것이 아름다움이다. 이런 아름다움이 우리의 영혼 외부에 존재할 때, 우린 그것을 두고 '아름답다'고 판단한다.

> 아름다움을 아름다움으로 알고 기뻐하고 사랑하는 마음은 아름답다고 해야 하지 않을까요. 더럽고 미운 것마저 아름다움으로 변혁시키면서 아름다움을 창조해내는 사랑은 더욱 아름답지요.[247]

결국 진선미, 즉 참되고 선하며 아름다운 것이 하나로 모여들기 위해 사랑이 필요하다. 사랑 가득한 마음을 가진 이는 사랑 가득한 현실을 알아본다. 사랑은 현실을 진선미의 공간으로 만들고 그 진선미의 공간을 진선미의 공간으로 판단하게 해준다.

결국 사랑은 하나가 되게 하는 힘이다. 나만 아는 아름다움, 나만 즐기는 아름다움, 나만의 예술, 이런 개인주의는 결국 사회를 흩어지게 한다. '홀로 있음'을 즐기는 이들로 가득한 사회는 흩어지게 되어 있다. 그러나 민중의 서정은 흩어지지 않으려 한다. 서로 부둥켜안고 춤추게 한다. 우리 모두를 기쁨으로 하나 되게 하는 아름다움이다. 그것은 홀로 있으려는 이의 서정이 아니라 민중의 서정으로 가능하다.

> 나만 아는 아름다움, 나만 즐기는 아름다움, 나만의 예술적인 표현, 이런 개인주의는 사회를 모래알처럼 흩어지게 하는 거지만, 민중적인 서정은 같이 어울려 부둥켜안고 춤추게 하는 서정의 아름다움은 우리 모두를 기쁘게 하고 같은 기쁨으로 모두를 하나 되게 하는 아름다움이지, 그래서 민중의 서정

---

247 같은 책, 163쪽.

은 통일의 서정이라고 해도 되는 것 아니겠니?[248]

민중은 이런 존재다. 사랑 가득한 마음으로 진선미가 하나 되는 현실을 만드는 존재이고, 그 사랑 가득한 마음으로 흩어지는 서로를 부둥켜안고 춤을 추는 존재다.

유럽 형이상학에서 참된 것(*verum*), 좋은 것(*bonum*), 아름다운 것(*pulchrum*), 즉 초월범주(*transcendentalia*)는 다양한 해석이 가능했다. 토마스 아퀴나스는 초월범주의 원인으로 신을 제안했다. 이 세상 모든 '좋은 것'과 '아름다운 것' 그리고 '참된 것'은 신이 그 원인이라는 이해다. 그 신과 그 원인에서 기인한 피조물은 같은 차원에서 이해될 수도 논해질 수도 없다. 그렇기에 오직 유비적으로 이해되고 논의될 뿐이다. 비록 이론이성과 실천이성의 토대로 '좋은 것'과 같은 것이 언급되지만,[249] 근본적으로 이 세상의 모든 '좋은 것'과 '아름다운 것' 그리고 '참된 것'은 현실적인 것을 초월한 것이다. 지상의 것들은 초월됨을 향해 다가가기 위해 노력한다.

문익환의 '참된 것'과 '좋은 것' 그리고 '아름다운 것'은 아예 다른 차원이다. 초월된 어떤 원형을 향해 노력하는 것이 아니다. 신이 창조한 어떤 원형을 향해 이 땅의 민중이 노력하는 것이 아니라 이 땅 민중의 사랑으로 구현해가는 것이다. 선한 것, 다르게 말해 정의로운 것에 대한 문익환의 말을 읽어보자.

정의란 불의 앞에서 폭발하는 사랑의 분노이니까요. 정의는 사랑의 사회적 표현이라고 해도 되는 것 아니겠습니까?[250]

선한 것을 이루려는 정의의 마음은 사랑의 분노다. 정의란 사회적 표현이

248   같은 책, 170쪽.
249   Thomas Aquinas, *Summa theologiae I-II*, 94, 2.
250   문익환, 《히브리 민중사》(서울: 정한책방, 2018), 196쪽.

다. 하느님이 창조한 선한 것을 이루기 위해 달려가는 것이 아니라, 지금 여기 나의 눈앞에서 아파하는 너의 울음과 고통으로 달려감으로써 이루어지는 것이 정의다. 사회 가운데 선한 것을 이루려는 민중의 분노가 정의란 말이다. 그렇기에 정의는 정의롭지 않은 나, 부끄러운 나, 달려가지 않는 나에 대한 자각이 있어야 하고, 그 자각 이후 더 이상 부끄럽지 않으려는 실천이 따라야 한다.

문익환의 초월범주는 하늘의 것을 향한 달려감이 아니다. 사랑하는 마음으로 진짜 좋은 아름다움을 이루려는 노력이다. 서로 사랑함으로 구현되는 사랑의 결실이다. 사랑함의 나아갈 방향이다.

하느님은 이미 이 세상을 평등하게 창조했다. 새나 들이나 풀꽃이나 어느 하나 덜한 것도 없고 더한 것도 없다. 없으면 없는 대로 살고 있으면 있는 대로 살아간다. 하느님이 창조한 이 우주의 원리가 그렇다. 문제는 인간에게는 평등이 자연스러운 일이 아니라는 것이다. 평등하려는 노력이 필요하다. 도덕적 결단이 요구된다.[251] 결국 그 도덕적 결단도 사랑의 힘이 필요하다. 사랑 없이 주어진 강제는 빌미만 주어지면 어기고 싶어진다. 사랑이 중요하다. 그 사랑이 존재하는 모든 것을 서로 다투지 않고 하나가 되게 하고, 주어진 현실, 이 진짜의 세상을 선하게 만들며, 그 선한 것을 참으로 아름답게 만들기 때문이다.

1) 발바닥 철학

문익환의 철학은 '발바닥 철학'이라 불린다. 발바닥 철학은 그의 '하나 됨의 형이상학'에 뿌리를 둔 철학으로 볼 수 있다. 물론 그 자신이 자신의 형이상학에 대해 구체적으로 언급하고 명명하지는 않았지만, 앞서 보았듯이 그의 형

---

251   문익환, 《문익환 옥중 서한집 : 하나가 되는 것은 더욱 커지는 일입니다》, 228쪽.

이상학은 '사랑으로 하나 됨의 형이상학'이라 불러도 좋은 구조를 가졌다. 그 형이상학에 토대를 둔 그의 철학적 기획으로 세워진 것이 바로 '발바닥 철학' 이다. 발바닥 철학은 문익환 스스로 자신의 철학을 가리킨 말이다. 여기에서 발바닥이란 민중을 의미한다.[252] 그의 철학 전체는 민중을 향해 있다. 그의 신학도 다르지 않다. 신학적으로 그는 개인의 '홀로' 구원보다 민족 크게는 인류 전체의 '더불어' 구원의 길을 추구한다. 그것이 참된 구원이라고 생각한다. 부활 역시 그에게 홀로 부활은 무의미하다. 참으로 아름다운 부활은 '더불어 부활함'이다.

> 부활은 곧 민중의 부활이라는 거거든요. 부활은 곧 민중의 해방인 거구요.[253]

그 '더불어 부활함'은 초자연적 신비가 아니라 '구체적인 역사적 희망'이다. 억눌린 자의 해방이다. 1990년 4월 15일 옥중에서 모친에게 쓴 편지에서 문익환은 민중의 부활은 곧 '민주'라고 했다.[254] 독재가 민중을 억압하던 시기, 민중의 부활은 반독재운동으로 시작되어 이루어진 온전한 의미의 민주주의다. 이와 같이 그의 철학은 항상 민중을 향한다. 민중의 부활, 민중의 외침, 아픔, 고난과 함께한다. 이 세상이라는 거대한 몸의 무게감을 홀로 아래에서 지탱하며 험한 길 올라오는 아픔에서도 묵묵히 제 할 일을 하는 발바닥에서 문익환은 민중의 모습을 보았다. 발바닥이 민중이라면 발바닥 철학은 결국 민중철학이다. 그렇다. 그의 철학은 민중철학이다.

식민지 조선 이후 한국전쟁과 독재의 험하고 긴 시간 동안 이 땅의 많은 지식인들은 부끄러웠다. 알고도 침묵하고 누군가는 적극적으로 독재에 가담했다. 학생들이 앞서 독재 타도를 외치면 교수들은 다분히 소극적인 걸음으로

---

252 같은 책, 147쪽.
253 같은 책, 187쪽.
254 같은 책, 236쪽.

남의 눈치를 보며 그 뒤를 따르면서 역사의 진보의 길 변두리에 섰다. 윤동주의 부끄러움도 바로 이러한 자신의 모습 때문이었다. 그리고 더 이상 부끄럽지 않은 길을 가겠다고 각오한 지 오래지 않아 그는 죽음을 맞이했다. 윤동주의 벗 문익환은 다른 지식인의 길을 다짐했고, 또 다른 벗인 장준하의 억울한 죽음 이후 문익환의 각오는 더욱 분명해졌다. 그는 민중의 아픔으로 다가가 온몸이 부서져라 안았다. 그리고 그렇게 살아갔다. 그는 훌륭한 구약성서학자였지만 우리는 그를 그저 한 종교의 성서학자로 기억하지 않는다. 민중의 편에서 불의한 독재를 향해 소리친 인물, 수갑에 죄수복을 입고도 웃으며 그 힘든 길을 불행의 길이라 생각하지 않고 걸어간 윤동주 "서시"의 주인공과 같은 인물로 그를 기억한다. 그의 철학 일반을 한번 돌아보자.

문익환은 기존의 강단 철학이 불만이었다. 어려운 말로 민중의 어려움을 담아낼 수 없기 때문이다. 철학이 진정 민중의 편에 선 외침이라면, 민중의 아픔을 철학이 안아줄 수 있다면, 철학의 언어는 민중의 언어로 이루어져 있어야 한다. 말로는 민중의 편이니, 역사 진보의 앞자리에 선 철학이라고 하지만 막상 그 철학의 내용은 어렵기만 하다. 민중의 일상 삶에 있지도 않은 언어들이다. "사람이란 어쩔 수 없이 실존적인 존재인 동시에 사회적인 존재"[255]다. 만일 그 사회적 존재로 민중을 철학의 주체로 받아들여준다면, 철학의 언어도 당연히 민중의 언어와 같아야 한다. 가난한 사회적 약자를 사회적 존재라고 하면서 그들의 언어를 철학의 언어에서 배제하면, 결국 철학이 추구하는 사회는 특정의 집단에 한정된 결과를 낳을 뿐이다. 문익환은 묻는다. 정말 사회적 약자도 사회적 존재이고, 그 사회적 존재가 사회적 존재인 한에서 인간적 행위로 철학을 한다면, 민중의 언어가 철학의 언어가 되어야 하지 않겠느냐고. 당연히 문익환은 언어에 관심이 많았고, 구약성서학자로서 구약성서 번역에 참여하기도 했다.

당시 개신교회의 성서는 오래된 과거의 번역이었다. 지금도 그렇지만 많

255 　같은 책, 227쪽.

은 경우 그 표현이 과거 한문 어투의 번역에 의존해 있었다. 그래서 성서의 언어는 이 시대 민중의 언어와 사뭇 달랐다. 이질적인 언어로 구성된 남의 이야기라는 느낌이 강하다. 성서의 지혜가 2000년이 지난 지금도 여전히 지혜라면, 그리고 시간과 공간의 구속 없이 다른 공간 다른 시간을 살아가는 우리에게도 지혜로 다가오기 위해 그 언어는 그들의 언어, 남의 언어, 과거의 언어가 아닌 지금 나와 우리의 언어로 되어야 한다. 조선 시대를 돌아보자. 정약종의 《주교요지》 이전 어디 민중의 언어로 사상이 이루어졌는가? 민중의 언어로 된 사상이 있기는 했는가? 동학에 이르러 《용담유사》 이전에 이 땅의 논리로 쓰인 이 땅의 고유한 철학이 있기는 했는가 말이다. 사상에서 민중이 배제된 공간에서 민중이 스스로 자신을 돌아보기는 힘들다. 역사 속 고난과 아픔의 주체이지만 그 역사의 사상으로부터 언어적으로 배제된 민중은 철학의 주체가 되기 어려웠다. 조선을 보라. 한글을 만들었지만 그 한글이 민중의 문자 언어로 철학의 언어가 되는 데 얼마나 오랜 시간이 걸렸는가 말이다.

유학을 다녀온 구약성서학자 문익환은 《성경》의 우리말 번역에 참여한다. 그냥 우리말이 아니라 쉬운 우리말, 민중에게 부담 없는 우리말 번역에 참여한다. 바로 개신교회와 가톨릭교회가 함께 번역한 《공동번역성서》다. 《공동번역성서》는 1968년부터 8년간 작업해 1977년 부활절에 세상에 나온 우리말 성서다. 가톨릭교회에선 선종완 신부가 참여했고, 개신교회에선 곽노순 목사와 문익환 목사가 참여했으며, 마지막으로 이현주 목사가 맞춤법을 교정했다. 오랜 시간 가톨릭교회에서 사용되었으며, 현재 대한성공회와 한국정교회가 공식적으로 미사 중에 사용하고 있다. 번역의 마무리는 선종완 신부의 역할이 컸다. 당시 전태일 열사의 분신으로 문익환은 민주구국전선의 주체가 되어 활동하다 국가보안법으로 수감되어 있었기 때문이다. 성서를 보다 쉬운 우리말로 번역한 것도 결국은 민중들이 민중의 말로 하느님을 만나게 하기 위한 문익환의 노력의 일환이었다. 이런 문익환에게 전태일 열사의 죽음은 그냥 넘어갈 수 없는 사건이었다. 비록 마무리하는 데엔 적극적으로 참여하지 못했지만 《공동번역성서》의 정신은 문익환의 철학을 이해하는 기본 틀이 된다.

성서가 어려운 언어 속에서 민중과 거리를 유지하고 있었다면 철학도 다르지 않다. 철학 역시 민중의 언어와 떨어진 언어 속에서 지적 유희에 빠져 있는 듯이 보였다. "철학은 글쟁이들의 학문적인 관심사가 아닌 낫 놓고 기역자 모르는 사람"을 위한 것이어야 한다[256]고 문익환은 확신했다.

그러나 이 땅의 많은 철학자들은 독재의 암울한 시기, 철학은 순수 학문이라며 교실 속 책에서 벗어나지 못했다. 외국 철학들의 이런저런 학설을 우리말로 번역해 소개하는 일을 했을 뿐, 자신이 살아가는 이 험한 세상에는 등을 돌리고 살았다. 민중의 아픔에 공감하지 않는 철학, 슬픔을 모르는 철학이 어떻게 깊어지겠는가? 슬픔은 그 자체로 철학이 아니지만 철학을 더욱더 깊어지게 한다. 한 주체의 슬픔은 한 주체의 철학을 깊어지게 한다. 슬픔도 공감도 모르는 철학은 그 시대의 아픔에 등 돌린 회의주의가 되거나 공감 없는 지적 허영의 말장난 속에서 남의 철학적 고향을 자신의 철학적 고향인 줄 알고 그리워하는 철학을 하게 될 뿐이다. 철학이 깊어지기 위해서는 그 철학의 공간과 시간을 채우는 아픔과 슬픔을 알아야 한다. 그 아픔과 슬픔을 품어야 한다. 이를 위해 그 아픔과 슬픔이 녹아든 언어로 구성되어야 한다. 발바닥 철학은 민중을 철학의 대상으로 여기자는 것이 아니다. 민중을 철학의 주체로 여기는 것이다. 민중이 철학의 주체가 되기 위해 그 민중의 언어를 포기해선 안 된다. 문익환의 철학은 민중의 언어로 씌어 있다. 민중의 언어로 이루어진 철학과 신학은 결국 몸으로 살아감을 통해 완성된다. 지식으로 끝나는 철학과 신학이 아닌 몸으로 사는 철학이고 신학이어야 한다는 말이다.[257]

민중의 언어로 이루어져야 하고 몸으로 살아가는 삶으로 종결되어야 한다. 그런데 알아듣지도 못하는 어려운 말과 힘겨운 번역어로 철학하는 이들은 결국 그 번역어의 원문으로 돌아가 그곳을 철학의 고향으로 여길 가능성이

---

256   같은 책, 284쪽.
257   같은 책, 197쪽.

크다. 이 땅의 민중이 아니라 저 땅 저들의 답을 나의 답이라 생각하고 살아가기 쉽다. 지금 나의 존재를 부정하고 저들의 과거를 그리워하는 이가 되기 쉽다. 이런 상황에서 어떻게 이 땅 지금 여기 민중의 철학을 할 수 있겠는가. 지금 여기를 살아가는 내 철학의 시작점은 나이고, 나의 아픔이고, 나의 슬픔이고, 나의 고난이다. 플라톤도 칸트도 칼뱅도 헤겔도 맑스도 아니다. 그들은 내 철학의 시작도 될 수 없고 끝도 될 수 없다. 그런 철학으로는 지금 나의 철학에 답을 내릴 수도 없고 동시에 지금 내 삶을 내 삶으로 온전히 누리게 하는 실천으로 이어지기도 힘들다.

발바닥을 보자. 험한 길을 걸을 때 발바닥은 그 아픔을 홀로 다 받는다. 그러나 우린 발바닥의 한 걸음으로 앞으로 한 걸음 나아간다. 머리로 한 걸음 앞으로 나아가는 것이 아니다. 고맙다고 생각하지도 않은 내 다리 아래 발바닥의 노력으로 한 걸음 한 걸음 앞으로 간다. 역사에서 민중도 이와 다르지 않다. 발바닥 철학을 이해하기 위해 다음 글을 읽어보자.

> 발바닥이 움직이지 않고서는 우리는 한 걸음도 전진할 수 없는 것이 아니겠습니까? 그들이 움직이지 않으면 온 세상이 딱 멎어버리는 밑바닥 계층, 발바닥처럼 그 얼굴이 그 얼굴인 이들은 누구일까요?[258]

몸 전체는 발바닥이 움직이지 않고서는 한 걸음도 앞으로 갈 수 없다. 역사의 발바닥인 민중의 노력과 애씀으로 역사는 한 걸음 앞으로 진보한다. 민중은 민중이라는 거대한 익명성 속에서 역사를 주도한다. 영웅이 되어 앞으로 얼굴을 내밀려 하지 않고 묵묵히 역사 발전이라는 걸음의 아래에서 온몸으로 아픔을 받아들며 앞으로 걸어간다.

이 사회의 혁명은 발바닥 혁명에서 시작된다. 아래에서 시작된다. 머리는 스스로 혁명하지 않는다. 자기밖에 모른다. 아래로부터 혁명이 머리도 혁명하

---

258 같은 책, 23쪽.

게 할 수 있을 뿐이다. 마치 지압이 온몸을 시원하게 하듯이 말이다.

> 발바닥, 기층민중의 문제를 푸는 것이 사회의 상층부의 문제를 푸는 것이 되
> 는군요.[259]

상층부가 스스로 혁명하길 바라면서 기다리는 민중이 되어서는 안 된다. 정치 영웅이 등장해 민중의 모든 아픔을 해결해줄 것이라는 기대는 해서는 안 된다. 민중은 스스로 자기의 길을 궁리하고 나아가야 한다. 스스로 아프면서 누군가 다른 사람이 와서 치유해주고 운명을 선의 길로 이끌어주길 기다리고 있어서는 안 된다. 누가 아픈가? 바로 민중이 아프다. 그러면 그 아픔에서 새로운 희망의 길을 열어야 한다.

> 부모가, 남편이, 아내가, 자식이 병들어 약 한 첩 써보지 못한 억울한 가슴
> 으로 북망산에 묻어야 하게 되어 있거든요. 이 살갗 찢어지는 아픔으로 이를
> 갈면서도 우리의 마음에는 여유라는 게 있는 걸까요? 아니면 어떻게 해볼 도
> 리가 없는 절벽 앞에서 넋두리라도 하지 않고는 못 견디는 심정일까요?[260]

민중은 역사 속 고통의 주체다. 상위부의 머리가 아픈 것이 아니라 지금 여기 발바닥이 아프다. 세월호에서 아픈 것은 민중이었다. 1980년 광주의 비극에서도 아픈 것은 민중이었다. 제주 4·3의 비극에서도 아픈 것은 민중이었다. 아픈 주체가 혁명의 주체가 되어야 하고 철학과 신학의 주체가 되어야 한다. 대상이 되어 기다리고 있어서는 안 된다. 살갗이 찢어지는 아픔으로 이를 갈면서 상층부의 진정한 사과와 그들의 자체적인 변화 그리고 이후 선한 다스림을 기다리고 있어서는 안 된다. 혁명은 기다리는 것이 아니라 발바닥에서부

---

259 같은 책, 177쪽.
260 같은 책, 226쪽.

터 시작하는 것이다. 수동적으로 기다리는 것이 아니라 역사적으로 스스로 역사의 주체가 되어야 한다. 이를 위해 분노가 필요하다. 철학이란 것도 결국은 그 분노의 힘으로 가능하다. 특히 발바닥 철학이라면 말이다. 이런 분노는 "억눌리고 짓밟힌 민중에게서 터져나오는 불길"[261]이다. 이 분노를 담은 철학은 더욱 치열해진다. 내 아픔에 대한 내 철학이기 때문이다. 남의 이야기가 아닌 내 이야기이기 때문이다.

그러나 지금 이 현실 세계는 분노하는 민중이 아니라 가해자들이 조정하는 세상이다. 그들은 민중이 하나로 힘을 모으지 못하게 분열시킨다.[262] 흩어지면 민중은 약하다. 분열된 발바닥들이 머리를 변화시킬 수 없다. 이한열의 죽음 앞에서 민중은 남의 아픔이라고 고개 돌리지 않고 함께 하나 되어 참으로 선한 아름다움의 힘을 보여주었다.[263] 지금도 그래야 한다. 하느님도 바로 그런 민중의 신으로 그들의 옆에 선다. "역사 변혁의 주체로 살아가는 민중의 신만이 참신이요, 그 신학만이 참신학"[264]이다. 하느님이 원하는 민중의 참모습이 바로 그것이다. 역사 진보, 그 혁명의 중심에 서는 것이다. 그런 민중이 참민중이고, 그 민중의 옆에서 힘이 되는 신이 참신학의 대상이다. 하느님은 강자의 말을 잘 듣는 민중을 기뻐하지 않는다. 분노해야 한다. 사랑의 분노가 이 세상을 진선미가 구현된 세상으로 만들기 때문이다.

사랑의 분노를 위해 민중은 스스로를 돌아보아야 한다. 그런데 어떻게 돌아보아야 하는가? 여기에서 문익환은 《성경》에서 한 구절을 가져오지 않고 《반야심경》(般若心經)에 나오는 그 유명한 구절 '색즉시공 공즉시색'(色卽是空 空卽是色)을 가져다 설명한다. 과거 유럽의 철학자들은 아리스토텔레스의 철학과 이슬람 철학자들의 성과를 가져다 자신의 철학에 활용했다. 신앙은 다르지만 그 이성의 깊이는 충분히 공유할 수 있었기 때문이다. 문익환 역시 《성

---

261 문익환, 《히브리 민중사》, 228쪽.
262 같은 책, 235쪽.
263 문익환, 《문익환 옥중 서한집: 하나가 되는 것은 더욱 커지는 일입니다》, 21쪽.
264 같은 책, 226쪽.

경》을 읽는 철학적 수단으로 '색즉시공 공즉시색'을 활용한다. 그것은 기독교의 교리만이 옳다고 생각하지 않는 그의 종교관과도 무관하지 않다.

> 저는 기독교 이외의 모든 종교를 다시 보게 되었습니다. 기독교의 독선과 독단을 버리게 되었습니다. 이 큰 마음의 눈뜸을 계시라고도 부르고 깨달음–각(覺)이라고 부르지만, 그 어느 것이나 큰 눈뜸이라는 데는 다름이 없다고 저는 믿습니다.[265]

문익환은 큰 눈뜸으로 다른 종교의 지혜도 참으로 아름다운 깨우침을 가지고 있음을 보게 되었다. 그리고 그의 눈에 가장 크게 들어온 것이 바로 '색즉시공 공즉시색'이다.

> 공즉시색이요 색즉시공만 알면 불교는 통달했다고 저는 믿고 있습니다. 그런데 바울은 여기서 바로 공즉시색을 말하고 있습니다. 여기서 색이란 눈에 보이는 만유를 말합니다. 나를 다 비워야 마음까지 비워야 만유가 제 빛깔을 드러내는 게 보인다는 뜻입니다. 제대로 보이는 데 멋는 것이 아니라 내가 만유와 일체가 되는 겁니다. 내가 만유 안에 만유가 내 안에 있게 되는 거죠. 만유가 내 속에 들어와 나를 채우고 넘쳐나서 세상을 진정으로 부유하게 만든다는 겁니다. 바울에게 죽음은 공이요, 부활은 색이 되는군요.[266]

나의 욕심으로 세상을 보면 세상은 매우 선명하다. '나의 것'과 '나의 것이 아닌 것'으로 확실하게 구분된다. '나의 것이 아닌 것'은 다시 내가 빼앗아 가질 수 있는 것과 내가 빼앗아 가질 수 없는 것 혹은 내게 유용한 것과 내게 유용하지 않은 것으로 나뉜다. 너무나 선명하다. 그러나 이런 선명함이 존재하

---

265 같은 책, 304쪽.
266 같은 책, 203쪽.

는 그대로의 만유(萬有), 즉 존재하는 모든 것에 있는 그대로의 모습으로 있지 않다. 그러니 그 만유와 나의 관계를 바르게 만들지 못한다. 나의 욕심 속에서 모든 것이 왜곡되었기 때문이다. 머리로 살아가는 이들은 마치 세상을 매우 합리적으로 보는 듯하다. 그러나 자세히 보면 그들은 자기의 욕심으로 세상을 보고 그 욕심이 바라는 대로 세상을 그려낸다. 그리고 그것을 매우 합리적인 듯 이야기한다. '이성'이란 이름으로 치장했지만 결국은 욕심이다. 자기 기득권을 유지하려는 욕심일 뿐이다. "법이란 약자에게 유리하게 제정되고 운용되어야 하는 건데"[267] 그렇지 않은 경우가 많았다. 한 사회의 머리들이 합리적으로 만든 것으로 보였지만 실상 그렇지 않았다. 조선 시대에 그리고 지금도 많은 경우 법은 사회적 약자와 가지지 못한 자에게 억울함을 남기는 경우가 많다. 어쩌면 그 법이란 것이 그 본질을 상실하고 민중을 지배하고 힘들게 하는 수단으로 사용되었는지 모른다. 이런 현실이 일상이 되었다. 비상식이 일상이 된 것이다. "권력은 예외 없이 민중을 억압하고 착취하는 일일 수밖에 없다."[268] 이 모든 것이 이 사회의 머리들이 아집에 가득 찼기 때문이다. 문익환은 이런 아집에 가득 찬 이들의 '머리 철학' 혹은 '머리 신학'이 아닌 '발바닥 철학'을 이야기한 인물이다. 그러면서 제시한 문장이 바로 '색즉시공 공즉시색'이다.

참된 세상은 아집으로 보는 세상이 아니다. 나의 욕심에 사로잡힌 세상은 왜곡된 세상이다. 거짓 세상이다. 아집의 세상은 나의 것과 너의 것의 부분 속에 존재한다. 소유와 쓸모로 세상을 평가하고 인식한다. 나의 것을 확대하기 위해 너의 것을 빼앗는다. 아니면 너에게 나의 것을 빼앗기지 않기 위해 싸운다. 아집의 세상은 이와 같이 다툼의 세상이다. 문익환은 이것은 '참된 세상'이 아니라고 한다. 그는 '나'와 '너'가 '남'으로 있지 않은 세상, 나의 아집에서 벗어날 때, 세상의 모든 존재자와 참된 아름다운 관계를 회복할 수 있다고 믿었

---

267 문익환, 《히브리 민중사》, 284쪽.
268 같은 책, 260쪽.

다. 바로 그때 진정한 존재론적 풍요로움을 경험할 수 있다고 생각했다. 존재하는 모든 것이 왜곡 없이 있는 모습 그대로 나에게 찾아오는 경험을 하게 되니 말이다.

오랜 시간 하느님도 번영을 중시하고 더 많이 가지는 것을 좋아하는 신이라고 생각했다. 하느님마저 아집 가득한 인간의 모습으로 본 것이다. 그렇게 인간이 '하느님의 모상'(*imago dei*)인 것이 아니라 하느님을 '인간의 모상'으로 만들어버렸다. 그러나 기억해야 한다. 하느님은 그런 분이 아니다. 우리의 참모습 그리고 우주의 참모습은 그런 것이 아니다.

> 번영만을 감사하고 번영만을 빌 뿐인 종교를 야훼께서는 얼마나 역겨워하시는지 아느냐고 아모스는 질타합니다.[269]

하느님은 번영만 고마워하고 가난한 자를 돌아보지 않는 종교를 역겨워하는 존재다. 아집에 빠져 신마저도 자신과 같이 아집 가득한 존재로 보는 이들의 생각에는 온전한 하느님이 없다. 하느님은 그런 신이 아니다. 그런 하느님을 믿는 모임도 온전한 교회가 아니다.

> 숨을 죽인 민중의 한숨 속에서 들려오는 하느님의 목소리는 그의 귀청을 찢는 사자의 목소리가 되어 산천에 울려 퍼졌던 것 아닙니까?[270]

힘겨운 민중의 숨죽인 한숨 소리로 다가오는 존재가 하느님이다. 하늘에서 기적으로 다가오는 존재가 아니라, 이 사회의 가장 아래에서 힘들게 이 사회의 온갖 부조리의 무게를 이겨내고 있는 민중의 힘겨운 한숨 소리로 다가오는 존재가 바로 하느님이다.

---

269 같은 책, 182쪽.
270 같은 책, 195쪽.

세계를 정복하는 역사의 신이 아니라 노예들의 해방을 이룩한 역사의 신으로서 그는 정의의 수호신이 되었던 거죠.[271]

오랜 시간 강자의 신이 참하느님으로 여겨졌다. 식민지를 만들고 사람을 노예로 만든 제국주의자들의 신이 참하느님이라 여겨졌다. 약자의 약함을 이용하고 조롱하고 비난하는 이들의 신이 참하느님이라 여겨졌다. 그러나 문익환은 그런 이들의 신이 참하느님이 아니며, 동시에 참하느님은 그런 아집에 사로잡힌 존재가 아니라고 한다. 오히려 약자를 힘들게 하고 가난한 이를 무시하고 조롱하는 이를 두려워하게 하며 약자와 가난한 이의 편에 서는 신을 참하느님이라 했다.

속임수로 약자를 찍어 누르고 착취하는 강자만을 두려워 떨게 만드는 신이었습니다.[272]

약자의 편에서 그들에게 해방의 기쁨을 주는 것이 하느님이며 하느님의 거룩하심이라 했다.

약자들에게는 하느님의 거룩하심이 두려움이 아니라 해방의 기쁨이 된다는 말이군요. 춤이 되고 노래가 된다는 말이군요.[273]

마음을 비운다는 것, 아집에서 자유로워진다는 것은 모든 것을 버려야 함을 의미한다. 모든 것을 버린다는 것은 지금 내가 욕심을 내며 마치 나의 모든 것이라도 되는 듯이 잡고 있는 것을 내려놓음이다. 쉽지 않다. 그러나 나는 원

---

271 같은 책, 154쪽.
272 같은 책, 220쪽.
273 같은 곳.

래 욕심 가득한 인간으로 창조되지 않았다. 이 세상 역시 나의 욕심을 구현할 공간으로 창조되지 않았다. 그렇기에 아집을 버리고 세상을 본다는 것은 그 참모습을 마주하게 된다는 것이고, 그때에야 있는 그대로의 자신을 마주하는 복을 누리게 된다. 그리고 그렇게 마음이 가난한 자가 될 때 천국이 그의 것이 된다고 한다. 그것이 가장 행복한 상태라는 말이다.

> 마음을 비운다는 건 사실 모든 걸 버린다는 건데, 모든 것 버려야 모든 것 이 진정 내 것이 된다는 뜻의 말이지요. 마음이 가난한 사람이 복이 있는 까 닭은 천국이 저의 것이 되기 때문이라는 게 바로 그걸 말하는 것 아니겠어 요.[274]

이 세상은 누군가의 것으로 창조되지 않았다. 하느님은 모두를 위해 모두 의 것으로 창조했다. 굳이 말하면 이 세상은 공공의 것이다. 모두의 것이다. 그러나 더 많이 가지려는 욕심이 서로 다투게 했다. 그리고 행복이 마치 누군 가를 이기고 서서 남을 무시할 때 누리는 기분이라고 착각하게 되었다. 정말 그것이 행복일까? 문익환은 아집을 버리라고 한다. 지옥은 다른 곳이 아니다. 오직 서로 이기고 지는 과정에서 성공이 만들어지는 그곳이 바로 지옥이다. 남의 아픔을 거름 삼아 살아가는 것이 어찌 참행복이겠는가? 하느님은 그런 세상을 창조하지 않으셨다.

아집을 버릴 때, 세상은 있는 그대로의 모습으로 우리 앞에 서게 된다. 결 국 세상은 나의 것이면서 너의 것이다. 우리의 것이다. 모두의 것이다. 그러니 서로 다툴 것이 없다. 여기에서 공정이 이루어진다. 공의(公義)가 이루어진다. 하느님은 그 공의, 공공의 정의를 원하는 존재다. 이런 하느님의 뜻이 이루어 진 세상에서 나와 너 혹은 나와 남 사이의 존재론적 거리가 사라진다. 나와 너 그리고 남이 소유를 두고 다투지 않기 때문이다. '우리'라는 하나 됨이 온전히

---

274   문익환,《문익환 옥중 서한집: 하나가 되는 것은 더욱 커지는 일입니다》, 178쪽.

있게 된다. 나와 너 사이의 갈라짐이라는 존재론적 외상은 없다. 아집이 사라지면 말이다.

> 소경이 눈을 뜨고, 절름발이가 걷고, 문둥이가 깨끗해지고 귀머거리가 귀가 열리는 일이 복음이라면, 가난한 사람의 복음은 빈곤에서 해방 받는 일인 거죠.[275]

서로를 나누는 존재론적 외상이 없는 곳에서는 이런저런 장애가 우리 사이를 나누지 못한다. 가난한 이의 아픔도 그냥 두고 볼 것이 아니라 함께 아파하며 함께 나눈다. 그곳에 참부활이 있고 참해방이 있는 것이다.

나와 너가 아집으로 다투지 않으면 하나가 된다. 하나가 될 때 우리는 진정한 우리의 참모습을 마주하게 된다. 우리는 이미 그런 하나 됨을 경험했다.

> 우리는 모두 한열이로 하나였어요. 교수도 학생도 노동자도 농민도 장사꾼도 가정주부도 남자도 여자도 늙은이도 모두모두 이 한열로 넘쳐 가슴 울먹이고 있었어요. …하늘도 땅도 산도 내도 소나무도 드릅나무도 새도 토끼도 나비도 모두가 한열이었어요. 한열의 목소리였어요. …모든 사람 가슴 터지게 발바닥 울리는 한열의 노래였어요.[276]

이한열의 죽음 앞에서 모두가 하나가 된다. 민중의 아픔이 민중을 하나가 되게 한다. 하나로 울게 한다. 나와 너가 함께 운다. 울음에서 나와 너는 갈라지지 않는다. 서로의 아집으로 갈라지지 않는다. 함께 모인다.

절대적인 어두움, 절망, 죽음, 슬픔의 폭발, 이것이 바로 부활의 사건이 아니

---

275 같은 책, 238쪽.
276 같은 책, 21쪽.

겠소?[277]

고난 속에서 흩어진 민중은 울며 하나가 된다.

어두운 세상의 빛은 거대한 횃불로 시작되지 않는다. 작디 작은 촛불, 민중 속 힘없는 개인의 작은 양심의 촛불에서 시작한다. 양심의 눈으로 세상을 보며 불의 앞에 정의를 외치는 그 작은 몸부림들이 하나가 되어 역사를 이룬다.

> 촛불이 아무리 작아도 방 하나 가득한 어둠을 몰아낼 수 있다는 것, 이 신념이 없으면 우리는 생을 깨끗이 포기하는 편이 나을 것이다. 그리고 사람은 누구나 이 빛을 보는 눈을 가지고 태어났다는 것, 완전한 장님은 그리 흔한 것이 아니라는 사실 때문에 우리는 희망을 놓지 않는다.[278]

이한열의 죽음 앞에서 작은 촛불들이 모여 시대의 흐름을 만들었다. 작은 분노들이 모여 거대한 역사를 만들었다. 자신의 아집으로 양심의 촛불을 끄지 않은 작은 촛불들이 모이고 모여 하나가 되어 거대한 역사의 흐름을 만들었다.

발바닥 철학은 민중이 주체인 철학이다. 민중 스스로 주체가 되어 세상을 바라본다. 분노할 것에 분노해야 한다. 발바닥 철학은 이 역사의 주체가 민중이라고 한다. 그것은 너무나 확실한 진리라고 한다. 그럼에도 불구하고 민중을 역사의 변두리로 몰아내고 스스로 지배자가 되려는 이들이 있다. 발바닥 철학은 이들과 싸우는 철학이다. 이들과 싸우기 위해 민중은 아집으로 서로 나뉘지 않고 하나가 되어야 한다. 이한열의 죽음으로 하나가 되어 소리쳤듯이, 세월호의 비극 앞에서 하나가 되어 소리쳤듯이 말이다. 색즉시공 공즉시

---

277   문익환,《문익환》, 22쪽.
278   같은 책, 131쪽.

색, 나의 아집으로 세상을 보며 나에게 쓸모없는 일이라고 고개 돌리는 것이 아니라, 너의 아픔도 나의 아픔이 되는 그런 세상에서 하나가 되어 민중을 무시하고 다스리려는 세력과 싸워야 한다고 한다. 그것이 문익환의 발바닥 철학이다. "가난한 사람의 복음은 빈곤에서 해방 받는 일"[279]이라고 했다. 초월적이고 추상적인 존재들에게 주인의 자리를 내주지 않고 민중의 아픔에 주인의 자리를 내주는 철학이 바로 문익환의 발바닥 철학이다.

---

279   문익환, 《문익환 옥중 서한집: 하나가 되는 것은 더욱 커지는 일입니다》, 238쪽.

6 무위당 장일순의
'나락 한 알'의 형이상학

동학은 일종의 혁명이었다. 서학이 동학을 예비한 거름이라면 동학은 그 꽃이었다. 서학의《주교요지》가 한글로 그 사상을 적었다면, 동학의《용담유사》는 우리 사상을 한글로 적었다. 세종이 한글을 창조한 것은 분명한 사실이지만 조선철학의 언어가 한글인 것은 아니다. 이렇게 생각하면 동학은 참으로 우리 사상사에 큰 기여를 했다. 그러나 지금 우리 한국철학에서 동학의 위치는 매우 작다. 민중 주체성을 강조한 동학의 철학은 우리 한국철학사에서 이제 과거형의 이야기일 뿐인가? 이와 관련해 무위당 장일순(1928-1994)을 떠올릴 수 있다. 그는 비록 가톨릭 신자였지만 동학의 사상적 계보를 자신의 방식으로 이어갔다. 이제 그의 철학을 살펴보려 한다.

이 책에 등장하는 많은 이들이 형이상학 혹은 존재론이란 이름으로 소개되었다. 그것은 형이상학과 존재론이 여타 철학의 기초 작업이기 때문이며, 철학의 여러 분과 가운데 가장 보편적인 담론을 구성하기 때문이다. 형이상학에 대한 여러 정의 가운데 하나는 "존재하는 모든 것에 대한 학문"이다. '무엇이 있다' 혹은 '무엇이 존재한다'와 같이 '존재'로 서술되는 모든 것이 형이상학의 대상일 수 있다. 결국 모든 것에 대한 학문이 형이상학이다. 존재로서 존재에 대한 학문이라는 다소 이해하기 어려운 말도 이와 무관하지 않다.[280] 과연

---

280   마이클 루,《형이상학》, 박제철 역(서울: 아카넷, 2013[2쇄]), 18-19쪽.

존재하는 모든 것을 어떻게 다룰 것인가? 이 물음을 장일순에게 한다면, 그는 어떻게 답할까? 그는 형이상학 관련 책을 남기지 않았고, 관련된 체계적인 글을 남긴 것도 아니다. 물론 권정생이나 문익환 역시 마찬가지다. 권정생은 자연을 그리며 자신의 철학적 사유를 우리에게 전했고, 문익환은 《성경》의 이야기를 통해, 그러나 그리스도의 신학을 넘어 불교적 담론의 영향도 거부하지 않고 지금 우리의 현실을 마주해 풀어갔다. 류영모와 함석헌 그리고 장일순은 서구화가 지배하는 시대에 동아시아의 고전을 들고 지금 여기의 문제를 풀어갔다. 그렇다고 이들이 서구에 대한 강한 거부감을 가진 배타적 민족주의자들인 것은 아니다. 오히려 이들은 민족주의와 국가주의에 대해 민감하게 반응했다. 또 이들은 모두 하나 같이 동아시아의 고전 《도덕경》을 손에 들었다. 아마도 당시 지배적인 시대적 사조, 즉 보수적인 지식인들이 조선 유교를 무리하게 강조하며 국가주의와 민족주의를 내세워 우리식 민주주의와 같은 폐쇄적인 무엇을 만들어가는 것에 대한 대안으로 《도덕경》을 손에 든 것으로 보인다. 류영모와 함석헌 그리고 장일순은 서로 다른 듯 보이지만 결국은 같은 이야기를 《도덕경》을 통해 한다. 그 해석의 그 중심엔 반독재가 있었다. 민중이 있고 반제국주의가 있었다.

독재와 제국주의는 결국 아집 때문이다. 그들에겐 자신의 욕심만이 유일한 답이다. 그 욕심에서 배제되는 것들은 그저 필요 없는 것이며, 그 욕심에 유익한 것은 어떤 식으로든 소유해야 한다. 노동자의 노동 역시 마찬가지다. 그들에게 노동자의 노동은 함께 일하는 이의 고마움이 아니다. 자신이 소유한 것이다. 마음대로 할 수 있는 것이다. 일제강점기에 그들이 식민지 조선의 청년과 여인 들에게 행한 악한 일들은 모두 이런 이유에서였을 것이다. 그뿐인가. 독재자들의 그 잔혹한 악행은 어떤가. 이승만의 독재가 죽인 이들을 생각해보자. 박정희와 전두환의 손에 고통당한 이들을 생각해보자. 동백림사건과 수많은 거짓 조작을 생각해보자. 해방 이후 제주의 4·3 비극을 생각해보자. 1980년 광주의 비극을 생각해보자. 그것으로 끝인가? 어쩌면 2014년 세월호의 비극도 무관하지 않을 것이다. 이 모든 것의 이유는 아집에 찬 이들의 잔혹한 욕심이다. 나만 있고 너는 없다. 나만 답이고 너는 오답이다. 나는 너에게 나를 하나도 내줄 수 없다. 장일순에게 지금 이 모든 사회의 문제는 바로 이것 때문이다. 나는 너에게 나를 내줄 수 없다는 것이다. 오직 '나'만 있다. 욕심내는 나의 욕심으로 존재할 뿐이다.

장일순에게 예수는 어떤 존재일까? 예수는 그에게 인간 삶의 모범이다.

> (예수는) 자기를 비우는 일을 계속하시거든.[281]

예수는 비우는 존재다. '나'만 답이라는 아집으로 가득한 존재에게 답은 매우 선명하다. 한 번 답이면 무조건 답이다. 그 답과 다른 답을 이야기하는 '너'는 사라져야 한다. 그러나 장일순에게 그런 '나'는 우주의 암세포와 같은 존재다. '나'로 가득한 나는 결국 너의 불행으로 존재하는 '나'일 뿐이다. 암세포란 말이다. 암세포가 되지 않기 위해 나는 나를 비워야 한다. 나의 자리에 '너'가 있어야 한다. 너의 자리에 '나'가 있어야 한다. 너에게 나를 내줄 수 있어야 한다. 나를 버려야 한다.

> 도(道)의 경지란 현상계에서 어떤 욕심을 버려서 가 닿을 수 있는 곳이거든, 날마다 버릴 때에 가 닿는다는 그런 얘기지. 그래서 도불속지부지(道不屬知不知)라, 도는 '안다' '모른다'에 속하지 않는다는 거 아닌가? 그러니까 어차피 뭐야 하면 우리가 도를 말하는데 이렇다 저렇다 하고 말하기는 하지만, 그 차원에 속한 게 아니라는 걸 알아야 한다는 말씀이지.[282]

도의 경지란 욕심으로 이룰 수 있는 경지가 아니다. 버릴 때 가능하다. 그

---

281   이아무개 대담 정리, 《무위당 장일순의 노자 이야기》(서울: 삼인, 2017[18쇄]), 22-23쪽.
282   같은 책, 21-22쪽.

것은 시험지 답안처럼 객관식의 어떤 지식으로 우리에게 주어진 것도 아니다. 도는 가질 수 있는 것이 아니다. 가질 수 있는 것이라면, 누군가 그것을 가지게 되고 누군가의 '도'가 되어야 한다. 누군가의 도, 누군가만의 것으로 '도'는 모두의 '도'가 아니다. 모두의 '도'가 아닌 도는 '도'가 아니다. 참된 도는 누군가만을 위한 도가 아니라 모두를 위한 도다. 아집은 소유욕으로 유지된다. 아집 앞에서 도는 나만의 도가 된다. 그런 도는 도가 아니고 공존공생의 조화를 파괴하는 악이 된다.

> 무엇을 소유하려고 하면 바로 그게 업을 짓는 것이거든. 그러니까 공생공존(共生共存)하는 바탕에서 조화를 이루는 생활을 안 할 적에 뭐야 하면 업이 쌓인다는 거지.[283]

아집은 '나'만의 세계를 고집하고 타인을 인정하지 않는다. 자기를 내주지 않는다. 오히려 빼앗아오려고만 한다. 아집은 자신의 욕심 속에서 도를 고집한다. 한 사람의 욕심과 생각 속에 있는 도는 가짜다.

진짜 '도'는 여럿으로 흩어져 있는 개체들을 서로가 서로를 내주며 하나의 공동체를 이루게 한다. 도는 조화를 이루게 한다. 사라질 때 사라지고 내줄 때 내준다. 생길 때 생기고 태어날 때 태어난다. 사라질 때 사라지지 않으려 고집하지 않는다. 생길 때 생기지 않으려 고집하지 않는다. 그렇게 죽고 살며 조화를 이룬다.

> 우선 개체라는 게 어디 따로 존재하는 게 아니라 우주와 합일 속에 개체가 있다는 사실을 파악해야 하고 그다음에는 사람들이 모여서 세(勢)를 이루면 큰 일을 해낸다는 생각이 인류 역사에 얼마나 많은 잘못을 저질렀는지 알아야지. 종교라는 것도 처음 시작할 때는 꽤 신선하고 발랄하다가도 세월이 지

---

283   같은 책, 45쪽.

나면서 굳어지고 그 껍질을 고집하면서 생명력을 잃지 않던가? 공동체라는 것도 그래. 거기 속에 있는 사람들이 저마다 도와 통하면서 하느님 아버지와 함께 살아가는 가운데 자연스레 이루어지는 공동체라야 되겠지. 만일 우리는 이런 공동체를 한다고 하면서 정신적이든 물질적이든 어떤 소유를 고집하게 된다면, 그랬을 것에는 뭐냐 하면 얘기가 뭔가 잘못돼 가고 있는 거지.[284]

욕심과 아집은 개체를 도에서 멀어지게 한다. 공동체를 이루고 살려는 것도 욕심인데, 홀로 잘 사는 것도 욕심인데, 결국 다 같은 욕심이니 상관없다는 자기 생각 속에서 도를 따지지 않는다. 정신적이든 물질적이든 어떤 소유나 생각에 집착하지 않는다. '나'가 아닌 우리를 생각한다. '나'가 아닌 너를 생각한다. 아니 더 정확하게는 '나'는 '너'이면서 '너'가 아니다. '나'가 우리고 우리가 나다. 우주와의 합일, 즉 자연과의 합일 속에서 개체는 나만 생각하지 않는다.

많은 근대인들은 나의 밖을 지배의 대상으로 생각했다. 적어도 나는 생각하는 존재이지만, 나의 밖 그것들은 "폭과 길이를 가지는 수동적인 존재"로 생각했다.[285] 능동적으로 지배할 수 있는 존재는 인간뿐이라고 생각했다. 길가의 '고양이'는 기계, 조금 많이 발달된 기계 정도다. 기계는 그 자체로 목적의식을 가지고 움직이지 않는다. 누군가 이끌어주어야 한다. 작동시켜야 한다. 사용해야 한다. 근대의 인간들은 자연을 공존의 대상이 아닌 사용의 대상으로 보았다. 그러나 장일순은 자연을 그렇게 보지 않는다. 자연은 이용할 대상으로 '나'의 앞에 주어져 있는 것이 아니다. 오히려 인간이 그것에 순응해야 한다. 자연적으로 살아야 한다. 자연을 벗어나 사는 것은 아니란 말이다.

자연은 공존의 길을 나아간다. 공존을 위해 누군가는 죽고 누군가는 더 노

284 같은 책, 47쪽.
285 Descartes, *Philosophical Wristings of Descartes* 2 vols, J. Cottingham·R. Stoothoff and D. Murdoch (trans.)(Cambridge: Cambridge University Press, 1985), I, p. 233.

력한다. 이러한 노력으로 자연에서 누군가 누린다고 하지만 온전히 누리기만 하지 않는다. 그 역시 어느 순간 거름이 되어 사라진다. 나와 나의 집안을 위해 모든 것을 사용해야 한다고 생각하지 않는다. 그냥 그 질서에 따라 죽을 때, 누릴 때 누리지만 죽을 때는 그저 담담히 사라져간다. 거부하지 않는다.

> 자연이란 인간이 이용할 대상이 아니라 거기에 순응해야 할 대상이거든. 바로 이 점이 중요한 거라.[286]

장일순은 자연에 순응해야 한다고, 소유와 이용의 대상이 아니라고 단언한다. 그는 다시 강조한다.

> 자연이란 인간이 그 앞에 순응할 대상이지 부려먹을 대상은 아니란 말씀이야. 그러니까 일에 대한 욕심을 버리고 하늘의 도리에 맞추어나가면, 그러면 '자기의 뜻'이란 건 없는 것 아닌가? 자연을 대하여 수동적 적극성의 자세를 갖춤으로써, 자연을 이용하겠다는 게 아니라 거기에 순응하라는 거지.[287]

자연은 순응해야 하는 것이다. 그것이 도리에 맞추어 살아감이다. 그것이 도를 구현하는 삶이다. 자연은 '자기 뜻'으로 '자기 욕심'으로 움직이지 않는다. 호랑이의 생각으로 산의 운명이 결정 나지 않는다. 개미의 뜻으로 산의 운명이 결정 나지 않는다. 호랑이는 지구를 파괴하지 않는다. 개미도 마찬가지다. 호랑이는 강한 동물이다. 그러나 그 강함은 자연 속에서 강하다. 토끼 앞에서 강하다. 그 강함으로 토끼를 잡아먹지만, 그 강함과 존재를 유지하기 위해 배가 터져 죽도록 무리하게 많은 토끼를 먹지 않는다. 토끼와 같은 약한 동물이 사라지는 순간 호랑이의 강함도 사라진다. 호랑이는 식물을 먹으며 살 수 없

---

286   이아무개 대담 정리, 《무위당 장일순의 노자 이야기》, 63쪽.
287   같은 책, 69쪽.

다. 호랑이의 강함은 자연 속에서 관계적이다.[288] 초식동물과 식물도 마찬가지다. 식물에 비해 초식동물은 강하다. 그러나 그 강함은 식물과의 관계 속에서 유지된다. 초식동물은 자신의 존재와 강함을 위해서라도 식물을 모두 먹지 않는다. 이것은 호랑이와 개미와 같은 존재들이 제 생각으로 행하는 것이 아니다. 이것이 자연이다. 그러나 인간은 배 터지게 먹는다. 다 죽이도록 먹는다. 그냥 먹기 위해서만 죽이는 것도 아니다. 재미로 죽이기도 한다. 자연은 인간의 강함을 드러내는 수단이 된다. 이미 인간은 자연과 공존하지 않는다. 자연에게 어떤 것도 내주지 않는다. 나와 너 사이도 유사하다. 쓸모를 따지며 사람을 만난다. 약한 이는 지배하고 강한 이에겐 고개를 숙인다. 인간은 자신의 욕심과 뜻으로 모두를 죽일 수 있다. 그러나 그 순간 인간의 강함도 사라진다. 그 강함이 사라지는 순간 인간의 존재도 사라질지 모른다. 그것이 인간이 자연으로부터 벗어난 죄에 대한 벌이 될 것이다.

자연을 따르는 삶을 살기 위해 인간은 '도'를 자신의 것이라 자만해선 안 된다. '도'는 나의 아집을 벗고 타인에게 자기를 내어줌으로 다가가는 존재의 이상향이다. 그것은 인식의 대상이 아니다. 지향의 대상이다.

> 자연을 따르는 게 그게 곧 무지라. 안다 모른다의 차원을 넘어선 경지를 이르는 말이지. 그 경지란 안다는 말로는 도달할 수 없는 그런 곳이거든.[289]

무지해야 한다. '무지'란 모른다는 말이 아니다. '안다, 모른다'는 차원을 넘어섬이다. 생각해보자. 안다는 것은 도의 한 부분, 나에게 보인 부분을 안다는 것이다. 나의 인식 틀 속으로 그 광대한 진리를 구속한다는 말이다. 모르는 부분이 더 많은데, 작은 틀 속에 구속된 그 작은 것만이 '도'라고 고집한다면, 그것이 정말 '도'이겠는가! 도에 대한 인간의 가장 올바른 태도는 무지다. 장일

288   박구용, "국가권력과 시민권", 〈철학〉 114 (2013), 118쪽.
289   이아무개 대담 정리, 《무위당 장일순의 노자 이야기》, 71쪽.

순이 제안하는 가장 올바른 태도는 모르는 것도 아는 것도 아니라는 의미에서 무지다.

장일순은 동학의 영향을 많이 받았다. 그 가운데 해월 최시형(1827-1898)의 영향을 가장 많이 받았다. 최시형은 사람이 곧 하늘이라고 했다. 사람이 한울님, 즉 하느님이라는 말이다. 모든 사람이 하느님이기에 모든 사람은 평등해야 한다. 이 평등은 존재론적 진리다. 하느님인 인간을 귀천(貴賤)으로 나누는 것은 존재론적 진리에 도전하는 것이다. 하늘에 도전하는 것이다. 단순하게 사람 사이만 그런 것이 아니다. 하느님을 인간과 동일시하고 나아가 사물과도 동일시한다. 이렇게 천지만물이 모두 공경받기에 충분한 존재라고 생각한다. 이런 최시형의 철학은 사인여천(事人如天)이란 말로 잘 드러난다. 최시형의 철학은 장일순에게 이어졌다.

> 티끌 하나에 우주가 들어 있는데, 그렇게 모든 것이 융합되어 있다는 그런 안목에서 사물을 봐야 비로소 실체를 제대로 보는 게 되고, 그렇게 되면 어딜 가나 내 집이요, 내 형제요, 내 몸이 되는 거라.[290]

쉽게 이해하기 어려운 말이다. 다음 장일순의 글을 참고로 읽어보자.

> 땅이 없는 내가 있을 수 없고 하늘이 없는 내가 있을 수 없고 만물이 없는 내가 있을 수 없고 만물이 없는 내가 있을 수 없으니까.[291]

'나'는 작디작은 한 명의 개인이다. 그러나 이 작디작은 개인은 홀로 있지 않다. 땅과 하늘 없이 있을 수 없다. 만물 없이 나는 지금처럼 있을 수 없다. 나의 안에 그렇게 만물이 있다. 풀 하나, 돌 하나, 나락 한 알도 땅과 하늘이

---

290   김정남,《이 사람을 보라 2》(서울: 두레, 2016), 28쪽.
291   이아무개 대담 정리,《무위당 장일순의 노자 이야기》, 70쪽.

없으면, 불과 빛, 공기가 없으면, 수많은 작디작은 미물이 없으면, 한마디로 우주가 없으면 있을 수 없다. 서로의 유기적 관계 속에서 존재한다. 홀로 존재하지 않는다. 홀로 존재하는 티끌에 우주가 들어 있지 않다. 그런 것은 없다. 아무리 작은 존재라도 그 가운데 우주를 품고 있다.

일찍이 동학의 2대 교주인 해월 선생님께서 말씀하시기를 내 밥 한 그릇을 알게 되면 세상의 만 가지를 다 알게 되나니라 했습니다. 그게 다른 얘기가 아니야. 풀 하나, 돌 하나, 나락 한 알도 땅과 하늘이 없으면, 불과 빛이 없으면, 공기가 없으면, 미물들이 없으면, 이 우주가 없으면 그 어느 것 하나도 되지 않는다는 이거예요. 그렇지 않습니까. 그 나락 하나가 우주 없이 될 수 있느냐 이 말이에요. 바로 그 나락 하나가 하늘이다 이거야. 그래서 해월 께서는 무슨 말씀을 했느냐. 이천식천(以天食天)이라. 하늘이 하늘을 먹는다 이 말이야. 우리가 다 하늘이다 이거야. 우리 안에 불생불멸의 영원한 아버지께서 함께하신다 이 말이야. 해월 선생은 천지만물은 막비시천주야(天地萬物 莫非侍天主也)라. 하늘과 땅과 세상의 돌이나 풀이나 벌레나 모두가 한 울님을 모시지 않은 것이 없다고 했어.[292]

나락 한 알에도 우주가 있다. 하느님도 나락 한 알 가운데 있다. 나락 한 알에 있는 그 하느님은 '나'의 존재 안에도 있다. 존재하는 모든 것 안에 하느님이 있다. 나락 한 날, 좁쌀 한 알, 티끌 하나, 이 작디작은 존재들 가운데 우주가 있다. 거대한 우주론적 관계 속에서 이루어진 서로 내어줌의 결과로 지금 이 작은 것들이 있다. 나는 사실 너다. 나를 있게 한 너, 너의 '자기 내어줌'으로 나란 존재가 있으니 말이다. 마찬가지로 너 역시 나다. 나는 나고 너는 너이기만 한 것이 아니다. 나란 존재 가운데 우주가 있고 하느님이 있다. 너 역시 마찬가지다. 나와 너는 서로가 서로에게 존재론적으로 의존해 있으며,

292   김정남, 《이 사람을 보라 2》, 29-29쪽.

우주 만물이 나와 너 가운데 있다.

'나'가 너고 '너'가 나면, '나'가 생길 때 너도 생기고, '너'가 사라질 때 나도 사라진다. 나와 너는 존재론적 끈으로 이어진 사이다. 남이 아니다. 내가 사랑한 그녀는 나를 이룬다. 그녀에게도 나는 이미 녹아 있다. 그녀와 나 사이 그 많은 일들이 그녀가 되고 나가 되었다. 그녀와 나는 남이 아니다.

> 나는 미처 몰랐네 그대가 나였다는 것을, 달이 나이고 해가 나이거늘, 분명 그대는 나일세. 천하에 남이란 없습니다. 기도란 치사하게 살지 말자는 거여. 좋은 일은 남이 모르게 해야 가치가 있다. 사랑은 패자가 알 수 있는 것, 세상에서 이기고만 살자는 놈은 사랑을 끝내 모르지. 자연의 꽃 속에 얼마나 많은 패자의 십자가가 있는가. 나 없이 너 없고 너 없이 나 없다. 이것이 생기니 저것이 생기고 저것이 생기니 이것이 생긴다. 이것이 없으면 저것도 없고 저것이 없으면 이것이 없다.[293]

사랑은 이겨 소유하겠다는 욕심이 아니다. 꽃 속에 수많은 자연의 순간들이 녹아들어 하나가 되듯이 그렇게 다가가는 것이다. 나는 나이고 너는 '나의 것'이란 마음으로 이루어진 사랑은 소유욕일 뿐이다. 이때 나와 너는 남이다. 남이 아니기 위해 나의 욕심을 버리고 나는 너가 되어야 한다. '나'가 생기면 '너'가 생기고 '너'가 생기면 '나'가 생기는 사이가 되어야 한다. '너'가 생기면 나는 죽고 '나'가 생기면 너가 죽는 사이가 아니라는 말이다.

장일순의 이야기는 《아함경》(阿含經)을 생각나게 한다. 《잡아함》(雜阿含) 제12권 "인연경"에는 '인연법'으로 나오고, 마찬가지로 "법설의설경"(法說義說 經)과 "연기법경"에서도 '연기법'으로 나오며, "대공법경"(大空法經)에서는 '대 공법'으로 나온다. 즉 같은 내용이 조금씩 다른 이름으로 나타난다. 그러나 그 내용은 비슷하다. 《잡아함》과 《중아함》(中阿含) "다계경"(多界經)에 나타난 연

---

293 같은 책, 42쪽.

기법에 대한 글을 읽어보자. 우선 《잡아함》이다.

> 이것이 있기에 저것이 있고(此有故彼有),
> 이것이 일어나기에 저것이 일어난다(此起故彼起).

이어 "다계경"을 보자.

> 이것으로 인해 저것이 있고(因此有彼),
> 이것이 없으면 저것도 없으며(無此無彼),
> 이것이 나면 저것이 나고(此生彼生),
> 이것이 멸하면 저것도 멸한다(此滅彼滅).

'나'가 있기에 '너'가 있고, '너'가 있기에 '나'가 있다. '나'가 없으면 '너'가 없고 '너'가 없으면 '나'가 없다. '나'가 나고 '너'도 나다. '나'가 사라지면 '너'도 사라진다. 나의 존재가 너와 무관할 수 없다. 너의 존재도 나와 무관할 수 없다. 너 없는 '나'가 없듯이 너 없는 나의 행복도 없다. 윤리란 것도 마찬가지다. 삶의 이야기 자체가 너 없이 나만으로는 안 된다.

그러나 칸트와 같은 유럽의 철학자는 타자 없는 법칙의 윤리학, 타자 없이 "자기가 정립한 그 법칙에 스스로 복종한다"는 윤리학을 말한다.[294] 이런 칸트의 윤리학은, 그 이전 근대 유럽 철학의 초석을 다진 데카르트가 인간 주체만을 '생각하는' 존재로서 능동성을 허락하고 인간 주체 외부는 그저 2차원의 공간 속에 '펼쳐진' 존재로 '수동성'을 허락한 사고의 자연스러운 귀결일지 모른다.[295] 김상봉이 이야기하는 홀로주체성, 유럽 철학이 가진 그 존재론적 입장이 잘 드러난 부분이라 할 수 있겠다. 너 없는 존재론과 너 없는 윤리학은 '나'

---

294 김상봉, 《나르시스의 꿈》, 293쪽.
295 같은 책, 274쪽.

밖의 존재를 생명 없이 움직임을 기다리는 수동적 존재로 여긴다. 나만이 능동적이다. 그런 '너'가 '나'의 존재와 존재론적 끈을 가질 수 없다. '나'는 '나' 중심의 윤리학 속에서 '너'를 윤리적으로 만들어야 했다. 그것이 근대 유럽 존재론의 큰 입장이다. 결국 그 입장들은 '나' 밖을 향한 폭력으로 이어졌다. 제국주의자들에게 나는 '너'고 너는 '나'라는 것은 허락되지 않는다. 이것이 되기 위해서는 '나'가 '너' 가운데 자신을 내주어야 한다. 주체가 타자 가운데 사라질 수 있어야 한다. 하나의 개인인 나와 너 가운데 하느님이 머물기 위해 나와 너는 아집으로 가득 차 있어서는 안 된다. 타자에게 나의 모습을 강조해서는 안 된다. '나는 나이고 너는 나와 같은 것이 되어야 한다. 나는 변하지 않을 것이다. 나는 가장 확실한 존재다.' 이런 식의 생각으로는 '나'가 있기에 '너'가 있고 '너'가 있기에 '나'가 있다는 생각이 가능하지 않다. 너에게 나는 어떤 것도 내주려 하지 않기 때문이다.

유럽이란 주체는 그 주체의 밖을 온전한 주체로 보지 않았다. 유럽 자신의 자화상을 온 인류의 자화상이라고 생각했다. 그리고 그들의 그 생각이 현실이 되게 만들었다. 그들의 문화와 가치 그리고 생각을 자기 '밖'에게 강요했다. '나'는 '나'이고 '나'의 밖 '너'는 나의 답에서 벗어난 오답이라면서 말이다. 오답을 그냥 두어선 안 되기에 '나'의 모습을 강제했다. 유럽의 자화상은 아시아의 초상화도 아프리카의 초상화도 될 수 없다.[296] 나의 자화상은 나의 자화상일 뿐이다. 너의 초상화가 될 수 없다. 나의 자화상 속에, 오직 나만이 가득 그려진 그 자화상 속에 '너'의 자리는 없다. 그런데 '너'에게 그것이 '너'의 초상화라 강요한다. 존재론적 자화상은 눈에 보이는 것을 그리지 않는다. '나'란 존재의 풍경은 수많은 '너들'의 자기 내어줌으로 가능하다. 하늘과 땅 그리고 물과 흙, 불. 그뿐인가. 주변의 이런저런 기억도 나지 않는 작은 많은 인연들이 지금의 '나'를 이룬다. 눈에 보이는 '나'는 지금 보이는 '나'라는 하나의 몸짓이지만, 실

---

296   박구용, "'우리의 철학'과 '모두의 철학' 그리고 '우리 안의 타자' 철학", 〈시민과 세계〉 7 (2005), 321쪽.

상 그 몸짓은 수많은 몸짓들의 유기적 관계 속에서 가능했다. 그렇게 존재론적으로 그려진 '나'의 초상화에서 엄밀하게 '나'는 '너들', 즉 '너'로 인하여 있다. 그려진 것은 '너'다. 장일순의 존재론적 입장은 바로 이것이다. 그러나 제국주의와 국가주의 그리고 민족주의는 결국 '나의 욕심'을 그려놓고는 그것을 '나의 자화상'이라 한다. 그 욕심에 나의 밖은 없다. 그저 나의 것이 되거나 나와 동질의 것으로 정복될 뿐이다. 과연 그럴까? 장일순에게 참된 '나'의 초상화는 '너'로 그려진 것이다. '너' 없이는 안 된다. 이러한 그의 존재론적 입장은 그의 사회관과도 깊이 연관된다.

사회에 대한 그의 철학적 입장도 결국은 아집에서 벗어나야 한다는 것으로 시작한다. 아집 속에서 나는 나이기만 하려 한다. 너에게 어떤 것도 내주려 하지 않는다. 나의 욕심을 그려놓고 그것을 나의 자화상이라 한다. 그러니 그 그림이 좋은 그림이 되기 위해 나의 밖은 필요하지 않다. 그러나 장일순은 더불어 있어야 한다고 한다. 자연으로 돌아가는 것, 도에 따른 삶은 홀로 이루어지는 것이 아니라 더불어 돌아가야 한다. 함께 돌아가야 한다.

> 천지지도(天地之道)라 할까 우주의 그 본연의 모습 있잖은가. 그 모습으로 함께 돌아가야 한다는데 생명운동의 핵이 있는 거지. 그럴려면 업을 지어서는 안 되는 거고.[297]

장일순은 "양갈보는 우리의 누이"라고 했다. 양갈보, 창녀, 그들의 모습에서 우리를 본다. 우리 밖의 더러운 존재가 아니다. 양갈보를 그린 그림에도 우리가 그려져 있다. "먹을 것이 부족한 시절이었다. 굶주림을 면하기 위해 몸을 파는 여자들이 많았다. 그 가운데 미군에게 몸을 파는 여자를 양갈보라고 불렀다."[298] 양갈보, 미군에게 몸을 파는 그 창녀에게서 한 여인의 타락을 보는

297　이아무개 대담 정리, 《무위당 장일순의 노자 이야기》, 43쪽.
298　최성현, 《좁쌀 한 알》(서울: 도솔, 2004[2쇄]), 72쪽.

것이 아니라 우리의 아픔을 본 것이다. 그 아픔을 그린 것이다. 그리고 그 아픔은 우리의 자화상이기도 하다.

박이문은 어린 시절 자신의 집에서 농사일을 도맡아 하던 이를 '오서방'이라 기억한다. 그는 믿을 만한 일꾼이었다. 결국 타인의 이익을 위한 일이었고 자신은 약간의 먹을 것을 얻어가는 수준이었지만 자신의 일처럼 하던 사람이었다. 크게 웃지도 않고 화내지도 않는 사람이었다. 자신의 아버지와 어머니에게 조금의 불손한 언행도 태도도 보이지 않은 사람이었다. 겨울에 술을 마시고 와서 하는 말이 옷 한 벌 더 해주고 일 년 품삯으로 벼를 몇 가마 더 달라고 말하는 그런 사람이었다. 박이문의 기억 속 오서방은 그 이후 10년을 더 그의 집안에서 일한다. 그리고 노인이 되어 농사를 지을 힘이 없어지자 사라진다. 더 이상 필요 없어진 존재가 되어서일 것이다. 박이문의 기억 속 오서방, 어린 박이문의 시절 한 구석을 차지한 그 오서방은 그렇게 수동적이고 큰 소리 내지 못하고 누군가의 이득에 유용한 누군가로 기억된다. 한 가정의 이득을 위해 살았고 그 이득에서 생긴 것을 얻어먹으며 살았지만, 그 가족에게 '우리'라 불리지 못하고 산 철저한 '남'이었다.[299] 박이문은 "나는 내가 혼자라는 것, 사회적 동물이면서 근본적으로 하나의 개체로서 혼자 존재해야 하는 실존적 존재, 비사회적 존재임을 의식한다"고 한다.[300] 어쩌면 이렇게 철저하게 '나'를, 즉 자아를 홀로 존재하는 것으로 이해하기 때문에 박이문의 회상 속 오서방은 그렇게 사라진 것 아닐까? 그렇게 모두가 홀로 있다면, 오서방의 아픔과 힘겨움은 그저 남의 이야기로 그려진다. 우리가 아니다. 우리는 없다. 박이문이 그린 오서방의 그림은 그저 남의 그림이다. 나와 더불어 있는 어떤 존재가 아니다. 우리 시대의 아픔, 당시 시대적 상황에서 어쩔 수 없던 오서방의 아픔과 상황들이 정말 오서방이다. 이제 나이가 들어 받아주는 이 없자 떠난 그 아픔이 진짜 오서방이다. 그 오서방에 우리의 모습이 녹아들어 있다. 오서방을

---

299 박이문, 《박이문 인문에세이: 아직 끝나지 않은 길》(서울: 미다스북스, 2017), 151-153쪽.
300 박이문, 《박이문 철학에세이: 나의 길, 나의 삶》(서울: 미다스북스, 2017), 37쪽.

그저 남으로 바라보며 인간의 외로움이나 해결되지 않는 인간 삶의 회의주의를 낭만적으로 서술하는 철학자의 사고 그 밖, 그리도 외롭게 아파한 그 아픔, 나를 포함한 우리 사회의 아픔이 바로 그를 향한 제대로 된 존재론적 초상화이다. 장일순의 기억 속 양갈보는 그냥 남이 아니다. 우리의 아픔이 녹아든 우리의 또 다른 모습이다.

전두환의 독재가 이 땅을 아프게 하던 시기, 통일원 장관과 문교부 장관 등을 한 이규호는 이렇게 말한다.

우리는 흔히 삶의 절박한 순간에 말을 잃었다 혹은 할 말이 없다는 상황에 부딪히는 경험을 많이 한다. 침묵을 경험하는 일이 많다는 것이다. 침묵이란 우리가 함께 사는 삶의 절박한 상황에서 빠져나갈 수 있는 말을 발견할 수 없는 순간을 뜻하는 것이다. [301]

삶의 절박한 순간, 표현할 말이 없어 침묵한다고 이규호는 이야기한다. 그런데 아집으로 가득 찬, 그래서 남의 이야기는 들을 생각 없이 자신의 욕심만이 답이라 생각하고 살아가는 이들 앞에서 더 이상 자신의 이야기가 전해지지 않을 때, 아프고 가난한 이들은 침묵을 강요당하기도 한다. 할 말이 없는 것이 아니라 들을 귀가 없기 때문이다. 아집으로 가득 찬 이런 이들은 가난하고 아픈 이들의 침묵을 할 말이 없어서라고 생각한다고 장일순은 말한다. 표현할 적당한 논리를 찾지 못해서라고 생각할 수 있다. 자신의 상황을 해결할 말을 발견하지 못해서 그렇다고 생각할 수 있다. 침묵으로 보이는 것만 보면 말이다. 그러나 봐야 할 것은 따로 있다.

거기까지 가봐야만 세상만사 이치를, 말로는 다 표현할 수 없다 해도, 알게 되는 거라. 그래서 도(道)를 배우자고 하는 것 아닌가, 그리고 이제 그렇게

<hr />

301 이규호,《거짓말, 참말 그리고 침묵》(서울: 말과창조사, 2003), 90쪽.

되자면, 불가에 그런 말이 있는데, 체언체구(滯言滯句)하지 말라는 말이 있거든. 언어나 문자에 얽매이지 말라는 건데, 그렇게 돼야겠지.[302]

봐야 하는 것은 언어나 문자가 아니다. 이치는 말로 다 표현할 수 없다. 말로 안다 모른다 말하지 못하는 그 무지에서 참으로 알게 된다. 도는 그렇게 배운다.

서로 다른 이름을 가지고 있지만 떨어져 있는 둘이 아니라는 말인데, 그러니까 뭐냐 하면 유(有)다 무(無)다 하고 어쩔 수 없이 말을 하지만 말로다가 모두 담아낼 수 없는 세계를 보라는 거지.[303]

하나의 것을 두고 서로 다른 여러 이름이 있다. 그 하나의 것을 두고, 있고 없고 이런저런 말로 표현한다. 그러나 이런 말이 정말 있는 그대로의 세상을 드러내고 있을까? 어쩌면 보이는 것만 볼 뿐 보아야 할 것은 보지 못하게 하는 수단이 될지 모른다. 우리 언어는 그렇게 무력하다. 언어로 참이해가 전해지지 않는다. 그것으로 우리 삶이 지혜롭게 되지도 않는다. 결국 자기 생각이나 욕심으로 도를 구속하지 않아야 한다. 구속된 도는 진정한 도가 아니다. 도는 무지로 다가온다. 말이나 글로 전해지지 않는다. 삶으로 살아가야 한다. 나를 너에게 내주면서, 나를 그렇게 버리면서 말이다. 나에게 수많은 고마움이 자신을 내주었듯이, 그렇게 '나' 안에 하느님의 자리에 있듯이 좁쌀 한 알 나락 한 알 같은 나, 그 '나'가 진정한 '나'가 되기 위해 나는 그저 '나'가 아닌 수많은 '너들'로 이루어져 있음을 알아야 한다. 홀로 있지 않다. 더불어 있다. 더불어 있는 것 자체가 '나'고 그 더불어 있음이 하느님이다. 자연이다. 자연은 어느 하나의 개체로 움직이지 않는다. 전체가 하나가 되어 서로가 서로에게 내어주

302   이아무개 대담 정리, 《무위당 장일순의 노자 이야기》, 20-21쪽.
303   같은 책, 29쪽.

며 살아간다. 인간은 그 자연을 지배하는 신이 아니라 그 자연에 순응해 살아야 하는 자연의 한 부분이다.

장일순의 철학은 바로 이것이다. 작은 하나에 우주가 있다는 것은 그 작은 것에 거대한 물리적 크기의 무엇이 있다는 것이라기보다 그 작은 존재론적 몸짓 하나에도 거대한 존재론적 몸짓들이 더불어 있다는 것이다.

장일순이 우리에게 하는 이야기는 간단하다. "자연의 뜻에다가 자기 삶을 맞추며 살라는 거야."[304]

304 같은 책, 27쪽.

7 권정생의 '자기 내어줌'의 형이상학

: 데카르트의 '생각하는 나'와

권정생의 '살아 있는 나'

어쩌면 나 아닌 존재들은 나와 대등한 어떤 존재가 아니라 생명 없는 질료 혹은 물체에 지나지 않는다고 생각할지 모른다.[305] 생명 없는 물체, 그저 죽이면 죽고 밀면 밀리고 당기면 당겨지는 것이라 생각할지 모른다. 길거리 고양이를 그냥 죽인다. 특별한 이유 없이 죽인다. 그리고 별다른 감정의 아픔을 느끼지 못한다. 고양이는 그에게 생명 없는 질료다. 고양이의 죽음은 인간의 죽음, 더 정확하게는 나의 죽음 혹은 너의 죽음과 다르다. 그런데 경우에 따라서 인간 '너'도 인간 '나'에게 남이다. '나'가 아니란 의미에서 남이다. '나'와 다르다. 아무리 "서로 남일 수 없도록 하나의 우주 안에서 또는 하나의 삶의 공간 안에서 오래된 뿌리, 같은 영원의 기억을 공유하지만, 그렇다고 서로 하나처럼 움직이거나 생각하는 것은 아닌" 것이 남이다.[306] 나와 다른 생각을 하고 나와 다른 모습으로 살아가는 것이 남이다. 그가 죽는다고 나란 존재가 죽는가? 그렇지 않다. 누구나 알고 있다.

고대 그리스의 헤라클레이토스는 "나는 나 자신을 의문했다"($ἐδιζησάμην$

---

305   김상봉, 《나르시스의 꿈》, 373쪽.
306   박동환, 《X의 존재론》(서울: 사월의 책, 2017), 256쪽.

ἐμεωυτόν)[307]고 한다. 이것은 철학의 근본적 물음일 수 있다. 아우구스티누스 역시 유사한 이야기를 한다. "밖으로 가지 마라! 너 자신 앞으로 돌아가라! 진리는 인간의 안에 있다"(*Noli foras ire. In te ipsum redi. In interiore bomine habitat veritas*).[308] 너무나 유명한 고대 그리스철학의 "너 자신을 알라"(γνῶθι σεαυτόν)는 말 역시 결국은 나를 향한 물음으로 나 자신을 의문한다. 헤라클레이토스는 나 자신에게 물었고, 나 자신만이 존재하기에 나만 생각하고 살라는 답을 듣지 못했다. 그의 철학은 "나에게 귀를 기울이기보다는 로고스에 귀를 기울여라! 모든 것이 하나란 것에 동의하는 것은 지혜롭다"고 한다.[309] 또 모든 것이 하나로부터 기인하며 하나로부터 모든 것이 나왔다고 한다.[310] 결국 로고스에 귀 기울여 들으면 모든 것이 '하나'에서 기인했다는 것을 알게 된다는 말일지도 모르겠다. 결국 존재하는 모든 것은 원래 하나였다는 말일 수도 있겠다. 나와 존재론적으로 전혀 상관없어 보이지만 사실 존재하는 모든 것은 하나의 존재론적 고향을 가지고 있을 수 있다. 지금도 하나의 뿌리로 존재하고 있을지 모른다. 우리의 눈에는 이래저래 다르게 보이지만 원래는 하나였다는 말이다.

　존재론적으로 하나의 뿌리를 두고 있지만 서로 다른 생각으로 다른 모양으로 살아가는 것은 사실이다. 그러나 그다음의 근저에 하나의 뿌리를 두고 있을지 모른다. 존재한다는 하나의 뿌리. 어떻게 존재하는가는 서로 다르다 해도 말이다. 어쩌면 하나의 로고스, 하나의 존재, 하나의 생명이 서로 다른 모양으로 드러나 있을 뿐일지 모른다. 그 하나의 것이 어떤 때는 꽃이 되고 어떤 때는 비가 되고 눈이 되는 것일 수 있다. 생명이 없는 어떤 것으로 보일 수 있지만, 그것도 나와 같은 생명에 뿌리를 두고 있을지 모른다.

307　Heracleitos, DK22B101.
308　Augustinus, *De vera religione c.*39, n.72 (Corpus Christianorum Series Latina 32).
309　DK22B50.
310　*Ibid.*

신은 낮이면서 밤이고 겨울이면서 여름이고 전쟁이면서 평화이고 배부름이면서 배고픔이다.[311]

인간의 눈에 겨울과 여름은 서로 다르다. 배부름과 배고픔도 다르다. 그러나 신에게 이것은 다르지 않다. 하나다. '나'와 '너'도 마찬가지다. 다툼과 모순이 원래 없는 것이 존재론적 고향의 본 모습이다.

권정생(1937-2007)은 이 땅을 살고 있는 우리 민중의 모습이 바로 이렇다고 한다.

우리 한국인들은 '나'라는 개별적인 개념보다 '우리'라는 공동체 의식이 아주 강한 국민이다. 그래서 '나의 집'이 아니라 '우리 집'이라 했고, '우리 마을' '우리나라'라는 복수개념이 일상화되어 있다.[312]

'낱개'로 살지 않고 '우리'로 산다. 개인으로 살지 않고 공동체로 산다. 이것이 이 땅을 사는 우리 한국인, 우리 민중의 모습이라 한다. 홀로 가득 채우려 하지 않고 '자기 내어줌'으로 '더불어 있음'으로 '우리'를 이루며 있다고 한다. 권정생은 철학자가 아니다. 그러나 그의 글에서 나는 한국철학의 또 다른 가능성을 본다. 그 가능성에 따라 그의 글에서 얻은 그의 철학은 '자기 내어줌의 형이상학'이다. 그의 철학은 전문 언어, 철학자의 언어로 이루어져 있지 않다. 일상의 언어로 이루어져 있다. 누군가 철학은 철학자의 언어로 이루어져야 한다고 말했다. 그러나 살아가는 주체인 '나'의 언어가 일상의 언어이고, '나'가 살아가는 공간이 일상이며, 결국 철학의 언어가 돌아가 만나고 풀어져야 하는 곳도 일상이고 일상의 언어여야 한다. 권정생의 언어와 그의 작품과 같이 말이다.

311   *Ibid.*, DK b67.
312   권정생,《우리들의 하느님》(대구: 녹색평론사, 2008), 28쪽.

권정생이라면 떠오르는 작품은 《강아지똥》[313]이다. 이 작품은 그의 세계관을 가장 선명하게 보여준다. 돌이네 흰둥이가 골목길 담 아래 구석에 똥을 눴다. 권정생은 그 냄새 나는 똥에게도 이름을 준다. 강아지똥. 똥을 두고 더럽다 하고 쓸모없다 한다. 그 서러움에 강아지똥은 운다. 더러워 보이는 흙덩이도 다 쓸모가 있는데, 냄새 나는 자신은 어디에도 쓸모없는 것으로 보였다.

> 난 더러운 똥인데 어떻게 착하게 살 수 있을까?[314]

어디에도 쓸모없는 자신이 착하게 살 수 있을지 눈물을 흘리며 걱정한다. 좋다는 것은 크게 두 가지다. 너와 나 우리 모두에게 좋은 것이 있고, 너도 우리도 아닌 나에게만 좋은 것이 있다. 전자의 것을 선하다 한다. 후자의 것을 이기적이라 한다. 너 없이도 나는 살 수 있다. 나만의 좋음을 추구하고 살아도 살 수 있다. 그것이 나에게 더 좋을 수 있다. 더 배부르고 더 편하게 살지도 모른다. 그런데 그것을 착하다 하지 않는다. 철저한 홀로 있음의 좋음을 착하다 하지 않는다. 착하다는 것은 '우리'에게 좋음을 추구하는 것이다. 강아지똥은 지금 '우리'에게 좋은 삶을 추구하고 있다. 그 삶이 이루어지지 않아 슬퍼하는 것이다. 결국 그 가운데 강아지똥은 자기 존재 자체가 민들레에게 좋음을 알게 된다. 이를 위해 자기 존재를 내려놓는다. 그리고 기꺼이 민들레의 거름이 된다.

> 네 몸뚱이를 고스란히 녹여 내 몸속으로 들어와야 해. 그래야만 별처럼 고운 꽃이 핀단다.[315]

---

313 권정생, 《강아지똥》(파주: 길벗어린이, 1998).
314 같은 책, 16쪽.
315 같은 책, 22쪽.

민들레의 이야기에 강아지똥은 기꺼이 자신의 존재를 내어놓는다.

> 봄이 한창인 날, 민들레 싹은 한 송이 아름다운 꽃을 피웠어요. 향긋한 꽃 냄
> 새가 바람을 타고 펴져 나갔어요. 방긋방긋 웃는 꽃송이엔 귀여운 강아지똥
> 의 눈물겨운 사랑이 가득 어려 있었어요.[316]

똥은 자신의 존재를 온전히 내어놓으며 꽃의 향기가 되었다. 자기 존재를
내어놓음으로 더러운 똥은 아름다운 꽃이 되었다. 이 세상에 쓸모없는 것은
없다. 많은 이들이 이 작은 동화에서 제법 큰 깨우침을 얻는다. 하지만 또 다
른 깊은 깨우침이 있다.

꽃은 홀로 아름답지 않다. 꽃의 아름다움은 햇빛의 '자기 내어줌'으로 있
다. 흙의 '자기 내어줌'도 더불어 있다. 바람의 '자기 내어줌'도 더불어 있으며,
빗물의 '자기 내어줌'도 역시나 더불어 있다. 그리고 강아지똥도 '자기 내어줌'
으로 더불어 있다. 꽃은 이들 '자기 내어줌'이 더불어 있음으로 가득한 아름다
움이다. 권정생에게 아름다움은 홀로 있는 것이 아니다. 여러 존재들의 자기
내어줌으로 가능한 것이 아름다움이다. 그것이 존재의 참모습이고 생명의 참
모습이다. 어찌 보면 꽃은 하나의 존재이지만, 하나의 우리이다. 홀로 하나의
꽃이지만 그 하나의 존재론적 몸짓 속에 수많은 존재의 '자기 내어줌'이 있다.
그 '자기 내어줌'이 서로 조화롭게 자신을 지우며 동시에 자기 본질에 충실함
으로써 꽃은 아름다울 수 있다.

강아지똥은 민들레라는 '남'을 '너'라고 부르며 '너'라는 타자에게 자기를
내주었다. 자기를 지워버렸다. 자기를 고집하지 않았다. 그렇게 꽃이란 타자
의 희망이 되었다. 권정생은 그저 많은 이들이 한곳에 모여 있다고 그것을 아
름답다 하지 않는다. '자기 내어줌' 없이 저마다 자기 욕심으로 모인 곳에 아름
다움은 없다.

316   같은 책, 28쪽.

그 고통 받는 이웃들 위에 군림하기 위해 앞서가는 것이 행복이고 축복이라면 기독교는 빨리 망해 없어져야 한다. 아니다. **벌써 기독교는 망해버렸고 죽어버렸다.** 지금 우리가 믿고 있는 하느님은 하수아비 하느님이다. 지금 우리가 **거대하게 지어놓고 모이고 있는 교회는 망한 교회, 죽은 교회이다.** 오직 물질과 현실의 성공만이 있는 썩은 교회다. 목자들이 양들의 지배자이지만 섬기는 종은 아니다. 어쩌면 그토록 독재군주와 한통속이 되어 예수를 팔아 양들을 팔아먹는 장사꾼이 되었는지 두렵지도 않은가.[317]

'자기 내어줌' 없이 고통 받는 이들 위에 군림하며 자기 욕심으로 모인 이들은 진정한 우리가 아니다. 자기 내어줌 없이 하늘의 바람과 태양의 햇빛과 빗물과 흙 그리고 강아지똥이 모여 있다고 그것을 아름답다 하지 않는다. 낱개로 있는 혼란스러운 다수일 뿐이다. 이들이 서로 자기 내어줌 없이 자기 욕심을 위해 한곳에 모였다면 오히려 자연 질서에 방해가 될 뿐이다.

강아지똥이 꽃에게 자기를 내어준 것과 같이 모든 것이 동일하게 자기 내어줌을 행하는 것은 아니다. 가난한 이웃에게 역시나 가난한 이웃은 눈에 보이는 어떤 것을 나누기 힘들 수 있다. 그러나 그 아픈 사연을 듣고 같이 울어주고 격려하며 자기의 시간을 내주는 몸짓도 '자기 내어줌'이다. 그런 '자기 내어줌'으로 둘은 둘로 존재하는 남이 아닌 '우리'가 된다.

"하느님의 눈물"에서 토끼는 자신이 살기 위해 먹어야 하는 풀들의 아픔을 보게 된다. 자신의 존재 자체가 타자의 아픔을 조건으로 가능하다는 사실을 마주하게 된다. 그 큰 존재론적 슬픔으로 인해 토끼는 더 이상 아무것도 먹지 못하게 된다.

칡넝쿨이랑 과남풀이랑 뜯어 먹으면 맛있지만 참말 마음이 아프구나. 뜯어 먹히는 건 모두 없어지고 마니까…하지만 오늘도 난 먹어야 사는걸. 이렇게

317　권정생,《우리들의 하느님》, 52쪽,

배가 고픈걸.[318]

　풀의 '자기 내어줌'으로 자기 존재를 유지한다는 사실이 토끼에겐 참으로 슬픈 '존재론적 부채'다. 그 어쩔 수 없는 생물학적 사실이 토끼를 힘들게 한다. 존재론적으로 자기 존재는 어쩌면 타자의 존재를 아프게 하며 존재하는 죄인이다. 원죄를 피할 수 없는 존재다. 그러나 그 죄 없이 생물학적으로 생존할 수 없음도 사실이다. 그는 풀에게 슬프고 아픈 물음을 한다.

　풀무꽃풀아, 널 먹어도 되니?[319]

그러나 풀은 답한다.

　갑자기 그렇게 물으면 넌 뭐라고 대답하겠니?…차라리 먹으려면 묻지 말고 그냥 먹어.[320]

옆에서 지켜보던 돌도 한마디를 한다.

　죽느냐 사느냐 하는 대답을 제 입으로 말할 수 있는 사람이 이 세상에 몇이나 있겠니?[321]

　어차피 죽어 너에게 '자기 내어줌'을 할 것이 운명인 풀은 그냥 담담히 현실을 수용한다. 그것이 자기 본질이라고 말이다. 아마 그 풀도 강아지똥과 같은 수많은 존재들의 '자기 내어줌'으로 자신이 존재한다는 사실을 알지 모른

318　권정생,《하느님의 눈물》(서울: 산하, 2002 [61쇄]), 10쪽.
319　같은 책, 11쪽.
320　같은 곳.
321　같은 곳.

다. 강아지똥에게 자기 내어줌을 부탁한 것은 민들레였으니 말이다. 돌은 오히려 그런 물음이 풀을 힘들게 한다며 토끼에게 한소리를 한다. 강아지똥은 사랑받지 못해서, 누구에게도 '자기 내어줌'을 할 수 없어서 슬펐다. 기꺼이 자신을 내어줄 이가 없어서 슬펐다. 누군가에게 자기를 내줄 수 있는 흙덩이를 부러워하며 말이다. 그러나 토끼는 누군가의 '자기 내어줌'으로 존재하는 자신이 슬프다. 그냥 자기를 내어주겠다는 풀보다 더 슬프다. 토끼는 하느님에게 묻는다. 이 어려움을 어떻게 극복할지. 그러나 자신이 하느님처럼 될 수 없다는 사실을 알게 된다. 그러자 토끼는 자신도 하느님과 같이 있고 싶다고 한다. 그러나 하느님은 이렇게 말한다.

> 그래, 그렇게 해주지. 하지만 아직은 안 된단다. 이 세상 모든 사람들이 너처럼 남의 목숨을 소중히 여기는 세상에 오면, 금방 그렇게 될 수 있단다.[322]

너의 존재 가운데 나의 존재가 있음을 깨우칠 때, 너의 생명 가운데 나의 생명이 있음을 깨우칠 때, 많은 존재들이 타자에게 자기 내어줌으로 사라진다는 사실을 깨우칠 때, 자신의 존재가 타자의 자기 내어줌으로 있다는 사실을 깨우칠 때, 나만큼이나 소중한 너의 자기 내어줌으로 나란 존재가 있다는 것을 깨우칠 때, 토끼의 고민은 해결된다고 한다. 그러나 그런 날이 쉽게 오지 않을 것을 하느님은 알고 있다. 하느님은 토끼에게 이렇게 말하며 눈물을 흘린다.

> 하지만, 내가 이렇게 애타게 기다리는데도 사람들은 기를 써가면서 남을 해치고 있구나.[323]

---

322   같은 책, 17쪽.
323   같은 책, 18쪽.

사람들은 자기 욕심을 위해 타자를 아프게 한다. 자기 존재가 수많은 타자의 자기 내어줌으로 있음에도 고맙다는 생각도 미안함도 없다. 오히려 더 많은 것을 소유하고자 한다. 헤라클레이토스는 "나에게 귀를 기울이기보다는 로고스에 귀를 기울여라! 모든 것이 하나란 것에 동의하는 것은 지혜롭다"고 했다.[324] 모든 것이 하나로부터 기인하며 하나로부터 모든 것이 나왔다고 했다.[325] 이 말을 권정생은 어떻게 들었을까? 만일 그렇다면, 모든 것의 서로 다른 존재는 결국 하나의 존재다. 서로가 서로에게 자기 내어줌으로 존재하는 거대한 하나의 우리다. 결국 하나다. 그 가운데 너의 내어줌은 나의 희망이 되고 나의 내어줌은 또 다른 너의 희망이 된다. 서로가 서로에게 존재론적으로 의존되어 있다는 것이다.

어느새 인간은 다른 존재에게 '내어줌'을 강요한다.

> 풍요로운 삶이란 이런 새 한 마리까지 함께 이웃하며 살아가는 것이지 인간들끼리만 먹고 마시고 즐기는 건 더럽고 부끄러운 삶이다. 고속도로는 동물들에겐 커다란 수난이다. 산골짜기를 가로질러 건설되는 고속도로의 양쪽에 헤어진 동물 식구들은 그때부터 영원히 이산가족이 되어버린다. 동물한테도 감정이 있는 것을 겪어본 사람은 알 것이다.[326]

동물들이 살던 곳에 길을 내고 아파트를 짓는다. 그들이 가족과 살던 곳은 강제로 갈라지고 고속도로에선 많은 동물이 사고로 죽어간다. 그러나 그들의 그러한 내어줌에 토끼와 같이 슬퍼하는 이들은 없다. 당연하다 한다. 어쩔 수 없다 한다. 그냥 조금 덜 미안하기 위해 이동 통로 하나 만들면 그만이라 생각한다.

324   Heracleitos, DK b50.
325   *Ibid.*, DK b50
326   권정생, 《우리들의 하느님》, 35쪽.

권정생은 산에 살던 동물들과 이웃하며 살던 시절을 그리워한다. 죽은 이와도 남으로 있지 않고 여전히 우리로 살던 그 시절을 그리워한다.

> 산에 사는 노루나 토끼가 마을에 내려오면 절대 잡지 않는다. 그들이 마을에 내려온 이상, 우리 마을의 일원이기 때문이다. 집 안에 살고 있는 능구렁이도 우리 집을 지켜주는 집지킴이가 된다. 비록 돌아가신 부모님이지만 명절날이면 그분들과 함께 기쁨을 나누기 위해 차례를 지낸다. 우리와 함께 먹고 한자리에 계신다는 따뜻한 마음씨는 죽음이란 시공을 초월한 '정' 때문이다. 이것을 미신이나 우상으로 매도하는 것은 오히려 신성을 모독하는 것이다. 산을 옮길 만한 믿음이 있어도 사랑이 없으면 아무것도 아니라고 사도 바울은 말했다. 회개를 부르짖고, 정의를 부르짖고, 온 세계를 다니며 복음을 전해도, 수십만 명이 모이는 교회를 만들어도, 인간에게 따뜻한 정(사랑)이 없으면 정말 아무것도 아니다.[327]

인간 사이에 기꺼이 자신을 내어줄 수 있는 것은 정 때문이다. 그 정은 죽어서 이젠 보이지 않는 이도 남이 아니라고 한다. 무관한 존재가 아니라 한다. 그와의 추억은 이미 나의 존재 한 부분을 차지하고 있는데 어찌 그를 남이라 하겠는가? 나의 한 부분으로 존재하는 그를 어찌 지우고 살아가겠는가? 권정생은 그렇게 우리 문화의 제사를 우상숭배라고 하지 않는다. 그것은 비록 죽은 이라도 여전히 우리로 있다는 것을 정으로 보여주는 것이다. 죽었지만 그도 여전히 더불어 있음을 확인하는 것이다. 그것은 자신의 소원을 들어줄 어떤 절대자에 대한 신앙의 표현이 아니다. 자기 구원을 위해 자기 신앙을 고백하는 것이 아니다.

할아버지와 할머니의 '자기 내어줌'으로, 아버지와 어머니의 '자기 내어줌'으로, 그리고 나의 많은 벗들의 '자기 내어줌'으로 만들어진 수많은 인연의 조

327　같은 책, 29쪽.

각으로 '만들어진' 나는 하나의 거대한 무엇이다. 꽃이 아름다운 것은 강아지 똥과 같은 많은 존재자들의 '자기 내어줌' 때문이다. 그렇게 우리가 수많은 존재자들의 '자기 내어줌'으로 존재하고 있다면, 그 수많은 존재자들에게 남인 나에게 자기 존재를 내어줌으로 지금 내가 있다면, 나는 토끼와 같이 존재론적 원죄를 가진 존재다. 미안한 마음을 가져야 하는 존재다.

근대 유럽의 문을 연 데카르트는 자신과 함께 존재하는 일상의 수많은 타자들의 존재 자체를 의심하기 시작했다. 너무나 당연한 것들을 의심할 수 있는 것으로 여겼다. 우리가 확실하다고 생각한 나의 밖 타자들은 사실 환상일 수 있다는 말이다. 이것이 현실인지 꿈인지 구분할 명확한 기준도 모호하다. 이런 의심 가운데에서도 그는 의심할 수 없는 어떤 것을 찾아 그것을 자기 철학의 토대로 삼으려 했다. 그 유명한 명제 "나는 생각한다. 그러므로 나는 존재한다"는 그렇게 등장했다. 1671년 자신의 주저 《방법서설》에서 데카르트는 다음과 같은 글을 남겼다.

이를테면 우리의 감각은 종종 우리를 속이기 때문에, 감각이 우리 마음속에 그리는 그대로 모든 것이 영혼 외부에 존재하지는 않는다고 가정하자. 그리고 아주 쉬운 기하학 문제도 추리를 잘 못하는 이들이 있으며 나 역시도 다른 사람과 같이 잘못을 저지를 수 있다고 판단하며, 앞서 증명으로 인정했던 모든 근거 역시 거짓된 것으로 던져버렸다. 끝으로 우리가 깨어 있을 때 경험하는 것과 정확히 같은 생각을 꿈속에서 동일하게 겪는다면 무엇이 정말 참된 것인지 구분할 수 없다. 그러므로 나는 내가 깨어 있을 때 지금까지 내 마음에 들어오는 모든 것들 역시 내가 꿈속에서 보게 된 환영과 마찬가지로 진리가 아니라고 가정할 것이다. 그러나 이와 같은 것을 통해서도 바로 알 수 있는 것은 내가 이 모든 것을 거짓이라고 생각하는 동안 생각하는 나는 반드시 어떤 것이어야 한다는 것이다. 그러므로 '나는 생각한다. 그러므로 존재한다'라는 진리는 아주 분명하게 확실하며, 이 명제는 터무니없는 회의주의적 의심으로도 흔들리지 않는 진리이다. 그러므로 나는 내가 찾고 있던 철학의 제1 원리로 바로 이것을 거리낌 없이 수용할 수 있다.[328]

《철학의 원리》에서도 그는 이렇게 적고 있다.

생각하는 어떤 것이 생각하고 있을 때 존재하지 않는다고 믿는 것은 모순이기 때문이다. 따라서 이러한 인식, '나는 생각한다. 그러므로 나는 존재한다'는 누구든 순서에 따라 철학하는 자가 만나는 최초의 인식이고 모든 것 중에서 가장 확실한 인식이다.[329]

감각으로 주어진 모든 것을 의심한다. 강아지똥은 꿈을 꾸고 있는 것일 수 있다. 그가 경험한 모든 것은 '내 꿈의 환영'(les illusions de mes songes)과 같은 꿈속 어떤 것일 수 있다. 토끼 역시 그의 앞에 일어난 모든 일들이 환영일 수 있다. 감각으로 주어진 환영이거나 하느님의 장난으로 환영을 경험하고 있을 수 있다. 이런 식의 의심 속에서 확실한 것은 나의 생각과 나의 존재뿐이

328　AT VI, p. 32. 위에 인용한 번역은 필자의 번역이다. 보다 깊은 이해를 위해 원문이 필요한 이들을 위해 원문을 적어둔다. "Ainsi, à cause que nos sens nous trompent quelquefois, je voulus supposer qu'il n'y avoit aucune chose qui fût telle qu'ils nous la font imaginer; Et parce qu'il y a des hommes qui se méprennent en raisonnant, même touchant les plus simples matières de Géométrie, et y font des Paralogismes, jugeant que j'étois sujet à faillir autant qu'aucun autre, je rejetai comme fausses toutes les raisons que j'avois prises auparavant pour Démonstrations; Et enfin, considérant que toutes les mêmes pensées que nous avons étant éveillés nous peuvent aussi venir quand nous dormons, sans qu'il y en ait aucune pour lors qui soit vraie, je me résolus de feindre que toutes les choses qui m'étoient jamais entrées en l'esprit n'étoient non plus vraies que les illusions de mes songes. Mais aussitôt après je pris garde que, pendant que je voulois ainsi penser que tout étoit faux, il falloit nécessairement que moi qui le pensois fusse quelque chose; Et remarquant que cette vérité, je pense, donc je suis, étoit si ferme et si assurée, que toutes les plus extravagantes suppositions des Sceptiques n'étoient pas capables de l'ébranler, je jugeai que je pouvois la recevoir sans scrupule pour le premier principe de la Philosophie que je cherchais."

329　르네 데카르트,《철학의 원리》, 12쪽.

다. "나는 생각한다. 그러므로 나는 존재한다"는 명제, 타자는 완전히 배제한 이 명제만 남는다. 이것이 바로 철학함에 있어 제일 처음 마주하게 되는 '철학의 제1 원리'(le premier principe de la Philosophie)가 된다. 데카르트의 이 첫 원리, 즉 철학의 첫 시발점에 타자는 없다.

권정생에게 그 인식의 시작에서 타자는 그렇게 온전히 배제될 수 있을까? 정말 하나의 존재는 오롯이 타자 없이 존재할 수 있을까? 데카르트는 생각하는 나의 존재에서 타자를 배제했지만 권정생은 살아가는 나에게서 절대 타자의 자리를 내놓을 수 없다고 한다. 권정생의 철학에서 제1 원리는 '타자'다. 강아지똥은 '자기 있음'을 타자와의 관계 속에서 알게 되었다. 타자와의 관계 속에서 자신의 존재론적 위치를 확인한 것이다. 토끼 역시 풀이란 타자를 마주하며 자신의 존재론적 위치를 확인했다. 강아지똥은 의미 있는 존재가 되기 위해 '자기 내어줌'을 행할 대상으로 타자가 있어야 했다. 그것에게 자기를 내어줌으로써 자신의 존재는 뜻있는 존재가 된다. 토끼는 타자의 자기 내어줌으로 존재하는 자신의 존재론적 처지를 알게 된다. 자신의 존재론적 원죄를 알게 된다. 강아지똥도 토끼도 의심하지 않는다.

권정생은 '자기 내어줌'으로 존재하는 이 세상을 그린다. 그래서 이 세상 많은 보이지 않는 사소한 것들이 자기 내어줌으로 뜻있는 존재가 된다. 강아지똥도 그렇지만 우리가 흔히 무시하고 살아가는 일상의 많은 것이 사실 강아지똥과 같다. 내 존재를 위한 자기 내어줌의 존재들로, 당연히 고마워해야 하지만, 우린 모른다. 민들레의 아름다움을 볼 뿐이다. 민들레를 위해 자기를 내준 존재들에 대한 고마움과 그들의 존재론적 헌신은 보지 않는다. 우리는 토끼보다 더 깊은 원죄를 가지고 있다. 많은 동물을 잡아먹는다. 조금 더 싼 것을 소비하기 위해 약자들의 노동력을 착취하기도 한다. 그것이 나에게 좋기 때문이다. 우리 모두에게 좋은 것을 따지지 않는다. 당장 나에게 좋아야 한다. 재개발이라면서 수억 년 지구가 만든 산을 죽여버린다. 그리고 아파트를 세우고 돈을 번다. 수많은 벌레와 나무 그리고 꽃이 죽었다. 그뿐인가? 그곳에 살던 이들도 자신의 추억이 녹아든 공간, 자신과 더불어 있던 공간을 빼앗겼다.

생명이 지워지고 있다. 인간이 로봇과 섹스하는 시대가 온다고 한다. 이제 남녀 사이의 우리 됨, 그 사이의 자기 내어줌도 성가신 일이 되었나 보다. 그저 기계로 쾌락을 누리면 그만이다. 생명을 가진 너는 성가신 존재가 된 것일까?

> 목숨이 있는 것은 만들어진 인형과는 다릅니다. 인형은 조종사에 의해 움직이지만 목숨 있는 인간이나 동물은 스스로 행동합니다. 그래서 살아 있는 것은 아름다운 것입니다.[330]

생명을 가진 존재는 기계가 아니다. 나 역시 생명을 가진 존재이기에 기계가 아니다. 수많은 존재들이 자기 생명을 내주어 만들어진 작은 우주이며 작은 하나의 '우리'다. 나와 함께한 이들의 수많은 내어줌의 순간들, 그 기억들이 나를 이룬다. 또 내가 살기 위해 먹은 수많은 생명들이 나를 이룬다. 지금 나의 눈앞에 있는 만여 권의 책이 나를 이룬다. 그 책을 이룬 종이들도 나를 이룬다. 그 종이에 자기를 내준 그 많은 나무들도 나를 이룬다. 나의 가족들도 나를 위해 크고 작게 많은 것을 내주었다. 그 많은 내어줌으로 나는 이렇게 존재한다. 홀로 고집스럽게 존재하지 않은 그 많은 내어줌으로 존재하기에 모든 생명은 하나 같이 아름답다. 데카르트의 말처럼 나는 생각함으로 생각하는 나로 존재하지만, 권정생의 말처럼 나는 지금 여기에서 지금 여기를 같이 살아온 수많은 타자들의 '자기 내어줌'으로 아름답게 존재한다. 나의 존재는 온전히 나의 것만도 아니다. 나의 존재가 많은 이들과 존재자들의 '자기 내어줌'으로 존재하는 수많은 '존재론적 협업'의 산물이라면, 나 역시 누군가를 위해 나의 존재를 내놓아야 한다. 그러나 토끼의 부탁에 흘려진 하느님의 눈물처럼 요즘의 상황은 참으로 슬프다.

---

330   권정생, 《우리들의 하느님》, 81쪽.

더불어 산다는 것은 어리석은 짓이고, 나만이 잘 살자는 이기심은 극을 치닫고 있습니다. 앞서도 말했지만 하나를 얻으면 하나를 돌려줘야 하는 것이 바로 더불어 살아가는 평등의 원칙이며, 그게 평화로 이어지는 자연의 질서입니다.[331]

나란 존재가 타자의 '자기 내어줌'으로 존재한다면, 나 역시 내주어야 한다. 그렇게 더불어 산다. 그렇게 더불어 삶으로 아름다운 생명이 가능하다. 그런데 이기심은 내어받음만을 원할 뿐 내어주지 않는다. 존재론적 평등이라는 자연의 질서가 요즘 인간들에 의해 무너지고 있다는 말이다. 과거 농사꾼은 자연 속에서 가장 자연의 질서, 그 평등의 원칙에 충실한 이라고 여겨졌다. 그러나 권정생은 이미 돈이 지배하는 농촌에 실망했다.

씨앗 하나 심어 열매를 얻는 바람보다 먼저 돈 계산부터 하는 것이 요즘 농민들의 비참한 처지입니다.[332]

데카르트는 모든 것이 나를 속여도 의심할 수 없는 나의 존재를 나의 사유(자기의식)에서 찾았다. 현대의 자본가들은 모든 이들이 나를 속여도 의심할 수 없는 나의 존재를 나의 소유욕에서 찾았다. 그러니 절대 자기 소유물을 빼앗기지 않으면서 더 많은 것을 빼앗아오려 한다. '홀로 있음'에서 '홀로 즐김'으로 이행했다 하겠다. 타자는 이제 자기 이득을 위한 수단이 되었다. 씨앗 하나도 이제 돈 계산의 대상이 되었다.

서로가 서로를 계산하는 시대, 자기에게 더 좋은 것만을 생각하는 시대에 인간은 과연 아름답게 존재할 수 있을까?

---

331 같은 책, 79쪽.
332 같은 곳.

산과 들이 깨끗하고 아름다울 때, 우리들의 모습도 아름답고 살아 있는 모든 것들이 아름다울 것이다.[333]

산과 들이 자본으로 계산되지 않고 있는 그대로의 아름다움 가운데 우리에게 자신을 내줄 때, 산과 들은 우리를 아름답게 한다. 물론 우리도 그들에게 '자기 내어줌'을 해야 한다. 서로가 서로를 향한 존재론적 그리움을 놓지 않을 때 모두가 아름다울 수 있다. 그러나 현실은 슬프다. 결국 모든 것을 계산하고 모든 것을 생명 없는 기계로 본다. 그냥 쓰다 버리면 그만이라고 생각한다.

운명이란 길들이기에 따라 정해진다는 말도 있지만, 기계문명에 길들여지는 현대 인간들이야말로 양계장 안의 닭들과 똑같은 운명일지 모른다.[334]

결국 모두가 서로를 기계로 보면서 서로가 서로를 이용하려고 하는 세상, 모든 것이 나뿐인 세상, 모든 것이 낱개로 있을 뿐 우리가 없는 세상에서 인간 역시 양계장의 닭이 되고 만다. 쓸모 있을 때 착취당하다 쓸모가 없어지면 버려지는 존재가 될 뿐이다.

풍요로운 삶이란 자기 혼자만의 욕심으로 살아가는 것이 아니다. '자기 내어줌' 없이 받기만 한다면, 사회는 다툼 가득한 곳이 된다. 수많은 타자들의 '자기 내어줌'으로 내가 존재한다면, 나 역시 내어주어야 한다. 이 존재론적 평등, 그 자연의 질서가 사라진 곳에 남는 것은 다툼뿐이다.

사회의 구성원은 인간들이다. 인간들이 모여 사회를 만들고 국가를 만들고 역사도 만든다. 결국 인간은 인간의 힘으로 건강한 사회를 만들고 건강한 역사를 만들어가야 한다. 건강한 사회와 역사 안에서만이 건강한 인간으로 살

---

333   같은 책, 145쪽.
334   같은 책, 144쪽.

아갈 수 있기 때문이다. 인간 구원은 하늘의 신이 하는 것이 아니며 인간 구원은 어디까지나 인간 스스로의 힘으로 할 수밖에 없다.[335]

스스로 죽음을 향해 죽도록 고생하며 철저히 이용당하다 버려지는 잔혹한 주인이 운영하는 양계장의 닭이 되지 않으려면, 이 사회가 다툼으로 가득한 곳이 되지 않게 하려면, 이런저런 초월자에게 사정할 것이 아니라 지금 바로 옆에 있는 이와 함께 노력해야 한다. '자기 내어줌'은 신이 강제로 시키는 것이 아니라 인간 스스로의 노력으로 이루어야 하는 것이다. 스스로 이루어야 할 존재론적 평등이다. 그 평등이 사회에 주어질 때, 그 사회엔 구원의 공간이 열린다. 그 사회는 아름다움의 공간이 된다.

철학은 무엇을 말하든 보편의 지평에서 말한다.[336] 데카르트의 "나는 생각한다. 그러므로 나는 존재한다"는 보편성의 원리를 가진다. '나' 가운데 사고와 존재는 하나다.[337] 아마 데카르트의 보편성이란 힘이 그의 철학을 그토록 강하게 한 것일지 모르겠다. 권정생의 '나'는 생명이다. 나는 '살아' 있다. 그냥 '생각하며' 있다보다 더 근원적으로 '살아' 있다. 권정생에게 '나' 가운데 생명과 존재는 하나다. 그런데 그 생명은 타자의 '자기 내어줌'으로 있다. 수많은 존재자들의 '자기 내어줌'들로 있다. 단수가 아닌 복수의 '자기 내어줌' 말이다. 권정생의 이러한 입장도 데카르트와 같이 보편의 지평에서 유의미하다. 또한 권정생은 일상의 언어로 이 땅을 살아가는 이들에게 자신의 생각을 전했다. 철학 논문과 전문 서적이 아닌 아이들도 고민하며 수긍할 수 있는 언어로 말이다. 일찍이 초등학교만 졸업한 가난 때문에 재봉기 상회 점원, 나무장수, 고구마장수 등을 하며 객지를 떠돌다 교회 종지기로 살았던 권정생, 자신의 인세 소득을 가난한 아이들, 북녘의 아이들, 아프리카의 아이들에게 내주라 한 권

---

335 같은 책, 157쪽.
336 김상봉, 《서로 주체성의 이념》(서울: 도서출판 길, 2014[3쇄]), 31쪽.
337 같은 책, 35쪽.

징생. 그가 그렇게 일상의 소소한 언어로 전한 지혜를 나는 '자기 내어줌의 형이상학'이라 부르고자 한다. 충분히 보편성을 가진 우리 인간의 지혜로 생각하기 때문이다.

제6장

다음을 향한 첫걸음

: '서로주체성'과 '더불어 있음'의 형이상학

1 전체와 모두 그리고 나
: 투르네의 오도와 로스켈리누스를
중심으로 중세 유럽 철학의 고민

"너 자신을 알라"는 철학의 요청에 수많은 철학자들이 저마다의 답을 제시했다. 유럽의 중세인들에게 '나'에 대한 고민은 '나는 무엇인가'로 이어졌다. '나는 인간이다' 그리고 '너는 인간이다'라는 서로 다른 두 개인에 대한 두 명제가 동일한 술어인 '인간'으로 서술된다. 나와 너가 모두 인간이라면, 인간이 정말 영속한 하나의 존재이며 나와 너는 그저 시간 속에서 잠시 인간이란 보편, 즉 공통 본성을 드러내는 존재일 뿐이라고 할 수도 있다. 실제로 11세기 투르네의 오도(Odo turonensis, 1060?-1113)는 《원죄론》(De peccato originali)에서 무척이나 과격한 '보편이론'을 제안했다.[1] 그의 고민은 사실 보편이란 형이상학적 주제에 대한 고민을 위해 시작되지 않았다. 그는 매우 실용적인 물음에서 시작했는데, 그것은 '나는 무엇인가?'다. 이 물음이 왜 실용적인가? 그는 그리스도교의 성직자로, 원죄에 대해 설명해야 했다. 아담과 이브가 아닌 '나'는 원죄론에 의하면 처벌의 대상이다. 아담과 이브의 사고와 행위의 결과로 그들이 처벌을 받는 것은 합리적이다. 그러나 그 둘의 잘못으로 그들의 후손인 인류가 원죄를 가지게 되었다는 것은 인간 이성으론 온전히 이해하기 어렵다. 그것을 이해해야 했다. 원죄란 그들에게 상상의 어떤 것이 아닌 현실의 문

---

1   Odo de Tournai, *De peccato originali libri tres* (Patrologia Latina, 160, 1071-1102).

제였고 바로 인간의 존재 방식에 대한 이해였다. 그것을 알아야 구원에 대한 모색도 가능할 것이니 말이다.

투르네의 오도는 인간 원죄의 유전(遺傳)을 보편과 개체라는 철학의 언어로 이해하려 애썼다. 그의 고민은 중세 사람들에게는 제법 '유명한'(famosa) 해법의 하나로 여겨졌다. 아담과 이브라는 두 사람의 잘못이 어떻게 인간 전체로 이어지는가? 시간과 공간을 넘어선 인간 전체가 어떻게 두 명의 조상으로 인해 죄인이 되는가? 바로 이 문제에서 그 '모두'(omne) 속에 개인으로 '나'는 속한다. 그리고 전체는 부분으로 이루어졌다. 그러나 이 문제는 그리 쉽지 않다. 아래 글을 보자.

> '전체'(totum)는 '부분'으로 이야기되며, '모두'(omne)는 참으로 '개인(=개체)'으로 이야기된다. '모두'는 '보편'에 대해 적절하며, '전체'는 (부분으로 인하여) 합성된 것에 대하여 적절하다. '모두'는 '개인'이 모여 있고, '전체'는 '부분'이 모여 있다. 또한 '종'(species)은 '부분'의 더미가 아니라 '개인'이 모인 것이다. 합성된 것은 오직 개인에서만 발견되어서 개인들은 전체라고 불릴 수 있다. 모든 보편은 단순하고 합성되지 않은 본성에 대한 것이다. 비록 그것들이 유비에 의하여 합성된 것이라 말할지라도 말이다. 마치 종은 유와 종차로 구성된다고 하는 것과 같이 말이다. 질료와 형상의 합성을 유비의 방식으로 말하듯이 말이다.[2]

전체는 부분들의 집합이다. 오도의 '전체'는 존재론적으로 보았을 때 큰 힘을 갖고 있지 않다. 조금 심하게 말해 그냥 모여 있는 정도다. 책 한 권 '전체'는 그 책을 이루는 부분들의 집합이며 그 부분들의 전체다. 그러나 '모두'는 다르다. 모두는 보편이며 공통본성(natura communis)과 관련된다. '책 모두'는 책 한 권 전체가 아니다. 오도는 있었고, 있으며, 있을 모든 공간의 책들을 '책

---

2   *Ibid.*, (Patrologia Latina 160, 1083D).

모두'라고 본다. '전체'와 다르다. 단순히 부분들이 모여 있는 덩어리로 집합이 아니다. 도대체 이런 말을 왜 하는가? 이것이 원죄와 무슨 소용이고 보편과 무슨 상관인가?

불사조는 오직 한 마리다. 이 말은 불사조라는 종은 단 하나의 개체를 가진 종이라는 말이다. 이런 조건에서 누군가 "모든 불사조는 현실적으로 존재한다"라고 하자. 비록 모든 불사조라고 했지만 사실 지시의 대상은 한 마리뿐이다. 여기에서 '보편'과 '전체'에 대해 생각해보자. 오도의 눈에 개체와 개인이란 부분의 더미 혹은 집합이 종과 같은 보편이라고 한다면, 그는 유명론자다. 유명론자에게는 전체가 보편이다. 이런 생각에서 보면, '부분'이 개체와 개인이 전체인 '보편'을 앞선다. 오도와 같은 시기를 살았던 로스켈리누스(Roscellinus Compendiensis, 1050?-1125)는 부분이 개체와 개인이 전체인 보편을 앞선다고 보았다. 부분 없이 전체는 없다는 말이다. 전체라는 말 자체가 우선 부분을 가정해야 가능하다고 보았다. 로스켈리누스의 이러한 유명론적인 존재론적 입장은 당연히 개체중심주의(individualism)의 성격을 갖게 된다.

'종'과 '류'(genus)는 모두 개체와 개인에 의존한다. 참으로 있는 것은 개체와 개인이며, 보편인 '종'과 '류'는 그 집합에 대한 명칭일 뿐이다. 오도는 유명론이 아닌 실재론의 입장에서 원죄의 문제, 즉 인간 처지의 문제를 살핀다. 앞서 본 한 마리뿐인 불사조에게 '보편'의 불사조 개념이 주어지는 것이 정당한가? 보편은 현실 공간에 존재하지 않으며 개체들이 모인 집합의 이름이라면, 그 집합에 대한 사고의 행위일 뿐이라면, 있는 것은 개체인 불사조 한 마리뿐이다. 그러나 오도는 유명론자가 아닌 실재론자다. 유명론자에게 보편은 명칭일 뿐이며, 실상 존재하는 것은 개체와 개인이다. 그렇다면 아담과 이브의 잘못은 그냥 아담과 이브의 잘못일 뿐이다. 그것은 전체를 구성하는 한 부분의 잘못이다. 그 잘못이 나의 잘못이나 아담과 이브가 아닌 다른 사람들의 잘못이 될 순 없다. 유명론의 입장에서 생각해보자. 나도 인간이고 다른 사람도 인간이지만, 인간은 그냥 비슷하게 생긴 이들의 집합에 대한 명칭일 뿐이며 '나'

와 '나 아닌 사람'은 존재론적으로 무관하다. 남이다. 남의 잘못이 나의 잘못이 된다는 것은 말이 되지 않는다. 아담과 이브도 남이다. 그들의 잘못은 그저 그들의 잘못일 뿐이다. "너는 자신을 알라"는 이 요청에 유명론자는 "나는 나다"라고 답할 뿐이다. "나는 인간이다"라고 할 때, 그 인간은 그저 말뿐이다. 의미론적으로 유의미할 뿐 존재론적으로 유의미하지 않다. 존재론적으로 거의 유일한 답은 "나는 나다" 정도다. 그렇다면 나의 잘못은 나의 잘못일 뿐이다. 근본적으로 원죄론은 유명론으로 설명하기도 이해하기도 어렵다.

오도는 유명론이 아닌 다른 답이 필요했다. 바로 실재론이다. 신이 아담을 창조할 때, 인간성으로 있는 이는 오직 아담 그 한 명뿐이며, 그 가운데 있는 것은 '모두'다. 마치 한 마리뿐인 불사조의 사례와 유사하다.[3] 그러나 곧 이브가 창조된다. 그렇다면 생각해보자. 인간이란 종이 둘이 된 것인가? 오도의 생각은 그렇지 않다. 종은 그대로 하나다. 종이 하나이듯 본성도 하나다. 인간 본성 혹은 인간성은 물질적인 것이 아니며, 물질 나뉘듯 둘로 쪼개어 나뉘는 것이 아니다. 인간성은 아담과 이브 둘로 나뉘었지만, 동시에 인간성은 서로 다른 두 개로 파편화됨 없이 있다. 아담과 이브이라는 두 개인은 단지 질료적 조건의 구분으로 나뉜 것일 뿐이다. 여전히 인간이란 보편 가운데 하나다. '전체' 가운데 하나가 아닌 '모두' 가운데 한 개인이다. '전체' 가운데 한 부분의 잘못은 그 전체 가운데 한 부분의 잘못일 뿐이다. 그러나 '모두' 가운데 개인의 잘못은 그 개인의 잘못에 한정되지 않는다. 결국 본성상 하나인 다른 인격이 저지른 죄로부터 '나'는 자유롭지 않다. 플라톤과 같은 철학자들에게 중요한 것은 흩어진 여러 부분으로 이루어진 '전체'가 아닌 개인과 개체가 하나 되어 있는 '모두'다.

오도에게 말한다. "너 자신을 알라!" 오도는 답한다. "나는 사람이다" 그리고 "너도 사람이다." 그러나 이 말은 '나'와 '너'라는 주어가 의미하는 대상보다 이 주어들에 공통된 하나의 술어인 '사람'이 의미하는 대상이 더 존재론적으

---

3 *Ibid.*, (Patrologia Latina 160, 1080D, 1087D).

로 실체적이다. 시간과 공간에 따라 더욱더 단단하게 있는 것이다. 결국 심하게 말해서 '사람'이 '나'로 '너'로 있는 것이다. 보편이며 공통본성인 사람이 구체적인 나와 너보다 더 '사람'이고 더 참되게 '있는 것'이다. 진짜 있는 것은 나와 너가 아니다. 인간성의 원죄는 그렇게 나와 너를 벗어나지 않는다. 어쩌면 나와 너의 단순한 선행만으로는 인간성이란 존재론적 토대에 뿌리 내린 '나'와 '너'를 초월한 보편으로의 '인간성'의 죄를 지울 수 없다. 오직 신의 도움이 절실하다. 희망은 '나'와 '너'의 밖에 있다. 이것이 오도에게 가장 현실적인 이해였다. 실용적인 이해였다. 원죄로 힘든 인간을 향한 인간 처지의 그 비참함에 대한 정확한 이해였다. 그 이해 위에 많은 이들의 구체적인 신앙 행위의 내용들이 결정되었다.

오도의 답엔 '나'도 '너'도 '우리'도 희망이 아니다. 차라리 벗어나야 한다. 그러니 탈출의 형이상학이 필요할 뿐이다. 그렇다고 로스켈리누스의 답만이 또 다른 대안인 것도 아니다. 참으로 있는 것은 개인과 개체뿐이다. 그렇다면 나는 '나'뿐이고, 나에게 '너'는 그냥 남이다. 남의 고통도 남의 고통이고 나와 무관하다. 나는 '나'로 있을 뿐이며, 우리는 '우리'라고 불리는 '부분들'의 집합으로 '전체'일 뿐이다. 전체 속에서 나는 진짜 '나'가 되는 것이 아니라 그냥 나는 '나'로 '나'다. '너'에 대해 물을 필요 없다. 존재론적으로 나는 '나'로 충분하다.

로스켈리누스의 유명론과 같은 생각은 그러나 그렇게 강한 힘이 없었다. 원죄의 문제도 삼위일체의 문제도 개체가 아닌 '모두'라는 '보편'이 더 강했다. 보편권력, 유럽인이란 보편에 대한 보편권력은 누구의 것인지, 신도라는 보편에 대한 보편권력은 누구의 것인지, 그것을 두고 권력과 권력이 다투고 있을 뿐이었다. 흩어진 여러 국적에 대하여 그리스도교라는 단일한 이름 아래 모인 유럽에서 교회는 자신이 가장 강력한 보편권력, 즉 신자들의 구원과 관련된 가장 보편적인 권력을 가진다고 보았다. 그러나 지상 국가의 왕과 황제는 제국의 교회, 즉 자신의 국가의 보편권력 아래 있는 교회를 희망했다. 많은 실재론자들은 그리스도인이란 보편의 실재를 믿으며 그 보편권력의 지상 주인은 교회라고 주장했다. 하지만 유명론자의 생각은 달랐다. 그들은 보편권력 자체를 인정하지 않았다. '보편'이란 그들에게 그저 이름뿐이기 때문이다. 진짜 있는 것은 개인 혹은 낱개의 존재들뿐이다. 이러한 생각은 개인이 살아가는 현실 공간 속 왕과 황제의 권력에 대한 긍정으로 이어졌다. 진짜 있는 개인을 진짜 통제하며 진짜 지키고 다스리는 힘, 진짜 있는 개인이 직접적으로 경험하는 힘은 바로 그들의 힘이기 때문이다. 그러니 진짜 있는 개인에게 그들의 권력은 절대 무시할 수 없는 참된 권력으로 다가왔다. 실재론자들에게 '나'는 '모두' 속에 있는 개인으로, 그리스도교 신자 혹은 인간과 같은 '보편'이란 술어가 '나'라는 주어보다 더 강력한 존재론적 실재였다. 그리고 그 술어를 지배하는 곳이 교회였다. 그러나 유명론자들에게 '나'는 '전체' 속에 부분으로 있으며, 보편이란 술어는 그저 이름이나 사고행위의 산물일 뿐이다. 존재론적으로 유의미한 것은 '나'라는 주어뿐이다. 그리고 그 술어가 아닌 주어가 살아가는 공간을 지배하는 곳은 국가였다. 실재론자도 유명론자도 결국 '나'라는 주어와 그리스도교 신자 혹은 인간이란 술어 사이의 논쟁이며, 여기에서 '너'와 '우리'는 존재론적으로 깊이 문제가 되지 않았다. 주어인 '나'라는 주체는 생각하고 아파하고 어디에 살고 무엇을 먹고 마시는 수많은 행위로 서술되는 주어이며, 그 가운데 가장 중요한 술어인 '나'의 보편적 정의인 '나의 무엇임'에 대한 술어를 두고 고민할 뿐, 즉 개인과 개체로 '제일 실체'(substantia prima)와 보편으로 '제이 실체'(substantia secunda) 사이를 두고 고민할 뿐, 너와 우리에 대한 존재론적 고민은 없었다. 그것은 절실하지 않았다.

2 홀로 있는 '나'

: 이븐 시나와 오캄 그리고 데카르트

이슬람 철학자들의 고민은 앞선 중세 철학자들의 그것과 또 달랐다. 중세 유럽 사람들에게 '나'는 여러 술어로 서술되는 주어이며, 주어로 '나'는 무엇으로 서술될 것인가, 즉 '나'는 무엇인가에 관심을 가졌다. 어찌 보면 '나'는 열 가지 범주로 서술되는 수동적 존재다. "나는 달리는 동물이다"라고 해도, 나는 '달리는 동물'로 서술되는 주어이고, "나는 생각하는 동물이다"라고 할 때도 결국은 '생각하는 동물'로 서술되는 주어이다.

그런데 이슬람 철학자 이븐 시나는 여러 속성으로 서술되는 주어로의 '나'가 아닌 '사고하는 주체'로의 '나'를 고민한다. 그의 '진공 속 인간'(the floating man)을 보자. 진공 속에 떠 있는 '나'를 가정하고 하나씩 감각을 제거해보자. 그렇게 외부로부터 유입되는 감각들이 하나씩 사라지고 남은 것은 무엇인가? 감각이 사라지고 남은 것은 아무것도 없는가? '나'는 사라지는가? 이븐 시나는 그렇게 생각하지 않았다. 감각으로 주어지는 것 없이도 '나' 자신의 반성적 사고에 근거해 나는 생각하는 나를 자각할 수 있기 때문이다. 그리고 이러한 사고 주체로의 나는 감각 세상의 시간 변화를 넘어서 영원의 어딘가에 떠 있는 것과 같다. 이븐 시나의 '나'는 주어가 아닌 주체다. 또 여러 속성의 담지자 혹은 여러 속성에 대한 명사로 서술되는 주체로 주어가 아닌 반성적 사고를 통한 자기 존재의 주체다. 이븐 시나는 모든 사고행위의 주체로 '나'는 '자기인식'(self-awareness)이며, 이는 나의 다른 모든 사고행위들의 가장 근본적인 하나의 토대란 것을 보여주려고 했다. 그 토대, 그 주체가 바로 '나'이고 '자기인식'이다.

'진공 속에 있는 인간'과 '보통의 인간'은 무엇이 다른가? 보통의 인간 영혼은 감각을 통해 알게 된 것으로 가득하다. 이런저런 과거의 기억과 지금 이 순간 눈에 보이는 것들로 가득하다. 그리고 무엇인가 선택하고 판단할 때 영혼 가운데 가득한 그것들도 이런저런 혼란을 경험하게 된다. 감각인식 자체가 일관성을 유지할 수 없다. 같은 것이 서로 다르게 느껴질 수도 있다. 어제 맛있다가 오늘은 아닐 수 있고, 어제 좋던 친구도 오늘 다르게 느껴지기도 한다. 감각인식 자체가 그렇다. '밖'에서 영혼 '안'으로 들어오는 것이 모두 다 고정되어 있지 않다. 이런 상황에서 이븐 시나는 변하지 않는 '나'라는 토대를 밖으로부터 유입된 것이 아닌 안에서 구하고자 한다. 이븐 시나는 자기인식이야말로 다른 어떤 정신적 활동보다 더 근본적이고 더 토대에 있는 것이라고 한다. 그 토대 위에서 다른 모든 정신활동이 가능하다. 다르게 말해서 자기인식을 가정한 후에야 다른 모든 정신활동이 가능하다는 말이다. 물론 인간이 항상 자기인식을 자각하며 있는 것은 아니다. 그러나 자기인식은 인간 존재의 정신적 삶을 위한 가장 근본적인 토대이며, 지각하지 못해도 쉼 없이 이어지는 토대라고 보았다. 심지어 잠을 자는 동안에서 멈추지 않는 이 토대, 절대 변화할 수 없는 '나' 존재의 토대, 어쩌면 나 자신은 바로 자기인식이다. 이븐 시나는 바로 이 점을 사람들에게 합리적으로 설명하기 위해 '진공 속 인간'의 예를 든 것이다.

자기인식은 인간의 정신이 물질적이지 않고 완전한 하나의 단위라는 것을 확인시켰다. 그렇다면 자기인식으로 인하여 마주하게 된 나, 물질적이지 않은 나는 어떻게 너와 다른가? 다른 사람들과 나는 어떻게 구분되는가? '이 고양이'와 '저 고양이'가 서로 다른 것은 고양이라는 하나의 본성을 가지고 있지만 서로 다른 신체를 가졌기 때문이다. 우리가 일상에서 마주하는 물질적 존재들도 같은 본성이지만 서로 다른 존재가 되는 것은 그것들의 물질적 조건 때문이다. 두 채의 집이 외관상 동일하게 지어져도 그 두 채의 집을 구성하는 벽돌과 목재는 서로 다르다. 동일한 설계도에 근거했다 해도 말이다. 쌍둥이가 아무리 유사한 외모를 가졌다 해도 서로 다른 세포와 서로 다른 단백질로 이루어진 서로 다른 존재다. 즉 이 모든 경우 동일한 것을 동일하지 않은 것으로 만들어주는 것은 물질적 조건 혹은 질료적 조건이다.

그런데 가장 온전한 '나'가 물질적이지 않은 것, 감각적인 조건들을 모두 배제한 것이라면, 이븐 시나에게 신체는 필요 없는 것이며, 나와 구분되는 너, 즉 나와 '또 다른 나'는 어떻게 구분되는가? 다르게 질문해보자. 본성이 동일한 하나의 영혼 혹은 정신은 어떻게 다른 영혼 혹은 정신과 존재론적으로 구분되는가? 물질적 조건들, 신체와 구분되어 있어도 자기인식으로 '나'의 존재를 자각할 수 있다면, 신체라는 물질적 조건 없이도 인간이란 하나의 덩어리가 아닌 '나'로 존재하는 근거는 무엇인가? '이 영혼'은 한국에 살면서 한국의 구체적 자연환경에 대한 감각인식에서 얻은 지식을 가지고 있다. 그러나 '저 영혼'은 아프리카 어느 나라에서 살면서 그곳의 구체적 자연환경에 대한 감각인식에서 얻은 지식을 가지고 있다. 이 두 영혼은 살아서도 서로 다른 존재이고 죽어서도 서로 다른 존재다. 그것은 이 두 영혼이 각자 서로 다른 신체 속에서 서로 다른 구체적인 것들을 감각인식하며 살았기 때문이다. 만일 이 둘이 신체 가운데 있지 않았다면, 어떻게 이 두 영혼이 각자 서로 다르게 있었던 기억을 가지겠는가? 아주 근본적인 것들을 제외하면, 이븐 시나 역시 지식은 감각경험과 감각인지에서 나왔다고 생각한다. 그에게 신체는 필요 없는 것이 아니라 구체적인 개인의 삶을 위해 필요한 것이다. 그러나 감각인식이 자기 자신의 가장 본질적인 것은 아니다. 그것이 '나 자신'을 마주하게 하지 않는다. 구체적인 감각경험들을 수용하는 가장 근본적인 토대는 물질적이지 않은 가장 정신적인 부분으로의 나, 자기인식으로의 나를 마주해야 하고 그것을 알아야 한다는 것이다. 인간은 감각기관으로 인해 존재하는 존재가 아니다. 그것이 인간에게 본질적인 부분이 아니다. 자기인식으로 마주한 '나'는 어쩌면 하나의 지성이다. 즉 나는 지성이다. 결국 죽음 이후 모든 감각적인 부분이 사라진 후에도 남게 될 '나'는 '지성'이다.

"너 자신을 알라!" 이 말에 이븐 시나는 "나는 지성이다"라고 할 것이다. 그것은 변하지 않는 나의 존재론적 근거다. 중세 유럽의 보편 논쟁에서 "너 자신을 알라!"는 말에 대한 답은 "나는 인간이다"였다. 중세 유럽의 보편 논쟁에서 중심은 '나'는 무엇인가이다. 무엇으로 서술될 것인가의 문제였다. 그 답은 '인간'이나 '그리스도교 신자'다. 술어인 '인간'과 '그리스도교 신자'가 그저 말뿐인지, 아니면 실재의 반영인지 그것이 화두였다. 물론 이븐 시나 역시 보편과 개체에 대한 보편 논쟁을 고민한다. 그러나 이븐 시나가 제안한 '진공 속 인간'에서 '나'는 술어와 무관한 나 자신의 존재론적 토대에 대한 고민이다. 그리고 그 고민의 답은 반성적 사고의 주체로 나, 즉 자기인식으로의 나다. 이 '나'는 누구도 자기 존재에 필요하지 않은 존재, 스스로 자존한 존재다.

오캄(William Ockham, 1287?-1347)은 유명론자다. 그에게 존재하는 것은 오직 개인과 개체뿐이다. 그에게 이 세상은 낱개의 세상이다. '그리스도교 신자'라는 하나의 보편 존재가 있는 것이 아니다. 여러 그리스도교 신자'들'이 있을 뿐이다. 인간이라는 하나의 보편 존재가 아닌 '유대칠' '유한결' '유은결' '들뢰즈' '바디우' '함석헌' 등과 같은 개인'들'뿐이다. 그에게 "나는 인간이다"라는 명제에서 술어가 되는 '인간'은 지성의 사고행위의 결과물로 나온 개념일 뿐이다. 심하게 말해 말 혹은 이름일 뿐이다. 실재의 존재가 아니다. 참된 의미에서 있는 것은 '나'뿐이다. 보편 실재론자들은 "나는 인간이다"라는 명제에서 술어인 '인간'은 존재론적으로 유의미한 무엇이라고 보았다. '인간'이란 명사에 의미 대상으로 '인간성'이란 공통 본성이 존재한다고 보았다. 그 인간성으로 인해 '나'는 인간이 된다고 보았다. 보편으로 인해 개체가 본질을 갖고 존재한다고 본 것이다. 그러나 유명론자인 오캄은 나의 밖 인간성으로 인해 '나'라는 존재가 인간으로 존재하게 된다는 것은 어리석은 생각이라고 보았다. 나를 제대로 존재하게 하는 존재론적 고향, 그 본향이 나의 '밖'이 된다는 것을 인정하지 않았다. 나는 그냥 나다. 유사한 대상에 대한 다수의 여러 경험으로 인해 인간이란 개념이 만들어졌을 수 있지만, 그것은 그저 이름일 뿐이다. 진짜 제대로 있는 것은 개체뿐이다. '유대칠'이란 개체 혹은 개인의 궁극적 본질 혹은 본성은 '유대칠임'이다. 그것은 '유대칠'의 밖에 있지 않다. 유대칠을 제대로 존재하게 하는 것은 유대칠의 밖에 있지 않다. 그 자신으로 이미 충분하다. 1인칭 대명사로 의미되는 '나'는 무엇으로 서술되어도 다른 어떤 술어에 의해 존재론적으로 종속되지 않는다.

이런 생각은 매우 도전적이었다. "나는 그리스도교 신자다"라는 명제에서 '그리스도교 신자'라는 술어가 존재론적으로 유의미하다면, 그 보편 술어가 개체 주어에게 본질을 부여하는 것이라면, 결국 그 술어의 권력자가 '그리스도교 신자'라고 서술되는 수많은 나'들'을 통치하게 된다. 마찬가지로 "나는 제국의 국민이다"라고 한다면, 그리고 '제국의 국민'이란 보편 술어가 개체 주어에게 본질을 부여하는 것이라면, 이 역시 술어의 권력자가 '제국의 국민'이라 서술되는 수많은 나'들'을 통치하게 된다. 오캄은 유명론자다. 그에게 '그리스도교 신자'는 그저 그리스도교 신도들 전체에 대한 명칭일 뿐이다. 존재론적으로 어떤 힘을 가지고 있지 않다. 존재론적으로 힘을 가진 존재는 그리스도교 신도 한 명 한 명일 뿐이다. 따라서 그들이 교회라는 전체의 진정한 권력자가 되어야 한다.

또한 오캄이 생각한 '신'은 하지 못할 것이 없는 존재다. 전능한 존재다. 세 각의 합이 360도인 사각형을 만든다는 식의 모순을 가진 것을 하지 못할 뿐, 신은 그 스스로 '제이 원인'(causa secunda)을 통해 한 모든 것을 스스로 '제일 원인'(causa prima)이 되어 할 수 있다. 즉 신은 제이 원인인 치료약 없이 스스로 제일 원인이 되어 병을 치유할 수 있다. 신은 현실 속 장미라는 제이 원인을 통해 누군가에게 장미를 인식하게 할 수 있지만, 제이 원인 없이 스스로 제일 원인이 되어 비록 존재하지 않는 장미도 존재하는 것과 같이 인식하게 할 수 있다. 이와 같이 무엇이든지 할 수 있는 신 안에서 보편적인 법칙도 조건부다. 신은 그의 전능함으로 언제든 다르게 할 수 있지만 아직 다르게 되길 원하지 않기에 보편 법칙이 유지되고 있을 뿐이다. 자연과학자들이 연구한 법칙이란 것도 오캄의 시선에선 그저 조건부로 참일 뿐이다. 절대 변하지 않는 보편 법칙이란 신의 전능함에 어울리지 않는다. 신조차 다르게 할 수 없는 법칙은 신의 전능이 그것 앞에서 무력해진다는 말이기 때문이다. 또 오캄의 학문은 감각인식을 토대로 한다. 경험해봐야 안다는 것이다. 그런데 그 감각경험의 대상으로 주어진 우주는 신이 원하기만 하면 언제든 달라질 수 있다. 우주의 법칙은 절대적이지 않다. 필연적이지 않으며 신이 원하면 다르게 될 수 있는 우연의 공간이다. 오캄이 생각한 우주는 '우연'과 '낱개' 그리고 '개인'의 공간이다.

이런 공간에서 오캄은 철저히 '나'에게 집중한다. 의심의 여지도 없는 것은 '나'뿐이다. 이 세상은 나에게 감각경험된 공간일 뿐이다. 감각경험되지 않은 것은 신비의 영역으로 남을 뿐이다. 오캄에게 신앙과 이성의 조화는 이성으로 신앙을 이해하는 것이라기보다는 이성의 한계를 더욱 명확하게 하는 것이었다. 물론 토마스 아퀴나스 역시 이성의 한계를 강조해왔지만 오캄은 좀 더 강하다. 더욱 독립적이고 더욱더 의존적이다. 절대적인 신은 인간의 이성에 구속되지 않는다. 신은 인간 인식의 한계 밖에 존재하며, 인간이 추구하는 필연적이고 보편적인 앎의 대상이 될 수 없다. 이성의 법칙 속에 구속할 수 없다는 말이다. 신이 인간 이성의 대상이 된다는 것 자체가 이미 신을 인간 이성의 앎속에서 만들어진 법칙 속에 구속하는 것이기 때문이다. 신은 알 수 없는 존재다. '나'란 존재가 할 수 있는 것은 나에게 주어진 앎의 세상 속에서 살아가는 것뿐이다. 개인과 개체뿐인 감각의 세상 속에서 감각인식에 의존해 살아갈 뿐이다. 그것이 전부다.

이런 오캄의 인식론은 '나'라는 존재가 살아가는 이 세상에 인간의 인식을 한계 지우기 위한 것이 아니다.[4] 인간이 직관적으로 인식할 수 있는 개체의 세상에 인간 인식을 구속시키기 위해서가 아니다. 그가 의도한 것은 신에 대한 인간의 자연적 지식, 즉 인간 본연의 능력으로 얻을 수 있는 신에 대한 지식은 절대 온전할 수 없다는 것을 보여주려는 것이다. 감각경험에 한정된 인간은 스스로 신에게 이르지 못한다. 더욱더 강하게 신의 계시에 의존해야 한다. 즉 오캄의 인식론과 형이상학은 신의 계시를 더욱 강조하게 만들 수 있었다. 하지만 동시에 오캄의 인식론과 형이상학은 결국 이성적으로 믿을 것은 오직 '나'뿐이라는 세상의 문을 열었다. 절대적 신은 '제이 원인' 없이 스스로 '제일 원인'이 되어 '나'를 구원할 수 있다. 신의 '절대적 권능'(*potentia absoluta*) 앞에서 '교회'라는 '제이 원인' 없이 신에 의해 '나'는 구원될 수 있다. 신의 절대적 권능과 나의 존재성이 서서히 역사의 전면에 등장하기 시작한다. 보편 그리스도교 신도는 없고 개체 그리스도교 신도들만 있다는 것이 오캄의 생각이다. 보편에 근거한 교회권력은 그에게 불편했다. 그에게 진정한 권력은 개인들인 '그리스도교 신도'들의 권력이었다. 이렇게 오캄은 이단이 되었다.[5]

비록 오캄 단 한 명이 이룬 일은 아니지만 세상은 다른 세상으로 이동하고 있었다. 또 다른 가능성의 세상을 향하고 있었다. 그러나 그 새로운 가능성은 쉽지 않은 진통을 통과해야 했다. 오랜 시간 너무나 당연하게 믿고 있던 '보편'이 사라진 세상에서 '나'는 도대체 어떻게 살아야 할 것인가? 국가권력자인 황제도, 교회권력자인 교황도 보편적이고 필연적인 존재가 아니다. 그들 역시 현실의 보편적이고 필연적인 답이 아니다. 이 세상 모든 보편과 필연은 그저 사고 속 개념일 뿐이다. 그런 세상에서 '참으로 있는 것'이라곤 힘든 세상을 살아가는 '나'라는 존재뿐이다. '나'란 존재만이 가장 확실하게 느껴지는 세상에서 그는 '나'를 강조한다. 오캄은 오랜 시간 인간이니 그리스도교 신자니 하는 보편 속에서 숨죽이고 있던 개인이며 낱개인 '나'를 드러낸다. 그리고 '나'의 존

---

4   H. Oberman, *The Harvest of Medieval Theology* (Grand Rapids: W. B. Eerdmans Pub. Co. 1967), p. 41.

5   유대칠, 《신성한 모독자》(서울: 추수밭, 2018), 113-138쪽.

재성을 의심하지 않는다.

더욱이 현생에서 우리의 지성은 오직 감각적인 것뿐 아니라, 직관적으로 그리고 개체적으로 지성적인 것도 인식한다. …**직관적으로 그리고 개체적으로 알려지는 이러한 종류의 지성적인 것은 분명하다. 왜냐하면 그러한 것은 나에게**(*mibi*) **명백하게 '나는 생각한다'**(*ego intelligo*)**라고 하는 것으로 알려진다.** 그러므로 이것은 제일의 그리고 직접적으로 명사 혹은 실재의 (*terminorum vel rerum*) 단순한 인식으로부터 수용된다.[6]

오캄의 자기인식은 데카르트와 이븐 시나의 자기인식과 다르다. 오캄은 데카르트와 같이 인식 주체에 대한 반성적 사유를 하지 않는다.[7] 그럴 필요도 없었다. 그에게 인식 주체로 '나'는 의심할 것도 없는 사실이다. "나는 '나는 생각한다'는 것을 안다"라고 할 때, 그가 하려는 것은 '나'라는 사고의 주체를 마주하는 것이 아니다. '나는 생각한다'와 같은 나의 지성의 사고행위가 나의 또 다른 지성의 사고행위인 '나는 안다'에 직접적인 대상이 된다는 말이다.[8] 그렇게 나는 '직접적 단순한 인식'(*notitia incomplexa*)으로 '나는 생각한다'는 것을 알게 된다는 말이다. 주체에 대한 확인이 아니다. 나의 사고행위가 온전히 나의 사고행위라는 것을 직접적으로 '나'는 안다는 생각이다.

오캄의 철학에 영향을 많이 받은 14세기 철학자 윌리엄 크래토른은 오캄의 마무리가 마음에 들지 않았다. 신의 절대적 권능 앞에서 우주의 모든 법칙이 '신이 아직까지는 그렇게 유지되기를 원하는' 조건부라면, 결국 본질적으로 우연의 공간이라면, 그리고 존재하는 모든 것이 개체뿐인 낱개의 공간이라면, 그는 그런 공간 속에서 살아가는 인간의 심적 언어 역시 개인 사이에 어떤 공

---

6   Ockham, Ordnatio I, prologue, q.1, *Opera Theologiae I*, p. 40

7   S. Schierbaum, "Ockham on the Possibility of Self-Knowledge: Knowing Acts without Knowing Subjects", *Vivarium* 52 (2014), pp. 220-240.

8   Ockham, Quodlibeta II, q.12, *Opera Theologiae 9*, p. 165.

통된 것도 없을 것이라고 말한다. 그러면서 오랜 시간 심적 언어 중심의 의미론을 거부하고 음성언어와 문자언어 중심의 의미론을 구성한다. 쉽게 말해서, '인간'이라는 말이 보편성을 가지고 사용되는 것은 '인간'이란 어떤 공통 본성이 존재해서가 아니라 음성언어와 문자언어로 의사소통하는 장에서 어떤 특정의 무리를 '인간'이라 부르게 되면서 그렇게 사용된 것이라고 한다. 그렇게 크래토른은 남은 하나까지 보편의 흔적을 지워간다. 그리고 그는 "나는 '나는 생각한다'는 것을 안다"와 "나는 '나는 바란다'는 것을 안다"를 통해 겨우 '나'의 사고행위와 의지행위를 직접적으로 '나는 안다'는 것에 만족하지 않는다. 설마 신이 '나'라는 생각마저 기만할 것이라고 의심하지 않는 오캄에 만족하지 않는다. 그러면서 크래토른은 신이 결국 '나' 자신의 존재를 기만하지 않을 것이라는 선험적 원리가 확실한 것인지 아닌지 의심한다. 이런 의심을 통해 우연과 낱개의 공간에서 최소한 철학적으로 자기 주체성을 기반할 수 있는 무엇인가를 얻어야 했기 때문이다. '나는 있다'와 같은 명제를 의심하는 이가 있다고 하자. 크래토른은 만일 누군가 '나는 있다'와 같은 명제를 의심한다면, 그러면 존재하지 않는 이는 '나는 있다'라는 명제를 의심할 수 없기에, 사고의 주체로서 '나'는 존재해야만 한다고 한다.[9]

크래토른은 유럽의 학자들에 의해서도 2019년 현재 다시 발굴되고 복원되어야 할 인물이다. 오랜 시간 기억에서 지워져 있던 인물이다. 그는 유럽의 중세에 어울리지 않는 인물이란 생각에 중세에서 지워졌다. 그리고 300여 년이 지난 16세기와 17세기에 드디어 유럽 사람들은 사고의 주체를 다시 외치기 시작한다. 아무리 의심해도 절대 의심할 수 없는 '나'는 바로 '생각하는 나'(*ego cogitans*)였다. 이성적이고 합리적인 나! 이븐 시나는 외부로부터 들어오는 모든 것을 제거해도 '생각하는 나'는 사라지지 않는다고 했다. 크래토른은 '나는 있다'라는 명제를 의심한다고 해도 의심하는 행위의 존재는 의심할 수 없다고

---

9   K. H. Tachau, *Vision and Certitude in the Age of Ockham* (Leiden-New York-København-Köln: Brill, 1988), p. 273.

했다. 그리고 데카르트는 이를 "나는 생각한다. 그러므로 나는 존재한다"라고 명제화해버렸다. '생각하는 나'가 곧 '참으로 존재하는 나'다. 이 생각을 이성과 구분해서 생각하기는 어렵다. 결국 생각하는 나, 다른 모든 것 없이도 존재할 수 있는 그 나는 바로 나의 '이성'이다.

타자를 의심하던 이성은 이제 타자를 자신의 것으로 만들려 했다. 유럽이라는 거대한 자아의 이성은 유럽이 아닌 자아의 이성, 즉 타자의 이성을 인정하지 않았다. 유럽이 아닌 것은 곧 이성적이지 않음으로 해석되었다. 또 이성적이지 않음은 이성적으로 만들어야 한다는 것으로 해석되었다. 결국 타자의 식민지화는 이런 논리 속에서 선행이 된다. 오캄은 이 세상을 보편이 없는 개체, 낱개의 세상이고 필연이 아닌 우연의 세상이라고 했다. 인간 이성은 신을 마주할 수 없기에 오직 신의 계시 앞에서 인간은 '노예의 처지'가 되는 것이 당연하다고 루터는 오캄의 말을 이어갔다. 오캄이 이야기한 그 우연의 공간 속에서 크래토른은 생각하는 '나'는 의심할 수 없는 사실이라고 했다. 그러나 크래토른의 외침은 너무나 작았다. 오랜 시간이 지나 데카르트의 시대에 와서야 생각하는 '나', 사고 주체로의 '나'는 오캄이 말한 우연의 공간이라는 난제를 해결할 토대가 된다. 오캄이 말한 우연의 공간, 낱개의 공간은 다른 기준으로 다시 낱개들이 구분되고 묶이기 시작한다. 생각하는 나, 바로 합리적인 '나'와 생각하지 않는 '나', 즉 유럽의 '나'와 유럽 아닌 '나'로 구분된다. 오캄의 낱개는 서로 평등한 존재론적 일의성의 대상이었지만, 근대 유럽인이 만든 구분에서 존재론적 일의성은 힘을 상실한다. 유럽의 있음과 아시아와 아프리카가 있음은 언어적으로 일의적이지만, 정치 존재론적으로 일의적이지 않았다.

이븐 시나와 오캄 그리고 크래토른과 데카르트를 거치면서 유럽은 철저히 '홀로 있는 나'가 된다. 오캄에게 '나'는 내 삶의 주체이고 가장 분명히 있는 것이 '나'이지만, 나에게 너는 존재론적으로 큰 힘이 없다. '너'가 없어도 '나'는 있다. 우리가 되어 정치행위를 하는 것도 '너'를 위한 것이 아니라 결국 '나'를 위한 것이다. '너'는 존재하지도 않는데 신이 '나'를 속이는 것일지도 모른다. 그러나 '나'는 속일 수 없다. '나'는 '너'와 무관하게 존재한다. 이븐 시나는 외부에 대한 모든 감각을 없애도 생각하는 '나'는 있다고 했다. 나의 모든 '밖'이 사라져도 나는 있다는 말이다. 크래토른과 데카르트는 모든 것을 의심해도 '나'는 의심할 수 없는 '생각하는 나'라고 한다. 이들 모두에게 '나'는 철저히 홀로 있다. 그리고 나의 '밖'은 존재론적으로 확신할 수 없다. 혹시 신에 의해 속고 있는 것일지 모르는 것이다. 그래도 이들은 상관없다. 홀로 있는 '나'만 있으면 된다. 이것이 중요하다. 오캄이 말한 낱개의 공간, 우연과 개인 그리고 개체뿐인 그 낱개의 공간에서 신은 개인으로 '나'에게 다가온 가장 믿을 수 있는 거의 유일한 나의 밖 존재였다. 하지만 근대 이후 그 신조차 자리를 내준다. 그리고 남은 것은 철저히 홀로 우연의 공간에 던져진 '나'라는 개인이다. 어떻게 나는 나의 존재를 확인받을 것인가? 신이 사랑하는 '나'도 아니다. '나' 밖의 누군가의 '너'로 있는 '나'도 아니다. 나의 소유다. 너를 이기고 나를 지켜줄 거의 유일한 나의 바탕은 소유와 소유물이다. "나는 생각한다. 그러므로 나는 존재한다"는 그나마 인간 이성의 사유 능력이라는 틀 속에서 '나의 생각'이 '나의 있음'이라고 표현했다면, 이젠 "나는 욕심낸다. 그러므로 나는 존재한다"가 되었다. 나의 욕심이 곧 나의 있음이다. 나의 욕심이 나의 존재를 더욱 강화하고 강하게 한다. 흔들리지 않게 하고, 너의 위에 서게 한다. 아니, 너가 없어도 두려움 없이 존재하게 한다. '홀로 있음'의 세상이다.

이븐 시나의 사고 실험 속 홀로 존재하는 나, 데카르트와 크래토른의 의심 속에서 홀로 존재하는 나, 그리고 오캄의 유명론 속에서 너도 우리도 아닌 신을 마주하는 홀로 존재하는 나. 이러한 '나'는 이제 소유로 자신의 존재를 확인하게 된다. 홀로 더 많이 소유할수록 홀로 더 강하게 존재하게 된다.

3 '너'와 더불어 '우리' 가운데 있는 '나'

: '더불어 있음'의 서로주체성

보편 실재론 속에서 '나'라는 개인은 덜 존재하는 그 무엇이다. 제대로 존재하는 것은 '나'의 밖 '인간성'이란 공통 본성이다. 유명론에서 '나'는 존재론적으로 너무나 외롭다. '나'들뿐이며, 나의 존재를 위해 너는 필요하지 않다. 너와 공동체를 이루는 것도 나의 존재론적 요구 때문이 아니다. 그저 조금 더 잘 생존하기 위해서다. 작은 소리로 큰 권력과 싸우기 어렵기에 그저 연대하는 것이다. 너가 필요해서 너를 사용해 우리가 된 것이다. 우리 속 나는 우리가 없어도 힘들지만 존재할 수 있다.

유럽과 지중해의 오랜 철학 속에서 '나'는 항상 홀로 있는 존재였다. 자기를 한 번도 타자에게 내주지 않은 존재였다. 권정생의 강아지똥은 그들에게 그저 슬픈 감성을 자극하는 정도의 이야기에 지나지 않는다. 문익환의 발바닥 철학은 이것이 철학인가 생각되는 민중의 힘겨운 신세 한탄 정도였다. 장일순과 동학이 이야기하는 '너가 곧 하늘'이란 이야기도 큰 힘을 가지지 못했다. 함석헌의 '뜻'이나 '씨올'도 한국의 어느 재야 운동가의 외침 정도로 들렸다. 강아지똥 속에 녹아든 '뜻'은 강아지똥의 자기 내어줌을 통해 민들레꽃의 향기와 아름다움으로 드러난다. '뜻'은 이미 강아지똥 가운데 잠재태로 있던 민들레꽃의 향기와 아름다움을 현실이 되게 한다. 그리고 그 '뜻'을 위해 강아지똥은 자기 자신을 내어놓아야 한다. 강아지똥과 마찬가지로 자기를 내어놓은 흙과 물과 햇빛과 함께 '더불어 있음'으로 모두가 자신의 아집을 버리고 흩어져 민들레꽃으로 더불어 있게 될 때, 이들 속 희망은 현실 속 희망이 된다. 민들레꽃이 된다. '더럽다'던 '필요 없다'던 강아지똥, 그 역한 악취의 똥도 사실 그 속에 하늘을 품은 '뜻' 있는 것이다. 하늘은 나의 밖에서 나에게 명령하는 것이 아니다. '너'를 만나 너와 더불어 '우리'를 이룰 때, 우리라는 더불어 있음 속에서 나와 너는 서로가 서로의 희망임을 보게 된다. 희망이 하늘에서 혹은 우리의 밖에서 주어진 것이 아니라 우리 가운데서 우러러나옴을 보게 된다.

'홀로 있음'의 주체성은 '홀로 주체성'이다. 한 번도 타자에게 자신을 내주지 않은 주체성, 이븐 시나는 나의 밖에서 나의 안으로 유입되는 모든 것을 차단해도 '생각하는 나'의 존재는 남는다고 했다. 철저하게 '홀로 있음'이다. 그리고 이 '진공 속 사람'의 주체성은 철저한 홀로 주체성이다. 나는 생각하는 나를 마주함으로 나 홀로 존재한다. 데카르트와 크래토른의 주체성 역시 마찬가지다. 이 세상 모든 것을 의심한다. 내가 두 발로 서 있는 이 대지에서 이런저런 자연현상의 상식에 이르기까지 모든 것을 의심한다. 그러나 의심할 수 없는 존재는 홀로 있는 '나'다. 이들의 '나' 역시 철저하게 '홀로 있음'이다. 이 '홀로 있음'의 주체성은 철저하게 '홀로 주체성'이다. 너의 존재 자체를 의심해도 나의 존재엔 어떤 변화도 없다. 첫사랑과의 첫 입맞춤의 기억이 신의 장난으로 인한 환상이라 해도, 있지도 않은 허구와의 첫 입맞춤이라 해도 그렇게 속는 '나'의 존재는 의심할 수 없다. 나의 밖 모두가 사라지고 없고 거짓이라 해도, 그것이 나의 존재를 흔들지는 못한다. 참 외로운 '홀로 있음'이다. 이슬람과 그리스도교의 본질적 가치가 무엇이든 이러한 철저한 '홀로 있음'의 홀로 주체성 속에서 남을 본다면, 남은 말 그대로 '남'이다.

그들은 '나'의 틀 속에서 한 걸음도 밖으로 나가지 않고 나르시스의 운명에서 벗어나지 못한 채 살아왔다. 누군가의 남이 되어 보지 못한 그들이기에 그들은 '나'의 한계를 극복하지 못하고 항상 '나'의 틀 속에서 있다. 철학 역시 마찬가지다. 그들은 그들의 철학적 한계, 오랜 시간 유지된 나 중심의 홀로 있음의 철학에서 벗어나기가 쉽지 않다. 항상 '나'만을 강조할 때, 너의 존재를 의심하거나 너에게 '나'의 편인지 아닌지 묻고 아니라면 '너'를 미개라는 잔혹한 이름을 더해 식민지라는 이름으로 파괴해버렸다. 김상봉이 이야기한 서로주체성 속 인간은 오직 타인의 고통, 즉 남의 고통에 적극 동참함으로써, 그 동참의 정도만으로 자기 자신을 괴롭히는 고통에서 해방될 수 있다. 그들에게 자유는 타자 없이 타자와의 관계에서 벗어나 독립적으로 자립될 때 가능하다.[10] 자유를 위해 타자는 없어야 한다. 그들의 윤리학 역시 타자 없는 윤리학이었다.[11] 타자 없이, '남'을 '너'로 만나지 않고 어떻게 인간이 참다운 윤리적 사회를 이룰 수 있는가? 어떻게 '너' 없이 이루는 그 외로운 행복 속에서 인간 본질에 가장 적합한 행복을 이룰 수 있겠는가? 일상 속 '나'는 항상 '너'와 더불어 '우리' 속에 있다. 우리 속에서, 때론 '너'의 웃음에서 나의 웃음을 본다. 때론 '너'의 울음에서 나의 울음을 본다. 그렇게 서로의 눈물과 웃음이 '남'의 것이 아닌 것으로 있을 때, '나'와 '너'는 서로에 대해 윤리적 책임을 지는 도덕적 주체가 된다. 권정생이 이야기한 행복한 강아지똥이 되며, 함석헌이 이야기하는 '뜻' 있는 존재가 된다. 너 없이 철저하게 홀로 존재하는 그 사고 속 '나'로의 행복, 너의 아픔 앞에서 나의 아픔을 마주하지 못하는 그런 우리 속에서 나는 진정 제대로 '나'로 있을 수 있겠는가?

세월호의 고통 속에서 '나'는 '너'를 찾아 거리로 나와 '우리'가 되었다. '나'의 '홀로 있음'에 어떤 유익이 아니라도 '나'는 '너'의 고통 앞에 '나'의 고통을 알고 '우리'가 되었다. 그저 알고 공감하며 눈물을 흘린다고 우리가 되는 것이 아니다. 그 고통으로 달려가 같이 울고 싸우고 충분히 아파할 동안 '너'와 '더불어 있음'이 '우리 됨'의 길이다. '너'가 '나'로 인해 외롭지 않고 '너'가 '나'로 인해 '너'의 참된 가치와 무엇임을 마주하듯이 그렇게 '나' 역시 '너'에게서 '나'를 본다. 나의 '자기 내어줌'으로 나는 너에게 다가가 더불어 있고, 그 더불어 있

10 김상봉, 《나르시스의 꿈》(서울: 한길사, 2002), 269쪽.
11 같은 책, 292-298쪽.

음으로 '나'는 '너'와 '우리'가 된다. 그 '우리' 가운데 '나'의 고통은 외롭지 않고 '나'의 웃음도 작지 않게 된다. 바로 '너'의 자기 내어줌으로 말이다. '너'의 존재 없이 지금의 '나'는 없다. 지금의 '나'란 '너'와 더불어 있음으로 시작된 그 무엇이다. 우리 속에서 나는 온전한 나가 되고, 그 나의 시작은 바로 너와의 만남이다.

> **서로주체성은 주체가 오직 타자를 통해서만 그리고 타자와 더불어서만 주체가 될 수 있다는 사태를 표시하는 개념이다. 나는 오직 너를 통해 그리고 너와 함께 우리가 됨으로써만 진정한 의미의 나, 곧 주체인 내가 될 수 있다.** 이런 의미에서 고립된 자기반성, 즉 고립된 자기관계가 아니라, 타자와의 만남이야말로 주체성의 가장 근원적인 본질인 것이다.[12]

온전히 존재하기 위해 '우리'를 이루어야 한다, 그 '우리'의 시작, '더불어 있음'의 시작은 바로 나와 너의 만남이다. "만남은 존재의 아르케, 곧 존재의 시원이며, 원리이다."[13] 진정한 주체는 나와 너가 만난 우리에서 가능하다. 홀로주체성 속에선 오직 자기만을 사랑한다. 자기만이 유일하게 의심할 수 없는 존재이기 때문이다. 그 철저한 외로움과 한계 속에서 결국 많은 홀로 있음의 주체성 속에 살아가는 이들은 나의 밖, 외적 초월로 도주한다. 너와 더불어 우리를 이루지 못하고 마지막 순간까지 홀로 있으려 한다. '더불어 있음'의 공간이 플라톤이 이야기한 '절망과 거짓의 동굴'과 같은 이에게 더 온전한 '홀로 있음'을 위한 길은 더불어 있지 않은 '홀로 있음'으로 도주하는 것뿐이다. '너' 없는 진공 속 '나'가 되는 것이다. 아무도 없는 공간 속 '나'가 되는 것이다.

이 땅 민중의 철학은 달랐다. 조선 민중의 철학, 조선 민중이 한글로 자신의 처지를 사유하며 만들어간 그 철학은 달랐다. 서학도 동학도 조선 민중들

12　김상봉, 《학벌사회》(파주: 한길사, 2004), 164쪽.
13　김상봉, 《서로주체성의 이념》(서울: 도서출판 길, 2014), 169쪽.

에겐 '홀로 있음'의 학문이 아니었다. '더불어 있음'의 학문이었다. 서학은 모두가 하느님의 자녀라고 했고, 동학은 인간이 곧 하늘이라 했다. 이 평등의 외침, '나'도 존재하고 있다는 외침 속에서 '나'는 외롭지 않았다. 너와 더불어 우리 속에서 더불어 하느님의 자녀이며 더불어 하늘이었다, 잔혹한 박해에도 그들은 무너지지 않았다. 동학의 외침은 잔혹한 탄압 속에서 죽어갔지만, 죽지 않고 '뜻'의 역사로 살아남았다. 3·1혁명이 되고 임시정부가 되었다. 철학으론 함석헌이 되고 문익환이 되고 권정생이 되고 장일순이 되었다.

한국의 주권은 이 땅의 국민, 민중에게 있다. 그렇다면 한국철학 역시 그 철학의 뿌리는 그들에게 있어야 한다. 보편의 지혜를 품는다 해도 그 보편이 실현되는 구체적 철학의 공간은 이 땅의 민중이어야 하기 때문이다. 이 땅 민중의 편에서 철학한 이들은 대학교수들이 아니다. 권력의 편에서 국민을 계몽의 대상으로 여기던 이들, 그것을 하늘의 명령이라던 이들이 아니다. 대학의 철학이 민중이 아닌 권력을 바라보고, 민중의 아픔이 아닌 책 속 글만을 바라볼 때, 그 철학은 민중을 떠나 권력의 장식품이 되었다. 민중에겐 아무 힘도 없는 공허한 말장난이 되었다. 한국 사회에서 대학의 철학은 그 철학 자체가 '홀로 있음'이다. 이젠 홀로 고인 물이 썩다 썩어 사라지고 있지만, 누구도 대학의 철학이 사라지고 있음을 슬퍼하지 않는다.

함석헌과 문익환을 본다. 그들이 거리에서 외친 것은 결국 '우리'가 되자는 것이다. 장일순과 권정생이 이야기하는 신성함과 희망의 자리는 '우리의 밖'이 아닌 바로 '우리 자신'이다. 고통 속에서 나만을 보는 '홀로 있음'이 아니라, 그들은 결국 '더불어 있음'을 외친 것이다. 앎이 삶과 더불어 있을 때, 앎은 삶을 통해 생명을 가지고 삶은 앎을 통해 뜻을 이룬다. 나도 너와 더불어 있을 때, 우리 가운데 참된 나와 너가 된다. 대학 철학자들의 앎은 삶을 만나 무엇을 이루었는지 생각해보아야 한다. 우리의 삶 역시 '나'는 정말 '너'를 통해 '우리'를 이루었는지 물어야 한다. 혹시 '나'의 아픔은 '너'의 아픔이길 강요하면서 '너'의 아픔 앞에서 '나'는 홀로 있기만 한 것은 아니었는가?

너의 부재에서 나는 외로움을 느낀다. 그 외로움은 공허함이다. 또 그 공허함은 비워짐이다. 바로 부재다. 이렇게 '나'의 부재는 '너'의 부재에서 시작된다. '나'의 부재, 이 주체의 공허함은 '나'의 소유로 채워지지 않는다. '있음'의 부재를 '가짐'으로 해결할 순 없다. 아무리 가지고 가져도 그 가짐으로 웃을 '주체'가 제대로 있어야 하니 말이다. 주체가 없는데 소유가 무슨 소용이겠는가? 아무리 많은 것을 소유해도 해결되지 않는다. 결핍, 소유욕의 결핍은 절대로 채워지지 않는다. 아무리 노력하고 채워도 채워지지 않으니 무한의 존재, 신을 찾아 현실을 벗어나 나와 너 그리고 우리가 없는 '밖'으로 달려가야 하는 것인가? 이것도 문제다. '나' 없는 곳에 나의 행복과 나의 주체는 또 무엇인가? 홀로 있는 나, 그리고 이 현실을 벗어난 초월의 존재로는 해결되지 않는다. 그 유일한 해결책은 '너'다. 나의 웃음에 웃어주는 '너'다. 이렇게 나의 주체성의 참다운 모습은 더불어 있음을 통해 우리를 이루는 가운데 서로주체성 속에서 가능하다.

어쩌면 우리 민중에게 유의미한 한국철학은 '서로주체성'의 길을 향해 느린 걸음으로 걸어왔는지 모른다. '나'와 '너'의 만남으로 '더불어 있음'이 서로주체성의 모습이다. 김상봉의 글을 읽어보자.

> 우리가 말하려는 **서로주체성의 존재론은** 존재의 진리를 사물의 그 자체로서 있음에서 찾지도 않고, 세계의 존재 원리를 고립된 홀로주체로서의 나에게서 찾지도 않는다. 서로주체성의 존재론은 있음의 진리가 나에게 있는 것도 아니고, 그것에 있는 것도 아니라, 오직 **나와 너의 만남에 있음을 말하려는 것**이다.[14]

서학이 유입되었을 때, 서학의 글을 읽고 조선의 일부 양반들은 자신의 처지를 돌아보았다. 그리고 하느님의 자녀라는 하나의 형제애 가운데 자신의 계

---

14 같은 책, 302쪽.

층에 의해 착취되고 죽어가는 민중의 고통을 보았다. 서학이 들어와 양반에게 읽히고 한글로 번역되어 한문 모르는 민중에게 읽혀지면서 일어난 한국철학의 회임 사건은 양반이라는 자기 정체성에 구속되어 이 땅의 민중을 만나지 않던 양반들이 민중에게 다가간 사건이다. "나는 양반이다"라는 말의 틀 속에서 '너'에게 다가가 만나지 않던 그 벽에 균열이 일어난 것이다. 양반만이 홀로 조선의 주체성이라던 그 조선, 중국의 변두리에서 중국의 한문으로 중국의 철학을 사유하던 그 조선에서 철학은 조선 양반들의 홀로 있음의 좋은 수단이었다. 어쩌면 중국보다 더 엄한 성리학의 틀 속에서 조선의 민중은 역사의 변두리가 되고 양반만이 조선 역사의 중심이 되었다. 그것도 중국 변두리의 중심이니 결국은 변두리였다. 변두리에서 중심이 되고, 그 중심으로 권세를 누리려 하던 조선의 양반들 사이에서 서학은 서서히 균열을 일으킨 것이다. 어쩌면 서학이 유입되었다는 사건보다 《주교요지》와 같은 한글 신학과 철학서가 민중에게 읽혔다는 것, 드디어 양반과 민중이 서로 남으로 만나 지배하고 지배당하는 것이 아니라 서학이란 틀 안에서 만나 나와 너의 관계 속에서 서로를 마주하게 되었다는 것, 그런 의미에서 서학의 유입은 '한국철학의 회임'이라고 할 수 있다. 이제 서학의 틀 속에서 '나'의 아픔은 그냥 나의 아픔이기만 한 것이 아니고, '너'의 아픔도 그냥 너의 아픔이기만 한 것이 아니다. 바로 '우리'의 아픔이 되었다.

이 무렵 민중의 생각과 감정이 글이 되고 예술이 되어 민중들은 자신의 처지를 반성했다. 한글이란 언어는 그 반성적 사유, 즉 자신의 돌아봄에 좋은 수단이 되었다. 서당의 훈장은 민중들의 억울함에 송사를 적어주던 이들이다. 글을 가르쳐주고 송사를 적어주던 훈장은 서원의 유림과 달랐다. 민중의 벗이었다. 민중의 옆에서 민중이 무엇으로 힘들어하고 아파하는지 아는 지식인이었다. 최제우가 훈장이었던 것은 그의 삶에서 무슨 의미일까? 전봉준도 훈장이었다. 민중의 일원으로 민중 옆에 있으면서 유학 등의 조선 사회 지식에서 멀지 않았던 이들, 그들이 훈장이었다. 민중의 아픔을 제대로 아는 지식인에 의해 동학이 등장한다. 서학이 도시에서 시작한 한국철학의 태동이라면, 동학은 조선 사회의 가장 큰 부조리가 머물던 곳에서 울린 울음이었다. 동학은 모든 사람이 하늘이라고 한다. 하느님이 멀리 있지 않고 바로 여기 '너'에게 그리고 '나'에게 있다고 한다. 진리의 공간은 나와 너의 밖이 아니다. 바로 여기다. 동학은 '한국철학의 출산'이다. 제대로 한국철학이 등장하게 된 것이다. 한국 사람이 한국말로 한국 사람의 아픔에 눈물로 궁리하며 적어낸 '나'의 이야기가 아닌 '우리'의 이야기가 등장한 것이다. 진짜 우리의 이야기가 담긴 '우리'의 철학이 등장하게 된 것이다.

'조선'은 민중에게 '우리'가 아니었다. 조선은 '양반'의 국가였다. 민중에게 조선은 '우리'가 아니었다. '우리'의 아픔에 조선은 민중에게 다가오기보다 중국철학의 옛이야기로 돌아가려 했다. 그 논리 속에서 양반만이 누리며 존재하는 그런 양반의 국가였다.

동학농민혁명은 '우리'의 국가가 필요하다는 민중의 외침이었다. 드디어 이 땅의 백정도 기생도 "나도 우리다"라고 외치기 시작한 것이다. "나는 양반이다"라고 외치던 중국의 변두리 조선의 중심 양반들이 민중을 향해 "너는 백정이다!" "너는 기생이다!"라고 외치며, 그 술어에 그들의 존재를 묶어버리고 "너는 우리다"라고 외치지 못하게 하였다. 그러다가 서학에 와서 작은 소리로 '너도 우리'라고 말하기 시작했다. 그 작은 소리에도 조선의 양반들은 잔인한 칼로 도려냈다. 그러나 처음으로 '너도 우리'라는 말을 들은 민중의 그 열망을 죽일 수는 없었다. 그 열망은 동학농민혁명이 되어 큰 외침이 되었다. 너도 우리다! 너도 하느님이다! 우리가 바로 하느님이다! 우리가 바로 중심이다! 나도 너도 중심이다! 우리는 변두리가 아니다! 이런 외침들은 결국 바로 여기 '우리'가 희망이라는 말이다. 이제 우리가 중심에 서 있는 나라가 필요했다.

1894년 동학혁명군이 전라도 각 고을의 관아에 설치한 민정기관 집강소(執綱所)[15]를 다시 돌아보자. 민중이 역사의 변두리에서 통치의 대상으로만 있

15   천도교중앙총부, 《천도교》(서울: 천도교중앙총부출판부, 2015[17판]), 72쪽.

는 것이 아니라, 스스로 중심이 되어 역사의 주체가 되려는 몸부림이었다. 그 몸부림이 바로 동학혁명군의 '뜻'이었고, 그 뜻이 이후 3·1혁명의 뜻이 되었으며, 임시정부의 뜻이 되었고, 오랜 시간 일제강점기와 반민주 독재자의 박해 가운데 민주주의를 향한 열사들의 '뜻'이 되었다. 그 뜻은 '홀로 있음'으론 도대체 이루어질 수 없다. 그 뜻은 오직 '더불어 있음'의 주체성, 즉 '서로주체성'으로 가능하다. 양반만이 그 자기 정체성 속에서 자기 동일성만을 고집하며 살아가는 이들에게 '우리'는 양반뿐이다. 양반의 밖은 그들에게 둘로 나뉜다. 양반에게 유익한 존재와 무익한 존재. 조선의 중심이라는 양반은 바로 이런 이들이 다수였다. 민중이 일제강점기 그 고난의 시간을 살아갈 때, 많은 양반들이 잘 살았다. 왕족도 마찬가지다. 1910년 8월 22일 대한제국 내각총리대신 이완용과 일본제국 조선통감 데라우치 마사타케(寺內正毅) 사이에 한일병합조약이 체결될 때, 민중에 대한 고려는 없었다. 민중은 역사의 중심으로 인정되지 않았다. 전체 8개 조문의 절반인 4개는 일본의 왕과 조선의 왕 사이의 관계에 대한 것이었다. 1조는 조선 왕이 통치권을 일본 왕에게 준다는 것이고, 2조는 일본 왕이 이를 받는다는 것이다. 그 대가로 3조와 4조에는 일본의 왕은 조선의 왕에게 상당한 존칭과 위엄 및 명예를 유지하게 한다는 내용이다. 그리고 상당한 비용을 조선 왕에게 제공한다는 내용이다. 조선의 왕족은 위기의 순간에도 자신들을 생각했다. 당시 양반도 다르지 않았다. 그들은 그저 '홀로 누리는 존재'였다. 역사 가운데 이들은 철처히 '홀로 있음'이었다. 이런 이들이 과연 민중의 아픔에 제대로 분노했겠는가?

'홀로 있음'이 아닌 '더불어 있음', 즉 '우리'로 존재하는 이 땅의 민중들, 오직 '너'를 통해서 그리고 '너'와 더불어 주체가 될 수 있다는 그 '더불어 있음'의 서로주체성의 존재만이 민중의 아픔에 분노할 수 있다.[16] 일본의 폭력 앞에서 비록 자신의 일이 아니지만 '너'의 아픔을 '우리'의 아픔으로 그리고 '우리' 가운데 '나'의 아픔으로 마주하는 이들만이 분노할 수 있으며, 그 분노는 '너'를

---

16   김상봉, 《학벌사회》, 164쪽.

홀로 두지 않고 동시에 '나'를 홀로 두지 않는다. 그 가운데 '나'는 더욱 단단한 '나'가 되고 '너' 역시 더욱 단단한 '너'가 된다. 우리 가운데 말이다.

　　나의 일이 아니라 고개 돌리고 살 수 있다. 분노하지 않고 그저 고개 돌리고 살 수 있다. 분노보다 눈치를 보면서 살 수 있다. 자기 가운데 씨올의 울림보다 가진 자의 명령에 고개 숙이며 살아갈 수 있다. 윤동주의 부끄러움이 처음엔 고통이겠지만, 그조차 익숙해지고 어느 순간 가진 자의 시선 속에서 자신을 통제하며 변두리에서 남의 중심을 그리워하며 중심이라도 된 듯이 착각하며 살아갈 수 있다. 그러나 그것이 정말 나인가? 진짜 나는 그런 존재인가? 나를 돌아본다. 돌아봄 가운데 마주하는 나, 반성 속에 마주하는 나는 오직 '나'이기만 한가? 사고 실험 속 나, 진공 속 나는 오직 너 없이 있을 수 있다. 그러나 현실 공간 속 나는 항상 너와 함께 있다. 자기동일성과 자기정체성 속에서 오직 "나는 나다"라고 말하지만, 실상 나는 항상 우리 가운데 너와 더불어 있다. 그 더불어 있음 가운데 나는 나를 만들어간다. 더불어 있음에서 벗어나 홀로 있으며 '너'의 아픔에 고개 돌릴 때, '나'는 부끄러움을 느낀다. 너에게 달려가지 못하는 아픔이다. 너에게 달려가야 하는 것이 본래의 나인데, 달려가지 못해 생긴 존재론적 외상이 부끄러움이다. 본래의 모습과 현실의 모습이 찢어지며 생긴 상처가 부끄러움이다. 씨올로의 나, 그리고 전체 가운데 '나'에 충실하기 위해, 부끄럽지 않기 위해 '너'에게 달려가야 한다. 나만 홀로 있는 것이 아니라, 너와 더불어 만나 '나'와 '너'라는 이 작은 한계를 초월한 '우리'로 서야 한다. 너에게 달려가 우리가 되지 못하는 나, "나는 양반이다"라며 술어인 '양반'에 고착되어버린 나, "나는 어느 대학 출신이다"라며 술어가 되는 어느 대학의 출신이란 말에 고착되어버린 나, 그런 '나'들은 '우리'의 파괴자들이다. 그들의 주체성은 주체성도 아니다. '더불어 있음'을 모르는 주체성, 지역색에 구속되고, 특정 종교에 구속되고, 특정 계층이 구속되고, 돈에 구속되고, 부조리함에도 불구하고 누리며 살아가는 권력에 구속되는 그런 고착된 자기

동일성은 김상봉의 말처럼 주체성의 무덤이다.[17] '너'를 모르는 '나'는 나도 모르는 '나'다. 나도 아닌 나다. 진정한 자기 주체성은 특정 계층이나 정의 속에 자신을 구속하는 것이 아니다. 쉼 없이 그 구속을 극복하고 나의 밖 너에게로 달려가 만나야 한다. 태어나 처음으로 가족에서 '너'를 만나지만, 가족의 틀에 안주하지 말아야 한다. 가족을 넘어서야 한다. 종교를 넘어야 하고 국가를 넘어야 한다. 결국 '나'를 넘어서야 한다. '나'의 밖 '너'를 향해 쉼 없이 달려가 만나야 한다. 그런 민중들이 모일 때, 그 민중의 분노는 힘을 가진다. '너'의 분노를 외롭게 두지 않고 '우리'의 분노로 들어올린다.

분노는 바로 억눌리고 짓밟힌 **민중에게서 터져나오는 불길**이었던 거죠.[18]

그렇다. 부조리에 대한 분노는 나만의 것도 너만의 것도 아니다. 부조리의 공간에서 억울하게 짓밟힌 민중에게서 우리의 분노로 일어나는 불길이다. '홀로 있음'의 촛불은 '뜻'의 역사를 이루지 못한다. '더불어 있음'의 촛불만이 '뜻'의 역사를 이루는 불길이 된다. 외로운 분노가 아닌 거대한 분노의 외침이 된다. 함석헌은 홀로가 아닌 더불어 있음의 전체에겐 무서울 것이 없다고 한다.

전체같이 무서운 것은 없다.[19]

그 무서울 것 없는 분노도 죽었다. 죽기도 했다. '뜻' 있는 역사의 공간을 만들어내기 위해 기꺼이 죽었다. 3·1혁명은 죽었다. 실패했다.

삼일절은 순교했다.[20]

---

17 같은 책, 165쪽.
18 문익환,《히브리 민중사》(서울: 정한책방, 2018), 228쪽.
19 《저작집 5》, 31쪽.
20 같은 책, 41쪽.

눈에 보이는 3·1혁명도 실패했다. 일제강점기라는 눈에 보이는 현실은 달라지지 않았다. 그뿐인가? 동학농민혁명은 어떠한가? 눈에 보이는 현실에선 실패했다. 임시정부는 또 어떤가? 그 치열한 노력에도 불구하고 결국 해방 조국에서는 친일파들이 여전히 권력을 누렸다. 그러나 눈에 보이는 것에서의 실패일 뿐, 이 모든 민중의 몸부림은 '뜻' 있는 역사를 이루었다. 그 '뜻'의 역사, 홀로 있지 않고 더불어 있는 민중의 역사는 그러나 그렇게 죽어 사라지지 않고 부활한다. 죽었다지만 그 죽음은 또 다른 생명을 위한 고난의 시간일 뿐, 정말 없어지는 것을 의미하지 않는다.

정신이 죽지 않는다는 것은 **영원을 그 속에 가지고 있기 때문이다.**[21]

뜻을 품은 씨올로의 나와 너 그리고 우리는 이미 영원의 희망, 즉 '뜻'을 품고 있다. 그 뜻의 정신이 죽지 않는다면, 뜻은 죽지 않고 또 살고 또 산다. 순교를 해도 죽음으로 끝나지 않는다. 그리고 그 뜻은 나를 넘어 너를 만나 너와 더불어 우리를 이룰 때 가능하다. 그 더불어 있음의 주체성, 즉 서로주체성의 자리에서 뜻은 이루어진다.

내가 주체가 되는 것도 나를 넘어가 너를 만날 때이며, 민족처럼 어떤 집단적 주체가 참된 의미에서 주체가 되는 것도 그것이 고정된 자기동일성을 넘어 타자와 만나고 있을 때 가능한 일이다.[22]

고정된 자기동일성 속에서 '너'에게 달려가 만나지 않고 살아가는 것이 더 편할지 모른다. 나만의 행복이면 그만이고 너의 행복은 신경도 쓰지 않는다면, 그런 곳에 '뜻'은 없다. '우리'도 없고 '더불어 있음'도 없다. 당연히 서로주

---

21 같은 책, 43쪽.
22 김상봉, 《서로주체성의 이념》, 289쪽.

체성도 없다. 철저히 '홀로 있음'뿐이다. 그런 곳에 '뜻'은 없다.

뜻은 '나'와 '너'가 우리가 되어 우리의 역사를 만들어나가는 중심이 되어야 한다. 삶의 주체가 되고 역사의 주체가 되어야 한다. 중심이 되어야 한다. 여기 바로 우리의 자리가 중심이 되어야 한다. 너의 아픔이 나의 아픔이 되는 자리, 나의 아픔이 너의 아픔이 되는 자리, 바로 우리의 자리가 철학의 중심이 되어야 하고 철학의 자리가 되어야 한다. 일본철학을 공부해 참고해도 일본철학이 한국철학이 될 순 없다. 독일이나 프랑스 그리고 영국과 미국의 철학을 공부하고 참고해도 그것이 한국철학이 될 수는 없다. 한국철학의 자리는 '나'와 '너'가 만나 '우리'를 이룬 바로 이곳이다.

유럽의 많은 철학의 순간이 그들의 삶과 역사에 뜻 있는 무엇으로 남았다면, 우리에게도 뜻 있는 철학의 순간이 있다. 지금의 우리를 돌아보게 하는 순간들이 있다. 지금의 우리를 우리로 만들어낸 그 철학의 순간들이 있다. 누군가 우리에게는 유럽의 68혁명이 없기에 우린 그들의 철학을 그리워해야만 한다고 했다. 그는 그렇게 그리워하고만 있으면 된다. 그것은 한국철학의 한계가 아니라, 그런 생각으로 막힌 그의 한계다. 그들에게도 우리에게도 철학의 순간들은 가득하다. 지금이라도 돌아보자. '나'와 '너'가 '우리'를 이룬 바로 그 시간을 돌아보자. 어쩌면 '우리'를 이루어야 할 숙제로 남겨진 그 시간들을 돌아보자.

1894년에서 1895년에 일어난 동학농민혁명, 그리고 그 정신을 이어간 1919년 3·1혁명은 우리 민중이 우리 역사의 주인임을 분명히한 정치존재론적 외침이었다. 더 이상 민중이 역사의 변두리가 아닌 중심임을 외친 철학적 선언이었다. 이 선언으로 등장한 임시정부와 쉼 없이 이어진 독립운동은 이제 민중이 주체가 되어 이 나라 운명을 스스로 지고 가겠다는 노력이기도 했다. 스스로 '뜻'을 품고 살아가는 존재가 되겠다는 삶으로 보인 외침이었다. 강대국 사이에서 여전히 미완으로 찾아온 해방 이후 혼란기, 그 혼란기의 기억은 과거가 아닌 현재로 이어지고 있다. 해방 이후 사회적 모순으로 아파하던 민중의 외침이 터져나온 1946년 대구 10·1 항쟁을 보자. 오랜 시간이 지나도 여전히 그 날의 상처로 아파하는 이들이 있다. 10월 항쟁 관련자란 이름으로 청도에서 1949년에 죽임을 당한 남편의 시신을 결국 찾지도 못했다는 어느 할머니의 아픔은 그저 과거가 아닌 지금 여기의 아픔으로 이어지고 있다. 다음 해 3월 1일 시작된 제주 4·3의 비극은 제주에 얼마나 깊은 상처를 남겼는가? 지금도 온정신으로 듣기 힘든 잔혹함이 제주의 수많은 이들을 죽였고, 이 아픔은 현재형으로 지금 이 순간 여기에 남아 있다. 이와 관련해 1948년 여수·순천의 비극 또한 깊고도 깊은 상처, 치유되지 못한 상처로 남았다. 그 부조리의 권력이 지배하던 공간에서 분노한 것은 '너'의 아픔은 '남'의 아픔이 아닌 '우리'의 아픔이라며 들고 일어난 민중이었다. 선동가의 선동에 움직이는 '우리'가 아닌, 너의 아픔을 남의 아픔으로 돌릴 수 없는 마음에서 들고 일어난 외침이 바로 1960년 4·19혁명 혹은 4월혁명이다. 지식이 있다는 교수들이 앞장선 것도 아니다. 4월혁명의 주체는 학생들이고 민중들이었다. 그들은 교수만큼 많이 아는 것도 아니고 정치가만큼의 권력을 가진 것도 아니었다. 비록 1961년 총칼을 들고나온 군인에 의해 5·16 군사정변이 일어나 오랜 군사독재가 시작되었지만, 4·19혁명은 실패한 역사가 아니다. '뜻'의 역사다. 동학농민혁명과 3·1혁명처럼 민중이 역사의 변두리가 아닌 주체가 되었다는 절실한 외침이었다. 박정희의 독재가 이어지는 동안 얼마나 많은 이들이 그 외침으로 고난의 시간을 보냈는가! 그래도 그 외침을 죽지 않았다. 다시 전두환의 독재가 이어지고 1980년 광주의 그 비극적인 5·18 민주화운동이 일어났다. 말로 설명이 힘든 비극이었다.

1980년 이후 한국철학은 그들의 비극을 아파해야 했었다. 그 부조리의 비극 앞에서 분노하고 절규해야 했었다. 그러나 철학은, 더 정확하게 대학의 철학은 대부분 침묵했다. 이승만·박정희·전두환의 시대, 그 시대마다 몇몇 철학교수는 그들의 옆에서 그들의 욕심을 듣기 좋은 말로 고치는 일을 했다. 이후 전국적으로 일어난 1987년 6월 항쟁. 도저히 이렇게 살 수 없다는 그날의 외침, 그 외침 앞에서도 대학의 철학은 힘이 없었다. 이 땅 민중에게 찾아온 철학의 순간, 그 순간에 대학의 철학은 민중에게 다가가 민중과 함께 '우리'가 되어 철학을 만들어내지 못했다. 그러나 민중에게 철학이 없었던 것은 아니다. 그 부조리의 공간 속에서 함께 분노하고 웃고 울고 손잡은 대학 '밖' 민중 '안'의 철학자들이 있었다. 함석헌, 문익환, 장일순, 권정생의 철학이 바로 그것이다. 독재의 그 잔혹함 앞에서도 함석헌과 문익환은 두려움 없이 민중에게 다가가 민중과 '우리'가 되어 민중의 철학을 만들어가고 살아갔다. 장일순은 동학의 철학적 흐름을 부여잡으며 그 정신으로 당시 부조리 속 현실을 그의 방식으로 치열하게 생각하며 살았다. 권정생은 부조리 속에서 그저 승리만이 존재 확인의 유일한 길이라 믿으며 서로가 서로를 적으로 만들어 싸우는 이들에게 자본주의가 아닌 '너'에게 다가가 '자기를 내어줌'으로 '우리'가 되는 것의 아름다움을 알려주었다.

어쩌면 정말 '뜻' 있는 한국철학의 자리는 바로 여기가 아닐까 한다. 비록 그곳이 대학의 '밖'이라 하더라도 '나'와 '너'가 만나 '우리'를 이룬 바로 그 자리가 한국철학의 자리가 아닐까 한다. "너 자신을 알라"는 철학의 명령에 답할 수 있는 공간, 그 공간은 '너'도 없고 '우리'도 없는 '나'만 홀로 있는 공간이 아닌 '더불어 있음'의 공간, 바로 '나'와 '너'가 '만남'으로 우리가 된 공간, '너'의 아픔을 '남'의 아픔으로 두지 않고 '우리'의 아픔으로 여기며 '더불어' 있는 공간, 바로 그런 공간이 아닐까 한다.

2014년 4월 16일 세월호의 비극 앞에서 민중은 다시 우리가 되어 일어났다. 그리고 그 분노는 2016년 박근혜 퇴진을 위한 촛불의 외침으로 이어졌다. 누군가의 선동으로 거리에 나서지 않았다. 생각 없이 누군가의 명령으로 거리에 나서지 않았다. 저마다 자신의 방식으로 분노를 표현하기 시작했다. 그 부조리의 고난을 외롭게 두지 않기 위해서 말이다.

김용옥과 김상봉은 서로 다른 방식으로 민중을 돌아본다. 반성적으로 이 땅 민중의 주체성을 마주하려 한다. 김용옥은 그 가운데 이 땅의 치열함으로부터 고개 돌려 남의 철학의 식민지가 되어버린 현실에 분노한다. 남의 철학적 고향을 그리워하며 살아가는 이들에게 그의 방식으로 분노한다. 김상봉은 유럽의 철학과 치열하게 다투며 이 땅의 철학적 대안으로 '서로주체성'을 제안했다. 그러면서 광주의 비극[23]과 세월호의 비극[24]을 반성적으로 돌아보는 철학적 작업을 이어간다. 민중의 아픔이던 기업의 횡포[25]와 학벌의 부조리[26]에 고개 돌리지 않고 철학의 주제로 삼았다. 민중을 '남'으로 두지 않고 민중을 만나 '우리'가 되어 우리의 문제를 철학이 다루기 시작했다.

철학 특히 대학의 철학은 민중의 옆에 있지 않고 권력자의 옆, 민중의 밖에 있어왔다. 그곳이 편하다. 권력을 누리기도 편하고 부조리로 아파하지 않아도 된다. 부조리의 공간에서 부조리의 원인의 편에 서면 세상은 조금 편해진다. 그 존재 자체가 부조리이기 때문인지 모르겠다. 하지만 철학자가 꾸는 꿈, 그 행복은 그렇게 쉬운 것이 아니다.

> **철학의 행복은 참 어렵다.** 결코 쉽지 않다. 그러나 그 힘겨움이 불행은 아니다. 조금의 타협보다 자기 고민의 힘겨움을 선택하고, 그 힘겨움도 행복으로 받아들이는 사람이 바로 철학자다.[27]

세상은 쉽게 변하지 않는다고 생각하면 그 변하지 않는 부조리의 편에서 스스로 부조리가 되는 것이 더 행복한 삶의 길일 수 있다. 그러나 '나'만 행복하면 그만이라는 행복이 철학의 행복은 아니다. '참다운 나'의 행복도 아니다. '더불어 있음'의 행복, 우리 가운데 나의 행복, 아집에서 벗어나 자기 욕심의 중력으로부터 벗어난 행복, 너에게 나를 내어주는 행복, '우리'가 되는 행복,

---

23 김상봉, 《철학의 헌정》(서울: 도서출판 길, 2015).
24 김상봉, 《네가 나라다: 세월호 세대를 위한 정치 철학》(서울: 도서출판 길, 2017).
25 김상봉, 《기업은 누구의 것인가》(서울: 꾸리에북스, 2012).
26 김상봉, 《학벌사회》.
27 유대칠, 《신성한 모독자》, 23쪽.

그런 행복이 '더 참다운 나'의 행복이 될 수 있다.[28] 더불어 있음의 행복이 정말 제대로 참다운 나의 행복일 수 있다. 동학농민혁명군이 생각한 행복도 바로 이러한 행복일 것이다. 홀로 있음의 행복, 그 편한 이기적 행복이 참다운 행복이라면 그냥 유능한 노비로 있기를 선택했을 것이다. 임시정부도 '더불어 있음'의 행복이 아니었다면, 그저 유능한 친일파의 길을 갔을 것이다. 세월호로 인해 거리로 나설 때에도 '더불어 있음'이 참다운 행복이기에 기꺼이 나온 것이다. 그렇지 않았다면 조용히 따뜻한 곳에서 홀로 있었을 것이다. 이제 철학은 더욱더 치열하게 민중에게 달려가 민중과 더불어 있어야 한다. 그리고 민중과 더불어 우리가 되어 '우리'의 철학, 대한민국철학을 일구어내야 한다. 그 대한민국철학은 지금도 진행 중이다.

그리고 이 책은 바로 그 진행 중인 대한민국철학의 돌아봄이며, 현재이며, 나아감이다. 필자인 나에게 이 책은 끝이 아닌 한국 형이상학의 더욱 체계적인 완성을 위한 첫걸음이다.

---

28 같은 책, 95쪽.

강만길, 《고쳐 쓴 한국현대사》(서울: 창비, 2006).

강정인·하상복, "안호상의 민족주의에 대한 비판적 성찰: 전체와 동일성의 절대화", 〈인간, 환경, 미래〉 10 (2013).

강해수, "근대 일본의 이퇴계 연구", 〈퇴계학논집〉 2 (2008).

계몽사 편, 《우리 시대의 한국문학 1 고전시가》(서울: 계몽사, 1995).

고동환, "조선 후기 도시경제의 성장과 지식세계의 확대", 《한림대학교 한국학연구소 3회 학술심포지움》(2006).

고진호, "다석 류영모의 영성관과 우리말 사상에 내포된 사람됨의 의미 고찰", 〈교육사상연구〉 31 (2017).

곽종석, "荅崔贊政-益鉉-", 〈면우집 1〉 권43 (丙午: 1906).

_____, "荅李子明-炳憲", 〈면우집 2〉 권77 (乙巳: 1905).

_____, "연보", 〈면우집 4〉 속집 권13 (乙未: 1895).

국사편찬위원회 편, 《한국사 43》(서울: 국사편찬위원회, 1999).

권정생, 《강아지똥》(파주: 길벗어린이, 1998).

_____, 《우리들의 하느님》(대구: 녹색평론사, 2008[개정증보판]).

_____, 《하느님의 눈물》(서울: 산하, 2002 [61쇄]).

금장태, "17세기 말 朴世采와 鄭齊斗의 양명학 논변", 〈한국문화〉 43 (2008).

기경량, "한국 유사 역사학의 특성과 역사 왜곡의 방식", 〈강원사학〉 30 (2018).

김건우, "1960년대 담론 환경의 변화와 지식인 통제의 조건에 대하여", 〈大東文化硏究〉 74 (2011).

_____, 《대한민국의 설계자들》(서울: 느티나무책방, 2017).

김교빈, "열암의 철학 역정을 통해 본 열암 철학의 구도", 《현실과 창조 II》, 열암기념사업회 편(서울: 천지, 2001).

김교신, 《김교신 전집》(서울: 일심사, 1981).

김구, 《백범일지》(白凡逸志)(국사원, 1947).

김동인, "발까락이 닮엇다", 〈동광〉 29 (1931).

김범부, "國民倫理特講", 《花郞外史》(大邱: 以文出版社, 1981).

_____, 《풍류정신의 사람, 김범부의 생각을 찾아서》, 김정근 풀어씀(서울: 한울아카데미, 2013).

김상봉, "국가 속의 국가", 〈철학연구〉 88 (2010).

_____, 《그리스비극에 대한 편지》(서울: 한길사, 2003).

_____, 《기업은 누구의 것인가》(서울: 꾸리에북스, 2012).

_____, 《나르시스의 꿈》(서울: 한길사, 2002).

_____, 《네가 나라다: 세월호 세대를 위한 정치철학》(서울: 도서출판 길, 2017).

_____, 《도덕교육의 파시즘》(서울: 도서출판 길, 2009[7쇄]).

_____, 《서로주체성의 이념》(서울: 도서출판 길, 2014).

_____, 《철학의 헌정》(서울: 도서출판 길, 2015).

_____, 《학벌사회》(파주: 한길사, 2004).

김상환, "해체론 시대의 인문주의", 《오늘의 한국 지성, 그 흐름을 읽는다. 1975-1995》, 김병익·정문길·정과리 편(서울: 문학과지성사, 1995).

김석수, 《현실 속의 철학, 철학 속의 현실: 박종홍 철학에 대한 또 하나의 평가》(서울: 책세상, 2001)

_____, 《현실 속의 철학, 철학 속의 현실》(책세상, 2001).

김수영, 《김수영 전집 1: 시》(서울: 민음사, 2015).

김수자, "1948–1953년 이승만의 권력 강화와 국민회 활용", 〈역사와 현실〉 55 (2005).

_____, "이승만의 一民主義의 제창과 논리", 《韓國思想史學》 22 (2004).

_____, 《이승만의 집권 초기 권력기반 연구》(서울: 경인문화사, 2005).

김슬옹, 《조선시대 언문의 제도적 사용연구》(서울: 한국문화사, 2005).

김용옥, 《대학·학기 한글역주》(서울: 통나무, 2011).

_____, 《도올심득 동경대전》(서울: 통나무, 2004).

_____, 《독기학설》(서울: 통나무, 2004).

_____, 《동학대전 1》(서울: 통나무, 2004).

_____, 《사랑하지 말자》(서울: 통나무, 2012).

_____, 《혜강 최한기와 유교》(서울: 통나무, 2004).

김원열·문성원, "유교 윤리의 근대적 변형에 대한 비판적 고찰: 박종홍(1903–1976)의 유교윤리를 중심으로", 〈시대와 철학〉 17 (2006).

김익수, "홍익인간사상 형성의 사상사적 배경과 현대적 가치", 〈한국 사상과 문화〉 87 (2017).

김인환, "용담유사의 내용분석", 〈한국사상〉 15 (1977).

김정남, 《이 사람을 보라 2》(서울: 두레, 2016).

김종성, 《한국 중국 일본, 그들의 교과서가 가르치지 않는 역사》(서울: 역사의아침, 2015).

김종철 외, 《한국고등교육의 실태》(서울: 문교부교육정책심의회, 1973).

김중순, "근대화의 담지자 기생", 〈한국학논집〉 43 (2011).

김진, "한(恨)의 희망철학적 해석", 〈철학〉 78 (2004).

김진송, 《서울에 딴스홀을 허하라》(서울: 현실문화연구, 2003[6쇄]).

나경희, "비정규직 자식들의 한 이 엄마가 풀어주게", 〈시사 In〉 590
　　(2019).

남일, "現代의 浮層 月給쟁이 哲學", 〈혜성〉 1931년 8월호.

노평구, "내가 생각하는 김 선생", 《김교신과 한국》(일심사, 1984).

니시다 기타로, 《선의 연구》, 서석연 역(서울: 범우사, 2001).

니시다 기타로·다카하시 스스무, 《선의 연구/퇴계 경 철학》, 최박광 역
　　(서울: 동서문화사, 2009).

니토베 이나조, 《무사도》, 일본고전연구회 역(서울: 도서출판 문, 2010).

_____, 《무사도》, 추영현 역(서울: 동서문화사, 2007).

다나베 하지메, 《참회도의 철학》, 김승철 역(서울: 동연, 2016).

다식학회 편, 《다석 강의》(서울: 현암사, 1983).

다카하시 도루, 《다카라시 도루의 조선유학사》, 이형성 역(서울: 예문서
　　원, 2001).

데이비드 로텐버드, 《생각하는 것이 왜 고통스러운가요?》, 박준석 역
　　(서울: 낮은산, 2011).

디오게네스 라에르티오스, 《그리스철학자열전》, 전양범 역(서울: 동서문
　　화사, 2008).

량치차오, 《음빙실자유서》, 강중기·양일모 역(서울: 푸른역사, 2017).

로버트 B. 마르크스, 《어떻게 세계는 서양이 주도하게 되었는가》(서울:
　　사이, 2014).

류영모, 《다석 마지막 강의》(서울: 교양인, 2010).

____, 《다석일지》(서울: 1982).

르네 데카르트, 《성찰》, 이현복 역(서울: 문예출판사, 1997).

_____, 《철학의 원리》, 원석영 역(서울: 아카넷, 2002).

마월철, 《한국 근대대학의 성립과 전개》, 한용진 역(서울: 교육과학사,

2000).

마이클 C. 칼튼, "퇴계의 '성학십도': 주자 이론의 핵심에 관한 한국적 관점", 〈퇴계학연구논총〉 9 (1997).

마이클 루, 《형이상학》, 박제철 역(서울: 아카넷, 2013[2쇄]).

문명의 기억 지도 KBS 제작팀, 《문명의 기억, 지도》(서울: 중앙북스, 2012).

문세영, 《수정증보 우리말큰사전》(서울: 삼성문화사, 1957).

문익환, 《문익환 옥중 서한집: 하나가 되는 것은 더욱 커지는 일입니다》(서울: 삼민사, 1991).

_____, 《문익환》(서울: 돌베개, 2005[2쇄]).

_____, 《히브리 민중사》(서울: 정한책방, 2018).

미셸 푸코, 《감시와 처벌》, 오생근 역(파주: 나남출판, 2005).

미야카와 토루·아라카와 이쿠오 편, 《일본근대철학사》, 이수정 역(서울: 생각의 나무, 2001).

박구용, "'우리의 철학'과 '모두의 철학' 그리고 '우리 안의 타자' 철학", 〈시민과 세계〉 7 (2005).

_____, "국가권력과 시민권", 〈철학〉 114 (2013).

박노자, "박종홍 철학: 민족과 근대, 종속과 주체성 사이에서", 〈동서인문〉 10 (2018).

박동환, 《X의 존재론》(서울: 사월의책, 2017).

박영호 편, 《다석 유영모 어록》(서울: 두레, 2002).

_____, 《다석 유영모: 우리말과 글로 철학한 큰 사상가》(서울: 솔, 2009).

박이문, 《박이문 인문 에세이: 나의 길, 나의 삶》(서울: 미다스북스, 2017).

_____, 《박이문 인문 에세이: 아직 끝나지 않은 길》(서울: 미다스북스, 2017).

박종홍, 《朴鍾鴻 全集》(서울: 형설출판사, 1982).

_____, 《박종홍 전집》(서울: 민음사, 1998).

_____, 《박종홍전집》(서울: 형설출판사, 1982).

_____, 《한국사상사》(서울: 서문당, 1972).

_____, 《한국사상사논고: 유학편》(서울: 서문당, 1977).

박찬승, 《한국근대정치사상사연구: 민족주의 우파의 실력양성론》(서울: 역사비평사, 1995).

박치우, "고문화 음미의 현대적 의의", 〈조선일보〉(1937. 1. 1-3).

_____, "고전의 성격인 규범성", 〈조선일보〉(1938. 6. 14).

_____, "교양의 현대적 의미", 〈인문평론〉(1939. 11).

_____, "동아협동체론(東亞協同體論)의 일성찰(一省察)", 〈인문평론〉 6 (1940).

_____, "문화공동체와 민족의 성립", 〈중외일보〉(1946. 4. 19).

_____, "민족과 문학", 〈한성일보〉(1946. 2. 26-3. 7).

_____, "민족문화건설과 세계관", 〈신천지〉(1946. 6).

_____, "세대 비판의 완성으로", 〈조광〉(1937).

_____, "아리스토텔레스의 문학관", 〈신인문학〉(1947. 10).

_____, "아메리칸의 문화", 〈신천지〉(1946. 9).

_____, "예지(叡智)로서의 지성", 〈비판〉(1938).

_____, "전체주의 철학적 해명", 〈조선일보〉(1939. 2).

_____, "지식인과 직업", 〈인문평론〉(1940. 5).

_____, "현대철학과 인간문제", 〈조선일보〉(1935. 9. 3-11).

백관인 편, 《백낙준 박사 대담 모음: 내일을 위하여》(서울: 정음문화사, 1989).

백낙준, 《韓國改新敎史: 1832-1910》(서울: 연세대학교출판부, 1973).

_____, 《나의 終講錄》(서울: 정음문화사, 1983).

백남운, 《조선사회경제사》(서울: 범우사, 1989).

백세명, 《동학경전해의》(서울: 日新社, 1963).

벵상 데꽁브, 《동일자와 타자》, 박성찬 역(서울: 인간사랑, 1996[4쇄]).

샤를 달레, 《한국천주교회사 상권》, 안응렬·최석우 역주(서울: 한국교회
　　사연구소, 1979).

사토오 아츠시, "니시다 기타로(西田幾多郎, 1870-1945)", 〈불교신문〉
　　2251 (2006).

서정민, "백낙준의 '한국개신교사'와 국학", 〈한국교회사학회지〉 12
　　(2003).

서정주, 《미당 서정주 전집》(서울: 은행나무, 2015).

서중석, "이승만정권 초기의 일민주의와 파시즘", 《1950년대 남북한의
　　선택과 굴절》, 역사문제연구소 편(서울: 역사비평사, 1998).

서지영, 《역사에 사랑을 묻다》(서울: 도서출판 이숲, 2011).

손호철·김윤철, "국가주의 지배담론: '일민주의'에서 '국가경쟁력 강화
　　론'까지", 《한국의 정치사회적 지배담론과 민주주의 동학》 조희연
　　편(서울: 함께읽는책, 2003).

송봉구, "건학이념 '홍익인간(弘益人間)'의 이해: 홍익인간의 철학적 의
　　미와 역사적 전개", 〈동양문화연구〉 6 (2010).

송찬섭, 《서당, 전통과 근대의 갈림길에서》(서울: 서해문집, 2018).

송호근, 《인민의 탄생》(서울: 민음사, 2011).

신규수, "日帝下 獨立運動의 一事例 硏究: 獨立義軍府 '管見' 내용 분석을
　　중심으로", 〈史學硏究〉 58/59 (1992).

신남철, "이데오로기와 사회파씨즘: '신수정주의'와 현계단", 〈신계단〉 1
　　(1932).

＿＿＿, "철학의 일반화와 속류화: 한치진 씨의 하기강좌를 읽고", 〈조선
　　일보〉(1930. 10 [11회 연재]).

신정근, "‘莊子 美學’은 成立 可能한가?", 《東洋美學은 成立 可能한가?》 (유교문화연구소, 2015).

심기철·신용철, 《새 우리말큰사전》(서울: 삼성출판사, 1980[증보판]).

아리스토텔레스, 《니코마코스 윤리학》, 강상진·김재홍·이창우 역(서울: 도서출판 길, 2011).

_____, 《정치학》, 김재홍 역(서울 도서출판 길. 2017).

_____, 《형이상학》, 김진성 역(서울: EJB, 2007).

_____, 《형이상학》, 조대호 역(서울: 도서출판 길, 2017).

아마노 이쿠오, 《제국대학》, 박광현 역(서울: 산처럼, 2017).

안호상, "배달민족의 고유한 종교와 철학에 대한 연구", 〈건국학술지〉 8 (1967).

____, "일민주의와 민주주의", 《화랑의 혈맥》(화랑도보급회중앙총본부, 1956).

____, 《世界新思潮論》上, 中(부산: 일민주의보급회총본부, 1952).

____, 《나라역사 육천년: 안호상 상고사 논문 모음》(서울: 한뿌리, 1987).

____, 《단군과 화랑의 역사와 철학》(사림원, 1979).

____, 《민주주의의 역사와 종류》(서울: 일민출판사, 1953).

____, 《배달 동이는 동아문화의 발상지》(서울: 한뿌리, 2006).

____, 《배달동이 겨레는 동아문화의 개척자》(배달문화연구원, 1972).

____, 《배달의 종교와 철학의 역사》(어문각, 1964).

____, 《일민주의의 본바탕》(서울: 일민주의연구원, 1950).

알랭 바디우, 《철학을 위한 선언》, 서용순 역(서울: 도서출판 길, 2014).

양우정, 《이 대통령 건국정치이념: 일민주의의 이론적 전개》(서울: 연합신문사, 1949).

양재혁, "한국철학: 박종홍 철학에 대한 비판적 연구", 〈동양철학연구회〉 31 (2002).

____, "박종홍 철학에 대한 비판적 연구", 〈동양철학연구〉 31 (2002)

어영서, "박희성의 '주관주의와 직관'", 〈철학연구〉 56 (2017).

여영시, 《중국근세 종교윤리와 상인정신》, 정인재 역(서울: 대한교과서주
    식회사, 1993).

연세대학교 국학연구원 편, 《백낙준 박사의 학문과 사상》(서울: 연세대학
    교 국학연구원, 1995).

연정은, "안호상의 일민주의와 정치·교육 활동", 〈역사연구〉 12 (2003).

옌안성, 《신산을 찾아 동쪽으로 향하네》, 한영애 역(서울: 일조각, 2005).

오상무, "현대 한국의 국가철학: 안호상을 중심으로", 〈범한철학〉 36
    (2005)

오천석, 《한국신교육사》(서울: 현대교육총서출판사, 1964).

오출세, "용담유사에 나타난 사상적 배경고", 〈동악어문집〉 15 (1981).

요나타니 마사후미, 《아시아/일본: 사이에서 근대의 폭력을 생각한다》,
    조은미 역(서울: 그린비, 2010).

용재기념학술모임 편, 《백낙준 박사의 학문과 사상》(서울: 연세대학교 국
    학연구원, 1995).

우치무라 간조, 《우치무라 간조 전집》, 김유곤 역(서울: 크리스챤서적,
    2001).

운평어문연구소, 《뉴에이스 국어중사전》(서울: 금성교과서, 1987).

유대칠, 《신성한 모독자》(서울: 추수밭, 2018).

윤동주, 《하늘과 바람과 별과 詩》(서울: 도서출판 청월, 2018).

____, 《하늘과 바람과 별과 詩》(서울: 정음사, 1948).

____, 《하늘과 바람과 별과 詩》(서울: 정음사, 1955).

윤석산, "용담유사연구", 〈인문논총〉 5 (1981).

윤선자, "李灌鎔의 생애와 민족운동", 〈한국근현대사연구〉 30 (2004).

이강옥, "용담유사에 대한 일 고찰: 작가의 독자의식과 독자의 작품수용 양상을 중심으로", 〈진단학보〉(1985).

이관용, "哲學博士 李灌鎔, 社會의 病的現像(9)", 〈東亞日報〉(1922. 10. 13).

_____, "赤露首都 散見片聞(3)", 〈東亞日報〉(1925. 6. 16).

_____, "올흔 生活", 〈延禧〉 5 (1925).

_____, "임마누엘 칸트", 〈延禧〉 3 (1924).

이광수, "모든 것을 바치리", 〈매일신보〉(1945. 1. 18).

_____, "우리집의 노래", 〈신시대〉 (1941. 1).

_____, "전망(展望)", 〈녹기〉(1943. 1).

_____, "창씨創氏와 나", 〈매일신보〉(1940. 2. 20).

이규호, "한국철학의 정립을 위한 모색", 《한국에서 철학하는 자세들》 (서울: 집문당, 1986).

_____, 《거짓말, 참말 그리고 침묵》(서울: 말과창조사, 2003).

이기상, 《다석과 함께 여는 우리말 철학》(서울: 지식산업사, 2003).

이기혁, "이색논단: 한글의 비밀을 밝힌다 '해설 히브리문자 기원설을 계기로 본 훈민정음'", 〈신동아〉(1997. 5).

이남덕, 《한국어 어원연구 3》(서울: 이화여자대학교출판부, 1998).

이노우에아쓰시, "근대 일본의 이퇴계 연구의 계보학", 〈한국동양정치 사상사연구〉 13 (2014).

_____, "일본의 이퇴계 연구의 동향", 〈퇴계학논집〉 6 (2010).

이돈환, 《신인철학》(鮮光印刷株式會社, 1931).

이마이 준·오자와 도미오 편, 《논쟁을 통해 본 일본 사상》, 한국일본사 상사학회 역(서울: 성균관대학교출판부, 2003).

이명현, "한국철학의 전통과 과제", 《한국에서 철학하는 자세들》(서울: 집문당, 1986).

이문영, 《유사역사학 비판 '환단고기'와 일그러진 고대사》(서울: 역사비평사, 2018).

이병수, "문화적 민족주의와 현대 한국철학: 고형곤, 박종홍, 안호상의 문제의식을 중심으로", 〈인문학논총〉 47 (2009).

이병수, "문화적 민족주의의 맥락에서 본 안호상과 박종홍의 철학", 〈시대와 철학〉 19 (2008).

_____, "문화적 민족주주의와 현대 한국철학: 고형곤, 박종홍, 안호상의 철학적 문제의식을 중심으로", 〈통일인문학〉 47 (2009).

_____, "문화적 민족주의의 맥락에서 본 안호상과 박종홍의 철학", 〈시대와철학〉 여름호(2008).

_____, "이론적 영향", 〈시대와 철학〉 17 (2006).

_____, "일제하 식민지 지식인의 전통 인식: '신남철'과 '박종홍'을 중심으로", 〈통일인문학〉 63 (2015).

_____, 《열암 박종홍의 철학사상: 천명사상을 중심으로》(서울: 한국학술정보, 2005).

이상, 《이상선집》(서울: 더스토리, 2017).

이상하, 《주리철학의 절정 한주 이진상》(서울: 한국국학진흥원, 2008).

이석규, "려말선초 신흥유신의 민(民)에 대한 인식", 〈역사학보〉 151 (1996).

이승만, "제1회 78차 국회본회의에서 시정방침 연설", 〈시정월보〉 1 (1949).

_____, 《일민주의 槪述》(일민주의 보급회, 1949).

이승준, "'김용균들' 목숨과 맞바꾼 공기업 민영화 24년", 〈한겨레21〉 1224 (2019).

이아무개 대담 정리, 《무위당 장일순의 노자 이야기》(서울: 삼인, 2003).

이오우에 가쓰오, 《메이지 일본의 식민지 지배: 홋카이도에서 조선까지》, 동선희 역(서울: 어문학사, 2014).

이윤갑, "19세기 말 경상도 성주의 사회변동과 동학농민전쟁", 〈대구사학〉 119 (2015).

이을호, 《한국철학사 총설》(파주: 한국학술정보, 2015).

이정섭, "學海片鱗, 희랍의 지노의 논법", 〈중외일보〉 (1927. 6. 15).

_____, "철학이란 무엇인가", 〈중외일보〉(1927. 6. 2/4/7 연재).

이정우, "[21세기에 보는 20세기 사상지도] 삶의 고뇌를 넘어 '참자아'를 찾아가다: 니시다 기타로(1870-1945)", 〈경향신문〉(2012. 1. 21).

이종우, 《한국철학사: 외래사상 대 토착사상의 갈등과 융합한국철학사: 외래사상 대 토착사상의 갈등과 융합》(파주: 이담북스, 2011).

이케가미 에이코, 《사무라이의 나라》, 남명수 역(서울: 지식노마드, 2008).

이태우, "일제강점기 신문조사를 통한 한국철학자들의 재발견: 김중세, 이관용, 배상하를 중심으로", 〈인문과학연구〉 8 (2007).

_____, "일제강점기 한국철학자 연구(II): 일성 이관용 연구를 위한 예비적 고찰", 〈동북아문화연구〉 25 (2010).

이현희, "이관용의 사상 발전과 현실 인식", 〈東方學志〉 174 (2016).

이형근, "용담유사의 이본고", 〈어문교육논집〉 9 (1986).

이형성, "한주학파 성리학의 지역적 전개양상과 사상적 특성", 〈국학연구〉 15 (2009).

이희근, 《산척, 조선의 사냥꾼》(서울: 도서출판 따비, 2016).

임경석, "적보다 치명적인 동지", 〈한겨레 21〉 1234 (2018).

임종국, 《친일문학론》(서울: 민족문제연구소, 2013).

임종명, "이승만대통령의 두 개의 이미지", 〈한국사시민강좌〉 38 (2006).

장 자크 루소, 《사회계약론》, 김중현 역(서울: 웅진씽크빅, 2010).

장 폴 사르트르, 《존재와 무》, 정소성 역(서울: 동서문화사, 2009).

장도빈, "아등의 서광", 〈서울〉(1919. 12).

전호근, 《한국철학사: 원효부터 장일순까지 한국 지성사의 거장들을 만
　　나다》(서울: 메멘토, 2018).

정달현, "金凡父의 國民倫理論", 《現代와 宗敎》 10 (1987).

정대현, 《한국 현대 철학, 그 주제적 지형도》(서울: 이화여자대학교출판문
　　화원, 2016).

____, 《한국어와 철학적 분석》(서울: 이화여자대학교출판부, 1985).

정도전, 《조선경국전》, 한영우 역(서울: 올제, 2012).

정순우, "18세기 서당연구", 한국정신문화연구원 박사학위 논문(1985).

____, 《서당의 사회사》(서울: 태학사, 2013).

정약종, 《주교요지》(hppt://Theologia.kr).

____, 《주교요지: 한국천주교회고전총서 1》(서울: 성 황석두루가서원,
　　1986).

정영훈, "단군신화의 정치사상", 〈동양정치사상사〉 8 (2009).

정인보, 《양명학연론》, 정원식 해설(대구: 계명대학교출판부, 2004).

____, 《양명학연론》, 홍원식 역(서울: 한국국학진흥원, 2005).

정인재. "지금 우리에게 양명학은 왜 필요한가?", 〈지식의 지형〉 15
　　(2013).

정재호 "동학가사에 관한 소고", 〈아세아연구〉 38 (1970).

____, "동학가사의 형식과 내용", 〈한국사상〉 19 (1982).

____, "용담유사의 국문학적 고찰", 〈한국사상〉 12 (1974).

____, "용담유사의 근대적 성격", 《근대문학의 형성과정》(서울: 문학과
　　지성사, 1984).

정칠성, "신여성이란 무엇", 〈조선일보〉 1926. 1. 4.

제프리 T. 슈나프·매슈 튜스 편, 《대중들》, 양진비 역(서울: 그린비,

2015).

조동일, "개화기 가사에 나타난 개화구국사상", 〈동서문화〉 4 (1970).

조요한, "댕기タンギ -", 〈국민문학〉 1941년 11월호; "성전찬가(聖戰讚歌)", 〈매일신보〉 (1942. 12. 8).

_____, "동의어(同義語)", 〈신시대〉 1944년 5월호.

_____, "사생死生을 초월한 황국정신 첫 피-지원병 이인석李仁錫에게 줌", 〈신시대〉(1941. 3).

_____, "아침햇발: 해군지원병제실시 발표된 날에", 〈매일신보〉(1943. 5. 13).

조항범, "인간(人間)의 의미", 〈새국어소식〉 23 (2000).

중앙대 한국교육문제연구소, 《문교사 1945-1973》(서울: 중앙대출판부, 1974).

천도교중앙총부, 《천도교》(서울: 천도교중앙총부출판부, 2015[17판]).

첸강·후징초, 《유미유동》, 이정선·김승룡 역(서울: 시니북스, 2005).

최남선, "書齋閑談", 〈새벽〉(1954. 12).

최민홍, 《한국철학사》(서울: 성문사, 1968).

최성현, 《좁쌀 한 알》(서울: 도솔, 2004[2쇄]).

최완수, 《진경시대 1 사상과 문화》(서울: 돌베개, 1998).

최재목, "'東'의 誕生: 水雲 崔濟愚의 '東學'과 凡父 金鼎卨의 '東方學'", 〈양명학〉 26 (2010).

_____, 《범부 김정설의 풍류, 동학 그리고 동방학》(서울: 지식과교양, 2018).

최재목·정다운, 《凡父 金鼎卨 단편선》(서울: 선인, 2009).

최현배, 《고등말본》(서울: 정음사, 1951).

키스 젠킨스, 《누구를 위한 역사인가》(서울: 혜안, 1999).

파스칼, "팡세", 《파스칼 데카르트》, 이문호 역(서울: 대양서적, 1970).

_____,《빵세》, 안응렬 역(서울: 동서문화사, 1975).

_____,《팡세》, 이환 역(서울: 민음사, 2017[44쇄]).

패트릭 스미스,《일본의 재구성》, 노시내 역(서울: 마티, 2008).

펑유란,《펑유란 자서전》, 김시천·송종서·이원석·황종원 역(서울: 웅진
　　지식하우스, 2014[8쇄]).

표영삼,《동학 1: 수운의 삶과 생각》(서울: 통나무, 2004).

표정훈, "동양학자 김중세 연구", (성균관대학교 석사학위논문, 2014).

_____,《나의 천년》(서울: 푸른역사, 2004).

플라톤,《향연》, 강철웅 역(서울: EJB, 2010).

하기락,《조선철학의 체계적 전개》(부산: 신명, 1993).

하이데거,《칸트와 형이상학의 문제》, 이선일 역(서울: 한길사, 2001).

_____,《형이상학이란 무엇인가》, 최동희 역(서울: 서문당, 1974).

한국철학사연구회 편,《한국실학사상사》(서울: 심산, 2008).

한글학회 편,《새한글사전》(서울: 홍자출판사, 1965).

_____,《중사전》(서울: 한글학회 출판부, 1958).

한용운,《님의 沈默》(서울: 한성도서주식회사, 1954).

_____,《님의 침묵》(서울: 한성도서, 1954[6판]).

함석헌,《함석헌저작집》(서울: 한길사, 2009).

_____,《함석헌전집》(서울: 한길사, 1983).

허우성,《근대 일본의 두 얼굴: 니시다 철학》(서울: 문학과지성사, 2000).

허정헌, "[인터뷰] 열암기념사업회 교수: 열암은, 한국에 무슨 철학이
　　있냐던 자조감을 날려버린 선구자, '박정희 보좌관 된 것 정치적 야
　　심 아니다'", 〈한국일보〉(2007. 11. 7).

허지향, "문헌해제: 哲學字彙", 〈개념과 소통〉 11 (2013).

형진의·임경화 편역,《'국체의 본의'를 읽다》(서울: 어문학사, 2017).

홍태영, "'과잉된 민족'과 '찾을 수 없는 개인'", 〈한국정치연구〉 24

(2015).

히로마쓰 와타루, 《근대초극론》, 김항 역(서울: 민음사, 2003).

Aarts, B.·Chalker, S.·Wein, E., *The Oxford Dictionary of English Grammar* (Oxford University Press, 2014).

Ackrill, J. L., "Notes" in *Aristotle Categories and De Interpretatione*, ("Notes" in Aristotle Categories and De Interpretatione), J. L. Ackrill (Trans. with notes)(Oxford: Oxford University Press, 2002).

Aertsen, J. A., *Medieval Philosophy and the Transcendentals. The Case of Thomas Aquinas* (Leiden-New York-Köln: Brill, 1996).

Aristoteles, *Aristoteles Latinus*, 1.1−5, Categoriae vel praedicamenta: translatio Boethii, editio composita, translatio Guillelmi de Moerbeka, lemmata e Simplicii commentario decerpta, Pseudo-Augustini Paraphrasis themistiana, Laurentius Minio-Paluello (ed.)(Bruges: Descleé de Brouwer, 1961).

Aristoteles, *Aristotelis Opera edidit Academia Regia Borussica*, ex recognitione Immanuelis Bekkeri, 5 vols. (Berlin, Georgium Reimerum, 1831-1870).

Aristotle, *The Complete Works of Aristotle*, The revised Oxford translation. 2 Vols. (Princeton, 1995).

Augustinus, *De trinitate* (Patrologia Latina 42)(1815-1875).

Darge, R., *Suárez' transzendentale Seinsauslegung und die Metaphysiktradition* (Leiden-Boston: Brill, 2004).

Descartes, *Oeuvres De Descartes*, 13 vols., Ch. Adam P. Tannery (ed.)(Paris: Librairie Philosophique J. Vrin, 1974-1986).

Descartes, *Philosophical Wristings of Descartes* 2 vols, J. Cottingham·R. Stoothoff and D. Murdoch (trans.)(Cambridge: Cambridge University Press, 1985).

Diels, H., *Die Fragmente der Vorsokratiker*, Kranz Walther (ed.) (Berlin, 1951).

Emmanuel Levinas, *L'Intrigue de l'infini* (Martinus nijhoff, 1961).

Forlivesi, M., "Impure Ontology. The Nature of Metaphysics and Its Object in Francisco Suarez's Texts", *Quaestio 5* (2005).

Gadamer, H. G., *Heidegger's Ways*, John W. Stanley (trans.) (Albany, NY: State University of New York Press, 1994).

Heider, D., "The Nature of Suarez's Metaphysics: Disputationes Metaphysicae and its Main Systematic Strains", *Studia Neoaristotelica 6* (2009).

Heidegger, M., *Sein und Zeit* (Max Niemeyer, 1953).

Hill, B. and Lagerlund, H. (eds), *The Philosophy of Suarez* (Oxford: Oxford University Press, 2012).

Marisa Galvrez, "People" in *Crowds* J. T. Schnapp, M. Tiews (ed.) (Stanford University Press. 2007).

Novalis, *Werke,* G. Schulz (ed.)(Munich, 1987).

Oberman, H., *The Harvest of Medieval Theology* (Grand Rapids: W. B. Eerdmans Pub. Co. 1967).

Odo de Tournai, *De peccato originali libri tres* (Patrologia Latina 160)(1815-1875).

Pickave. M., (ed.), *Die Logik des Transzendentalen. Festschrift für Jan A. Aertsen zum 65. Geburtstag* (Berlin-New York:

Walter de Gruyter, 2005).

Plato, *Plato: Complete Works*, J. M. Cooper (ed.)(Indianapolis: Hackett, 1997).

Platon, *Platonis Opera* Volume IV, John Burnet (ed.)(Oxford: Oxford University Press, 1978).

Robert Steven Paul Beekes·Lucien van Beek, *Etymological Dictionary of Greek* (vols. 1 & 2)(Leiden: Brill, 2010).

Schierbaum, S., "Ockham on the Possibility of Self-Knowledge: Knowing Acts without Knowing Subjects", *Vivarium 52* (2014).

Tachau, K. H., *Vision and Certitude in the Age of Ockham* (Leiden-New York- København-Köln: Brill, 1988).

Thomas Aquinas, *Summa Thologiae*, editio leonina (Rome, 1882).

Vescovini, F. (ed.), *Le problème des transcendantaux du XIVe au XVIIe siècle* (Paris: Vrin, 2002)

White, H., *The Content of the Form* (London: John Hopkins University Press, 1987).

Wiliiam Ockham, *Opera Theologiae* (Franciscan Inst Pubs, 1986).

井上厚史, "西周と儒教思想: '理'の解釋をめぐって",《西周と日本の近代》(ぺりかん社, 2005).

井上厚史, "近代日本における李退渓研究の系譜学", 〈総合政策論叢〉18 (2010).

伊川健二,《世界史のなかの天正遣欧使節》(吉川弘文館, 2017).

小泉仰, "西周の現代的意義", 〈アジア文化研究〉38 (2012).

松田毅一,《天正遣欧使節》(朝文社, 2001).

松田甲, "教育に関する勅語と李退渓", 〈文教の朝鮮〉 62 (1930).

狭間直樹, "西周のオランダ留學と西洋近代學術の移植: 近代東アジア文明圏形成史: 學術篇", 〈東方學報〉 86 (2011).

相楽勉, "初期日本哲学における"自然"の問題", 〈東洋大学'エコ・フィロソフィ'研究〉 Vol. 9 (2015).

藤田正勝, "西田哲学の国家論", 〈日本哲学史研究〉 第4号 (2007).

西周, 《西周全集 第一巻》(宗高書房, 1960).

西周, 《西周全集 第四巻》(宗高書房, 1981).

西田幾多, 《西田幾多郎哲学論集 11》(岩波書店, 1988).

西田幾多, 《西田幾多郎哲学論集 24》(岩波書店, 2002-2009).

赤江 達也, "帝国日本の植民地における無教会キリスト教の展開", 〈社会システム研究〉 29 (2014).